民法読解
親族編

大村敦志
Omura Atsushi

有斐閣

Lire le Code civil : La famille
Librairie Yuhikaku
©2015, Atsushi OMURA

略目次

序　言 ─────────────────────────── 1

1　家族の「現在」は？──何を問うのか　1
2　家族の「起源」と「将来」──いかに問うのか？　2
3　民法の「基本」と「先端」──何のために問うのか？　3
4　民法の「再編」？──問いの彼方に現れるもの　3
5　民法典の「分節」と「積層」　4

前編　家族の現在──子どもを育てる家族

第1部　大きな家族・小さな家族 ─────────────── 9

第1章　総　則 ───────────────────── 9

第1　725条・726条：親族の意義　9
第2　727条〜729条：親族関係の発生・終了　14
第3　730条：親族の効果　20

第2章　婚　姻 ───────────────────── 23

第1節　婚姻の成立 ─────────────────── 23

第1　731条〜738条：婚姻障害　23
第2　739条〜741条：婚姻の届出　33
第3　742条〜749条：婚姻の無効・取消し　41

第2節　婚姻の効力 ─────────────────── 49

第1　750条・751条：夫婦の氏　49
第2　752条：婚姻の効果としての夫婦の義務　58
第3　753条：能力に関する特則　65
第4　754条：契約に関する特則　67

第3節　夫婦財産制 ─────────────────── 69

第1　755条〜759条：夫婦財産契約　69
第2　760条〜762条：法定財産制　75
第4節　離　婚　89
第1　763条〜769条：協議離婚　89
第2　770条・771条：裁判離婚　109
第3　補　論　118

第2部　親子関係の成立をめぐる諸問題　123

第3章　親　子　125

第1節　実　子　125
第1　772条：嫡出の推定　125
第2　773条：父を定める訴え　139
第3　774条〜778条：嫡出否認の訴え　140
第4　779条〜786条：認知　151
第5　787条：強制認知　163
第6　788条：認知の効果　169
第7　789条：準正　171
第8　790条・791条：子の氏　173

第2節　養　子　181
第1　前注：養子の意義をめぐる論争　181
第2　792条〜796条：養子縁組における養親側の要件　190
第3　797条・798条：養子縁組における養子側の要件　194
第4　799条〜801条：養子縁組における意思と届出　198
第5　802条〜808条：養子縁組の無効・取消し　201
第6　809条・810条：養子の効果　208
第7　811条〜817条：離縁　210
第8　817条の2〜817条の9：特別養子の要件・効果　214
第9　817条の10・817条の11：特別養子の離縁　225

第3部　子どもの福祉と親の権限　229

第4章　親　権　231

第1節　総　則　231
第1　818条：親権の当事者　231

第2　819条：共同親権の例外　237
　第2節　親権の効力 244
　　第1　820条：監護・教育の権利義務　244
　　第2　821条〜823条：居所指定権・懲戒権・職業許可権　252
　　第3　824条〜828条：財産管理に関する原則　259
　　第4　829条〜832条：財産管理に関する特則・細則　268
　　第5　833条：未成年親の親権の代行　271
　第3節　親権の喪失 273
　　第1　834条：親権の喪失　273
　　第2　834条の2：親権の停止　280
　　第3　835条〜837条：管理権の喪失など　284
補節1　児童福祉法 288
補節2　児童虐待防止法 297

後注1　親　　権 ────────────────────── 304

後注2　親　　子 ────────────────────── 308

後注3　婚　　姻 ────────────────────── 313

中編　家族の過去──家とは何であったのか

旧第2章　戸主及ヒ家族 ────────────────── 321

　第1節　総　　則 321
　　第1　旧732条：家族の範囲　321
　　第2　旧733条〜735条：子の帰属すべき家　328
　　第3　旧736条〜745条：帰属すべき家の変動　336
　第2節　戸主及ヒ家族ノ権利義務 345
　　第1　旧746条〜748条：氏と扶養・財産　345
　　第2　旧749条〜751条：戸主の権限とその代行　353
　第3節　戸主権ノ喪失 360
　　第1　旧752条〜761条：隠居　360
　　第2　旧762条〜764条：家の廃絶　370

補注1　旧964条〜996条：家督相続　373
　　　補注2　旧944条〜953条：親族会　383

　後注4　「家」とは何であったのか ――――――――――――― 389

結語1　「家族」から「個人」へ ――――――――――――――― 395

後編　家族の未来――個人を支える家族へ

第5章　後　見 ―――――――――――――――――――― 403

第1節　838条：後見の開始 ――――――――――――――― 403
第2節　後見の機関 ――――――――――――――――――― 406
　　第1　839条〜843条：後見人の指定・選任　406
　　第2　844条〜847条：後見人の辞任・解任　411
　　第3　848条〜852条：後見監督人　413
第3節　後見の事務 ――――――――――――――――――― 416
　　第1　853条〜856条：就職時等の義務　416
　　第2　857条〜858条：身上に関する義務　419
　　第3　859条〜860条：財産に関する義務　424
　　第4　861条〜869条：費用・報酬，監督等　428
第4節　870条〜875条：後見の終了 ――――――――――― 433

第6章　保佐及び補助 ―――――――――――――――――― 439

第1節　876条〜876条の5：保佐 ――――――――――――― 439
第2節　876条の6〜876条の10：補助 ―――――――――― 443
　補節3　任意後見契約法 ――――――――――――――――― 449

第7章　扶　養 ―――――――――――――――――――― 459

第1節　877条・878条：扶養の当事者（総論）――――――― 459
第2節　879条〜881条：扶養請求権の具体的な内容（各論）― 465

後注5　扶養・後見と家族 ——————————————— 472

結語2　財産の法から人格の法へ？ ——————————— 478

あとがき　489

資　料　493
索　引　521

細 目 次

序　言

1. 家族の「現在」は？──何を問うのか？　1
2. 家族の「起源」と「将来」──いかに問うのか？　2
3. 民法の「基本」と「先端」──何のために問うのか？　3
4. 民法の「再編」？──問いの彼方に現れるもの　3
5. 民法典の「分節」と「積層」　4

前編　家族の現在──子どもを育てる家族

第1部　大きな家族・小さな家族

第1章　総　則

第1　725条・726条：親族の意義　9

 Ⅰ　序　9
  1　立法の基本方針　9
  2　法典の編成　10

 Ⅱ　親族の範囲（725条）　11
  1　本条の考え方　11
   (1)　親族の範囲　(11)／(2)　親族の効果　(12)
  2　立法論的な当否　12

 Ⅲ　構成要素の定義（726条）　13
  1　規定のある事項　13
   (1)　世数親等制の採用　(13)／(2)　傍系の場合の計算方法　(13)
  2　規定のない事項　13

第2　727条〜729条：親族関係の発生・終了　14

 Ⅰ　親族関係の発生　14
  1　規定のない場合　14
  2　規定のある場合（727条＝明民727条）　14

　　　　　(1) 規定の射程 (14)／(2) 規定の効果 (15)
　　3　規定の削除された場合（明民728条）　15
　　　　　(1) 旧規定の趣旨 (15)／(2) 旧規定をめぐる論争 (16)／(3) 「親族法」の保守性 (17)／(4) 「親族法」の革新性 (18)
　Ⅱ　親族関係の終了　19
　　1　姻族関係の終了（728条＝明民729条）　19
　　　　　(1) 離婚の場合・死別の場合 (19)／(2) 新旧規定の異同 (19)／(3) 扶養との関係 (19)
　　2　離縁による法定血族関係の終了（729条＝明民730条）　20
第3　730条：親族の効果　20
　Ⅰ　規定の由来　20
　Ⅱ　規定の意義　20
　Ⅲ　規定の将来　21

第2章　婚　姻 ― 23

第1節　婚姻の成立 ― 23

第1　731条〜738条：婚姻障害　23
　Ⅰ　序　24
　　1　「家」から夫婦へ　24
　　2　婚姻の章の編成について　25
　Ⅱ　婚姻適齢（731条）　26
　　1　現　行　法　26
　　2　立　法　論　26
　Ⅲ　一夫一婦制（732条・733条）　27
　　1　重婚禁止　27
　　　　　(1) 立法趣旨 (27)／(2) 重婚的内縁 (27)／(3) 国際結婚 (27)
　　2　再婚禁止　28
　　　　　(1) 立法趣旨 (28)／(2) 短縮論 (29)／(3) 廃止論 (29)／(4) 相姦者の扱い（明民768条）(29)
　Ⅳ　親族相婚（734条〜736条）　30
　　1　近　親　者　30
　　2　直系姻族　31
　　3　養　親　子　31
　Ⅴ　父母の同意（737条・738条）　31

      1　現　行　法　31
      2　明治民法・旧民法　31
      3　立　法　論　32
    Ⅵ　そ　の　他　32
      1　同　性　婚　32
      2　健康状態　33
  第2　739条〜741条：婚姻の届出　33
    Ⅰ　婚姻の届出　34
      1　届出婚主義の採用　34
        (1)　従前の状況　(34)／(2)　旧民法の選択　(34)／(3)　明治民法の選択　(35)／(4)　その後の状況　(35)
      2　届出婚主義の内容　36
        (1)　真意の確保　(36)／(2)　公示の機能　(36)
      3　届出婚主義の将来　37
        (1)　遅滞の減少　(37)／(2)　虚偽の届出の増加　(38)／(3)　本人確認の強化　(38)／(4)　本人出頭の必要性　(38)
      4　小　括──婚姻とは何か　39
    Ⅱ　届出の受理　40
      1　戸籍吏への届出　40
        (1)　戸籍吏の義務　(40)／(2)　確認の対象　(40)
      2　国際結婚の場合　40
        (1)　外国における日本人の婚姻　(40)／(2)　日本における外国人の婚姻　(41)
  第3　742条〜749条：婚姻の無効・取消し　41
    Ⅰ　婚姻の無効（742条）　43
      1　無効原因　43
        (1)　不成立と無効　(43)／(2)　1号の意味・2号の意味　(44)
      2　効果について　44
        (1)　効果規定の不在　(44)／(2)　戸籍の取扱い　(45)
    Ⅱ　婚姻の取消し　45
      1　序　45
        (1)　行為規範と裁判規範　(45)／(2)　取消原因の限定列挙（743条）　(45)／(3)　廃止された取消原因　(45)
      2　公益的取消しの場合の原則（744条1項）　46
        (1)　裁判上の取消し　(46)／(2)　取消権者の範囲　(46)／(3)　取消権の行使期間　(47)
      3　公益的取消しの場合の例外　47

(1) 取消権者の拡張（744条2項）(47)／(2) 取消権の消滅事由（745条・746条）(47)

　　4　私益的取消し（747条）　48
　　　(1) 取消権者の制限 (48)／(2) 取消権の消滅事由 (48)／(3) 詐欺と強迫の外延 (48)

　Ⅲ　婚姻の取消しの効果　48
　　1　特則（748条）　48
　　2　準用規定（749条）　49

　Ⅳ　立　法　論　49

第2節　婚姻の効力　49

第1　750条・751条：夫婦の氏　49

　Ⅰ　序　50
　　1　婚姻の効力の内容　50
　　2　「家」の氏から夫婦の氏へ　51

　Ⅱ　夫婦同氏（750条）　52
　　1　同氏の効果　52
　　2　同氏の実現　52
　　　(1) 選択の対象 (52)／(2) 選択の方法 (53)

　Ⅲ　生存配偶者の復氏（751条）　53
　　1　婚姻の解消と氏の変更　53
　　2　生存配偶者の法的地位　54
　　　(1) 姻族関係と扶養義務 (54)／(2) 氏と祭祀承継 (54)

　Ⅳ　立　法　論　54
　　1　選択的夫婦別姓制度の提唱　54
　　　(1) 1947年改正時の議論 (54)／(2) 1996年改正要綱をめぐる議論 (55)／(3) 氏と姓 (56)
　　2　選択的夫婦別姓制度の検討　56
　　　(1) 前提としての実態と意識 (56)／(2) 考慮要因としての子どもの氏 (57)／(3) 代替案としての通称使用 (57)／(4) 受皿としての戸籍法 (57)
　　3　選択的夫婦別姓制度のその先に　58

第2　752条：婚姻の効果としての夫婦の義務　58

　Ⅰ　夫婦の義務の法定　58
　　1　明治民法　58
　　2　現行民法　59

　Ⅱ　夫婦の義務の内容　60
　　1　各義務の内部関係　60

(1) 並列的な見方 (60)／(2) 構造的な見方 (60)
    2 各義務とその他の義務の関係　61
        (1) 扶養義務との関係 (61)／(2) 婚姻費用分担義務との関係 (62)
    3 義務違反の効果　62
        (1) 強制履行 (62)／(2) 損害賠償 (63)／(3) 離婚 (63)／(4) その他 (63)／(5) まとめ——夫婦間の義務の構造 (63)
  Ⅲ 立 法 論　64
    1 書かれざる義務——貞操義務　64
    2 書くべき義務　64
        (1) 指導養育義務 (64)／(2) 婚姻費用分担義務 (65)／(3) 相互尊重義務 (65)
    3 義務の免除・低減　65
第3 753条：能力に関する特則　65
  Ⅰ 由　　来　66
  Ⅱ 制　　度　66
  Ⅲ 立 法 論　67
第4 754条：契約に関する特則　67
  Ⅰ 由　　来　67
  Ⅱ 制　　度　68
  Ⅲ 立 法 論　68

第3節 夫婦財産制 ·· 69
第1 755条〜759条：夫婦財産契約　69
  Ⅰ 序　70
    1 夫婦財産契約と法定財産制（755条）　70
        (1) 基本的な構成 (70)／(2) 法定財産制の変化 (70)
    2 削除された規定　71
        (1) 起草過程での削除 (71)／(2) その後の削除（757条）(71)
  Ⅱ 契約の成立　71
    1 契約自由の原則（755条）　71
    2 対抗要件としての契約の登記（756条）　71
  Ⅲ 契約の変更　72
    1 変更禁止の原則（758条1項）　72
    2 管理者の変更と財産の分割（758条2項3項・759条）　73
  Ⅳ 立 法 論　73
第2 760条〜762条：法定財産制　75

Ⅰ　序　論──由来　75
Ⅱ　各　論　76
　1　婚姻費用の分担（760条）　76
　　⑴　婚姻費用の範囲（76）／⑵　分担方法の決定（77）／⑶　約定の効力（77）／⑷　義務の前提（78）
　2　日常家事債務の連帯責任（761条）　79
　　⑴　日常家事の範囲（79）／⑵　連帯責任の意味（79）／⑶　代理権の存否（79）／⑷　予告による免除（79）
　3　夫婦間の財産の帰属（762条）　80
　　⑴　特有財産の概念（80）／⑵　共有推定の活用（80）
Ⅲ　総　論　81
　1　法定財産制の位置づけ　81
　　⑴　法定財産制の変更は可能か？（81）／⑵　財産分与・配偶者相続権の変更は可能か？（82）
　2　法定財産制の妥当性　82
　　⑴　潜在的共有制とは何か？（82）／⑵　潜在的共有制は妥当か？（83）
Ⅳ　補　論──立法論　84
　1　共有制から所得分与制へ　84
　2　所得分与制（後得財産分配参加制）の思想　84
　　⑴　自由の保障と利益の配分（84）／⑵　潜在的共有制の純化（85）
　3　所得分与制（後得財産分配参加制）の概要　85
　　⑴　計算の方法（85）／⑵　手続の設計（86）／⑶　権利の保護（86）
　4　関連問題への対応　87
　　⑴　配偶者相続分の再検討（87）／⑵　夫婦財産契約による選択肢の提供（88）／⑶　夫婦財産契約と個別契約（88）／⑷　婚姻の効果としての共通財産制（89）

第4節　離　婚 ……………………………………………………………………… 89

第1　763条〜769条：協議離婚　89

Ⅰ　はじめに　90
　1　離婚法の編成　90
　2　離婚の状況　91
　3　協議離婚の承認　91
Ⅱ　協議離婚の要件（763条〜765条）　92
　1　現　行　法　92
　2　明治民法　93
　　⑴　証人の要否と真意の確認（93）／⑵　同意の必要と期間の制限（93）

3　立法論　94
　Ⅲ　協議離婚の効果・その1——子の監護（766条）　94
　　1　前　提　94
　　　(1)　親権者の決定　(94)／(2)　子の氏　(95)
　　2　明治民法　95
　　　(1)　規定の趣旨　(95)／(2)　監護の内容　(95)
　　3　現行法　96
　　　(1)　規定の変更　(96)／(2)　監護の変容　(96)／(3)　監護費用（養育費）と監護権者の変更　(97)／(4)　子の奪い合いと面会交流権　(97)／(5)　「子の利益」の位置づけ　(98)
　　4　立法論　98
　　　(1)　共同監護・共同親権　(98)／(2)　別居時への適用　(98)
　Ⅳ　協議離婚の効果・その2——氏をめぐる問題　98
　　1　離婚復氏（767条）　98
　　2　祭祀承継への影響（769条）　100
　Ⅴ　協議離婚の効果・その3——財産分与　100
　　1　前史としての離婚扶養　100
　　　(1)　明治民法起草時の議論　(100)／(2)　大正要綱による対応　(101)
　　2　現行法における財産分与　102
　　　(1)　規定新設の経緯　(102)／(2)　その後の理解の変遷　(102)
　　3　1996年要綱における改正提案　103
　　　(1)　2分の1ルールの導入　(103)／(2)　「衡平」の意味　(104)
　　4　財産分与をめぐる議論　104
　　　(1)　権利の強化　(104)／(2)　根拠の再検討　(104)
　　5　立法論　105
　　　(1)　3つの婚姻観　(105)／(2)　夫婦財産制との分離　(105)／(3)　新たな財産分与へ　(105)
　Ⅵ　補　論　108
　　1　慰謝料請求の当否　108
　　　(1)　離婚という事実　(108)／(2)　個別の行為　(108)
　　2　離婚給付の実質化　109
　　　(1)　履行の確保　(109)／(2)　定期金の給付　(109)
第2　770条・771条：裁判離婚　109
　Ⅰ　明治民法の離婚原因　110
　　1　はじめに　110
　　2　採用された離婚原因　111

　　　　　(1) 重婚・不貞・姦淫罪　(111)／(2) 破廉恥罪　(111)／(3) 虐待・侮辱
　　　　　(112)／(4) 悪意の遺棄・生死不明　(112)／(5) 直系尊属との関係・離縁
　　　　　との関係　(112)
　　　3　採用されなかった離婚原因　112
　　　　　(1) 精神病　(112)／(2) 不和　(113)
　　II　大正要綱から現行法へ　114
　　　1　規定の変遷　114
　　　2　判例の展開　115
　　　　　(1) 破綻認定の客観化　(115)／(2) 有責配偶者の離婚請求　(115)
　　III　1996年要綱とその先へ　116
　　　1　判例の明文化　116
　　　2　精神病離婚の削除　117
　　　3　虐待・侮辱の復活？　117
　　IV　裁判離婚の効果・手続　118
　第3　補　　論　118
　　I　その他の離婚　118
　　II　DVへの対応　119
　　　1　DVの実状　119
　　　2　実体的な対応　119
　　　　　(1) 接近の制限　(119)／(2) 金銭的な補償　(120)
　　　3　手続的な対応──相手方代理人の選任　120
　　III　別　　居　120
　　　1　判例における別居　120
　　　2　立法論としての別居　121

第2部　親子関係の成立をめぐる諸問題　123
　　■小　序──テクストの読み方と親子法の構成　123

第3章　親　子　125

第1節　実　子　125
　第1　772条：嫡出の推定　125
　　I　序　125
　　II　規定の表層　125
　　　1　嫡出の推定　125

　　　　　(1) 嫡出の意味 (125)／(2) 嫡出の要件 (126)／(3) 推定の対象 (126)
　　2　懐胎時期の推定　127
　　　　　(1) 計算の根拠 (127)／(2) 今日的な妥当性 (127)／(3) 中間的な処理の試み (128)／(4) 現代語化の影響 (129)
　Ⅲ　規定の深層　129
　　1　推定の効果　129
　　　　　(1) 反証の可能性 (129)／(2) 反証の不在・不能 (130)
　　2　推定の意味　131
　　　　　(1) 文言の変遷 (131)／(2) 証拠か実体か (131)
　Ⅳ　規定の変性　132
　　1　推定されない嫡出子　132
　　　　　(1) 由来 (132)／(2) 処遇 (133)
　　2　推定の及ばない嫡出子　133
　　　　　(1) 由来 (133)／(2) 処遇 (135)
　Ⅴ　規定の断裂　136
　　1　揺らぐ嫡出子？　136
　　　　　(1) 反証の拡大 (136)／(2) 概念の拡大 (137)／(3) 嫡出・非嫡出の平等化 (137)
　　2　残る嫡出子？　138
　　　　　(1) 父性決定の方法 (138)／(2) 婚姻との関係 (138)
第2　773条：父を定める訴え　139
　Ⅰ　制度の必要性　139
　Ⅱ　制度の運用　139
　Ⅲ　制度の拡張・変更　139
第3　774条～778条：嫡出否認の訴え　140
　Ⅰ　趣　旨　140
　Ⅱ　基本構造　141
　　1　原　告　141
　　　　　(1) 現行法：夫 (141)／(2) 能力（原案823条・824条本文）(142)／(3) 立法論：子・母・その他の者 (142)
　　2　被　告　142
　　　　　(1) 現行法：子 (142)／(2) 法定代理人と特別代理人 (143)
　　3　訴　訟　144
　　　　　(1) 管轄 (144)／(2) 訴訟の必要な場合 (144)／(3) 訴訟の結果 (144)／(4) 審判による代替 (144)
　Ⅲ　制　限　145

         1　嫡出の承認（776条）　145
             (1)　承認の意義（145）／(2)　承認にあたる行為（146）／(3)　AIDの場合（146）
         2　出訴期間（777条・778条）　146
             (1)　期間の長さ（146）／(2)　起算点（147）／(3)　特則の意義と変遷（148）／
             (4)　抗弁権の永久性（148）／(5)　立法論：二重期間の導入（148）
     Ⅳ　拡　　張　149
         1　夫が成年被後見人の場合（原案824条但書，人訴14条）　149
         2　夫死亡の場合（原案827条，人訴41条）　149
     Ⅴ　小　括——起草者の姿勢　149
         1　否認について　149
             (1)　ヨーロッパとの相違（149）／(2)　局面の区別（150）
         2　承認について　150
             (1)　養子縁組との対比（150）／(2)　子からの否認（150）
第4　779条〜786条：認知　151
     Ⅰ　前提問題——用語法をめぐって　152
         1　庶子と私生子　152
         2　父の知れない子　153
     Ⅱ　認知の主体・客体（779条）　154
         1　父又は母　154
             (1)　母の認知（154）／(2)　父の認知（155）
         2　嫡出でない子　156
     Ⅲ　認知の要件　156
         1　認知の能力（780条）　156
         2　認知の方法（781条）　157
             (1)　届出による認知（157）／(2)　遺言による認知（157）
         3　承諾が必要な場合（782条・783条）　157
             (1)　成年に達した子（157）／(2)　胎児と死亡した子（158）／(3)　立法論（159）
     Ⅳ　認知の効力　159
         1　効力の発生時——遡及効（784条）　159
         2　親子関係の内容　160
             (1)　原則（160）／(2)　扶養と相続（160）／(3)　親権と子の氏（161）
     Ⅴ　認知の取消しと無効　161
         1　取消し（785条）　161
         2　無効（786条）　161
     Ⅵ　補　論——出生証書と身分占有　162
第5　787条：強制認知　163

Ⅰ　本条の法的意義　163
　　　　1　本条によって強制認知ができる　163
　　　　2　本条によらずに強制認知はできるか？　164
　　　　3　本条により誰が強制認知を求められるか？　164
　　　　　(1)　提訴権者　(164)／(2)　承諾権者　(165)
　　　　4　いつまで強制認知を求めることができるか？　165
　　　　　(1)　1942年改正　(165)／(2)　1949年特例法　(166)
　　　Ⅱ　本条の社会的意義　166
　　　　1　本条がないとどうなるか？　166
　　　　　(1)　扶養料がとれない　(166)／(2)　扶養料をとる途は？　(167)
　　　　2　本条があるとどうなるか？　167
　　　　　(1)　国内での効果　(167)／(2)　外国での評価　(168)
　　　　3　立法の基礎は何か？　168
　　　　　(1)　強制認知の可否——合理性と必要性　(168)／(2)　強制認知の限界——親子の観念　(169)
第6　788条：認知の効果　169
　　　Ⅰ　本条の意義——親権との関係　169
　　　Ⅱ　本条の可能性と限界——非婚家族と子の監護　170
第7　789条：準正　171
　　　Ⅰ　意　義——準正とは何か　171
　　　Ⅱ　要　件　171
　　　　1　認知と婚姻の先後　171
　　　　2　子の死亡・父母の婚姻解消　172
　　　Ⅲ　効　果——遡及効の有無　172
第8　790条・791条：子の氏　173
　　　Ⅰ　明治民法における子の氏　173
　　　Ⅱ　現行民法における子の氏　174
　　　　1　規定の内容　174
　　　　　(1)　氏の決定（790条）　(174)／(2)　氏の変更（791条）　(175)
　　　　2　規定の変遷　176
　　　　　(1)　各草案における規定　(176)／(2)　方針の転換　(177)
　　　Ⅲ　1996年要綱における子の氏　178
　　　Ⅳ　子の氏と親権・戸籍　179
　　　　1　子の氏と親権　179
　　　　2　子の氏と戸籍　179

Ⅴ　補　論──子の名　180
第2節　養　子 ……………………………………………………………………… 181
　第1　前注：養子の意義をめぐる論争　181
　　Ⅰ　論争の前提　181
　　　1　養子の現状　181
　　　2　養子の基本問題　181
　　Ⅱ　論争の内容　182
　　　1　規定の推移（明民839条）　182
　　　2　起草者の考え方　183
　　　　(1)　養子の要否　(183)／(2)　得失の衡量　(184)／(3)　基本的な考え方　(184)／
　　　　(4)　原案の立場　(185)
　　　3　意見の対立　185
　　　　(1)　反対の意見　(185)／(2)　賛成の意見　(187)
　　　4　議論の特徴　188
　　　　(1)　慣習の理解　(188)／(2)　委員たちの反発　(188)／(3)　実情の認識　(189)／
　　　　(4)　起草者の両義性　(189)
　第2　792条～796条：養子縁組における養親側の要件　190
　　Ⅰ　一般の要件　190
　　　1　縁組適齢（792条）　190
　　　2　縁組障害（793条）　191
　　　　(1)　年長養子　(191)／(2)　尊属養子　(192)
　　Ⅱ　特殊な要件　193
　　　1　後見人である場合（794条）　193
　　　2　配偶者がいる場合　193
　　　　(1)　未成年者を養子とする場合（795条）　(193)／(2)　その他の場合
　　　　（796条）　(194)
　第3　797条・798条：養子縁組における養子側の要件　194
　　Ⅰ　15歳未満の場合（797条）　195
　　　1　前　提　195
　　　　(1)　縁組適齢　(195)／(2)　縁組能力　(195)
　　　2　制　度　196
　　　　(1)　法定代理人の承諾　(196)／(2)　監護権者の同意　(196)
　　Ⅱ　未成年者の場合（798条）　196
　　　1　原　則　196
　　　　(1)　家裁の許可の必要性　(196)／(2)　家裁の許可の基準　(197)
　　　2　例　外　197

(1) 要件：自己または配偶者の直系卑属 (197)／(2) 効果：許可不要 (197)
　Ⅲ　補　論──親族・友達・裁判所　197
第4　799条〜801条：養子縁組における意思と届出　198
　Ⅰ　意思と届出（799条）　199
　　1　婚姻との同型性　199
　　2　遺言による養子縁組（明民848条）　200
　Ⅱ　届出の受理（800条）　200
　Ⅲ　在外の日本人間の縁組の方式（801条）　200
第5　802条〜808条：養子縁組の無効・取消し　201
　Ⅰ　縁組の無効（802条）　202
　Ⅱ　縁組の取消し　202
　　1　取消原因の限定列挙（803条）　202
　　2　個別の取消原因　203
　　(1) 原始規定（804条〜806条）(203)／(2) 追加規定（806条の2〜807条）(204)／(3) 準用規定（808条）(204)
　Ⅲ　小　括──代諾縁組の取消しをめぐる議論　205
　Ⅳ　余　話──明治の著名人と養子縁組　207
第6　809条・810条：養子の効果　208
　Ⅰ　基本的な効果（809条）　208
　　1　「養親の嫡出子の身分を取得する」　208
　　　(1) 比較法的な位置づけ (208)／(2) 親族との関係 (208)
　　2　「縁組の日より」　208
　　　(1) 明治民法の下での意味 (208)／(2) 現行法の下での意味 (209)
　Ⅱ　養子の氏（810条）　209
　　1　家から氏へ　209
　　2　変更の帰結　210
第7　811条〜817条：離縁　210
　Ⅰ　協議離縁　211
　　1　現　行　法　211
　　　(1) 関係者（811条・811条の2）(211)／(2) 離婚との同型性（812条・813条）(212)
　　2　明治民法　212
　　　(1) 特に離縁ができない場合 (212)／(2) 特に離縁ができる場合 (212)
　Ⅱ　裁判離縁　212
　　1　現行法の離縁原因（814条・815条）　212

2　明治民法の離縁原因　213
　Ⅲ　離縁の効果　213
　　1　規定のあるもの　213
　　　(1)　氏と祭祀（816条・817条）（213）／(2)　親族関係の終了（729条）(213)
　　2　規定のないもの——財産関係　214
第8　817条の2〜817条の9：特別養子の要件・効果　214
　Ⅰ　序　215
　　1　特別養子制度の導入　215
　　　(1)　立法の経緯（215）／(2)　反対論は根絶されたか？（216）／(3)　外国法・実態調査は参考になるか？（216）／(4)　余話——民法は一つの法律か？（217）
　　2　特別養子縁組の成立（817条の2第1項）　218
　　　(1)　養親の申立てと家裁の審判（218）／(2)　審判の効果と再審請求（218）
　　3　特別養子への普通養子規定の適用（817条の2第2項）　219
　Ⅱ　特別養子縁組の形式的要件　219
　　1　夫婦共同縁組（817条の3）　219
　　　(1)　配偶者があること（219）／(2)　夫婦の双方が養親となること（220）
　　2　年齢要件　220
　　　(1)　養親の側（817条の4）（220）／(2)　養子の側（814条の5）（221）
　Ⅲ　特別養子縁組の実質的要件　221
　　1　父母の同意（817条の6）　221
　　　(1)　同意の性質（221）／(2)　同意不要の場合（222）
　　2　子の利益のための特別の必要性（817条の7）　222
　　　(1)　特別な事情（222）／(2)　特別の必要性（223）
　Ⅳ　特別養子縁組の手続的要件（817条の8）　223
　　1　試験養育期間　223
　　2　期間の計算　223
　Ⅴ　特別養子縁組の効果　224
　　1　実方との関係（817条の9）　224
　　2　戸籍上の記載　224
　　3　立法論　224
第9　817条の10・817条の11：特別養子の離縁　225
　Ⅰ　離縁の原因（817条の10）　225
　Ⅱ　離縁の効果（817条の11）　226
　Ⅲ　立法論　227

第3部　子どもの福祉と親の権限 ―――――― 229

■小　序――テクストの読み方と親権法の構成　229

第4章　親　権 ―――――― 231

第1節　総　則 ―――――― 231

第1　818条：親権の当事者　231

Ⅰ　親権の前提：戸主権との関係　231

Ⅱ　親権の対象：「成年に達しない子」　232

Ⅲ　親権の帰属　232

　1　父母の平等：「父母の親権に服する」　232

　　(1)　規定の変遷（232）／(2)　変遷の意味（233）

　2　養親の優先：「子が養子であるときは……」　234

　　(1)　規定の変遷（234）／(2)　変遷の意味（234）

Ⅳ　親権の行使：「……父母が共同して行う」　235

　1　原則としての婚姻（家）＝共同親権　235

　2　二種の例外　236

第2　819条：共同親権の例外　237

Ⅰ　序　論　237

　1　単独親権　237

　2　明治民法の規定　238

　3　「親権者と定める」と「親権を行う」　239

　　(1)　単独帰属（239）／(2)　認知の場合（239）／(3)　離縁の場合（239）

Ⅱ　親権者の決定・その1：離婚の場合　240

　1　協議離婚　240

　　(1)　出生後の離婚（240）／(2)　出生前の離婚（240）

　2　裁判離婚　241

Ⅲ　親権者の決定・その2：認知の場合　241

　1　書かれたルール　241

　2　書かれざるルール――父のない子　241

Ⅳ　裁判所による決定　242

　1　書かれたルール　242

　2　書かれざるルール――強制認知の場合　242

Ⅴ　親権者の変更　242

　1　経　緯　242

        2 要　件　242
            (1) 裁判所による変更　(242)／(2) 子の利益　(243)
    Ⅵ　小　括——現行法の得失　243
        1 親権と監護権　243
        2 生活実態の考慮　244
第 2 節　親権の効力 …………………………………………………………………………………… 244
    第 1　820 条：監護・教育の権利義務　244
        Ⅰ　はじめに——要としての 820 条　245
        Ⅱ　「監護及び教育」　245
            1 監護・教育の意義　245
                (1) 監護・教育の内容　(245)／(2) 監護・教育と身上監護と養育　(245)
            2 監護の周辺　246
                (1) 監護の対象　(246)／(2) 監護の費用　(247)
        Ⅲ　「権利を有し義務を負う」　247
            1 権利と義務の関係　247
                (1) 義務の相手方　(247)／(2) 権利の意義　(247)
            2 親権の性質　248
                (1) 親子の法律関係　(248)／(2) 手段としての親権　(249)／(3) 小括——監護の性質　(250)／(4) 補論：監護教育権のまとめ——親権の目的　(251)
    第 2　821 条〜823 条：居所指定権・懲戒権・職業許可権　252
        Ⅰ　内部的な権限　252
            1 居所指定権（821 条）　252
                (1) 旧民法から明治民法へ　(252)／(2) 現行民法と立法論　(253)
            2 懲戒権（822 条）　253
                (1) 旧民法から明治民法へ　(253)／(2) 現行民法と立法論　(254)
        Ⅱ　対外的な権限　254
            1 職業許可権（823 条）　254
                (1) 職業許可権の新設　(254)／(2) 親族会の認許　(255)
            2 兵役許可権　255
        Ⅲ　立法論——規定の再編　256
            1 親　権　256
                (1) 新 821 条の創設：居所指定権から引渡請求権へ　(256)／(2) 新 822 条の創設：暴力によらない教育　(256)／(3) 5 条・6 条の再編：処分許可・職業許可と行為能力　(256)／(4) 新 823 条の創設：医療行為と人格権　(257)／(5) 実際の立法：居所指定権・懲戒権等のまとめ　(257)
            2 その他　258

　　　　　(1) 819条の2の追加：子の義務 (258)／(2) 752条の2の追加：共同養育義務 (258)

　第3　824条〜828条：財産管理に関する原則　259

　　Ⅰ　権　　限　259

　　　1　原則（824条本文）　259

　　　　(1) 財産の管理 (259)／(2) 財産に関する法律行為の代理 (260)／(3) 子の法律行為への同意 (260)

　　　2　制　　約　261

　　　　(1) 行為を目的とする債務（824条ただし書）(261)／(2) 共同代理・共同同意（825条）(261)／(3) 利益相反行為（826条）(261)

　　　3　思　　想　262

　　　　(1) 序――整乙1号・2号議案について (262)／(2) 明治民法886条をめぐる論争 (263)／(3) 明治民法886条削除の意味 (264)

　　Ⅱ　義　　務　265

　　　1　注意義務の程度（827条）　265

　　　2　計算の特則（828条）　265

　　　　(1) 規定の内容（828条）(265)／(2) 規定の思想 (265)

　　Ⅲ　小　括――起草者の思想　267

　第4　829条〜832条：財産管理に関する特則・細則　268

　　Ⅰ　無償取得財産の管理に関する特則　268

　　　1　基本的な考え方（830条1項）　268

　　　2　他の制度との関係　269

　　　　(1) 清算の方法（829条）(269)／(2) 選任・改任等（830条2項〜4項）(270)

　　Ⅱ　終了の特則　270

　　　1　委任の規定の準用（831条）　270

　　　2　消滅時効の特則（832条）　271

　第5　833条：未成年親の親権の代行　271

　　Ⅰ　本　論――未成年者による親権行使　271

　　Ⅱ　補　論――未成年者による財産管理　272

第3節　親権の喪失 273

　第1　834条：親権の喪失　273

　　Ⅰ　はじめに――喪失制度の創設　273

　　Ⅱ　申立てによる喪失（834条）　274

　　　1　実体要件・その1――旧規定　275

　　　　(1) 「親権の濫用」(275)／(2) 「著しい不行跡」(275)

　　　2　実体要件・その2――新規定　276

　　　　(1)「虐待又は悪意の遺棄」（276）／(2)「親権の行使が著しく困難又は不適当」（277）
　　　3　手続要件　277
　　　　(1)「家庭裁判所は……喪失の審判をすることができる」（277）／(2)「子，その親族，未成年後見人，未成年後見監督人又は検察官の請求」（277）
　　Ⅲ　当然喪失（原案911条）　278
　　　1　当初の規定　278
　　　2　廃止の理由　279
　　　3　補　論　280
　　　　(1)　性的虐待（280）／(2)　ネグレクト（280）
　第2　834条の2：親権の停止　280
　　Ⅰ　2011年改正　281
　　Ⅱ　親権の停止　281
　　　1　喪失と停止の異同　281
　　　2　喪失と停止の原因　282
　　Ⅲ　親権の一部制限――管理権と監護権・再論　282
　　Ⅳ　親権の競合と優劣　283
　第3　835条～837条：管理権の喪失など　284
　　Ⅰ　管理権の喪失（835条）　285
　　Ⅱ　親権又は管理権の辞任（837条1項）　285
　　Ⅲ　取消しと回復　287
　　　1　喪失の場合（836条）　287
　　　2　辞任の場合（837条2項）　288
補節1　児童福祉法　288
　　Ⅰ　定　義　288
　　　1　児童（4条）　289
　　　2　保護者（6条）　289
　　　3　里親（6条の4）　289
　　Ⅱ　入所措置等　290
　　　1　入所の手続　292
　　　　(1)　発見・通告から報告・措置まで（25条～27条）（292）／(2)　裁判所の関与（28条）（292）
　　　2　関連する規律――同居の制限（30条）　293
　　　3　付随する規律　293
　　　　(1)　一時保護（33条）（293）／(2)　親権喪失の申立て（33条の7）（294）

Ⅲ　禁止行為（34条）　294
　　Ⅳ　親権者等との関係　295
　　　1　権　限　296
　　　　(1)　親権者等がいない場合（47条1項2項）（296）／(2)　親権者等がいる場合（47条3項）（296）
　　　2　費用（49条の2・56条）　297

補節2　児童虐待防止法 297
　　Ⅰ　基本枠組　297
　　　1　序　298
　　　　(1)　立法の経緯（298）／(2)　法律の概要（298）
　　　2　児童虐待　298
　　　　(1)　定義（298）／(2)　禁止（299）
　　　3　児童にかかわる者の責務　299
　　　　(1)　親権の行使（299）／(2)　その他（299）
　　Ⅱ　親権との関係　300
　　　1　面会等の制限等　301
　　　　(1)　制度の内容（301）／(2)　制度の位置づけ（301）
　　　2　接近禁止命令　302
　　　　(1)　要件・効果（302）／(2)　機能（302）
　　　3　親権行使の限界　302
　　　　(1)　しつけと懲戒（302）／(2)　親権喪失制度の運用（303）

後注1　親　権 ─────────────────────── 304
　　Ⅰ　原理的な見直し　304
　　　1　原理の転換　304
　　　　(1)　夫婦中心から子ども中心へ（304）／(2)　「親義務」と親権（304）
　　　2　後見の位置づけ　305
　　　　(1)　未成年者の保護：親権と未成年後見（305）／(2)　成年者の保護：成年後見と任意後見契約（305）
　　Ⅱ　制度的な見直し　306
　　　1　親権解放　306
　　　　(1)　旧民法の自治産制度（306）／(2)　立法論としての親権解放（306）
　　　2　助言人　307
　　　　(1)　助言人の権限（307）／(2)　助言人の拡張（307）
　　　3　未成年・成年の二分法を超えて　307

細目次

後注2　親　子 ─────── 308

Ⅰ　制度としての親子　308
1　親子関係の効果　308
2　親子関係の確立　308
(1)　制度としての親子　(308)／(2)　意思と事実の二分法へ　(309)
3　親子関係の拒絶　309

Ⅱ　原理としての親子　310
1　血統による親子　310
(1)　親子は必要か：承認と承継　(310)／(2)　父母は必要か：差異と統合　(311)
2　血統による家族　311
(1)　基本集団としての家族　(311)／(2)　親族間の権利義務　(312)
3　血統家族は存続しうるか？　312

後注3　婚　姻 ─────── 313

Ⅰ　原理の変遷　313
1　家産的な婚姻観　313
(1)　嫡出推定：承継の媒介としての夫婦　(313)／(2)　夫婦財産制：投資の機会としての結婚　(313)
2　保障的な婚姻観　314
(1)　貞操義務：排他的な性関係の保障　(314)／(2)　配偶者相続権：老後の生活資金の保障　(314)
3　選択的な婚姻観　314
(1)　協力義務から尊重義務へ：親密圏の確保　(314)／(2)　共同養育義務の新設？：投企としての子育て　(315)

Ⅱ　制度の転換　315
1　婚姻の特権性の解体？　315
2　婚姻の唯一性の消失？　316
(1)　共同生活のための契約　(316)／(2)　子育てのための契約　(316)

小　括──それでも家族は必要かと問う前に　316

中編　家族の過去──家とは何であったのか

■小　序──明治民法を読む　318
1　読解の対象　318

　　　　　(1) 明治民法第4編第2章「戸主及ヒ家族」(318)／(2) その他の参照法律 (319)
　　2　読解の意義　319
　　　　　(1) 明治民法の「家」制度を理解する (319)／(2) 条文の「もうひとつの読み方」を理解する (320)

旧第2章　戸主及ヒ家族 ──── 321

第1節　総　　則 ……………………………………………………… 321

第1　旧732条：家族の範囲　321
　Ⅰ　規定の位置づけ　321
　　1　規定の配置　321
　　2　規定の内容　321
　Ⅱ　家族の範囲の定立　322
　　1　「戸主ノ親族」にして「其家ニ在ル者」　322
　　　　　(1) 戸主・親族・家 (322)／(2) 其家ニ在ル者 (323)
　　2　「其配偶者」　323
　　　　　(1) 具体的な適用 (323)／(2) この規定はなぜ必要か (324)
　Ⅲ　家族の範囲の意義　324
　　1　範囲の決め方──効果との関係　324
　　　　　(1) 2項追加の意味 (324)／(2) 家族の効果 (325)
　　2　範囲の決め方──法源との関係　325
　　　　　(1) 条理と慣習 (325)／(2) 総括規定の意義 (326)
　Ⅳ　家族と親族　327
第2　旧733条～735条：子の帰属すべき家　328
　Ⅰ　規定の生成過程　328
　　1　原　案　328
　　2　修正案と整理案　328
　Ⅱ　原則：子は親の家に入る　330
　　1　順序（旧733条）　330
　　　　　(1) 例外：一家を創設する (330)／(2) 原則：父の家に入る (331)／(3) 変則：母の家に入る (331)
　　2　変動（旧734条）　332
　　　　　(1) 親の一方が家にある場合 (332)／(2) 親の双方が家にない場合 (332)
　Ⅲ　例外：家族の子は戸主の同意を要する　333
　　1　規定の意味（旧735条）　333
　　2　否定された提案　334

Ⅳ　小　　括　334
　　　　1　家族か親子か　335
　　　　2　当然か選択か　335
　　　　3　法律か慣習か　335
　第3　旧736条〜745条：帰属すべき家の変動　336
　　　Ⅰ　規定の概観　337
　　　Ⅱ　戸主権の変動（旧736条）　338
　　　Ⅲ　家（籍）の変動　339
　　　　1　入　　籍　339
　　　　　⑴　戸主の親族（旧737条）（339）／⑵　婚姻・養子縁組によって家に入る者の親族（旧738条）（339）
　　　　2　復　　籍　340
　　　　　⑴　離婚・離縁により家を去る者（旧739条・740条）（340）／⑵　再婚・再養子縁組の場合（旧741条・742条）（341）
　　　　3　他家相続・分家など（旧743条）　342
　　　　4　例　　外　342
　　　　　⑴　推定家督相続人（旧744条）（342）／⑵　妻（旧745条）（343）
　　　Ⅳ　小　　括　343
　　　　1　入籍・離籍と個人の自由　343
　　　　　⑴　引取入籍は妥当か（343）／⑵　離籍は必要か（343）
　　　　2　法と道徳の区別　344
　　　　3　「家」の概念の二重性　344
　第2節　戸主及ヒ家族ノ権利義務　……………………………………………………　345
　第1　旧746条〜748条：氏と扶養・財産　345
　　　Ⅰ　家族の氏　345
　　　　1　同氏の原則　345
　　　　2　氏名権の保護　346
　　　Ⅱ　戸主の扶養義務　347
　　　　1　戸主権と親権　347
　　　　2　扶養の順位　348
　　　Ⅲ　家族の特有財産　349
　　　　1　戸主の財産の意義　349
　　　　2　家族の財産の独立　351
　　　　3　帰属不明の場合の処理　351
　　　Ⅳ　小　　括　352
　　　　1　家の縮小　352

　　　　　(1) 大戸主権から小戸主権へ（352）／(2) 大家産から小家産へ（352）
　　２　家の残存　352
　　　　　(1) 家の氏から夫婦の氏へ（352）／(2) 家の財産と夫婦の財産（353）
第2　旧749条〜751条：戸主の権限とその代行　353
　Ⅰ　居所指定権（旧749条）　353
　　１　効　果　353
　　　　　(1) 原則の宣言（353）／(2) 違反への制裁（354）／(3) 行政との関係（355）
　　２　要　件――住所と居所　355
　Ⅱ　婚姻・縁組同意権（旧750条）　356
　　１　離籍か一家創立か　356
　　２　書かれざる前提　357
　　　　　(1) 当事者の意思（357）／(2) 尊属の婚姻（357）
　Ⅲ　戸主権の代行（旧751条）　358
　　１　場合の限定――生死不分明　358
　　２　受け皿としての親族会　358
　Ⅳ　小　括　359
　　１　旧民法との比較　359
　　２　明治日本の人間＝社会観　359
　　　　　(1) 年少者と高齢者（359）／(2) 青年と個人（360）
　　３　民法の優位　360

第3節　戸主権ノ喪失　360

第1　旧752条〜761条：隠居　360
　Ⅰ　隠居とは何か　362
　　１　戸主権喪失原因としての隠居　362
　　２　隠居の歴史と当否　362
　Ⅱ　隠居の制度　363
　　１　隠居の効果　363
　　２　隠居の要件　363
　　　　　(1) 原則―自由隠居（旧752条）（363）／(2) 例外・その１――「已ムコトヲ得サル事由」がある場合（旧753条）（364）／(3) 例外・その２――婚姻の場合（旧754条1項）と女戸主の場合（旧755条1項）（365）
　　３　隠居の手続　365
　　　　　(1) 意思表示（旧755条2項・756条・757条）（365）／(2) 裁判所の許可（366）／(3) 法定隠居（旧754条2項）（366）
　　４　隠居の無効・取消し　366
　　　　　(1) 隠居の無効（366）／(2) 隠居の取消し（旧758条・759条）（366）／

　　　　(3) 債権者の保護（旧760条・761条）（367）
　Ⅲ　隠居の位置づけ　367
　　1　民事死亡・失踪宣告との対比　367
　　2　破産・信託との対比　367
　　3　婚姻・養子縁組との対比　368
　Ⅳ　補　論――入夫婚姻　368
　Ⅴ　小　括　369
　　1　立法と慣習　369
　　2　国家と家族と個人　369
第2　旧762条～764条：家の廃絶　370
　Ⅰ　廃　家　370
　　1　廃家の制度　370
　　2　廃家の意義　371
　　　　(1) 家の承継（371）／(2) 本家の優位（371）
　Ⅱ　絶　家　371
　　1　絶家の制度　371
　　2　絶家の前提　372
　Ⅲ　小　括――廃絶と再興　372
補注1　旧964条～996条：家督相続　373
　Ⅰ　序　375
　　1　親族編と相続編　375
　　2　相続編の基本構造　376
　　3　検討の対象　377
　Ⅱ　国籍喪失による家督喪失（旧964条1号）　377
　Ⅲ　家督相続人の決定　378
　　1　法定家督相続人（旧968条～978条）　378
　　　　(1) 原則と細則（378）／(2) 欠格と廃除（379）
　　2　指定家督相続人（旧979条～981条）　379
　　3　選定家督相続人（旧982条～985条）　380
　Ⅳ　遺産相続人の決定　380
　Ⅴ　余　話――『虞美人草』と『本家分家』の場合　381
　　　　(1) 漱石の『虞美人草』の場合（381）／(2) 鷗外の『本家分家』の場合（382）
補注2　旧944条～953条：親族会　383
　Ⅰ　序　384
　Ⅱ　形式的側面　384

        1　親族会の招集　384
           (1)　招集の手続　(384)／(2)　会員の選定　(384)
        2　親族会の審議　385
           (1)　議決方法と意見陳述　(385)／(2)　不服申立て　(385)
     III　実質的側面　385
        1　親族会の権限　385
        2　親族会の意義　386
           (1)　親族会の廃止と機能の代替　(386)／(2)　親族会の普遍性と現代的な意義　(386)

後注4　「家」とは何であったのか ──────── 389

   I　本　論──「家」の変遷　389
     1　明治民法における「家」の成型　389
        (1)　「家」の概要　(389)／(2)　「家」の法化　(389)
     2　大正身分法学における「家」の変換　390
        (1)　大正改正要綱と穂積私案　(390)／(2)　実体としての家族の変容　(391)
     3　昭和民法における「家」の残映　391
        (1)　「家」の廃止　(391)／(2)　二つの「家」　(392)
   II　付　論──立法と解釈　393
     1　戦前身分法学の価値面での功罪　393
     2　戦前身分法学の方法面での現代性　393

結語1　「家族」から「個人」へ ──────── 395

   I　本　論──「家族」の変貌　395
     1　「大家族」の消滅──兄弟姉妹，そして「ともだち」へ　395
        (1)　大家族の機能としての高齢者支援　(395)／(2)　資源としての兄弟姉妹・ともだち　(395)
     2　「小家族」の変質──非婚家族，再編家族へ　396
        (1)　小家族の機能としての出産・子育て　(396)／(2)　単親家族・継親家族の機能強化　(396)
     3　単身者（おひとりさま）の時代？──「個と共同性」の共進化　397
        (1)　事実としての単身・原理としての単身　(397)／(2)　親密圏の承認と「家族」の受容　(397)
   II　付　論──制度と事実　398
     1　「制度」の両義性　398
     2　「非典型」から「典型」へ　399

3　「契約化」の哲学　399

後編　家族の未来——個人を支える家族へ

■小　序——テクストの読み方と後見法・扶養法の構成　402

第5章　後　見　——403

第1節　838条：後見の開始　403

　I　後見の種類——未成年後見と成年後見　403

　　1　家産保護制度としての後見　403

　　　(1)　未成年後見の場合（403）／(2)　成年後見の場合（403）

　　2　家産から人格へ　404

　　　(1)　親権と未成年後見（404）／(2)　家族的義務から司法的支援へ（404）

　II　後見の開始時　405

　　1　未成年後見の場合——当然開始　405

　　2　成年後見の場合——審判による開始　406

第2節　後見の機関　406

第1　839条～843条：後見人の指定・選任　406

　I　未成年後見人　407

　　1　指定後見人（839条）　407

　　2　選定後見人（840条・841条）　408

　II　成年後見人　409

　　1　法定後見人（旧840条）　409

　　2　選定後見人（843条）　410

　III　補　論——親権者と後見人，未成年後見人と成年後見人の併存　410

第2　844条～847条：後見人の辞任・解任　411

　I　後見人の辞任（844条・845条）　411

　II　後見人の解任（846条）　412

　III　後見人の欠格事由（847条）　413

第3　848条～852条：後見監督人　413

　I　後見監督人の指定・選任と欠格事由（848条・849条・850条）　414

　II　後見監督人の職務（851条）　415

　III　準用規定（852条）　415

Ⅳ　補　論——家庭裁判所の役割　　416
　第3節　後見の事務　……………………………………………………………………416
　　第1　853条〜856条：就職時等の義務　　416
　　　Ⅰ　就職時の義務　　417
　　　　1　財産の調査と目録の作成　　417
　　　　2　債権・債務の申出　　418
　　　Ⅱ　包括財産承継時の義務　　418
　　　Ⅲ　補　論——後見に関する基本的な発想　　418
　　第2　857条〜858条：身上に関する義務　　419
　　　Ⅰ　未成年後見人の身上に関する義務：857条　　420
　　　　1　未成年後見人の権限　　420
　　　　　(1)　権限の範囲　(420)／(2)　権限の制約　(420)
　　　　2　親権者の権限との比較　　420
　　　Ⅱ　複数未成年後見人の権限行使：857条の2　　421
　　　　1　権限の配分　　421
　　　　　(1)　共同行使の原則　(421)／(2)　家裁による権限分配　(421)／(3)　意思表示の受領　(421)
　　　　2　規定の配置に関する問題　　422
　　　Ⅲ　成年後見人の身上に関する義務：858条　　422
　　　　1　成年後見人の義務　　422
　　　　　(1)　義務の対象　(422)／(2)　義務の内容　(423)
　　　　2　旧858条との比較　　423
　　第3　859条〜860条：財産に関する義務　　424
　　　Ⅰ　後見人の財産管理に関する義務：859条　　424
　　　Ⅱ　複数成年後見人の権限行使：859条の2　　425
　　　　1　権限の配分　　425
　　　　2　権限外の法律行為　　425
　　　　3　公示の問題　　425
　　　Ⅲ　居住用不動産の処分についての裁判所の許可：859条の3　　426
　　　　1　居住用不動産の要保護性　　426
　　　　2　「売却，賃貸，賃貸借の解除又は抵当権の設定その他これらに準ずる処分」　　426
　　　　3　無許可処分の効果　　426
　　　　4　補論——現行民法からは削除された諸規定：明民926条〜928条，931条〜933条　　426
　　　　　(1)　規定の紹介　(426)／(2)　規定の趣旨　(427)
　　　Ⅳ　利益相反行為：860条　　428

第4　861条〜869条：費用・報酬，監督等　428
　　　　　I　予算と費用・報酬：861条・862条　429
　　　　　　　1　原始規定　429
　　　　　　　2　規定の加除　429
　　　　　II　監　　督　430
　　　　　　　1　一般規定：863条　430
　　　　　　　　(1)　由来　(430)／(2)　効果　(430)
　　　　　　　2　同意を要する行為：864条・865条　430
　　　　　　　　(1)　由来　(430)／(2)　効果　(431)
　　　　　III　その他　431
　　　　　　　1　利益相反行為・その2：866条　431
　　　　　　　2　権限の増減：867条・868条　432
　　　　　　　　(1)　親権の代行：867条　(432)／(2)　親権者との併存：868条　(432)
　　　　　　　3　準用規定：869条　432
　　第4節　870条〜875条：後見の終了 ……………………………………… 433
　　　　　I　計　　算　434
　　　　　　　1　計算の実施：870条・871条　434
　　　　　　　2　計算未了の効果：872条　434
　　　　　　　　(1)　規定の趣旨　(434)／(2)　比較検討　(435)／(3)　解釈論的な帰結
　　　　　　　　(436)
　　　　　　　3　計算完了の効果：873条　436
　　　　　II　準用規定　437
　　　　　　　1　応急処分義務等：874条　437
　　　　　　　2　消滅時効：875条　437

第6章　保佐及び補助 ──────────────────────── 439

　　第1節　876条〜876条の5：保佐 ………………………………………… 439
　　　　　I　準禁治産から保佐へ：旧847条・旧876条　440
　　　　　II　独自規定　441
　　　　　　　1　保佐の開始：876条　441
　　　　　　　2　保佐の機関　441
　　　　　　　　(1)　保佐人・臨時保佐人：876条の2第1項・第3項　(441)／(2)　保佐監
　　　　　　　　督人：876条の3第1項　(441)
　　　　　　　3　保佐の事務　441

(1) 代理権の付与：876条の4 (441)／(2) 注意義務：876条の5第1項 (442)
    Ⅲ　準用規定　442
       1　保佐人　442
          (1) 保佐人の選任等：876条の2第2項 (442)／(2) 保佐の事務：876条の5第2項 (443)／(3) 保佐の終了：876条の5第3項 (443)
       2　保佐監督人：876条の3第2項　443
第2節　876条の6〜876条の10：補助 ……………………………………………… 443
    Ⅰ　補助の新設　445
    Ⅱ　独自規定　446
       1　補助の開始：876条の6　446
       2　補助の機関：876条の7第1項・第3項，876条の8第1項　446
       3　補助の事務：876条の9　447
    Ⅲ　準用規定　447
       1　補助人：876条の7第2項，876条の10　447
       2　補助監督人：876条の8第2項　448
    Ⅳ　小　括　448
       1　後見・保佐・補助の関係　448
       2　親族編と総則編との関係　448
補節3　任意後見契約法 …………………………………………………………………… 449
    Ⅰ　本法の趣旨：1条・2条　452
       1　目　的　452
       2　構　成　453
       3　定義規定　453
    Ⅱ　任意後見契約の仕組み　454
       1　締結──形式主義の導入：3条　454
       2　作動──任意後見監督人の選任・欠格事由等：4条〜6条　455
          (1) 任意後見監督人の選任・欠格事由 (455)／(2) 本人の意思の尊重等 (455)
       3　作用──任意後見監督人の職務等：7条　455
          (1) 任意後見人・任意後見監督人の監督 (455)／(2) 準用規定 (456)
    Ⅲ　任意後見契約の帰趨　456
       1　変動──代理権消滅の原因：8条〜10条　456
          (1) 任意後見人の解任 (456)／(2) 任意後見契約の解除 (456)／(3) 法定後見との関係 (456)
       2　後始末──代理権消滅の対抗要件：11条　456
    Ⅳ　本法の意義──能力者保護の手法としての裁判所による契約の監督　456

細 目 次

第7章　扶　養 ———————————————— 459

第1節　877条・878条：扶養の当事者（総論） ……………………… 459

Ⅰ　扶養義務の発生（877条）　459

1　扶養義務の根拠　459

(1)　身分関係に基づく法定の義務　(459)／(2)　扶養の必要の発生　(460)

2　扶養義務者の範囲　460

(1)　範囲の制限　(460)／(2)　直系血族・兄弟姉妹——絶対的義務　(461)／
(3)　3親等内の親族——相対的義務　(462)

Ⅱ　扶養の順位（878条）　463

1　順位決定の必要性　463

(1)　義務者複数の場合　(463)／(2)　権利者複数の場合　(463)

2　順位決定の基準　464

(1)　手続　(464)／(2)　実体　(464)

Ⅲ　親族扶養以外の扶養　464

第2節　879条～881条：扶養請求権の具体的な内容（各論） ……………… 465

Ⅰ　扶養の程度と方法（879条）　466

1　決定手続　466

2　扶養の程度の決定　466

(1)　考慮の要素　(466)／(2)　考慮の方法　(466)

3　扶養の方法の決定　467

(1)　可能な方法　(467)／(2)　決定の主体　(468)

Ⅱ　順位・程度・方法の変更（880条）　468

1　変更の原因——事情の変更　468

2　変更の内容——できること・できないこと　468

Ⅲ　扶養請求権の性質　469

1　不可処分性（881条）　469

(1)　禁止される処分の範囲　(469)／(2)　禁止の及ぶ権利の性質　(469)

2　その他の性質　469

(1)　多層性　(469)／(2)　相対性　(469)／(3)　即時性　(469)

Ⅳ　不履行の救済　470

1　履行強制　470

2　その他の救済　470

(1)　事後の請求　(470)／(2)　事後の求償　(470)

Ⅴ　他の制度との関係　471

1　養育費との関係　471

        2　寄与分との関係　471
        3　生活保護との関係　471

   後注5　扶養・後見と家族 ──────────────── 472
      Ⅰ　扶養の純化　472
        1　扶養の根拠と範囲の見直し　472
        2　扶養法の再編成　472
          (1)　法的義務としての扶養義務の限定　(472)／(2)　自然債務としての扶養義務の承認　(473)
        3　扶養に代わる制度　473
          (1)　公的扶助と費用償還請求権　(473)／(2)　契約による扶養　(473)
      Ⅱ　後見の拡張　474
        1　現行制度の改良　474
          (1)　未成年後見　(474)／(2)　(広義の) 後見一般　(474)
        2　支援人制度とその補完　474
          (1)　支援人とは何か　(474)／(2)　裁判所・助言委員会・第三者機関　(475)
        3　行政との連動　475
      Ⅲ　家族契約の新設　476
        1　認識──収縮する「家族」(濃い家族)・拡散する「家族」(淡い家族)　476
        2　制度設計──共同生活契約の試み　476

結語2　財産の法から人格の法へ？ ────────────── 478
      Ⅰ　二つの「民法」と二つの「人」──「家族法」の隆盛と没落　478
      Ⅱ　親族・家族・個人──家族法の内的編成　479
        1　編成の変容　479
          (1)　親族法から家族法へ　(479)／(2)　家族法の中核と外縁　(480)
        2　双面性の諸相　480
          (1)　人格と財産　(480)／(2)　平等と権威　(481)／(3)　意思と事実　(481)／(4)　公共と親密　(481)
      Ⅲ　人・財産・市民社会──家族法の外的編成　481
        1　体系化の視点　481
          (1)　人の法と物の法　(481)／(2)　財産法と家族法　(482)／(3)　個人 (取引) の法と団体 (法人・家族) の法　(482)／(4)　固定 (固有) の法と開放 (普遍) の法　(482)
        2　社会変化の影響　483

(1) 物権から債権へ（483）／(2) 相続から契約へ（483）／(3) 財産から
　　人格へ（483）
　Ⅳ　結論に代えて　483
　　1　編成仮案の提示　483
　　2　対象から方法へ——「他性」あるいは「別様に」　486
　　　(1) それでも「家族」は残る？（486）／(2) 「行為」ではなく「契約」を（486）
　　3　共和・多元・進化——家族法のマクロ的・ミクロ的生成　487
　　　(1) 立法による生成（487）／(2) 判例による生成（487）

あとがき 489

資　料

　1-1　主要改正年表　493
　1-2　民法親族編中改正ノ要綱（大正14年臨時法制審議会決議）　494
　1-3　日本国憲法の施行に伴う民法の応急的措置に関する法律（昭和22年法律第74号）　500
　1-4　明治民法・1947年改正法条文対応表　501
　1-5　条数変遷一覧　505
　2-1　法制審議会総会決定（民法の一部を改正する法律案要綱）（平成8年2月）　506
　2-2　精子・卵子・胚の提供等による生殖補助医療により出生した子の親子関係に関する民法の特例に関する要綱中間試案（平成15年7月・意見募集）　510
　2-3　婚姻の解消又は取消し後300日以内に生まれた子の出生の届出の取扱いについて（平成19年5月7日　法務省民事局）　512
　3-1　法典調査会審議経過（整理会を除く）　513
　3-2　民法改正審議経過　516
　3-3　1947年改正関係者略歴　518

索　引

　事項索引　521
　人名索引　532
　条文索引　534
　判例索引　544
　文献索引　545

主要参考文献

(1) 概説書

磯部四郎『民法釈義人事編之部上・下』(長島書房，1891，復刻版・信山社)
奥田義人『民法人事編(完)』(東京法学院，1893，復刻版・信山社)

＊　＊　＊

奥田義人『民法親族法論(全)』(有斐閣，1898，復刻版・信山社)
梅謙次郎『民法要義巻之四』(明法堂，1899，復刻版・有斐閣)
穂積重遠『親族法大意』(岩波書店，1917)
穂積重遠『親族法』(岩波書店，1933)
外岡茂十郎『増訂親族法概論』(敬文堂，第10版，1942，初版，1926)
中川善之助『略説身分法学』(岩波書店，1930)

＊　＊　＊

我妻栄『親族法』(有斐閣，1961)
中川善之助『新訂親族法』(青林書院，1965，初版，1959)
川島武宜『民法(三)』(有斐閣，改訂増補版，1955，初版，1951)

＊　＊　＊

中川淳『改訂親族法逐条解説』(日本加除出版，1990，初版，1977)
島津一郎『親族・相続法』(日本評論社，1980)
深谷松男『現代家族法』(青林書院，第4版，2001，初版，1983)
久貴忠彦『親族法』(日本評論社，1984)
佐藤義彦＝伊藤昌司＝右近健男『民法Ⅴ親族・相続』(有斐閣，第3版，2005，初版，1987)
鈴木禄弥『親族法講義』(創文社，1988)
中川高男『親族・相続法講義』(ミネルヴァ書房，新版，1995，初版，1989)
太田武男『親族法概説』(有斐閣，1990)
有地亨『家族法概論』(法律文化社，新版補訂版，2005，初版，1990)
星野英一『家族法』(放送大学教育振興会，1994)
北川善太郎『親族・相続〔民法講要Ⅴ〕』(有斐閣，第2版，2001，初版，1994)
利谷信義『家族の法』(有斐閣，第3版，2010，初版，1996)
野田愛子『現代家族法〔夫婦・親子〕』(日本評論社，1996)

泉久雄『親族法』（有斐閣，1997）
副田隆重＝棚村政行＝松倉耕作『新・民法学5 家族法』（成文堂，2004）
川井健『民法概論5 親族・相続』（有斐閣，2007）

＊　＊　＊

大村敦志『家族法』（有斐閣，第3版，2010，初版，1999）
大村敦志『文学から見た家族法』（ミネルヴァ書房，2012）
大村敦志『家族と法』（左右社，2014）
大村敦志『新基本民法7 家族編』（有斐閣，2014）
二宮周平『家族法』（新世社，第4版，2013，初版，1999）
内田貴『民法IV親族・相続』（東京大学出版会，補訂版，2004，初版，2002）
松川正毅『民法　親族・相続』（有斐閣，第4版，2014，初版，2004）
高橋朋子＝床谷文雄＝棚村政行『民法7親族・相続』（有斐閣，第4版，2014，初版，2004）
吉田邦彦『家族法（親族法・相続法）講義録』（信山社，2007）
前田陽一＝本山敦＝浦野由紀子『民法VI親族・相続』（有斐閣，第3版，2015，初版，2010）
窪田充見『家族法』（有斐閣，第2版，2013，初版，2011）
犬伏由子＝石井美智子＝常岡史子＝松尾知子『親族・相続法』（弘文堂，2012）

(2) 注釈書・論文集等

中川善之助責任編集『註釈親族法（上・下）』（有斐閣，1950/52）
中川善之助ほか編『注釈民法（20）〜（23）』（有斐閣，1966/72）
谷口知平ほか編『新版注釈民法（21）〜（25）』（有斐閣，1989-2008）
沼正也『親族法準コンメンタール総論・総則』（信山社，新版，1998，初版，1963）
清水節『判例先例親族法II 親子』（日本加除出版，1995）
清水節『判例先例親族法III 親権』（日本加除出版，2000）
中山直子『判例先例親族法——扶養』（日本加除出版，2012）
中川善之助還暦『家族法大系I〜VII』（有斐閣，1959-60）
中川善之助追悼『現代家族法大系1〜5』（有斐閣，1979-80）
川井健ほか編『講座現代家族法1〜6』（日本評論社，1991-92）
石川稔＝中川淳＝米倉明編『家族法改正への課題』（日本加除出版，1993）
婚姻法改正を考える会編『ゼミナール婚姻法改正』（日本評論社，1995）
中田裕康編『家族法改正——婚姻・親子関係を中心に』（有斐閣，2010）
大村敦志ほか編『比較家族法研究——離婚・親子・親権を中心に』（商事法務，2012）
穂積重遠追悼『家族法の諸問題』（有斐閣，1952）

青山道夫追悼『家族の法と歴史』（法律文化社，1981）
太田武男還暦『現代家族法の課題と展望』（有斐閣，1982）
中川淳還暦『現代社会と家族法』（日本評論社，1987）
有地亨編『現代家族法の諸問題』（弘文堂，1990）
谷口知平追悼1『家族法』（信山社，1992）
唄孝一＝石川稔編著『家族と医療――その法学的考察』（弘文堂，1995）
中川淳古稀『新世紀へ向かう家族法』（日本加除出版，1998）
星野英一編集代表『民法講座7』（有斐閣，1984）
広中俊雄＝星野英一編『民法典の百年Ⅰ，Ⅳ』（有斐閣，1998）
野田愛子＝梶村太市編『新家族法実務大系Ⅰ～Ⅴ』（新日本法規，2008）

＊　　＊　　＊

大村敦志『消費者・家族と法――生活民法研究Ⅱ』（東京大学出版会，1999）
大村敦志『新しい日本の民法学へ――学術としての民法Ⅱ』（東京大学出版会，2009）【「学術」と略称】

(3) 立法資料・解説

利谷信義編『皇国民法仮規則』（非売品，1970）
大久保泰甫＝高橋良彰『ボワソナード民法典の編纂』（雄松堂，1999）
広中俊雄編著『日本民法典資料集成第1巻』（信山社，2005）
「法典調査会民法議事速記録・民法整理会議事速記録」『日本近代立法資料叢書5～7，14』（商事法務研究会，1984/88）
「戦前における民法改正案・家事審判法改正案立案資料」「同補遺」堀内節編著『家事審判制度の研究（正・続）』（中央大学出版部，1970-76）
『人事法案（仮称）第一編親族（昭和16年整理）第二編相続（昭和15年整理）』（信山社，2000）
我妻栄編『戦後における民法改正の経過』（日本評論社，1956）【「経過」と略称】
最高裁判所事務総局『民法改正に関する国会関係資料』（家庭裁判資料34号，1953）
大村敦志「民法典の改正――後2編」広中俊雄＝星野英一編『民法典の百年Ⅰ』（有斐閣，1998）
和田幹彦『家制度の廃止――占領期の憲法・民法・戸籍法改正過程』（信山社，2010）
細川清『改正養子法の解説』（法曹会，1993）
小林昭彦＝原司『平成11年民法一部改正法等の解説』（法曹会，2002）
小林昭彦ほか編『一問一答新しい成年後見制度』（商事法務研究会，2000，新版，2006）
飛澤知行編著『一問一答平成23年民法等改正』（商事法務，2011）
原田慶吉『日本民法典の史的素描』（創文社，1954）

星野英一「日本民法典に与えたフランス民法の影響」同『民法論集第 1 巻』（有斐閣，1970）

(4) 手続法
梶村太市 = 徳田和幸編『家事事件手続法』（有斐閣，2005，第 2 版，2007）
佐上善和『家事審判法』（信山社，2007）
小野瀬厚 = 岡健太郎編著『一問一答新しい人事訴訟制度』（商事法務，2004）
松本博之『人事訴訟法』（弘文堂，第 3 版，2012，初版，2006）
金子修編著『一問一答家事事件手続法』（商事法務，2012）
金子修編著『逐条解説家事事件手続法』（商事法務，2013）

(5) 外国法
神戸大学外国法研究会『独逸民法Ⅳ』（有斐閣，1937/38，復刻版・有斐閣）
稲本洋之助監訳『フランス民法典――家族・相続関係』（法曹会，1978）
松倉耕作訳著『オーストリア家族法・相続法』（信山社，1993）
松倉耕作訳著『スイス家族法・相続法』（信山社，1996）
石部雅亮編『ドイツ民法典の編纂と法学』（九州大学出版会，1999）
北村一郎編『フランス民法典の 200 年』（有斐閣，2006）
稲本洋之助『フランスの家族法』（東京大学出版会，1985）
Carbonnier (J.), *Droit civil, tome 2*, PUF, 21e éd. refondu, 2002, 1re éd., 1955
D・シュヴァーブ（鈴木禄弥訳）『ドイツ家族法』（創文社，1986）
金疇洙 = 金相瑢『注釈大韓民国親族法』（日本加除出版，2007）
岩井伸晃『中国家族法と関係諸制度』（テイハン，2000）

> * 概説書については，原則として著者名のみで引用する。「穂積」については『親族法』を，「中川」については『新訂親族法』を引用した。
> 　注釈書については，「新版注釈民法 (1)〔山本敬三〕」という形で引用する。法典調査会の議事速記録については，「梅・法典調査会」「富井・整理会」という形で引用する。また，日本近代立法資料叢書の巻数については漢数字を付した。
> 　その他の文献（上記以外のものも含む）については，原則として編著者名と書名で引用する（煩瑣を避けるために，出版社の引用は省略し，刊行年に関しては必要な場合にのみ掲げた）。

凡　例

【法令名略語】

　現行民法については，本書序言で紹介する区分のほかは，とくに断りのない限り条数のみで示した。その他の法令については原則として有斐閣『六法全書』巻末の法令名略語によった。

　ただし，以下については次の記載による。

通　則	法の適用に関する通則法
DV 防止法	配偶者からの暴力の防止及び被害者の保護等に関する法律

【判　例】

最大判	最高裁判所大法廷判決
大連判	大審院連合部判決
最判（決）	最高裁判所判決（決定）
大判（決）	大審院判決（決定）
家　審	家庭裁判所審判

【判例集】

民　集	最高裁判所民事判例集
新　聞	法律新聞
判　時	判例時報

　最判昭和 58 年 4 月 14 日民集 37 巻 3 号 270 頁
　　＝最高裁判所昭和 58 年 4 月 14 日判決，最高裁判所民事判例集 37 巻 3 号 270 頁

「新民法（昭和民法＝1947年改正法）」の立法担当者たち

左上：我妻栄『我妻栄先生追悼・特集 我妻法学の足跡』ジュリスト563号より
右下：中川善之助『中川善之助先生追悼 現代家族法大系1』より
　それぞれの略歴については，本書518頁を参照

序　言

1　家族の「現在」は？──何を問うのか？

『無援の抒情』で知られる全共闘世代の歌人・道浦母都子の歌集『風の婚』(1991) には，次のような歌が収められている。

　　水の婚　草婚　木婚　風の婚　婚とは女を昏(くら)くするもの

　　父母の血をわたくしで閉ざすこといつかわたしが水となること

この 2 首は歌人その人にとってもとりわけ気になる歌らしく，その著書の中で何度か言及されている。たとえば，あるエッセイでは，二つの歌にそれぞれ次のようなコメントが付されている（道浦母都子『四十代，今の私がいちばん好き』〔1994〕4-5 頁）。

「人は一人では生きていけない。そんな当然を，当然すぎるけれども大切なことを，ここでもう一度自分自身に尋ね返してみたい気がする。だから再び，結婚したい，誰かと暮らしたい。そう単純に願うわけではない。」

「いつか水となる前に今一度，私の生命の糸を思いきり伸ばしてみたい。自分でも思いがけない，私の中の自然の何かがふつふつと動き始めてきたのだ。」

「婚」が「女を昏くする」のか，あるいは，「父母の血」がそれほどの重みを持つのか──。反対に，人は「一人では生きていけない」のか，「私の中の自然の何か」にどれほどの意味があるのか──。このあたりは，世代によって，性別によって，何よりも人によって感じ方が違うのかもしれない。

しかし，どのような立場に立つにせよ，二つの歌の示された夫婦や親子，共同生活や性・生殖が，現代に生きる私たちにとって大きな関心事であることは確かだろう。明確な言葉にはならないとしても，それぞれの人がそれぞれの状況に応じて，何らかの思いを持っているに相違ない。

本書は，家族を規律する法律である「民法」の条文を読み解くことによって，

言い換えれば，民法のテクスト（さらには民法をめぐるテクスト）を生み出してきた先人たちとの対話を通じて，上記の問いに何らかの答えを与えようという試みである。一つの文学作品が様々な解釈を呼び起こすように，テクストの読みは一通りではない。その意味では，これから示す読みは，私という個人の一つの読みであるということになる。

2　家族の「起源」と「将来」——いかに問うのか？

戦後の家族法改革の主たる担い手である我妻栄は，戦後家族法学を代表するその概説書を，次のように書き起こしている。

> 「男女の性的結合……の起源を探ることは，不可能に近く，その将来を卜することは夢にひとしい」

このように書き記されてから半世紀以上の歳月が過ぎ去った。しかし，我妻の「予言」は今もそのまま妥当する。それにもかかわらず，本書は，家族の「起源」を問おうとする。ただし，これから試みられるのは，家族そのものの起源探索ではない。本書でいう「起源」とは「民法典の起草趣旨」を意味する。現行民法を含む三つの民法（1890年旧民法・1898年明治民法・1947年新民法＝現行民法）を比較検討することによって，その変遷の意味を明らかにする。そのために，三つの民法のテクストおよびこれらを支える中心的なサブテクストとしての概説書のいくつか（具体的には，旧民法につき磯部，明治民法につき梅・穂積，新民法につき我妻・中川。なお，その他の概説書については「主要参考文献」を参照）を特に重視する。その上で，来るべき「民法典の改正方針」についても論ずるが，その際には，私自身のディスクール自体も検討の対象とする。このように民法（家族法）という（複数の）テクストを通じて，家族の過去から現在を照射し，その「将来」を展望してみたい。

このような方法に対しては，条文を読むだけでは家族の実態は理解できない，という批判が予想される。その通りかもしれない。しかし，本書が明らかにしたいのは，「家族の実態」ではなく「家族の観念」である。そのためには，民法（家族法）というテクストを読解する作業は大きな意味を持つはずである。もっとも，テクストの背後には実態が伏在していることにも留意する必要がある。本書もまた，観念の背景をなす実態に可能な範囲で目を向けていきたい。

3 民法の「基本」と「先端」——何のために問うのか？

　本書は,『民法読解　総則編』の続編である。したがって, 基本的には, 本書の検討は, 同書と共通の方法を用いて行われる。すなわち, ①立法資料を読む, ②その後の学説も含めて「考え方」の変遷を追う, ③民法の世界観を明らかにする (総則編における「人・物・行為・時間」から, 親族編における「性＝生殖・婚姻・血縁・共同生活」へ) というのが, 本書においても基本となる。

　ただし, 本書に固有の特色もある。すでに示唆したように, 本書においては, ①立法の変遷をたどり, 三つの民法の連続・不連続を明らかにする (このような検討の必要性は, すでに星野英一によって指摘されている。同「明治以来の日本の家族法」同・民法論集第9巻〔有斐閣, 1999, 初出, 1997〕, 星野4-6頁, 49-53頁など)。②必要な限度で, 立法の背後にある社会的事情を書き込む, ③イデオロギー的な図式にとらわれず, 基本的な制度趣旨を明らかにする, ④将来に向けて, 立法論的な検討を視野に入れる, ことを目指すものである。

　このようなテクスト読解は, まさに法解釈そのものであるとも言える。民法 (家族法) が, 具体的な事例にどのように適用されるかではなく, 基本的にどのような発想に基礎づけられたものかを明らかにすること, ただ, その際に, 特定のイデオロギーではなく, 具体的な条文・制度から出発すること, を重視したい。

　このような試みこそが, 様々な進路を予定している学部学生の共通教養としてふさわしい。それだけではなく, 最先端を切り開こうとする若い研究者たちのトレーニングの素材にもなるのではないか。そう考えて2008年から2013年にかけて東京大学大学院と同法学部の演習枠を用いて特殊講義 (および2012年にお茶の水女子大学大学院の家族法特講) を行ったが, 本書はこれらの講義をもとにしている。

　なお, 本書中編 (お茶大での講義に対応) は, 現行民法ではなく明治民法の旧第2編を対象とするものであるが, その趣旨については中編の小序を参照願いたい。また, 中編を挟んで前編・後編という区分をし, この3編を家族法の現在・過去・未来と対応させた理由については「あとがき」で一言してある。

4 民法の「再編」？——問いの彼方に現れるもの

　本書は, 前述の期間内に (お茶大での講義は別にして) 4学期にわたって行われた講義をもとにしているが, これに対応する形で四つの部分に分けられる。

それぞれの部分は,「大きな家族・小さな家族」「親子関係の成立をめぐる諸問題」「子どもの福祉と親の権限」「個人を支える家族」と題されているが,民法典の編別に従うならば,順に,「総則,婚姻」「親子」「親権」「後見,補助及び保佐,扶養」を対象とすることがわかるだろう。

しかし,ほぼ条文順に行われる本書の検討は,民法(家族法)の体系を現在のままで固定することを前提とするものではない。本書のその先に遠望される新しい民法(家族法)の体系はどのようなものであるか。その像は必ずしも未だ明確ではないが,その概要は本書の結論部分にあたる結語2で示すこととしたい。

5 民法典の「分節」と「積層」

本書は条文順の検討を基本とする。しかし,前述のように逐条解説を行うものではなく,条文をいくつかのまとまりに分節化して話を進める。そして,各章の終節において,その章の表題とからめる形で,個々の条文からはもれ落ちる問題に言及し,全体の最後に置かれた結章では,「親族編」の編成について検討する。

本書では現行法の規定のみではなく,今日に至るまでに削除された規定や修正された規定も扱われる(特に中編では全面削除された明治民法の「戸主及ヒ家族」の章を取り上げる)。別の言い方をすれば,原始規定を基層として,これに加除修正のための諸規定が加わることによって生成したテクストの積層の全体が本書の対象となる。

このこととの関係で,条文の表示のしかたにつき一言しておく必要がある。冒頭に述べたように,親族編に関しては私たちは三つの民法を持っていると言える。公布年で表示すれば,1890年民法,1898年民法,1947年民法であるが,慣行に従い,本文中ではこれらはそれぞれ,「旧民法」,「明治民法」,「(現行)民法」と呼ぶ。ただし,条数を引用する場合には旧民法については「旧民法人事編○○条」という形で編別を加える。かっこ内で条数を引用する場合には,「旧民人○○条」,「明民○○条」,「○○条」とする。

明治民法の当初の規定と最終の規定,現行民法の当初の規定と現在の規定の間には,改正による変更が生じている場合があるが,最終(ないし最新)の規定を引用する場合には特に断らず,当初の規定を引用する場合には「原○○条」とする。なお,改正の前後において規定を対比する際には「旧○○条」「新○○条」(あるいは「改正前○○条」「改正後○○条」)という表記をすることも

ある。なお，明治民法の条文を検討する中編においては，いちいち「明治民法○○条」とせずに，「旧○○条」としている。また，立法過程における条文を引用する際には「草案（原案）○○条」などとする。

	本文中表記		かっこ内表記
1890年民法	・旧民法	旧民法人事編○○条	旧民人○○条
1898年民法	・明治民法	明治民法○○条 ※旧○○条（中編のみ）	明民○○条 ※旧○○条（中編のみ）
1947年民法	・（現行）民法	（現行）民法○○条	○○条

■途中改正規定（たとえば820条）の場合

2011年改正後820条	新820条（改正後820条）
2011年改正前	旧820条（改正前820条）
1947年改正時	原820条

民法典の制定以来，「親族」編に関する書物は「総則」編等に比べると多いとは言えないが，それでも数十冊に及ぶ（主なものは「主要参考文献」として掲げた）。それらは，それぞれに「親族」編を読み解くものであるといえる。本書における読解も，この長い営みを前提とし，その恩恵にあずかるものであることは言うまでもない。なかでも，各時代を代表するものとして，常に座右に置いたものは，次の通りである（あわせて2種の注釈書——新旧の『注釈民法』——と総則の一部をカバーするだけだが重要な内容を含む梅『民法総則』，川島『民法Ⅰ』，広中『新版民法綱要第1巻総論』，さらに古くは奥田，少し前では，久貴，泉，有地，利谷，星野，最近では内田，窪田も随時参照した）。

　　　　第0期（～1895）　　磯部（1891）
　　　　第1期（～1905）　　梅（1899）
　　　　第2期（～1935）　　穂積旧（1917），穂積（1933），中川旧
　　　　第3期（～1965）　　我妻（1961），中川（1965）
　　　　第4期（～1995）
　　　　第5期（1995～）

ただし，本書では，これらの参考文献やその他多くの判例・学説の説くところを過不足なく要約・整理するといったことはせずに，私自身の観点から取捨選択をして，「私の注釈（私注）」として提示する。したがって，本書から，民法親族編に関する既存のすべての（少なくとも重要な）情報を知りうる，というわけではない。目的はあくまでも「私の読み方」を示すことになる。その中からいくらかの目新しい情報とともに，ひとつのありうるアプローチをくみとっていただければ幸いである。

　なお，これらの文献のうち古いものは文語カタカナ書きで書かれているが，読者の便宜のため，引用にあたってはひらがな書きに改め必要に応じて句読点を補った。これは，頻繁に引用されることになる法典調査会の議事速記録についても同様である。ただし，民法典の条文（およびその草案類）に関しては，現代語化以前（文語カタカナ書き）と以後（口語ひらがな書き）の区別をわかりやすくするために，そのままの形で引用していることをお断りしておく。

◆ 前編　家族の現在──子どもを育てる家族

第1部　大きな家族・小さな家族

第1章　総　　則

第1　725条・726条：親族の意義

> （親族の範囲）
> 第725条　次に掲げる者は，親族とする。
> 　一　6親等内の血族
> 　二　配偶者
> 　三　3親等内の姻族
> （親等の計算）
> 第726条①　親等は，親族間の世代数を数えて，これを定める。
> ②　傍系親族の親等を定めるには，その一人又はその配偶者から同一の祖先にさかのぼり，その祖先から他の一人に下るまでの世代数による。

I　序

1　立法の基本方針

　民法第4編第5編は戦後に全面改正を受け，その結果として，家制度が廃止され，夫婦・親子を中心とした新しい家族法が出現したことは周知の通りである。しかし，現行民法725条は，全面改正によっても手をつけられることなく，今日に至っている。

　確かに，725条は，何の変哲もない規定であるようにも見える。しかし，この規定をめぐり，法典調査会では今日では意外にも思われるほどの論争が繰り広げられた。論争の背後にあったのは，親族に対する考え方，立法に対する考え方の相違である。あらかじめ，この点につき一言しておこう。

　親族編第1章（725条以下）の起草者・富井政章は，逐条の説明に入るに先立ち「親族編調査の方針」につき，次のように述べている。「一方に於て弊害なき限りは従来の制度慣習に存することにし又一方に於ては社会の趨勢に伴つて社会交通が開け其他種々の原因よりして社会の状況が少しく変れば直ちに法典を変へねばならぬと云ふやうなことにならないことを希望する」（法典調査会五462頁）。

　まず掲げられているのは過去（慣習）への配慮であるが，このように説く富

井の(さらには法典調査会の全委員の)意識の中に法典論争があることは言うまでもない。というのも,旧民法は「親族法相続法に当る部分即ち『人事編』の規定に於て我国の国情民俗に適しない事項が多いと云ふのが重大な批難の一つであつた」(穂積16頁)からである。しかし,もう一つの方針,すなわち,指摘されている将来への展望(社会の趨勢)の方も忘れてはならない。というよりも,起草委員たちにとってはむしろこちらの点が重要であったと言うべきだろう。しかし,他の委員たちは必ずしも同様には考えていなかったようである。このことは,後に紹介する明治民法728条をめぐる論争においても明らかになる。

もう一つ注目すべきは,富井が法典論争において延期派の急先鋒であったにもかかわらず(帝国議会における演説を見よ),「既成法典(旧民法を指す――大村注)は此2点から見れば多少修正を加ふべき点はありませうけれども根本的に改正を加へねばならぬと云ふ程の点はないやうに思ひます」(法典調査会五 462頁)と述べている点である。このことは二様に理解できる。一つは,富井(さらには起草者たち)は,当時においては開明的な家族観を持っていたという理解であり,もう一つは,旧民法は言われたほどには開明的ではなかったという理解である。いずれもが真理を含んでいると見るべきだろう。

2 法典の編成

もっとも,内容はともかくとして,形式に関する限り,旧民法と明治民法・現行民法は著しく異なる。すなわち,前者が,親族に関する規定を人事編に置いたのに対して(相続に関する規定は財産取得編に置かれていた),後者は,独立の編を立てて親族編としたからである。このような編成の大転換にはいくつかの理由が考えられるが,法典論争において「人事編」が受けた攻撃を回避したいという思惑もあったと推測される(広中俊雄の指摘を参照。同「成年後見制度の改革と民法の体系(上)(下)」ジュリ1184号・1185号〔2000〕)。

編成の転換はより細かな点にも及んでいる。現行民法の第4編第1章「総則」に置かれたのは「親族一般」に関する規定(その意味での「総則」)であるが,そこには親族扶養に関する規定は含まれていない。旧民法人事編第3章は親族関係の存否に関する規定と親族関係の効果としての扶養の規定を「親属及ヒ姻属」にまとめていたが,明治民法はこれを分割したわけである。

ここで以下の議論の便宜のために,旧民法人事編・明治民法第4編の略目次を掲げておこう。

旧民法人事編	明治民法第4編親族
第1章　私権の享有及ひ行使 ┄┄>	第1編　総則
第2章　国民分限 ┄┄>	（国籍法）
第3章　親属及ひ姻属	第1章　総則
	第2章　戸主及ひ家族
第4章　婚姻	第3章　婚姻
第5章　離婚	
第6章　親子	第4章　親子
第7章　養子縁組	
第8章　養子の離縁	
第9章　親権	第5章　親権
第10章　後見	第6章　後見
	第7章　親族会
	第8章　扶養の義務
第11章　自治産	
第12章　禁治産 ┄┄>	第1編　総則
第13章　戸主及ひ家族	
第14章　住所 ┄┄>	第1編　総則
第15章　失踪 ┄┄>	第1編　総則
第16章　身分に関する証書 ┄┄>	（戸籍法）

　あわせて次の3点を指摘しておく。第一に，人事編においては，まず個人が出発点とされ，親族関係がその後に置かれていたこと。この点が法典論争における攻撃の対象となったのであろう（現行民法においては，「人」は総則編に移されたために技術的な色彩を帯び，その基底性は目立たない形になっている）。第二に，旧民法と明治民法とでは，「戸主及ひ家族」の位置づけが異なること。これもまた攻撃の対象となりうることは言うまでもない。実は，この点は725条をめぐる論争とも関係している。第三に，旧民法に含まれていた国籍（国民分限）・戸籍（身分証書）に関する規定は，明治民法や現行民法には含まれていない。このことの意味については他の著書で触れたので繰り返さない（大村『他者とともに生きる』〔東京大学出版会，2008〕を参照）。

II　親族の範囲（725条）

1　本条の考え方

　(1)　**親族の範囲**　　現行725条（明民725条）は親族の範囲を定める規定である。具体的には，6親等内の血族，配偶者，3親等内の姻族が親族となると

されている。

　しかし、この規定は自明のものではない。第一に、親族の概念であるが、親族＝血族という考え方も根強く存在した。旧民法の用語法はこれによるものであった。これに対して、明治民法は、配偶者・姻族をこれに加えたわけである。富井は、「親族と云ふ言葉を広く用ゐ」た（富井・法典調査会五 463 頁）と述べている。その根拠は、各種の慣習（たとえば服忌令などが参照されている）に求められるとともに、血族・姻族の上位概念として親族を措定しようという意思に出たものとも言える。その意味で、「特に新例を啓くの観なきに非すと雖も」との注記がなされている（梅 4 頁）。

　第二に、親族の範囲であるが、血族を 6 親等とし、姻族を 3 親等とする根拠は何か。前者については基本的には旧民法にならったとされている。富井によれば、「外国の立法例を調べて見ました区々になつて居ります……多くは 6 親等より上を限りとして居る 6 親等より下を限りとして居る例は見当たりませなんだ」「新律綱領現行刑法などを見ますと書き方は列挙法でありますけれども実質を見ると……6 親等を越えないことになつて居ります」「どうも此位が実際の結果も宜し従来の慣習にも反して居らないで宜からう」ということで旧民法を踏襲したという（富井・法典調査会五 464 頁）。後者は、旧民法でははっきりしなかったという（なお、富井は、旧民人 25 条 1 項は「血族と同一にする考へのやうに見えます」と付言している。法典調査会五 464 頁）。しかし、これは慣習に反するだろうとして、やはり「現行刑法」（当時の刑法）を引き合いに出している。

　(2)　**親族の効果**　このように親族の範囲を定めることの意味はどこにあるのか。もちろん親族関係は相続・扶養の基礎になるが、725 条の定める範囲の親族に当然に相続権や扶養義務が発生するわけではないことは言うまでもない。これらについては個別の規定によって権利者の範囲が画されている。明治民法が扶養の規定を親族総則から切り離したのもそのためであった。

　では、親族の効果として残るのは何か。明治民法には存在した親族会の構成員資格が問題になりうるが（梅が法典調査会で指摘している。法典調査会五 469 頁）、親族会を廃止した現行民法の下ではその必要はない。したがって、親族であることの積極的な効果は乏しい（他方、親族でなくなったことが大きな意味を持つことはあるが、これについては別の箇所〔本節第 2 Ⅱ〕で述べる）。そうなると、その意味は象徴的なものであるということになろう。

2　立法論的な当否

　725 条の象徴的な意味は、起草時から議論の対象であった。6 親等以上の血

族も親族に違いなかろう，というわけである。富井は，この批判に答えて，民法における親族という意味であるが，旧民法のように「6親等ノ外ハ親属ノ関係アルモ民法上ノ効力ヲ生セス」（旧民人19条2項）は，当然のことであって書くまでもないと反論している。

　しかし，親族の範囲をより広く，という意見は根強く，大正要綱では，①直系血族，②6親等内の傍系血族，③配偶者，④直系血族の配偶者，⑤3親等内の姻族および其配偶者，⑥子の配偶者の父母（趣旨は要調査——大村注），⑦養子の父母および子の養父母，とした（要綱第1）。もっとも，これに対しては，「一般的に親族の範囲を法定する規定を設けず，近親結婚の禁止・親族会・相続等個々の問題につき必要に応じて親族の範囲を限定したらよくはないかとも思われる」（穂積32頁）との意見が表明されていた。

　戦後は，この意見とは別に，親族の範囲が実態に合わないとして，修正をすべきだとする意見も聞かれる（鈴木215頁など）。たとえば，大正要綱の⑤の一部（特に，配偶者の兄弟姉妹の配偶者）などは親族に含める必要があるのに対して，今日ではほとんどつきあいのない人までを親族とする必要はないなどと言われている。

Ⅲ　構成要素の定義（726条）

1　規定のある事項

(1)　世数親等制の採用　親等とは親族の遠近を測る単位を意味する。726条が採用しているのは「世数」（現代語化により，「世代数」とされるに至った）による方法であり世数親等制と呼ばれる。これ以外に階級親等制と呼ばれる方法もある。血縁の遠近だけでなく地位の尊卑や情義の厚薄，あるいは男系女系，父方母方，夫方妻方などを勘案する方法であり，中国で用いられてきたものであるという。前出の新律綱領に掲げられた「五等親図」などはこれによるものである（穂積41-42頁）。

(2)　傍系の場合の計算方法　現行民法は世数親等制を採用することを確認した上で，傍系の場合の世代数の計算方法を示した。この点に関しては，ローマ法と教会法とで計算方法を異にするが，そのうちの前者によることを明示したのである。なお，教会法によれば，計算対象となる二人と共同の始祖の親等を別個に計算し，その多い方を親等とするという（穂積43-44頁）。

2　規定のない事項

　その他にも旧民法には，直系・傍系（旧民人20条2項），尊属親・卑属親（同

3項)の定義，あるいは，直系の場合の世数の計算方法（同21条1項）が定められていたが，いずれも当然のこととして削除されている。

第2　727条〜729条：親族関係の発生・終了

> （縁組による親族関係の発生）
> 第727条　養子と養親及びその血族との間においては，養子縁組の日から，血族間におけるのと同一の親族関係を生ずる。
> （離婚等による姻族関係の終了）
> 第728条①　姻族関係は，離婚によって終了する。
> ②　夫婦の一方が死亡した場合において，生存配偶者が姻族関係を終了させる意思を表示したときも，前項と同様とする。
> （離縁による親族関係の終了）
> 第729条　養子及びその配偶者並びに養子の直系卑属及びその配偶者と養親及びその血族との親族関係は，離縁によって終了する。

I　親族関係の発生

1　規定のない場合

親族関係の発生につき，民法はすべての場合を規定しているわけではない。むしろ，主要な場合については，当然のこととして定めていない。すなわち，血族関係は出生により（ただし，父子関係は認知により），配偶関係と姻族関係は婚姻により，それぞれ発生するが，これらについては特段の規定を設けていない。

2　規定のある場合（727条＝明民727条）

(1)　**規定の射程**　養子縁組による親族関係の発生については，民法に規定が置かれている。727条は，「養子」と「養親及びその血族」の間に，縁組の日から血族と同じ親族関係が生ずるとしている。たとえば，「養親の実子は養子の兄弟姉妹にして養親の父母は養子の祖父母なるが如し」ということになる（梅7頁）。

この規定の適用範囲については，次の2点に注意する必要がある。

第一に，この規定には，養子と養親の間に親子関係が生ずることは書かれていない。このことは養子縁組の効果そのものであるので，親族関係ではなく，

養子のところに規定が置かれている（809条）。この発想からすれば，親族関係も養子縁組の効果には違いないので，養子のところに規定を置くことは十分に考えられる。しかし，そうしていないのは，明治民法が親族に関する規定を冒頭にまとめようという構想を持っていたためである。この点につき，富井は次のように述べている。「本案に於ては外の国の法律に殆ど例のない親族編に総則を置きましてさうして法律上誰が親族であると云ふことを極めるのでありますから何も此処へ置く方が——此規定丈けは此処へ置く方が体裁を得たものであると思ふて置いたのであります」（法典調査会五487頁）。このことが何を意味するかについては，後に考えてみたい（⇒3(4)）。

　第二に，この規定は，養親と養子の血族の親族関係については定めていないが，これらの者の間に縁組によって親族関係が発生することはない。つまり，養親と養子の血族，養子と養親の血族の親族関係は非対称の構造を有する。その理由は，かつて「養子ハ縁組ニ因リテ養親ノ家ニ入ル」（明民861条）とされていたことに求められる。すなわち，養子縁組とは，養子のみが（その限度では実方との関係から離れて）養方の血統（ただし，厳密に言えば，これは「養親の家」と同じではない）に属することになるという発想によるものだろう（川島35頁は，「養子が養親の『家』的同族団体の中に入るとする旧来の慣習を反映し，それを規定した旧親族法の規定に由来する。近代諸立法に例を見ない」とする）。もっとも，養子は養親の実子と同様であるという擬制を突きつめるならば，むしろこうなるのが当然だとも言える。その意味では「例を見ない」とは言えない。

　(2)　**規定の効果**　　この規定は，養子と養親およびその血族の親族関係につき，すべてのことを定めているのかと言えば，そうではない。実は，養子縁組に基づく血族関係（法定血族関係と呼ばれる）は，本来の血族関係と全く同じではなく，「親族相婚の条件に付き差異」があるが，これについては婚姻のところで別に定められている（734～736条）。

　他方，規定には書かれていないが，いったん養親子関係が成立すれば，以後はこの法定血族関係を基礎に，親族関係が展開することになる。すなわち，縁組以後に出生した養子の子は，養親と法定血族関係にあることになるし，また，縁組後に婚姻した養子の妻は，養親と姻族関係にあることになる（現行729条はこのことを前提としている。ただし，列挙は完全ではないように思われる）。

　3　規定の削除された場合（明民728条）

　(1)　**旧規定の趣旨**　　明治民法には，親族関係の成立につきもう1ヶ条が存在した。次の規定がそれである。

明治民法
第728条　継父母ト継子ト又嫡母ト庶子トノ間ニ於テハ親子間ニ於ケルト同一ノ親族関係ヲ生ス

　「継子」とは配偶者の子，「庶子」とは認知された子を指す。明治民法728条は，「養子」の場合と同様に，これらの場合にも法定血族関係が生ずると定めていたわけである。しかし，この規定は，戦後の大改正の際に削除されている。その理由は「家の制度と密接な関係があること」に求められ，それゆえ，「新法がこれを廃止したのは至当なことであろう」とされる（我妻115頁）。

　家の制度との密接な関係とは，次のことを意味する。第一に，継父母と継子の法定親子関係は常に生ずるわけではなく，家を同じくする場合についてだけ生ずると解されていた（人事法案4条はこの点を明示しようとしていた）。夫の先妻の子と後妻がその典型例である。第二に，認知された庶子は，原則として父の家に入る（明民733条）。そのために，父の妻（嫡母）との間に法定親子関係が生ずるとされた。

　この規定が削除された後は，「継子」と継父母，「庶子」と嫡母の関係は，単に姻族1親等の関係に立つにすぎないことになる。その結果，現行法の下では，原則として扶養義務は発生しない（877条1項参照）。「立法者は，この結果が習俗と道徳の上にあまりにも急激な変化であることを考慮して，家庭裁判所は，特別の事情があるときには，3親等の親族の間においても扶養の義務を負わせうるものとした」（我妻402頁）。

　(2)　**旧規定をめぐる論争**　　興味深いことに，明治民法の原案には，728条となる条文は存在しなかった。ただ単に存在しなかったというのではなく，起草者たちは，725条の提案とあわせて，旧民法人事編に存在した同旨の規定（23条「嫡母，継父又ハ継母ト其配偶者ノ子トノ関係ハ親子〔実親子の意――大村注〕ニ準ス」）及び関連の規定（24条2項「然レトモ婦ノ夫家ニ於ケル又入夫ノ婦家ニ於ケル尊属親トノ関係ハ親属〔現行法の血族の意――大村注〕ニ準ス」）の削除を積極的に提案していた。先に触れた論争は，実はこの点をめぐって展開されたのであった。明治民法728条は，論争の末に，起草者たちの原案が否決された結果として設けられた（復活させられた）ものだったのである。

　では，何が論争の対象となったのだろうか。現象に即して言えば，原案反対派の主張は，727条が養子につき法定血族関係を認めるのに，継子については法定血族関係を認めないのはおかしい，という点にあった。これに対して，起草者（富井）たちの論拠は，継親子関係や嫡母庶子関係は婚姻によって生ずる関係であり姻族関係にほかならないのであり，縁組による養親子関係と同視す

ることはできないという点にあった。結局，起草者たちの見解は容れられず，728条が置かれることとなったわけである。後に，この規定につき，起草者の一人・梅謙次郎は「此関係ハ固ヨリ人為ノモノニシテ血統ノ相継続スルモノナシ而モ従来ノ慣習ニ於テ殆ト実親子ト同一ノ関係アルモノトセルカ故ニ本条ニ於テハ此原則ヲ置」いたと説明している（梅7頁）。

(3) **「親族法」の保守性**　明治民法728条をめぐる論争には，起草者たち（特に，富井と梅）の（広い意味での）家族観が顕著に現れており，きわめて興味深い。彼らにおいては，「親族」と「家族」とが対置されており，「親族」がより基底的なものとして位置づけられていたと評することができる。このことの意味は，これまで十分に理解されてこなかった（あるいは，覆い隠されてきた）ようなので，やや詳しく説明したい。その前提として，「親族」に対する従来の通説的な見方を確認しておく必要がある。それは一言で言えば，「親族」に対する否定的な見方である。

この見方は川島において特に顕著である。川島の民法体系は，所有権の法・契約の法・人の法という三分法を基礎とするが，そのうちの「人の法」は，「権利能力・親族・相続・法人に関する諸規定の説明を含んでいる」（川島はしがき1頁）とされてはいるものの，その中で（婚姻・親子を除いた）「親族」には固有の項目が割り当てられてはいない。川島の基本構想は次のようなものであった。「まず，主体的な個人がその出発点である。そうして，主体的な個人の意思の上に基礎をおく市民的契約としての婚姻が，その基礎の上に成立する。つぎに，未成年の子と親との監護教育の関係が成立する。このように，主体的個人によって構成されるところの・未成年の子と親（夫婦）との集団が，近代的な意味においての家族 family である」（川島31頁）。

そこから次の認識が導かれる。「新法は，家族の法であり，家族以外の親族はただ付随的に各種の法律関係の要件として問題とされているにすぎない。民法は，一定範囲の血縁者および配偶者を特に『親族』と呼び，特殊の固定的な関係として規定する。この規定は，法技術的には必ずしも意味がない。元来，『親族』という法的概念は，旧親族法において，旧来の同族集団を法律の上で確認するという意味をもっており，広汎に存在する同族集団とその意識との反射であるが，同時に，これを保存する役割をもっていたのである」（川島33-34頁）。

こうした認識を一見すると穏健な形で，見方によってはより過激な形で定着させたのは，我妻であろう。我妻は，親族法を婚姻から説き起こし，親族関係を末尾に置いた。そして，親族関係に関する次のような認識を示している。

「中核的集団の外囲にある右の親族的集団は，現行法の下では，集団というに全く値しない稀薄な結合である。しかし，習俗と倫理の上では，なお相当に強固な存在を有することは否定しえない。わが国においてはとくにそうである。……もっとも，わが国においても，社会事情の変遷が親族的集団の紐帯を弛緩させた事実は争うことができない。……『家』の制度は弛緩してゆく親族集団を『家』という集団によってくい止めようとしたものということもできる」（我妻 380-381 頁）。以上の事実認識に次の法律論が加わる。「旧法は，親族集団のうちに『家』の集団という枠をつくり，この中に入る者（家に在る親族）について特殊の法律効果（戸主権の支配）を認めようとした。それは，排斥すべき態度ではあるが，なお多少の法律的意味がある。家を廃止した新法の下では，何等の存在意義もないといわねばならない」（我妻 396 頁）。

こうして，親族の規定の意義を極小化する戦後家族法のメイン・ストリームが確立されたわけである。私自身の『家族法』も，基本的にはこの流れの中にある。

(4) 「親族法」の革新性　しかしながら，明治民法の起草者たちの「親族」観は，以上のそれとは大きく異なっていたように思われる。富井も梅も家族制度は重要であるとしつつ，それとは両立しない（少なくとも緊張関係にある）次のような発言をしている。

まず，富井は次のように言っている。「夫れ〔家族制度――大村注〕が果たして此親族編で根本となるべきものであるか親族編の総則となるべきものであるか」「親族関係と云ふものは家の関係に限るものでは決してない分家をすれば家の関係は脱けて仕舞う併しながら矢張親族関係と云ふものは親であるとか祖父であるとか総て残つて居る」（富井・法典調査会五 472 頁）。ここでは，親族関係こそが基底的な関係であるという考え方がはっきりと打ち出されている。

続いて，梅はこのことの意味を次のように説明している。「一体世の中の進むに従ふて方向は何れに向ふて居るかと云ふことを考へて見たならば寧ろ家族治制と云ふものは従来よりかは幾らか緩かになつて血族関係は従来よりかは重んずる……と云ふ方に傾いて来て居ることは争ふ可からざる事実であ」る（梅・法典調査会五 472 頁）。ここには，家の解体に伴う親族関係（血族関係・配偶関係）の析出が語られている。

以上を総じて見るに，川島や我妻が親族と家族をいわば順接の関係として考えている（親族を縮小維持したものが家族）のに対して，富井や梅は両者はいわば逆接の関係に置いていることが窺われる。別の言い方をするならば，起草者たちの「親族」は，「家族」に対するカウンターバランスであったように思わ

れるのである。

　もっとも，家族の解体後の親族の行き先について，富井と梅とは完全に一致するわけではない。この点は，725条をめぐる論争においても，庶子の処遇に関するニュアンスの差となって現れている。興味深い点であるのだが，親子のところで論ずることとしたい。

II　親族関係の終了

1　姻族関係の終了 (728条＝明民729条)

(1) **離婚の場合・死別の場合**　728条は姻族関係の終了について定めている。姻族関係が婚姻によって発生したものである以上，それは婚姻の解消によって終了する。婚姻の解消には，離婚と死別とがあるが，離婚の場合には，姻族関係は当然に消滅し (728条1項)，死別の場合には，生存配偶者の姻族関係終了の意思表示によって終了する (同2項)。

(2) **新旧規定の異同**　現行728条は明治民法729条を修正したものである。明治民法においても，離婚の場合の規律は現行民法と変わらなかったが (明民729条1項)，死別の場合の規律は次のようなものであった (同2項)。

　　　明治民法
　　　　第729条②　夫婦ノ一方カ死亡シタル場合ニ於テ生存配偶者カ其家ヲ
　　　　　去リタルトキ亦同シ

　新旧規定を対比すれば，「其家ヲ去リタルトキ」が「姻族関係を終了させる意思を表示したとき」に置き換えられていることがわかる。しかし，これは最終的な規定であり，これに至る草案段階では，当初は当然終了，途中では当然存続の案が出されていた。その後，氏を改めた場合には終了するという案が浮上したが，これには氏と親族関係を関連づけることに対する (GHQからの) 疑義もあった。そこで，最終的に氏とは連動しない現行728条が採用されることとなった (奥野・経過120頁)。

(3) **扶養との関係**　氏との関係以上に警戒されたのは，姻族関係の存続としゅうと・しゅうとめに対する扶養義務を結びつけることであった (奥野・経過120頁)。この点は，戦後改正の大きな争点の一つであった。詳細は扶養の章 (後編第7章) に譲るとして，しゅうと・しゅうとめ問題に関しては，現行877条2項を設けることによって，「家事審判所が必要に応じて扶養義務を負わせることができるとしておく。しかし，それだけでは満足しないで，未亡人が姻

族関係終了の意思表示という伝家の宝刀を抜けば、たとえ家事審判所が間違いの判断をしようとしたときにも、およめさんは逃げられる」としたことを紹介しておく（我妻・経過 173 頁）。

2 離縁による法定血族関係の終了（729 条＝明民 730 条）

729 条は養子縁組によって成立した法定血族関係の終了について定める。明治民法 730 条 3 項においては、「養子ノ配偶者、直系卑属又ハ其配偶者カ養子ノ離縁ニ因リテ之ト共ニ養家ヲ去リタルトキハ其者ト養親及ヒ其血族トノ親族関係ハ之ニ因リテ止ム」とされていたが、現行 729 条はこれらの者についても自動的に法定血族関係は終了することにしたものである。旧規定が「家」の観念を基礎とするものであったので、これを否定する趣旨であった。

第 3　730 条：親族の効果

（親族間の扶け合い）
第 730 条　直系血族及び同居の親族は、互いに扶け合わなければならない。

I　規定の由来

730 条は、戦後改正の際に付加された規定である。原案にはなかった規定であり、起草過程の途中で現れたものである（我妻・経過 126 頁）。この規定については、次のように説明されている。「改正法が夫婦集団と親子集団（親と未成熟の子）だけを法律の規定すべき集団とし、旧法の重視する『家』の集団を廃止したことを不満とし、狭義の親族集団のうちに、より一層緊密な集団を法律的規制の下におこうとする論者によって主張された思想がとり入れられたものである。しかし、立法論としては、かような規定は必要ないと考える。有害無益だと思うからである」（我妻 399 頁）。

II　規定の意義

730 条については、「この規定は、民法の定める扶養の義務を直接には、拡張するものでもなく、縮小するものでもない」（我妻 399 頁）とされている。では、730 条はどのような意味を持つのか。この規定は、保守派（特に牧野英一博

士）との妥協のための規定にすぎないと言われ，今日では「削除論が強い」とされている（内田279頁参照）。ただ，調停等では一定の意味を持ちうることも指摘されている（我妻400頁）。

III　規定の将来

もっとも，戦後60年を経た今日，この規定を別の方向で読み替える可能性がないわけではない。戦後の文脈を離れて「客観的にみるときは，拡大された親子関係とこれに附帯する近親からなる緊密な親族集団を法的に捉えようとするもの」と評価することもできるからである（我妻400-401頁）。

とはいえ，我妻自身は，「そのように解釈しても，なお無用の規定と断ずべきものと思うのである」（我妻401頁）としているが，そこには「子夫婦とその間の未成熟の子によって構成される親子集団の自主性を脅かすことになる」（我妻385頁）という危惧感がつきまとう。

確かに，このような危惧は今日でも完全には払拭されない。しかし，民法が想定する夫婦・親子以外の「家族」関係は全く考慮される必要はない，と断言してよいかと言えば，それにもまた躊躇せざるをえない（大村254頁）。たとえば，我妻は，内縁関係に730条を類推すべしとしているが（我妻400頁・204頁・209頁），いわゆる準婚理論によれば，その必要はないとも言える。むしろ，内縁よりも希薄な「家族」的関係に何らかの法的な保護を与えるための手がかりとして，本条を活用する途はないだろうか。

第2章 婚　　姻

第1節　婚姻の成立

第1　731条～738条：婚姻障害

(婚姻適齢)
第731条　男は，18歳に，女は，16歳にならなければ，婚姻をすることができない。
(重婚の禁止)
第732条　配偶者のある者は，重ねて婚姻をすることができない。
(再婚禁止期間)
第733条①　女は，前婚の解消又は取消しの日から6箇月を経過した後でなければ，再婚をすることができない。
②　女が前婚の解消又は取消しの前から懐胎していた場合には，その出産の日から，前項の規定を適用しない。
(近親者間の婚姻の禁止)
第734条①　直系血族又は3親等内の傍系血族の間では，婚姻をすることができない。ただし，養子と養方の傍系血族との間では，この限りでない。
②　第817条の9の規定により親族関係が終了した後も，前項と同様とする。
(直系姻族間の婚姻の禁止)
第735条　直系姻族の間では，婚姻をすることができない。第728条又は第817条の9の規定により姻族関係が終了した後も，同様とする。
(養親子等の間の婚姻の禁止)
第736条　養子若しくはその配偶者又は養子の直系卑属若しくはその配偶者と養親又はその直系尊属との間では，第729条の規定により親族関係が終了した後でも，婚姻をすることができない。
(未成年者の婚姻についての父母の同意)
第737条①　未成年の子が婚姻をするには，父母の同意を得なければならない。
②　父母の一方が同意しないときは，他の一方の同意だけで足りる。父母の一方が知れないとき，死亡したとき，又はその意思を表示することができないときも，同様とする。

前編　第1部　第2章　婚　姻

> （成年被後見人の婚姻）
> 第738条　成年被後見人が婚姻をするには，その成年後見人の同意を要しない。

I　序

1　「家」から夫婦へ

　明治民法は，第1章「総則」に続き，第2章「戸主及ヒ家族」を置き，732条から764条まで30ヶ条あまりの規定を，三つの節（要件を定める「総則」のほか「戸主及ヒ家族ノ権利義務」「戸主権ノ喪失」）に分けて配していた。旧民法においても，その位置は異なるものの，第13章「戸主及ヒ家族」が置かれていた。

　明治民法に即して言えば，「家族」は「戸主ノ親族ニシテ其家ニ在ル者及ヒ其配偶者ハ之ヲ家族トス」（明民732条）と定義され，効果としては，「戸主及ヒ家族ハ其家ノ氏ヲ称ス」（明民746条）ほか，「戸主ハ其家族ニ対シテ扶養ノ義務ヲ負フ」（明民747条）と同時に，「家族ハ戸主ノ意ニ反シテ其居所ヲ定ムルコトヲ得ス」（明民749条1項），「家族カ婚姻又ハ養子縁組ヲ為スニハ戸主ノ同意ヲ得ルコトヲ要ス」（明民750条1項）とされていた。また，「家督相続」は「戸主ノ死亡，隠居又ハ国籍喪失」等により開始し（明民964条），「被相続人ノ家族タル直系卑属」が定められた順位に従い（1親等で男子で嫡出で年長の者＝長男が第一順位），単独で家督相続人となるものとされていた（明民970条）。

　以上のような骨格を有していた家族制度（より詳しくは，本書中編を参照）は，1947年の民法改正によって廃止された。47年改正法に先立つ応急措置法は，「日本国憲法の施行に伴い，民法について，個人の尊厳と両性の本質的平等に立脚する応急的措置を講ずる」（応急1条）ものであったと言えるが，その最大の眼目は「戸主，家族その他家に関する規定は，これを適用しない」（応急3条），「家督相続に関する規定は，これを適用しない」（応急7条1項）とする点にあった。

　あわせて，応急措置法は「妻又は母であることに基いて法律上の能力その他を制限する規定は，これを適用しない」（応急2条）としていた。能力については，婚姻の効力のところで触れることにする（753条参照）。

　こうして「家」制度が廃止されることによって，「親族」の中から「婚姻」「親子」が中核的な関係として析出されることとなった。このことは，我妻によって，次のように表現されている。「男女の結合形態の変遷について，とく

に重要なことは，この結合関係が，最初は『家』ないし『家族』集団に吸収されていたが，次第に独自性を増し，近代に至ってその拘束を脱して完全な独自の立場を取得したことである。この変遷は，欧米諸国では，19世紀の末にほぼ完了したが，わが国では，戦後の改正に至るまで，なおその推移を遂げなかった」(我妻9-10頁)。また，我妻は次のようにも言う。「近代文明諸国の法は，ほとんど例外なしに，この結合を一人の男と一人の女との平等な立場における結合とする。そして，その間の未成熟の子を含む夫婦・親子の団体をもって，社会構成の基礎とする。わが新法の態度もそうである」(我妻9頁)。

以上の我妻の二つの言明の間には，若干の落差があることに注意を要する。というのは，少なくとも論理的には，「夫婦の独立」は，ただちには「夫婦と未成熟子からなる団体」を導かないからである。あるいは次のように言った方がよいかもしれない。確かに，明治民法の中で「家」の中に埋没していた夫婦・親子は，「家」を廃止した現行民法においては，独立の中核的な関係として立ち現れる。しかし，両者の密接な関係は，少なくとも民法には明示されていない。この点において，戦後日本の家族法は，モダンの家族法として定着することを妨げ，ポストモダンの家族法（あるいはプレモダンの家族法）へ変遷することを促す契機を内包するものであったと言える。このことの意味については，後述する（⇒後注3）。

2　婚姻の章の編成について

親族編第2章「婚姻」は四つの節からなる。編成上の特色は，次の3点にある。第一に，離婚を含むこと，第二に，夫婦財産制を含みつつ，他の婚姻の効果とは区別していること，第三に，証拠に関する規定を含まないことである。起草者の梅は，第一点は便宜の問題であるとしている。第二点については，「夫婦財産制を財産取得編に入れたと云ふことも之も誠に理屈上は立つこと」であるとしつつ，「身分上の事柄と余程密着の関係を持つて居る事柄」であり，「財産上の事と身分上の事を二つに区別して丸ではつきり別に二か所に規定をしなければならぬと云ふことに為ると立法の体裁上却て不便」であるとしている（法典調査会六83頁）。最後に第三点であるが，この点に関しては，梅は，証拠については民事訴訟法に譲るとの原則からして「此所丈けに付て特別の規定を設ける必要を見出しませぬ」としている（法典調査会六84頁）。ただ，「必ず身分の占有と云ふものも或る範囲内に於ては認められると思ひます」（法典調査会六84頁）とされている点には注意を要する。

以上の結果，「婚姻」の章には，「婚姻ノ成立」，「婚姻ノ効力」，「夫婦財産

制」,「離婚」の節が置かれている。このうち「婚姻ノ成立」の節は「婚姻ノ要件」と「婚姻ノ無効及ヒ取消」とに分かたれているが,「婚姻ノ要件」はさらに現行731条~738条と739条~741条とに二分される。前者を「実質的要件」,後者を「形式的要件」と呼んでいるが(梅88頁,中川160頁など),後者のうちの739条が定める「届出」のみが積極的要件であり,前者は婚姻障害と呼ばれる消極的要件である。

II 婚姻適齢 (731条)

1 現行法

現行731条は,男女別々に婚姻適齢を定めている。その年齢は18歳以上と16歳以上である。明治民法765条においては,それぞれ17歳以上と15歳以上であり,これは旧民法の規定を踏襲したものであった。それ以前は「之に付き何等の規定なきか故に如何なる幼者と雖も戸籍上人の夫と為り又妻と為ることを得へかりしと雖も其不当なることは世人の一般に認むる所」であったという(梅89頁)。その理由は,「人種改良の為めにも又風俗の為めにも到底之を禁せさることを得す」という点に求められていた(梅89頁)。

なお,17歳以上・15歳以上という年齢は,「医科大学は本邦及ひ外国に於ける諸種の統計と学者の意見とを参照し詳密なる研究」をした結果に基づくものであり,旧民法はこれを採用したという(梅89頁)。では,現行法が18歳以上・16歳以上としたのはなぜか。その理由は必ずしも明らかではないが,戦後の早い時期からすでに,「わが国で男18歳,女16歳と定めることが適当かどうかは,かなり問題である」(我妻21頁),「現行民法の適齢は低きに過ぎるものといえよう。農漁村に残る早婚の風を考慮に入れたためであるが,かかる考慮の必要性については疑がある」(中川161頁)とされていた。

2 立法論

1996年の民法改正要綱は,731条を改正して,婚姻適齢を男女ともに18歳にすることを提案していた。男女平等の要請によるものである。もちろん,男女ともに16歳とすることも考えられるが,前述のように,婚姻適齢を引き上げるべきだとする意見が有力であったことを考えるならば,18歳への引上げが適当ということになろう。さらに,「婚姻適齢を成年とし,何人の同意も必要でないとすることも……考えられる」(我妻21頁)という意見もあった。ここには引上げとは別の論点が含まれているが,この点については後に述べる(⇒V 3)。

ところで，中川の掲げるデータによると，1954年における初婚平均年齢は男26.4歳，女23.6歳で，年齢階層別では25歳から29歳の男と20歳から24歳の女の結婚が40％で最も多かったという（中川170-171頁）。なお，男女のどちらかが未成年である例は多く見積もっても1％程度だったようである（中川171頁参照）。これに対して，最近では，周知のように晩婚化が進んでおり，厚生労働省の統計によれば，2014年における平均初婚年齢は男31.1歳，女29.4歳となっている。ただし，結婚した男女全体に占める未成年者の割合は，男1.0％，女1.9％程度である。

　問題は，平均初婚年齢が上昇する一方で，未成年の男女の婚姻はなお一定程度は存在しているということである。おそらくは子どもができた等の事情が作用しているのであろう。そうだとすると，仮に婚姻適齢を引き上げることを考えるにしても，一定の要件の下に例外的に婚姻を認めることが必要かもしれない。

Ⅲ　一夫一婦制（732条・733条）

1　重婚禁止

(1) 立法趣旨　現行732条については，日本は一夫一婦制の国であるので当然のこととされた。その際に，起草者の梅は，「外国人の目から見たならば日本では一夫多妻の制が行はれて居るやうに見へて外国人の書て居る書抔を見ると皆さう書」いてあるが，言うまでもなくそうではないとしている（法典調査会六87頁）。これを受けて，委員の中からは「此条があると是迄あつたのを殊更に禁じたやうに見へる」（横田・法典調査会六88頁）との危惧の念が示されている。結局，原案が維持されているが，本条に限らず，諸外国の視線が気になる様子は随所に現れていて，興味深い。

(2) 重婚的内縁　法律上の重婚が許容されないことは言うまでもないが，重婚的な内縁関係については，これに法的な保護を与えるべきか否かが論じられてきた。具体的には，別居中の法律上の妻ではなく，同居している事実上の妻に，社会保障給付を支給すべきではないかが争われてきたが，判例は，婚姻が形骸化している場合には，法律上の妻の受給資格を否定し（最判昭和58年4月14日民集37巻3号270頁），事実上の妻にこれを認めている（最判平成17年4月21日判時1895号50頁）。

(3) 国際結婚　法律上の重婚が許されないのは日本法においてのことである。一夫多妻制を許容する文化圏では，重婚は禁止されないことは言うまでもない。では，甲国でその国民であるA男に同国民であるB女との重婚が許さ

れるとして，A男B女が日本で生活している場合はどうだろうか。婚姻の準拠法は各当事者の本国法であるので（通則24条1項），形式上は可能であるように思われる。しかし，その適用の結果が公序に反するということになれば，当該外国法は適用されない（通則42条）。

確かに，A男B女の婚姻は日本では認められにくいが，甲国で結婚したA男が二人の妻と生活すること自体を否定するのは，より難しいであろう（たとえば，B女からA男への婚姻費用分担請求などは重婚であっても認めざるを得ないように思われる）。

2 再婚禁止

(1) **立法趣旨**　現行733条は，女性についてのみ6ヶ月の再婚禁止期間を設けている。起草者の梅は，「殆んど既成法典の通り」であり，「解消」を「解消又は取消」としただけだと説明している（法典調査会六90頁）。ただし，旧民法では「夫ノ失踪ニ原因スル離婚ノ場合ヲ除ク外」（旧民人32条）という文言は削られている。この点につき，梅は，このような場合には「最早其間に旧との夫の胤を宿す……さう云ふ事は事実上あり得ない」（梅・法典調査会六91頁）とはしつつも，「外にも類似の場合は幾らも出て来る」（梅・同頁）として，この場合を特別扱いしないことにしている。たとえば，悪意の遺棄による離婚の場合も同様であろうという。

この規定の趣旨については，「欧羅巴に於て此規定の起りました原因を原ねて見ると或は夫の喪にある中に婚姻をすることを禁じたと同じやうな徳義上の〔ママ〕関係から起つた方が旧とは主であつたかと思はれますが今日では其方は第二に為つて居つて寧ろ胤を乱る余り早く婚姻を致しますると云ふと先夫の子やら後夫の子やら分らぬ」（梅・法典調査会六92頁）という点に求められている。

なお，旧民法以前には，「300日と云ふのが原則に為つて居る300日より早ければ懐胎の徴なき証拠を出さなければならぬ」という扱いだったという（梅・同頁）。しかし，梅は，「医者が迂闊に6ヶ月前に之は懐胎ではございますまいと言つたのを夫れを直ぐ信じて婚姻をしても夫れは余程危険である」としている（梅・同頁）。

もちろん，梅は，「後の推定からすれば夫れは大抵先夫の子後夫の子と云ふことに付ては問題が起こらぬ」ことを認める（梅・法典調査会六93頁）。しかし，「兎に角婚姻をするときにまだ前の種を宿して居ることを知らぬで妻に迎へると云ふことがあります……さう云ふことと知つたならば夫れを貰うのでなかつたと云ふこともあるかも知れぬ」ことを付け加えている（同頁）。「6ヶ月立つ

て居れば先夫の子が腹に居れば，……もう表面に表はれるから夫れを承知で貰つたものならば構はぬ」（法典調査会六94頁）というのである。

梅の説明には，懐胎していないことが確実であれば再婚禁止の規制は不要であるという認識，嫡出推定が働けば問題が解決するというわけではないという認識が示されており興味深い。

なお，梅の説明に対しては，「さう為ればさう云ふ場合は先夫の子に為らぬで後の夫の子に為ると思ひますがどうでございませうか」という質問がされている（高木・法典調査会六95頁）。梅は即座に否定しているが，このような質問が出ること自体がまた興味深いことである。

(2) **短縮論**　1996年の民法改正要綱は，再婚禁止期間の100日に短縮することを提案した。嫡出推定の重複を避けるという趣旨ならば，100日で足りるというわけである（後述するように，現代語化によって772条の文言が改められた結果，100日ではなく99日でよいことになったように思われる）。

(3) **廃止論**　しかし，最近では，梅が予想したのとは別の意味においてではあるが，嫡出推定が重ならなければよいわけではないことが明らかになりつつある。無届出児の多発を契機に噴出したいわゆる「300日問題」の本質は，再婚禁止期間後直ちに再婚し，その後に出産した子に前婚の嫡出推定が及ぶことを「問題」とする点にある。

このような場合に，前婚の嫡出推定が及ぶことは，従来は当然の前提とされており，「300日問題」が生ずることは広く知られていたが，それは「問題」視されていなかったのである。それが「問題」とされるに至ったのは，おそらくは，再婚後に生まれた子は後夫の子として届け出られて当然，という意識が広がったことによるものと思われる。そして，その背後には，推定されない嫡出子という取扱いの確立とそのような事例（いわゆる「できちゃった婚」）の急増という事情があるのだろう。

そこから出てくるのは，嫡出推定は婚姻後直ちに働くとしてしまった上で，二つの推定の重複を正面から認めよう，という発想である。そうなれば，父子関係は父を定める訴え（733条）によって定まることになる。この考え方に立つならば，再婚禁止期間は不要であるということになろう。

(4) **相姦者の扱い（明民768条）**　現行733条に相当する明治民法767条の後には，さらに1ヶ条の規定が置かれていた。次の規定である。

明治民法
　第768条　姦通ニ因リテ離婚又ハ刑ノ宣告ヲ受ケタル者ハ相姦者ト婚

姻ヲ為スコトヲ得ス

　実は，この規定に関しては激しい論争が展開された。そもそも，起草者・梅謙次郎の原案は次のようなものであった。

　原案
　　第774条　婚姻中姦通ヲ為シタル妻ハ其婚姻解消ノ後姦夫ト婚姻ヲ為スコトヲ得ス

　後に述べるように，明治民法は，離婚原因としての姦通につき男女平等とは言えない取扱いをしていた。明治民法768条をめぐって争われたのは，そのことは前提としつつ，「離婚又ハ刑ノ宣告ヲ受ケタル」という限定を付すか否か，「妻ハ……姦夫ト」ではなく「者……相姦者ト」とするか否かという点であった。結局，この点については，家の平和（表沙汰になっていない姦通を離婚原因にするのか）と外国向けの体裁（「妻ハ」と書くと男女不平等が一目瞭然になる）を重視する委員たちの意見に押されて，梅の原案は否決された。
　ここで特筆しておきたいのは，そもそもの前提問題につき，梅が個人としては次のように考えていたということである。「私の本来の考では夫が他の婦人と通ずると云ふことと女が他の男子と通ずると云ふことと婚姻の方から観察しても聊かたりとも違ひがありやうはないと思ひます……本条に於ても男女此点丈けは同権にする又離婚の所でも此点は同権にして仕舞ひたいと云ふ考であります」（梅・法典調査会六96頁）。しかし，「吾々3人の間に持出しても殆んど一笑に附せられるやうな有様であります」（梅・同頁）ということであった。

Ⅳ　親族相婚（734条〜736条）

1　近親者

　現行734条について興味を引くのは，ただし書である。この規定が置かれることによって，今日では，養子と実子との間の婚姻などが可能になっているが，明治民法制定以前にはこれと異なる扱いがされていたという。実は，この点に関しては，起草者の梅は多数の先例を参照している。梅によれば，養兄弟姉妹の間の婚姻は特別な事情がある場合にのみ許されていたが，次第に願出があれば通常は許すという扱いがされるようになったという。明治民法はさらに進んで，原則を変えてしまったわけである。

この点については異論はなかったのだが，争われたのは，婚姻のために養子をいったん他家に養子に出すという手続を踏む必要があるか否かという点であった。手続を踏むというのが従来の慣習であったようだが，無用の形式にすぎないというのが梅の意見であり，様々な議論があったものの，最終的には原案が維持されている。

2 直系姻族

現行735条についても，明治民法制定以前の取扱いは，これと異なっていたようである。しかし，「兄の遺妻と夫婦になる弟の遺妻と夫婦になる是は必要のある」（梅・法典調査会六126頁）。そこで「直系の外は断然許す」（同頁）という方針が採用された。

3 養親子

現行736条については，法典調査会ではほとんど議論はされていない。梅は「人事編の第37条と殆ど同じ」としつつ，「唯一つ一寸違ふこと」として「養子の直系卑属の配偶者と養親及び其直系尊属との間」でも禁止が働くとしたことを指摘している（梅・法典調査会六128頁）。そうしないと，前条などと比べてバランスがとれなくなるというのが理由であった（梅・同頁）。

しかし，その他の場合も含めて，婚姻を禁止しなければならないのはどの範囲かについては，慎重な検討を要するように思われる。

V 父母の同意（737条・738条）

1 現行法

現行737条は，未成年者の婚姻に対する父母の同意について定めている。また，738条は，成年被後見人の婚姻に対して成年後見人の同意は不要であることを定めている（意思能力があることは必要）。

2 明治民法・旧民法

現行738条は明治民法774条と実質的に変わっていない。これに対して，737条の方は紆余曲折を経ている。その概略を示すために，条文の対照表（旧民法→明治民法原案→明治民法成案）を別に掲げておく。

この規定に関しても長い論争が続いたが，争点は二つある。一つは，子の年齢をどうするか，もう一つは，継父母・嫡母の扱いをどうするかであった。ここでは第1点についてのみ触れておく。

旧民法	原　案	明治民法
38条1項　子は父母の許諾を受くるに非されは婚姻を為すことを得す 2項（略） 3項　継父又は継母ある場合に於て其配偶者たる母又は父の死亡し又は其意思を表する能はさるときは継父又は継母の許諾を受く可し（但書略）	778条1項　未成年者か婚姻を為すには其父母の承諾を得ることを要す。但養子は其養父母の承諾のみを以て足る。 2項（略） 3項（略）	772条1項　子か婚姻を為すには其家に在る父母の同意を得ることを要す但男か満30年女か満25年に達したる後は此限に在らす 2項 3項 773条（略）

　梅の原案は，未成年者のみを同意権の対象とするものであったが，すべての子を対象とすべきだとする意見や成年者であっても一定の年齢までは同意権の対象とすべきだとの反対が相次いだ。その結果，最後の案が採用され，具体的な年齢として男30歳，女25歳が選択されたのである。

3　立法論

　この点については，そもそも父母の同意権を存続させてよいかという問題がある。前述の我妻の意見がそれである。その背後には，婚姻の自由を確保するという基本的な要請がある。1947年の民法改正においては，父母の同意権はこれを妨げるものとして受け取られていたのである。もちろん，現行727条は，「成年者の婚姻，離婚，養子縁組及ひ離縁については，父母の同意を要しない」（応急4条）の要請を満たしてはいる。しかし，未成年の子に対しても婚姻同意権を存続させることには問題があるのではないか。我妻はそう考えたのだろう。
　ところで，今日，成年年齢を18歳に引き下げるべきか否かが論じられているが，仮にそうなった場合には，婚姻適齢を男女ともに18歳に引き上げることによって，父母の婚姻同意権は結果として消滅することになる。

Ⅵ　その他

1　同性婚

　民法に規定のない婚姻障害として，同性婚の禁止がある。これは婚姻の本質からして当然のことと解されている。実際のところ，明治民法の立法時には議論の対象とされていなかった。また，その後も概説書類でも，近年に至るまで

この点に触れるものはほとんどなかった（もっとも，中川 160-161 頁は，この問題を婚姻意思の問題としてとらえ，同性婚の場合には婚姻意思を欠くとしている）。

2 健康状態

民法は，当事者の健康状態については何も語らない。たとえば，起草者は，「就中専門家を傭ふて来て体格検査をして婚姻をするものでない」（梅・法典調査会六 93 頁）と述べている。だから，妻となる女性が懐胎しているかどうかを正確には知りえない，というのである。

それ以外にも，かつては遺伝病の有無は大きな関心事であった。少なくとも法的には，病気は婚姻障害にはならない（ただし，精神病は離婚原因になる）。ただ，戦前から「お互いに健康証明書を交換せよ」という提案がなされていたことを注記しておく（穂積重遠『結婚訓』〔中央公論社，1941〕。なお，同『結婚読本』〔中央公論社，1950〕74 頁によれば，1948 年制定の性病予防法 8 条は「婚姻をしようとする者は，あらかじめ，相互に，性病にかかつているかどうかに関する医師の診断書を交換するようにつとめなければならない」と定めていたという。この規定がいつまで存続したかは定かではないが，性病予防法自体は 1997 年まで存続し，現在では感染症法に統合されている）。

第 2　739 条〜741 条：婚姻の届出

> （婚姻の届出）
> 第 739 条① 婚姻は，戸籍法（昭和 22 年法律第 224 号）の定めるところにより届け出ることによって，その効力を生ずる。
> ② 前項の届出は，当事者双方及び成年の証人二人以上が署名した書面で，又はこれらの者から口頭で，しなければならない。
> （婚姻の届出の受理）
> 第 740 条　婚姻の届出は，その婚姻が第 731 条から第 737 条まで及び前条第 2 項の規定その他の法令の規定に違反しないことを認めた後でなければ，受理することができない。
> （外国に在る日本人間の婚姻の方式）
> 第 741 条　外国に在る日本人間で婚姻をしようとするときは，その国に駐在する日本の大使，公使又は領事にその届出をすることができる。この場合においては，前二条の規定を準用する。

前編　第1部　第2章　婚　姻

I　婚姻の届出

1　届出婚主義の採用

(1) 従前の状況　婚姻の積極的要件が現行法（明治民法）の定めるような届出になるまでには紆余曲折があった。まずは，旧民法以前の状況から見ていこう。

実はこの点は判然としていなかった。形式的には「明治8年12月9日太政官達209号」は，夫婦双方の戸籍への登録をもって成立要件としていた。しかし，この達は実際には行われず，慣習もまちまちであったという（梅105頁）。刑事においては，「明治10年6月19日司法省達丁46号」により，「親族，近隣の者夫婦と認め裁判官に於ても其実ありと認むる者」は「夫婦を以て論すへきもの」とされており，民事でもこれによる例が多かったらしい（梅105-106頁）。

梅は，このような状況を次のように評している。「実際の慣習に於ては上流社会と雖も先つ事実上の婚姻を為したる後数日乃至数月を経て届出を為す者十に八九なり況や下等社会に在りては竟に届出を為ささる者頗る多し」（梅106頁）。「此の如きは実に神聖なる婚姻と私通とを混同する嫌ありて到底文明国に採用すへきものに非さるなり」（梅同頁）。

(2) 旧民法の選択　旧民法はどうしたかと言えば，次のような規定が置かれていた。

> 旧民法人事編
> 第43条① 婚姻ノ儀式ハ当事者ノ一方ノ住所又ハ居所ノ地ニ於テ之ヲ行フ可シ
> ② 双方ハ婚姻ノ儀式ヲ行フ前ニ其地ノ身分取扱吏ニ婚姻ヲ為サントスル申出ヲ為スコトヲ要ス但此申出ハ代理人ヲ以テ為スコトヲ得
> 第47条① 婚姻ハ証人2人ノ立会ヲ得テ慣習ニ従ヒ其儀式ヲ行フニ因リテ成ル
> ② 当事者ノ承諾ハ此儀式ヲ行フニ因リテ成立ス
> 第48条 婚姻ノ儀式ハ其申出ノ日ヨリ3日後30日内ニ之ヲ行フコトヲ要ス
> 第49条 婚姻ノ儀式ヲ行ヒタルトキハ双方ヨリ10日内ニ身分取扱吏ニ其届出ヲ為ス可シ但此届出ハ代理人ヲ以テ之ヲ為スコトヲ得

一連の規定によると，婚姻には3段階の手続が必要であることになる。すな

わち，①「戸籍吏に届ける」，②「届出の日から3日乃至30日間の間に証人2人の立会を得て慣習上の儀式を挙げる」，③「其儀式を挙げてから後10日内に戸籍吏に其届出を為す」ことが必要であった（梅・法典調査会六181頁）。しかし，これは「如何にも煩はしい」し，「此手続の穏当でない」（梅・同頁）。というのは，最初の届出には公告の意味がないし，また，一連の手続は公示を欠きどの時点で婚姻の効力が発生するのかがはっきりしないからである（梅・法典調査会六181-182頁）。

　(3)　**明治民法の選択**　結局，明治民法（現行法）が採用したのが現在の届出婚主義である。梅は外国の例を引き「大抵何処でも公告をして戸籍吏と僧侶の面前でやらなければならぬ」となっており，日本でも「戸籍吏が立会う即ち村役人と云ふやうな者が立会うと云ふやうな慣習が存外多い」としつつも，「日本の一般の慣習ではありませぬ」，「之を法律を以て強制すると云ふことは吾々の平素の主義に反しまする」（梅・法典調査会六183頁）としている。しかし，「是迄の慣習を幾分か法律的のものにしたい」ということで（梅・同頁），「届出」を要件とするに至る。「一朝之を改めて欧州諸国の如く複雑なる手続に従はしめんと欲するも到底実際に行はれさる所なり是故に新民法に於ては手続は最も簡易にして而も厳に其実行を期せり」（梅106頁）というわけである。

　(4)　**その後の状況**　その後，明治民法下においては，この簡単な手続は履践されたのだろうか。この点に関しては，穂積によって，次のような痛烈な批判がなされている。「我民法は全然事実婚を顧みない純粋な法律婚主義なのであるが，我々はここに形式婚主義殊に法律婚主義の一大欠陥に注目せざるを得ない。それは事実と法律との不一致である。事実と法律とがややもすれば食ひ違ふことは，我国今日の社会の一つの持病と云つてよいが，其症状が婚姻制度に於て最も極端に暴露して居るのであつて，即ち一方には法律婚あつて事実婚なき状態があり，他方には事実婚あつて法律婚なき状態が存する。前者は移民と関連して所謂『写真結婚』の問題を起したが，後者即ち事実上の夫婦が法律上の夫婦と認められない所謂『内縁の夫婦』関係は一般的の現象である」（穂積251頁）というのである。

　このような不一致に対する方策は「事実上の婚姻と同日に婚姻届を出す風習を作るか，或は民法が形式婚主義を棄てて事実婚主義を採用するかである」（穂積278頁）。梅が期待していたのは前者であるが（梅・法典調査会六186頁），穂積は「思い切つて『親族近隣夫婦と認むるものは法律も夫婦と認むる』と云ふ民法施行前の如き純事実婚主義に復帰するがよいと思ふ」（穂積278頁）としている。

実際の立法論としては，臨時法制審議会が次のような改正要綱（第12）を打ち出していた。「一　婚姻は慣習上認められたる儀式を挙ぐるに因りて成立するものとし，其成立証明の方法を法律に定むること。二　前項に依り婚姻を為したるときは，一定の期間内に届出を為すべきものとすること。三　第1項に依らざる場合に於ては，婚姻は届出に因りて成立するものとすること。」

穂積は，「右は事実婚主義と形式婚主義との折衷案であつて，現制度に比して大改良に相違ないが，問題がまだ全部解決されて居ない」とする（穂積280頁）。たとえば，慣習によらない結婚式では婚姻の効果は生じないのか，証明方法として証書の作成を要求するのであれば形式婚主義に逆戻りすることにならないか，等の疑問が呈されている。

2　届出婚主義の内容

(1)　**真意の確保**　梅の提案した届出婚主義においては，当事者の真意の確保に意が用いられていることは特筆されてよい。「当事者双方か……署名した書面」または「口頭」での届出は，梅が断固として保持しようとした要件であった。「婚姻は人生の一大重事なるか故に其当事者は真に其意思あることを要す」るのであり，「従来往々にして行はるるか如く単に父母の意思を以て之を定め当事者をして之に服従せしむるか如きは到底文明国の婚姻の性質に適せす」というのである（梅106-107頁）。この要請のため，「代理人を以て届出を為すこと」は許されず（梅107頁），「病気の為め戸籍役場に出頭すること能はす又自ら署名すること能はさる者は……戸籍吏の出張を請ふの外な」いとされている（梅107-108頁）。

なお，戸籍吏出張を要する具体的な場面として，「私通したる男女の間に於て婚姻を為さんと欲するに方り其男又は女か重病に罹り方に死に瀕する場合」が挙げられている。このような場合には，「子の利益の為め又は夫婦の財産関係の為め特に婚姻を為すの必要あることあるへし」としている（梅108頁）。つまり，梅はいわゆる臨終婚を認めているわけである。ただ，私通の事実すらない男女が特定の効果を恣意的に導くために婚姻届を出した場合にも，この婚姻を有効とする趣旨であるかどうかは不明である。

(2)　**公示の機能**　梅の届出主義にはもう一つの特色がある。梅は次のように述べている。「私は届出と云ふものは詰り今日は唯だ届出ではないのです今日は戸籍に登記すると云ふことに為つて居ります……届出たならば直ぐに夫れを登記すると云ふやうに恰度彼の裁判所で為す登記のやうな塩梅にして貰ひたいと思ひます」（梅・法典調査会六187頁）。

梅は，この公示の機能との関係で，儀式婚主義を次のように批判する。「其儀式は華手にやれば公けに知れるかも知れぬが……こつそりとやれば世間には知れないことになると思ひます夫れから第二には段々日本杯では行はないのがあります」（梅・法典調査会六188頁）。もっとも，梅が登記を重視するのは，法的に見て，いつ婚姻が成立したのかを明らかにするためであり，社会的に見て，公示が必要だと考えるからではなかった。この点に関しては後述する（⇒4）。

3 届出婚主義の将来

(1) 遅滞の減少 戦前には，婚姻届を出さない「内縁の夫婦」は一定の割合を占めていたと言われる（穂積253頁以下の東京帝大セツルメント調査（本所区〔現東京都墨田区南半部にあった旧区〕柳島）によれば346組中71組，すなわち2割強が内縁であったという）。また，最終的には婚姻届を出すとしても，挙式・同居と届出とが同時に行われないことが多かったと言われる。しかし，1950年頃には「年内に届出」をしたカップルは約半数にすぎなかったのに対して，1980年頃からは約9割のカップルが「年内に届出」をするようになっている（別府志海「婚姻・離婚の分析における発生年齢について」人口問題研究63巻3号〔2007〕）。

こうして見ると，一般論としては，届出婚主義は習俗に根づいたと言うことができる。この観点から見る限りにおいては，事実婚主義への復帰の必要性は乏しくなっていると言える（問題はむしろ離婚の方にある）。

なお，ここで穂積の言う「事実婚」主義と最近の「事実婚」の異同を確認しておいた方がよかろう。まず，穂積の用語法を表にまとめておく（穂積241頁以下）。

　　事実婚主義：慣習上婚姻と認められる事実関係があれば足りる
　　形式婚主義：法律上の一定の形式によって表示された婚姻の合意が必要
　　　宗教婚主義：宗教的形式を要する
　　　法律婚主義：法律的形式を要する

ここでの要点は，穂積の事実婚主義は婚姻の要件に関するものであるということである。したがって，事実婚主義を採るならば，その要件を満たす男女には婚姻の効果が発生することになる。これに対して，今日の「事実婚」の意味は多義的である。穂積の言う意味で用いられることがある一方で，民法の定める婚姻とは異なる婚姻であるとの主張を伴うものもある（穂積の用語法によれば，事実婚論者は夫婦同姓を主張しなければ一貫しないが，事実婚と夫婦別姓が結びつけら

れることも多い）。

(2) **虚偽の届出の増加**　婚姻の実態がないにもかかわらず，特定の目的を達成するために婚姻届が提出されることがある。このような場合に婚姻意思があると言えるかが議論されてきた。この問題に関しては，大別して二つの考え方がある。一つは，届出意思さえあれば足りるという考え方であり（形式的意思説），もう一つは，婚姻の効果を享受する意思を要するという考え方であり，後者は，社会通念としての夫婦になる意思を要するというもの（実質的意思説と呼ばれるが，社会的定型説と呼ぶべきだろう）と法律上の婚姻の主要な効果を享受する意思を要するというもの（法的意思説と呼ばれるが，法的定型説と呼んだ方がよい）とに分かれる。

以上の基準のどれによるのであれ，当事者の意思が必要なことに変わりはない。ところが，近年では，当事者の一方が全く与り知らないところで，虚偽の婚姻届が出されるという事件も増えている。在留資格を求める外国人が日本人の配偶者であると偽装するというケースが多い。

なお，離婚を望む夫婦の一方が，他方の同意を得られない場合に虚偽の離婚届を提出することも少なくない。これに対しては，離婚届不受理申立制度が設けられており，このような事態が想定される場合には，予めこの届出をしておくことによって，届出の受理を阻止することができる。年間3万件程度の利用があり，虚偽の離婚届が提出される可能性が小さなものではないことを示している。この制度は事実上の制度として運用されてきたが，近年の戸籍法改正によって明文の根拠を有するに至っている（戸27条の2第3項）。

(3) **本人確認の強化**　離婚であれば，虚偽の離婚届の提出はある程度まで予測可能であるかもしれない。しかし，婚姻の場合には，不受理申立制度が機能することは考えにくい。そこで，改正戸籍法は本人確認の手続を設けている（むしろ本人確認手続を補完するものとして，不受理申立制度を位置づけている）。具体的には，本人が出頭した場合には，本人確認のために必要な「運転免許証その他の資料」の提供を求めることとした（戸27条の2第1項）。

ただし，本人確認は届出受理の要件とはされておらず，本人確認ができない場合には，受理後遅滞なく，届出本人に対して受理の通知をするものとされているにとどまる（戸27条の2第2項）。虚偽の届出がなされた場合には，この通知によって本人の知るところとなるわけであるが，受理された届出に基づく戸籍記載を抹消するには所定の手続に従うことが必要になる。この手続については後に述べる。

(4) **本人出頭の必要性**　虚偽の届出を阻止するには，本人確認を徹底する

必要がある。そのための方策としては，本人を出頭させ本人確認を行い，確認ができない場合には届出を受理しないという方法によることが考えられる。フランスをはじめヨーロッパ諸国では，この方式が採用されている。

　明治日本ではこのような方式の採用を無理だと考えられて，最も負担の少ない届出の方式として現在の方式が採用された。起草者たちは，儀式と同日に届出がなされるという慣習が生まれることを期待していたが，今日ではこれに近い状態に達していると見ることができる。そうだとすれば，儀式＝届出を連結することによって，本人出頭を確保することは不可能ではなかろう（市役所等で挙式を行うか，一定の基準を満たす式場に受理の権限を付与する）。もちろん，病気等で出頭できないという事例への対応は必要だが，起草者の構想に立ち返って，戸籍吏の派遣を考えるべきであろう。

4　小括——婚姻とは何か

　ヨーロッパの法律婚主義（儀式＝届出主義）には，日本とは違う二つの特色がある。最後にこの点を確認しておこう。第一に，婚姻は当事者の明確な意思に基づくものであるということ。この点は，梅も実現したいと考えていた点である。「真に婚姻をする積りでなしにずるずるべったりに一人の婦人が一の男子の所に這入り込んで居る」，しかし「当人にも法律上夫婦に為つて居る考はない唯だ夫婦に似寄つてして居れば夫れで満足して居る」，そのため「法律上明かに夫婦と為りたい者と区別が立たなく為つて仕舞う」。こうした事態は「断然廃さなければ往かぬ」と述べている（法典調査会六 183 頁）。

　第二に，婚姻は社会に向けて公示をされるべきものであるということ。この点については，梅はヨーロッパと日本とは違うという認識を持っていた。「西洋のやうに公示すると云ふことは理論上は宜しいやうでありますが日本の慣習にない」，「婚姻と云ふやうなものは人に隠くすべきものではありませぬけれども又必ずしも新聞に広告をしたり棒に貼り牓をしたりすると云ふことは慣習にありませぬ」，「家の内の事であつて他人にまで知らせるやうなこともありませぬ」（法典調査会六 182 頁）。

　ヨーロッパにおいては，婚姻とは社会的に承認された男女関係を指す。だからこそ，教会や市役所で挙式が行われ，神の名において，あるいは，国家の名において婚姻の成立が宣言されるのである。これに対して，日本では婚姻は私事としてとらえられてきた。その結果として，届出や戸籍は煩わしい負担と意識されると同時に，婚姻に対して保護が手厚いものとなりにくかった。前者はすでに述べたところに現れている。後者について，婚姻の効力のところで具体

例を掲げることにしたい（⇒第2節 婚姻の効力）。

II 届出の受理

1 戸籍吏への届出

(1) 戸籍吏の義務　現行740条は，届出は「法令の規定に違反しないことを認めた後でなければ，受理することができない」と定めている。ここには誰が受理するかが明示されていないが，明治民法776条には，「戸籍吏ハ婚姻カ……違反セサルコトヲ認メタル後ニ非サレハ……」としていた。この規定は「戸籍吏の義務を定めたるもの」（梅109頁）なのである。

なぜ，このような規定が必要か，梅は次のように説明している。「欧州に於ては婚姻前に公告を為して其婚姻に故障あるや否やを求むることを得ると雖も我邦に於ては此の如き方式を必要とすること能はさる」がゆえに，「戸籍吏の責任を重くするに非されは往々にして不法の婚姻の届出あり……為めに容易ならさる結果を惹起することなしとせす」（梅109頁）というわけである。

(2) 確認の対象　なお，確認の対象は，現行法では，「第731条から第737条まで及び前条第2項の規定その他の法令」とされているが，民法の規定は例示であり，戸籍法をはじめその他の法令すべてが対象となる。明治民法下においては，華族令や陸海軍軍人結婚条例などが例示されていたことを付記しておく。

明治民法776条にはもう一つ，興味深い規定が置かれていた。同条但書は「婚姻カ第741条第1項又ハ第750条第1項ノ規定ニ違反スル場合ニ於テ戸籍吏カ注意ヲ為シタルニ拘ハラス当事者カ其届出ヲ為サント欲スルトキハ此限ニ在ラス」という規定である。参照されている2ヶ条は戸主の婚姻同意権に関する規定であるが，上記の但書は，同意を欠く場合にも婚姻届は受理されうることを示している。その意味で，同意は要件ではないことになる。では，同意のない場合にはどうなるかというと，婚姻自体は有効ではあるが，戸主は「離籍」という制裁を発動できることになる（明民750条2項）。離籍されるともはや家族ではなくなるので，戸主からの扶養を得ることができなくなるというわけである。

2 国際結婚の場合

(1) 外国における日本人の婚姻　現行741条は，「外国」における「日本人間」の婚姻の「方式」について定める。

国際結婚に関する諸問題は，まず国際私法上の問題として現れる。そのルー

ルは国ごとに異なりうるが，多くの国において日本と同様のルールが採用されているようである。すなわち，実体的な要件については当事者の本国法によるが（通則24条1項），方式に関しては挙行地法による（同2項）というものである。

この基本原則に対して，741条は，日本人間の婚姻であれば，方式につき，日本法によることができること，その際に，大使・公使・領事が届出先になることを定めるものである。

(2) **日本における外国人の婚姻**　反対に，「日本」における「外国人間」の婚姻の「方式」はどうなるのか。

上記の原則によれば，方式に関しては，日本法によることになるはずである。しかし，法適用通則法は，当事者の一方の本国法によることも可能としている（同24条3項本文）。これは，民法741条に対応する規定であると言える。ただし，「外国人間」ではなく「日本人・外国人間」の場合には，日本法の定める方式に従うこと（届出を行うこと）が必要であるとしている。

全体として，日本人の婚姻については，できるだけ届出を促進しようという考え方が見てとれる。

なお，明治民法の原案には，「第772条乃至第777条ノ規定ハ外国人カ日本ニ於テ婚姻ヲ為ス場合ニモ亦之ヲ適用ス」（同784条1項）という規定が置かれていた。この規定は，引用されている規定が公序に関する規定であることを示すものである。法典調査会ではいったん原案の通り決せられたが，その後，どこかの段階で削除されており，明治民法には規定は置かれていなかった。国際私法の一般原則（現在では，通則42条）に委ねたということだろう。

第3　742条〜749条：婚姻の無効・取消し

（婚姻の無効）
第742条　婚姻は，次に掲げる場合に限り，無効とする。
一　人違いその他の事由によって当事者間に婚姻をする意思がないとき。
二　当事者が婚姻の届出をしないとき。ただし，その届出が第739条第2項に定める方式を欠くだけであるときは，婚姻は，そのためにその効力を妨げられない。
（婚姻の取消し）
第743条　婚姻は，次条から第747条までの規定によらなければ，取り

消すことができない。

（不適法な婚姻の取消し）

第744条① 第731条から第736条までの規定に違反した婚姻は，各当事者，その親族又は検察官から，その取消しを家庭裁判所に請求することができる。ただし，検察官は，当事者の一方が死亡した後は，これを請求することができない。

② 第732条又は第733条の規定に違反した婚姻については，当事者の配偶者又は前配偶者も，その取消しを請求することができる。

（不適齢者の婚姻の取消し）

第745条① 第731条の規定に違反した婚姻は，不適齢者が適齢に達したときは，その取消しを請求することができない。

② 不適齢者は，適齢に達した後，なお3箇月間は，その婚姻の取消しを請求することができる。ただし，適齢に達した後に追認をしたときは，この限りでない。

（再婚禁止期間内にした婚姻の取消し）

第746条 第733条の規定に違反した婚姻は，前婚の解消若しくは取消しの日から6箇月を経過し，又は女が再婚後に懐胎したときは，その取消しを請求することができない。

（詐欺又は強迫による婚姻の取消し）

第747条① 詐欺又は強迫によって婚姻をした者は，その婚姻の取消しを家庭裁判所に請求することができる。

② 前項の規定による取消権は，当事者が，詐欺を発見し，若しくは強迫を免れた後3箇月を経過し，又は追認をしたときは，消滅する。

（婚姻の取消しの効力）

第748条① 婚姻の取消しは，将来に向かってのみその効力を生ずる。

② 婚姻の時においてその取消しの原因があることを知らなかった当事者が，婚姻によって財産を得たときは，現に利益を受けている限度において，その返還をしなければならない。

③ 婚姻の時においてその取消しの原因があることを知っていた当事者は，婚姻によって得た利益の全部を返還しなければならない。この場合において，相手方が善意であったときは，これに対して損害を賠償する責任を負う。

（離婚の規定の準用）

第749条 第728条第1項，第766条から第769条まで，第790条第1項ただし書並びに第819条第2項，第3項，第5項及び第6項の規定は，婚姻の取消しについて準用する。

I　婚姻の無効（742条）

1　無効原因

(1) 不成立と無効　　現行742条にあたる規定は，旧民法では人事編55条であった。同条は次のように規定していた。「人違，喪心又ハ強暴ニ因リテ双方又ハ一方ノ承諾ノ全ク欠缺シタル婚姻ハ不成立トス」。

両者の要件における違いは後に触れることにして，まずはじめに「無効とする」と「不成立とす」の異同について触れておく。この点につき，起草者の梅は「本案の是迄用ゐ来たりましたる言葉の例に依ると無効及び取消と云ふことになる」としている（梅・法典調査会六210頁）。

これに対しては，委員の中から興味深い意見が出されている。「本条を設けるの必要は甚だ疑う」。なぜかと言えば，1号の場合には「其婚姻は無効であると云ふことは謂はいでも元々婚姻の意思がないとして婚姻が成立たぬ」，2号の場合には「婚姻の効力は届出なければ生じない」というのである（重岡・法典調査会六214-215頁）。

これに対して，梅は，「一般の法理とか或は規定とかに依て無効となるべき場合は矢張り本案も無効となるのならば仰の如く明文は要りませぬ」。「併し一般の原則から言へば無効と為るべき場合でも本案では無効としない」。「夫れであるから明文が要ります」と答えている（梅・法典調査会六215頁）。明文の規定がないと，特に，届出の方式違背の場合にまで婚姻は無効となってしまうが，それは避けたい。それゆえ，「第2号の但書は余程必要である」ということになる（梅・同頁）。つまり，742条は婚姻の要件のうち，無効原因となるものを限定列挙するために置かれているというわけである。

これは一応はもっともな説明である。しかし，今日の観点からすると，次のような疑問が生ずる。すなわち，1号の場合には，届出がある以上は，不成立ではなく無効となるのは自然なことであるが，2号の場合には，届出がない以上は，不成立となるはずである。

この点をどう考えるべきか。当時は不成立と無効とが十分に区別されていなかったと見ることも可能である。今日では，このような不十分さを踏まえつつ，本条2号本文はただし書を導く点に意味があると解されている。しかし，次のような別の（複数の）理解も可能であろう。第一は，1号は婚姻の届出はあるが意思（実態）のない場合を，2項は婚姻の意思（実態）はあるが届出がない場合をそれぞれ想定しており，いずれの場合にも婚姻は成立しているかに見えるが，実は無効であるという理解である。第二は，1号は実質的婚姻意思がない

場合を，2号は形式的届出意思がない場合をそれぞれ想定しており，いずれの場合にも外形上の届出はあるが，実は無効であるという理解である。

(2) **1号の意味・2号の意味**　1号そのものについては，旧民法が「人違，喪心又ハ強暴」の3つの理由を挙げていたのに対して，明治民法（現行法）は「人違其他」に改められている。この点については，「広く致しました」（梅・法典調査会六212頁）というのに対して，「余り広過ぎる」（箕作・法典調査会六216頁）という懸念も示された。

具体的な適用範囲に関しては，一方で，「私通」の意図であった場合（梅・法典調査会六211-212頁）や一方が年少，たとえば10歳とか11歳であった場合（梅212頁）には，「人違，喪心又は強暴」の何れにも当たらないが，婚姻は無効とすべきである，他方では，「法律行為の縁由」に関する錯誤──相手の学識・身持・資産に関する錯誤など──は考慮されないと述べられている（富井・法典調査会六217頁）。なお，梅は，強迫（強暴）や精神錯乱（喪心）のほか，単なる養子縁組を壻養子だと思ったという例も「人違その他」に入るとしている（梅116頁）。

2号の意味は，すでに述べた通りであるが，梅の教科書は興味深い説明を加えている。「届出の欠缺と云ふは全く届出なきを云ふ単に届出の形式を具へさるか如きは敢て無効の原因と為さす」とした上で，具体例として，「代理人を以て届出を為し」「又は自ら署名せさる書面を出し」「証人を欠き若しくは其員数一人なるとき」「若くは証人の中に未成年者あるとき」などは，単に不受理の原因となるだけであり，受理された以上は「単に戸籍吏か届出を受理せさる原因と為るのみ」であり，婚姻の効果に影響はないとしている（梅117頁）。「我邦に於ては特に戸籍吏の責任を重くする代はりに取消の原因は力めて之を減少せり」（梅117頁）というわけである。

ここで注目すべきは，代理人の介在や自書の欠如は方式違背ととらえられている点である。その背後には，この場合にも届出意思はある，という認識があると言うべきだろう。

2　効果について

(1) **効果規定の不在**　742条には，無効の効果を定める規定がない。反対解釈によって，この場合には，通常の無効の場合と同じになると解するべきだろう（はじめから無効となるほか，主張権者・主張期間に制限はない）。別の言い方をすると，742条は，通常の無効と同じ効果をもたらす原因のみを無効原因としたと言うべきだろう。なお，人事訴訟法には無効の訴えに関する定めがある

が（人訴2条1号参照），これは対世効のある判決によって問題を解決しようとするものである。無効の訴えを起こす場合にはこの人事訴訟法の規定によることになる（この訴えによらなければならないかについては，解釈論上の争いがある）。実際には調停によって解決されることが多いだろう（家事244条）。

(2) **戸籍の取扱い**　婚姻が無効となった後，戸籍の記載はどうなるのだろうか。この場合，届出人または届出事件の本人は，家裁の許可を得て，戸籍の訂正を申請することができる。しかし，婚姻・無効のプロセスが戸籍に残ることになる。これに対して，偽装婚などの場合には，戸籍に無用な記載がなされること自体が，本人にとっては迷惑なことである。そこで，「虚偽の申出」等の場合には，戸籍の再製を可能とする規定が置かれるにいたっている（戸11条の2）。

II　婚姻の取消し

1　序

(1) **行為規範と裁判規範**　婚姻の要件を満たさない場合のうち742条の掲げるもののほかは無効原因ではなく取消原因とされている。その理由は次のように説明されている。「理論上では公益を害する行為の如き無効であるべきものであつても便宜上絶対無効にしては不便である」（梅・法典調査会六210頁）。そこで取消しと同じ効力にすることが求められるが，それならば取消しと書いてもよい。ここでの基本的な発想は，行為規範としては許されないが，裁判規範としてはそうではないことがあるということだろう。梅は，「苟も利害関係人の請求なき以上は暫く之を黙認し敢て之に干渉せざることとせり」としている（梅120頁）。

(2) **取消原因の限定列挙（743条）**　婚姻の取消原因は現行743条が列挙するものに限られる。この種の規定は珍しいが，この列挙が限定列挙であることを示すものである。たとえば，詐害行為取消権に基づく取消しは，婚姻には及ばない。なお，現行743条は，（父母の不同意の場合以外の）婚姻障害事由（731条から736条）がある場合（744条1項）のほかに詐欺または強迫による場合（747条）を取消原因として想定している。後に述べるように，この二つは，その性質をやや異にするものである。

(3) **廃止された取消原因**　明治民法においては，現行743条・747条に対応する規定（780条1項・785条）のほかに，もう3ヶ条（783条・784条，786条）が置かれていた。

783条・784条は，不同意婚につき，同意権者にのみ取消権を認めるものだ

った。当事者には取消権は認められていなかったが，その理由は，適齢に達している以上は「婚姻の如き最重事に付ては自己の利害を覚了して決心を為すことを得るものと認めたるなり」という点に求められていた。明治民法の下では成年者についても一定年齢までは父母の同意が必要とされていたので，「尠くも成年者に付ては其智能未た十分に発達せさるを以て父母の同意を必要とすると日はんよりは寧ろ父母の権力を重したるものと謂ふへき」だというのである（梅129頁）。戦後，まさにこの「父母の権力」を否定するために，本条は削除されたのだと言える。その結果，現行法の下では，父母の同意の欠如は届出不受理の理由とはなるが，取消原因とはならない。

786条は，「壻養子縁組」の場合には，縁組の無効・取消しを理由に婚姻の取消しを求めることができるという規定であった。「壻養子」の観念が廃止された今日ではこの規定も削除されているが，このように，二つの法律行為の効力が連動する例が定められていたのは注目に値する。

2 公益的取消しの場合の原則（744条1項）

(1) **裁判上の取消し**　744条1項は，通常の取消しといくつかの点において異なっているが，第一の相違は，「家庭裁判所に請求することができる」としている点である。その理由は，「身分上重大なる事項を当事者の意思のみにて取消すことを得るものとするときは往往にし弊害なきこと能はさる」という点に求められている（梅118頁）。この理由づけによるならば，無効の場合にも訴えによることが必須という結論が導けそうである。もっとも，明らかに無効という場合にまで訴え（あるいは審判）を要するとするか否かについては検討を要するところである（我妻57頁は，戸籍法114条の戸籍の訂正によるべきことを説く）。

(2) **取消権者の範囲**　第二の相違は，取消権者の範囲にかかわる。たとえば，制限行為能力や意思表示の瑕疵による取消しの場合には，取消権者は本人のほか代理人（＋同意権者）および承継人に限られているが，現行744条1項は各当事者のほかに「その親族又は検察官」を挙げている（明民780条はさらに戸主をあげていたが，これは削除された）。その理由は「此等の（婚姻障害事由のある――大村注）婚姻は皆公の秩序に反する」ものである点に求められている（梅119頁）。

もっとも，この理由によると，親族は公序の担い手として位置づけられていることになるが，「親族は家名其他に関し不法の婚姻の成立すると否とに付き無形の利害を感すへき者なり」（梅120頁）とされていることが注目される。こ

のように，取消権者の範囲を画するには利害の有無が参酌されているのだが，その際には財産上の利益ではなく，家または個人の「名誉」に焦点が置かれていたのである。

(3) 取消権の行使期間　第三に，本条の取消権には，一般的な期間制限はかかっていない。しかし，当事者の一方が死亡した場合には，もはや検察官は訴えを起こすことができない。その理由は，「婚姻既に解消する以上は……直接に公益を害するの事実なけれはなり」（梅 122-123 頁）とされている。それでも，検察官以外の者は当事者の死後も訴えを提起しうる。こちらの理由は，「婚姻は解消するも其婚姻より生したる財産上の関係の如きは依然存すへきのみならす不法の婚姻を取消し以て其汚辱を家譜に止めさらんことを欲するは固より正当の希望と謂はさることを得す」（梅 123 頁）という点に求められている。

3　公益的取消しの場合の例外

(1) 取消権者の拡張（744条2項）　一方で，744条2項は，732条（重婚禁止）・733条（再婚禁止期間）に関しては，取消権者を拡張し，当事者の配偶者・前配偶者をこれに含めている。重婚の場合には「配偶者は重婚の成立と否とに付き」，再婚禁止期間の場合には「女の先夫は此条に違反したる婚姻の成立，不成立に付き」「最も重大なる関係を有する」からである（梅 121 頁）。

(2) 取消権の消滅事由（745条・746条）　他方で，745条・746条は，不適齢婚・再婚禁止期間内の婚姻につき，一定の場合（適齢に達した場合，6ヶ月経過または女が再婚後に懐胎した場合）に取消権が消滅することを定めている。これらの場合には，もはや取消しを認める必要がなくなっているからである。

ただし，不適齢者については，適齢に達した後3ヶ月の熟慮期間を認めている。「不適齢者は未た婚姻を為すに適する心身の発達を遂けさる者と認むるか故に従て其婚姻の自己に利益なるや否やを判断するの能力も十分に具ふる者とは認めさるなり」。そのような者が適齢に達したと同時に取消権を失うとすると，「其者は有効に其取消権を行使するの違なきこと稀なりとせす」（梅 124-125 頁）という理由による。

なお，旧民法には妻が懐胎した場合には取消権が消滅するとしていたが（旧民人事編57条2号3号），明治民法においてはこの規定は削除された。このような規定が置かれているのは，適齢は生殖能力の有無によるという考え方を前提としているが，明治民法では「早婚と云ふことは公益に害があるからこそ禁じ」たのだから，これらの規定は適当ではないと説明されている（梅・法典調査会六 236-237 頁）。興味深い考え方であるが，今日の立法論としては，生まれ

る子の福祉の観点を重視し，旧民法のような規定を再検討すべきだろう。

4　私益的取消し（747条）

(1) 取消権者の制限　本条は96条の特則である。まず，訴えを要する点で96条と異なる。また，取消権者は当事者のみに限られている。この制限は，次の取消権の消滅事由ともかかわる。

(2) 取消権の消滅事由　本条の取消権は3ヶ月という短い期間制限に服する。また，追認をした時にも消滅する。126条は（前段のみならず後段も）適用されない。このように短期の期間の定めが置かれているのは次の理由による。「夫婦の関係の如き若し之を欲せさるときは殆と一日も忍ひ難き所なり況や3ヶ月間に於てをや故に当事者か詐欺を発見し若くは強迫を免れたる後3ヶ月を経るも仍ほ其取消権を行はさるときは是れ之を放棄したるものと看做ささることを得されはなり」（梅132頁）。

(3) 詐欺と強迫の外延　旧民法は強暴のみを無効（明治民法では取消し）原因としていたが，明治民法はこれに詐欺を加えた。すでに見たように，動機の錯誤は無効原因にならない。ただ，詐欺は取消原因としてもよいのではないかというわけである。もっとも，「多少の嘘」はここでいう「詐欺」にはあたらない（梅・法典調査会六248頁）。なお，ヨーロッパには「婦人が懐胎して居つたのを知らずに婚姻したのはそれを理由として取消せると云ふことになつて居る」が，今回の立法では再婚禁止期間を置いたので，これで対処するとされている（梅・法典調査会六247頁）。

他方，本条の「強迫」と742条の「人違いその他」に含まれる「強暴」の区別が問題になるが，梅は，これは意思表示一般に存在する問題であるとしている（梅133-134頁）。

III　婚姻の取消しの効果

1　特則（748条）

取消しの効果についても特則が置かれている。本条は取消しの遡及効を否定するものである。遡及効を認めるとなると，「之か為めに生する一家の攪乱は実に名状すへからさること多かるへし」（梅139頁）というわけである。特に「夫婦間に挙けたる子は之を嫡出子と看做」す点が重要である（梅139-140頁）。ただし，財産関係については，当事者の善意・悪意に応じて，利益の返還・損害の賠償の定めを置いている。

2 準用規定（749条）

749条は戦後の改正の際に追加された規定である。これは，遡及効のない取消しと離婚の類似性に着目し，離婚の規定を準用するものである。具体的には，766条から769条まで（子の監護・復氏・財産分与・祭祀承継に関する規定）のほか，いくつかの規定が準用されている。この中で，特に問題になるのは768条と748条との関係である。立法論としては，768条のみで処理すべきだとするものもあるが，768条そのものの当否とも関わる問題なので，後に改めて検討する。

IV 立法論

個別規定に関する立法論については，それぞれの箇所で触れたが，最後に，「婚姻の無効及び取消し」全般に関する立法論につき，一言しておく。現在の規定の配置を見ると，まず「婚姻の要件」が掲げられた上で，それらのそれぞれにつき改めて，「無効及び取消し」の要件が定められている。法律行為の有効要件，無効・取消しの場合に比べて，これはわかりにくいのではないかとの批判がある。

これはもっともな批判である。それゆえ，立法論としては，婚姻の要件に無効・取消しの要件を統合することが考えられる。ただし，その際に注意すべきは，婚姻障害（あるいは届出受理の要件）の一覧性が損なわれないようにする必要があるということである。

第2節 婚姻の効力

第1 750条・751条：夫婦の氏

> （夫婦の氏）
> 第750条 夫婦は，婚姻の際に定めるところに従い，夫又は妻の氏を称する。
> （生存配偶者の復氏等）
> 第751条① 夫婦の一方が死亡したときは，生存配偶者は，婚姻前の氏に復することができる。
> ② 第769条の規定は，前項及び第728条第2項の場合について準用する。

前編　第1部　第2章　婚　姻

I　序

1　婚姻の効力の内容

　現行民法親族編第2章中の第2節「婚姻の効力」と第3節「夫婦財産制」は，いずれも婚姻の効力に関わるものである（この点は明治民法でも同様）。その意味では，第3節を独立させる意味は乏しい。しかし，旧民法においては夫婦財産制が財産取得編に置かれていたことを考えるならば，その部分を一括して親族編に配置するということであったと言える。別の言い方をするならば，専ら財産的側面に関することがらは第3節に定め，それ以外のことがらは第2節に定めるという仕分けも可能である。

　以上のように，第2節・第3節を分離させたことの理由は理解可能である。しかし，第2節・第3節に配置された内容が適切であるかどうかはまた別の問題である。具体的には，第3節中の一部の規定は強行規定としてむしろ第2節に配すべきではないかと考えるが，この点については第3節につき論ずる際に再論する。

　ここでは，第2節の内容に限り，明治民法・現行民法の異同について触れておく。まず，明治民法の規定を掲げておく。

　　　明治民法
　　　　第788条①　妻ハ婚姻ニ因リテ夫ノ家ニ入ル
　　　　　　　②　入夫及ヒ壻養子ハ妻ノ家ニ入ル
　　　　第789条①　妻ハ夫ト同居スル義務ヲ負フ
　　　　　　　②　夫ハ妻ヲシテ同居ヲ為サシムルコトヲ要ス
　　　　第790条　夫婦ハ互ニ扶養ヲ為ス義務ヲ負フ
　　　　第791条　妻カ未成年者ナルトキハ成年ノ夫ハ其後見人ノ職務ヲ行フ
　　　　第792条　夫婦間ニ於テ契約ヲ為シタルトキハ其契約ハ婚姻中何時ニテモ夫婦ノ一方ヨリ之ヲ取消スコトヲ得但第三者ノ権利ヲ害スルコトヲ得ス

　以上の規定と現行規定とを対比すると次のことがわかる。第一に，明治民法には夫婦の氏に関する規定はなかった。その代わりに，家に関する規定が置かれていた（788条）。第二に，夫婦の同居義務・扶養義務については規定が置かれていたが（789条・790条），協力義務についての規定はなかった。第三に，婚姻擬制に関する規定はなく，未成年者の妻につき夫が後見人となることが示されていた（791条）。第四に，婚姻中の契約については，現行法と同趣旨の規

定が置かれていた（792条）。

　ちなみに，旧民法を見てみると，婚姻の効力としては，妻の行為能力の制限（旧民人68条-73条）のみが定められていたが，明治民法はこの点に関する規定を総則編に移した（明民14条-18条）。この規定を除くと，旧民法には婚姻の効力に関する規定は置かれていなかったことになる。具体的には，氏に関する規定・家に関する規定がないばかりでなく，夫婦間の義務に関する規定もなかった。もっとも，婚姻擬制に関する規定は別に置かれており（旧民人213条），また，契約の取消しに関する規定は夫婦間の贈与に関する特例として設けられていた（旧民財取367条）。

2　「家」の氏から夫婦の氏へ

　明治民法において，氏に関する規定として最も重要であったのは，以前にも掲げた746条である。この規定は次のよう定めていた。

　　明治民法
　　　第746条　戸主及ヒ家族ハ其家ノ氏ヲ称ス

　明治民法が婚姻の効力としては氏に言及しないのは，この規定が存在するためであった。実際，梅は，この規定を念頭に置きつつ，次のように述べている。「家族と云ふものは戸主の氏を称すると云ふことがありまして即ち其妻と云ふものは戸主の家族である以上は少なくとも其妻は矢張り戸主と同じ氏を称へなければならぬ」（梅・法典調査会六271頁）。

　実は，同様のことは，788条の定めることがらについても妥当する。「戸主ノ親族ニシテ其家ニ在ル者及ヒ其配偶者」を「家族」と定義する以上（明民732条），戸主の配偶者や家族の配偶者が戸主の家に入ることは当然のように思われる。しかし，この点に関しては，入夫の場合につき確認する必要があるとか（梅・法典調査会六272頁），「妻は夫の身分に従ふ」（高木・法典調査会274頁）ということを「さう云ふ問題を此1ヶ条で決しやうと思ふ」（梅・法典調査会六275頁）といった応答がなされている。

　いずれにせよ，746条があり，732条に加えて788条がある以上，夫婦の氏に関する規定は不要であった。しかし，これらの規定が廃止されるとなると話は違ってくる。「家」の氏がなくなるならば，夫婦の氏を定めなければならない。これが現行750条を支える基本的な発想である。

Ⅱ　夫婦同氏（750条）

1　同氏の効果

　現行750条は、「夫婦は……夫又は妻の氏を称する」と定めている。その結果、夫婦が共通に称する氏は、夫または妻、どちらかの氏であるが、それが選択された段階で「夫婦の氏」となる。

　このことは、戸籍の編製において明確に示されていると言える。夫の氏を称するにせよ妻の氏を称するにせよ、「戸籍は……一の夫婦及びこれと氏を同じくする子ごとに、これを編製する」（戸6条）、「婚姻の届出があつたときは、夫婦について新戸籍を編製する」（戸16条1項本文）とされており、婚姻によって新戸籍が編製されることになるのである（外国人について重大な例外があるが、ここでは立ち入らない。戸6条但書・16条3項参照）。

　かつて、家族は氏を同じくし同一の戸籍に記載されていたが、今日では、夫婦が氏を同じくし同一の戸籍に記載される。この対比から、家族の氏が夫婦の氏に変換されたことがわかるだろう。ただし、子については、かつては家族であるか否かが戸籍に反映されたのに対して、今日では、親子関係のあり方（親権の帰属）と戸籍の記載は無関係であり、戸籍は単に氏の異同を示すにすぎない。

　なお、夫の氏を称するか妻の氏を称するかは、次の2点に影響を及ぼす。第一は、自らの氏を称する者が戸籍の筆頭者になるということ、第二は、相手方の氏を称する者は離婚によって婚姻前の氏に復するのを原則とすることである。前者は形式的なことがらかもしれないが、後者は「家に入る」の名残であるとも言える。

　もっとも、夫も妻も婚姻前の氏に復するが、婚姻前の氏が婚姻中の氏と同じ場合には復氏の必要がないだけであると説明することは不可能ではない。しかし、それならば、離婚時に婚姻前の氏に復する者のみが婚姻前の戸籍に入るという考え方はおかしい（戸19条1項）。むしろ、夫婦ともに当然に新戸籍を編製するべきであろう（同但書参照）。そうなっていないところに、「家に入る」が「戸籍に入る」として残存していることが顕わになっている。

2　同氏の実現

(1) 選択の対象　　夫婦の一方が他方の「戸籍＝家」に入るという観念は、夫婦同氏の選択対象が「夫又は妻の」氏であることによって増幅される。夫の氏が選択された場合には夫の「戸籍」＝夫の「家」の戸籍に、妻の氏が選択さ

れた場合には妻の「戸籍」＝妻の「家」の戸籍に入るという観念を生じさせるからである。

　仮に，いずれの氏でもない第三の氏を選択することが可能という制度を想定するならば，離婚に際して，筆頭者は当該戸籍に残り，筆頭者でない者が婚姻前の戸籍または新戸籍に入るという制度の下で，「戸籍＝家」という観念は生ずるものの，その場合の「家」は婚姻で成立した夫婦の「家」として理解されることになろう（ただし，家長は存在する）。

　なお，第三の氏を，夫の氏・妻の氏と全く無縁のものではなく結合氏とすることも考えられる。この場合には，夫婦の「家」はそれぞれの「家」に連なる双系的なものとして理解されることになるだろう。

(2) **選択の方法**　夫婦の氏は「婚姻の際に定める」こととされている。夫婦の氏を定めていない婚姻届は受理されない（戸74条1号）。また，婚姻中に夫婦の氏を変更する手続は定められていない。つまり，夫婦は婚姻時に氏を定めなければならず，いったん定めた氏は離婚や養子縁組等によるのではない限り変更されない。

　それでは，氏の選択につき夫婦の意見が一致しない場合にはどうなるか。民法はこの点について何の規定も設けていない。その結果，夫婦の氏が決まらない限り婚姻届を出すことができないということになる。夫婦については，これで支障はないとも言えるが，仮に選択的夫婦別姓制度を採用し，かつ，子の氏については出産時に選択するという制度を併用すると，子の氏の決定についての手続を定めておくことが必須となる。

Ⅲ　生存配偶者の復氏（751条）

1　婚姻の解消と氏の変更

　婚姻の解消は氏の変更をもたらすか。この点につき，民法は離婚の場合（無効・取消しの場合を含む。749条参照）と死別の場合とを区別している。

　すなわち，離婚の場合には，復氏（婚姻によって氏を改めた者が婚姻前の氏に復する）を原則とするが（767条1項），死別の場合には，同氏維持を原則としている（751条1項）。ただし，前者の場合にも婚氏続称を選択することは可能であるし（767条2項），後者の場合にも復氏が可能とされている（751項2項）。なお，生存配偶者の復氏は届出によってなされる（戸95条）。この場合にも婚姻前の戸籍に入るのが原則ということになろう（戸19条2項）。

2 生存配偶者の法的地位

ここで生存配偶者の法的地位という観点からの整理を行っておく。

(1) 姻族関係と扶養義務　まず第一に，一方配偶者の死亡によって姻族関係が終了するわけではない。この点は以前に見た通りである。姻族関係の終了には生存配偶者の意思表示が必要である（728条2項）。この意思表示は届出によってなされる（戸96条）。

姻族関係が終了すると，その存在を前提としていた扶養義務は消滅することになる。

(2) 氏と祭祀承継　第二に，一方配偶者の死亡によって他方の復氏が当然に生ずるわけではない。この点もすでに述べた通りである。

復氏が生ずると，祭祀承継に関する問題が生ずる。生存配偶者がAからBに復氏したとすると，その者が従来A家の祭祀を行ってきたとしても，もはやそれにはふさわしくないのではないか，というのがその理由である。そこで，離婚復氏の場合につき，祭祀財産の承継に関する協議を行って権利承継者を定めるべきこととしている（769条）。751条2項は，死別による復氏の場合につき，この規定を準用している（死別後の姻族関係終了の場合についても同様。751条2項・728条2項）。

以上のように，現行法の下では，姻族関係終了と復氏とは独立の問題とされる一方で，祭祀承継の問題が双方と関連づけられている。もともとの案では，姻族関係は当然消滅し，氏も当然復氏ということだったが（村上・経過134頁），途中から現行法のような案が浮上し，氏をどうするかは生存配偶者の自由に委ねられることとなり，姻族関係についても同様とされた。この点は司令部（オプラー）の強い主張であったことが指摘されている（小澤・経過134頁）。

IV　立法論

1 選択的夫婦別姓制度の提唱

(1) 1947年改正時の議論　1947年の民法改正の際の最初の幹事案では，「妻は夫の姓を称するものとすること」とされており（経過217頁），成案に至る直前の諸案でも「夫婦は共に夫の氏を称す但当事者か婚姻と同時に反対の意思を表示したときは妻の氏を称す」とされていた（経過303頁参照）。しかし，最終的には現行法のように改められた。

この点の変更については「夫の氏ということが，両性の平等に反するのじゃないかということで，結局『夫又は妻』になった。これも司令部からそういう示唆があったと記憶しております。司令部では，とにかく氏はもう全部自由に

してはどうかということを相当いっておったですよ」(奥野・経過131頁)と説明されている。

なお，興味深いのは，これと関連して，「離婚の場合に，婚姻の際の氏を改めた者は当然復氏するという，そういう強制をするのはいかんということで，相当国会でつっこまれましたね」という感想が残されていることである（奥野・経過132頁）。これに対して，「その人たちは婚姻が成立したときにも夫の氏にすることに反対なんですか。つまり，夫婦は別な氏でも同じ氏でも自由だということまで徹底して考えているのですか」(我妻・同頁)との問いが発せられているが，これには，「本来はそう思っているのでしょうが……」(奥野・同頁)，「そういう人たちは，ああいう問題があったから離婚のときを考えているので，結婚のときにはやはり一つの氏になるものだと思っているのじゃないでしょうか」(中川・経過133頁)との応答がされている。

ここで指摘しておくべきは，夫婦別姓論が1947年改正以来の議論の流れを引くものであり，1980年代後半になって急浮上してきた問題ではないということである。だからこそ，1996年改正要綱の起草者たちは，夫婦別姓論は急進的な議論であるという意識を持たなかったとも言えるのである。

(2) 1996年改正要綱をめぐる議論　　1996年の民法改正要綱は婚姻法（離婚法を含む）全般の改正を提案するものであった。なかでも争点となったのが選択的夫婦別姓制度の導入であったが，要綱は次のように定めていた。

> 第三　夫婦の氏
> 一　夫婦は，婚姻の際に定めるところに従い，夫若しくは妻の氏を称し，又は各自の婚姻前の氏を称するものとする。
> 二　夫婦が各自の婚姻前の氏を称する旨の定めをするときは，夫婦は，婚姻の際に，夫又は妻の氏を子が称する氏として定めなければならないものとする。

これがいわゆる選択的夫婦別姓制度と呼ばれるものである。すなわち，従前の「夫又は妻の氏を称する」のほかに「各自の婚姻前の氏を称する」という選択肢を加えることによって，同氏・別氏のどちらを選択することも可能としたわけである。

この制度の導入は政治問題となり，夫婦別姓は家族の崩壊（弱体化）をもたらす，という反対論が強く説かれた。そのため，法制審議会が決定した要綱であるにもかかわらず，それに基づく法案が提出されないという異例の事態が生ずることとなった。その後，通称使用を認める案でのとりまとめなどもはから

れたが合意が得られず、要綱自体が浮動的な状態に置かれたまま今日に至っている。

　(3) **氏と姓**　夫婦の氏につき選択を許す制度は、選択的「夫婦別姓」制度と呼ばれることがある。民法上は選択的「夫婦別氏」制度と呼ぶのが正しいが、「夫婦別姓」という呼び方にも理由がないわけではない。この点は「氏」と「姓」の異同にかかわる。ここで、「氏」「姓」の歴史に遡ることはできないが、明治以降に次のような指摘がなされていることを紹介しておきたい。(創氏改名に関する) 穂積重遠の説明である (穂積「姓と氏」同・続有閑法学〔日本評論社、1940〕所収。なお、水野直樹・創氏改名〔岩波新書、2008〕も参照)。

　穂積によると、「氏」が「家」の呼称であるのに対して、「姓」は血統の呼称であるという。それゆえ「朝鮮には姓はあるが氏がない」とされて、氏を設けることが求められたのだという (その際に従来の「姓」を「氏」とすることは妨げられなかったが、実際上は、様々な形で日本風の「氏」が推奨されたのだろう)。朝鮮 (韓国) では、婚姻によって姓が変わることはなく、婚姻後も夫婦は各々自身の姓を保持する (夫が李姓ならば李を名乗り続け、妻が金姓ならば金を名乗り続ける)。しかしながら、日本法の下では「家」には (一つの)「氏」がなければならず、家族は家の氏を称さなければならない。そのため「氏」を定めよ、というわけである。

　この理解の真否を問うのは、ここでの目的ではない。指摘しておきたいのは、「夫婦別姓」という表現には「姓＝血統の表象」という観念が現れているということである。山田太郎と鈴木花子が夫婦別姓を選択するというのは、それぞれが山田の血統、鈴木の血統に属することを強調することに繋がるからである。これに対して「夫婦別氏」という表現は、ある意味では背理であるとも言える。というのは、現行法における「夫婦の氏」は明治民法の「家の氏」が縮減されたものにほかならないからである。「夫婦別氏」が「氏＝家 (家族) の表象」がなくなることを意味するならば、それはそもそも「氏」の観念と両立しない。

　こうして見ると、「夫婦別姓」という表現は、この制度が「氏」を廃して「姓」を取り戻すものであることを、図らずも示していると言えるだろう。もっとも、あえて「夫婦別氏」という表現を用いることによって、「氏」の意味が変わることを示す、という選択はありえないではない。

2　選択的夫婦別姓制度の検討

　(1) **前提としての実態と意識**　別姓問題を検討する前提として、二つのデータを掲げておこう。第一は、婚姻時の氏の選択の現状を示すもの、第二は、

選択的夫婦別姓制度への賛否を示すもの（内閣府調査）である。

第一の点については，これまで，夫の氏を称する婚姻の割合は 97％ 程度であるといわれてきた。しかし，最近のデータによると，この割合はもう少し低くなっているようであり，再婚の場合にはさらに下がることが指摘されている。第二の点については次のようなデータがある。ある時期までは賛成論が増える趨勢にあったが，ここに来て頭打ちになっており，賛否が拮抗する状況にある。

（単位：％）

	反対	賛成	通称使用
平成 24 年	36.4	35.5	24.0
平成 18 年	35.0	36.5	25.1
平成 13 年	29.9	42.1	23.0
平成 8 年	39.8	32.5	22.5

(2) **考慮要因としての子どもの氏**　別姓問題について考えるにあたっては，子どもの氏をどうするかも重要な意味を持つ。1996 年要綱のように，子どもの氏を観念するのであれば，以後は，夫婦の氏に代わって子どもの氏が家の氏を示すことになる。

これを避けるためには，子どもの氏については一律に決めるのではなく，第一子については夫の氏，第二子については妻の氏，といった個別の選択を認めることが必要になる。しかし，これに対しては，夫婦別姓以上に，子の別姓は家族の一体性を損なうという反対論が強くなる。兄弟姉妹同姓が子の福祉にとって不可欠かどうかは議論の余地のありうるところだが，夫婦の選択によって，子どもが影響を受けることに対する抵抗感は小さくない。

(3) **代替案としての通称使用**　別姓問題に関しては，妥協案として通称使用を認めるべきことが説かれることがある。働く女性たちが婚姻による氏の変更によって被る実際上の不便に対応する方策として，この案は十分に考えられるものである。

しかし，この案は，別姓論者の目的の半分にしか対応していない。別姓論者が望むのは，社会における女性の独立（しかも便宜的な独立）だけではなく（むしろ），家族内部での女性の独立（しかも象徴的な独立）だからである。

(4) **受皿としての戸籍法**　別姓問題の解決にあたっては戸籍の対応も無視することはできない。実際のところ，1996 年の改正要綱が提案された際には，戸籍の対応も検討された。結論としては，従来の「同一戸籍同一氏の原則」に

例外を設ける，すなわち，別氏であっても夫婦は同一戸籍に記載するという案が検討された。

これは画期的な変更のように見える。しかし，戸籍筆頭者を決める以上は，戸籍上夫婦（および子ども）は筆頭者の氏を称するが，婚姻前の氏を保持したい他方配偶者のみが呼称上の氏としてそれを保持する，と考えることもできる。この点に関しては，婚氏続称のところで再度説明する（⇒第4節第1 Ⅳ 1。徹底するならば，夫婦別戸籍もありうるが，夫婦よりも家系を重視することになる）。

3 選択的夫婦別姓制度のその先に

仮に選択的夫婦別姓制度を導入するとした場合に，次のような問題を考える必要はないだろうか。それは，別姓を選択した夫婦に通称としての「夫婦の氏」を認める必要はないかという問題である。

夫婦別姓は，夫婦の個人としての独立を表象するものである。しかし，夫婦には共同体としての側面があることもまた事実である（子の親としての立場がまさにそれである）。そうだとすると，個人としては別々の氏を称するとしても，家族として社会に対する時には，共通の氏を称することがあってもよいのではないか。

もちろん，夫婦別姓は強制されるものではないので，共同性を重視する夫婦は同氏を選択すればよい。しかし，基本的には別氏を選択しつつ，場面に応じて相手の氏を通称として使用したいということはないだろうか。そのような需要があるのであれば，これに応ずることが検討されてもよいだろう（大村52頁以下）。

第2 752条：婚姻の効果としての夫婦の義務

> （同居，協力及び扶助の義務）
> 第752条 夫婦は同居し，互いに協力し扶助しなければならない。

Ⅰ 夫婦の義務の法定

1 明治民法

現行752条は，夫婦の義務を定める規定であり，夫婦を中心として再編成された戦後家族法において中核を占める条文であると評することもできる。フラ

ンス民法典で言えば，民法典の要をなす3ヶ条の一つとされる212条に匹敵する（ちなみに，フランスでは，婚姻の際に，212条・213条1項2項・214条1項・215条1項が朗読されるべきことが定められている。これは，この部分が婚姻の本質的な義務を定めており，この点に関する合意が必要なことを意味する。なお，近年，このリストに親権に関する371-1条が追加された。仏民75条1項参照）。

しかし，このような規定が民法典に置かれるのは，必ずしも自明のことがらではない。前章にも述べたように，旧民法にはこの種の規定は置かれていなかった（草案には置かれていたという）。その理由は明らかではないが，「夫婦の交りは人の大倫たるを以て互へに信実を守りて相扶持し夫は婦を保護し婦は夫に順従すへきは自然の慣習に属し法律の規定を待て後に定まるへきものにあらす」（磯部239頁）という点に求められるだろう。

明治民法においては，この点につき旧民法とは異なる解決が採られた。梅によれば，「婚姻のことに付て民法に規定を置く以上は丸で夫婦間の権利義務のことを法律外のものとして法律に掲げぬと云ふことは穏かでない」（梅・法典調査会六269頁）というのがその理由であった。

では，どのような義務を定めるべきか。起草者たちは（旧民法草案を含めて）当時の立法例を精査したようである。その結果として，真実（貞操），保護・貞順や助力・敬愛などをリストアップしているが，「是等は何うも法律上の規定としては如何にも面白くないので事柄は誠に其通りでさうなくてはならぬのでありますけれども何うも面白くない」（梅・法典調査会六270頁）と述べ，結局，「独逸民法草案には詰る所財産上の効力の外は丁度本案に採つた位の事柄しか規定になつて居りませぬ私共の見まする所では之が穏当である」（梅・同頁）としている。

2 現行民法

現行民法は，明治民法の規定に三つの修正を加えたものであると言える。すなわち，同居義務を平等化し，扶養義務を扶助義務に改めたほか，協力義務を新たに付加している。

以上の改正の理由は明らかではない。ただ，戦前の人事法案においては，すでに「夫婦ハ同居シ互ニ協力扶助スベキモノトス」という規定が準備されており（70条前段）。1947年改正に際しては，当初の要綱段階からこの案が踏襲されていたことを指摘しておく。

同居義務の平等化については，男女平等の下では説明を要しない。そもそも，明治民法の下でも，人事法案のような規定が提案されていたのである。また，

扶助義務は，一般の扶養義務よりも高い程度の義務を示したと解されている（内田23頁など。中川229頁がこの点を明言する）。

では，協力義務とは何か。「夫婦の共同関係の人格的側面を表現したものといえる」（内田22頁），「日常生活の維持，病者の看護，子の保育などあらゆるものが含まれる」（二宮59頁），「明治民法においては，住居の決定も，家政の有り様も，子の教育も最終的には夫に決定権があった。しかし現行法は，夫婦平等の原則に従って，夫婦一方の決定を否定し，夫婦は誠実に合意に達するように努めなければならないものとしたのである」（泉94頁）などと説明される。

これらの説明はいずれももっともであるが，すでに述べた人事法案からも明らかなように，明治民法の下でも協力義務は観念しえたことには留意する必要がある。この点については，「旧法の下にあっても，同居や扶養の問題を解決するためには，協力の観念がいつも解釈者の心の底には潜み，それによって同居・扶養の規定が正しい適用を可能ならしめていた」（中川227頁）ことが指摘されている。

Ⅱ　夫婦の義務の内容

1　各義務の内部関係

(1) **並列的な見方**　現行752条は，同居，協力，扶助の義務を列挙する。学説には，これを受けて，三つの義務を列挙するにとどめたり，ひとまとめにして掲げるものが多い。たとえば，ある教科書は，752条を引用した後に「夫婦は誠実に婚姻共同生活を営まなければならないという意味である」とし，さらに次のように続ける。「婚姻共同生活は，唯一人の婚姻相手と，共同の住居で営まれる。そのため，夫婦は互いに婚姻共同生活に信義をつくさなければならず，身分相応の住居の確保に努力しなければならない。また，婚姻共同生活は肉体的（性的），精神的生活関係であるから，夫婦は互いに他方配偶者の身上と利害に関心と理解を示すとともに，健康と精神的気質に留意して，自然の性欲を満たし合うことになる。さらに，婚姻共同生活は夫婦の共同によって全うされるのであるから，夫婦は生活費の確保はもちろん，家政の分担，子の教育分担，病気の看護など，全て，互いに援助し合って共同生活をしなければならないのである」（泉91-92頁）。

(2) **構造的な見方**　これに対して，各義務の相互関係につき，より構造的な見方を示すものもある。たとえば，梅は，貞操義務・扶助義務・保護従順義務を道徳上の義務とし，貞操義務違反から刑事上の制裁・民事上の制裁が生ずるほか，扶助義務から法的な義務としての同居義務・扶養義務が，保護従順義

務から夫の後見、妻の無能力が、それぞれ導かれるとする（梅143頁）。

前述の中川の見方もこれに類似するものと言えるが、さらに次のように述べている。「旧法は同居義務と扶養義務だけを規定したが、この両者はいって見れば鉄道のレールのようなもので、夫婦生活の骨子をなすものではあるが、それだけでは役に立たず、枕木とかバラスがあって初めて2本のレールは正しい位置を保ち、その機能を発揮しうるのである。……概言すれば、同居・扶助は形に、協力は心にウエイトがおかれてあるといえよう」（中川227-228頁）。

中川の見方の背後には、次のようなドイツの学説があるようである（中川228-229頁注1参照）。それは、ドイツ民法1353条1項が夫婦に負わせた「婚姻的生活共同」の義務は、「身体的及び精神的の共棲、家的共同と性的共同、誠実と扶助、並びに子の共同養育を要求する」というものであるが、ここには、「共同」のもとに「共棲＋共同」「誠実」「扶助」「子の共同養育」を置くという構造化が認められる。

以上とは異なり、フランスの学説を参照した見方も示されている（大村）。そこでは、中心に置かれているのは「共同生活」であり、その外形として「住居の共同」と「氏の同一」、内実として「親密な関係」と「狭義の協力義務・扶助義務」が位置づけられている。その特徴は、「共同生活」を「住居の共同（同居）」によって表象する点にある。いわばドイツ法的な発想が協力義務を中心に据えるのに対して、同居義務を重視するのである。

2　各義務とその他の義務の関係

(1)　扶養義務との関係　すでに述べたように、1947年改正によって、夫婦の扶養義務は扶助義務に改められ、他の扶養義務に比べて高い程度のものであることが明らかにされた。すでに戦前から、夫婦間の扶養義務、親の（未成年の）子に対する扶養義務は、他の扶養義務とは区別される高い程度の義務であるとされてきた（中川229頁）。現行752条は、扶助義務という特別な文言を明示的に使うことによってこのことを確認したというわけである。

そうだとすると、親の子に対する扶養義務との関係はどうなるのだろうか。1947年改正はこの点に触れてはいない。しかし、この場合の扶養義務の程度は低くてよいとする意見は聞かれない。そうだとすると、この場合の扶養義務を他の扶養義務と区別するための解釈論が、とりわけ現行法の下では必要なはずである。夫婦・親子の扶養義務は性質上特別である、という議論は、夫婦につき「扶養義務」が「扶助義務」に改められた時点で新たな説明を求められるに至っていると考えざるを得ないからである。

この点に関しては，親権あるいは扶養に関する説明に譲る。

(2) 婚姻費用分担義務との関係　後に述べるように，現行民法は，夫婦の婚姻費用分担義務を課している（760条）。では，扶助義務と婚姻費用分担義務はどのような関係に立つのか。これらは「実質的には同じことであ」るとする見方が支配的であるが（内田23頁等），両者には違いがあるとする見方もある（大村等）。具体的には，婚姻費用分担義務が高いレベルの生活を保障するものであり，「扶助義務」とは「扶養義務」にほかならず，そのレベルは低いものであるとするのである。

このような考え方に立ち，かつ，婚姻費用分担義務は共同生活が継続している場合（同居している場合）にのみ存続すると考えるならば，共同生活の破綻後（別居後）は婚姻費用分担義務は消滅し，通常の扶養義務と同レベルの扶助義務が出現することになる。論理的な考え方だと思うが，別居につきこのように取り扱うことが適切かどうかが問われなければならない（中川は，「被扶助者が正当な理由なしに同居・協力を拒んだような場合には，……扶助の不履行について責を負うことがない」〔中川230頁〕とする。他方，実務は，別居の理由を問わずに婚姻費用として生活費の請求を認めている。中間的な解決が必要ではないか）。

この点に関しては，婚姻費用分担義務のところで再度検討する（⇒第3節第2 Ⅱ1(4)）。

3　義務違反の効果

(1) 強制履行　今日では，同居義務については強制履行はできないと解されている。これは，すでに戦前に見られた考え方である（穂積）。しかし，起草者である梅は，そうは考えていなかった。

梅は，夫婦間の義務を民法典に掲げるにあたり，「掲げた所が直ちに制裁を付することも余程六ヶ敷い」，「直接に其義務を履行せしむると云ふことは実際出来る話でもなし」（梅・法典調査会六270頁）という点を考慮に入れつつ，その対象を絞り込んでいた。反対から見れば，民法典に規定の置かれた義務については，制裁や履行強制を念頭に置いたものであったことがわかる。扶養義務はもちろん同居義務についても履行強制が可能と考えていたのである。

実際のところ，梅は，「本案に於ては矢張り強制を許す積りで以てそれで別段の規定を置かぬで斯様に規定して置きました」と述べている（梅・法典調査会六277頁）。さらに，「夫が自分の力でいけぬときは巡査に頼んで捜索願をするさうすると巡査が女房を搦へて来て夫に引渡すそれで結構である」（梅・法典調査会六278頁）とも述べている。内容の当否は別にして，夫婦関係の調整に

つき警察力の利用を考えている点は，ドメスティック・ヴァイオレンス（以下，DV）などへの対応を考える際に参考に値する。

(2) **損害賠償**　梅は，貞操義務違反につき，「是に因り夫の為めに損害を生したるときは妻に於て之を賠償するの義務を負ふは固よりなり」（梅143頁）としている。そして，現に，不貞については，夫婦間で慰謝料請求が認められている。もっとも，このような扱いが妥当かどうかは議論の余地がある。この点については離婚原因のところで検討する（⇒第4節第1 Ⅵ 1(1)）。

ここではより一般的に，752条違反が損害賠償請求権を発生させるかにつき，一言しておく。この点につき，ある学説は次のように述べている。「夫婦が……協議→合意する場合には……その合意……された内容は法的意味をもち，争いが生じた場合には裁判所の救済を求めることが出来るし，また実際に救済を求めようという意思が働いているとは思えない。……この事態を損害賠償制度によって救済することは正しいとはいえない」（泉95頁）。説得力のある意見であるが，なぜ損害賠償請求ができないのかについては，さらに考えてみる必要がある。

(3) **離婚**　一般に，夫婦の義務違反に対するサンクションは離婚であるとされる。同居義務違反・扶助義務違反は「悪意の遺棄」や「その他婚姻を継続し難い重大な事由」にあたるとされることが多い（我妻88頁注7は，同居義務違反は直ちに悪意の遺棄とは言えないとしつつ，事情によって「その他婚姻を継続し難い重大な事由」にあたるとしている）。

もっとも，梅の説明はややニュアンスを異にする。梅は，貞操義務違反が離婚原因となることがあるほか，助力・貞順の反対である侮辱・虐待が離婚原因となることがあるとしている（梅・法典調査会六270頁）。これによると，むしろ，道徳上の義務違反のうち，あるものが離婚原因にあたると考えていたようにも思われる。

(4) **その他**　梅によれば，旧民法の草案においては，夫婦の義務違反につき「子の監護権並に扶養を受ける権利に付て制裁を設けてあつた」という（梅・法典調査会六277頁）。現行法は，このような制裁は設けていないが，すでに触れたように，同居義務と扶助義務とを連動させるかのごとき見解は存在する。

(5) **まとめ——夫婦間の義務の構造**　夫婦の義務に関しては，次のようにまとめることができる。明治民法はもともと，夫婦の義務を定めるに際して，強制執行の可能な義務のみを条文に書き込み（明民789条の同居義務と同790条の扶養義務），そうでない義務（貞操義務）は同条には書かず，離婚原因とする

にとどめる（明民813条1号~3号）という方針を採った。ところが，判例が同居義務の強制を認めない姿勢を示したのに続いて（大決昭和5年9月30日民集9巻926頁），現行752条には同居・扶助義務に加えて，およそ強制を観念しえない協力義務が書き込まれた。そのため今日では，貞操義務が752条に書き込まれていないことの説明が困難になっている。

III 立法論

1 書かれざる義務——貞操義務

夫婦の義務としての貞操義務（誠実義務）に言及する見解は戦前からすでに存在した。「婚姻の効果として先第一に挙ぐべきものは，誠実の義務即ち夫婦相互に貞操を守る義務である」（穂積317頁）というわけである。しかし，「貞操は婚姻の性質上当然な道徳上の義務で，法律はただ其義務違反の或場合について制裁規定を設けたに過ぎぬと説明された」ことが注記されていた（同頁）。この限りにおいて，梅の意図は正確に理解されている。

ところが，今日では，貞操義務と同居義務やその他の義務間の違いはほとんど意識されなくなりつつある。そうなると，夫婦の義務として貞操義務を書き込むべきだという意見が出てくることになる。

もっとも，だからといって，夫婦の一方の不貞につき他方に損害賠償請求権を認めるべきだということにはならないことは前述した通りである。また，貞操義務は（第三者と性関係を持たないという）不作為義務であるので，（相手方との間で）性関係を持つという作為義務が観念されるかどうかも別問題である。

2 書くべき義務

(1) 指導養育義務　ドイツ法やフランス法を見ると，夫婦の義務として，子の共同養育に関する定めが置かれていることに気づく。夫婦と未成熟の子からなる婚姻家族を想定するならば，このような規定を置くことは当然の帰結であると言えるだろう。日本の現行法はこのような規定を欠いている。これには二つの理由が考えられる。一つは，このような規定は法的意義に乏しいと考えられたこと，もう一つは，家の傘のもとで，夫婦が子を育てるという意識が希薄だったということである。戦後，協力義務の規定が置かれた際に，あわせてこの点を規定することも考えられたはずであるが，協力義務の規定があれば足りると考えられたのだろう。

確かに，夫婦の協力義務に加えて，父母の共同親権（818条1項3項）をあわせて読むと，ドイツ法やフランス法と同様の趣旨の義務が存在することはわか

る。とはいえ，この点については，明文の規定を置くことが望ましいように思われる。もちろん，子を持たない（持てない・持ちたくない）夫婦もあるだろうが，このことは，子どもが生まれた以上は，共同して養育する義務を負う，と定めることと矛盾するものではない。

(2) **婚姻費用分担義務**　現行民法において，婚姻費用分担義務は，法定財産制の一環として設けられた制度である（760条）。形式的には，このことは，夫婦財産契約によって，これとは別の定めをすることが可能であることを示す。しかし，たとえば，婚姻費用分担義務を一方当事者にのみ課すような夫婦財産契約は婚姻の制度趣旨に反するように思われる（我妻85頁は，原則としては，さしつかえないとする）。立法論としては，760条は強行規定として，婚姻の効力の部分に配置すべきではないか（大村62頁）。

(3) **相互尊重義務**　フランス民法は，近年の改正において，夫婦の義務に相互尊重義務を置いた。その背後にはDVとの関係が窺われる。すなわち，DVに対する様々な介入の根拠として，この義務が掲げられたものと思われる。同様の対応は，日本法においても検討に値するのではないか。

3　義務の免除・低減

　夫婦の一方から他方に対してDVがなされている場合，被害を受けている配偶者には同居義務を認めることはできない。あるいは，夫婦の一方が理由なく別居をしている場合には，他方配偶者に扶助義務を認める必要はないと言われる。後者は直ちに是認できないが，すくなくとも高い程度の義務はなくなると考えるべきだろう。

　以上の点に鑑みると，夫婦の義務は免除されたり低減する場合があることになる。このことを明示する規定を置くことも考えられてよいだろう。

第3　753条：能力に関する特則

> （婚姻による成年擬制）
> 第753条　未成年者が婚姻をしたときは，これによって成年に達したものとみなす。

I　由　来

　現行753条は，婚姻の効果として，能力に関する特則を定めるものである。同条は，未成年者であっても婚姻後は成年者として扱うとしている。「夫婦共同生活の独立性を尊重しようとする趣旨」(我妻93頁)と説明されることが多いが，未成年者の婚姻が親の同意を必要とすることを考慮に入れるならば，「親の同意によって，その未成年者が成年者と同一の能力を与えうるほどに成熟したことが保障されたとみる趣旨をも含んでいる」(同頁)ことに留意しなければならない。

　この規定の意味は，旧民法の対応規定と比較するとより明らかになる。旧民法人事編には，「禁治産」の章に先立ち「自治産」の章が置かれていた。すなわち，成年であっても財産管理能力が制限される場合と，未成年であっても財産管理能力が拡大される場合とが対置されていたのである。このような基本構想の下で，婚姻は父母の許可と並ぶ自治産の事由とされていた。すなわち，「未成年者ハ婚姻ヲ為スニ因リテ当然自治産ノ権ヲ得」(旧民人213条)，「親権ヲ行フ父又ハ母ハ満15年ニ達シタル未成年ノ子に自治産ヲ許スコトヲ得」(旧民人214条1項)とされていたのである(なお，もう一つ，後見に服する未成年者の自治産に関する規定が設けられていたが，これについては省略する)。

　その理由は次のように説明されている。「人の智能は満20年に達するにあらされは発達せさるものとして満20年を以て成年の年齢と定めたるは固より其当を得たりとするも是れ一般の人に於ける智能の発達を想像したるに過きすして資性慧敏なる者に至ては満20年に達せすして早く已に知能の発達を致すこと甚た少からす」(磯部709頁)。それゆえ，未成年者に一律に財産管理を認めないのは「人の自由を束縛するものと云はさるへからす」(同頁)。それゆえ，自治産の規定が設けられたというのである。

II　制　度

　旧民法の下では，自治産の効果は，「保佐ニ付ス」(旧民人216条)とされていた。「完全の能力を有する者とは認むへからす故に法律は尚ほ之を保護せしむるへからす」(磯部715頁)というわけであった。しかし，1947年の民法改正にあたって，この点は承継されることはなかった。現行753条は完全な能力付与を効果としているが，前述のように，この点は夫婦の自主独立性によって説明されている。

　しかし，この成年擬制は完全なものである必要があるか否かについては疑義

が呈されている（我妻95頁）。たとえば，養子をとる能力（民792条）については反対論もある。また，民法以外の法律の定めることがらについては，民法の成年擬制は当然には及ばない。飲酒・喫煙，選挙権などがその例である。

なお，成年擬制の効果は離婚によって消滅するか，という問題がある。通説は，消滅しないと解する（我妻94頁）。「精神能力の成熟の保障という点に重きをおくわけである」（同頁）と説明されている。この観点からは，父母の同意を欠く婚姻が取り消された場合には，成年擬制の効果も消滅すると解することになる（同頁）。

Ⅲ　立法論

以上のように，現行753条は，男子18歳以上・女子16歳以上であれば，成年並みの精神能力の成熟に至っている場合があることを前提としている。そうだとすれば，婚姻によらなくても成年擬制を認めることが考えられる。もっとも，その場合にも，父母の同意が必要となろう。

現在，成年年齢の引下げが検討されているが，世論調査によれば反対論が根強い。その理由については慎重な検討が必要であるが，立法論としては，直ちに18歳に引き下げるのではなく，父母の同意によって成年擬制をするという制度を導入することも一考に値するであろう（大村）。

第4　754条：契約に関する特則

> （夫婦間の契約の取消権）
> 第754条　夫婦間でした契約は，婚姻中，いつでも，夫婦の一方からこれを取り消すことができる。ただし，第三者の権利を害することはできない。

Ⅰ　由　来

現行754条は，旧民法財産取得編367条に由来する。同条1項は次のように定めていた。「夫婦間ノ贈与ハ何等ノ約款アルニ拘ハラス婚姻中贈与者随意ニ之ヲ廃罷スルコトヲ得」。また，この規定の脱法を防ぐために，「配偶者ノ間ニ於テハ動産ト不動産トヲ問ハス売買ノ契約ヲ禁ス」との規定が置かれていた（財取35条1項）。現行754条はこの規定を一般化したものである。その理由は，「贈与と売買とに限る理由はない況や贈与許りに限ると云ふ理由は毛頭ない」

(梅・法典調査会六284頁)と説明されている。

　では，そもそも夫婦間の契約にこのような特則が設けられるのはなぜか。この点につき，梅は，「夫婦間と云ふものは間柄が至つて親密のものでありますから動もすれば契約をすると言つても他人と契約をする程の意思はないのです」，「どうも他人間の契約と全く同一視すると云ふことは事情六ヶ敷い」としている（梅・同頁）。この説明が今日でも一般的な説明である。「夫婦間で契約をしても，それに基づく権利を裁判所の力を借りて実現することは，夫婦間の円満を害する」（我妻96頁）という説明もその延長線上のものであろう。

　しかし，この規定にはもう一つの立法理由がある。我妻は，民法修正案理由書の「或は妻は夫に威圧せられて十分の意思を述ふるを得さることあり，或は夫は妻の愛に溺れて不知の間に意思の自由を奪はれる等のあるを以て」という部分を引用している（同頁）。その背後には，さらに次のような事情がある。梅は，親子間の契約と区別するのはなぜかという質問（穂積八束・法典調査会六288頁）に対して，次のように答えている。「何故ならば一方（親子間契約――大村注）に於ては先刻申上げました家の財産が他人に往くと云ふ虞がない」（梅・法典調査会六290頁）。旧民法の規定はフランス法に由来するが，フランスにおいてはまさにこの点を重視して，本条に相当する規定が設けられていることに注意する必要がある。この点は，夫婦財産制の変更にもかかわるので，後に再び触れることにする。

II　制　　度

　この規定に関しては，判例はその適用を限定している。すなわち，条文上は婚姻中は取消しが可能である（婚姻後はもはや取消しはできない）とされているのに対して，婚姻破綻後はもはや取消しはできないと解している（最判昭和33年3月6日民集12巻3号414頁）。「夫の横暴を助勢する結果となっている」（我妻96頁），とりわけ，離婚の合意に関連してなされた夫から妻への財産の譲渡を取り消すのはおかしい，というのがその理由である。

　最後の点は確かにそうである。しかし，この点に関しては，離婚に伴う財産関係の清算の問題として，本条とは別の問題として扱うべきであろう（我妻96頁もこのような解決の可能性に触れる）。

III　立法論

　上記の判例を支持する立場からは，本条は「立法論としては，削除するのを至当とする」（我妻96頁）と説かれることになる。

しかし，これは，本条の由来を軽視した議論のように思われる。今日では，「夫婦はそれぞれ独立人として協力扶助すべきものという理想からいえば，普通の契約と差別を認むべきでない，という削除説となろう」(我妻97頁)とされるが，夫婦間の契約は普通の契約と同じ，という前提に立つとすると，夫婦財産契約に対する考え方も大幅に変更しなければならないことになる。この点も含めて，夫婦間の契約については，夫婦財産制のところで取り上げることにしたい（⇒第3節第1・第2）。ここでは，直ちに削除説を採ってよいと断言することはできないとだけ述べておく。

第3節　夫婦財産制

第1　755条～759条：夫婦財産契約

> (夫婦の財産関係)
> 第755条　夫婦が，婚姻の届出前に，その財産について別段の契約をしなかったときは，その財産関係は，次款に定めるところによる。
> (夫婦財産契約の対抗要件)
> 第756条　夫婦が法定財産制と異なる契約をしたときは，婚姻の届出までにその登記をしなければ，これを夫婦の承継人及び第三者に対抗することができない。
> 第757条　削除
> (夫婦の財産関係の変更の制限等)
> 第758条①　夫婦の財産関係は，婚姻の届出後は，変更することができない。
> ②　夫婦の一方が，他の一方の財産を管理する場合において，管理が失当であったことによってその財産を危うくしたときは，他の一方は，自らその管理をすることを家庭裁判所に請求することができる。
> ③　共有財産については，前項の請求とともに，その分割を請求することができる。
> (財産の管理者の変更及び共有財産の分割の対抗要件)
> 第759条　前条の規定又は第755条の契約の結果により，財産の管理者を変更し，又は共有財産の分割をしたときは，その登記をしなければ，これを夫婦の承継人及び第三者に対抗することができない。

I 序

1 夫婦財産契約と法定財産制（755条）

(1) 基本的な構成　親族編第2章の第3節は「夫婦財産制」と題されている。すでに述べたように、広い意味では第2節「婚姻の効力」に含まれる規定のうち、財産関係に関する部分を独立させたものである。

夫婦の財産関係に関する民法の規律の基本的な仕組みは、755条に示されている。「別段の契約をしなかったときは、その財産関係は、次款に定めるところによる」、すなわち、民法典には、法定財産制の定め（760条-762条）が置かれているが、夫婦はこれとは異なる財産制を契約によって採用することができるのである。

夫婦財産制は、民法典制定当時の人々にとってはなじみの薄い制度であった。この点は、梅も了解するところであり、次のように述べている。「我邦に於ては従来原則として戸主の外財産を有せさるものとせるか故に妻か独立の財産を有することを認めさりしものの如し」（梅156頁）。それゆえ、「夫婦財産制の問題の如きは我国民多数の念頭に起らさる問題」（同157頁）であるとしている。

もっとも、「是れ主として武家に付て云ふへくして民間に在りては往往妻の財産を認めたるか如し殊に維新後に於ては他の家族の財産に同しく妻の財産をも認むることは敢て疑なき所」（同156頁）であり、「生活の程度漸く高く従て生活の困難漸く大に而して一方に於ては財産家の数を増加するに至りては妻か特別財産を有することは頗る頻繁と為るへく従て夫婦財産制の問題は漸次重要の問題と為るへし」（同157頁）ということで、一連の規定が設けられている。

とはいえ、欧米では夫婦財産制は「民法中最も重要なる問題の一」であり数百条の規定が置かれているが、日本ではまだそのような必要はないので簡単な規定を置いたとされている（同頁）。

(2) 法定財産制の変化　以上のような基本的な構成は、明治民法・現行民法を通じて変わらない。ただし、法定財産制の内容は大きく変化している。すなわち、明治民法の下では、管理共通制（当時の言葉で言うと「無共産制」）が採られていた。これは、「夫婦別々に財産を所有すると雖も而も其収益及ひ管理を夫に委するもの」（梅159頁）と説明される。

これに対して、現行民法の下では、別産制が採用されるに至った。これは「夫婦別々に其財産を所有し且之を管理するもの」（同頁）であり、男女平等の観点から夫の管理権を否定した結果、こうなったものである。

2 削除された規定

(1) **起草過程での削除**　個別の規定の説明に入る前に，現在では削除されているが，かつては必要と解されていた規定につき，一言しておく。一つは，起草過程で削除されたものである。明治民法の原案818条がそれであるが，現行規定で言うと，759条の後に置かれることが想定されていた規定である。その内容は次のようなものであった。「夫婦が如何なる財産制に依る場合に於ても夫か妻の財産を管理するときは裁判所は妻の請求に因り夫をして其財産の管理及其返還の担保を供せしむることを得」。財産法的な観点から見れば合理的な規定であるが，これに対しては「是は矢張り水臭くなる」（磯部・法典調査会六323頁）という批判がなされ，削除論が多数を占めた。

(2) **その後の削除（757条）**　もう一つは757条である。この規定は明治民法では795条であり，次のように定めていた。「外国人カ夫ノ本国ノ法定財産制ニ異ナリタル契約ヲ為シタル場合ニ於テ婚姻ノ後日本ノ国籍ヲ取得シ又ハ日本ニ住所ヲ定メタルトキハ１年内ニ其契約ヲ登記スルニ非サレハ日本ニ於テハ之ヲ以テ夫婦ノ承継人及ヒ第三者ニ対抗スルコトヲ得ス」。この規定は国際私法に属する規定であるため，法例の改正によりそちらに規定が置かれたのに伴い1989年に削除された（法例15条2項3項。現在では通則26条3項4項）。

II　契約の成立

1　契約自由の原則（755条）

現行755条は夫婦財産契約の内容について沈黙を守っている。このことは，「暗に夫婦財産契約と云ふものは自由に之を結ぶことを得ると云ふ事柄をば認めた」（梅・法典調査会六301頁）ことを意味するとされている。

このことは旧民法でも前提とされていた（財取422条・424条）。ただ，旧民法においては方式（公正証書の作成）が要求されていたが，現行法は「公証人に依て証書を作ることは必要としない」（梅・同頁）とされた。梅は公証人が介在する理由として，「説諭をさせてどうも此契約は余り一方に利益が偏して居つて他の一方は損許りあるやうだがどうだいそれで宜しいか」（梅・法典調査会六301-302頁）ということを確認することを挙げている。しかし，日本では公証人はこうした役割を果たしえないだろうとした（梅・法典調査会六302頁）。

2　対抗要件としての契約の登記（756条）

もっとも，第三者への公示の問題が残る。というのは，「日本人が婚姻した場合には格別第２款以下の規定（法定財産制の規定を指す――大村注）に従ふのが

本則であると心得て居つたのに相違ないいつの間にか契約があつて其契約は第三者は知らなかつたと云ふのでは大に迷惑する」(梅・法典調査会六 314 頁) というのである。この点については,「登記と云ふものは普通の公正よりかは……便利である」(梅・法典調査会六 302 頁) ということで,公正証書によるのではなく登記を要するとしている。

　なお,登記が対抗要件となるのは,第三者に対してだけでなく承継人に対しても同様である。このことは,夫婦財産契約が夫婦の承継人(主として相続人)を害する可能性をはらむものであることによる。これこそが夫婦の間の契約に対して疑念が寄せられる最大の理由なのである。

　登記の手続に関しては「普通の登記所に任せるが宜いか戸籍吏に任せるが宜いかと云ふことは事実問題になると思ひます」(梅・法典調査会六 314 頁) とされていた。実際には,非訟事件手続法に,法人登記とあわせて次のような規定が置かれた(現在では,外国法人の登記及び夫婦財産契約の登記に関する法律 5 条～7 条)。

> **非訟事件手続法**
> 第 118 条　夫婦財産契約ノ登記ニ付テハ夫婦ト為ルヘキ者カ夫ノ氏ヲ称スルトキハ夫ト為ルヘキ者,妻ノ氏ヲ称スルトキハ妻ト為ルヘキ者ノ住所地ノ法務局若クハ地方法務局若クハ此等ノ支局又ハ此等ノ出張所カ管轄登記所トシテ之ヲ掌ル
> 第 119 条　各登記所ニ法人登記簿及ヒ夫婦財産契約登記簿ヲ備フ
> 第 120 条　①夫婦財産契約ニ関スル登記ハ……法人設立ノ登記ノ申請書ニハ定款,理事ノ資格ヲ証スル書面及ヒ主務官庁(其権限ノ委任ヲ受ケタル国ニ所属スル行政庁及ビ其権限ニ属スル事務ヲ処理スル都道府県ノ執行機関ヲ含ム次条ニ於テ之ニ同シ)ノ許可書又ハ其認証アル謄本ヲ添付スルコトヲ要ス

III　契約の変更

1　変更禁止の原則 (758 条 1 項)

　現行 755 条・756 条によれば,夫婦財産契約は婚姻前に締結・登記されなければならない。これを受けて,現行 758 条 1 項は,いったん締結された契約の内容は原則として変更できないとしている。

　その理由は,「既に夫婦の関係を生したる後其財産関係を変更することを得るものとするときは夫婦の一方中他の一方に対して勢力を有する者は動もすれは相手方をして自己に利益ある契約を承諾せしむるの虞あるはなり」(梅 169

頁)。この説明にも窺われるように，夫婦財産制の変更禁止原則と夫婦間の契約の取消権とは同じ発想によって貫かれている。

2 管理者の変更と財産の分割（758条2項3項・759条）

もっとも，変更禁止原則には例外も開かれている。現行758条2項3項が定める場合がそれである。

2項は，明治民法でも現行民法でも規定上は「夫婦の一方が，他の一方の……」と書かれているが，もともとは「夫が管理の失当に因り其財産を危くするときは妻が管理する」（梅・法典調査会六315頁）ということを想定したものであった。この規定を見ると，現行民法は法定財産制としては管理共通制を排除したが，夫婦財産契約によるのであればこれを許す趣旨であったことが窺われる。

3項については，次のように説明されている。「此共通財産の制度抔と云ふものは外国にも最も広く行はれて居る所の制度でありますから日本抔で以て特に財産契約を結ばうと云ふ人もあると覚悟しなければならぬ」（梅・法典調査会六315頁）。その時に生ずるトラブルに備えるというわけである。

なお，いずれの場合にも，変更を対抗するには登記が必要である（759条）。

IV 立法論

程度の問題は別にして，梅は，「生活上の都合に依り且は外国に遊ひたる者の如き其外国の慣習を美とするか故に漸次複雑なる夫婦財産契約を結ふに至るべし」（梅160頁）との推測をしていた。

しかし，実際には，今日に至るまで，ほとんどの夫婦は夫婦財産契約を結ぶことなく婚姻をしている。近年の登記数は下記のようになっており（「政府統計の総合窓口（e-Stat）」による），数年前までは年間5件を超えたことはない。変更等の登記に至っては，10年間に1件のみである。

〈平成〉

9年	10年	11年	12年	13年	14年	15年	16年	17年	18年
4	2	3	0	4	4	3	5	5	5

19年	20年	21年	22年	23年	24年	25年
9	6	4	13	11	10	13

ここ数年を除くと，むしろ，明治期の方が相対的に多かったのは興味深い（以下に，穂積334-335頁の掲げるデータを転載する）。

〈明治〉

31年	32年	33年	34年	35年	36年	37年	38年	39年	40年
16	13	6	11	12	19	10	7	5	3

このような実態を踏まえて，かねて夫婦財産契約の廃止論が説かれており，人事法案はこの方向を示していた。そもそも，「畢竟私は我国には夫婦財産契約及び法定夫婦財産制の規定は殆ど全部不要と考へる」（穂積340頁）とも言われていた。しかし，削除論にも理由ありとしつつも，「将来の若い世代のために，要件を緩和して存置することも，あながち無意味でないともいえるであろう」（我妻113頁）という意見もあった。

このような意見が示されてからすでに半世紀近くが経つが，状況は変わっていない。夫婦のあり方の多様性が説かれることは多いが，その財産関係に関して創意が試みられることはほとんどない。その理由は次の2点に求められるであろう。一つは，法定財産制が妥当な結果をもたらしていると思われていること。もう一つは，夫婦財産契約の手続が知られておらず，また，その内容が例示されていないこと。前者に関しては次項で検討することとして，ここでは後者について一言しておきたい。

夫婦財産契約の利用を活性化するためには，第一に，その可能性を知らせ，利用を容易にすることが必要であろう。具体的には，婚姻届に夫婦財産契約の有無を記載する欄を設けるとともに，契約ありの場合には契約書を添付すればそれで登記ができるようにする必要がある。第二に，より柔軟な変更を認めるべきだろう。ただし，変更禁止の趣旨を勘案し，慎重な手続を設ける必要がある。第三に，民法に規定を置くか否かは別にして，いくつかの標準契約モデルを示すべきだろう。もっとも，あまりに詳細なモデルを示されても一般市民には理解が困難である。

そうだとすれば，「配偶者の一方は一般に他の一方の財産上に如何なる権利を有するか」（梅155頁）という一点に絞ってモデルを示し，必要な契約条項を掲げればよいだろう。梅は，「夫婦財産制とは……夫婦間に於ける財産上の一切の関係を定めたるものに非す即ち婚姻の結果として夫婦の財産上に生する関係を云へるなり」（梅154-155頁）として，上記の点のほかに，「婚姻より生する費用は夫婦間に於て如何に之を負担すへきか」，「配偶者の一方の財産の管理

は誰か之を為すへきか」を加えた3点のみが問題であると指摘していた（梅155頁）。しかし，残りの2点については夫婦財産契約の中心問題とする必要はないように思われる。というのは，前者は，むしろ婚姻費用分担の問題として処理されるべきであるし，後者は，今日では，管理共通制は廃されるべきだと思われるからである（ただし，共有制を採用する場合の共有財産の管理方法の定めは必要である）。

第2　760条～762条：法定財産制

> （婚姻費用の分担）
> 第760条　夫婦は，その資産，収入その他一切の事情を考慮して，婚姻から生ずる費用を分担する。
> （日常の家事に関する債務の連帯責任）
> 第761条　夫婦の一方が日常の家事に関して第三者と法律行為をしたときは，他の一方は，これによって生じた債務について，連帯してその責任を負う。ただし，第三者に対し責任を負わない旨を予告した場合は，この限りでない。
> （夫婦間における財産の帰属）
> 第762条①　夫婦の一方が婚姻前から有する財産及び婚姻中自己の名で得た財産は，その特有財産（夫婦の一方が単独で有する財産をいう。）とする。
> ②　夫婦のいずれに属するか明らかでない財産は，その共有に属するものと推定する。

I　序　論——由来

　明治民法の夫婦財産制は，管理共通制（起草者の用語によれば「無共産制」）と呼ばれるものであった。すなわち，「夫の財産と妻の財産とは別である而して妻の財産の全部又は一部分と云ふものを夫が自分が管理をして収益する或はそれより生ずる果実を取る」（梅・法典調査会六327頁）というものであった。
　より具体的に見ると，現在の3ヶ条（比較法的に見ると異例に少ない。外国のある著者は「たった3ヶ条」とコメントしている）よりも多い10ヶ条を設けていた。そこには，上記の説明に対応する中核的規定——夫の使用収益権に関する規定（明民799条・800条），夫の管理権に関する規定（同801条-803条・805条。なお，803条は担保に関する規定。夫婦財産契約につきいったんは否決されたものが法定財産

制につき復活している）——のほか，婚姻費用に関する規定（同798条），日常家事代理権に関する規定（同804条），特有財産・帰属不明財産に関する規定（同807条）が含まれていた。なお，残る1ヶ条（同806条）は，夫の管理，妻の代理につき委任終了後の義務に関する654条・655条を準用するものであった。

　このうち，管理共通制に関する諸規定は，1947年の民法改正の際に削除された。このこと自体は，「夫婦の財産関係に関する規定で両性の本質的平等に反するものは，これを適用しない」（応急5条2項）という方針から見て，自然なことであったと言えよう。もっとも，この方針からは直ちには，現行民法の夫婦別産制が導かれるわけではない。現行民法の夫婦別産制は，問題のある規定を削除し，残った規定を修正するにとどめた結果であると言える（我妻100頁参照）。すなわち，最小限の改正が現在の夫婦別産制を生み出したのである。

　具体的には，新旧の規定の間には，次のような対応関係が認められる。

婚姻費用	旧	原則として夫が負担（例外として女戸主が負担）（明民798条）
	新	夫婦が分担（民760条）
日常家事	旧	妻が代理権を有する（明民804条）
	新	相互に連帯責任を負う（民761条）
特有財産	旧	妻（又は入夫）が婚姻前の財産・婚姻中自己の名で得た財産は特有財産（明民807条1項）
	新	夫婦が婚姻前の財産・婚姻中自己の名で得た財産は特有財産（民762条1項）
帰属不明財産	旧	夫（又は女戸主）に属すると推定（明民807条2項）
	新	夫婦の共有に属すると推定（民762条2項）

　なお，立法過程のある段階では，新規定はいずれも「婚姻の効力」に置く（夫婦財産制は廃止する）ことが考えられていたことを付言しておく（1946年7月20日付の「幹事案（B班）」の第4「妻の無能力及び夫婦財産制」。経過217-218頁参照）。

II　各　　論

1　婚姻費用の分担（760条）

　(1)　**婚姻費用の範囲**　婚姻費用とは何か。明治民法の起草者は，「夫婦共同生活の費用及ひ子の扶養，教育に関する費用」がこれにあたるとしていた（梅175頁）。その理由は，これらは「皆婚姻を為したるより生する結果なれは

なり」という点に求められていた（同頁）。ここには，婚姻の結果として生まれる子は婚姻共同体（その費用は夫または女戸主が負担する）において育てられる，という発想を見て取ることができる。

なお，扶養義務との関係につき，明治民法では798条に2項が置かれていたことに留意する必要がある。すなわち，「前項ノ規定ハ第790条及ヒ第8章ノ規定ノ適用ヲ妨ケス」とされていたのである。ここでいう790条とは夫婦の扶養義務に関する規定，第8章の規定とはその他の扶養義務に関する規定（親子の扶養義務に関する規定を念頭に置いている）を指す。梅によれば，婚姻費用を負担する者（原則として夫）が無資力の場合には，扶養義務の規定によることになるというわけである（梅176頁）。また，ある意味ではこれと反対であるが，子が資産を有する場合には，その養育費は婚姻費用に入らないことも指摘されていた（梅176-177頁）。

では，現行法において，798条2項にあたる規定が削除されたことの意味をどう考えるべきだろうか。このことは，婚姻費用と扶養義務との関係に変化を及ぼすのだろうか。おそらくはそうではあるまい。婚姻費用の分担が，夫婦の「資産，収入その他一切の事情」によるものとされた結果として，婚姻費用分担義務と扶養義務との間に乖離がなくなったと考えられたのであろう。もっとも，乖離がなくなったのは義務負担者に着目した場合のことであり，その程度については乖離がありうると解する余地があることは前述した通りである。

(2) **分担方法の決定** 婚姻費用は，夫婦の資産，収入その他一切の事情を考慮して，夫婦間において分担される。ここでいう「考慮して……分担」は何を意味するのだろうか。

まず，前提として，「760条は，夫婦の内部関係を定めるだけのものである」（我妻86頁）ことを踏まえる必要がある。そうだとすると，夫婦が同居しその関係が円満な間には，適宜の分担がなされるであろうから，分担方法が問題になることは少ないと言われる。これに対して，夫婦が別居する場合にも，婚姻費用分担義務は存続すると解するとなると，問題が顕在化することになる。この点につき，現在の実務は，別居した夫婦のそれぞれにつき必要な生活費の割合を定め，夫婦の収入を勘案して，支払うべき費用を計算している。

以上の考え方には，次のような問題を提起しうる。

(3) **約定の効力** まず，同居中の夫婦の間で，適宜の分担がなされていない場合はないか，という問題である。具体的には，次のような場合が考えられる。第一に，夫婦の一方が他方に求償をするつもりでいるが，それが実現していない場合が考えられる。第二に，夫婦間で，分担方法につき合意がなされた

が，一方がその合意に従った負担をしない場合も考えられる。

　いずれの場合も，客観的に決まった（決まるべき）分担方法を出発点にして，その不履行が生じているという状態を観念するものである。このうち，第一の場合は，別居後の婚姻費用につき，過去の分も請求できるかという問題と連続するが，さらに言えば，過去の扶養料請求の可否という問題と関連づけて考える必要がある。ここでは問題を指摘するにとどめる。第二の場合は，その前提としての夫婦の合意にはどのような意味があるのか，という問題に連なる。この問題に関しては，次の二つの考え方がありうる。

　一つは，夫婦間での婚姻費用分担に関する合意は，夫婦間の契約にあたるのでいつでも取消可能であるとする考え方である。この考え方によれば，合意は任意に履行される場合にのみ意味を持ち，履行請求は合意の取消しによってその根拠を失うことになる。しかし，この考え方によるとしても，夫婦財産契約によって婚姻費用分担の方法が定められていた場合には，その定めに従って履行を請求することができるはずである。

　もう一つは，夫婦間の婚姻費用分担に関する合意は，760条が存在することによって有効になしうるのであり，754条による取消しの対象とはならないとする考え方である。この考え方によれば，合意に基づきその履行を請求しうることになる。ただし，合意があったことが証明可能かどうかは問題となりうる。

　(4)　義務の前提　次は，別居中の夫婦にも婚姻費用分担義務を認めうるか，という問題である。この点は以前にも触れたところであるが（⇒第2節第2Ⅱ2(2)），「別居」の効果にかかわる他の問題とあわせて考える必要がある。

　すなわち，今日では，「別居」は様々な意味を持っている。第一に，夫婦が別居した後は，妻が産んだ子につき嫡出推定は及ばないと解されている（最判昭和44年5月29日民集23巻6号1064頁）。すなわち，子どもの父親が夫であることを争うのに，嫡出否認の訴えによらず，親子関係不存在確認訴訟によることが可能とされている。第二に，別居（破綻）後に夫婦の一方に不貞があったとしても，それは離婚請求を妨げる事由にはならないと解されている（最判昭和46年5月21日民集25巻3号408頁）。これは，ある意味では，別居後の夫婦には貞操義務はない（少なくとも離婚請求の障害になるような義務ではなくなる）ということを意味している。

　以上の法理は，別居後の夫婦は，事実上の離婚状態にあるという認識を基礎とするものであると言える。婚姻の基礎をなす夫婦の共同生活は破綻しており，夫婦間における性関係の継続は事実として想定しがたい。そのような状態で妻が産んだ子は夫婦の子として引き受けられているとも言い難い。また，このよ

うな状態では，夫婦双方の貞操義務はもはや存続の根拠を失う。このような状態にあるにもかかわらず，夫婦の共同生活を前提とした婚姻費用分担義務が存続するのは背理ではないか。

もっとも，離婚後も夫婦は扶養義務を負うと考える余地はある。ただし，離婚原因のいかんにかかわらずこのように言えるか，また，義務の程度に変化は生じないのかという問題はやはり残るだろう。

なお，「別居＝準離婚」と断ずるには，子の監護や親権の問題についても考慮に入れる必要がある。別居中の夫婦の間における子の監護・親権につき，離婚後の夫婦と同様に扱うべきかどうか，という問題であるが，ここでは問題を指摘するにとどめる。

2 日常家事債務の連帯責任（761条）

(1) **日常家事の範囲** 日常家事とは何か。明治民法の起草者は，「衣食住に関し何れの家に於ても通常必要とする法律行為を云ふ」，具体的には「米，塩，薪，炭，油の買入，衣服の調製，家賃の支払等」がこれにあたるとしていた（梅191頁）。今日においても，出発点となる考え方であろう。

(2) **連帯責任の意味** 明治民法は，日常家事の範囲で妻の代理権を認めていた。すでに述べたように，婚姻費用を負担するのは原則として夫であるが，日常家事の範囲での法律行為は夫婦にとって必要な需要を満たすものであるので，その効果は婚姻費用負担者に帰属すべきであるからである。ただし，このように考えると，女戸主が婚姻費用を負担する場合には，夫に代理権を認めるべきことになるが，これは解釈論から導かれると考えるべきだろう。

現行民法の下では，日常家事債務については夫婦は連帯して債務を負う。すなわち，夫の行為にせよ妻の行為にせよ，夫婦双方が債務を負担することになる。夫婦の内部においては婚姻費用は分担されることとなったが，対外的には共に責任を負うこととされたわけである。

(3) **代理権の存否** 今日でも，761条を解して，夫婦は相互に日常家事代理権を持つと解されている。夫婦の一方Aが自らの名義で行為すれば他方Bも連帯して債務を負うが，AがB名義で行為した場合に，代理権がないとするとBには債務が帰属しなくなってしまう。日常家事代理権を認めることにより，この場合には，債務はBに帰属し，その債務につきAが連帯することになる。

(4) **予告による免除** 現行761条ただし書は「ただし，第三者に対し責任を負わない旨を予告した場合は，この限りでない」と定める。この規定は，明

治民法の次の規定に由来する。「夫ハ前項ノ代理権（妻の日常家事代理権——大村注）ノ全部又ハ一部ヲ否認スルコトヲ得但之ヲ以テ善意ノ第三者ニ対抗スルコトヲ得ス」（明民804条2項）。

ただし書につき，起草者は「夫か妻の代理権を否認せんと欲するときは通常の取引先に対し其通知を為すこと必要なるへし」（梅192頁）としていたが，現行規定は，効果を「連帯」に改めた上で，このことを明らかにしたものであると言えよう。

もっとも，この規定には疑問がある。というのは，起草者は次のように説明していたからである。「妻の性質等に因り夫か之に代理権を与ふることを欲せさることあり」（梅191頁）。しかし，代理権についてはともかくとして，日常家事債務につき連帯責任を負わないことを，このような理由によって正当化するのは難しいのではないか。

3　夫婦間の財産の帰属（762条）

(1)　**特有財産の概念**　明治民法の下では，「特有財産」は，戸主に対して家族の（明民748条），夫（女戸主）に対して妻（入夫）の（明民807条），固有の財産を指す概念であった。原則として財産が帰属するのは，戸主＝夫（女戸主）であるが，例外的にそれ以外の者が有する財産を指したのである。

現行民法の下では，このような構造が消滅した。夫婦は互いにそれぞれに固有の財産を持ち，このことは婚姻の影響を受けない。このことを表すための概念として，「特有財産」がふさわしいとは言い難い。

(2)　**共有推定の活用**　現行762条は，早い段階での原案においては，夫婦はそれぞれに特有財産を持つ，帰属不明の財産は夫に帰属するものと推定する，という考え方に立っていた（幹事案（B班）第4の4．経過218頁参照）。この段階での「特有財産」は，夫のそれと妻のそれとで同義ではなかったと言える。すなわち，妻の特有財産は従来のままであるが，かつての家の財産に匹敵するものが「夫の特有財産＋推定帰属財産」に変換されたのであり，夫の特有財産とは夫の財産の構成要素にすぎない。

ところが，ある段階から，帰属不明財産は夫婦の共有に属することとされた。男女平等の観点からはそうせざるをえなかったのだろう。その結果，現行762条における「特有財産」は，帰属のはっきりした財産という法技術的な意味しか持たなくなったと見ることができる。しかし，そのような消極的な理解にとどまらず，762条に「特有財産」以外の財産は共有財産となるという積極的な意義を付与する理解もある（我妻102-103頁）。これは，いわば旧来の「家（戸

主)」の財産を「夫婦」の（共有の）財産に置き換える試みであると言えるだろう。

Ⅲ　総　　論

1　法定財産制の位置づけ

(1)　法定財産制の変更は可能か？　法定財産制の規定は，本来，夫婦財産契約によって排除することができるものである。明治民法も現行民法も抽象的にはこのことを前提としていると言える（現行民法では755条を参照）。

より具体的に見ても，明治民法はそれぞれの規定につき別段の定めが可能であるという考え方に立っていたものと思われる。すなわち，夫婦財産契約によって夫婦が婚姻費用を分担することはあってもよいと考えられていたと思われる。というのは，明治民法の下での法定財産制である管理共通制において，夫が婚姻費用を負担する理由は夫が妻の財産の使用収益をなしうることと表裏一体であったからである。しかし，明治民法は管理共通制以外の財産制（特に共有制〔共通制〕）を契約によって採用することは認めていた。共有制の場合には，婚姻費用を夫のみが負担する理由は乏しいので，婚姻費用分担の約定があわせてなされることになろう。

もっとも，人事法案は，管理共通制を廃止しつつ，婚姻費用に関しては夫負担を原則としながら，契約によって別段の定めをすることを認めていた（83条。1947年改正の際の「幹事案（B班）」第4の2は，これを継承するものであった。経過218頁参照）。原理的には徹底しなかったとも言えるが，「別段の定め」が可能であることが明示されたことは注目に値する。

なお，夫が妻に代理権を与えないことは夫婦財産契約によらずとも可能であるとされていた。また，特有財産に関する規定は，管理共通制・別産制など共有財産のない財産制の下ではじめて意味を持つので，夫婦財産契約で共通制が採用された場合には，これと両立しないものとして排除されることになろう。

しかし，すでに見たように，760条や761条は婚姻の本来的性質と密接に結びついた制度であることは明らかである。そうだとすると，これらの規定の定めるところを夫婦財産契約によって修正することは，妥当か否かが問題となる。

このような発想は，大正要綱・人事法案に見られたものであり，これらにおいては，夫婦財産制は廃止されて婚姻の効力に統合され，前述のように，明文の規定がある場合に限り，別段の定めをなしうるものとされていた（要綱第14参照）。ここには，夫婦財産契約によって広範に法定財産制を排除することを認める必要性は乏しい，という発想を見て取ることができる。さらに，学説の

中には，760条・761条を強行規定化することを説くものも見られる。その先がけとなったのは，我妻の次のような見解である。「婚姻費用の分担は夫婦の協力扶助義務の経済的側面とみるべきものである。のみならず，日常の家事についての規定も，少なくとも今日においては，婚姻協同体の経済的管理ともいうべきものであって，むしろ婚姻の一般的効果として規定するのが至当なものである」(我妻101-102頁)。これは立法論のレベルで説かれていることであるが，最近では，解釈論としても760条・761条を半強行規定化（合理的な理由がなければ異なる定めをすることができない規定と解する）しようとするものがある（大村など）。

(2) **財産分与・配偶者相続権の変更は可能か？**　仮に，夫婦財産契約によって法定財産制と異なる財産制を採用することが文字通りに可能であるとして，財産分与に関する規定や配偶者相続権に関する規定と異なる定めをすることは可能か。

一般には，次の二つの理由によって，このような定めはなしえないと考えられる。第一に，財産分与・配偶者相続権に関する規定は強行規定と解されること（事前に合意によって放棄することはできないと解されている），第二に，夫婦財産契約によって変更可能なのは，形式的には法定財産制に限られること，による。

もっとも，配偶者相続権に関しては，遺留分による制限はあるものの遺言による増減が可能である。したがって，問題は夫婦財産契約で同じこと（あるいはそれ以上のこと）が可能かということになる。具体的には，方式の違いや撤回の可否をどうするかが問題になる。

残るのは財産分与である。財産分与の規定が強行規定であるとすると，財産分与をしない旨の約定はいかなる形でも（個別合意でも夫婦財産契約でも）なしえないことになる。これは，財産分与の余地を認めないほどに夫婦の独立性の高い（完全別産制に近い）夫婦財産契約は許されないということを意味する。

ただし，完全（包括）別産制の夫婦財産契約がなされている場合には，財産分与に際してこのことを考慮に入れることは許されるだろう。反対に，共有制の夫婦財産契約は有効であるが，この場合にも，財産分与に際しては共有制がとられていることを考慮に入れるべきだろうと思われる。

2　法定財産制の妥当性

(1) **潜在的共有制とは何か？**　すでに一言したように，現行民法の夫婦財産制は，形式上は別産制であるものの，配偶者相続権・財産分与を考慮に入れ

ると，純粋な別産制とは言い難いと評される。というのは，婚姻継続中に関しては夫婦の財産は別個独立であるのが，婚姻解消時には配偶者相続権・財産分与を通じて，擬似的な清算が行われると見ることができるからである。婚姻継続中は顕在化しなかった夫婦財産の共有財産としての性質が，婚姻解消時に顕在化するという意味で，潜在的共有制と呼ばれることがある。

(2) **潜在的共有制は妥当か？**　現行民法における実質的な意味での夫婦財産制（狭義の夫婦財産制と配偶者相続権・財産分与を含む広義の夫婦財産制）は，これまで，おおむね妥当なものと評価されてきた。確かに，配偶者相続権と財産分与があることによって，婚姻解消時における擬似的な清算が可能になり，多くの場合には清算なしの解消に比べてずっと妥当な結果が得られてきたと言える。しかし，解釈論的な次元から立法論的な次元に視点を転ずると，現行制度の妥当性には疑問がある。

第一に，配偶者相続権は，婚姻期間の長短を問わずに一律に発生する点で，場合によって不当な結果をもたらす。これまで念頭に置かれてきたのは，一定の婚姻期間の経過後に，夫婦の一方（特に夫）が死亡したという場合であった。しかし，婚姻後まもなく相続が生じたという場合には，生存配偶者は大きな相続分を手にすることになる。この場合には，「擬似的な」という形容詞をつけるとしても，配偶者相続権を夫婦財産の清算方法として位置づけることは難しくなる。また，考えてみると，長年にわたって共同生活をしてきた夫婦の一方が死亡した場合に，他方が遺産の半分しか取得できない（子どもがいる場合）というのは，配偶者には固有の意味での相続権がないことを意味する。もちろん，それでもよいという考え方もありうるが，その場合には，固有の意味での相続権が発生する場合（半分以上の相続分が生ずる場合）があるのはなぜかという説明が必要になる。

第二に，財産分与についても，清算の役割を正確にはたしているかという点に疑問がある。一方で，夫婦の一方の資産形成に対する他方の貢献が適正に評価されているかという問題がある。この点に配慮したのは1996年改正要綱が提案したいわゆる「2分の1ルール」であった。すなわち，資産形成に対する夫婦の貢献の程度を均等と推定するという考え方である。他方，財産分与の対象についても一考を要する。夫婦の財産関係の清算という考え方を貫徹するならば，夫婦の一方（特に夫）の財産が債務超過になっている場合には，他方はその債務を分担すべきことになるはずである。現に，共有制の下では，基本的には夫婦の積極財産のみならず消極財産もまた分割の対象となる。ところが，財産分与の場合には債務の分割という発想は乏しい。積極財産があって（より

理論的に正確には婚姻中に増加した財産があって）はじめてその分与が認められる。

　以上のように，「潜在的共有制」は，共有制と呼ぶには過不足のある結果をもたらすという意味で，立法論的には問題を含むものであると言える。

IV　補　論——立法論

1　共有制から所得分与制へ

　立法論として考えた場合に，現在の法定財産制の妥当性にはかねて批判があった。確かに，現行法は純粋な別産制ではなく，婚姻解消時に一定の財産の移転が生じる。とはいえ，すでに見たように，資産の乏しい一方配偶者の保護が十分ではないという場合がありうる。

　そこで，とりわけ，妻の保護という観点から，婚姻後に形成された財産に対する妻の権利を強化する方策として，共有制への移行が説かれてきた。以上のような発想が，女性の地位の向上の趨勢と結びついて，1970年代の夫婦財産制改正論の基調をなすこととなった。

　しかしながら，共有制への移行は，法技術的には多数の困難な問題を抱え込むことを意味する。そのため，この方向に代えて，配偶者相続分の拡大がはかられることになった。すなわち，1980年の改正によって，従前の3分の1・2分の1・3分の2（順に，血族相続人が子，直系尊属，兄弟姉妹の場合）が2分の1・3分の2・4分の3に改められたのである。

　もちろん，これでは離婚の場合の妻の保護にはならない。そこで，財産分与請求権の強化が次の課題とされることになり，1996年にはいわゆる「2分の1ルール」が提案されるに至ったことは前述の通りである。

　以上のような経緯により，共有制への移行は，今日では少なくとも喫緊の立法課題とは考えられなくなっている。もっとも，繰返しになるが，仮に「2分の1ルール」が採用されたとしても，なお問題は残っている。そうだとすると，共有制導入に伴う難点を避けつつ，残された問題に対応するということが，これからの課題であると言えよう。その際に，共有制に代わって検討されるべきなのは，所得分与制（後得財産分配参加制）であると考えられる。

2　所得分与制（後得財産分配参加制）の思想

　(1)　自由の保障と利益の配分　　所得分与制とは，婚姻継続中は別産としつつ，婚姻解消時には，夫婦が婚姻中に獲得した財産（所得＝後得財産）は夫婦の協力によって獲得されたと考え，その清算（平準化）をはかるというものである。所得分与制は，夫婦のそれぞれに自己の所得（フロー）の処分の自由を認

めつつ，解消時にはその残余（ストック）を公平に分配するのであり，個人の自由と婚姻の共同性の調和を実現するものであると言える。

　この財産制は，比較的新しいものであり，明治民法の起草者たちの知らないものである。しかし，今日では，ドイツの法定財産制となっており，また，フランスでも契約財産制の一類型とされているものであり，比較法的に見ると，有力な制度であるように思われる。

　(2) 潜在的共有制の純化　　日本における立法論としても，所得分与制は検討に値する。というのは，所得分与制は，現在の潜在的共有制をより純化させた制度であると考えることができるからである。

　潜在的共有制のメリットは，婚姻継続中は別産制と同様の扱いをする点にある。これによって，夫婦の独立が確保されるとともに，共有制に由来する複雑な問題の多くを回避することができる。所得分与制もまた，このメリットを完全に引き継ぐものであると言える。他方，潜在的共有制のデメリットは，婚姻解消時の清算が十分に精密なものでなく，擬似的なものにとどまる点にある。所得分与制は，この点に改良を加えるものであると言える。

　もっとも，所得分与制の導入には，共有制ほどではないにせよ，技術的な対応を必要とする点がある。この点は，清算の明確化のコストとしてとらえるべきであろうが，それでも複雑さ・不安定さをできるだけ解消する努力がなされるべきである。

3　所得分与制（後得財産分配参加制）の概要

　(1) 計算の方法　　所得分与制の基本的な考え方は，名義のいかんにかかわらず（夫名義か妻名義かにかかわらず），夫婦が婚姻中に獲得した財産（所得＝後得財産）を合算・分割するという点にある。ただ，その際の計算には，複数のやり方がある。たとえば，ドイツ法，フランス法は，それぞれ次のような計算方法をとっている。その異同を理解するためには，以下の図式に従って考えるとよい。

	夫A	妻B
婚姻時の財産	a_1	b_1
解消時の財産	a_2	b_2
後得財産	$a=a_2-a_1$	$b=b_2-b_1$

　この状況で $a>b$ とすると，ドイツ法では，BからAに対して $(a-b)\div 2$ を請求するのに対して，フランス法では，AからBに $b\div 2$ を，BからAにa

÷2を請求することになる。もちろん，フランス法の下でも，最終的には（a－b）÷2がAからBに移転することになるので，結果は同じである。ただ，(a－b) が「分与」の対象となるか，a, b がそれぞれ「参加」の対象となるか，という発想（建前）の点が異なることになる。

二つの発想に優劣はない（あるいは，建前としてはフランス法の方が優れているかもしれない）が，日本法においては，従来の財産分与との連続性を考えるならば，「分与」という考え方をとった方がよいだろう。

(2) **手続の設計**　所得分与制の下では，離婚・死別にかかわらず，まず夫婦の財産関係の清算が行われることになる。そして，死別の場合には，遺産分割がこれを前提に行われることになる。

観念的には，この二つの段階は区別される。しかし，実際の手続においても，死別の場合に，まず夫婦財産関係の清算を行い続いて遺産分割を行う，すなわち，二つの手続を分離する必要はない。むしろ，1つの手続の中で，清算と分割とを行いうるとした方が便利であろう。もっとも，遺産分割が長引きそうな場合に，夫婦財産関係の清算のみを切り離して先行させることが必要な場合があるので，二つの手続を分離することを認めないわけにはいかない。

このような問題は，現行法の下でも生じている。すなわち，夫婦の間に共有財産がある場合には，まず，共有関係を清算した上で，遺産分割を行うことになるはずだからである。ただ，この場合には，共有関係の清算は家事審判の対象外の事項なので，問題は，相続財産の範囲の確定という形で現れることになる。家裁は一応の判断を下し，それを前提に遺産分割をすることができるが，当然ながらこの判断には既判力が生じない。

しかし，所得分与制を採用する場合には，所得分与は家事審判の対象事項とされるだろうから，同一手続（あるいは一連の手続と言った方がよいか）内において，夫婦財産関係の清算を前提としつつ遺産分割を行うということは，原理上は，十分に可能であると言えるだろう。もっとも，夫婦財産関係の清算が先行する場合の遺産分割につき，特別な規定を民法に設ける必要があるかどうかは，別の問題である。

(3) **権利の保護**　ところで，先の例において，BがAに対して有する（a－b）÷2の請求権はいかなる請求権だろうか。ここで「いかなる」と言っているのは，単なる債権的請求権なのかそれ以上のものなのか，ということである。

共有制の下であれば，Bは自己の財産に対してb÷2の権利を，配偶者Aの財産a÷2の権利を有する（フランス式の計算方式は，共有制と適合的であることがわかる）。より正確には，a÷2もb÷2も，積極財産・消極財産のそれぞれにつ

いて算出され，積極財産のうち物については共有持分を，権利と債務については，分割してまたは連帯して権利義務を持つことになる。日本法の下でも，（共有であるとされる）遺産の分割の場合にはこのようになる。

しかし，所得分与から生ずる権利については，このように考えるのは妥当ではなかろう。そうではなく，全体として，1個の請求権（金銭債権）を有すると考えるべきだろう。あくまでも，夫婦の財産は，婚姻中も婚姻解消後も，夫または妻に別々に帰属している。所得分与は，このことを前提に，分与すべき金額を算出し，これを金銭で清算するものである。日本法の下でも，財産分与はこのような性質を持っている。

以上は，夫婦は互いに相手方配偶者の得た財産に対して物権的な権利を持たないことを意味する。これは，共有制に比べれば，弱い権利しか認めないことに帰着する。しかし，同時に，相手方の債務につき負担を引き受けないことにも留意する必要がある。所得分与制とは，リスクは負わず，ただゲインがあるときには，分割請求権ではなく分与請求権を与えよう，というものなのである。

4 関連問題への対応

(1) **配偶者相続分の再検討** ここまで述べてきたように，所得分与制を導入するとなると，配偶者相続分の再検討が必要になる。なぜなら，配偶者相続分につき現状を維持すると，死亡解消による配偶者に過度の財産が帰属することになってしまうからである。このことは，次の設例から理解されるだろう（改正案その1は，配偶者相続分維持案）。

夫Aが死亡，相続人は妻Bと子C，遺産は1億円

例1：すべて婚姻後に形成　例2：半分は婚姻後に形成

例1
現行法：　　　　　B＝5000万円（遺産の1/2）　子＝5000万円（遺産の1/2）
改正案その1：　　B＝5000万円（後得財産の1/2）
　　　　　　　　　　＋2500万円（遺産の1/2）子＝2500万円（遺産の1/2）
例2
現行法：　　　　　B＝5000万円（遺産の1/2）　子＝5000万円（遺産の1/2）
改正案その1：　　B＝2500万円（後得財産の1/2）
　　　　　　　　　　＋3750万円（遺産の1/2）子＝3750万円（遺産の1/2）

この結果を現行法の相続分に引き直すと，配偶者相続分が最大4分の3＝8

分の6（設例2だと8分の5，後得財産なしだと8分の4）となる。

そこで，現状を大きく変えないためには，配偶者相続分を減らすことが必要になる。たとえば，配偶者相続分を3分の1にすると，先ほどの設例は次のようになる（改正案その2は配偶者相続分削減案）。

例3（例1に対応）
現行法：　　　　B＝5000万円（遺産の1/2）　子＝5000万円（遺産の1/2）
改正案その2：　B＝5000万円（後得財産の1/2）
　　　　　　　　＋1667万円（遺産の1/3）子＝3333万円（遺産の2/3）

例4（例2に対応）
現行法：　　　　B＝5000万円（遺産の1/2）　子＝5000万円（遺産の1/2）
改正案その2：　B＝2500万円（後得財産の1/2）
　　　　　　　　＋2500万円（遺産の1/3）子＝5000万円（遺産の1/3）

この結果を現行法の相続分に引き直すと，配偶者相続分が①最大3分の2（②設例4だと2分の1，③後得財産なしだと3分の1）となる。後得財産が多い場合には，現在の配偶者相続権だけの場合に比べて有利になるが，後得財産が少ない場合には，現在の配偶者相続権だけの場合に比べて不利になる。しかし，後者はむしろ公平にかなった結果だと言えるだろう。

あるいは，見方を変えるならば，1980年改正において共有制を採る代わりに配偶者相続分を増やした（上記の設例に即して言うと，3分の1から2分の1にした）というのは，共有制によって増加する配偶者の取り分（3分の1から3分の2）の近似値を採用したものであるとも言える。そうだとすると，所得分与制を採用する以上は，配偶者相続分は1980年改正以前のものに戻すべきことになろう。

(2) **夫婦財産契約による選択肢の提供**　　以上のような法定財産制を採るとすれば，夫婦財産契約はもはや不要と言うべきだろうか。おそらくそうではなかろう。夫婦の中には，より共有制的な結果（包括共有制ならば①になる）を望むものもあるだろう。反対に，より別産制的な結果を望むものもあるだろう（単純別産制ならば③になる）。標準は②のような結果でよいとしても，①から③までの範囲でバリエーションを認めることは十分に考えられる。

ただし，夫婦財産契約によって法律関係が複雑になることは避ける必要がある。そうだとすると，契約財産制としては，包括共有制と完全別産制だけを設けるにとどめる方がよい。これだけでも大部分の需要に応ずることができるはずである。

(3) **夫婦財産契約と個別契約**　　別産制を基準に考えると，所得分与制は後

得財産につき，包括共有制は全財産につき，2分の1を配偶者に与えるという包括的な契約として理解することができる（前者は将来の財産の包括的な譲渡，後者は過去および将来の財産の包括的な譲渡）。夫婦財産契約は，一定の方式に従った契約にこのような広範な効果を認めるものとして位置づけることができる。これに対して，個別契約による夫婦間の財産処分を認めるとしても，それは個別の財産を対象とするものにとどまる。このような理解の下に，夫婦財産契約を維持ししつつ，個別契約についても有効とする，という制度を構想すべきであろう。

(4) **婚姻の効果としての共通財産制**　すでに述べたように，760条・761条の効果は，すべての婚姻に共通のものと解すべきであろう。これらは婚姻の効果として位置づけられるべきであり，これらに反する合意は無効とすべきであろう（ただし，760条の枠内での合意は可能。他方，761条の枠内での合意を認める必要性は乏しい）。諸外国では，このような制度を「共通財産制」とか「第1次（基本）財産制」などと呼んでいる。夫婦財産契約がほとんど用いられない日本法の下では，法定財産制は共通財産制と同様の役割を果たしてきたが，より明確に共通財産制を位置づけるべきであろう。

第4節　離　　婚

第1　763条〜769条：協議離婚

(協議上の離婚)
第763条　夫婦は，その協議で，離婚をすることができる。
(婚姻の規定の準用)
第764条　第738条，第739条及び第747条の規定は，協議上の離婚について準用する。
(離婚の届出の受理)
第765条①　離婚の届出は，その離婚が前条において準用する第739条第2項の規定及び第819条第1項の規定その他の法令の規定に違反しないことを認めた後でなければ，受理することができない。
②　離婚の届出が前項の規定に違反して受理されたときであっても，離婚は，そのためにその効力を妨げられない。
(離婚後の子の監護に関する事項の定め等)
第766条①　父母が協議上の離婚をするときは，子の監護をすべき者，

父又は母と子との面会及びその他の交流，子の監護に要する費用の分担その他の子の監護について必要な事項は，その協議で定める。この場合においては，子の利益を最も優先して考慮しなければならない。
② 前項の協議が調わないとき，又は協議をすることができないときは，家庭裁判所が，同項の事項を定める。
③ 家庭裁判所は，必要があると認めるときは，前二項の規定による定めを変更し，その他子の監護について相当な処分を命ずることができる。
④ 前三項の規定によっては，監護の範囲外では，父母の権利義務に変更を生じない。

(離婚による復氏等)
第767条① 婚姻によって氏を改めた夫又は妻は，協議上の離婚によって婚姻前の氏に復する。
② 前項の規定により婚姻前の氏に復した夫又は妻は，離婚の日から3箇月以内に戸籍法の定めるところにより届け出ることによって，離婚の際に称していた氏を称することができる。

(財産分与)
第768条① 協議上の離婚をした者の一方は，相手方に対して財産の分与を請求することができる。
② 前項の規定による財産の分与について，当事者間に協議が調わないとき，又は協議をすることができないときは，当事者は，家庭裁判所に対して協議に代わる処分を請求することができる。ただし，離婚の時から2年を経過したときは，この限りでない。
③ 前項の場合には，家庭裁判所は，当事者双方がその協力によって得た財産の額その他一切の事情を考慮して，分与をさせるべきかどうか並びに分与の額及び方法を定める。

(離婚による復氏の際の権利の承継)
第769条① 婚姻によって氏を改めた夫又は妻が，第897条第1項の権利を承継した後，協議上の離婚をしたときは，当事者その他の関係人の協議で，その権利を承継すべき者を定めなければならない。
② 前項の協議が調わないとき，又は協議をすることができないときは，同項の権利を承継すべき者は，家庭裁判所がこれを定める。

I　はじめに

1　離婚法の編成

旧民法は婚姻と離婚とを同じレベルに並べて規律していたが，現行法では離

婚を婚姻に含めている。契約の解除は契約に関する規定の中に含まれるように，離婚は，婚姻の解消であり，婚姻の成立・効果と並んで婚姻に関する規定の中に含まれるというわけである（富井・法典調査会六 362 頁）。この考え方を貫くならば，離婚ではなく「婚姻の解消」という項目を立てて，その中に，死亡（および失踪宣告）をあわせて離婚を規律すべきことになる。起草者の富井は，このような編成も考えたようだが，「実用を主として始めから離婚と打出すことに致しました」と述べている（富井・法典調査会六 363 頁）。なお，離婚の内部をどう細分するかについても，原因と効力とに分ける可能性に言及しつつ，最終的には協議離婚・裁判離婚に分けたとしている。これはこの二つを離婚の種類と見た結果であるが，見方はともかく，効果に関する規定は少ないので，この方が便利であるということも説かれている（富井・同頁）。

2　離婚の状況

明治民法起草時の離婚に関しては，穂積陳重が興味深いデータを提示している。穂積はまず，「本邦の離婚制度は従来極端の自由主義を採れり」「離婚の数統計上実に驚くべきの現象を呈せり」としている（穂積・法典調査会六 382 頁）。具体的には，1885 年以来の統計を調べた結果，「恰度 3 分の 1 に為つて居ります」，「大概 1 年に 30 万余り位の結婚があつて 10 万余りの離婚があると云ふ位であります」（穂積・法典調査会六 386 頁）とし，これに対して，外国はと言うと，「此 2，30 年間は殖えて来て居りますが乍併まだ 100 分の幾らと云ふ位」であるとしている（穂積・法典調査会六 388 頁）。

確かに，穂積の紹介しているデータは驚くべきものがある。このことは近年の離婚統計を掲げれば容易に理解される。1970 年には，婚姻件数は 102 万 9000 件，離婚件数は 9 万 6000 件であり，約 10 組に 1 組が離婚していたが，その後，ごく最近まで婚姻件数は減少，離婚件数は増加の傾向にあり，2013 年には，年間の離婚件数は 23 万 1000 件，婚姻件数 66 万 1000 件になっている。これは 3 組に 1 組以上の割合であり，ようやく明治民法成立前の水準に達したことになる。

3　協議離婚の承認

協議離婚の承認に関しては，起草者たちは「一利一害でありまするに依て充分に考へて見た」としている（富井・法典調査会六 364 頁）。具体的には，メリットとして，第一に，「夫婦が不和である実際両方共離れんと欲して居るに法律が強て束縛して夫婦で居れと云ふことは到底其婚姻の目的を達し得らるるもの

でない」こと，第二に，「協議離婚と云ふものは実際は多数の場合に於ては裁判上の原因と為るべき事実がある場合に起こることで……唯だ……家の内の不体裁を外に現はさずして協議の形ちで婚姻と解かうと云ふ場合に最も多く起る……日本人の気風として人事抔に関しては可成裁判沙汰にすることを望まない慣習である」があげられている。他方，デメリットとしては，「軽率に一時の怒りとか其他の感情に制せられて離婚の原因と為るべき程の事実もないのに離婚を為すかも知れぬ」，これは「本人たる夫婦丈けが結果を受けることであればまだ差支ないが其子孫までも其結果を蒙ることである」とされている（富井・同頁）。

富井は，結論としては，「縦しや裁判上の離婚の原因と為るべき程の事実がないとしても既に此精神上の和合を欠て双方共離れたいと言ふ以上は法律で強て食付て置かうとしても到底其目的を達せらるるものでない」としている。ただ，それならば「一方計りが到底夫婦の生活が出来ないと認めた場合にも許す方が至当であると云ふことに為るかも知れませぬ」，「現に其趣意で穂積君より修正案も出て居ります」としつつも，「殊に我邦の如き男子の権の強い国に於て然う云ふ風に一方の意思を以て解くことが出来ると云ふことにして置ては余程害が多いと思ひます」（富井・法典調査会六 364-365 頁）と述べている。また，「只今申しました弊害の如きも幾分か矯めることが出来る即ち次の条並びに 821 条に於て其弊害は先づ法律をして宜しいと思ふ範囲内に於ては防げることに為つて居る積りであります」（富井・法典調査会六 365 頁）と付け加えている。

以上のように，起草者は，一方で，不和の夫婦を離婚させないわけにはいかないという原則論に立ちつつも，訴訟を好まないという当時の日本の状況を考慮に入れ，いわば訴訟に代えて協議を行うという考え方を採っていたこと，他方，子どもや妻の保護の必要は十分に意識されており，少なくとも富井・梅は，一方的な離婚を許さない，軽率な離婚を避ける，という考え方を持っていたことがわかる。

II 協議離婚の要件（763 条〜765 条）

1 現行法

現行法は，協議離婚を認めることを示す 763 条のほかに 2 ヶ条を置いている。

このうちの 764 条は準用規定であり，738 条・739 条・747 条の 3 ヶ条が準用されている。このうち中心をなすのは 739 条である。すなわち，協議離婚の場合にも届出が必要とされているのである。なお，738 条は成年被後見人の扱い，747 条は詐欺・強迫の扱いに関する規定である（後者は明治民法では準用さ

れていなかった）。

　765条は，740条に対応する規定であり，婚姻届の受理について定める。注意を要するのは819条1項が例示されている点である。後述するように，協議離婚の際には，子の親権者を定める必要があるが，この定めを欠く場合には協議離婚は受理されないことになる（765条1項）。もっとも，監護に関する定め（766条）や財産分与の定め（768条）に関しては，これらの定めを欠いても（協議が未了でも）離婚の妨げとはならない（現行の様式では，「面会交流」「養育費の分担」という項目が，欄外に設けられたが，当事者の注意を促すものにすぎない）。

　なお，離婚届もいったん受理された以上は，手続違背の瑕疵は治癒されることになる（765条2項）。ただし，意思を欠く届出は無効となる。婚姻の場合と同様である。

2　明治民法

(1)　**証人の要否と真意の確認**　　739条は明治民法以来の規定であるが，この規定の起草に際しては，証人不要論が主張された（箕作・法典調査会六370頁）。これに対して，起草者の富井は「或は然うかも知れませぬ」と応じている。しかし，穂積は「父母の承諾があつたと云ふことを見るに宜しいかも知れませぬ」，梅は「意思を一層明にする位のことであります」と補っている（穂積・同頁，梅・同頁）。

　このうち興味深いのは富井の説明である。すでに述べたところであるが，富井は（梅も）夫による追出しを警戒していた。そのため，明治民法の原案においては，法令違反のないことに加えて「協議の真実なること」を確認する必要があるとしていた（原案821条）。その理由は，「一方の意思に出でて居る即ち夫の強制に出でて居ると云ふことではならぬ」（富井・法典調査会六371頁）に求められていた。結局，この部分はその後に削除されてしまうが，このような配慮がされていたことは特筆されてよい。

(2)　**同意の必要と期間の制限**　　このほか，明治民法においては，25歳未満の者については婚姻同意権を有する者の同意を要するとしていた（明民809条）。この規定は「夫婦が一時の感情に制せられて経験もないに軽々敷離婚をすると云ふ弊を防ぐ為めの規定」（富井・法典調査会六365頁）であると説明されていた。この規定は1947年改正によって削除された。その際，この規定は成年に達した子の自由を妨げると考えられ，協議離婚に慎重さを求めるという考え方には注意が払われなかったようである。

　なお，富井によれば，当時のフランス法には，婚姻後2年間は離婚できない

という規定があったという（現在は6ヶ月に短縮）。また、穂積によれば、スイス法は離婚宣告前に2年間の別居を命ずることができるとしていたという。これらもまた明治民法には採用されなかった。しかし、次の2点に留意する必要があろう。一つは、父母の同意を必要としない、という現行法を前提とすれば、起草者は何らかの形で、真意を確保し慎重さを要請する規定を求めたのではないか、という点である。もっとも、これは仮想の議論にすぎない。もう一つは、当時は、和熟の可能性がある場合には離婚宣告を1年間は延ばすことができる、という規定が手続法（婚姻手続制限法9条）にあった、という点である。穂積は、このような規定が置かれることは妨げないとしていた（穂積・法典調査会六385頁）。

3 立法論

起草者の以上のような慎重さには省みるべきものが含まれている。すなわち、当事者の慎重な意思決定を確保するとともに、劣位に立つ当事者が不利益を被ることがないようにする、という考え方がそれである。具体的な方策は二つある。一つは、意思確認の手続を設けることであり、もう一つは熟慮期間を設けることである。

韓国法は近年の改正によって後者を導入した。日本でも検討してみる価値は十分にあるが、これに伴う弊害（たとえば、DV の場合などにはむしろ早く離婚させた方がよい）にも留意する必要があるだろう。もっとも、この点は DV に関する特例を設ければよいとも言える。

前者は、1996年改正要綱に至る過程で提唱されたが、最終的には要綱に採用されなかった。当事者および意思確認の役割を負うべき者（裁判所かその他の機関）に過大な負担を引き受けさせることなく、実効的な制度を構築できるか否か。立法にあたっては、この点を克服することが不可欠であろう。

III 協議離婚の効果・その1──子の監護（766条）

協議離婚の効果のうち、中心をなすのは「子の監護」（766条）と「財産分与」（768条）である。まず、前者から見ていくが、その前に前提を確認しておく必要がある。

1 前提

(1) 親権者の決定　すでに述べたように、現行法の下では、離婚に際して、子の親権者を定める必要がある。未成年の子に対する親権は、父母の婚姻中に

は父母が共同して行うが（818条3項），離婚後はどちらか一方が行うとされているのである（819条1項）。

なお，父母のどちらが親権者となるかは，親権以外の親子関係には影響を及ぼさない。たとえば，子が親権者たる親の戸籍に入るわけではない。

(2) 子の氏　子の氏は，親の離婚によって直接には影響を受けない。すなわち，氏の変動は生じない。その結果として，子は自らと氏を同じくする親の戸籍に残る。

もっとも，子は氏の変更の届出をすることによって，自分とは氏を異にする親の氏を称することができる（791条1項）。

2　明治民法

(1) 規定の趣旨　766条に相当する規定は，明治民法にすでに存在していた。次のような規定である。

> 明治民法
> 第812条① 協議上ノ離婚ヲ為シタル者カ其協議ヲ以テ子ノ監護ヲ為スヘキ者ヲ定メサリシトキハ其監護ハ父ニ属ス
> ② 父カ離婚ニ因リテ婚家ヲ去リタル場合ニ於テハ子ノ監護ハ母ニ属ス
> ③ 前二項ノ規定ハ監護ノ範囲外ニ於テ父母ノ権利義務ニ変更ヲ生スルコトナシ

明治民法においては，父がある限り，原則として親権は父に帰属する（明民877条1項）。しかし，監護に関しては，「子の監護は通常夫婦共同して之を為すへきものとす」という前提に立ち，その上で「是れ父母か同棲せる場合に於ては最も当に然るへき所なりと雖も若し離婚の結果父母相別るるときは子の監護を誰に託すへきか」との問いが立てられていた（梅206頁）。

明治民法は，この問いに対する答えを当事者の協議に委ねた。しかし，協議がなされなかった（あるいは調わなかった）場合には，監護権は父に帰属するものとした。

もっとも，2項とあわせて考えると，監護権は家にある親に帰属することになる。なお，明治民法の下では，子の氏＝家の氏であるから，子は監護権のある親の氏を称することになる。監護権の所在と氏とは連動していたわけである。

(2) 監護の内容　ところで，親権者のほかに監護をする者を定める必要はどこに求められるのだろうか。おそらくは実際の育児は母に委ねた方がよい場

合があるという判断によるものだろう。梅は「一定の年齢に達せる男子は概して父の監護を受くるを利とす之に反して女子及ひ幼孩の男子は寧ろ母をして其監護を為さしむるを利とす」としている（梅206頁）。

　このこととの関係で，「監護」とは何かが問題になる。この点につき，梅は次のように述べている。「子の教育，懲戒，其代表及ひ其財産の管理の如きは総て第5章の規定に従ひ親権を有する者の権内に属すへく決して本条の規定に依りて監護権を有する者の権内に在らさるものとす」（梅208頁）。この叙述からは，もともと「監護」はいわゆる身上監護のうち狭義の監護のみを指しており，教育・懲戒等を含むものではなかったことがわかる。項を改めて述べるように，現行法における「監護」はこれとは異なるものとして理解されているように思われる。

3　現行法

(1)　規定の変更　　1947年改正時の766条は，明治民法の規定を修正したものである（さらに，2011年改正で微修正が加えられている）。修正点は3点ある。第一は，協議が調わないとき・できないときは家庭裁判所の決定に委ねるとしたこと，第二は，「監護」を「子の監護をすべき者その他監護について必要な事項」に改めたこと，そして，第三に，「子の利益」のために必要な場合には，家庭裁判所は「子の監護をすべき者を変更し，その他監護について相当な処分」をなしうるとしたこと，である。

　後の2点に関しては後述することにして，ここでは第1点についてのみ触れておく。明治民法が監護権を「父」ないし「家」と結びつけていた以上，現行法においてそのまま維持されることはありえなかった。しかし，前述のように，もともと監護に関する規定は，当事者の意思を尊重するものであった。したがって，第1点は，実質的にはそれほど大きな変更でないと見ることもできないわけではない。

(2)　監護の変容　　むしろ大きな変更点の一つは，監護権の内容に変容が見られた点であろう。現行法の条文によれば，財産管理権が失われ身上監護権だけになった場合にも，これを親権と呼んでいる。これに対して，766条は，あくまでも「監護」について定めるだけであり，「監護権」という用語を用いてもいない。しかし，立法論・解釈論として，「子の監護」の制度をより強化すべきことは早い時期から説かれていた（我妻141-142頁）。さらに，立法論としては，身上監護権に一定の財産を管理する権限を付加することが必要であることも指摘されていた（我妻329-330頁）。

こうした論調のもとで，その後，監護権という用語は広く用いられるようになっている。その内容も，まず，教育・懲戒を含むようになり（広義の監護権），続いて，身上監護に必要な財産管理をも含むかのようになっている（最広義の監護権）。こうなると，残る親権はあまりに狭い形式的な権利となる。ここに，後述の面会交流権などが説かれるようになる原因の一つを見いだすことができる。

なお，監護権＝身上監護権という理解が浸透するようになると，父母の一方が「親権－身上監護権」（＋面会交流権）を持ち，他方が「身上監護権」（＋若干の財産管理権）を持つことによって，実質的な共同監護・共同親権が実現しうることになる。しかし，実際には，このような分属が行われている例はそれほど多くはない。

(3) **監護費用（養育費）と監護権者の変更**　1947年改正によって変更された大きな点としては，「監護について必要な事項」という緩やかな定め方がされたことと監護権者の事後的変更が可能になったことが挙げられる。

前の点は，家庭裁判所が監護費用（養育費）の定めをなしうることになったことを意味するとされている。後の点は，家庭裁判所が「子の利益」の守護者となったことを意味する。

しかし，これには疑義がないわけではない。まず前者に関してである。確かに，家事事件手続法154条3項は，家裁は「子の引渡し又は金銭の支払その他の財産上の給付その他の給付を命ずることができる」としているが，ここで問題とされているのはあくまでも「扶養料」であって，監護費用ではない。もっとも，監護権者を定めることによって，親権の分属が実現するという考え方に立つならば，監護費用を親権者の義務としての扶養義務と捉えることが可能になる。なお，この問題は2011年改正によって，766条1項に「子の監護に要する費用の分担」という文言が付加されたことによって解消した。

後者に関しては，「子の利益」の観点から監護権の割当てをすることは，どちらの親がよい親かを裁判所が判断することを意味する。はたして裁判所はこのような判断をなしうるのか。このような疑問は裁判所の側にも伏在する。判例が，別居夫婦間における子の奪い合い（通常裁判所の管轄に属する）につき，謙抑的な態度を採っているのはそのためでもある。同じ配慮が家庭裁判所には必要でないと断言することはできない。

(4) **子の奪い合いと面会交流権**　子の奪い合いの背後には，監護権者が子どもを抱え込んでしまうという問題がある。この点を解消・緩和するためには，監護権者でない親（親権者であることもそうでないこともある）にも，子どもとの

接触を認めることが必要になる。しかし，面会交流はかえって父母の間の関係を複雑にする，という危惧も強く，その権利性を認めるのに慎重な見解もある。2011年改正により「父又は母と子との面会及びその他の交流」という文言が766条1項に加えられたが，これによって権利性は強まったものの，裁判所の裁量性が失われたわけではない。

(5) 「子の利益」の位置づけ

「子の利益」は，もともと，裁判所が当事者の決定を覆すのを正当化するための概念であった（819条6項・817条の7）。しかし，2011年の改正後は，父母の親権行使を制約する概念としても用いられるに至っている（820条・822条・766条2項）。

4 立法論

(1) 共同監護・共同親権　とはいえ，今日において，単独監護・単独親権を積極的に擁護する理由は乏しい。父母の権利・子どもの権利の双方の観点から，立法論としては，共同監護・共同親権を原則とすべきであろう。もちろん，子の福祉の観点から，例外的に，一方の親の権利を制限すべき場合があることも確かである。具体的にどのような制度を構築すべきかについては，親権のところで改めて検討する。

(2) 別居時への適用　さらに，立法論としては，別居状態にある父母についても，家裁が「監護について必要な事項」を決められるようにすることも必要だろう。離婚後の共同監護・共同親権を導入するのであれば，原則としては，別居後・離婚後も共同監護・共同親権ということになり，別居の段階から一方の親の権利の制限が可能になると解することになろう。なお，別居後と離婚後とで，制限の程度は同じか否かについては，別居の取扱いによることになろう。これについても，別途，検討を要する。

IV 協議離婚の効果・その2——氏をめぐる問題

1 離婚復氏（767条）

夫婦のうち婚姻によって氏を改めたものは，離婚によって婚姻前の氏に復する（767条1項・771条）。明治民法にはなかった規定である。明治民法の下では，離婚（離縁）の場合には実家に復籍する（明民739条）とされており，その結果，当然に，実家の氏を称する（明民746条）こととなったからである。

このように，明治民法の下では，氏は家の呼称であったところ，現行民法の下では，氏は夫婦の呼称となった。しかし，現行民法の下でも，明治民法の発

想（家の氏＋復籍）は完全には払拭されていない。婚姻によって氏を改めた者は，離婚によって夫婦の新戸籍から離脱し，婚姻前の氏を称するという制度は，「夫婦の氏」を「家の氏」に置き換えたものにほかならないからである。

　より合理的な制度としては，次のようなものが考えられる。すなわち，夫婦のどちらの氏が夫婦の氏になろうと，それは従前の氏とは異なるとする考え方である。この考え方によれば，現行法の規定は「婚姻によって氏を改めた夫又は妻」ではなく「婚姻によって氏を改めた夫及び妻」となる。鈴木一郎と田中花子の婚姻によって，「鈴木」が夫婦の氏になったとしても，婚姻前の鈴木（A）と婚姻後の鈴木（B）は違うのであり，離婚により，鈴木（B）一郎は鈴木（A）一郎に，鈴木（B）花子は田中花子に復すると考えるわけである。こう考えるとすると，花子のみならず一郎もまた，離婚によって復氏し，親の戸籍に復する（あるいは新戸籍を編製する）ということになる。

　現行民法の原始規定（1947年改正時の規定）には，767条2項は存在しなかった。この規定は，1976年改正によって新設されたものである。その趣旨は，離婚復氏に対する様々な不便を解消しようということであった。この規定が設けられたことを一つのきっかけとして，別氏の可能性が改めて検討されることとなったが，その背後には二つの要素がある。一つは，復氏に不便があれば改氏にも不便があるということであり，もう一つは，離婚後の同氏が可能ならば，婚姻中の別氏も可能ではないかということである。いずれも，もっともと言えば，もっともなことである。

　ただし，前者はともかく後者については，もう少し立ち入った議論が必要である。まず，767条2項の同氏はみかけ上のものにすぎない点に留意しなければならない。現行法の下では，鈴木花子は田中花子に復するとしても，改めて花子は鈴木を称することができる。しかし，花子が婚姻中称していた鈴木（A）と離婚後に称する鈴木（B）とは異なる氏であると考えられているのである。このように考えるならば，別氏は次のように構成しうることになる。鈴木一郎と田中花子は夫婦の氏として「鈴木」（AでもBでもよい）を選択する。その上で，鈴木花子は，婚姻前の田中（A）とは別に田中（B）を称する，という構成である。以上の構成は，夫婦は婚姻中は同一の氏を称し，離婚すると別の氏を称する，という前提に立ちつつ，婚氏続称（離婚後は別氏，しかし，みかけ上は同氏），夫婦別氏（婚姻後は同氏，しかし，みかけ上は別氏）を実現しようというものである。

　もちろん，以上とは根本的に異なる立法論も可能である。

2 祭祀承継への影響（769条）

　769条は，氏と祭祀承継の関係につき定めるものである。夫婦の一方が，婚姻によって氏を改めて，他方の祖先の祭祀を承継していたとしよう（たとえば，鈴木一郎が田中花子との婚姻により田中一郎となった場合を想定せよ）。この場合，離婚によって田中一郎が鈴木一郎に復したとすると，「田中家」の祭祀はどうなるのか。鈴木一郎が「田中家」の祭祀を行うのはおかしい，というのが769条の前提である。では，鈴木一郎が婚氏続称していれば問題はないか。769条の趣旨からすれば，やはりそれも問題であろう。したがって，この場合にも，769条は適用されると解すべきだろう（条文上もそう解される）。

　このような規定は，家の観念を温存するという意味で不当なもののようにも見える。しかし，祭祀承継自体を否定しない以上，この種の規定を置かないわけにはいかない。鈴木一郎は田中花子に代わって「田中家」の祭祀を行っているだけであり，離婚すると，その必要がなくなるので（花子への承継も含めて）祭祀承継が生ずると考えれば，それほどおかしくはないのかもしれない。

V　協議離婚の効果・その3——財産分与

1　前史としての離婚扶養

(1)　明治民法起草時の議論　　現行民法768条に対応する規定は，明治民法には存在しなかった。では，768条に関連する議論が全くなかったのかと言えば，そうではない。起草者の用意した原案829条は，次のようなものであった。

　　明治民法
　　第829条①　夫婦ノ一方ノ過失ニ因リテ離婚ノ判決アリタルトキハ其一方ハ他ノ一方カ自活スルコト能ハサル場合ニ於テ之ヲ扶養スル義務ヲ負フ
　　②　第823条第6号ノ場合ニ於テハ離婚ノ訴ヲ提起シタル者ヨリ其配偶者ヲ扶養スルコトヲ要ス
　　③　前二項ニ定メタル義務ハ夫婦ノ一方カ死亡シ又ハ扶養ヲ受クル権利ヲ有スル者カ再婚シタルトキハ消滅ス

　この規定は，有責配偶者に扶養義務を課すという発想に立つものであり（1項），その上で，精神病離婚の場合に離婚請求を行う者を有責者と同視するとともに（2項），死亡・再婚による扶養義務の終了につき定めるものであった（3項）。この規定につき，起草者の富井は「是は何うしてもなくてはならぬ規

定であらうと思ひます」（富井・法典調査会六 405 頁）と述べている。「離婚の原因が明かに存して居つても即ち毎日酷い目に遭つて居ると云ふ場合でも離婚になつたならば喰へないと云ふので苦みを忍んで涙を呑んで矢張り附て居らねばならぬ離婚の訴を起すことが出来ぬと云ふことになつて実に不都合であらう」というのである（同頁）。

これに対しては，「養ふて貰ふ権利がある」というのは「何うも余り勝手過ぎたことであらう」という批判（長谷川・法典調査会六 406 頁），「一体日本に斯う云ふ慣習があるものでありませうか」という批判が寄せられた（同頁）。また，「損害賠償を求むるとか云ふやうなことを別にするならば構はぬ」が，「喰はせて貰ふ権利がある」というのはおかしいという批判もなされた（横田・法典調査会六 407 頁）。以上のような削除論にもかかわらず，いったんはこの規定は可決されたものの，整理の段階で削除されることになった。その理由ははっきりはしないが，離婚後扶養の順位は最下位とされたため，規定を置く意義がなくなったということのようである（さしあたり，本沢巳代子『離婚給付の研究』〔一粒社，1998〕26-27 頁）。

(2) **大正要綱による対応**　いったんは削除された離婚後扶養は，大正改正要綱に再登場する。まず，要綱と人事法案の規定を掲げよう。

　　大正要綱
　　　第17　離婚ニ因ル扶養義務　離婚ノ場合ニ於テ配偶者ノ一方ガ将来生計ニ窮スルモノト認ムベキトキハ相手方ハ原則トシテ扶養ヲ為スベキコトヲ要スルモノトシ扶養ノ方法及ビ金額ニ関シ当事者ノ協議整ハザルトキハ家事審判所ノ決スル所ニ依ルモノトスルコト
　　人事法案
　　　第94条①　離婚ヲシタル者ノ一方ハ相手方ニ対シ相当ノ生計ヲ維持スルニ足ルベキ財産ノ分与ヲ請求スルコトヲ得
　　　　　　②　前項ノ規定ニ依ル財産ノ分与ニ付テハ家事審判所ハ当事者ノ請求ニ依リ双方ノ資力其ノ他一切ノ事情ヲ斟酌シテ分与ヲ為サシムルベキヤ否ヤ並ニ分与ノ額及ビ方法ヲ定ム

要綱から人事法案に至る議論については，いまは立ち入らない（高野耕一『財産分与の研究』（司法研修所，1964）に始まる研究がある。本沢 29-37 頁も参照）。ここでは，離婚原因との切断がなされていること（要綱・人事法案），分与という言葉が現れていること（人事法案）を確認しておこう。

2 現行法における財産分与

(1) 規定新設の経緯　　以上の前史を踏まえて，現行民法768条が置かれるに至った。当初の案（幹事案）は，次のようなものであった。

> 第8　離婚に因る扶養義務　　離婚したる者の一方は相手方に対し相当の生計を維持するに足るべき財産の分与を請求することを得るものとし，此の財産の分与に付ては裁判所は当事者の双方の資力其他一切の事情を斟酌して分与を為さしむるや否や並に分与の額及び方法を定むることとすること

　その後，「相当の生計を維持するに足るべき財産」が「相当の財産」を経て「財産」に，「双方の資力其他一切の事情」が「双方がその協力によって得た財産の額その他一切の事情」に，それぞれ改められた。ここには，GHQの影響があると指摘されている（高野・前掲書）。また，国会での政府答弁（奥野健一）では，財産分与に清算的要素があることが強調されている（本沢42-47頁）。しかし，現行民法の財産分与がもともとは離婚扶養の系譜に連なるものであったことは，明らかであろう。

　以上のような制度理解については，中川善之助が早い時期に次のように述べている。「本来ならば，婚姻中の所得は夫婦の共有財産たるべき性質なのである。しかし共有とすることは，今日の経済組織上，取引に有害であるから，便宜上，特有財産としたのである。従つてかかる財産には，妻の持分が潜在的にあるのだと考えて差支ない。この潜在的の持分は，婚姻生活の継続中は潜在していてもよいが，婚姻が解消する際には，清算的の意味をもつて，現実の分け前たらしめねばならなくなる。これが死亡解消における配偶者相続権であり（新890条），離婚解消における財産分与請求権である。……しかし財産分与請求権は，かかる不当利得的なものばかりに由来するのではない。夫の財産蓄積に，少しも妻の寄与がないような場合でも，離婚によつて妻が生活不能に陥るような場合には，なお夫に財産を分与させねばならぬことがありうる。すなわち一種の扶養義務である。」（中川善之助『新民法の指標と立案経過の点描』〔朝日新聞社，1949〕76-77頁）。

(2) その後の理解の変遷　　その後，戦後の家族法再改正作業の過程でとりまとめられた仮決定・留保事項（1959年）において，財産分与については次のような指摘がなされた。

> 第17　第768条を改め，財産分与は，婚姻の解消による夫婦の財産関係

の清算を目的とすることを明らかにすることについては意見が一致したが，離婚後の扶養及び慰謝料を如何にすべきかについてはなお検討する。

　このようにして，財産分与を清算的に（清算を中心に置いて）理解する方向が定着することとなる。とりわけ，1970年代の夫婦財産制改正論が1980年の配偶者相続分引上げに着地した後は，財産分与の清算的側面の強化が立法課題として浮上することとなった。

3　1996年要綱における改正提案

(1)　**2分の1ルールの導入**　法制審議会民法部会身分法小委員会は，1991年から離婚法・婚姻法の改正の検討を始めた。財産分与については，1992年の「中間報告（論点整理）」に，現状維持のa意見のほか，「現行規定は分与の額及び方法を定める際の具体的な考慮事由が明らかではないので，財産分与における清算の基準を明確にするため，財産形成に対する夫婦双方の寄与度を考慮すべきことを明示し，その割合は原則として2分の1づつとすべきである」とのb意見が併記された。その後，要綱試案を経て，以下のような最終的な要綱案（1996年）に至った。

　　第六
　　　二　離婚後の財産分与
　　　　1　協議上の離婚をした者の一方は，相手方に対して財産の分与を請求することができるものとする。
　　　　2　1による財産の分与について，当事者間に協議が調わないとき，又は協議をすることができないときは，当事者は，家庭裁判所に対して協議に代わる処分を請求することができるものとする。ただし，離婚の時から2年を経過したときは，この限りでないものとする。
　　　　3　2の場合には，家庭裁判所は，離婚後の当事者間の財産上の衡平を図るため，当事者双方がその協力によって取得し，又は維持した財産の額及びその取得又は維持についての各当事者の寄与の程度，婚姻の期間，婚姻中の生活水準，婚姻中の協力及び扶助の状況，各当事者の年齢，心身の状況，職業及び収入その他一切の事情を考慮し，分与させるべきかどうか並びに分与の額及び方法を定めるものとする。この場合において，当事者双方がその協力により財産を取得し，又は維持するについての各当事者の寄与の

程度は，その異なることが明らかでないときは，相等しいものとする。

(2) 「衡平」の意味　要綱試案と要綱の間にはいくつかの異同がある。そのうちで注目すべきは，「離婚後の当事者間の財産上の衡平を図るため」という文言である。この文言は，中間報告にはなかったものであるが，要綱試案において，財産分与の目的・理念を示すものとして1項に掲げられたものが，要綱においては3項に繰り下げられたものである。

　以上の経緯をどう解するかは一つの問題である。いったんは冒頭に掲げられた「財産上の衡平」の理念が後退したというのもありうる見方であるが，むしろ，「財産上の衡平」＝「当事者双方が……寄与の程度」(清算的要素) ＋「婚姻の期間……職業及び収入」(扶養的要素) という理解がより鮮明になったと考えることもできる。すなわち，清算的要素だけでなく扶養的要素もまた「衡平」によって支えられているというわけである。

4　財産分与をめぐる議論

(1) 権利の強化　1996年改正要綱は，財産分与請求権をより強化する方向を打ち出したと言える。このことが端的に現れているのが，いわゆる「2分の1」ルールであるが，加えて，現行法の「当事者双方がその協力によって得た財産の額」が「当事者双方がその協力によって取得し，又は維持した財産の額」に改められた点も重要である。これによって，一方の財産が増加していない場合にも，他方は財産分与を求めることが可能になったからである。

　清算的側面に関する以上の方向性は，基本的には支持されるべきである。少なくとも，その目指すところは理解可能である。というのは，別添の資料 (104-105頁) が示すように，財産分与の額は必ずしも高額とは言えず (鈴木眞次『離婚給付の決定基準』〔弘文堂，1992〕19頁)，十分な清算の機能を果たしていないと思われるからである。

(2) 根拠の再検討　しかし，扶養的要素については困難が残る。というのは，離婚後の扶養義務を観念することは困難であると考えられるからである。この点は，近時の学説の大きな関心事であるが，前述の通り，要綱はこの点を「財産上の衡平」によって説明していると言える。中間報告の注には，「離婚後の生活が著しく悪化する場合には，相手方に対し，相当額の補償を請求することができる」という意見が紹介されていたが，具体的にはこの部分が扶養の局面における「衡平」を示していると言えるだろう。もっとも，何が補償される

べきなのかについては、さらに検討する必要がある。この点に関しては、家事への従事による所得能力喪失の補償という説明がなされている（鈴木・前掲書）。

5 立法論

(1) **3つの婚姻観**　この先、財産分与制度はどのようなものとすべきだろうか。まず、議論の前提として、財産分与制度が立脚する婚姻観につき一言しておく必要がある。

夫婦の財産関係の清算は、その財産関係をどのようなものとしてとらえるかに依存するが、夫婦の財産関係については、次のように異なるいくつかの関係と対比する見方が可能である。①共同事業者的関係、②投資家的関係、③労働者・債権者的関係、である。財産分与を請求する側から見ると、①の場合には、利益だけでなく損失も負担するのに対して、②の場合には、利益があれば分配に与るが、損失については出資の限度でのみ負担する。さらに、③の場合には、利益の有無にかかわらず未払分を求める、ということになる。

以上の分類に従うならば、かつての夫婦財産共有論は①と、現行法は②と、1996年要綱は③とそれぞれ親和的であると言える。というのは、現行法の下では、夫婦の一方の後得財産（所得）がプラスである場合に限り、他方の財産分与が認められるのに対し、要綱の考え方によれば、一方の後得財産がプラス・マイナス・ゼロ（あるいはマイナス）であっても、他方の分与請求が可能になるからである。

要綱の帰結は、少しでも財産分与額を増やしたいと考えた結果であることは十分に理解できる。そのために、直接には、寄与分の規定を参照したものと思われる。しかし、夫婦の関係を③のようにとらえることは果たして妥当だろうか。むしろ、②の立場を維持することが望ましいのではないか。そうだとすると、分与額を増やす工夫は、別の法技術によって実現されるべきことになろう。

(2) **夫婦財産制との分離**　1996年要綱の基本的な方向が、より確かな清算を目指すという点にあるならば、「財産分与」という曖昧な方法によるのではなく、端的に夫婦の財産関係の清算を制度化すべきではないか。そのためには、法定夫婦財産制を変更すべきであるが、ありうる制度としての所得分与制については、以前に述べた通りであるので（⇒第3節第2 Ⅳ 4）、ここでは繰り返さない。

(3) **新たな財産分与へ**　もし仮に、清算的な側面が夫婦財産制の問題に解消されるとするならば、財産分与には扶養的な側面が残ることになる。では、離婚後の「扶養」あるいは「補償」は、どのように理解されるべきだろうか。

【付録　財産分与に関する統計（司法統計年報・平成25年度より）】

第27表　「離婚」の調停成立又は調停に代わる審判事件数──財産分与の支払額別婚姻期間別──全家庭裁判所

婚姻期間	総数	うち財産分与の取決め有り								
		総数	100万円以下	200万円以下	400万円以下	600万円以下	1000万円以下	2000万円以下	2000万円を超える	算定不能	総額が決まらず・
総　数	26798	8260	2253	1005	1122	605	874	601	219	1581
6月未満	243	37	25	9	1	─	─	1	─	1
6月以上	700	96	59	18	10	─	3	2	1	3
1年以上	1992	278	186	39	21	5	4	4	─	19
2年以上	1899	359	203	65	38	7	7	4	─	35
3年以上	1682	364	208	61	37	9	3	6	1	39
4年以上	1624	340	162	70	36	16	10	6	3	37
5年以上	1390	339	129	53	49	22	15	14	3	54
6年以上	1301	318	135	40	41	24	12	9	5	52
7年以上	1110	292	111	40	34	25	25	10	2	45
8年以上	1058	322	108	46	46	14	32	18	3	55
9年以上	1016	298	83	47	39	19	34	10	2	64
10年以上	1040	334	87	41	60	27	29	18	3	69
11年以上	955	305	77	40	46	14	31	21	7	69
12年以上	850	284	71	41	39	15	28	16	4	70
13年以上	844	269	66	32	54	22	24	10	7	54
14年以上	801	275	53	36	37	26	26	22	4	71
15年以上	751	277	51	30	38	31	33	24	3	67
16年以上	685	252	56	31	36	22	34	15	3	55
17年以上	628	237	47	19	39	18	27	18	4	65
18年以上	572	236	48	27	29	30	30	21	2	49
19年以上	590	217	35	24	30	18	28	10	3	69
20年以上	1940	853	115	92	121	87	126	88	40	184
25年以上	3118	1674	136	104	239	154	313	254	119	355
不　詳	9	4	2	─	2	─	─	─	─	─

（注）「離婚」の調停成立又は調停に代わる審判事件とは，調停離婚，協議離婚届出の調停成立又は調停に代わる審判による審判離婚の事件をいう。

第4節 第1 763条～769条

第28表 「離婚」の調停成立又は調停に代わる審判事件のうち財産分与の取決め有りの件数――支払額別支払者及び支払内容別――全家庭裁判所

支払者内容	総数	100万円以下	200万円以下	400万円以下	600万円以下	1000万円以下	2000万円以下	2000万円を超える	総額が決まらず・算定不能
総　数	8260	2253	1005	1122	605	874	601	219	1581
支払者									
夫	7155	1894	849	983	532	798	558	208	1333
妻	1105	359	156	139	73	76	43	11	248
内　容									
金銭等	4878	1802	827	893	402	433	303	114	104
不動産	1805	63	63	137	132	315	198	56	841
動産・その他	783	334	56	19	12	7	1	―	354
金銭等・不動産	440	13	17	28	29	80	77	39	157
金銭等・動産他	209	34	40	39	22	10	5	2	57
不動産・動産他	96	6	2	2	3	20	11	4	48
金銭等・不動産・動産他	49	1	―	4	5	9	6	4	20

(注)「離婚」の調停成立又は調停に代わる審判事件とは，調停離婚，協議離婚届出の調停成立又は調停に代わる審判による審判離婚の事件をいう。

第29表 「離婚」の調停成立又は調停に代わる審判事件のうち請求すべき按分割合の取決めがあった件数――按分割合別――全家庭裁判所

	総数	50%	40%以上50%未満	30%以上40%未満	20%以上30%未満	10%以上20%未満	10%未満	申立てをしない旨の合意
件数	8361	8128	75	55	16	8	―	79

(注)「離婚」の調停成立又は調停に代わる審判事件とは，調停離婚，協議離婚届出の調停成立又は調停に代わる審判による審判離婚の事件をいう。

この点に関しては，端的に，一種の扶養義務がある，と考えるべきだろう。ただし，この義務は当然には高い程度の義務ではない。また，これを親族扶養とのアナロジーによって説明するのか，それともそれ以外の考え方によって説明するのか，という問題は，なお残されている。

実は，この点は，扶養の根拠になる「親族」とは何か，という根本問題に連なる。ここでは問題点を指摘するにとどめ，立ち入った検討は扶養の検討の際に行うことにしたい。ただ，検討の素材として，一つの判決（ヤマギシ会脱会に関する最判平成16・11・5民集58巻8号1997頁）と一つの論文（瀧川裕英「家族・友人・国家（1-2・完）」法学雑誌54巻1号，55巻2号〔2007〕を掲げておきたい。なお，大村「民法における『ともだち』」加藤一郎追悼・変動する日本社会と法〔有斐閣，2011〕も参照）。

VI 補　論

1 慰謝料請求の当否

(1) 離婚という事実　財産分与の要素として，清算・扶養のほかに賠償が挙げられることがあるが，このことからもわかるように，離婚には損害賠償が伴うと考えられてきた。これは有責主義の下では，当然のこととも言える。たとえば，不貞を理由に離婚したという場合，貞操義務違反（有責行為）は離婚という効果とともに，損害賠償請求権をもたらすというわけである。では，有責原因によらない離婚の場合にはどうなるか。この場合にも，要件（離婚原因）における有責性と効果における有責性を区別し，実質的に見て破綻をもたらした者は慰謝料（破綻慰謝料と呼ばれる）を支払わなければならないという考え方もある。

では，離婚による損害とは何かといえば，戦前には扶養が受けられなくなることが想定されていた。しかし，それは扶養料の問題であり損害賠償（慰謝料）の問題とは別の話である。財産的な問題は財産分与によって処理されるとなると，残るのは精神的な損害ということになる。しかし，離婚そのものにつき，一方当事者が他方当事者に対して精神的な損害を与えていると考えるのは難しいのではないか。そのため，離婚そのものにつき慰謝料を認めるべきではないとする見解が有力に主張されている。

(2) 個別の行為　もっとも，夫婦間においても不法行為は成り立ちうると考えるならば，個別の侵害行為について損害賠償請求権を認めることは可能である。たとえば，夫婦の一方が他方に対して暴力を行使した場合には，それ自体が不法行為となり損害賠償請求権を発生させるであろう。また，離婚そのも

のにつき慰謝料を認めるべきではないとしても、離婚交渉の態様が暴力的・侮蔑的である場合には、それ自体が不法行為となりうると考えるべきだろう。

ただし、夫婦間の不貞行為が（離婚原因となるのとは別に）不法行為になるか否かについては、ただちに以上と同様に考えることはできない。夫婦の双方に性的自由があり、婚姻はこれに対して双方的な制限を加えるものであると考えるならば、この問題は自己の自由を制約する約束を履行しなかった場合に、相手方に損害賠償請求権を認めるかという問題に帰着する。自由の制約を前提として締結された契約の解除は認められるが、損害賠償は認められないという考え方も成り立ちうるであろう。

2 離婚給付の実質化

(1) **履行の確保**　財産分与等の離婚給付は、その請求が認められるとしても、履行がなされなければ画餅に帰す。そこで履行をいかに確保するかが問題になる。外国には履行強制のために強力な手段を用意している例もあるが、日本においては特別な方策は講じられていない。ただし、家事審判法の改正に伴い、審判による場合には、家庭裁判所は権利者の申出により、義務の履行状況の調査および履行の勧告（家事289条）を行い、義務履行の命令（家事290条）を発することができることとされた。

(2) **定期金の給付**　離婚給付は一時金で支払われるのが普通であるが、定期金の方が合理的であるという考え方もある。その場合には、定期金債権の内容の変更につき規定を設けるとともに（子の監護費用につき、民766条3項参照）、扶養義務等に係る金銭債権についての強制執行の特例（民執167条の15・167条の16）の適用を及ぼすことが必要になろう。

第2　770条・771条：裁判離婚

> （裁判上の離婚）
> 第770条① 夫婦の一方は、次に掲げる場合に限り、離婚の訴えを提起することができる。
> 　一　配偶者に不貞な行為があったとき。
> 　二　配偶者から悪意で遺棄されたとき。
> 　三　配偶者の生死が3年以上明らかでないとき。
> 　四　配偶者が強度の精神病にかかり、回復の見込みがないとき。
> 　五　その他婚姻を継続し難い重大な事由があるとき。

> ② 裁判所は，前項第1号から第4号までに掲げる事由がある場合であっても，一切の事情を考慮して婚姻の継続を相当と認めるときは，離婚の請求を棄却することができる。
> （協議上の離婚の規定の準用）
> 第771条　第766条から第769条までの規定は，裁判上の離婚について準用する。

I　明治民法の離婚原因

1　はじめに

　明治民法制定以前においては，明治初期に，妻の側から，夫が離婚を承諾しない場合に裁判に訴えることが認められた（明治6年5月15日太政官布告162号）。夫の側からの離婚については，事実上，一方的な追出し離婚が可能であった（梅209頁は，「夫の三行半に由りて強ひて妻を放逐することを得しこと人の皆知る所なり」としている）。これに対して，明治民法は「此不権衡を改め夫婦孰れより離婚を求むるも他か之を承諾せさるときは常に法廷を煩はすへきものとし裁判所に於ては第813条に列挙したる事項の一あるに非されは敢て離婚を宣告することを得さるもの」とした（梅209頁）。現行770条は，この813条を修正したものであるが，やはり離婚原因を列挙する方式を踏襲している。

　もっとも，離婚原因として掲げられていたものは，現行法とは同じではなかった。さらに遡れば，明治民法の立法過程においては，離婚原因をどのように定めるかについても争いがあった。以下においては，まず，明治民法に採用された離婚原因・採用されなかった離婚原因から見ていくことにしたい。そのためには，明治民法の対応規定を掲げておいた方がよい。

　明治民法
　　第813条　夫婦ノ一方ハ左ノ場合ニ限リ離婚ノ訴ヲ提起スルコトヲ得
　　　一　配偶者カ重婚ヲ為シタルトキ
　　　二　妻カ姦通ヲ為シタルトキ
　　　三　夫カ姦淫罪ニ因リテ刑ニ処セラレタルトキ
　　　四　配偶者カ偽造，賄賂，猥褻，窃盗，強盗，詐欺取財，受寄財物費消，贓物ニ関スル罪若クハ刑法第175条第260条ニ掲ケタル罪ニ因リテ軽罪以上ノ刑ニ処セラレ又ハ其他ノ罪ニ因リテ重禁錮3年以上ノ刑ニ処セラレタルトキ
　　　五　配偶者ヨリ同居ニ堪ヘサル虐待又ハ重大ナル侮辱ヲ受ケタルト

キ
　六　配偶者ヨリ悪意ヲ以テ遺棄セラレタルトキ
　七　配偶者ノ直系尊属ヨリ虐待又ハ重大ナル侮辱ヲ受ケタルトキ
　八　配偶者カ自己ノ直系尊属ニ対シテ虐待ヲ為シ又ハ之ニ重大ナル侮辱ヲ加ヘタルトキ
　九　配偶者ノ生死カ3年以上分明ナラサルトキ
　十　壻養子縁組ノ場合ニ於テ離縁アリタルトキ又ハ養子カ家女ト婚姻ヲ為シタル場合ニ於テ離縁若クハ縁組ノ取消アリタルトキ

2　採用された離婚原因

(1) 重婚・不貞・姦淫罪　明民813条1号から3号の定める離婚原因であるが、このうち、重婚は旧民法（旧民人81条）にはなく、明治民法において追加されたものである。この追加につき、起草者の富井は、外国にも類例は少ないとしつつ、「併し是はどうも載せない理由はありませぬ」としている（富井・法典調査会六375頁）。もっとも、「姦通があれば夫れで充分である姦通の中には重婚が籠つて居ると云ふやうな考」がありうることは認めているが、重婚は「夫れ丈けで非常な侮辱」であり、また、「其事柄が甚だ証明し易い」ことが指摘されている（同頁）。現行770条ではこの規定は削除されているが、姦通（不貞）に関する規定があれば足りるということだろう（大正要綱ですでに削除されていた）。2号・3号は、姦通につき男女の間に差別があった時代の産物であるが、現行770条1項1号では男女平等化がはかられている。なお、「姦淫罪」は「有夫姦、強姦又は幼女姦淫の罪」（梅217頁）を指す。姦通（現行法では不貞）が「婚姻より生ずる第一の義務に背くものなるか故に之を以て離婚の原因と為すは固より当然なり」（梅216頁）という説明は、現行法にも引き継がれていると言える。

(2) 破廉恥罪　4号は「処刑」に関する規定であるが、この規定は「配偶者に取つては不名誉のことであります」（富井・法典調査会六376頁）と説明されている。ただし、処刑の範囲については議論があり、原案では「重禁錮1年以上」とされ、「既成法典（旧民法）よりも処刑の場合を広く見てあります」（富井・法典調査会六375頁）とされていた。最終的には、これとは異なり、「……ノ罪ニ因リテ軽罪以上ノ刑ニ処セラレ」るか「其他ノ罪ニ因リテ重禁錮3年以上ノ刑ニ処セラレ」た場合とされた。前者は「破廉恥罪」を網羅しようという趣旨であったが、「不名誉」という説明と実質的に符合する（梅218頁が「国事犯の如きは却て之を名誉とする者」もあるとしているのが興味深い）。なお、軽罪・重禁錮は当時の刑法の用語である（軽罪とは軽禁錮または罰金刑に処せられるもの、

重禁錮とは苦役あるものを指したようである。梅220頁)。これも現行770条では削除されている（やはり大正要綱で削除）。後に述べるような理由で，現行法では離婚原因の整理が図られたと思われるが，その過程で不要とされたのであろう。

(3) 虐待・侮辱　5号の虐待・侮辱は，ある意味では一般条項であった。法典調査会では，重婚も侮辱にあたるのではないかとの疑義が呈された（重岡・法典調査会六377頁）のに対して，富井は，「初め『虐待又は重大なる侮辱』と云ふことがあれば姦通も要るまい悪意の遺棄も要るまい大抵其中に籠るであらう」，しかし，「如何にも是は是非とも重大な侮辱に為らなければならぬと云ふことならば書て置けば宜しい」と答えている（富井・法典調査会六377頁）。現行770条から削除されているが，以上の説明も勘案するならば，他の一般条項（770条1項5号）が設けられた結果であると説明されることになろう。

(4) 悪意の遺棄・生死不明　6号・9号は現行770条1項2号・3号に引き継がれている。6号について，起草者は特に説明していない（旧民法と同じとしている）。後に，「同居義務の継続的不履行であつて，必ずしも扶養義務の不履行を伴ふを要せぬ」と説明されるようになる（穂積397頁。扶養義務のみの懈怠はむしろ虐待にあたるとされている。穂積397-398頁）。なお，ここでの「悪意」とは「今少しく道徳的の意味で，『さう云ふ結果を生ぜしめることを欲して』と云ふのである」とされている（穂積397頁）。9号については，失踪宣告に要する期間が長いので，これを短縮したとしている（伺，指令などによると，24, 25ヶ月経過で離婚できるとされていたという。富井・法典調査会六376頁）。

(5) 直系尊属との関係・離縁との関係　7号・8号・10号は，家の制度・観念とかかわるものであり，現行法では削除された。

3　採用されなかった離婚原因

(1) 精神病　明治民法の原案にはあったが採用されなかった離婚原因として，精神病（原案823条6号。「配偶者カ婚姻中3年間心神ヲ喪失シ本心ニ復スル望ナキトキ」）がある。この規定は，スイス婚姻法やドイツ民法第2草案に依拠したものであることが明示されているが，立案にあたっては「余程考へて見た事であります」（富井・法典調査会六376頁）とされている。「如何にも人情に悖つた事を法律が奨励するやうに為る」が，「3年以上精神を失つて居る精神上の幸福を得ることが出来なく為つて居るのにどうしても夫婦の生活をしなければならぬと云ふことは如何にも不都合である」し，「我邦に於ても全く例の無いことでもありませぬ」ということで，導入が提案された（富井・同頁）。

これに対しては，「単に精神上の交通の出来ぬことが他の一方の不愉快であ

るが為めに離婚をしなければならぬ」ということだと，同様の場合はいくらもある．廃疾はどうだ貧乏はどうだ，との批判がなされた（長谷川・法典調査会六378頁）．そして，「道徳上の害を来たし法律上の体面に於ても殊に日本の法律としては甚だ悪るい法律と思ひますから……削除するが宜しい」との提案（長谷川・同頁）に賛成意見が相次いだ（中村，南部）．梅は，外国にも例があるとして「日本の恥辱」ということにはならないとして原案を擁護したが，採決では削除説が半数に達し，議長裁決で削除説が採用された．現行770条1項4号はこれを復活させたものである．

(2) **不和** もう一つ，否決された案として，穂積陳重が原案とは別に提出した修正案がある．次のようなものである．

　　穂積修正案
　　一　第823条中「左ノ場合ニ限リ」を「左ノ場合ニ於テ」と改め同条
　　　　の次に左の一条を置くこと
　　第824条　前条ノ場合ノ外夫婦ノ一方ハ共同生活ニ堪ヘサル不和ヲ理
　　　　由トシテ離婚ノ訴ヲ提起スルコトヲ得此場合ニ於テハ裁判所ハ将来
　　　　和熟ノ望ナキモノト認メタルトキニ限リ離婚ノ宣告ヲ為スコトヲ得
　　　　（第2案）
　　一　第823条第4号の次に左の一号を加へ新たに第2項を置くこと
　　　　五　同居ニ堪ヘサル夫婦ノ不和
　　　　（第2項）前項第5号ノ場合ニ於テハ裁判所ハ将来夫婦間ニ和熟ノ望
　　　　ナキモノト認メタルトキニ限リ離婚ノ宣告ヲ為スコトヲ得

この修正案には商事法務版で4頁にわたる理由が付されており，さらに穂積は法典調査会でも詳しい趣旨説明を行っている．その骨子は，「制限離婚主義」は「婚姻の本質に反せり」「徳義に反せり」「不当に人の自由を侵害す」（「理由」法典調査会六382-383頁）という点にあった．また，「制限離婚主義」をもって「国家の体面を保つ可しとするは誤れり」（同384頁）とも言われている．穂積はさらに，「諸国の法律の改正は概ね皆離婚の範囲を拡むるにあるを観れば離婚法将来の進化は自由主義に傾嚮するを知ること蓋し難きに非ざるなり」（「理由」・法典調査会六384頁）と述べ，「一片の届書三行半の去状を以て直ちに離婚を認める」「自由離婚」には反対しつつも，「協議離婚主義と裁判上の自由離婚主義を併用せんことを切望する」としている（「理由」法典調査会六384-385頁）．なお，穂積は，制限離婚主義の弊害として，「野合」「私生児」「姦通」が増加することなども指摘しており（「理由」法典調査会六383頁），「仏蘭西や何に

かでも妻たる者の徳義と云ふものは余り評判が宜くない」(穂積・法典調査会六389頁)としている。

これに対しては若干の質疑が交わされたものの,「大分長い間待つて居りましたが別に賛成の声も聞こえませぬ」(箕作・法典調査会六391頁)ということで,採決の対象ともならなかった。

II　大正要綱から現行法へ

1　規定の変遷

しかし,「制限離婚主義から自由離婚主義へ」という穂積陳重の「進化」論は,穂積の息子・重遠が原案起草を担当した大正改正要綱において復活を見る。次のような提案がなされたのである。

　　第16　離婚の原因及び子の監護
　　　一　離婚の原因は大体に於て左の如く定むること
　　　　(一)　妻に不貞の行為ありたること
　　　　(二)　夫が著しく不行跡なるとき
　　　　(三)　配偶者より甚しく不当の待遇を受けたるとき
　　　　(四)　配偶者が自己の直系尊属に対して甚しく不当の待遇を為し又は
　　　　　　　配偶者の直系尊属より甚しく不当の待遇を受けたるとき
　　　　(五)　配偶者の生死が3年以上分明ならざるとき
　　　　(六)　其他婚姻関係を継続し難き重大なる事情存するとき
　　　二　前項第1号乃至第5号の場合と雖も総ての関係を総合して婚姻関係の継続を相当と認むるときは離婚を為さしめざることを得るものとすること

以上のうちの一(六)が穂積修正案の系譜に連なるものだが,これは「離婚原因の列挙の数を少なくして例示の意味に止め,所謂『相対的離婚原因』を以て総括し」(穂積407頁)ようという構想に立つものである。さらに,穂積重遠は,自身の立法論として,次のような提案をしていた。

　　穂積改正私案
　　　夫婦の一方は左の場合に離婚の訴を提起することを得。
　　　一　配偶者が重婚を為したるとき。
　　　二　配偶者が姦通を為したるとき。
　　　三　配偶者より悪意を以て遺棄せられたるとき。

四　配偶者の生死が３年以上分明ならざるとき。
　　五　其他婚姻を継続し難き重大なる事情あるとき。
　（2項略）

　以上の穂積改正私案が，現行770条に酷似していることは明らかであろう。現行法はこの案の延長線上に立法されたわけである。その結果，「旧法の4号，5号，7号，8号は，すべてのこの包括的離婚原因に入る。……以上述べた如く，新法の離婚原因は，旧法より数において少ないけれども，その包括する範囲ははるかに広くなったといってよい」（中川『新民法の指標と立案経過の点描』72頁）こととなった。

2　判例の展開

　(1)　**破綻認定の客観化**　　欧米の離婚法は，離婚に対しては制限的な態度をとってきた。しかし，1960年代から70年代には，離婚自由化の大きな流れが生ずる。これは一般には「有責主義から破綻主義へ」の移行という形で理解されている。このような理解には留保が必要ではあるが（大村『法源・解釈・民法学』〔有斐閣，1995〕），破綻主義へのシフトが生じたこと自体は確かであると言える。すなわち，婚姻関係が破綻している以上，有責原因がなくとも離婚は可能であるという考え方が，程度の差はあれ，各国で導入されるようになったのである。

　これに伴い，現行770条を破綻主義的に理解する試みがなされるようになる。すなわち，770条1項5号は「破綻」（不和）を要件とするものであり，1項1号〜4号はその例示にすぎず，本来は不要な規定である，という理解である（これには反対もあった。我妻。最近では，大村）。さらに，外国法の動向を参照しつつ，破綻は客観的に認定されるべきであり，具体的には別居年数によるべきであるとの立法論が説かれるようになる。

　(2)　**有責配偶者の離婚請求**　　もっとも，現行770条1項5号が破綻主義的離婚原因を定めるとしても，破綻原因を自らもたらした有責配偶者の離婚請求までをも認めるか否かは争いのあるところであった（これをも認める考え方を積極的破綻主義，これは認めない考え方を消極的破綻主義と呼ぶ）。

　判例は，当初は消極的破綻主義を採っていた。いわゆる「踏んだり蹴ったり判決」（最判昭和27年2月19日民集6巻2号110頁）がそれである。この判例は，破綻後の不貞は離婚請求を排斥する理由にはならないとする判例によって緩和されたものの（最判昭和46年5月21日民集25巻3号408頁），その後も基本的に

は維持された。しかし，1980年代後半になって，判例変更がなされる。すなわち，最高裁は，信義則を援用しつつ，別居が年齢および同居期間との対比において相当長期間に及ぶこと，未成熟子が存在しないこと，相手方配偶者が離婚によって極めて過酷な状態に置かれることがないことを要件（いわゆる「3要件」）として，有責配偶者の離婚請求を認容する態度に転じたのである（最大判昭和62年9月2日民集41巻6号1423頁）。

III　1996年要綱とその先へ

1　判例の明文化

1987（昭和62）年の大法廷判決においては，別居期間は30年以上に及んでいた。しかし，その後の判例においてはこの期間は徐々に短くなり，8～11年あたりを境とするようになった。他方，いわゆる3要件以外の事情を勘案するものも散見されるようになった（以上につき，大村「本件評釈」法協111巻6号〔1994〕893頁を参照）。

こうした事情に鑑み，1996年要綱は次のような規定を置くに至った。

> 第7　裁判上の離婚
> 　一　夫婦の一方は，次に掲げる場合に限り，離婚の訴えを提起することができるものとする。ただし，（ア）又は（イ）に掲げる場合については，婚姻関係が回復の見込みのない破綻に至っていないときは，この限りでないものとする。
> 　　（ア）　配偶者に不貞な行為があったとき。
> 　　（イ）　配偶者から悪意で遺棄されたとき。
> 　　（ウ）　配偶者の生死が3年以上明らかでないとき。
> 　　（エ）　夫婦が5年以上継続して婚姻の本旨に反する別居をしているとき。
> 　　（オ）　（ウ），（エ）のほか，婚姻関係が破綻して回復の見込みがないとき。
> 　二　裁判所は，一の場合であっても，離婚が配偶者又は子に著しい生活の困窮又は耐え難い苦痛をもたらすときは，離婚の請求を棄却することができるものとする。（エ）又は（オ）の場合において，離婚の請求をしている者が配偶者に対する協力及び扶助を著しく怠っていることによりその請求が信義に反すると認められるときも同様とするものとする。

以上からわかるように，1996年要綱は，一方で，別居5年で破綻を認定す

ることを明示するとともに，①離婚が配偶者または子に著しい生活の困窮または耐え難い苦痛をもたらすとき，②（エ）または（オ）の場合において，離婚の請求をしている者が配偶者に対する協力および扶助を著しく怠っていることによりその請求が信義に反すると認められるときには，離婚請求を棄却しうるとした。なお，従来の2項はなくなってしまったようにも見えるが，1項5号があれば2項は不要との意見もあったことに鑑み，2項は，上記の①②に関する特別な規定として整理されたことになろう。

2 精神病離婚の削除

1996年要綱では，精神病離婚の規定が削除されている。このことは，精神病離婚を認めない態度に転じたことを意味しない。「婚姻関係が破綻して回復の見込みがないとき」の中で判断すれば足りる，ということである。

この点については，穂積は次のように述べていた。「配偶者が精神病になつたからと云つてそれを見捨てるのは不道徳不人情である。気の狂つた夫を終生看護する妻は貞女の亀鑑であり，妻が精神病になつたのを一生面倒を見る夫は理想の良人に違ひないが，さう云ふ積極的の善行を法律で強制すべきではあるまい」。「しかし又相手方が精神病になつたならば離婚してもよいと云ふことを法律の明文に書くのは，聊か露骨殺風景の嫌もあり，なほ其他にも離婚を許すを適当とする場合がないとは云へず，算へ立てると際限がないから，そこで後述『相対的離婚原因』の問題を生ずる」（穂積402-403頁）と。

確かに，精神病離婚を認めるにはひとたびは明文の規定を置くことが必要であったと言える。しかし，今日のように，そのことが明らかになった以上は，「露骨殺風景」を避けようというのが1996年要綱の立場であったと言えるだろう。また，政治的には，精神病者の差別を避けよ，という議論が作用していたこともまた確かであろう。

3 虐待・侮辱の復活？

現行770条は明民813条5号にあった虐待・侮辱を削除した。ここでもまた，虐待・侮辱による離婚を認めないことにしたわけではない。すでに見たように，770条1項5号による対応が可能だから，というのがその理由であろう。

しかし，近年の状況を考えるならば，虐待を再び離婚原因に掲げることには一定の意味があると言うべきだろう。夫婦間の虐待行為・暴力行為が増えているからである。

フランスでは，最近の民法改正によって，夫婦の義務に「尊重（respect）」

が追加されたが，これは，相互の尊重を害する行為として暴力行為を位置づけるためではないかと思われる。日本法においても，同様の規定を置くことは考えられないではない。

さらに，次のように言うこともできる。今日においては，侮辱こそが重要な離婚原因であるのではないか。今日，夫婦間における貞操（性的な関係）や扶養（経済的な関係）の意味は相対的に小さくなりつつある。その反面で，尊重（精神的な関係）のウエイトが増大しつつある。そうだとすれば，侮辱は改めて離婚原因に掲げるに値するのではないか。

かつて，婚姻においては「名誉」（＝家の名誉）が重要であった。貞操もまた名誉によって説明された。その後，「肉体」や「財産」が重要な時代を経て，再び「名誉」が重要になりつつある。もっとも，ここでの「名誉」とは，「個人の尊厳」にほかならない。「尊重」という言葉はこのことを表すのである。

Ⅳ 裁判離婚の効果・手続

現行771条は，協議離婚の効果は裁判離婚にも準用している。この点については，特に述べることはない。ただ，手続上の問題に留意する必要がある。すなわち，子の監護のための処分（民766条）や財産分与（民768条），あるいは夫婦の年金につき，離婚訴訟の中でどのような扱いをするかが問題になる。この点については，人事訴訟法32条に「附帯処分」に関する規定が置かれたことが重要であることのみを指摘しておくにとどめる。

第3 補 論

Ⅰ その他の離婚

離婚には，民法が定める協議離婚（民763条）・裁判離婚（民770条）のほかに，手続法の定めるものとして，調停・審判による離婚（家事244条・284条），和解（あるいは請求の認諾）による離婚（人訴37条）がある。これらの離婚の法的性質については議論がありうるが，手続に着目する限り，合計5種類（あるいは6種類）の離婚が存在するということができる。

統計（厚生労働省）によると，2014年には，協議離婚が87.4％，その他の離婚が12.6％となっており，その他の離婚の内訳は調停9.8％，和解1.5％，判決1.0％となっている（審判・認諾によるものはごく少数）。

II　DVへの対応

1　DVの実状

　ドメスティック・ヴァイオレンス（DV）について初めての調査がなされたのは1992年のことだという。その後，1997年ごろからは世論の関心も高まり，2001年には「配偶者からの暴力の防止及び被害者の保護等に関する法律」（通称DV防止法）が制定されるに至った。なお，同法にいう「配偶者からの暴力」とは配偶者（離婚後も含む）からの「身体に対する暴力……又はこれに準ずる心身に有害な影響を及ぼす言動」を指し（同1条1項），「配偶者」には，「婚姻の届出をしていないが事実上婚姻関係と同様の事情にある者」が含まれる（同3項）。

　同法はその後も定期的な見直しを経て改正されているが，DV件数の増加傾向には歯止めがかからない。統計（内閣府）によれば，配偶者暴力支援センターへの相談件数は約3万5000件（2002年）から約10万件（2013年）に，警察等の対応件数は約3600件（2001年）から約5万件（2013年）に，それぞれ増加している。もっとも，これが実数の増加によるのか認知件数の増加によるのかについては検討を要するところである。

2　実体的な対応

　(1)　**接近の制限**　　DV防止法の定める保護の中心をなすのは，保護命令である（同10条）。その内容は被害者への接近を制限することにある。具体的には，裁判所は被害者の申立てにより，6ヶ月に限り被害者の住所その他の場所におけるつきまといや通常所在する場所付近のはいかいの禁止，2ヶ月に限り被害者と共に生活の本拠としている住居からの退去（および住居付近のはいかい禁止）などを命ずることができる。命令違反には刑罰が科される（同29条）。

　保護命令に関しては再度の申立てが可能であるが，住居からの退去に関しては「当該命令を発することにより当該配偶者の生活に特に著しい支障を生ずると認めるときは，当該命令を発しないことができる」（同18条1項ただし書）とされている。当該住居が加害者の所有に属する場合には，退去命令は所有権の制限にあたるので一定の制限を設けざるをえないということだろう。

　なお，DV防止法の下では，未成年子への接近を制限することもできるが（同10条3項），6ヶ月を超えて同様の措置が必要な場合には，再度の保護命令によるのではなく，まずは監護に関する処分として面会禁止を命ずるべきだろう（民766条3項参照）。

(2) 金銭的な補償　　他方，被害者が被る金銭的な損害については，特別な規定は設けられていない。もちろん，つきまといなどに対して不法行為として損害賠償の請求を行うことは可能であるが，実効的とはいえない。損害賠償請求のための特別な手続を定めることも一考に値する。

3　手続的な対応——相手方代理人の選任

DV被害者は，婚姻や親子関係につき相手方との間で交渉を行うことが難しい。この難点を解消するためには，相手方に代理人がいることが望ましい。具体的には，被害者との関係に関する限り「精神上の障害により事理を弁識する能力が不十分」であるのに準ずる状況にあると考えて，裁判所が，対象事項を限定した上で一時的な代理人を選任することができるとする制度を設けることが考えられる。もっとも，事前に相手方本人に代理人選任の機会を与えることが前提となろう。

Ⅲ　別　　居

1　判例における別居

現行法には「別居」に関する特別な規定は置かれていない。しかし，判例や家裁実務は，別居に一定の法的な効果を結びつけてきた。

まず，別居後の夫婦には，嫡出推定は及ばなくなる（推定の及ばない嫡出子）。また，有責配偶者の離婚請求は原則として認めないという判例法が確立しているが（前掲最大判昭和62年9月2日），このルールの下でも，婚姻関係が破綻した後に第三者と性関係を持っても，その者は「有責配偶者」にあたらないとされている。このことは，一定期間の別居は貞操義務を免除することを意味している。

上記の判例（昭和62年判決）は，相当長期にわたる別居があれば，有責配偶者の離婚請求であっても認めることができるとしている。これを受けて，1996年の婚姻法改正案は，「5年以上の別居」を離婚原因に付け加えることを提案していた。その後の裁判例を見ても，7，8年の別居で，有責配偶者の離婚請求を認めたものがある。こうして見ると，一定期間の別居は，事実上の離婚原因とされるに至っていると言うことができる。

また，別居状態にある夫婦には，婚姻費用分担義務はなくなり，残るのは扶養義務のみであるとする見解もある（大村）。もっとも，家裁実務は別居をしても夫婦間の婚姻費用分担義務はなくならないと考えている。その上で，請求できる額の算出につき簡易な計算表などを用いて，請求者の便宜をはかってい

る。

　さらに，現行法の下では，別居していても，父母が子どもに対して共同で親権を行使するという状態は変わらない。そのため，夫婦の一方から他方が子を連れ去ったという場合，相手方の下で暮らすことが子の福祉に反することが明白でない限り，相手方に対する引渡請求は認められない。しかし，別居が離婚に準ずるもの，離婚に先立つものであることを直視するならば，子どもに対する法律関係も離婚後と同視することが考えられてもよい。現行法を前提にするならば，別居中の子についても親権者・監護権者を決定するということが考えられる。

2　立法論としての別居

　以上のように，別居の準離婚性・前離婚性を直視し，これに対する対応を強化しようとするならば，あわせて，別居の有無を確定する仕組みを整備することも必要となろう。フランス法が認める法定別居（séparation de corps）は一つの参考になるが，より簡便に，しかし，確実な形で別居を認定する仕組みも考えられる。具体的には，裁判所の関与を求めるのではなく，行政庁（市区町村）の認定によるというのがありうる一つの方法と言えよう。この場合には，住民登録と関連づけて別居を認定することになるが，現行の社会保障実務なども参考の上に，制度を構築することになろう。

第2部　親子関係の成立をめぐる諸問題

小　序——テクストの読み方と親子法の構成

　引き続き，民法典の親族編を読み進める。もっとも，重点の置き方は一律ではない。たとえば，第1部の対象である「総則（実は親族）」と「婚姻」に関しては，明治民法（1898年民法）から現行民法（1947年改正民法）へのテクストの変遷がかなり大きな意味を持っていた。これに対して，第2部においては47年改正はさほど大きな意味を持たない。実親子法にせよ養親子法にせよ，明治民法が立脚する考え方を読み解くことが中心となる。現在の問題を論ずるにあたっても，このような基本的な理解がもたらす示唆を引き出すことが中心的な課題となる。

　本書で親子法とは，民法親族編の第3章「親子」の章を指す。もちろん，親子に関する実定法はこの部分に限られるわけではない。民法に限っても，親子の効果を定める主要な規定は「親子」の章の外に置かれている。「親子」の章に置かれている規定のほとんどは，親子関係の成立（そして，養親子の場合にはその解消）に関するものである。

　親子関係の成立については，それが実親子であるか養親子であるかによって，規律は大きく異なる。それゆえ，「親子」の章も「実子」と「養子」とに分けられている。本書は，基本的には条文の順序に従って進められるので，この分け方が基本的な軸となる。

　ところで最近では，生殖補助医療による親子関係が問題になることが増えているが，これをどのように位置づけるべきかは，それ自体が大きな問題である。本書では，生殖補助医療による親子関係は，実親子・養親子の関連の箇所で言及する。もちろん，少なくとも現時点において，この新しい親子関係については，まとまった実定法が存在しないということもその理由の一つではある。しかし，この親子関係を，実親子・養親子とは異なる第三のカテゴリーとしてとらえるべきではない，というのが主たる理由である。

第3章 親　　子

第1節　実　　子

第1　772条：嫡出の推定

> （嫡出の推定）
> 第772条① 妻が婚姻中に懐胎した子は，夫の子と推定する。
> ② 婚姻の成立の日から200日を経過した後又は婚姻の解消若しくは取消しの日から300日以内に生まれた子は，婚姻中に懐胎したものと推定する。

I　序

　実親子法には，3種の規定が配置されている。嫡出の親子関係の成立に関する規定（772条-778条），非嫡出の親子関係に関する規定（779条-789条），そして，子の氏に関する規定（790条・791条）である。

　このうち，嫡出親子関係の成立に関する規定は，嫡出推定に関する772条を要として嫡出否認の訴えに関する774条がこれを補完する形で，一つのシステムをつくっている。これに対して，非嫡出親子関係の成立に関する規定は，任意認知（779条-786条）・強制認知（787条）の二本立てになっているが，そのほかに，認知の効果に関する規定（子の監護に関する788条，準正に関する789条）も設けられている。子の氏に関する規定は，嫡出・非嫡出の双方に関する規定がまとめて置かれている。

II　規定の表層

1　嫡出の推定

(1) 嫡出の意味　民法772条には，「嫡出」という言葉は用いられていない。この言葉が現れるのは774条以降においてであり，774条は「夫は，子が嫡出であることを否認することができる」と定めている。また，776条においては，「夫は，子の出生後において，その嫡出であることを承認したときは，その否認権を失う」と定めている。これらの規定から窺われるように，「嫡出である」とは，「夫の子であること」，すなわち「婚姻中の男女の間にできた

（懐胎された）子」を意味する。

「嫡」は「正妻」を意味し（「商」は中心を意味し，夫が中心的にむかう女性ということ），その産んだ子をも意味する。かつては「嫡親子」と同じ意味で「正親子」という表現も用いられていたようである（磯部342-343頁）。これに対するのが，正妻ではない女性が産んだ子（庶出）であり，婚姻外で生まれた子（私出）である。なお，明治民法においては，庶子と私生子とは法律用語として使い分けられていたが，これについては後に述べる（⇒第4Ⅰ）。

(2) **嫡出の要件**　では，ある子Aが嫡出であること（母Bの夫Cの子であること）は，どのようにして確定されるだろうか。次の四つの要件を満たすことが必要である。①子Aが母Bの産んだ子であること，②母Bが婚姻していること，③母Bの懐胎が婚姻中に生じたこと，④母Bの懐胎の原因が夫Cにあること，である。

このうち，①と②とは直接の証明が可能である。すなわち，①は医師・助産師などの証明書によって証明できるし（ただし，厳密には問題がある），②は戸籍によって公証されているからである。

(3) **推定の対象**　これに対して，③と④は直接の証明が極めて困難である。明治民法の起草者の一人・梅謙次郎は「子か果して何れの時に何れの男女より胚胎せしかは直接には之を知ること能はさる所なり」としていた（梅239頁）。そこで，民法772条は，まず，誰が子どもの父であるのかを推定（1項。父性の推定＝④に対応）した上で，さらに，母が懐胎したのはいつかを推定（2項。懐胎時期の推定＝③に対応）している。

このうち，父性の推定は，婚姻中の懐胎によって基礎づけられる（772条1項）。一般には，母が婚姻中に懐胎すれば，その子の父は夫である蓋然性が高いと説明されている（梅240頁は「妻は有夫姦を犯すことなきに非すと雖も是れ幸にして例外中の例外」と述べている）。

婚姻中の懐胎は，直接の証明の対象とならないわけではないが，一般には，子の出生時から推定される（同2項）。このように，二つの推定規定があることにより，妻の婚姻期間と子の出生時とから，その子が嫡出であるかどうかが推定されるか否かが決まることになる。すなわち，「婚姻成立から200日を経過した後」（α時）「婚姻の解消若しくは取消しの日から300日以内」（β時）に生まれた子は，婚姻中に懐胎されたと推定される結果，夫の子であると推定されることになるわけである。

2 懐胎時期の推定

(1) 計算の根拠 772条2項は，懐胎時期を推定する規定を置いている。すなわち，上記のように，α時からβ時までの間に生まれた子は，婚姻中に懐胎されたものと推定している。では，このα時・β時はどのように定められたのか。

本条を担当した富井政章は，諸外国の例を挙げて「仏蘭西民法に倣つて拵へた民法は大抵180日から300日迄を懐胎期と定めて居ります……墺太利は……180日から300日迄独逸の普通法も同じことであります。普漏西は210日より300日，索遜は180日より300日まで，独逸民法第一読会草案は……181日より302日まで……如斯立法例は区々になつて居ります」（富井・法典調査会六491頁）としている。その上で「素人判断に依つて極めることをせずして医科大学に照会して教授会を開いて充分に討議して貰つた」（富井・法典調査会六492頁）という。その結果が，現在の規定である。

立法例は「区々」というほどではなく，多くの例に従って，α時＝180日，β時＝300日にしてもよかったように思われる。むしろ，最初から，この問題は医科大学に任せようという判断があったのではないかと思われる。ある種の科学主義（科学的権威主義）の現れというべきかもしれない。

(2) 今日的な妥当性 ところで，α時＝200日，β時＝300日は，今日においても妥当性を持つだろうか。当時，医科大学は，α時の方により自信を持っていたようである。富井が引用する濱田教授（おそらく濱田玄達教授。東京大学医学部産婦人科の第2代教授）の説明によると，「30週以下で生育し得べき子の生れたのは一つもない」ので「多数の立法例は180日と為つて居るに拘はらず200日と極めて差支ない」ということだったという（富井・法典調査会六492頁）。

しかし，α時＝200日には，二つの問題がある。

一つは，婚姻の届出が遅れた場合をどう処理するか，という問題である。この点は富井も意識しており，「一旦は『夫婦同居の初の日より』と書て見」たという。しかし，それでは，同居開始日を証明しなければならないことになるということで，これを断念している（富井・法典調査会六493-494頁）。そして，「此法律が出れば追々に其日に戸籍吏に届出づると云ふことに為つて来るだらうと思ひます，又どうしてもさう為らぬと困る」（富井・法典調査会六494頁）としている。ただし，「自然少し考のある者は，さう怠らずに可成其日に届出ると云ふことに為らうと思ひます，けれども実際は殊に下等社会抔は皆其日に必ず届出ると云ふことは或は望むべからざる事であらうかと思ふ丈けが気遣ひ

である」(富井・同頁) とも述べているが,「別に斯うするが宜しいと云ふ慥か な策もない」(富井・同頁) としている。富井の「気遣ひ」はまさに現実の問題 となるのだが,この点については後述する。

もう一つは,産科医療の進歩をどう考えるか,という問題である。百科事典 によると,「早期に妊娠が中絶する場合」のうち「胎児の母体外生活が可能な 時期のものを早産といい,不可能な時期のものは流産という」。かつては妊娠 第29週から第38週までの分娩を早産としていたが,周産期医学の進歩に伴い, 日本産科婦人科学会では「現在,妊娠第24週以後第37週未満の分娩を早産と している」(日本大百科全書) とされている。つまり,現在では,妊娠24週= 168日でも生存可能性があるということである。この点を考慮するならば,α 時=200日は見直しを要するというべきだろう。

(3) **中間的な処理の試み**　　β時の方はどうかと言うと,富井は「300日を 超ゆる例は随分あります。材料も少し集めて貰ひました」(富井・法典調査会六 492頁) と述べている。その「材料」によると,「665人の内300日以上を経て 分娩をした子が13人……其内320日を経て分娩した者が7名,1プロセント 強」であったという (富井・同頁)。しかし,これに対しては,「万一の場合に 嫡出子たるべき者が嫡出子と為らないと云ふことを別に防ぐ方法さへ設ければ 矢張り短く300日に限つた方が宜からう」と判断された (富井・同頁)。

実は,この「方法」として,現行772条に相当する原案819条には,第3項 として次のような規定が置かれていた。

> 原案
> 　第819条③　婚姻成立ノ日ヨリ180日後199日内又ハ婚姻ノ解消若シ クハ取消ノ日ヨリ301日後320日内ニ生マレタ子ハ医師ノ鑑定ニ依 リ其発育ノ程度カ経過日数ニ適合スルコトヲ証明セラレタルトキニ 限リ婚姻中ニ懐胎シタモノト推定ス

この案に対しては,「他の証明を俟たずして即ち法律に於てさう推定すると 云ふことが推定の本質であらう……其処で『証明』と云ふことと『推定』と云 ふことが衝突をしはしないか」(高木豊三・法典調査会六497頁) という疑義が呈 された。さしあたり,富井は「第2項の期間外に生れた者と雖も是丈けの条件 が備つて居れば矢張り第2項の利益を与へると云ふ丈けの規定」であると応じ た (同・法典調査会六498頁)。しかし,この規定は,整理の段階で,結局は削 除されることとなった。「医者の鑑定で証明せられたと云ふものに依て推定を 下すと云ふやうな風の事柄を細かく設くる」のではなく,「医者の鑑定其他の

証拠に任せて実際の問題に致す方が却て宜からう」（穂積・整理会435頁）というのが，その理由である。

つまり，懐胎時期の直接の証明に委ねるというわけである。この点は，別の形で今日的な問題に結びつくが，これも後述するところに譲る（⇒V）。

(4) **現代語化の影響** 　最後に一点だけ，細かな問題に触れておく。それは，2004年の民法現代語化により，772条2項の意味が少しだけ変わってしまったのではないかということである。明治民法の表現は，「200日後」「300日内」であった。1947年改正の際に「200日後」「300日以内」に改められたが，意味は変わらない。ところが，04年改正によって，「200日後」は「200日を経過した後」に改められた。「200日を経過した後」は「201日以後」を意味するが，「200日後」は「200日以後」を意味したと思われるので，1日のずれが生じたことになる。

なお，この点を明示的に示す明治期の文献は少ないが，奥田244-245頁には「第200日目の午前1時以後に於て出生したるものは本条の推定を受く……婚姻の成立後199日以内に於て生まれたる子は夫は如何なる場合に於ても之を否認することを妨けす」としている。戦後では，たとえば，我妻216頁は「成立の日を除き，200日は推定に入る」と明言している。また，1996年の改正要綱が再婚禁止期間を100日に短縮したのも，「200日以後」を前提としてのことであった。

婚姻後200日目に推定が及ばなくなった結果，04年改正後は再婚禁止期間は99日で足りることになる。ただし，1996年改正要綱は100日の起算日に初日を算入することによって，この問題に対応したようである（大村137頁）。

III　規定の深層

1　推定の効果

(1) **反証の可能性**　772条1項は「夫の子である」と推定する。同2項は「婚姻中に懐胎したもの」と推定する。これらは，少なくとも文言上は推定規定である。したがって，反証によって推定を覆すことが可能なはずである。では，実際には，何を証明すれば，推定が覆るだろうか。

まず，1項の場合には，「夫の子でない」ことを証明することになる。かつては，この証明は間接的にしかなしえなかった。すなわち，①夫婦間に性関係が存在しないことが明白な場合（夫の長期不在の場合や事故等による性的不能の場合）に限られた。実は，フランス民法典の原始規定（原312条）が反証を認めていたのはこの二つの場合に限られていたが（梅243頁もこの二つと類似した例

を挙げる——二つ目は事故ではなく重病だが），今日ではこの制限はなくなっている（大村「『家族』と〈famille〉」同『消費者・家族と法』〔東京大学出版会，1999〕222頁）。これ以外に考えられるのは，②懐胎可能期間における妻の不貞が証明された場合である（梅243頁は「殊に妻に情夫ありたる場合に於ては本条第1項の推定の反証を挙くること容易なるへし」とする）。

では，妻に不貞があれば，常に反証がなされたことになるのか。明治民法の起草者はそう考えていたようにも思われるが，後の学説はこれを否定している。たとえば，穂積は次のように述べている。「妻が姦通したと云ふだけでは否認の理由にならない。即ち其子が他人の胤であり得ることが証明されただけでは不充分であつて，其子が自己の胤であり得ぬことが証明されねばならぬ」（穂積426頁）。この証明は極めて困難であるが，「妻の姦通あり且つ其懐胎を隠蔽し且つ全懐胎中の同居の無形的不能ありし場合」には反証ありとする立法例を紹介する学説もあった（奥田249頁）。

その後，③血液型等によって生物学的親子関係の不存在の証明された場合が付け加わった。このことによって，必ずしも①の場合に限らず，反証は可能になったが，その反面で，不貞があっても，血液型が反致しないならば，反証がなされたとは言えなくなったのである（我妻219頁参照）。さらに，今日では，より精度の高いDNA鑑定が用いられるようになっている。

次に，2項の場合には，医師の鑑定によることになる。たとえば，婚姻後200日で生まれたとしても，子どもの発育状態からして250日以上は胎内にあったと認められた場合には，推定は覆る。婚姻解消後290日で生まれたとしても，発育は250日以下とされた場合も，同様である（梅243頁）。これらの場合に推定が覆ると，子の側としては，「胚胎の当時其母か父と同棲して他の男子と関係あらさりしことを証明するに非されは其子は夫の子に非さるものと看做すへ」きであるとされている（梅同頁）。

(2) **反証の不在・不能**　以上のように，推定は反証によって覆りうる。しかし，実際には，反証がなされないことも多い。また，後に説明するように，反証にはいくつかの手続的な制限が課されており，これによって反証が許されなくなることもある。

反証がなされない状態が続き，ついに反証が不能になった場合には，父子関係は確定することになる。具体的には，嫡出推定を覆すには，夫が（774条），嫡出否認の訴えを提起することが必要であるが（775条），この訴権は，嫡出の承認（776条）により，また，子の出生を知った後1年の経過（777条）により消滅する。したがって，少なくとも，1年の出訴期間が経過した後は，もはや

子の嫡出を争うことはできなくなる。

2 推定の意味

(1) 文言の変遷　以上のように見てくると，772条は，純粋な推定規定とは異なるものであることがわかる。確かに反証は可能ではある。しかし，その途は以前よりは広がっているとはいえ，非常に限られたものである。実際のところ，前述のように，1年という限られた期間内に嫡出否認の訴えを提起し反証に成功しない限り，夫は妻の産んだ子が自分の子ではないという主張を封じられることになる。これはほとんど「婚姻中に懐胎した子は夫の子とす」というのに等しい。

実は，旧民法人事編91条は，まさにこのように定めていたのである。しかも，否認権を認めつつも（旧民人100条以下。ただし，期間は原則として3ヶ月），このように定めていたのである。明治民法の起草者は，反証を許すのだから「推定す」でなければならない，フランス式に「子とす」とするのは「甚だ穏かでない」（富井・法典調査会六490頁）としている。しかし，限られた要件の下に反証を許すという条件付きで「子とす」というのが，フランス式の考え方であり，旧民法の規定も明治民法の規定も，その内容においてはこの考え方に立つものなのである。

このように文言が改められた背後には，政治的理由もあるように思われる。梅は，本条が反証を許すものであることを力説した後に，「故に本条の推定を以て極めて危険なるか如く主張する者なきに非すと雖も是れ未た本条の本義を解せさる者と謂ふへし」（梅243-244頁）と結んでいる。法典論争における非難に対して，（他人の子が自分の子になってしまうという）誤解を除こうということだったのだろう。

(2) 証拠か実体か　それでも，772条は「母子の分限（身分——大村注）を証する方法を設け，父子の分限は此母子の分限に基きて之を推定する」（磯部345頁）フランス式の考え方に立つものである。

確かにここでは，「推定」という言葉が示すように，問題は証明のレベルでとらえられている。しかし，婚姻の存在が，直ちにしかも原則として，父子関係の存在を推定させるのである。まさに，「婚姻中に懐胎したるの一事を嫡親子の関係の存在せる証拠とし」（奥田・旧290頁）たわけである。

しかし，以上の事情はフランス法においても同様である。フランス法においては，一方で，婚姻の存在を父子関係の証拠方法としつつ（旧民法もまた「親子ノ分限ノ証拠」という節〔人事編6章1節〕に嫡出推定に関する規定を置いていた），

同時に他方で，「*Pater is est quem nuptiae demonstrant*＝父は婚姻が示すものなり」という法格言に依拠し「婚姻中に懐胎された子は夫を父とする」と定めているのである。

日本の法律家は，このようなフランス法の態度にある種のとまどいを感じる。いったい，嫡出推定は証拠の問題なのか実体の問題なのか（たとえば，伊藤昌司教授は証拠の問題なのだと強調し，水野紀子教授が実体の問題であるかのごとくに考えていると難じている）。しかし，筆者には，このような問い自体が，日本的な偏差を帯びているように思われる。フランス法においては，親子法は様々な訴権によって構成されているが，そこでの訴権は，他の場合と同様に，手続・実体の融合したもの（分離していないもの）としてとらえられていると見るべきではないか。

Ⅳ 規定の変性

1 推定されない嫡出子

(1) **由来** 772条によれば，「婚姻の成立の日から200日を経過」（同2項）するまでに生まれた子は，婚姻中に懐胎したものと推定されない。すなわち，その子の生物学上の父が夫であるとしても，772条は適用されない。

もっとも，だからと言って，この時期に生まれた子は嫡出子となりえないというわけではない。詳しくは後に述べるが（⇒第7），このような子を想定して，民法は，「準正」という手続を設けている。具体的には，次のように定めているのである。「父が認知した子は，その父母の婚姻によって嫡出子の身分を取得する」（789条1項），「婚姻中父母が認知した子は，その認知の時から，嫡出子の身分を取得する」（同2項）。以上のうち，前者は，婚姻前に生まれた子を想定しており，この場合には認知＋婚姻によって子は嫡出子の身分を取得する。後者は，婚姻が先行するケース（子が婚姻前に生まれている場合だけでなく，婚姻後に生まれた場合も含みうる——立法者の意思は必ずしもはっきりしないとされるが，後に別途検討する）を想定しており，この場合には婚姻＋認知で嫡出子の身分を取得する。

しかし，いずれの場合にも，認知が必要であり，かつ，戸籍上いったんは非嫡出子としての記載がなされる。この二つの難点を（部分的に）解消するために，「推定されない嫡出子」という概念が用いられるに至っている。すなわち，婚姻の日から200日までの期間中に生まれた子については，これを嫡出子として届け出ることが認められており（戦前のある時期まで，判例の立場は分かれており，実務にはこれを否定する例もあったようである。穂積425-426頁。しかし，その後

に大連判昭和15年1月23日民集19巻54頁が現れて，これを肯定した），このような子を「推定されない嫡出子」と呼んでいる。

(2) **処遇** このような子が「推定されない嫡出子」と呼ばれるのは，この場合には722条の推定は及ばないので，夫側は嫡出否認の訴えによることなく，これを否認することができ，ひとたび否認された場合には，子の側で夫の子であることを証明しなければならないからである。

この点に関しては早くから，「純理よりいふときは嫡出とは婚姻中に懐胎したるものなることを意味す婚姻以外に懐胎したるものを以て嫡出子と看做すは法の擬制に出つるものにして特に法の明文ある場合なるを要す……此理論より推及するときは婚姻前の懐胎に因り婚姻中に生まれたる子は当然私生子にして父の之を認知するに因りて始て嫡出子たる身分を取得すへきものなるか如し」(奥田245頁)ということになるはずだが，「然れとも此解釈は実際の事情に反し又立法の精神を得さるものなり。社会の秩序を維持し其善良の風俗を紊さざるか為めには勉めて私生子を生すること少からんことを要す。然かも男女自然の情欲は法の禁制の能く抑止する所に非らさるか故に其既に発生したる過失は出来得べき限り後日に於て之を修補するを得さしむるを要す」(同頁)とされてきた。

なお，戦前の代表的な学説は，上記の議論を解釈論として支持しつつ，「立法論としてはドイツ民法（第1591条）の様に懐胎期間の同棲と婚姻後の出生とのみによつて嫡出推定を与へた方が実際的だつたと思ふ」(穂積424頁)と述べていた。このような立法の下では，婚姻の日から200日までの期間中に生まれた子は，200日を超えて生まれた子と同様に，完全に嫡出推定を受けることになる。この考え方を支える実質的な理由は，「殊に前にも述べた通り事実上の婚姻よりも婚姻届が遅れ勝で，長子は戸籍面では婚姻の時から200日たたない中に生れたことになつて居るのが珍しからぬ現象であるから，それが一応は私生子だと云ふことになつては甚だ不都合であらう」(同423-424頁)という点に求められていた。

この解決は，明治民法の立法者が検討の上で退けたものであったことは以前に述べた通りである。しかし，この点は，後に見るとおり，今日では再び立法論的な課題として浮上している（⇒V 1）。

2 推定の及ばない嫡出子

(1) **由来** 772条によれば，「婚姻の解消若しくは取消しの日から300日以内」に生まれた子は，婚姻中に懐胎されたものと推定されることになる。し

かし，戦中・戦後のある時期から，学説は，この規定に例外を設けるべきことを主張してきた。特に，後に判例が従うことになったのは，次に掲げる我妻説であったが，その前に，ある意味では，その先駆というべき人事法案95条を掲げておく。

> 人事法案
> 第95条① 父母ノ婚姻中ニ懐胎セラレタル子ハ之ヲ嫡出子トス。父母ノ婚姻前ニ懐胎セラレ婚姻成立後ニ生マレタル子亦同ジ
> ② 婚姻成立ノ日ヨリ200日ヲ経過シタル後又ハ婚姻解消若ハ取消ノ日ヨリ300日内ニ生マレタル子ハ婚姻中ニ懐胎シタルモノト推定ス
> ③ 前二項ノ規定ハ子ノ出生前200日乃至300日ノ間妻ガ夫ノ子ヲ懐胎スルコト能ハザル事情アル場合ニハ之ヲ適用セズ

ここでは，95条1項の特色（「嫡出子」の意味が変わっている）や2項の特色（「200日後」が「200日を経過したる後」に変わっている）については立ち入らないことにし，3項のみを取り上げよう。

3項は，ある意味では当然のことを確認する規定として置かれたのかもしれない。というのは，この規定の後には，次のように定める人事法案97条が続いていたからである。

> 人事法案
> 第97条① 第95条第2項及第3項ノ場合ニ於テ夫ハ子ノ否認ヲ家事審判所ニ請求スルコトヲ得
> ② 前項ノ規定ニ依ル請求ハ夫ガ否認ノ原因タル事実ヲ知リタル時ヨリ1年ヲ経過シタルトキハ之ヲ為スコトヲ得ズ

95条では，嫡出子の定義を拡張するために1項を分離し，その上で，2項によって懐胎期間の推定がなされている（おそらく婚姻中の懐胎が推定されると父性の推定が働くことを含意するのだろう）。そして，3項では，懐胎時期の推定，父性の推定が働かない場合を明示的に掲げ，97条はこの場合に嫡出否認の訴えをなしうるとしている。95条3項は「夫ノ子ヲ懐胎スルコト能ハザル事情」に限定を付しておらず，その意味では広い射程を持つように見えるのであるが，嫡出否認の訴えをなしうる場合を示していることを考えるならば，このような規定も考えられないではない。

これに対して，我妻は別の形で絞り込みを行う。我妻は次のように述べてい

る。「それ（嫡出推定制度——大村注）は，同棲中の夫婦には性的交渉があり，妻は貞操上の誠実を守るものであり，仮りに妻と他の男との間に性的交渉があったとしても，子の父は夫とすべきだという一連の事実と当為に支えられて成立しているものである。従って，懐胎期間中に夫婦の同棲がない場合には，この制度の基礎が失われる。のみならず，かような場合には，夫の子と推定しない方が却って家庭の平和のためになることが多い。少なくとも，夫婦間の秘事を公開する不都合は生じない。ただし，その妻が夫によって懐胎することの不可能な事情とは，同棲の欠如という外観的に明瞭な事実に限定すべきだと思う。すなわち，懐胎期間中，（ⅰ）夫が失踪宣告を受け，失踪中とされたとき，（ⅱ）夫が出征中，在監中，外国滞在中などであるとき，（ⅲ）事実上の離婚が成立していたとき，などには，推定は及ばない（事実の認定は慎重でなければならない。いわゆる別居などには疑義を生ずることが多かろう。疑義のない場合に限るべきである）。これに反し，（ⅰ）夫が生殖不能であるとき，（ⅱ）血液型の検査の結果父子関係がありえないと証明されるときなどには，推定は及ぶ。けだし，前者は，夫婦間の個人的交渉に立ち入らずに夫の子の懐胎の不能なことが明らかな場合であるのに反し，後者は，夫婦間の個人的事情の審査によってはじめて明らかにされることだから，両者を区別することが制度の趣旨に適すると考える。実際上からいっても，否認権を制限することによって不当な結果を生ずるのは前者に多い」（我妻221頁）。

以上のように，我妻は，「妻が夫によって懐胎することの不可能な事情」を「外観的に明瞭な事実」に限定しようとするのである。

(2) **処遇**　　しかし，注意すべきは，このような事実がある場合には，嫡出否認によることなく父子関係の否定が可能であることが前提とされていることである。この点は，引用中の最後の一文からも明らかであろう。この点で，嫡出否認の訴えが可能になるとする人事法案とは，全く前提を異にしている。

我妻説は，その後，判例の受け入れるところとなった（最判昭和44年5月29日民集23巻6号1064頁。離婚後300日以内に生まれた子につき，母と夫とが離婚の届出より約2年半前から事実上の離婚をしていたとされた事例につき，嫡出推定を受けないとした）。近年でも，この判例は確認されている（最判平成10年8月31日家月51巻4号75頁，最判平成12年3月14日家月52巻9号85頁。特に，後者は「家庭の崩壊」という事情があったとしても，それだけでは嫡出推定は外れないとした）。

ところが，学説には，中川説をはじめとして，より広く嫡出推定を外す方向を示すものもないわけではない。中川は次のように述べるのである。「婚姻の形骸だけが戸籍上に存在し，その実質は既に，少くも300日以上前から消失し

てしまっている場合である。行方不明，別居，不能等，受胎可能性が完全に存在しないあらゆる場合に生まれた子は，たとえ戸籍上には母の夫がいても，この夫の子と推定するのはいかにも不合理であり，滑稽でさえある。もっともかかる実質関係を調査する権限も義務も市町村長にはないから，妻の生んだ子の出生届は夫の嫡出子としてより他は受理できないであろう。しかし，夫の嫡出子として戸籍に記載されたこの種の子の嫡出性を争うには嫡出否認の訴は不要である」(中川364頁)。

　嫡出推定を外せる場合をより広く認めようというこのような考え方は根強く主張されており，最近では，この問題と直接には関係しない別の問題に触発された形で，再び注目を集めつつある。

V　規定の断裂

1　揺らぐ嫡出子？

　(1) 反証の拡大　　近時，嫡出子の概念（あるいは嫡出推定制度）には，ある種のゆらぎが生じているように見える。そのきっかけの一つとなったのは，いわゆる「300日問題」であるが，ここではその詳細には立ち入らない（大村「『300日問題』とは何か」ジュリ1342号〔2007〕〔→学術222頁以下〕を参照）。

　「300日問題」で問題とされたのは，①離婚後300日以内，かつ，再婚後に生まれた子，②離婚後300日以内，再婚前に生まれた子，③前婚継続中に生まれた子，の親子関係についてであったが，法務省はこのうち①②につき，懐胎時期の証明書を添付して届出を行えば，前婚の嫡出推定は及ばない（2項の推定が覆り，その結果として1項の推定が外れる），したがって，①の場合には後夫の嫡出子，②の場合には母の非嫡出子としての届出が可能であるとする通達（資料2-3参照）を出して，この問題に対応した。

　772条1項の推定を安易に外すことに対しては，学説には強い反対もある。また，前述のように最高裁も，外観説によることを改めて確認している。このような状況の下で，772条1項に触れることなく，一定の限度で対応をはかるという観点から見ると，通達の解決は巧みなものであったと言える。

　しかし，このような解決には全く疑問がないわけではない。というのは，通達は，772条1項については嫡出否認の訴えによってしか推定を覆すことはできないが，2項については裁判外でこれを覆すことができるという前提に立っていることになる。そうだとすると，たとえば，出生から30年後になって，子の懐胎が婚姻解消後であることが判明した場合には，772条2項の推定が覆る結果，772条1項の推定も覆ってしまうことになりかねないからである。

もっとも，それはそれで仕方がない，という考え方もありうる。しかし，それでは困るということもできる。たとえば梅は次のように述べている。「其反証（明民822条——現民774条によって夫のみが行いうる反証——大村注）とは，例へば……婚姻解消の日より後290日にして生まれたる者と雖も，其子の発育か未た懐胎後250日を出てさるものと認定すへきときは亦是れ婚姻中に懐胎したる者に非す。此等の場合に於ては夫は否認の訴に依りて本条の推定を撃破することを得へし」（梅243頁）。最後の文章から，このような場合にも反証のためには，夫が嫡出否認の訴えを起こすことが前提とされていたことがわかるだろう。

(2) **概念の拡大**　「300日問題」が世論の同情を集めた原因は，①のケースがクローズアップされたところにあると思われる。そして，これに最近の婚姻・出産行動の変化や子育て支援の動向が加わる。近時は，懐胎が判明した段階で婚姻届を出す例が増えている（「できちゃった婚」「おめでた婚」などと呼ばれる。第1子の4人に1人はこれにあたるという）。このような場合にも，母が初婚であるか，再婚であっても出産が前婚解消後300日より後であれば，嫡出子としての届出が可能である。そして，現在の少子状況からすれば，このような懐胎・婚姻は歓迎すべきであり，嫡出子としての処遇は当然のことである。ところが，前婚解消後300日以内だと，嫡出子としての届出ができないという。これはおかしいのではないか，というわけである。

(3) **嫡出・非嫡出の平等化**　「300日問題」とは別に，嫡出子・非嫡出子の間の不合理な区別をなくすべきだというのは，より大きな潮流である。相続分に関する規定（旧900条4号ただし書前段）を違憲とするかどうかはともかくとして，立法政策上，平等化をはかるべきことは1996年の民法改正要綱の提案するところでもあった。実際には，2013年に，最高裁の違憲判断（最大決平成25年9月4日民集67巻6号1320頁）を受けて，法改正が行われて当該規定は削除されるに至った。あるいは，非嫡出子の場合にも，父母の共同親権を認めることも考えられてよい。

これらは親子の効果に関するものであるが，親子の成立についてはどうか。この点に関しても，以前から，婚姻の有無によってではなく同居の有無によって，父性推定を働かせればよい，という主張がある。この主張は，ある意味では妥当な主張であるが，ある意味では問題を含む主張であると言える。この点は，嫡出子の概念の存否にかかわる問題であるので，項を改めて一言することにしよう（⇒2(2)）。

2 残る嫡出子？

(1) 父性決定の方法　嫡出子・非嫡出子の区別なく父を決定するという主張は，推定を用いるという点では，従来の考え方を維持している。その意味では妥当な主張であると言える。というのは，今日では，生物学上の父を知るためにもっぱら科学的な手段を用いる，という選択肢もありうるからである。すなわち，出生時に，すべての子と父であると主張する者のDNA鑑定を行い，これによって父子関係を確定することは理屈の上では不可能ではない。しかし，これは母に対する不信を前提とした考え方である。また，個人の遺伝情報を明らかにするという方向性を含むものである。私はこれを「サラブレッドの思想」と呼んでいるが，このような考え方はおそらくは社会的に受け入れがたいものであろう。

(2) 婚姻との関係　嫡出推定制度は，もともと婚姻を前提とする制度である。では，婚姻を前提とする，とはいかなることを意味するのか。ドイツや日本で説かれているように，そこから妻の貞操義務と性関係の継続性という「事実」のみを導くのであれば，継続的な同居関係にある非婚カップルについても，程度の差はあれ，同様の「事実」を見出すことができるだろう。上記の主張は，このような考え方と整合的であると言える。

しかしながら，フランスでは（そして日本の一部の学説においても暗黙裡に）婚姻にはそれ以上の意味があると考えられてきた。すなわち，婚姻は，妻がこれから産む子を自己の子として引き受けるという合意（包括的な事前の認知）を含むというのである。たとえば我妻が，嫡出推定の第三の意味として，夫の子か第三者の子かが不明の場合には，夫の子とすべきであるという「当為」を持ち出すのは，このような観点から説明することができるだろう。

そして，このような「当為」は，婚姻には妥当するが，非婚カップルには妥当しない。そうだとすると，同居もまた事実上の推定をもたらすことはあるとしても，法律上の推定をもたらすのは婚姻のみであると考えるべきことになろう。

第2　773条：父を定める訴え

> （父を定めることを目的とする訴え）
> 第773条　第733条第1項の規定に違反して再婚をした女が出産した場合において，前条の規定によりその子の父を定めることができないときは，裁判所が，これを定める。

I　制度の必要性

　772条2項は，婚姻後200日経過後，婚姻解消後300日以内に生まれた子は婚姻中に懐胎したものと推定する。そのため，母が前婚解消後ただちに再婚した場合には，一人の子に複数の嫡出推定が及ぶことが生じうる。こうした事態を避けるために，女性については再婚禁止期間を設けている（民733条1項）。したがって，通常は，複数の嫡出推定が及ぶという自体は生じない。しかし，再婚禁止期間が守られないということも全く起こりえないわけではない。たとえば，前婚の存在に気づかずに（その解消後300日以内に）後婚の届出を受理してしまったという場合などである。773条は，この場合につき，裁判所が父を定めることとしている。この訴えを「父を定める訴え」という。

II　制度の運用

　父を定める訴えを起こしうるのは，子，母，母の配偶者または前配偶者である（人訴43条1項）。子または母が訴える場合には，被告は母の配偶者および前配偶者，母の配偶者・前配偶者が訴える場合には，被告はそれぞれ前配偶者・配偶者となる（同2項）。

　父を定める訴えにおいては，嫡出否認の訴えや認知の訴えとは異なり，証明責任によって決着をはかることができない。裁判所は諸般の事情を総合して，父を定めるほかない。

III　制度の拡張・変更

　嫡出推定の重複は重婚の場合にも生じうるが，この場合にも本条を準用して処理するほかない。

　また，再婚禁止期間に関しては撤廃論が根強く存在する一方で（外国には撤廃した国もある），いわゆる「300日問題」を契機に嫡出子の概念を変更して婚姻後200日以内に生まれた子も嫡出子に含めるべきだとする見解も現れた（大

村「『300日問題』とは何か」ジュリスト1342号〔2007〕〔→学術222頁以下〕。やはり外国には同様の例がある）。

　これらの提案の一方ないし双方を採用すると，嫡出推定の重複する事例は従来よりも飛躍的に増大することとなる。これをやむをえないとする考え方もありうるが，後夫優先等のルールを新設することも考えられる（以上につき，大村・前掲論文。窪田191頁以下も参照）。

第3　774条〜778条：嫡出否認の訴え

> （嫡出の否認）
> 第774条　第772条の場合において，夫は，子が嫡出であることを否認することができる。
> （嫡出否認の訴え）
> 第775条　前条の規定による否認権は，子又は親権を行う母に対する嫡出否認の訴えによって行う。親権を行う母がないときは，家庭裁判所は，特別代理人を選任しなければならない。
> （嫡出の承認）
> 第776条　夫は，子の出生後において，その嫡出であることを承認したときは，その否認権を失う。
> （嫡出否認の訴えの出訴期間）
> 第777条　嫡出否認の訴えは，夫が子の出生を知った時から1年以内に提起しなければならない。
> 第778条　夫が成年被後見人であるときは，前条の期間は，後見開始の審判の取消しがあった後夫が子の出生を知った時から起算する。

I　趣　旨

　嫡出推定を覆しうるのは，夫のみであり（774条），訴訟を起こすことを要する（775条）。しかも，承認がないことが必要であり（776条），出訴期間の定めもある（777条）。幾重にも制限がかかっており，「聊か窮屈過ぎる様に思はれる」（穂積429頁），「その要件は極めて厳格である」（我妻218頁）と評されてきた。

　このように制限の理由につき，起草者たちは正面から多くを語らない（梅246頁は，「妻の不品行を証明する」ことは「妻の利益上」「一国の風俗上」からして「最も之を鄭重にせするを得す」としている）。戦前の主要な学説も同様である

（穂積429頁は，「夫婦の間の子を他人が差出てそれは夫の子ではあるまいと云ひ立てることは不穏当」としている）。

　これに対して，戦後の学説は次のように述べている。「そうでなければ，夫婦の間に生まれた子を濫りに他人が已の子として認知したり，従ってまたその子の母たる人妻が姦通を犯しているという趣旨を第三者が容易に公然いい立てうる結果ともなり，婚姻道徳を紊り，夫婦間の平和を徒らに攪乱するに止まる結果になるであろう」(中川367頁)，あるいは，「元来，嫡出性の推定を設けて一定の厳格な要件の下にだけこれを破りうるものとするのは，家庭（夫婦・親子の結合体）の平和のためである」(我妻220頁) というのである。

　以上のように，説明の重点は，婚姻道徳から家庭の平和にシフトしたと言える。もちろん，嫡出推定は婚姻に由来し，嫡出否認の訴えはそもそも例外的な場合に認められるだけであるとの立場（大村ほか）を採れば，これとは別の説明になる。

II　基本構造

1　原　告

(1) 現行法：夫　現行774条は，嫡出否認の訴えの提訴権者を「夫」に限定している。旧民法人事編100条と同様である。これは，「親族であるとか債権者であるとか云ふ者は否認権を持たぬと云ふ意味」であるとされている（富井・法典調査会六509頁）。その理由は，「夫戸主は真に直接の関係者であつて又其推定の当つて居る居らぬと云ふことの判断の出来る地位に居る者は夫丈け」(富井・同頁) であることに求められている。

　もちろん，子の父が誰であるかを最もよく知る者は母であろう。しかし，母には否認権は認められていない。その理由は，「子か其夫の子に非さることを主張するは則ち有夫姦を犯し又は婚姻の前後に於て私通を為したりと主張するに同し……其不品行を法廷に主張するの権利を之に与ふるは風教に害ある所なるか故」と説明されている (梅245頁)。

　なお，子（またはその直系卑属）に否認権を認めるべきか否かは，起草者の間でも迷いがあったようである。「之は随分其子に取つては利益を持つ場合があらう」とした上で，「外国の例を見ると子に許してある例は少数ではあらうと思ひますがあることはあります」と指摘している（富井・法典調査会六509頁）。原案は「夫ノミに属ス」とされていたが，もし子にも認めるならば，「夫ニ属ス」とし，別途，「本款ノ規定ハ子及ヒ其直系卑属カ夫カ自分ノ父テナイト云フコトヲ証スルコトヲ妨ケス」という規定を置けばよいとの代案も示されて

いた（富井・法典調査会六 510 頁）。

(2) **能力（原案 823 条・824 条本文）**　明治民法には，原案 823 条・824 条が置かれていた。次のような規定である。

原案
　第 823 条　夫ハ無能力者ナルトキト雖モ否認ノ訴ヲ提起シ又ハ前条ノ
　　承認ヲ為スコトヲ得
　第 824 条　夫ノ法定代理人ハ夫ニ代ハリテ否認ノ訴ヲ提起シ又ハ第
　　822 条ノ承諾ヲ為スコトヲ得ス但夫カ禁治産者ナルトキハ其法定代
　　理人ハ親族会ノ認許ヲ得テ否認ノ訴ヲ提起スルコトヲ得

　以上の規定は，「自分があの子の父であるかないかと云ふことは無能力者と雖も直ちに判断の出来ることである」（富井・法典調査会六 521 頁），「原則としてはどうも法定代理人に此権利を与へないが至当であらう」（富井・法典調査会六 524 頁）という考え方によるものであった。
　しかし，最終的には，これらの規定は整理会で削除された。「人事訴訟の特別法に譲る」（穂積・整理会 435 頁）というのがその理由であった。この点は，旧人事訴訟手続法を経て，今日では，人事訴訟法 13 条に定められている。なお，人事訴訟法 14 条の定める例外については，後に説明する。

(3) **立法論：子・母・その他の者**　立法論としては，提訴権者を拡張すべしとの意見も強い。子については，「自ら嫡出子にあらずして私生子なることを主張することになつて，子に不利益だとも考へられるが，利益不利益はともかくとして，真の父に赴かんとする要求を杜絶すべきではあるまい」（穂積 431 頁）との意見がある一方で，「子の真情は同情に値する。しかし……かようにして，家庭を破壊することが果して子の利益であるかどうかは，すこぶる疑問である」（我妻 222 頁）との意見もある。
　他方，母については，戦前はこれを認めるべきだとする意見は聞かれなかったが，戦後になると，「真実を明らかにしたいと望む場合もあろう」（我妻 219 頁）として「妻にも与うべきだという主張」を「採用すべきであろう」と説かれている（我妻 222 頁）。ただし，「子の意思に反しても主張しうるとなすべきかどうか，疑問である」とされている（我妻同頁）。
　真実の父や検察官についても，反対の意見が示されている（我妻同頁）。

2　被　告

(1) **現行法：子**　現行 775 条は，嫡出の否認は，「子又は親権を行う母に

対する」嫡出否認の訴えによって行うとしている。起草者は、子が被告であるのが原則であることを明示しようとした。また、ここから子の出生前・死亡後の提訴はできないことが導かれるとしていた（富井・法典調査会六509頁）。この原則論からすると、「子が意思能力を有するときは、たとい行為能力をもたなくも、自ら独立して応訴すべく……意思能力がなければ親権者たる母が被告なる」（中川368頁）ということになるが、これにはやや疑問がある。

(2) **法定代理人と特別代理人**　明治民法823条は「子又ハ其法定代理人ニ対スル」と定めていたが、現行775条はこれを改めたものである。その理由は必ずしも明らかではないが、明治民法においても「但夫カ子ノ法定代理人ナルトキハ裁判所ハ特別代理人ヲ選任スルコトヲ要ス」（823条但書）としていたのを改める際に、直截に「親権を行う母に対する」としたものと思われる。その結果、ただし書は、「親権を行う母がないときは、家庭裁判所は、特別代理人を選任しなければならない」（民775条後段）とされた。

この規定には、改正の前後を通じて、不明瞭な点がある。それは、母のポジションである。明治民法の下では、母が法定代理人ならば母が被告となるが、父が法定代理人である場合には、特別代理人が選任される。この場合、母が特別代理人になるかどうかはともかく、何らかの形で訴訟に関与することが想定されていたのではないかと思われる。というのは、「仏蘭西其他ノ民法には裁判所は此場合には母を訴訟に召喚せねばならぬと云ふことに極めてあります。併し総ての場合に於て必ずしも母を喚び出さんならんと云ふことにするのは必要もなく又場合に依つては不便であらうと思ひます。実質は裁判所が職権を以てさう云ふことが出来ると云ふ位の所が穏当であらうと思ひます」（富井・法典調査会六515頁）との説明があるからである。

現行法は、親権を持つ母が被告になるとした。このことは、次の二つのことを意味する。第一に、親権を持つ父はもちろん、親権者でない法定代理人（父も母も親権を持たない場合の後見人。ごくまれだろう）は被告にならない。第二に、親権を持たない母（離婚し父が親権者になった場合など）は被告にならない。いずれの場合にも、特別代理人が選任されるわけだが、この場合には、後見人ではなく親権を持たない母親が選任される可能性もあるのではないか。少なくとも、後見人が当然に親権を持たない母親に優先して被告になる、という考え方は採られていない。

総じて見ると、母が訴訟に関与することが望ましい、というのが基本的な考え方ではないか。ただし、親権がない母の場合には、特別代理人にしないとその行為の効果を本人たる子に帰着させられない、ということではないか。

3 訴　訟

(1) 管轄　旧人事訴訟手続法の下では，子が普通裁判籍を有する地の地方裁判所。人事訴訟法の下では，当事者が普通裁判籍を有する地の家庭裁判所。従来の原則が変わったわけだが，立法論的には旧法の方がよかった，現行法は子の福祉の観点から問題があるとの批判もある（松本99頁）。なお，地裁が家裁に変わったのは，人事訴訟が家裁に移管されたためである。

(2) 訴訟の必要な場合　774条の冒頭には「第772条の場合において」と書かれている。これは，774条が適用されるのは，772条の場合に限られることを明示するものである。したがって，772条の推定とは無関係に，親子関係を争う場合には，774条は適用されない。この点は，起草者も明示していたところである（富井・法典調査会六509頁は，「尤も何人と雖も外の点から身分を争ふことは出来る積りであります。唯だ前条の推定に対して直接に反対の証拠を挙げる権利は夫のみに属する」としている）。

たとえば，戸籍上XがYZの嫡出子と記載されていても，Xの母がZではない場合には，嫡出推定とは無関係だし，推定されない嫡出子に関しても，774条以下の制約は及ばない（我妻220-221頁）。

(3) 訴訟の結果　嫡出否認の訴えが認められた場合には，子は嫡出でないことになる。その効果は形成的であり，判決以前に前提問題として夫の子でないことを主張することはできない。また，認知をすることもできないと解されている（我妻219頁）。また，判決は対世効を持つ（人訴24条）。なお，規定はないが，判決の効力は出生時に遡及し，その時点から嫡出子としての身分を失うと解されている（松本368頁）。

(4) 審判による代替　民法上は，訴訟によらなければ嫡出否認はなしえないが，実際には，家裁の審判によるルートが開かれている。家事事件手続法は次のような規定を置いている。

家事事件手続法
第277条① 人事に関する訴え（離婚及び離縁の訴えを除く。）を提起することができる事項についての家事調停の手続において，次の各号に掲げる要件のいずれにも該当する場合には，家庭裁判所は，必要な事実を調査した上，第一号の合意を正当と認めるときは，当該合意に相当する審判（以下「合意に相当する審判」という。）をすることができる。ただし，当該事項に係る身分関係の当事者の一方が死亡した後は，この限りでない。
　一　当事者間に申立ての趣旨のとおりの審判を受けることについて

合意が成立していること。
二　当事者の双方が申立てに係る無効若しくは取消しの原因又は身分関係の形成若しくは存否の原因について争わないこと。

　この規定により，当事者間の事実関係に争いがない場合には，「合意に相当する審判」（旧家事審判法23条が定めるところだったので「23条審判」と呼ばれてきた）によることができるのである。実際のところ，訴訟ではなくこのルートをとる例が相対的に多い（23条審判事件のうち嫡出否認事件〔2014年度〕は432件。司法統計年報による。これに対して，親子関係存否に関する訴訟事件は〔2012年度。嫡出否認だけでなく認知以外のすべてを含む〕が309件。最高裁ウェブサイトによる）。

Ⅲ　制　　限

1　嫡出の承認（776条）

　(1)　**承認の意義**　776条は，ドイツ民法草案にならって付加されたものである。起草者は，「広く明示黙示の承認も併せて認めると云ふことにするのが当然」と述べている（富井・法典調査会六516頁）。

　この提案に対して，議長の箕作は，「此条は要りますか。分り切つた事ではありませぬが」と問うている（箕作・法典調査会六516頁）。これに対して，「斯う云ふ事は公益に関した規定であるから唯だ承諾した丈けでは往かぬと云ふ説が随分起るかも知れませぬ」（梅・同頁），「凡て身分に関する規定は公益即ち公けの秩序又は善良の風俗に関する規定と云ふ解釈に為るかも知れぬ」（富井・同頁）との考え方が示されている。

　これとは別に，出生前の承認の可否が問われている。胎児認知の場合と平仄があうかと言うのである（長谷川・法典調査会六517頁）。この点は，「少し832条の場合とは場合が違う」（富井・同517頁）。なぜかと言えば，認知については「父が其生れない中に死んで仕舞うと云ふやうな場合」に，子どもを救済する必要があるのに対して，嫡出否認については「否認する権利がある者で否認権を放棄せぬでも黙つて自分が死ぬれば夫れ丈けであります」というのである（梅・同頁）。

　起草者たちの説明には必ずしも納得が得られなかったが，「否認をするのは生れてから事実を見た所がどうも之は怪しいが密通の事を発いた所が仕方ないから認めると云ふ斯う云ふ解釈にすれば説明は出来る」との意見が出され（高木・法典調査会六518頁），箕作が「今の高木君のやうな塩梅ならば宜いではありませぬか」（箕作・同頁）と議論を収めている。

この説明を受けてのことか，梅は教科書では次のように述べるに至っている。「子の出生前に於ては其胚胎の時を定むること最も難く又其面体か果して自己に類せるや否や其子を認定するに必要なる材料を欠けるか故に，子の出生前に承認を為したる夫も，子の出生後に至り之を悔ゆることなしとせさるを以て，其出生を俟ちて始めて有効の承認をなすことを得るものとしたるなり」（梅248頁）。

(2) **承認にあたる行為**　起草者の富井は，諸外国の立法例を参照しつつ，「婚姻成立の日より180日内に生れた子に対して若し夫が婚姻前から懐胎の事実を知つて居つたか又は出生届に与つたとか云ふやうな事実があれば否認権を持たない」とする例があるが，「夫れでは狭まい」とした（富井・法典調査会六516頁）。ところが，後に，「当初は自分の子と思つて其待遇をしたが後に然らざることを発見したと云ふ様なこともあらう」（穂積431頁）と言われるようになり，大正改正要綱第18一は，「嫡出子ノ否認権ハ承認ノ一事ニ因リテ之ヲ失フコトナキモノトスルコト」とした。

また，承認は明確な意思表示でなければならず，出生届はこれにあたらないとするのが標準的な理解となった（中川369頁，我妻219頁）。より具体的には，「出産を喜んだこと，自分の名の一部をとって子に命名したこと，よく愛撫したこと，知友に子の誕生を知らせたことなどいずれもそれだけでは承認と見られるかどうかは疑わしい」とし，「第776条を削除すべしという論さえあることも肯かれる」とまで言われた（中川369頁）。

富井が重ねて「出生届を持つて往つたならば承認したと言へる」（富井・法典調査会六518頁）としたのとは，かなり異なる理解に至ったと言える。

(3) **AIDの場合**　776条の承認は，AID（第三者提供精子による人工授精）との関係でも問題になる。初期の（AID導入から間もないころの）学説には，夫の同意がある場合には，「夫婦の間の子をえようとする積極的な意思の下にできた子であり」「単なる嫡出性の承認以上に強い」とするものがあった（我妻229頁）。実質的には確かにその通りだが，事前の承認を認めないという考え方からすると，このように断じてよいかどうか疑問がないわけではない。生殖補助医療に関する立法措置が必要とされた一つの理由はここにある。

2　出訴期間（777条・778条）

(1) **期間の長さ**　777条の出訴期間は，旧民法（人事編102条）の期間を延長したものである。人事編102条は次のような規定であった。

旧民法人事編
　第102条① 　夫カ子ノ出生ノ場所ニ在ルトキハ出生ヨリ3个月ノ期間
　　内ニ限リ否認訴権ヲ行フコトヲ得但夫カ婦ト住家ヲ異ニシ又ハ婦カ
　　子ノ出生ヲ夫ニ隠秘シタルトキハ此期間ハ子ノ出生ヲ知リタル日ヨ
　　リ起算ス
　　② 　若シ夫カ遠隔ノ地ニ在ルトキハ訴権ノ期間ヲ4个月トシ子ノ出生
　　ヲ知リタル日ヨリ起算ス

　起草者は「外国の法律を見ましたに期間は区々になつて居る」とし（最短は1ヶ月，最長は1年），「本条に掲げました期間が一番長い例」にあたるとしている（富井・法典調査会六525頁）。このように定めた理由は，「通常は1年は長過ぎると思ふ。もつと短くて宜い，併し場合に依つては夫が遠国に居ると云ふやうな場合には6ヶ月でも短いと思ふ。どうも1年位はなくては困るであらう。余り細かな区別をするのは体裁が善くない」と説明されている（富井・法典調査会六526頁）。
　これに対しては，「6ヶ月位で善さそうである」とする意見（田部・法典調査会六526頁），これに同調し，「1年間も大切な身分が極まらぬで居ると云ふことはいかぬ」（土方・同頁）とする意見が述べられた。しかし，採決の結果，原案が採択された。
　そもそも期間制限を設けるべき理由につき，富井は特に触れていないが，梅は，後に次のように述べている。「1年以上之を放棄するか如きは是れ既に其子たることを承認したるものと謂ふへし。故に復否認の訴を提起することを許ささるなり」（梅249頁）。また，「是等の事実は一方に於ては日を経るに従ひて其証跡を失ふへきものにして，一方に於ては妻に不品行あるや否やの問題の如き歳月を経たる後之を提起することを許すは最も風俗に害ある所」であることも指摘されている（梅同頁）。

　(2)　**起算点**　　1年という期間制限に対しては，後に，「短きに失する」（穂積430頁）という批判がなされた。「子の出生を知つた時から……1年たつた後に其子が己の子でなかつたことを知ることもあり得るが，さう云ふ場合にはどうすることも出来ない。前記の如く夫が永年外国へ行つて居る留守に妻が生んだ子も第822条によつてのみ否認せらるべきものとするならば，帰朝してから訴訟を起すだけの余裕がなくては困る」（穂積同頁）というのである。それゆえ，「期間を延長するか，又は起算点を否認の原因を知りたる時とするかせねばなるまい」（穂積同頁）とされている。
　旧民法では，起算点は「出生」が原則であった。明治民法では，旧民法では

例外であった「出生ヲ知リタル時」が原則となった。その後の学説は、さらにこれを遅らせることを提案するに至ったわけである。その当否については、立法論のところで触れよう。

(3) **特則の意義と変遷** 現行778条は、夫が成年被後見人である場合につき、起算点につき特則を設けるものである。夫の否認の機会を確保しようとするものであるが、実際には適用される場合は少ないだろう。

ところで、この規定に対応する明治民法826条は、次のようなものであった。

> 明治民法
> 第826条① 夫カ未成年者ナルトキハ前条ノ期間ハ其成年ニ達シタル時ヨリ之ヲ起算ス但夫カ成年ニ達シタル後ニ子ノ出生ヲ知リタルトキハ此限ニ在ラス
> ② 夫カ禁治産者ナルトキハ前条ノ期間ハ禁治産ノ取消アリタル後夫カ子ノ出生ヲ知リタル時ヨリ之ヲ起算ス

規定から明らかなように、夫の否認権の確保は、まず未成年者について図られ、続いて禁治産者にも同様の措置が採られていたのである。しかし、現在では1項は削除されている。それは、現行法の下では、婚姻による成年擬制の規定（753条）によって、1項が適用されるべき場合がなくなったからである。

(4) **抗弁権の永久性** 期間制限に関しては、一定の場合に、抗弁権の永久性の理論によって、その難点を克服すべきことも説かれている。これは、次のような議論である。

たとえば、Xの妻YがZを懐胎したが、実際にはZはWの子であったため、XYは離婚、YWが再婚して、ZはWの子として届け出られたとする。この場合に、Zの出生が離婚後300日以内ならば、戸籍の記載とは関係なく、ZにはXの子であるとの推定が及ぶ（Wの子としての届出が受理されていることが前提。出生日通りの届出であれば受理されない）。この場合に、Xが死亡したとすると、誰も嫡出否認の訴えができないのは不当ではないか。「否認の訴を必要とするのは、嫡出性の推定が戸籍の上で示されている場合（夫の子と記載されている場合——大村注）にこれを破る手段であるに過ぎない」、「戸籍の上で夫の子となっていない場合には、子の方から嫡出父子関係の存在を主張しなければならないのだから、夫は、これに対して、自分の子でないことの抗弁をすれば足りる。そして、……抗弁権は、時効にも除斥期間にもかかわらず、永久的な存在を有する」と考えるべきではないかというのである（我妻222頁）。

(5) **立法論：二重期間の導入** 最後に、立法論に触れておく。人事法案は

次のような規定を提案していた。

人事法案
第97条② 前項ノ規定ニ依ル請求ハ夫ガ否認ノ原因タル事実ヲ知リタル時ヨリ1年ヲ経過シタルトキハ之ヲ為スコトヲ得ズ
第98条ノ3 第97条又ハ前条ノ規定ニ依ル請求ハ子ノ出生ノ時ヨリ10年ヲ経過シタルトキハ之ヲ為スコトヲ得ズ

二つの規定のうち，前者は起算点を「原因たる事実を知りたる時」にするものであるが，そうするならば，後者のように客観的な期間制限を設ける必要があるというわけである。一つのバランスのとり方であると言えよう。

IV 拡　張

1 夫が成年被後見人の場合（原案824条但書，人訴14条）

前述のように，明治民法の原案824条但書は「夫カ禁治産者ナルトキハ其法定代理人ハ親族会ノ認許ヲ得テ否認ノ訴ヘヲ提起スルコトヲ得」としていた。この規定は削除されて手続法に委ねられたが，今日では，人事訴訟法に，人事訴訟一般につき，成年被後見人が原告・被告になるべき場合には成年後見人が訴え，訴えられることができるとの規定が置かれるに至っている（人訴14条1項）。

2 夫死亡の場合（原案827条，人訴41条）

夫死亡の場合については，明治民法の原案827条が規定を置いていたが，これも手続法に委ねられた。今日では，夫が子の出生前に死亡した場合または777条の定める期間内に訴えを提起しないで死亡した場合につき，「その子のために相続権を害される者その他夫の3親等内の血族」は，嫡出否認の訴えを提起しうることとされている（人訴41条。夫の死亡から1年以内）。夫の3親等内の血族がすべて相続権を有するわけではないが，この範囲の者に夫の家産を守る利益が認められていると解すことになろう。

V 小　括——起草者の姿勢

1 否認について

(1) **ヨーロッパとの相違**　前述のように，日本では，嫡出否認が制限される理由として，婚姻道徳や家庭の平和が挙げられた。しかし，ヨーロッパ（特にフランス）では，婚姻とは妻が産んだ子を自らの子として認めるという約束

であるという考え方が根強く存在している（たとえば，カルボニエによれば，婚姻とは「女が産んだ子を当然に男に帰さしめる結合，あるいは，女が産んだすべての子を自分のものとすることを事前に承認する男の意思として定義されうる」〔Carbonnier, p. 245〕としている）。「*Pater is est, quem nuptiae demonstrant* ＝ 父は婚姻が示す」という法格言もこのような観点から解釈される。

(2) **局面の区別**　もっとも，このように考えるならば，嫡出否認は認めるべきではないということにもなる。実際のところ，フランス民法の原始規定においては，嫡出否認が認められうる場合は非常に制限されていた（同居が物理的に不可能だった場合のみ）。その後，1972年改正によって，このような制限は廃止されて，現行日本法の取扱いに近づいた。すなわち，生物学的真実の持つ意義が相対的に高まった（ただし，激しい反対があった）。それにもかかわらず，身分占有がある場合には父子関係は覆らない。

以上の経緯は，一口に嫡出否認の可否を論ずるのではなく，それがなされる局面を考慮に入れて考える必要があることを示唆している。すなわち，一方で，出生直後に限って，子を引き受ける包括的な約束に「特段の事情がない限り」という条項が包摂されていると考え，嫡出否認を承認し，他方で，この条項を拡大することを許容するとしても，年月を経た後に，子の福祉と家庭の安定を根底から覆すような否認は認めない，と考えて嫡出否認を制限することは両立しうると言うべきだろう。

2　承認について

(1) **養子縁組との対比**　嫡出性の承認は否認権の放棄を意味する。承認がなされると，生物学的には夫の子でないことが明らかであっても，嫡出推定が及ぶ限りは父子関係は覆らない。この場合に夫は，生物学上の子でない者を実子として意図的に引き受けたことになる。提訴期間の経過によっても同様の関係が生ずるが（最判平成26年7月17日民集68巻6号547頁を参照），承認がある場合には，夫の意思によって父子関係が確定することがより明らかになる。これはある意味では，その子を「養子」に迎えるが，その処遇は実子と全く同じにする，ということだとも言える。

(2) **子からの否認**　生物学的な親子関係が存在しないことが明らかな場合に，父の意思（積極的な承認または消極的な黙認）によって確定する父子関係を養子縁組と対比すると，子の意思（あるいは利益）はどのようにして確保されるのかという問題が生ずる。これは，母ないし子自身からの否認の訴えを認めるべきではないかという立法論にもかかわってくる。さらに，承認には母の同

意は不要か，母が同意して承認した場合にも子の否認権は認められるべきではないかといった問題も出てくる（子からの否認を解釈論上も認めうるとするものとして，最決平成 25 年 12 月 10 日民集 67 巻 9 号 1847 頁の寺田補足意見）。

第4　779条〜786条：認知

（認知）
第779条　嫡出でない子は，その父又は母がこれを認知することができる。
（認知能力）
第780条　認知をするには，父又は母が未成年者又は成年被後見人であるときであっても，その法定代理人の同意を要しない。
（認知の方式）
第781条①　認知は，戸籍法の定めるところにより届け出ることによってする。
②　認知は，遺言によっても，することができる。
（成年の子の認知）
第782条　成年の子は，その承諾がなければ，これを認知することができない。
（胎児又は死亡した子の認知）
第783条①　父は，胎内に在る子でも，認知することができる。この場合においては，母の承諾を得なければならない。
②　父又は母は，死亡した子でも，その直系卑属があるときに限り，認知することができる。この場合において，その直系卑属が成年者であるときは，その承諾を得なければならない。
（認知の効力）
第784条　認知は，出生の時にさかのぼってその効力を生ずる。ただし，第三者が既に取得した権利を害することはできない。
（認知の取消しの禁止）
第785条　認知をした父又は母は，その認知を取り消すことができない。
（認知に対する反対の事実の主張）
第786条　子その他の利害関係人は，認知に対して反対の事実を主張することができる。

I 前提問題——用語法をめぐって

1 庶子と私生子

　現行民法典の第4編第3章第1節は「実子」と題されており，その下に款は設けられていない。しかし，明治民法の下での第4編第4章第1節「親子」は，さらに第1款「嫡出子」と第2款「庶子及ヒ子」とに分かれていた。この第2款の表題をめぐっては，明治民法の成立の前後に紆余曲折があった。

　まず，明治民法の原案における表題は，「私生子」であった。これは，旧民法が「庶子」と「私生子」とに分けていたのを統一し，「嫡出でない子は私生子と云ふことにして私生子と云ふ言葉の意味を少し広くした」（富井・法典調査会六533頁）ものであった。その理由は，「法律上妾と云ふ者を認めないことになりました以上は名称に於て此区別を存するのは当を得ない」（富井・同頁）という点に求められた。

　ところが，これには強い反対があった。「既成法典（＝旧民法――大村注）でも妾を廃すると云ふ意はない。只親族に置かぬ」というだけであり，「（父が――大村注）認めれば庶子になる，認めなければ私生子になることに今日現在さうなつて居る。日本人民は皆殆ど知つて居る」という意見（村田・法典調査会六533頁），「妾を認めると云ふことと庶子を認めると云ふことと関係のあるやうに言はれますが私は関係がないと思ひます」（穂積八束・法典調査会六534頁）という意見が出された。「全体此私生子と云ふものは賤しむべきものでない」という意見（横田・同頁）もあったものの，議長の箕作が「ひどい御不同意がなければ……是れは入れて見て下さい」（箕作・同頁）とまとめ，その結果として，現行779条に相当する明治民法827条には2項が加えられることとなり，「庶子」の概念が款名にも現れることとなった。

　　　明治民法
　　　　第827条（原始規定）
　　　　　① 私生子ハ其父又ハ母ニ於テ之ヲ認知スルコトヲ得
　　　　　② 父カ認知シタル私生子ハ之ヲ庶子トス

　しかし，後年，私生子の語の方に廃止論がおきる。「『私生子』と云ふ名称其ものが面白くなく，戸籍簿上私生子たることが一目瞭然であるために其者が精神上の苦痛を感じ社会上の不利益を受けることが少くないから，『私生子』の名称を廃止すべしと云ふことが考へられる」（穂積438頁）というのである。

すでに，大正改正要綱の第19において「私生子ノ名称ハ之ヲ廃スルコト」とされていたが，この提案は1942年改正で実現することになる。すなわち，「私生子」の語は廃され「嫡出ニ非サル子」に改められた。具体的には，明治民法827条は次のようになったのである。

　　明治民法
　　　第827条（昭17法7による改正後）①　嫡出ニ非サル子ハ其父又ハ母ニ於テ之ヲ認知スルコトヲ得
　　　　②　父カ認知シタル子ハ之ヲ庶子トス

さらに，1947年改正では，（庶子と私生子の区別——家督相続における順位——が廃止されたため）庶子の概念が放棄された（なお，それ以前に，どのような場合に区別が意味を持ったかにつき，穂積重遠・相続法第1分冊〔岩波書店，1946〕59-60頁）。その結果，現行779条では，2項が削除されている。

2　父の知れない子

ところで，法典調査会の席上，起草者・富井が口頭で示した修正案では，明治民法827条2項にあたる規定は「父ノ知レタル私生子ハ之ヲ庶子トスル」というものであった。ここでは，「父の知れる」＝「父の認知したる」が前提とされている。つまり，「父の知れない」＝「父の認知せざる」ということになる。

ただ，この用語法には若干の不明確さが付着している。というのは，同時に，富井は，「既成法典には父の知れざる子を私生子とし父の知れたる子又は父が出生を届けて認知したる者は庶子としてある」（富井・法典調査会六535頁）と述べているからである。これによると，認知以前に「父の知れたる子」がありうる，ということになりそうなのである。

この疑問は，現行779条が「父又は母が」としていることによって増幅される。認知以前に「父又は母が」が存在することが前提とされているように読めるからである。

しかし，旧民法に関する注釈書は，「父と認むへき者か飽くまても第99条の手続（＝認知の手続——大村注）を為すことを拒んで我子にあらすとし」た場合や「母たる者か数人と私通したる場合」などに「往々父の知れさる子の生まることある」としている（磯部363頁）。この説明からすると，認知を受けていない子が「父の知れさる子」であることになる。

また,「父又は母が」という表現については,梅の説明が参考になる。梅は「私生子は……当然其父たるへき者又は母たるへき者あるに非す。父又は母か之を認知するに因りて始めて親子の関係を生するものなり」(梅254頁)としている。このうち2番目に現れる「父又は母」はその前に出てくる「父あるへき者又は母たるへき者」を示していると見るべきだろう。そして,これらの者が認知することによって,「親子の関係を生する」=「父となり母となる」わけである。言い換えるならば,「父又は母は……認知することを得」は,「父(たるへき者)又は母(たるへき者)は……認知する(父又は母となる)ことを得」の省略語法であると見るべきであると言えよう。あるいは「父である母である」と認知することによって「父となり母となる」としていると読むならば,この書き方は,認知が遂行的な(自己実現的な)行為であることを示しているということになる。
　いずれにせよ,明らかなのは次の点である。それは,梅が明言しているように,認知がなければ親子関係はない,ということである。

II　認知の主体・客体(779条)

1　父又は母

　(1)　**母の認知**　　現行779条は,「その父又は母が」としている。つまり,認知の主体は「父又は母」とされているのである。言い換えるならば,父子関係のみならず母子関係についても,認知があってはじめて親子関係は成立する,という前提に立っている。

　これに対して,旧民法は父の認知のみを想定していた。起草者の富井は,これを「母の知れない子はないものと見て居る」と評した上で,「必ずしも母の知れない子がないとは言へないと思ふ」としている(富井・法典調査会六535頁)。もっとも,富井もまた「強ひて母が私生子の出生を届出にやならぬと云ふことにしては又弊があらう……子に取つて非常な不利益なことが生ぜずとも言へない」(富井・同頁)ことを認めている。

　そこで,「実際に於ては母の知れぬ子がある。さう云ふ場合には父が先づ認知してさうして後に母が認知するやうにして置いたら宜からう。それで本案に於ては既成法典と違つて父又は母に於て認知することを得ると云ふことにした」としている(富井・同頁)。

　これに対しては,認知が問題になるのは「自分が生んで居つたけれどもそれがどうかして出て来たと云ふ場合」だろうとし,「其場合は言はなくても私は宜い。若しそれを言ふならば嫡出子と雖も言はねばならぬ」(横田・法典調査会

六 535-536 頁），あるいは，「私が否やなのは母に於て認知することを得とある。さうすると認知しなくても宜い……此法文から言ふと言へるやうにも見える」（横田・法典調査会六 536 頁）という反対論が提出された。また，「母が認知しないでも是れは自然に事実に於て総ての場合に分り切つて居ります……其母子の関係のあるないと云ふことは一般の証拠法に依て極めるより外ない」とも説かれた（土方・法典調査会六 536 頁）。

　以上の反対論に対して，梅は原案を擁護して次のように述べている。「生んだ母の名前で届けると姦通になるから之を他人の子にするか或は殺して仕舞うか捨てて仕舞う甚だ忌はしいことであるが西洋にはある」と指摘している（梅・法典調査会六 537 頁）。そこで，「原則は母の名前を書いて出すべきことであるが戸籍吏はそれを追窮して問ふことは出来ぬ」とする（梅・同頁）。さらに，それでも「十の八九は私生子は母の名で届けるから斯うなつても実際母なし子は滅多にはないと思ふ」としている（梅・法典調査会六 538 頁）。

　以上の反対論はいったんは採決で退けられている。しかし，別の文脈で議論は再燃することになる。

　(2) **父の認知**　ところで，富井が述べたように，父がまず認知する，ということは可能だろうか。この点は格別に議論の対象とならなかったので，明らかではない。

　しかし，富井だけでなく梅もまた，これは可能と考えていたようである。「(旧戸籍法 80 条 1 項 4 号によれば) 父か認知を為す場合には必す母の氏名を其届書に記載すへきものとせりと雖も，棄児，無届の子等に付き母か認知を為すことを欲せす又は母の所在不分明にして其認知を得難く又は母か既に死亡せる場合に於て父か認知を為さんと欲するときは，法律上母の知れさる子なるか故に父は濫に自己の一存を以て母の氏名を届書に記することを得さるものと謂はさることを得す」（梅 256-257 頁）としている。

　この点，梅は「戸籍法起草の際には時期既に切迫せるを以て十分の調査を為す違なく空しく原案の儘に通過せるは実に遺憾」としていたが（梅 257 頁），戦後の新戸籍法の下でも問題は明示的に解決されてはいない。現行法は次のように定めている。

　　戸 60 条　認知をしようとする者は，左の事項を届書に記載して，その旨
　　を届け出なければならない。
　　　一　父が認知をする場合には，母の氏名及び本籍
　　　二　(略)

もっとも，この規定は暗黙裡に，嫡出でない子にはまず母が存在することを想定しているとも言える。このような発想の背後には，母の認知否定論が伏在していた。たとえば，穂積は「立法論としてはスイス民法第302条『私生子関係は出生によりて子と母との間に発生す。子と父との間に於ては認知又は判決によりて私生子関係を生ず。』と云ふ風に明白に規定すべきであつた」（穂積442頁）としていた。この意見は，戦後の判例にも影響を及ぼした。今日では，判例（最判昭和37年4月27日民集16巻7号1247頁）も，母子関係は分娩によって生じ，母の認知は原則として不要としている。
　以上のようにして，父母にパラレルに構成されていたルールは，母子が先（分娩により当然に成立），父子が後というルールに変容しているのである。

2　嫡出でない子

　ところで，現行779条は，認知の客体を「嫡出でない子」としている。このことは，嫡出である子は認知の対象とならないことを示している。これには二つの意味がある。第一に，嫡出推定が及んでいる者は，認知をするまでもなく否認の訴えを提起しない限り，父として扱われる。第二に，嫡出推定が及んでいない者は，嫡出否認がなされない限り，子を認知することができない。逆に言えば，嫡出推定が外れれば，認知は可能である。起草者は明言していないが，戦前の学説には，「故に婚姻中の女の分娩したる子に対しても若し其夫か嫡出なることを否認し又は否認の裁判確定したるときは其実父か之を認知することを妨けす」（奥田259頁）と指摘するものがあった。
　なお，この第2点に関連するが，日本法においては，（不貞によって生まれた）姦生子・（近親間に生まれた）乱倫子であっても認知を妨げない。この点は，質問に答えて，富井が明言している。「特に書かなんだ以上は無論出来ると云ふ精神であります。夫れは子に罪はない」というのである（富井・法典調査会六575頁）。

Ⅲ　認知の要件

1　認知の能力（780条）

　現行780条は，認知のために必要な能力に関する規定である。内容についてはよいが，嫡出否認について規定を削除したのに，認知についてのみ存置したのは平仄があわないようにも思われる。しかし，前者は訴訟にかかわるものなので手続法に規定を置いた，後者は実体にかかわるものなので民法に規定を置いたという説明は不可能ではない。

2 認知の方法（781条）

(1) 届出による認知 認知が届出によることは当然のように思われるが、問題がないわけではない。

第一に、届出以外の方法による余地はないのか、という問題がある。富井は「或る国の法律には公正証書でも宜しいと云ふことに為つて居りますけれども是迄の規定と権衡を得る為めには戸籍吏に届出でると云ふことに極めた方が宜からう」としている（富井・法典調査会六542頁）。

第二に、認知届という特別の届出が必要か、という問題もある。富井は「少し特に認知届をしなければならぬと云ふやうに読めるかも知れませぬがさう云ふ趣意ではない……大抵出生届が自から認知届を含んで居ると云ふことに為る。其意味に読めないでは困る」としている（富井・法典調査会六542-543頁）。

その後の判例も、妻との間の嫡出子としての出生届に認知の効力は生ずるとしている（大判大正15年10月11日民集5巻703頁）。なお、非嫡出子としての出生届についても同様である（最判昭和53年2月24日民集32巻1号110頁）。なお、戸籍法にも、「民法第789条第2項の規定によつて嫡出子となるべき者について、父母が嫡出子出生の届出をしたときは、その届出は、認知の届出の効力を有する」（戸62条）という規定が置かれており、一定の場合に、嫡出子出生届を認知届に読み替えることが明示されている。

(2) 遺言による認知 認知は届出によるのが原則だが、遺言によることも可能であるとされている。その理由は「死亡に迫て認知をすると云ふ場合には此手続を認めて置かねば甚だ不便であらう」という点に求められた（富井・法典調査会六543頁）。

より詳しくは、梅が次のように述べている。「死に臨みて自己か生み又は生ましめたる子を認知せんと欲するも既に届出を為す……ことを得さるものなるか故に、其子は竟に認知なきに終はらんとす。是れ豈に遺憾ならすや。因りて本条第2項に於て遺言に因る認知を認めたり。殊に私生子は人情之を秘せんと欲すること多し。故に生前公に届出を為すか如きは恥ちて為ささる者なきに非す。然れとも既に死に臨みては自己の過失の結果を永く其子に負担せしむるは良心あらん者の忍ひさる所なるか故に窃に遺言を為し以て其死後其子の己の子たることを知らしめんと欲することあるへし」（梅260-261頁）。

なお、この場合、届出は遺言執行者が行う（戸64条）。

3 承諾が必要な場合（782条・783条）

(1) 成年に達した子 現行782条は、成年に達した子については、認知に

あたりその承諾を要するものとしている。この規定には反対もあったが、そもそも何のための規定であるかにつき、異なる理解が示されていた。

まず、起草者・富井の説明を聞こう。富井は次のように言う。認知された子がその認知の当否を争う道は別途設けてある（現行786条）。しかし、「後とから攻撃さへ出来れば宜しいと云ふことでは少し不十分であらう」というのである（富井・法典調査会六546頁）。

これに対して、「子には違ひないが嫌やだと言う」ことはできるかがまず問われる（箕作・同頁）。富井は「夫れは出来ない」と答えているが（富井・同頁）、この点が以後の争点となる。土方は、できるという前提に立って、「事実親子の関係があるのに今迄打擲つて置いたから嫌やだと云ふことは呵しい」と述べている（土方・同頁）。これを受けて、「どうぞ認知する者が証拠立てればもう不承諾と云ふことは言へないと云ふことにさへ為れば私は差支なからうと思ひます」（尾崎・法典調査会六549頁）という意見も出された。起草委員たちもこの方向に傾くが、「成年以上までも打擲れて置てさうして今更子である親の権を行ふと言ふても夫れは往けないと云ふやうな斯う云ふ権利を子たる者に与へると云ふ所からして此条が出て来たと思ひます」という意見も出てくる（長谷川・法典調査会六557頁。高木・同頁も「同論」と言う）。

富井は、この見解を退けて、改めて次のように言っている。「もうそんなに年を取ると云ふと余程分り悪くく為る二十年も立つと、夫れでありますからさう云ふ場合に親が軽率に此者は私の子であると云ふことは言へないやうにするが宜しいだらう。併し親子の関係が証明せられた場合には夫れまでにしないで宜いかも知れぬ」（富井・法典調査会六558頁）と。ここでは、時効のような発想が見られるのが興味深い。

もっとも、梅の教科書では、「己独り親子の関係より生する利益を受けんと欲するも法律は敢て之を許すことを得す」（梅263頁）とされており、長谷川・尾崎に近づいた説明になっている。

以上のほかに、土方は、「必ずしも成年のときに限らぬ」とも述べている（土方・法典調査会六548頁。長谷川・法典調査会六557頁も同趣旨）。この点は、梅から、「此事柄は本人でないと調（しらべ）悪くい。其本人が幼少であると出来ない。夫れで成年に打ち切る」との応答がされ、「無論杓子定規であります……初めから覚悟の上であります」との弁明が付加されている（梅・法典調査会六558-559頁）。

(2) 胎児と死亡した子　現行783条1項は、胎児を認知する場合には母の承諾が必要であるとしている。

まず，胎児認知の必要性については，胎児の利益になるとは言えない場合もあるので，特別な規定が必要であるとされている。次に，母の承諾が必要な理由については，「腹を膨らして居る女を捕へて，あの女が腹に持つて居る子は吾が子であると云ふやうなことは猥りに言へない方が宜からう」とされている（富井・法典調査会六 560 頁）。（出生後と異なり母を特定する必要があるので）「どうも女に取つて余程迷惑な場合もある」というのである（富井・法典調査会六 561 頁）。

これに対しては，「何処にも是丈けの事はあつても宜からうと思ひます。又要らぬものならば此所でも無くて宜からうと思ひます」というバランス論（磯部・法典調査会六 561 頁）や「一つ困つた事がある。夫れは善い所の父があつて悪るい所の母がある。其場合には母の承諾を受けると云ふと……矢張り金を取る為めにすると云ふやうなこともあらう」という弊害論（横田・法典調査会六 563 頁）が説かれた。

現行 783 条 2 項は，死亡した子についても，直系卑属がある場合には認知しうるとし，その直系卑属が成年に達していれば，やはりその承諾が必要であるとしているが，これについては，省略する。

(3) **立法論**　782 条に関しては，成年ではなく 15 歳を境にすべきだとする異論が見られる（穂積 452 頁）。783 条に関しては，出生後との区別ができなくなっていることを考えると，認知一般に承諾を必要とすることが考えられる。現に，梅も，母の死亡や居所不分明などの場合を除き，すべての場合に母の承諾を要するという案を示唆していた（梅・法典調査会六 563 頁）。しかし，その場合に，承諾を与えるのは母なのか子なのかが問題となろう。嫡出否認の訴えの被告としての母に独自の利益はあるか，というのと共通の問題である。

IV　認知の効力

1　効力の発生時 ── 遡及効（784 条）

認知の効力は子の出生時に遡って生ずる（784 条本文）。すなわち，出生時から親子関係があったことになる。この規定は主として相続と扶養に関して意味を持つが，その具体的な内容については以下において分説する。なお，第三者の既得権を害することはできないとされているが（同ただし書），戦前と戦後ではこの規定の意味は同一ではない。この点も後述する。

この規定だけを見ると，認知の効力は出生時以前には遡らないように見える。すなわち，胎児には認知の効果は及ばないかのごとくである。しかし，「胎児は，相続については，すでに生まれたものとみなす」とされているので，その

限度で，出生時そのものが擬制的に遡及させられることになる（どこまで遡及するかはいつから「胎児」になったといえるかによって定まる）。

　反対に，遡及効を制限する立法を行うことも不可能ではない。国籍法2条1号は「出生の時に父又は母が日本国民」であることを日本国籍取得の要件としているが，国籍法違憲判決（最大判平成20年6月4日民集62巻6号1367頁）以前の旧3条は，準正があった場合に限って日本国籍の取得を認めており，父による認知のみがなされた子については（胎児認知の場合を除き），日本国籍を認めていなかった。

2　親子関係の内容

　(1)　**原則**　　親子の効果すべてが発生するのが原則である。ただし，父母の婚姻の有無によって効果に差が生ずることはある。

　(2)　**扶養と相続**　　遡及効の影響が大きいのは，扶養と相続である。

　親子関係成立時の先後によって相続権の有無は影響を受けないが，相続開始時に相続権を有することは必要であるところ，死後認知の場合には遡及効がないとすると，認知された子は相続開始時には相続人ではなかったことになってしまう。しかし，遡及効によってこの場合にも出生時から親子関係があったことになるため，相続人たりうることになる。

　この場合には，他の共同相続人の相続分は減少する（他の共同相続人は784条ただし書で保護されるわけではない）。ただし，遺産分割後は価額請求権を有するのみであり（910条），他の共同相続人の利益はこの限度で保護されている。

　旧法の下では，すでに家督相続が生じた後に認知がなされた場合に，認知によって家督相続の効力が覆ることはないのは，ただし書によって認知の遡及効が制限される結果であると説明されていた（穂積472頁。ただし，相続開始以前に認知がされて相続人の順位に変動が生じたとしても，それは期待権が侵害されたにすぎず既得権が侵害されたわけではないとされていた）。戦後になって910条が新設されたことによって，784条ただし書の適用範囲は変化した（ほぼ意味を失った。この規定によって遺産分割は違法にはならない。ただし，現物返還は910条によって制限されると解することになろうか）というべきだろう。

　なお，認知された子と嫡出子とでは相続分に差を設ける規定が置かれていたが（旧900条4号ただし書前段），判例変更（最大決平成7年7月5日民集49巻7号1789頁はこれを違憲とはいえないとしていたが，最大決平成25年9月4日民集67巻6号1320頁は違憲とするに至った）を経て，2013年の改正によってこの差は解消されるに至っている。

扶養に関しては，父が認知した後に，子を養育していた母が父に対して，出生時以後の扶養料につき求償できるというのが，戦前以来の考え方である。過去の扶養料に関する求償は認められないという立場に立つとしても，本条により求償は可能であると考えられてきた。

なお，現行法の下では認知された子と嫡出子とで扶養に関する限り，法的な差は設けられていない。親の子に対する扶養義務については実際上も差を設けるのは適切ではないが，子の親に対する扶養義務に関しては，必ずしも同様に考える必要はない。

(3) **親権と子の氏**　認知の効果は，親権（および監護権）や子の氏（および戸籍）などにも影響を及ぼすが（819条・788条・791条，戸18条），遡及効が及ぶわけではない（明治民法においては「家」との関係で若干の問題があったが，省略する）。

V　認知の取消しと無効

1　取消し（785条）

認知者は認知を取り消すことができない。この規定の趣旨については「認知を真面目ならしめるためであらう」（穂積457-458頁）などと説明されてきた。詐欺・強迫による場合はその限りではないとする見解もあり，この場合には認知取消しの訴えによらなければならないとされる（穂積同頁）。認知が事実に合致している場合には，原則として取消しは認められず，承諾を要する場合にのみ，承諾権者からの取消しの訴えを認めるべきだとする見解もある（我妻237頁）。この見解は，認知が事実に合致しない場合には，無効の訴えをなすべきであるとする。

後者の見解は，事実に合致しなくても認知の効力を維持すべしとするのは「意思主義の悪い半面である」とするが（我妻240頁注7），このように断ずることの当否については，規定の趣旨（我妻は全く説明していない）とあわせて再考を要するのではなかろうか。後述する。

2　無効（786条）

「子その他の利害関係人」は，認知に対して「反対の事実を主張することができる」というのは，認知無効を主張することができるという趣旨だと解されている。無効の主張は認知無効の訴えによるほか，先決問題として他の訴訟において主張することもできる。

認知者自身が認知無効を主張できるか否かについては，かつては否定説が有

力であったが，その後は肯定説も増えている（我妻237頁・239頁注(5)）。また，最近の判例もこれを肯定した（最判平成26年1月14日民集68巻1号1頁）。仮に，認知者自身による無効の主張を認めるとしても，一定の制限を設けることは必要であろう。後述する（第5）。

Ⅵ　補　論——出生証書と身分占有

　最後に，認知制度の将来像を考えるために，旧民法の親子法などにつき一言しておきたい。旧民法の親子法は（フランス民法と同様）実体と証拠とが融合した形をとっていた。ここでは嫡出でない子に関する規定を掲げておく。

>　旧民法人事編
>　　第95条　庶子ハ父ノ届出ニ基ク出生証書ヲ以テ之ヲ証ス。但身分ノ占
>　　　　有ニ関スル規定ヲ適用ス
>　　第98条　私生子ハ父之ヲ認知スルニ因リテ庶子ト為ル
>　　第99条　庶子ノ出生届及ヒ認知ハ父自ラ身分取扱吏ニ之ヲ為スコトヲ
>　　　　要ス未成年者ト雖モ自ラ之ヲ為スコトヲ得

　このように，認知は出生届または認知届によってなされるものとされていた。現行フランス法においても同様の扱いがなされている（仏民316条3項）。そして，要式行為によって作成された証書が証明手段となるわけである。この制度の下では，いったんなされた認知を取り消すということは想定されていない。しかし，明治民法においてはこの仕組みは不明確なものとなった。そこで疑義を払拭するために置かれたのが現行785条に相当する規定（明民832条）であったと解すべきではないか。
　また，庶子の身分（嫡出子の身分についても同様）に関しては，証書の効力が否定されても，身分占有の規定が適用されうる。下記のような規定が置かれていた（嫡出子を想定した規定であるが，人事編96条は庶子についても同様に解する趣旨であろう。フランス民法311-1条を参照）。

>　旧民法人事編
>　　第94条　身分ノ占有トハ夫婦ト其婚姻ニ因リテ生マレタリト主張スル
>　　　　者トノ間其者ノ出生ノ時ヨリ親子ノ分限ヲ証スルニ足ル可キ事実ノ
>　　　　湊合スルヲ謂フ其事実ノ著明ナルモノ左ノ如シ
>　　　　　第一　子ナリト主張スル者カ常ニ其父ナリトスル者ノ氏ヲ称シタ
>　　　　　　ルコト

第二　子ナリト主張スル者カ常ニ其父母ナリトスル者ヨリ嫡出子
　　　　　ノ如ク取扱ハレ其養育，教育ヲ受ケタルコト
　　　第三　子ナリト主張スル者カ常ニ親族及ヒ世上ニ於テ嫡出子ト認
　　　　　メラレタルコト

　現行民法にはこのような規定は置かれていないが，戦前の人事法案 105 条が次のように定めていたことは注目に値する。

　　人事法案
　　第 105 条　認知カ事実ニ反スルトキハ認知ヲ為シタル父又ハ子其ノ他ノ利害関係人ハ其取消ヲ家事審判所ニ請求スルコトヲ得但認知ノ時ヨリ 18 年ヲ経過シタルトキハ此ノ限リニ在ラズ
　　　前項ノ規定ニ依ル請求ハ認知ノ事実ニ反スルコトヲ知リタル時ヨリ 1 年ヲ経過シタルトキハ之ヲ為スコトヲ得ズ

　これは「事実の承認と意思との間の調和をとろうとする態度は興味深い」（我妻 239 頁注(5)）と評されていた。なお，認知ではなく親子関係不存在確認に関するものであるが，請求を権利濫用とした判例（最判平成 18 年 7 月 7 日民集 60 巻 6 号 2307 頁）が存在するのも，同様の観点から注目に値する。

第 5　787 条：強制認知

> （認知の訴え）
> 第 787 条　子，その直系卑属又はこれらの者の法定代理人は，認知の訴えを提起することができる。ただし，父又は母の死亡の日から 3 年を経過したときは，この限りでない。

I　本条の法的意義

1　本条によって強制認知ができる

　現行 787 条に対応する明民 835 条は，「父又ハ母ニ対シテ認知ヲ求メルコトヲ得」と定めていた。この規定の書きぶりに関しては，「裁判所に於て其父又は母の証明を為すことが出来ると云ふ規定であるけれども，必ずしも裁判所に出にやならぬと云ふ風にはしない仕組に是迄なつて居る。それで斯う云ふ風に書いた」と説明されている（富井・法典調査会六 585 頁）。

もっとも，ここでいう「是迄」の中身は不明である。後に述べるように，この規定に対応する規定は旧民法にはなかった。起草者が考える「是迄」を前提としつつ，「さう直ぐに是非共裁判所でやると云ふやうなことは書かない方が宜からう」（富井・同頁）という慎重な構えをとって，反対論に備えたものと思われる。

しかし，後述のように，この点は，1942年改正の際に現行規定のように改められている。

2 本条によらずに強制認知はできるか？

実際，この提案にはいくつもの反対論が提起された。「此箇条は可笑しな結果を生じてくる」（横田・法典調査会六587頁），「実害を顧みたならば又一寸困ることもあらう」（長谷川・法典調査会六587頁），「斯う云うものがあつたら余程危険なことがあらう」（村田・法典調査会六591頁）ということが言われ，削除論が説かれた。「却て此規定があるとそれが為めに訴へぬでも済む者が訴へる。是れは書いて置かなくても出来ると思ふから法文の上では削つて置きたい」（土方・法典調査会六588頁）というのである。

これに対しては，富井は，「父母が任意に認知しなければ出来ない」（富井・法典調査会六589頁）と応じている。梅は，これを受けて，「既成法典には認知することを得と云ふ規定があつて認知を求むることを得と云ふのではない。其趣意は私の解する所では認知を求むることは出来ぬと云ふ趣意であらうと思ふ。……それだから削つて置いてさうなると云ふことにはならぬ」（梅・同頁）と補足している。

また，起草者の見解を前提とした上で，「捨子のやうな場合を考へて見ると母親の認知が必要でないと云ふことは言へない。それから略取強姦の場合もありませう」と，規定の必要性を指摘する見解もあった（高木・法典調査会六592頁）。最終的には，削除論は採決によって退けられている。

3 本条により誰が強制認知を求められるか？

(1) **提訴権者**　現行787条は，「子，その直系卑属又はこれらの者の法定代理人」を提訴権者としている。この書きぶりに対しては「直系卑属が裁判所に認知を請求することが出来るのは只親の死んだと云ふ場合ならば今少し分る様に書いて貰ひたい」（田部・法典調査会六586頁）という要望が寄せられた。これに対して，富井は「子の死んだ場合には直系卑属と云ふことに読めなくては不都合である」（富井・同頁）と応じている。しかし，文言を改めるとは言って

いないので，これでそう読めるという趣旨だったのだろう。

　(2) **承諾権者**　　また，787 条では，「法定代理人」が提訴する場合に，特段の制限は設けられていない。これに対しては，「例へば母丈けが認知して居つて，母の方には母方の親族があつて其親族の考へは何某は父だと云ふことを認知させやうと云ふので，どうも法定代理人から認知を望むと云ふことになつてはどうかと思ふ」(田部・法典調査会六 586 頁) との疑義が示された。

　ややわかりにくい質問だが，富井は「斯う云ふ事柄は法定代理人の一身で出来るとした方が宜からう……裁判所の許可と云ふことは左程反対しませぬが，親族会の認許では少なくも私は反対であります」(富井・法典調査会六 586-587 頁) と反論している。「兎に角子の為めに不利益とならない裁判所の許可ならば或は宜いか知れませぬが，どうも親族会の認許は甚だ不安心に思ふ」(富井・法典調査会六 588 頁) というのが，その理由のようである。

　1947 年改正で親族会が廃止されたので，以上は，今日では無用の議論である。しかし，母の選択に制約をかけたいという主張がなされたのに対して，母に委ねるのが子の利益にかなう，というのが富井の意図であったことは，今日でもなお記憶に値するであろう。

4　いつまで強制認知を求めることができるか？

　(1) **1942 年改正**　　現行 787 条は，「ただし，父又は母の死亡の日から 3 年を経過したときは，この限りでない」としている。しかし，このただし書は，明治民法の原始規定にはなかったものであり，1942 年改正によって付け加えられたものである。

　原始規定は，次のような考え方に立つものであったと言える。「父と其私生子との間の法律上の親子関係は……事実上の親子関係の確定によつて発生するのではなくて，認知によつてのみ発生する。それ故父の生前に認知がなく，且認知の遺言もない場合には，其死後に至つては認知を請求する方法がない」(穂積 466 頁)。

　この点は問題視されており，立法論的には批判もあった (穂積 467 頁は「私生父子関係も認知と云ふ意思表示又はその裁判による強制によつて発生すると云ふ主義を採らずに，事実の確認を原則とした方がよかつたと思ふ」としていた)。

　この点が改められて現行 787 条にただし書が付加されたのは，1942 年改正においてであった。この改正によって，「認知を求める」という言い方が「認知の訴を提起する」と改められ，さらに父たるべき者の死後 3 年間は提訴可能とされたのである。なお，この場合の被告は検察官である (人訴 42 条 1 項)。

(2) **1949年特例法**　さらに,「戦争によって死亡した者については,死亡の時が判然としないため,3年の出訴期間が短かきに過ぎて不適当である場合が多いことが発見された」(中川389頁)。そこで,「認知の訴の特例に関する法律」(昭和24法206号)が制定され,次の1ヶ条が設けられた。

> 認知特例法①　今次の戦争において,戦地若しくはこれに準ずる地域に臨み,若しくは国外において未復員中その他これらと同様の実情にあつて死亡し,又は国内において空襲その他戦争に因る災害のため死亡した者について,子,その直系卑属又はこれらの者の法定代理人が認知の訴を提起する場合には,民法(昭和22年法律第222号)第787条但書の規定にかかわらず,死亡の事実を知つた日から3年以内にこれをすることができる。但し,死亡の日から10年を経過したときは,この限りでない。
> ②　死亡の事実を知つた日が,この法律施行前であるときは,前項に規定する3年の期間は,この法律施行の日から起算する。

この特例法はもちろん1942年改正自体も,少なくとも直接には,それが戦時立法としてなされたことに留意する必要がある。

Ⅱ　本条の社会的意義

1　本条がないとどうなるか?

(1) **扶養料がとれない**　現行787条に対応する明治民法835条に対して削除論を主張する論者は,「父母と云ふ者は自分の親族であるならばそれを認めたいと云ふが勿論である。……若し認め憎ければ外の手段で自分が財産家であれば種々の方法がある」(横田・法典調査会六587頁),「自分の子であり乍ら子と認めぬと云ふ者は少ないと思ふ」(長谷川・法典調査会六591頁)とする。

これに対して,富井は「さうであれば親子の間には養料の義務があると云ふことは言はぬでも宜い。一切法律は無用である。併しそれが稀な場合にさうなると云ふならば宜いが,どうも此場合は沢山あらうと思ふ。自分が或る女と交際してさうして子を生んだ。それが世に発表されては甚だ体裁が悪いと云ふ所からして子の扱ひをしないと云ふことは随分あらう。さう云ふ場合に其子は極端な例を挙ぐれば餓死をして仕舞ふ。それ迄に至らずとも子としての待遇を受くることが出来ないと云ふと実に是れはどんな国の道徳にも反したことであらうと思ふ」(富井・法典調査会六587頁)と反論している。

梅もまた,富井を擁護している。「私生子と云ふ者を父が認めぬ為めに飢渇

に迫ると云ふときは誰の厄介になるかと言へば，畢竟する所国の厄介になる。父が法律の下に棲息して居つて法律以外に子を拵へて国の厄介にすると云ふのは不都合と思ふ」，また，「仮令ひ 835 条の如き規定があつても証明が難いと此精神を貫ぬくことが出来ないのは遺憾でありますが，それは仕方がない」と述べている（梅・法典調査会六 590 頁）。国家の負担増を訴え，実際には証明が困難なのだから，と説く立論は，梅らしい巧みなものであると言えよう。

(2) **扶養料をとる途は？**　ところで，強制認知が認められないとすると，子は全く扶養料の請求をなしえないだろうか。実は必ずしもそうではない。親子関係は認めないが，子をある程度まで保護するという余地がないわけではない。

たとえば，強制認知を認めない時代のフランス法の下でも，判例は，母から父への損害賠償請求を認めてきた（中川 374 頁）。また，ベルギーの 1908 年 4 月 6 日法は，「親子関係の確認なき扶養料請求の訴訟」を認めるに至った（中川 375 頁）。あるいは，ドイツ普通法の下では，母と性関係を持った者に連帯して子の扶養料の支払をさせるべきことを説いた見解があったという（中川 377 頁）。なお，フランス法においても，この考え方は 1972 年改正によって明文化されるに至っている（仏民 342 条）。

しかし，だからと言って，強制認知が不要となるわけではないことは言うまでもない。もっとも，逆に，強制認知が認められても，このような法理が不要になるわけでもない。

2　本条があるとどうなるか？

(1) **国内での効果**　現行 787 条のような規定を設けると，どのような結果が生ずることになるか。明治民法の起草時，委員たちはそれぞれに異なる見通しを持っていた。

まず，削除論の人々であるが，次のような見通しが述べられていた。「此通りにやれば人が猥りに女に手を出さぬやうになると云ふやうな話があるが，それは怪しからぬ話であるが，私はさうしない方が却て戒しめる方になる。……女が誰と通じても男を認めて往くと今度は女の方が一寸も構はぬやうになる。……女の方は成る可く慎しませる方が慣習である」（横田・法典調査会六 591 頁）。あるいは，「此処に書いて置くと，一つの威どしになる」（長谷川・同頁），「私生子の多きことは諸君も御承知の通りで其中には身分ある人の子もある。それ等の隠事を発き出すことになると大きに迷惑する者がある」（村田・同頁）という意見もあった。以上は，当時としては，率直と言えば率直な意見であると言

うべきだろう。

　これに対して，梅は，「婚姻外に子を拵へることは宜しくないが，子に迷惑を掛けることが少なければ徳義上の罪が自ら軽くなる」（梅・法典調査会六589-590頁），また，「実際さうでない者が金儲けの為めに訴へてくる。いつもさう云ふ者であると云ふことは大変事実に叶はぬことであらう」（梅・法典調査会六590頁）としている。

　(2)　外国での評価　　委員たちは，他の問題と同様，外国の視線も気にしている。このような規定を設けて私生子の多いことが露見しては，「却て日本に立派な法律を設けて置いても何んにもならぬと思ふ」（村田・法典調査会六591頁）という意見がある一方で，「日本は自堕落の国であるから斯う云ふ規定があつては困ると云ふので削ると云ふのでは甚だ面白くない」（高木・法典調査会六592頁）との意見もあった。また，そもそも，「文明国の法律として斯う云ふことを許さぬと云ふのは実に恥辱であらうと思ふ」（梅・法典調査会六591頁）との意見もあった。

3　立法の基礎は何か？

　(1)　強制認知の可否——合理性と必要性　　以上のように厳しい反対論があった中で，富井や梅は，何をもとに，強制認知を認める方向を打ち出したのだろうか。

　彼らのよりどころとなったのは，法の発展の趨勢であったように思われる。当時，静態的に外国法を見ると，富井は，「此規定はある所と無い所とあります」（富井・法典調査会六586頁）と言わざるを得なかった。具体的には，「仏蘭西民法に於ては原則として（認知の訴えを——大村注）禁じて居る」（富井・同頁）。しかし，富井は，「改正案が議院に出たことがある」（富井・同頁）と指摘し，仮に，「（禁止規定が——大村注）今日尚ほ存して居つても永続はしないと信じて居る」（富井・法典調査会六587頁）と述べている。また，「我邦の現況でも斯うなつて居るのであらうと思ふ。……26年の大審院の判決で父母が認知して居らぬのに子が裁判所に於て其父母を認めて貰う。さうして親の義務を尽さぬと云ふことを極めたことがある」（富井・法典調査会六586頁）としている。しかし，これが国内法に関する客観的な理解であるか否かについては，疑問がありうる。たとえば，後に，穂積は「民法施行前には妾腹以外の私生子が父に対して認知を請求することを許さなかつたのを，民法がそれを認めたのである」（穂積462頁）としている。むしろ，起草者たちは，ここでも先進的な判決を見つけて，その方向に進もうとしたと言うべきだろう。

他方，1942年改正や1949年特例法が，政策的な必要性に導かれたものであることは，すでに述べた通りである。もっとも，そこには，原始規定の不備が集約的に現れていたのであり，これもまた，合理的な方向への発展の一段階であったという見方もありえないではない。

(2) **強制認知の限界──親子の観念**　そもそも強制認知が認められるのはなぜか。委員の中には，子どもがかわいそう，というのと異なるレベルの議論を展開しようとする者もあった。穂積八束である。「本当の事実がある者は親子にしなければならぬと云ふことが自然起つてくるであらう」（穂積八束・法典調査会六588頁）。ところが，「承諾を拒んで居つて跡から認許を請求することが出来ると云ふと法律上の規定としては余り事柄が離齬する」（穂積八束・同頁）。八束はここから，事実重視が貫徹していない以上，強制認知を認める必要はない，という結論を導く。これに対して，富井は「親が認知しやうとしても子の方でそれは虚偽だと云ふのはまだ仕方がないが，親が生んで置乍ら，それは虚偽だと云ふのは不道徳極まつたことである」（富井・法典調査会六589頁）と応じている。

以上の議論には，生物学的な親子関係を基礎に据えて法的な親子関係を措定すべきなのか，という根本問題が現れている。さらに，なぜ生物学的な親子関係が法的な親子関係となるのか，という問いも内包されている。富井の問いを反転させるならば，次のような問いが立つだろう。親が産んでおきながら，親子関係を否定することが不道徳とは言えない場合はないか。そもそも，「親が生んだ」とは言えない場合はないか。この問いは，AID の場合のドナーへの認知請求の可否，死後生殖の場合の認知請求の可否という現代的な問いへと繋がることになる。

第6　788条：認知の効果

> （認知後の子の監護に関する事項の定め等）
> 第788条　第766条の規定は，父が認知する場合について準用する。

I　本条の意義──親権との関係

現行788条は，1947年改正によって導入された規定である。もっとも，起草委員第1次案（1946年7月27日付）には，この提案は含まれていない。これ

が現れるのは，同第2次案（1946年7月29日付）以降である。具体的には，次のような提案がなされている（経過228頁）。

> 第19　父が認知を為す場合は子の監護を為すべき者其の他監護に付必要なる事項は協議に依り之を定め協議調わざるときは裁判所之を定むることとすること。

これは，親権とは独立に監護権の所在を極めることを認める趣旨であり，離婚に準ずる扱いをしようということであった。事実，最終的には準用規定として定められるに至っている。

II　本条の可能性と限界——非婚家族と子の監護

以上のように，（父が認知した）非嫡出子の監護については，離婚後の監護と同様のルールが設けられている。非嫡出子の親権についても同様である。このことは，婚姻外の親子関係と離婚後の親子関係がパラレルにとらえられていることを意味する。

そうだとすると，次のような議論が可能になる。一方で父が親権を有する場合にも，母に監護権を帰属させることが可能である。その結果，子の監護につき，父母は一定の限度で協議を要することになる（もともと，監護権が認められても，親権からその部分が失われるとは考えられていなかった）。離婚後であれ非婚の場合であれ，親である以上はある程度の協力をすることはありうるわけである。言い方を変えるならば，現行法の下でも共同監護はありうるのではないか。

しかし，非嫡出子に関しては（離婚後の嫡出子に関しても），共同親権は認められない。現行法の下では，あくまでも親権を行使するのは一方の親なのである。両親の間に共同生活がない離婚の場合には，これはやむをえないのかもしれない。しかし，非婚の場合には話は別である。両親の間に共同生活があることも考えられるからである。この点については再検討が必要であるが，ここではこれ以上は立ち入らない。

第7　789条：準　正

> （準正）
> 第789条① 　父が認知した子は，その父母の婚姻によって嫡出子の身分を取得する。
> ② 　婚姻中父母が認知した子は，その認知の時から，嫡出子の身分を取得する。
> ③ 　前二項の規定は，子が既に死亡していた場合について準用する。

I　意　義――準正とは何か

　父が認知した子は，父と母の婚姻によって嫡出子の身分を取得する（789条1項）。これを準正（légitimation）といい，準正された子を準正子（enfant légitimé．嫡出子は enfant légitime）と呼ぶ。準正には特段の手続を要しない（氏と戸籍については，現在では，当然に父母の氏を称し，父母の戸籍に入る扱いがなされているが，若干の手続が必要であり，かつ，若干の問題も存在する。我妻253-254頁注(1)）。

　妻が婚姻後に懐胎・出産した子は嫡出子となるが，準正は，婚姻前に懐胎・出産された子であっても，認知がなされた上で婚姻がされれば嫡出子と同様に扱うことを意味する。かつては父母の婚姻を推奨する趣旨であると説明された（穂積474頁）。準正を認めないと，同一の父母の間から生まれた子の間に，嫡出・非嫡出の別が生じることになるが（たとえば，相続順位や相続分に差が生じるなど），これを避ける趣旨であるとも言える。

　したがって，嫡出・非嫡出の区別を廃止すれば準正の概念は不要になる。たとえば，フランス法では，最近になって効果の点で両者の区別を廃止したが，あわせて準正の概念も廃止されている。

　なお，婚姻によらずに嫡出性を付与するための制度として，外国法には嫡出宣言という制度がある。日本法の下においては，同様の結果を得るためには養子縁組によることが考えられる。

II　要　件

1　認知と婚姻の先後

　（父母の婚姻前に懐胎された）嫡出でない子の出生，父の認知，婚姻の先後関係は，認知が婚姻に先立つ場合（①出生→認知→婚姻，②認知→出生→婚姻，③認知→婚姻→出生）と婚姻が認知に先立つ場合（④出生→婚姻→認知，⑤婚姻→出生→

認知，⑥婚姻→認知→出生）に大別される。
　このうち前者については（出生後認知の①の場合だけでなく胎児認知の②③の場合も含めて）789条1項によって準正が生じる。後者についても，認知と婚姻の順序は逆転するが，両者が備わる点では前者と同視できるので，同様の効果が認められている（789条2項。1項によるものを「婚姻準正」，2項によるものを「認知準正」と呼ぶこともある）。ただし，⑤⑥については，今日では「推定の及ばない嫡出子」という扱いがなされるに至っている（したがって，戸籍法62条によって，嫡出子出生届に認知の効力が認められるのは④の場合に限られる）。

2　子の死亡・父母の婚姻解消

　789条3項は子の死亡後にも準正の効果が生ずるとしている。その子の直系卑属は父母の嫡出子たる直系卑属たる身分を取得することになり，代襲相続の際に意味を持つと説明されてきたが，相続分の平等化が実現した今日において，なお，この規定に実益があるかは疑問である。
　父母の婚姻解消（離婚または死亡）後に認知された場合については，明文の規定がないが，認知＋婚姻＝準正という考え方に従えば，この場合にも準正の効果が生ずると解することになる。

III　効　果——遡及効の有無

　準正の効果は，婚姻・認知の双方が揃った時点から（1項の場合には婚姻時から，2項の場合に認知時から）生じるものとされており，遡及効が認められていない。父母の一方の死亡後に認知されたという場合に，遡及効を認めないと，嫡出子としての相続権が得られないのは問題であるとされていたが，この点の実益はなくなった。なお，遡及効を認めるとしても，婚姻前に出生している子につき出生時まで遡及させるのは不適当である（父母の婚姻前に嫡出子が存在するのは背理である）と言われていた。

第8　790条・791条：子の氏

> （子の氏）
> 第790条① 嫡出である子は，父母の氏を称する。ただし，子の出生前に父母が離婚したときは，離婚の際における父母の氏を称する。
> ② 嫡出でない子は，母の氏を称する。
> （子の氏の変更）
> 第791条① 子が父又は母と氏を異にする場合には，子は，家庭裁判所の許可を得て，戸籍法の定めるところにより届け出ることによって，その父又は母の氏を称することができる。
> ② 父又は母が氏を改めたことにより子が父母と氏を異にする場合には，子は，父母の婚姻中に限り，前項の許可を得ないで，戸籍法の定めるところにより届け出ることによって，その父母の氏を称することができる。
> ③ 子が15歳未満であるときは，その法定代理人が，これに代わって，前二項の行為をすることができる。
> ④ 前三項の規定により氏を改めた未成年の子は，成年に達した時から1年以内に戸籍法の定めるところにより届け出ることによって，従前の氏に復することができる。

I　明治民法における子の氏

　現行790条・791条に対応する規定は，明治民法には存在しない。というのは，このような規定をわざわざ置く必要がなかったからである。氏に関する明治民法の原則は単純明快なものであった。「戸主及ヒ家族ハ其家ノ氏ヲ称ス」（明民746条）。すなわち，氏は，家ごとに定まっているのであり，どの氏を称するかは，どの家に属するかによって決まっていた。したがって，家への帰属と独立に，氏を決める必要はなかった。「今日は家には必す氏あり。故に家を組織する所の戸主及ひ家族は当然其家の氏を称すへきこと殆と言ふを俟たさるか如し」（梅43頁）というわけである。

　もっとも，これは全く自明のことというわけではなかった。実際，「是れ従前と雖も略々同しき所なり。唯従来の行政上の慣習に依れは，妻は実家の氏を称すへきものとせりと雖も，是れ……我邦の家制の主義に適せす。又実際の慣習にも戻る所なり」（梅43頁）との説明が付け加えられていた。しかし，子どもの氏については，何の説明もされていない。家の氏を称すべきことに異論は

なかったのであろう。

Ⅱ　現行民法における子の氏

現行790条・791条は，紆余曲折があって現在の形に落ち着いたようである。まず，現行規定の内容を見た上で，草案段階における変遷の跡をたどってみる。

1　規定の内容

(1) 氏の決定（790条）　現行法の下では，夫婦は共通の氏を称する。その間に生まれた子（嫡出子）は，「父母の氏」，すなわち夫婦の氏を称する（790条1項本文）。これは，子の出生前に父母が離婚した場合も同じである。出生時には，父母はもはや共通の氏を称していないが，子は，離婚の際の，すなわち婚姻中の父母の氏を称する（790条1項ただし書）。なお，子の出生前に父が死亡した場合については，規定はないが，やはり同じであると考えられている。現行民法の下では「家の氏」はもはや存在しない。しかし，「夫婦の氏」はあたかも「家の氏」に代わるかのごとくである。というのも，以上のルールにより，夫婦（父母）とその間に生まれた子は，同一の氏を称することになるからである。

では，嫡出でない子（非嫡出子）の氏は，どのようにして決まるのか。この点に関しては，「母の氏」を称することとされている（790条2項）。この規定は注目に値する。というのも，嫡出でない子の親子関係の成立につき，民法は「父又は母」というパラレルな書き方をしているにもかかわらず，氏に関しては，「母の氏」が優先的に付与されることとされているからである。

明治民法の下では，嫡出子・非嫡出子の別を問わず，①子は父の家に入るのが原則であった（明民733条1項）。父が認知しない場合，②戸主が家に入ることに同意しない場合には，母の家に入ることとされていた（明民733条2項・735条2項前段）。③母が認知しない場合，戸主が家に入ることに同意しない場合には，一家を創設することとされていた（明民733条3項・735条2項後段）。つまり，子の氏は，まず父の氏，次に母の氏，そして第三の氏，という順で定まることとされていた。

ところが，現行法の下では，まず「母の氏」とされるに至っている。この点に関しては，「父に認知されても，氏が当然に変わるということはないし，胎児の間に父から認知されたとしても，これによって取得する氏は母の氏である」（中川481頁）とされている。この規定の背後には，まず母子関係が決まるので，子は母の氏を称することとし，必要に応じて変更すればよい，という考

え方が潜んでいると言えるだろう。

　論理的には，最初に親子関係が生じた親の氏を称するとすることも考えられるが，それは多くの場合には母である（胎児認知の場合には，出生時に同時に母子関係・父子関係が成立する）。そこで，母子関係を優先させることとなったものを思われる。

　以上のルールは，全体としてどのように説明されるだろうか。この点，民法は「親子同氏の原則」を採用しているとされている。その上で，両親が異なる氏を称することを想定して，場合によって優先順位を定めたわけである（我妻310頁参照）。

　なお，棄児のように，父母がともに不明の場合には，市町村長が氏名をつける（戸57条2項）。

　(2)　氏の変更（791条）　いったん決まった子どもの氏は，その後ずっと変わらないわけではない。もちろん，婚姻によって氏が変わることはあるし（750条），養子縁組によって氏が変わることもある（810条本文）。これらは，法律の効果として生ずる氏の変動であり，その結果，親の氏とは異なる氏を称することとなる。

　これとは別に，一定の場合には，子は，手続を経て，父または母と同じ氏を称することができる。第一に，「子が父又は母と氏を異にする場合」である。この場合には，裁判所の許可を得て，その父または母の氏を称することができる。この規定により，子は，①離婚後復氏した親（この親とは氏を異にする）の氏や①′さらに再婚した親の氏，あるいは，②認知された父親の氏を称することができることになる。子の氏は，必ずしも親との共同生活の有無を反映しないため，生活実態に即した変更を認める趣旨だと説明される。この趣旨を超えた変更（たとえば家名存続のための変更）が認められるべきか否かについては，これに否定的な見解もあるが，必ずしも認められないわけではないとする見解もある。

　第二に，「父又は母が氏を改めたことにより子が父母と氏を異にする場合」（791条2項）である。この場合には，裁判所の許可を得ずに，その父または母の氏を称することができる。1947年改正の際にはなかった規定であり，1987年の改正の際に追加されたものである。たとえば，夫婦の双方（または婚姻の際に自己の氏を称した者）が養子になったという場合が考えられる。このような場合には，利害の対立はないため，家庭裁判所の許可は不要とされた。なお，1947年の立法者たちはこの問題に気づいていなかったわけではない。ただ，このような仕分けはしないという考え方を採っていたのである。

氏の変更を申し立てられるのは，子の側に限られる。この規定は，子の利益のための規定であるからである。なお，子が15歳未満であるときは，その法定代理人がこれに代わって申立てをする（791条3項）。もっとも，子の監護の観点からは氏の変更が必要だとしても，子自身は，従前の氏を称したいという場合もありうる。これは，法定代理人が変更の申立てをした場合はもちろん，子自身が申立てをした場合にも言えることである。そこで，民法は，未成年の子が氏を改めた場合には，成年に達してから1年以内に従前の氏に復することができるとしている。

数次の変更があった場合，「従前の氏」とはどの氏なのかが問題になりうるが，子がそれまでに称していたすべての氏が含まれると解するべきだろう。この範囲内では，子に選択の自由が認められているわけである。

2　規定の変遷

(1)　**各草案における規定**　子の氏に関しては，後に，「非常に大きな問題となる点」であったと回顧されている（我妻・経過152頁）。そもそも，現行規定に至るまでには，かなりの曲折があったようである。まず，規定の変遷の様子を整理しておこう。

第790条①
　第1次案
　　嫡出の子は父の氏を称す
　　嫡出に非ざる子は母の氏を称す
　第2次案～第6次案（836条の2の1項・2項）
　　嫡出の子は父の氏を称す但父のみか子の出生前に離婚又は離縁に因り婚姻又は縁組前の氏に復したときは母の氏を称す
　　嫡出に非ざる子は母の氏を称す
　第7次案
　　（現行法と同じ）
第791条
　第1次案・第2次案
　　（略）
　第3次案～第6次案
　　（イ）（父又は母が婚姻によって氏を改めた場合——788条2項）前項の規定に依りて氏を改めたる夫又は妻に未成年の子あるときは配偶者との協議を以て其子を引取りて自己と同一の氏を称せしむることを得

(ロ) （父又は母が生存配偶者として復氏した場合——789条2項・3項）前項の場合に於て生存配偶者は家事審判所の許可を得て夫婦間の未成年の子を引取りて自己と同一の氏を称せしむることを得
　　第812条の3……の規定（（ニ）参照）は第1項の場合に之を準用す
(ハ) （父又は母が離婚によって復氏した場合——812条の2の2項・3項）前項の場合に於ては夫又は妻は当事者の協議を以て夫婦間の未成年の子を引取りて自己と同一の氏を称せしむることを得
　　前項の協議調はさるときは家事審判所の許可を以て之に代ふることを得
　　（cf. 裁判上の離婚，婚姻の取消しに準用）
(ニ) （同上——812条の3）第788条2項（（イ）参照）の規定に依りて氏を改めたる子は父又は母の協議上の離婚に因りて之に随ひて其婚姻前の氏に復す但子か成年者なる場合に於ては反対の意思を表示せさるときに限る
　　（cf. 裁判上の離婚，婚姻の取消しに準用）
(ホ) （父が認知した場合——836条の2の3項）父か認知を為したるときは前項の規定（非嫡出子は母の氏を称するとの規定）に拘はらす父は母との協議を以て未成年の子を引取りて自己と同一の氏を称せしむることを得
(ヘ) （父又は母が養子となった場合——861条2項）未成年の子は父又は母の縁組に因り之に随ひて其氏を称す
(ト) （父又は母が離縁によって復氏した場合——875条2項）養子の子は養子の離縁に因り之に随ひて縁組前の氏を称す但子か成年者なる場合に於ては反対の意思を表示せさるときに限る
　　（cf. 縁組の取消しに準用）
(チ) （父又は母が，右の各規定によって氏を改めた場合——836条の3）父又は母か第788条第2項，第789条第2項，第3項，第812条の2第2項，第3項，第812条の3，第861条第2項，第875条第2項又は前条第3項の規定に依りて氏を改めたるときは子は父又は母に随ひて其氏を称す
第7次案
　　（現行法と同じ）

(2) **方針の転換**　　第一に，790条に関しては，早い段階で，非嫡出子は母の氏を称することとされたが，嫡出子については，途中まで（第6次案まで），父の氏を称するとされていた。これは，この時期までは，夫婦の氏につき，「夫婦は共に夫の氏を称す但当事者か婚姻と同時に反対の意思を表示したると

きは妻の氏を称す」とされていたのに対応する。

　第二に，791条に関しては，やはり途中まで（第6次案まで），「共同生活をしている親子は，親の氏がかわるときは子の氏もかえて，引きつづき氏を同じくすることができるようにしておく必要がある」（村上・経過153頁）という考え方に立って，場面ごとに規定を置いていた。

　ところが，GHQから「未成年の子供があるときに，その者の同意もえないで勝手に配偶者との協議で氏を変更せしめるということはいけない……また一応そういうふうに未成年のときに同意をえて氏を変更せしめても，その後その子供が成年に達したときには，また前の氏にもどることができるというふうな選択権も当然考えなければならない」（奥野・経過152頁）とか「『引取リテ』という言葉の意味がわからない」（村上・経過153頁）といった意見が出されたという。

　そこで，最終的には「いろいろな場合の氏変更を，すべて791条一本にまとめてしまった」（村上・経過153頁）。その際に，「要件の最も重いものに統一された形」（我妻・経過157頁）になったが，「結局，新民法の下では氏は実質上は無意味だから必ずしもこれを自由に動かす必要はないはずであると割り切って，すべて家事審判所の許可にかからせる」（小澤・経過157頁）ことにしたという。言い換えると，「氏を同じくした父母が親権を行うという実体と切り離すことによって，こういうふうにすっきりした形にすることができた」（奥野・経過158頁）わけである。

Ⅲ　1996年要綱における子の氏

　以上は，夫婦同氏を前提とした現行法の話であるが，1996年民法改正要綱は選択的夫婦別姓制度を導入するのに伴い，子の氏についても一定の修正を加えることを提案していた。次のような提案である。アンダーライン部分が主要な変更箇所である。

　　第四　子の氏
　　　一　嫡出である子の氏
　　　　嫡出である子は，父母の氏（子の出生前に父母が離婚したときは，離婚の際における父母の氏）<u>又は父母が第三，二により子が称する氏として定めた父若しくは母の氏</u>を称するものとする。
　　　二　養子の氏（略）
　　　三　子の氏の変更
　　　　1　子が父又は母と氏を異にする場合には，子は，家庭裁判所の許可

を得て，戸籍法の定めるところにより届け出ることによって，その父
又は母の氏を称することができるものとする。<u>ただし，子の父母が氏
を異にする夫婦であって子が未成年であるときは，父母の婚姻中は，
特別の事情があるときでなければ，これをすることができないものと
する。</u>
　2～5（略）

　要点は2点である。第一に，別氏の夫婦の下では，子は父母の共通の氏を称
することはできないので，どちらの氏を称するかを予め定める必要があること。
第二に，その結果として，父母の一方と子の氏は異なることになるが，この場
合には（父母の婚姻中に限り），氏の変更を認めないことを原則とする。
　これは，別氏夫婦の場合，子の氏は，父の氏・母の氏に随時変更できるとは
せずに，婚姻の段階で固定することを意味する。これは，新制度の下では，予
め定められる子の氏（父母の一方の氏）がいわば夫婦の氏に代わるということに
ほかならない。この場合には，子の氏がいわば家族の氏になるわけであり，そ
の変更は原則としてゆるされない。

Ⅳ　子の氏と親権・戸籍

1　子の氏と親権

　すでに述べたように，子の氏と親権の所在は連動しない。たとえば，離婚後
に子が父の氏を称することとなっても，親権は母が行使することは全く妨げら
れない。逆も同様である。
　なお，現行法の起草者たちは途中までは，「引取リテ」という言葉を使って
おり，子を「引き取らない」場合には親権は失われると考えていた（中川・経
過162頁）。しかし，この点，すなわち，同居の有無も親権の所在には連動しな
い。

2　子の氏と戸籍

　もっとも，子の氏は，本当に何の意味も持たないのかと言えば，そうではな
い。確かに「民法の定める法律効果には何も関係がない」が，「戸籍簿の同じ
紙の上に書くことができるかできないか」が違ってくる（我妻・経過159頁）。
　この点については，「親子共同生活をしている場合には，氏を同じくしたい
と望むというわが国の国民感情には順応すべきだ，少なくとも順応する途を開
いておくべきだという点までは，考えなければなるまい。しかし，同じ戸籍に
書くということまで，たとえ国民感情がそれを望むとしても，順応する必要が

あるのかどうか」(我妻・経過159頁) という疑問が投じられていた。
　この疑問は，具体的には「旧法の本家の戸籍に残してきた子の氏は分家の父の氏と同じだとすれば，791条の適用の余地はない……から，本家の戸籍に残っている子を分家の父の戸籍にうつす方法がない。それでは人情に反するから，分家した父と本家にある子とは氏が違うと解すべきだ」(村上・経過158-159頁) という議論に対するものである。
　この問題とは反対に，今日でもなお重要なのはむしろ次の問題である。現行法の下では，父が認知した子の氏を父の氏に変更すると，父の戸籍に入ることになる。これは，父の配偶者にとって不快なことであるが，氏の変更の許可にあたって，配偶者の同意を必要とすべきではないかという問題が生じる。しかし，これも氏や戸籍の問題にすぎないと割り切るならば，配偶者の同意は必要ではないということになろう。

V　補　論――子の名

　日本民法には，子の名に関する規定は置かれていない。戸籍法には「子の名には，常用平易な文字を用いなければならない」(戸50条1項) という規定があるが，その他の規定は存在しない。出生届には子の名が記載されるが (戸規則59条の定める出生届様式では記載事項とされているが，戸49条ないし戸規則55条における記載事項ではない)，名を決める権限が誰に属するかは定められていない。ただし，父母 (または母) が届出義務者とされている (戸52条1項2項)。
　外国法には規定が置かれている例もあり，たとえば，フランス民法には，「子の名は父母によって選択される」(仏民57条2項)，「子の名……が子の利益に反する又は第三者の氏に関する権利を侵害すると思われる場合には，身分吏は遅滞なく検察官に告知しなければならない。検察官は家族事件裁判官に申立てをしなければならない」(同3項)。「裁判官は当該名が子の利益に反する又は第三者の氏に関する権利を侵害すると判断したときには，身分簿からの削除を命ずる。両親から上記利益に適合した新たな名の申出がない場合には，裁判官が決めた名を付与する。当該決定は子の身分証書の欄外に記載する」(同4項)。
　日本でも，いわゆる悪魔ちゃん事件において，判例は子の利益を侵害すると思われる命名につき，出生届を受理しない扱いを肯定しているが (東京家裁八王子支審平成6年1月31日判時1486号56頁)，フランス法のように規定を整備することが望まれよう。

第2節　養　子

第1　前注：養子の意義をめぐる論争

I　論争の前提

1　養子の現状

はじめに論争を理解する上での前提として，養子制度の現状にふれておく。まず，データを掲げる（2013年）。

```
縁組件数        8万3647（うち裁判所の許可数　1068）
離縁件数        2万5480
特別養子縁組件数  576
同離縁件数      2
```

なお，参考までに，同じ年の婚姻は660,613件，離婚は231,383件であった。年間8万件は，かなりの数であると言える。ちなみに，フランス（1998年，申立件数）では，単純養子（日本の普通養子に相当）が6310件，完全養子（日本の特別養子に相当）が4394件であった。フランスの人口は日本の約半分なので，割合的に見ると，日本の養子件数はフランスの約4.5倍であることになる（より詳しいデータにつき，金子敬明「養子制度の利用実態」千葉大学法学論集25巻4号〔2011〕を参照）。

2　養子の基本問題

養子に関する基本問題については，中川善之助の定式を掲げる必要がある。中川は，養子制度の目的を，「家のため」から「親のため」を経て「子のため」へ，という3段階で整理している。そして，「新養子法は常に『子のため』である。改正されたフランス民法の養子編が冒頭第343条において『養子縁組は正当の事由があり，且つ養子の利益となる場合の他は許されない』と宣言したのは，実に第3期養子法の根本精神であるといえよう」としている（中川411頁）。

こうした観点からは，「わが民法を顧るに，その養子法中には如上3期の原理が錯綜混淆して極めて複雑な構造をなしている。それは現代日本の社会相が

実際に然かく錯雑しているのであるから已むを得ないところである。……『家のための養子』の思想は現実になお一部の世人を支配しており，従って民法の規定もまだ完全に『子のため』のものとはなっていない」（中川411頁）とされる。

　ここでは，以上の議論の当否は問わない。ただ，以上の議論は，これからの説明を理解する上での一つの座標軸とはなりうるであろう。その座標軸をより明確なものとするために，ここでは2点を補足しておく。第一は，中川の議論は，特別養子法制定以前の議論であるということ。では，特別養子法の制定によって日本の養子は大きく変化したかと言えば，そうではない。日仏の統計を比べれば明らかなように，日本では特別養子はほとんど使われていないからである。第二は，明治民法の起草者たちが参照した諸外国の養子法は中川のいう第2期の養子法であったということ。「常に厳格な監督的意味における形式的制限，例えば年齢などの制限が置かれていることがこの期の養子制度の特色である。ナポレオンの制定以来，第1次世界大戦終末頃までのフランス民法における養子がそれである。ドイツ民法もまたこの型であった。これに反しイギリスやオランダなどは養子を法律上に認めないで来た国として挙げることができる」（中川410頁）。

　つまり，明治民法の制定当時，世界的には，養子は非常に制限されていたのである。その結果として，起草者たちは，養子法をどのように構成するかについて，考えなければならないこととなる（中川419頁が「古典」として掲げるように，穂積陳重には「養子正否論」，梅には「養子論」という論文がある）。

II　論争の内容

1　規定の推移（明民839条）

　養子の本質，養子制度に対する基本的な姿勢が争われたのは，いまではもう存在しない明治民法839条をめぐってであった。この規定をめぐる論争は大論争であり，規定も二転三転している（目次の段階での議論に続き，逐条審議に際しては3度にわたる長い議論が展開されている。最後の整理会でも若干の議論がある）。まずは，規定の推移を明らかにしておこう。出発点となるのは旧民法典の規定である。

　　旧民法人事編
　　　第107条　家督相続ヲ為ス可キ男子アル者ハ養子ヲ為スコトヲ得ス

起草者たちは，この規定を削除する考えであった。そのことは，養子の節の冒頭および最初の規定（原案837条）のところで述べられている。ところが，法典調査会では論争の末に，「既成法典人事編第107条の様な趣意を入れて貰ひたいと云ふ説」が多数決で採択された（法典調査会六 618頁）。その結果，起草者たちは，改めて次のような案を提案している（法典調査会六 638頁）。

　　追加案840条　推定家督相続人タル男子アル者ハ養子ヲ為スコトヲ得ス
　　修正案840条　推定家督相続人アル者ハ男子ヲ養子ヲ為スコトヲ得ス但
　　　　壻養子ヲ為スハ此限ニ在ラス

このうち修正案は，起草者たちが追加案に必要だと思われる修正を加えたものであるが，結局，この案が採択され，さらに文言に微修正が加えられた（法典調査会六 665-666頁）。こうしてできあがったのが明治民法839条である。

　　明治民法
　　　第839条　法定ノ推定家督相続人タル男子アル者ハ男子ヲ養子ト為ス
　　　　コトヲ得ス但女壻ト為ス為メニスル場合ハ此限ニ在ラス

家督相続制度を前提とするこの規定は，1947年改正の際に削除された。しかし，これから紹介する論争は，今日から見ても興味深い点が含まれている。やや長くなるが，個別に意見を紹介しつつ，意見の対立の様子をたどりたい。

2　起草者の考え方

　まず，起草者の考え方を整理しておく。養子法の担当者は穂積陳重である。穂積は，「第2節　養子」の冒頭の説明で，以下のように述べている。

　(1)　養子の要否　まず，穂積は，「此養子の必要不必要即ち存廃論に付きましては此議場では多分言葉を格別費やすの必要はあるまいと思ひます。既に目録を議定されました時にも議定されました。又我国の慣習現今の有様に於て之を廃すると云ふやうなことは此会議では出まいと存じます」（穂積・法典調査会六 597頁）としている。

　ここでいう「目録を議定されました時にも議定」というのは，西園寺公望（法典調査会の副総裁）の発言を指すものと思われる。西園寺は「多分一人の賛成も無いと云ふ事が明かであるが」としつつ，「願はくば此養子と云ふ事が我が法典から全く除て仕舞ひたい，甚だ面白くない事である，夫れで之は我国昔

からの制度かと云へば然うでもない」（西園寺・主査会174頁）と述べていた。
　予想通りこれには賛成はなかった。しかし，議長の伊藤博文（法典調査会の総裁）は，「大概日本でやつて居る養子は娘があるから婿を取つて家名を相続させる為めに娘の婚姻と附帯して居る養子がある，所が此養子と云ふのは夫れとは別物である様ぢやな」（伊藤・主査会175頁），「今度の法典では養子は親戚に止める積りか，或は其処は構はぬ，現在の訳にする積もりかね」（伊藤・同頁）という質問を誘発している。穂積は「もつと広いのであります」（穂積・主査会175頁）と答えているが，廃止論は否定されたとしても，どの範囲で養子を認めるかに関しては，後で意見は大きく割れることになる。
　(2)　**得失の衡量**　次に，穂積は，「併し乍ら養子を認めると申しましても養子には随分之に伴なひます弊害も多いものでありますから其弊害を予防すると云ふだけのことは本案に於ても注意致したいと思ふ」（穂積・法典調査会六597頁）とし，ヨーロッパにおける具体例として，①「婚姻の妨害となる」，②「自然の人倫の関係と云ふ者を紊乱する」，③「相続権を害する」の3点を挙げている。
　このうち①については日本では心配なかろうとしているが，②③については問題があることを認めつつ，「我邦に於ける必要と云ふ方から考へて見ますれば害の方は余程少ない」，「又規定の立て方に依て幾分か此弊を減ずることが出来る」という判断を示している（穂積・法典調査会六597-598頁）。
　ここで前提となっているのは，「我邦に於ける必要」という点である。これが何を指すかが，ある意味で議論の要であるとも言える。
　(3)　**基本的な考え方**　さらに，穂積は，比較法的なデータ（すでに一言したように，制限的に認めるか認めないという国が多かった）を掲げた上で，「社会の進歩上どうしても養子と云ふ者がなければ此社会が或る程度に迄発達することは出来ないものである」，「養子は一体人為の者ではありますけれども併し乍ら矢張り幾らか自然の性質を帯びて居つて進歩の或る程度に於てはどうも斯う云ふ者が必要であつて或は人類一般の常則ではないかと疑はれる」（いずれも，穂積・法典調査会六598頁）としている。
　その上で，人為のものである以上，どのようなルールを創るかが重要であるとし，「本案に於て我々相談して拠りました標準規則に付て一言御話して置くのが至当と存じます」と述べている。穂積によれば，養子には複数の目的があり，「目的の定め方に依て此養子制度は中の規定の立て方が余程変はつて来ますことは論を俟たぬところ」である。そして，その目的には次の五つがあるとしている。すなわち，①「祖先の祭りを継続する」，②「家督相続を致す」，③

「財産相続を致す」，④「慈善」，⑤「人情として家族的生活種類的生活を好むと云ふに本づく」，である（穂積・同頁）。

そして，①を目的とするならば「必ず血筋を引いた者でなければならぬ」，また，②を目的とするならば「戸主たる資格に相当な者であれば養子をすることが出来る」が，「子がない場合に限つて養子をすることを許す」ことにもなる，③を目的とするならば「子孫の相続財産を害せぬ以上は許す」，④を目的とするならば「幾人でも養なつて宜い」，⑤を目的とするならば「甚だ其制限が少なくなつて来ます」としている（穂積・法典調査会六598-599頁）。

(4) 原案の立場 最後に，穂積は，「養子制の沿革を書いたものを見ますと家督相続の時代からして追々祖先の祭りの為めに養子をするとか或は慈善と云ふ人の情性に本づき或は家族的人情を満足せしむると云ふ方に追々進んで来ました」とし，「故に本案に於ては従来日本の今の家を本として居る所の家督相続の主義と夫れから慈善と云ふ人の情性に本づいて居ると云ふ主義を基礎として案を立てました」としている（穂積・法典調査会六599頁）。ここには起草者たちの進化主義的な見方が現れている。

結果として，「既成法典の規定と違ひます所は本案は主義が広い。既成法典は家督相続だけでありますが本案はそれだけでない。今少し広い規定であります」ということになる（穂積・同頁）。そして，「本案に於きましては全くの自然の模擬と云ふ方の主義は取つて居りませぬ」ということになる（穂積・同頁）。これが具体的には何を意味するかについては，後述する。

3 意見の対立

(1) 反対の意見 起草者の考え方に対しては，いつかの強力な異論が表明された。順に見ていこう。

第一は，反対論の急先鋒，尾崎三良（1842年生まれの長老。西園寺や箕作よりも年長）である。尾崎は「私共は養子と云ふ者は誠に変な者で成る丈け斯う云ふ者はないやうにしたい」（尾崎・法典調査会六605頁）というところから出発する。「併しながら日本では是迄広く行はれて居りますから今更之をやめると云ふことは出来ぬから認めて置くが宜からうが，併しながら今日の如く無茶苦茶に子供があるのに慰み半分に子供を貰うと云ふことは宜しくない」（尾崎・同頁），「下等社会には養女とか何んとか云ふ名義で子供を沢山貰ふて芸を仕込んで妙な所にやつて仕舞つたりする……さう云ふことはどうぞ成る可く減らす方にしたい」（尾崎・法典調査会六605-606頁）と述べる。そして「願はくは既成法典の如く家督相続を為すべき男子ある者は養子を為すことを得ずと云ふことに改め

られたい」（尾崎・法典調査会六606頁）としている。これは必要な場合を限り，弊害を除くべきだとする主張である。

第二は，高木豊三であるが，論点は少し違う。高木は言う。「此度の民法改正に付きまして起草者諸君の色々御心配がありますが，成る可く契約編或は其他学理法理の行はれる所は習慣に反対しても先づ行はれるだけは理屈を行つて外国の立法例に倣うと云ふことは私共不同意はない」（高木・法典調査会六606頁）。これ自体興味深い見方だが，次のように続く。「併しながら日本の習慣と云ふ中に親子とか家族制度とか云ふことに付ては成るべく習慣の議論と云ふものは根柢から壊はされる方が宜いと云ふ考へであります。従て此養子と云ふ者も之を絶対に見ますれば寧ろ養子と云ふ者を廃して仕舞つた方が宜いかも知れませぬ……養子制度を保護すると云ふならば古来の目的に叶うと云ふ範囲に止めて置いた方が至当であらうと思ふ」（高木・同頁）。これは旧慣維持論である。

長谷川喬も反対の姿勢を示す。「一体養子と云ふ者は人情から言つたら無理なことと思ふ。併し日本の慣習上古来よりある者であるから養子と云ふ制度を存して置くのはよからうが……已むを得ぬければ養子をするも宜しいが只必要がないのに養子と云ふ者はしない方が宜いと思ふ」（長谷川・法典調査会六612-613頁）。これは，いわば必要悪論である。

さらに，土方寧も反対論に与する。土方の立論は激烈である。「養子と云ふ者は畢竟家督相続の必要から起つた者である……其養子の起つた範囲を脱して公益の為めであるとか慈善の目的を達するに有益であるとか云ふので此原案の如く広くして置いたら其結果として家族制が壊れるかと思ふ」（土方・法典調査会六615頁）。さらに彼は続ける。「起草委員3人の御方は家を作ることの如く見て居る。私はさうでない。私の考へは……日本の家族制度は日本の国体の原素であるから之を保つて往きたい。其根本は血族である。其血族の無い時は養子をするのである」（土方・同頁）。これも必要悪論であるが，その背後にある血縁尊重論は明白である。また，穂積と同じく英法に詳しい土方は，次のような指摘もしている。「英吉利には養子の制がない。只自分の姓を用ひる者には財産を与へると云ふことを言はれたがそれ等は人情である。それが若し必要なればさう云ふ案を別に考へて入れて戴きたい。養子の範囲には入れたくない」（土方・同頁）。

最後は，村田保である。村田の議論はなかなか興味深い。「起草委員が慣例等を御調べになつて大宝令とか戸令とか式目等を此処へ御引用になりましたが，私は是は一向参考にならぬと思ふ。御一新以後の養子と云ふ者は大きに性質が変はつて居るが，御一新以前と云ふ者は子がなければ是非養子をしなければな

らぬ。養子をしなければ武家の家を立てることは出来ぬ」ということであった。ところが，「今日の養子と云ふものは……金を出して学問をさせて貰ひ或は洋行でもさせて貰う為めに養子になる。さうして自分がいやになると帰つて仕舞うて養家の方は打捨て仕舞う」のであり，「今日のやうに養子が自堕落になつてはいかね」というのである（村田・法典調査会六617頁）。養子堕落論に基づく制限論である。

(2) **賛成の意見**　他方，穂積を擁護する意見も述べられた。もちろん，他の起草委員たちはニュアンスの差はあれ原案に賛成したが，他にも原案支持を表明した者がいた。順に見て行こう。

　まず，梅である。梅の議論は大きく二つに分かれる。第一は，慣習の理解についてである。この点は後述する。第二は，実際上の問題である。一方で梅は「沢山の養子をする場合は金満家の場合であるが其金満家の場合は弊害がない」（梅・法典調査会六609頁）とする。これは尾崎に対する反論である。他方，「書生抔の学資に困つて居るやうな者を養子にして学問をさせてやる或は洋行迄させてやる」（梅・同頁）として，原案のメリットを示す。先に紹介した村田の立論はこの部分に対する反対，あるいは揶揄になっている。さらに，「長男があるが長男は一体虚弱なたちであるからそれを罷めて次男に跡を譲らなければならぬとか又何時死ぬかも知れぬ。その時に掛け替がなくてはならぬ」（梅・法典調査会六609-610頁）という。これは，家制度に立った必要論である。

　次に，富井である。彼の意見は，正面からの原理論である。「仮令ひ慣習に反しても原案の如くした方が宜いと思つて居る。既に子のある者が養子をする又は数人の養子を為すとか云ふことは成程今日迄頻繁ではないことでありませう。併し乍ら是からは是迄よりも其場合が多からう。而て其場合は皆許す方が結果が宜いと信じて居る。……資産を持つて居る者が子を育ててさうしてどんどん教育を与へると云ふことは是は公益上極はめて宜いことと思ふ。それが私の重もな理由とする所である」（富井・法典調査会六611-612頁）。また，弊害論に対しては，「寧ろさう云ふ危険があつても貧乏な家に置くよりは養子にやつた方が宜いと云ふので比較上利益があると思ふてやるのでそれは弊害でない」（富井・法典調査会六612頁）としている。

　起草委員以外では，横田国臣が原案を支持している。横田の意見は，富井と同方向だが，より過激である。まず，横田は「私は慣習とか何んとか云ふことからくるのでない」として，「養子を何人した所がどれだけ害があるか」と問う。そして，「天下中の貧乏人独りで立つことの出来ぬ者は皆養子にする方が宜いと思ふ。……三井と云ふ者が10人も養子をするならば我輩は直ちに賛成

する」と述べている（横田・法典調査会六607頁）。

　さらに，制限主義の旧民法を起草した磯部四郎も，次のように述べて原案を支持している。「吾々司法省の人間でありまして養子から出た弊害は随分耳にして居りますが，養子から出た利益は殆んど調べが付て居らぬと言つても宜しいのであります。高木君抔も大審院抔などに居られて裁判例抔の多い例外を御調べに為つて居るから，一時の利益しかないと云ふことで養子と云ふものの善くないと云ふことを仰つしやつて居るが，養子と云ふものの利益は社会に顕はれぬで黙つている所に利益がある所でありますから，私は既成法典時代と大きに考が違うので如何にも自由主義の方に賛成したい」（磯部・法典調査会六661頁）と述べている。これは興味深い紛争例外論である。

4　議論の特徴

　(1) 慣習の理解　養子をどの範囲で認めるかをめぐる意見の対立は，従来の慣習がどのようなものであったのかという理解の相違とも関係していた。この点につき，原案反対者たちは，家督相続人がない場合にだけ養子縁組ができるというのが従来の慣習だろうとしていた。

　これに対して，起草者・穂積は「習慣と云ふことに付て或は幾らか私等の見て居る所と違ひませぬかと思ひます」と述べ，「一般の百姓町人の如き者は決して自分の子のない場合家督相続人ない場合と云ふ時に限つて居らぬ」としている。また，「民事慣例類集抔……（の）中に皆分限に応じて数人の子を養なふと云ふことが書いてあります」，「明治6年の太政官の指令にも養子を数人養なひ得る者は養ふことを妨げずと云ふことがあ」るとしている（以上，穂積・法典調査会六607頁）。

　反対者はそれでもひるまず，次のような反論をしている。まず，高木が，「斯う云ふものは果して実施になつたものであるや否や……私共の言ふ慣習と云ふものは文章の上に残つて居るのを言ふのではない。実際に行はれて居つた所は如何々であるか」（高木・法典調査会六610頁）と述べている。また，尾崎も，「何ぜさう云ふ指令をしたかと云ふと……不都合なことであるが併し法律がないものであるからならぬと云ふことも出来ぬ……苦しからず位な話しである」。だから，「是が慣例で是が日本の慣習だと並べ立てるのは少し見当が違ひはしないか」（尾崎・法典調査会六610-611頁）としている。

　慣習とは何かにつき，興味ある議論だといえよう。

　(2) 委員たちの反発　なお，上記の発言にあたって，高木・尾崎は，起草者たち，特に，梅に対する皮肉を述べている。起草者と他の委員には，世代や経

歴の差があり，ときとして意見の対立の原因となることがあった。この問題は，その典型例の一つであると言えよう。具体的には，次のような表現が見られるのが，注意を引く。

　高木は，「無学者の根拠は是れより仕方がないから其趣意で述べて居る。若し梅君の言はれる如く古来から……慣習が行はれて居つたならば何人も疑はぬ。……私の考へでは普通一般の慣例はあなたの言ふが如く一般に行はれて居るものではあるまい」（高木・法典調査会六610頁）と述べている。また，尾崎も，「梅君が博識強弁を以て述べられたから一言も当ることは出来ませぬが……」（尾崎・法典調査会六610頁）としつつ，自説を展開している。

(3) **実情の認識**　実情に関する議論を受けてであろうか，穂積は，「養育院の役員に逢ひまして能く実際を訊ねて」，次のように述べている。「女もありますし男もありまするが，大概100人に付て先づ3分の1足らず位は養子に貰はれて往くので片付くさうであります。……丸で男子のないのに男の子を貰ふと云ふのは家督相続人になりませうが，女の方はさう云ふ訳にはいかぬ。職人抔が自分に子があつても其子を欲しいと言つて貰受ける種々の事柄があると申して居ります」（穂積・法典調査会六639頁）。また，「純然たる慈善の為めに貰ふて育てると云ふものもあります」（穂積・法典調査会六651頁），「六分が家督相続で四分が家督相続の為めでない」（穂積・法典調査会六652頁）とも述べている。

(4) **起草者の両義性**　穂積の掲げたデータには，相応の説得力がある。もっとも，「純然たる慈善」と「家督相続の為めでない」との間には，若干のギャップがあることにも注意する必要がある。穂積においては，広く養子を認めるのは必ずしも「子のため」というわけではない。彼は，「族姓が盛んになればなる程宜いので，箕作家と云ふ者があれば箕作家の佳吉も博士になつた元八も博士になつたと云ふのは善い心持です」（穂積・法典調査会六616頁），「或る部分に於ては自分の稼業を助けさせる」ため（穂積・法典調査会六651頁）とも述べている。

　つまり，穂積の議論は，必ずしも単線的な発展論というわけではなく，複数の目的が併存していれば，そのいずれをも認めようという多元論であったと言うべきである。

第2　792条〜796条：養子縁組における養親側の要件

> （養親となる者の年齢）
> 第792条　成年に達した者は、養子をすることができる。
> （尊属又は年長者を養子とすることの禁止）
> 第793条　尊属又は年長者は、これを養子とすることができない。
> （後見人が被後見人を養子とする縁組）
> 第794条　後見人が被後見人（未成年被後見人及び成年被後見人をいう。以下同じ。）を養子とするには、家庭裁判所の許可を得なければならない。後見人の任務が終了した後、まだその管理の計算が終わらない間も、同様とする。
> （配偶者のある者が未成年者を養子とする縁組）
> 第795条　配偶者のある者が未成年者を養子とするには、配偶者とともにしなければならない。ただし、配偶者の嫡出である子を養子とする場合又は配偶者がその意思を表示することができない場合は、この限りでない。
> （配偶者のある者の縁組）
> 第796条　配偶者のある者が縁組をするには、その配偶者の同意を得なければならない。ただし、配偶者とともに縁組をする場合又は配偶者がその意思を表示することができない場合は、この限りでない。

I　一般の要件

1　縁組適齢（792条）

　養親に関する要件としては、子（男子）のないことを求めるか否かとは別に、年齢をどうするかが問題となる。明治民法起草時には、「現今の法に依りますと年齢には限りがございませぬ」（穂積・法典調査会六602頁）、「幼小な者でも養子をすると云ふことは一向差支えのないのが現行法となつて居ります」（穂積・法典調査会六603頁）という状況であった。

　しかし、穂積は、「古来の法とは思ひませぬ。即ち戸令抔には父たり母たるの器ある者となつて居（る）……徳川時代には16歳以上60歳迄は養子をすることは自由になつて居る」（穂積・同頁）とし、「婚姻が出来る年齢に達して居れば子が出来ると見られるから婚姻年齢を以て度とするのが自然模擬の上から言へばそれが一番理屈に合う」（穂積・同頁）としつつ、結論としては、「併しながらそれを取りませずして既成法典に倣つて成年に限ると致しました。其訳は是実に重大のことであるから法律行為抔を十分に行ふに付ても完全の能力の

ある年に達して居らなければ人の子を養なひ且つ其上に親権を行ふことは出来ないから之を成年と云うことに本案は定めました」（穂積・同頁）としている。

なお，外国の立法例は，「羅馬は18歳となつて居る。それから白耳義民法草案紐育民法草案カリホルニヤ民法草案抔は成年に達したるときはとあります。外の国々は余程年齢を多くしてあります。瑞西の或る州では40となつて居りますが，仏蘭西墺太利伊太利ツユーリヒ独逸普漏西索遜抔は50となつて居る。50が一番多数であります」（穂積・同頁）ということで，もっと高い年齢を設定する可能性もあった。しかし，「さう云ふ高い制限を置くことは要らぬと思ふ。成年と云ふのが一番穏やかではないかと思ひまして」（穂積・同頁）とされている。

以上の説明につき，特段の異議は述べられていなかった。

2 縁組障害（793条）

(1) **年長養子**　この問題についても，従来の慣行と外国法の例が挙げられている。第一点については，「徳川氏になりましては……年長の者でも養子とすることが出来ると云ふことになつて居りまして，それから享保以後御維新頃迄は死後養子，急養子，仮養子抔の外は年長の者は出来ぬと云ふことになつて居ります。然るに明治3年閏10月に華士族養子法抔も出ましたし，それから一般の平民等に於ては年齢に拘はらず一般に養子を許すと云ふことになつて居ります。明治17年に伺がありまして……17年以後には年長者を養子とすることは許さぬと云ふことに極まつて居ります。併ながら種々の事情がありまして其後に屡々年長者を養子としたいと云ふ願が出ましたが，是は已むを得ない場合に於ては先代の養子と云ふものを許して其者の養子とすることは一切許さなかつたのであります」（穂積・法典調査会六627頁）。曲折があったことが窺われる説明である。

第二点については，「養子を世人に銘記せざると云ふ主義を採りますれば……幾らか親子位の年恰好にすると云ふことが最も必要であらう」とされ，「例へば，仏蘭西，伊太利，加里保爾尼亜は矢張り15，『ツユーリヒ』が16，それから魯西亜，澳西太利，西班牙，独逸，索遜抔は18，紐育は20，是れ位の違ひを要すると云ふことは自然に親子のやうな感覚を起させる」とされている（穂積・法典調査会六627頁）。しかし，「どうも我邦抔に於ては甚だ困る結果が生ずる」として，「例へば，養親の妻と養子と云ふ者と誠に年の違はぬことがある」ことを指摘している（穂積・法典調査会六628頁）。

以上の2点を勘案しつつ，結論としては次のように言われている。「単に家

督相続人を得るとか云ふやうなことに非常に重きを置くと年の少長を論ぜぬと云ふことにもなりませうか是は如何にも世人に銘記させると云ふ主義にも反する。……親より年の上の子があると云ふやうなことは面白くない。……親が年長と云ふことでありますれば余程緩かなのであります。……先づ此処等が我邦に於て丁度採るべき制限であらうかと思ひました」(穂積・同頁)。

若干の質疑があったものの,この点についても強い反対はなかった。

(2) **尊属養子** この問題については,「叔父を自分の子とする叔母を養女とする。さう云ふやうなことはどうも我邦に於ては是迄許して居らなかつた」と説明されている。「叔父さんとか叔母さんとか云ふ者が身分の甥とか姪とか云ふ者より年の若いと云ふことが屢々ある」こともあわせて指摘されているが,「尊卑の順序を紊ると云ふことは一方に於て随分是は嫌ふべきことで,成るべく其順序を正したい」とされた (穂積・法典調査会六 629-630 頁)。

これに対して,「日本の今日の所謂家を相続する,家を尊ぶと云ふ主義と悖りはしないか」との疑問が投ぜられている。「本家の潰れるときには末家の戸主と雖も本家に這入ることを許して居る……尊属と云ふものならば出来ぬと云ふことになつて大に差支が起りはしないか」(村田・法典調査会六 630-631 頁) というのである。やや意外なことに,家制度に対して必ずしも好意的でない梅も,「実際に於て伯父さんであつても自分より年が下の者は伯父さんのやうに崇めて居らぬ」(梅・法典調査会六 634 頁) と述べて賛成している。

起草者も常に一枚岩というわけではないが,もともと穂積は「仮りに原案は疑ひを存しながら斯如く致して置いたのであります」(穂積・法典調査会六 630 頁) と言っているので,もともと異なる意見がありうることは了解されていたようではある。

なお,この問題と関連するが,明治民法の原案839条は,尊属養子だけでなく直系卑属を養子にすることも禁じるものであった。穂積は,「自分の孫を子にするとか或は曽孫を自分の子にするとか此直系卑属を子にすると云ふことは矢張り是迄許して居りませぬ」としている。ただ,「私生子に付て議論が大変ある」ことを指摘し,「仏蘭西の養子法抔の出来まする場合に一番に私生子と云ふものを自分の養子とすることが出来るや否やと云ふことに付て非常に争ひがありました。伊太利抔は現に禁じて居ります。又紐育とか加里保爾尼亜とか云ふやうな所は私生子を自分の養子とすることを許して居ります」と述べつつ,「私生子を自分の養子とする斯う云ふことは矢張り出来ぬやうになるのであります」と述べていた (穂積・法典調査会六 630 頁)。

この場では,私生子の方には異論は出なかったが,直系卑属については,梅

から，「外孫は別して必要があらうと思ひますから，若し村田さんの御案が潰れましたならば，外孫丈け例外とすると云ふ案の成立つことを希望します」（梅・法典調査会六634頁）という意見が出された。

結局，村田の削除案は否決され，梅の修正案が採択された。しかし，最終的には，この規定は削除されている。尊属養子も可とする意見があった一方で，孫を子にするのはおかしい，という感覚があったことは注目に値する。

II 特殊な要件

1 後見人である場合（794条）

この規定は，旧民法人事編108条を踏襲したものである。「随分是れからは先きは，養子と為すと云ふことを以て管理の計算を曖昧にすると云ふやうな者も出て来るかと思ひました」（穂積・法典調査会六643頁）と説明されている。

特にこれ以上の説明を要しないが，家族関係における財産管理の問題は，旧民法・明治民法あるいはフランス民法などでは重要な問題であった。戦後日本の家族法は，婚姻の解消の場合を除いて財産関係に対する関心が乏しいが，大陸法の伝統の中ではむしろ異例のことであるといえよう。

2 配偶者がいる場合

(1) **未成年者を養子とする場合（795条）**　明治民法の841条は，配偶者がある場合の養子縁組につき，次のように定めていた。

> 明治民法
> 第841条① 配偶者アル者ハ其配偶者ト共ニスルニ非サレハ縁組ヲ為スコトヲ得ス
> ② 夫婦ノ一方カ他ノ一方ノ子ヲ養子ト為スニハ他ノ一方ノ同意ヲ得ルヲ以テ足ル
> 第842条 前条第1項ノ場合ニ於テ夫婦ノ一方カ其意思ヲ表示スルコト能ハサルトキハ他ノ一方ハ双方ノ名義ヲ以テ縁組ヲ為スコトヲ得

この規定は，夫婦一方の養子を認めていた以下のような旧民法人事編110条を改めるものであった。

> 旧民法人事編110条
> 第110条① 配偶者アル者ハ其配偶者ノ承諾ヲ得ルニ非サレハ養子ヲ為スコトヲ得ス但配偶者カ其意思ヲ表スル能ハサルトキハ此限ニ在

ラス
②　配偶者アル者ハ其配偶者ト一致スルニ非サレハ養子ト為ルコトヲ得ス

　穂積によると，旧民法の理由書は，この規定のメリットとして，「妻の実子と云ふ者が他家に在る。それをこっちに引取つて自分の子とすると云ふ時に一方の養子として置けば夫丈けの子になることができる」，また，「年齢の制限，殊に依ると妻抔は夫より余程年が下の者がある。併し……養父と云ふ者より年が下ならばそれで宜いと云ふ便宜もある」ことを挙げていたという（穂積・法典調査会六 644 頁）。しかし，穂積は次のように述べてこれを退ける。「我邦の養子と云ふものの慣習に丸で違ふて居ります。……養父母と云ふ者は嫡母継母抔より重いものであつて実父母に均しいものである。さうすると養父の配偶者の子でないとするのは如何にも不理な話であらう」（穂積・同頁）というのである。

　法典調査会では，2 項削除論（連れ子の場合に実子を養子にしてもよい。土方・法典調査会六 647 頁）や旧民法支持論（男女同権に反対。横田・法典調査会六 648 頁）もあった。いずれも採用されなかったが，このうちの旧民法支持論は，1947年改正で復活することになる。現行法の下では，夫婦共同縁組が必要なのは，子が未成年の場合に限られたからである。なお，養親が未婚であれば，単独縁組となることは当然の前提とされている。

　(2)　その他の場合（796 条）　　現行法の下では，養親・養子がともに成年である場合には，どちらかに配偶者があっても，共同縁組は必須ではなく，配偶者の承諾が必要なだけである。この規定は，1947 年改正によって導入されたものであるが，前述のように，旧民法への（一部）復帰を意味する。もともとは，継母庶子関係の廃止などとあわせて，夫の子は妻の子でもなければならないという考え方を否定しようとしたものと思われるが，養子を個人と個人との関係ととらえる契機をはらんだ規定であると言える。

第 3　797 条・798 条：養子縁組における養子側の要件

（15 歳未満の者を養子とする縁組）
第 797 条①　養子となる者が 15 歳未満であるときは，その法定代理人が，これに代わって，縁組の承諾をすることができる。
②　法定代理人が前項の承諾をするには，養子となる者の父母でその監

> 護をすべき者であるものが他にあるときは，その同意を得なければならない。養子となる者の父母で親権を停止されているものがあるときも，同様とする。
>
> （未成年者を養子とする縁組）
> 第798条　未成年者を養子とするには，家庭裁判所の許可を得なければならない。ただし，自己又は配偶者の直系卑属を養子とする場合は，この限りでない。

I　15歳未満の場合（797条）

1　前　提

(1)　**縁組適齢**　明治民法の制定当時，養子の縁組適齢についても，比較法的には成年者に限る国があった。穂積は，「仏蘭西の如き成年に達せぬと養子と為ることは出来ないと云ふことが極めてある国もあります。又伊太利，澳太利，独乙抔に於きましては養子は契約に依つて成ると云ふことが殊更に書てある」（穂積・法典調査会六675頁）と述べている。

では，日本は何歳を養子の方の縁組適齢とするか。旧民法から現行民法に至るまで，日本法にはこの点の制限がない。というのは，法定代理人の代諾による養子縁組が認められているからである。この点につき，穂積は次のように説明している。「我国の慣習は……親が其子を人にやることが出来ると云ふことに為つて居ります。実際上に於て夫れが格別の弊害を見ると云ふこともありませぬが，第一に法律行為の目的と云ふものに人を目的とすると云ふことが理論上どうも甚だ面白くないと云ふこともあり，又子供や何かを売る，販売として売ると云ふことは勿論法の禁ずる所であります」（穂積・法典調査会六675-676頁）。そこで，「先づ本人を主と立てると云ふことが甚だ大切の事であらうと思ひます。……実際上同じ事に為るけれども其理屈のありまする為めに父母が子に代つて縁組を為すことが出来る。斯う云ふ具合に書き顕はしました」（穂積・法典調査会六676頁）というのである。

(2)　**縁組能力**　では，何歳でも養子になれるとして，本人が縁組をなしうるのは何歳からか。穂積は，「既成法典でも14, 5歳位の所が寔に自分の判断の付かぬ所でありますから養子のことは15年と限つてあるのであらうと思ひます。先づ其位の所が穏かではありますまいか」としている（穂積・法典調査会六676頁）。

2 制度

(1) 法定代理人の承諾　現行民法は，代諾権者を法定代理人としている。明治民法は「家ニ在ル父母」としていたのを改めたものである（明民843条1項）。なお，明治民法の下では，成年の子が養親となったり，15歳以上の子が養子となる場合にも，「家ニ在ル父母」の同意が必要とされていた（明民844条）。

しかし，養子縁組が法律行為である以上，縁組能力が認められるのであれば本人の意思表示で足りるはずだし，縁組能力が認められないとなれば代諾をするのは法定代理人のはずであろう。現行民法の規定は，このような発想によるものだろう。

(2) 監護権者の同意　父母が婚姻中であれば，嫡出子はその共同親権に服するので，代諾権は父母に属する。しかし，父母の一方のみが親権を有する場合には，代諾権者は親権を有する父母のみとなる。そこで，親権を持たない父母の関与を確保するために，監護権者の同意に関する規定が置かれた。

では，監護権を持たない父母は養子縁組に関与できないということでよいのか。たとえば，離婚後，父母の一方に親権が割り当てられ，他方は監護権を持たないという場合，子の養子縁組の可否を決するのは親権者のみとなる。これでよいかどうかには疑問がないわけではない。

2011年の親権法改正により，親権の一時停止が認められるようになったのに伴い，親権一時停止中の親にも，監護権者と同様に，同意権が付与されるに至った。このことを考慮に入れると，上記の疑問はさらに強まることになる。

なお，明治民法の下では，いったん養子になった者が再度養子になるためには，「実家ニ在ル父母」の同意が必要とされていた（明民845条）。原案844条では，いったん実家に復籍した後でなければ更に養子になることはできないとしていたのを改めたものである。一方で，法定代理人以外の者の同意が求められていた例として興味深い。他方，原案では，養女を嫁に出すということが実現できない。これにはメリットもあり，穂積は，「賤業の者や何かの所に再び養女にやる。さう云ふやうな事は実際上甚だ害の多い事であります」（穂積・法典調査会六673頁）としていた。しかし，「此養女と云ふものは他に縁付ける為めである」（長谷川・法典調査会六674頁）としたら，それはできないことになる。

II　未成年者の場合（798条）

1 原則

(1) 家裁の許可の必要性　現行民法798条は，1947年改正の際に新設さ

れた規定である。穂積は，両親の代諾権につき，「親は勿論其子の幸福を図り，又其子の教育等の事に付て其子の利益を……図ると云ふことがあります」（穂積・法典調査会六 676 頁）としていた。しかし，常に，親が子の利益をはかるという保障はない。そこで，家裁の許可にかからしめたわけである。

(2) **家裁の許可の基準**　家裁は，子の利益の観点から，許可をするか否かを決めるべきである。しかし，この場合の「子の利益」とは何か。当初は，戦前の「家のための養子」のようなものを避ける趣旨だと考えられたが，それだけを避ければ足りるのか，反対に，家のための養子というだけで縁組が認められないのか，という問題がある。

2　例　外

(1) **要件：自己または配偶者の直系卑属**　「自己又は配偶者の直系卑属」を養子にする場合には，以上の原則とは異なるルールが妥当する。まず，「配偶者の直系卑属」を養子にする場合というのは，連れ子養子の場合を想定してのことである。また，「自己の直系卑属」を養子にする場合というのは，非嫡出子を嫡出子に改める場合を想定してのことである。

ここで注目すべきは，1947 年の立法者は，このような養子縁組を怪しんでいないということである。すなわち，法典調査会の席上で何度か繰り返された自分の子・孫を養子にするという縁組の当否は，この規定の審議の際には，すでに実質がきまっていると言える。

(2) **効果：許可不要**　許可が必要とされたのは，子どもの利益を擁護するためである。したがって，裁判所は一般に子どもの利益の判断が可能であるという前提に立っているものと思う。なお，許可不要とされているのは，連れ子などの場合に，親が，子の利益を判断し，子を保護するということであろう。

しかし，親が子の利益を判別することができるか否かは，慎重な検討に値する。

Ⅲ　補　論——親族・友達・裁判所

補論として，梅の興味深い議論に触れておきたい。

代諾縁組につき，「養育院等に斯う云ふ者があります。其場合に承諾を与へる者はどう云ふ御考へでございませうか」（田部・法典調査会六 677 頁）という質問があった。これにつき，穂積は「実際の所は院長が承諾を与へて養子とか縁女とかに往く者が極めて多い。……養育院に在る者に付きましては其院長と云ふ者が即ち後見人と云ふことに為るから……さうすると後見人は云々と云ふ方

の所に這入る積り」(穂積・法典調査会六677頁)と答えている。

　この応答の前提として，現行797条に対応する明治民法の原案845条では，父母が知れないとき・死亡したとき，意思表示ができないときには，「後見人ガ親族会ノ認許ヲ得テ承諾ヲ為スコトヲ得」とされていたことを知っておく必要がある。そこで，「親族会がないときはどうです」(穂積八束・法典調査会六677頁)という質問が続いてなされた。

　穂積陳重が「親族会と云ふても親族がなければ」(穂積・法典調査会六677頁)と言いよどんだが，代わりに梅が「親族がなければ友達，友達もなければ区裁判所と云ふことに為ります」(梅・法典調査会六677頁)と応じている。この発言は，旧民法の親族会を前提としたものと思われるが，旧民法には次のような規定が置かれていた。

>旧民法人事編
>　　第171条① 　親族会ハ未成年者ノ最近親族3人以上ヲ以テ之ヲ設ク但親族3人ニ満タサルトキハ未成年者ニ縁故アル者ヲ以テ之ヲ補足ス
>　　　　　　②　(略)
>　　第176条　親族会ヲ設クル能ハサルトキハ区裁判所其事ヲ行フ

　ここでは親族会に関する説明は省略する(本書中編を参照)。注意を促しておきたいのは，「親族がなければ友達，友達がなければ裁判所」という順で，サポートシステムが構想されている点である。とりわけ「友達」(文言上は「縁故アル者」)が現れている点が興味を引く。今日，民法において，「友達」に言及されることは極めて少ないが，これからの社会においては，「友達」が一定の役割をはたすことが期待されるだろう(大村「民法における『ともだち』」前出を参照)。

第4　799条～801条：養子縁組における意思と届出

>(婚姻の規定の準用)
>第799条　第738条及び第739条の規定は，縁組について準用する。
>(縁組の届出の受理)
>第800条　縁組の届出は，その縁組が第792条から前条までの規定その他の法令の規定に違反しないことを認めた後でなければ，受理するこ

> とができない。
> （外国に在る日本人間の縁組の方式）
> 第801条　外国に在る日本人間で縁組をしようとするときは，その国に駐在する日本の大使，公使又は領事にその届出をすることができる。この場合においては，第799条において準用する第739条の規定及び前条の規定を準用する。

I　意思と届出（799条）

1　婚姻との同型性

　養子縁組は，当事者の合意によって成立するが，届出が必要である。

　799条・800条・801条は，それぞれ婚姻における739条（および738条）・740条・741条に対応する。その意味で，婚姻の成立と養子縁組の成立とは同型の構造を有する。

　この構造については，梅の発言における説明が要を得ている。次のような説明である。「婚姻の届出の場合であつても養子縁組の届出の場合であつても，先づ広い意味を以てすれば契約，其契約と云ふものが成立するに付て普通の契約ならば意思の表示さへあれば宜しいが，之は大変な大切の事でありますから，夫れで特別の儀式を要すると云ふことで，其儀式を簡略にする為めに唯だ双方の自身が出頭して口頭で其趣きを言ふか左もなければ自署したる届書でなければならぬ」（梅・法典調査会六683頁）。つまり，婚姻も養子縁組も要式契約であるというのである。

　もっとも，儀式の意義に関しては，婚姻と養子縁組を完全に同視することはできない。穂積によれば，「慣習に従ひ縁組の儀式と云ふことはない。婚姻の方はありますが，儀式の専門家（小笠原とか松岡といった名前が挙げられている——大村注）の方に聞て見ても，慣習の儀式に因りて成立すると云ふことはどうしてもありませぬからして，既成法典は其所らの所を調べぬで唯だ書いたのであらうと思ひます」（穂積・法典調査会六680頁）としている。比較法的には，立法によって特に許す，当事者の契約と裁判所の認許を要する，国王・政府の特許による，の3パターンがあるという。「独り私署証書に因りて成立すると云ふのは……白耳義の草案丈けのやうに思ひます」（穂積・同頁）としている。

　以上のように，届出による縁組は，慣習との関係でも比較法的な観点からも異例なことであった。それにもかかわらず，起草者たちは婚姻同様の扱いをすることに決めた。その結果，梅の説明のような構造が生まれたわけである。

2 遺言による養子縁組（明民848条）

　明治民法においては，現行799条と800条に対応する規定は，847条と849条であった。間に置かれていた848条は，遺言による養子縁組を認めるものであったが，1947年改正において削除された。この規定が家制度に奉仕するものと理解されたのが，その理由であろう。

　この規定につき，穂積は次のように説明していた。遺言による養子は「昔しは出来なんだものと考へまする。……徳川時代に為ると明かに死後養子と云ふものは禁ずる……と云ふことに為つて居ります。……可成家を潰ぶさうと云ふ徳川氏の政略から来たものでございませう」。しかし，「御維新以後に於ては……死後養子と云ふものは生存の中でなくても出来たと云ふことは明かであります。……家と云ふものを潰さぬと云ふ考に為つた以上は死後養子と云ふものは許して宜しいと思ひます」（以上，穂積・法典調査会六 681 頁）。

　その上で，穂積は，その法律構成を次のように説明する。「遺言と云ふ法律行為を以て其養子と為るべき者を定める。養子は其後に之を承諾する」（穂積・同頁）。

　すでに削除されてしまった規定について詳しく論ずる必要はないが，ここで，養子縁組が法律行為だから，という理由づけがされているのは注目に値する。契約で養子を定めて家督を譲ることができるならば，遺言でも（承諾があれば）できるというわけである。養子に対する制限論・懐疑論は，「法律行為」という抽象的な論理によって捨象されてしまっているのである。

II　届出の受理（800条）

　「本条は粗々婚姻に関しまする戸籍吏の事務と同じ規定でございます」（穂積・法典調査会六 685 頁）と説明されている。これも「同じ」になるのは，必ずしも当然のことではない。「十分に其養ひ親が確かな目的を以て養子を為すとか或は子の利益となるや否やと云ふことを調べることは戸籍に於て中々出来ない……只其要件を満たして居るか且つ法令に違はぬかと云ふことを見分けること丈けに止めて置きました」（穂積・法典調査会六 686 頁）。このような判断の結果，実質的審査が必要かもしれない養子縁組につき，形式的審査のみがなされることとなったのである。

III　在外の日本人間の縁組の方式（801条）

　「本条は……婚姻の部に於て……既に説明がありましたそれと少しも異なることがありませぬから別段茲に説明致しませぬ」（穂積・法典調査会六 687-688

頁）とされている。国際私法上の「方式は場所に従う」の原則に例外を設けるものであり，日本人条項と呼ばれるものである。その当否については議論がありうるが，養子縁組に固有の問題はない。法典調査会では特に異論も出なかった。

第5　802条～808条：養子縁組の無効・取消し

> （縁組の無効）
> 第802条　縁組は，次に掲げる場合に限り，無効とする。
> 　一　人違いその他の事由によって当事者間に縁組をする意思がないとき。
> 　二　当事者が縁組の届出をしないとき。ただし，その届出が第799条において準用する第739条第2項に定める方式を欠くだけであるときは，縁組は，そのためにその効力を妨げられない。
> （縁組の取消し）
> 第803条　縁組は，次条から第808条までの規定によらなければ，取り消すことができない。
> （養親が未成年者である場合の縁組の取消し）
> 第804条　第792条の規定に違反した縁組は，養親又はその法定代理人から，その取消しを家庭裁判所に請求することができる。ただし，養親が，成年に達した後6箇月を経過し，又は追認をしたときは，この限りでない。
> （養子が尊属又は年長者である場合の縁組の取消し）
> 第805条　第793条の規定に違反した縁組は，各当事者又はその親族から，その取消しを家庭裁判所に請求することができる。
> （後見人と被後見人との間の無許可縁組の取消し）
> 第806条①　第794条の規定に違反した縁組は，養子又はその実方の親族から，その取消しを家庭裁判所に請求することができる。ただし，管理の計算が終わった後，養子が追認をし，又は6箇月を経過したときは，この限りでない。
> ②　前項ただし書の追認は，養子が，成年に達し，又は行為能力を回復した後にしなければ，その効力を生じない。
> ③　養子が，成年に達せず，又は行為能力を回復しない間に，管理の計算が終わった場合には，第1項ただし書の期間は，養子が，成年に達し，又は行為能力を回復した時から起算する。
> （配偶者の同意のない縁組等の取消し）
> 第806条の2①　第796条の規定に違反した縁組は，縁組の同意をして

> いない者から，その取消しを家庭裁判所に請求することができる。た
> だし，その者が，縁組を知った後6箇月を経過し，又は追認をしたと
> きは，この限りでない。
> ② 詐欺又は強迫によって第796条の同意をした者は，その縁組の取消
> しを家庭裁判所に請求することができる。ただし，その者が，詐欺を
> 発見し，若しくは強迫を免れた後6箇月を経過し，又は追認をしたと
> きは，この限りでない。
>
> (子の監護をすべき者の同意のない縁組等の取消し)
> 第806条の3① 第797条第2項の規定に違反した縁組は，縁組の同意
> をしていない者から，その取消しを家庭裁判所に請求することができ
> る。ただし，その者が追認をしたとき，又は養子が15歳に達した後6
> 箇月を経過し，若しくは追認をしたときは，この限りでない。
> ② 前条第2項の規定は，詐欺又は強迫によって第797条第2項の同意
> をした者について準用する。
>
> (養子が未成年者である場合の無許可縁組の取消し)
> 第807条 第798条の規定に違反した縁組は，養子，その実方の親族又
> は養子に代わって縁組の承諾をした者から，その取消しを家庭裁判所
> に請求することができる。ただし，養子が，成年に達した後6箇月を
> 経過し，又は追認をしたときは，この限りでない。
>
> (婚姻の取消し等の規定の準用)
> 第808条① 第747条及び第748条の規定は，縁組について準用する。
> この場合において，第747条第2項中「3箇月」とあるのは，「6箇月」
> と読み替えるものとする。
> ② 第769条及び第816条の規定は，縁組の取消しについて準用する。

I 縁組の無効（802条）

縁組の無効・取消しについても，基本的な構造は婚姻と同様である。まず，無効について，穂積は「一切本条は婚姻の場合に倣ひましたのであります」（穂積・法典調査会六695頁）と述べている。

II 縁組の取消し

1 取消原因の限定列挙（803条）

次に，取消しについても，冒頭の規定（803条に相当）につき，穂積は「本条の矢張り婚姻の取消の所の一番初めの所の箇条と同じ」（穂積・法典調査会六696頁）としている。

なお，この取消原因の列挙の趣旨については，後述の明治民法原案860条を

めぐる議論の中で，梅は次のように述べている。「此民法では要式契約と云ふものは殆ど認めませぬが婚姻と養子縁組丈けは要式契約になつて居る。其位鄭重になつて居りますから，それは此処に定めた原因に依る外はどんな原因を以ても無効とすることは出来ぬ，どんな原因を以ても取消すことは出来ぬと云ふことになる」。したがって，「公の秩序に害があると云ふやうな漠然たる理由では無効ともならず取消すことも出来ぬと云ふことを言ふが為めに『縁組は後10条の規定に依るに非されは之を取消すことを得す』と書いた。其必要があればこそ書いたのであります。左もなければこんなものは要らない」（以上，梅・法典調査会六715頁）。

公序良俗違反であっても，無効・取消原因にあたらない限り，養子縁組の効力は覆らないと考えられていた点が注目に値する（梅は，人身売買的な養子縁組も規定がない限り，無効・取消しの対象とならないとしていた）。

2 個別の取消原因

(1) **原始規定（804条～806条）**　明治民法には，次の七つの規定が設けられていた。各条の説明の上段は取消原因を，中段は取消権者を，下段は取消権の消滅事由を表す。

853条〔現804条〕	837条違反（養親の養子適齢） 養親・法定代理人 成年後6月または追認
854条〔現805条〕	838条・839条違反（尊属養子・年長者養子，男子ある場合） 当事者・戸主・親族
855条〔現806条〕	840条違反（後見人と被後見人の縁組） 実方親族 計算終了後追認または6月（2項・3項に細則あり）
856条	841条違反（配偶者の同意） 配偶者 知ってから6月
857条1項前段〔削除〕	844条～846条（親の同意） 同意権者
857条1項後段	詐欺・強迫 当事者？
858条〔削除〕	壻養子 当事者 知ってから6月

原案段階では、公益に反するものとその他のものとに分けて、前者については広い範囲で取消権者を認めるという発想が強かった。たとえば、尊属養子や年長養子については検察官にも取消権を認めていた。しかし、結果として、検察官は取消権者から除外されている。婚姻とは異なる点である。

　表に示したように、このうち、853条は現行804条に、854条の一部（838条違反の部分）は現行805条に、855条は現行806条に、それぞれ承継されている。なお、857条1項前段は、親の同意権がなくなったため削除されている。858条も、1947年改正によって婿養子の概念自体はなくなったため削除されている。857条1項後段は、後に述べる準用規定に吸収されている。残るのは856条であるが、これについては項を改めて検討する。

　(2) **追加規定（806条の2～807条）**　現行法における取消原因を定める規定としては、804条から806条のほかに、以下のものがある。

804条	
805条	
806条	
806条の2〔1987年〕	796条違反（配偶者の同意） 同意権者 知ってから6月または追認
806条の3〔1987年〕	797条2項違反（監護権者の同意） 同意権者 知ってから6月または追認
807条〔1947年〕	798条違反（未成年子縁組における家裁の許可） 養子・実方親族・代諾者 成年後6月または追認

　以上のうち、807条は、1947年改正時に、未成年養子に家裁の許可が必要とされたのに伴い、新設されたものである。

　これに対して、806条の2、806条の3は、1947年には設けられていなかったものである。その理由は、次の点に求められよう。まず、明治民法の856条が削除された。これは、夫婦共同縁組において夫婦の一方の同意がないのは、取消原因ではなく無効原因にあたると考えられたためと考えられる。おそらく、当時は、796条・797条2項の同意についても同様に考えられたのであろう。しかし、後に、これらの同意については取消原因で足りるとされたということだろう。

　(3) **準用規定（808条）**　最後に808条である。1項は、詐欺・強迫に婚姻

の規定（747条）と取消しの効果に関する婚姻の規定（748条）を準用するものである。2項は，離縁復氏の規定（806条）を準用し，その上で，離婚復氏の際の祭祀承継に関する規定（769条）を準用するものである。

なお，747条準用にあたっては，期間が3ヶ月から6ヶ月に延長されている。その理由は不明であるが，明治民法853条の審議の際に，期間は3ヶ月でよいのでは，という意見が出された（土方・法典調査会六696頁）。これに対して梅は，「養子はそれ程睦まじくないから少し長くして6ヶ月とした方が穏当だらう」（梅・法典調査会六697頁）と応じているのが，参考になる。

Ⅲ 小 括——代諾縁組の取消しをめぐる議論

法典調査会の養子法審議においては，起草者たちが提案した次の規定をめぐり，長い議論が展開された後に否決されている。

> 明治民法原案第860条　第845条ノ規定ニ依リテ為シタル縁組ハ養子ヨリ其取消ヲ裁判所ニ請求スルコトヲ得但養子カ満15年ニ達セル間及ヒ其成年ニ達シタル後6个月ヲ経過シタルトキハ此限ニ在ラス

この規定は，代諾縁組を認める代わりに，養子本人が15歳に達した後に取消権を認めようというものである。この規定につき，穂積は「どうしても此原案の如くならぬと不都合であらうと思ひまして，終に之を提出することに致しました」（穂積・法典調査会六704頁）としている。その理由は，次のようなものであった。

まず，原理的には，「人と云ふ者の生涯を挙げて売買の目的とするとか贈与の目的とするとか云ふやうなことは，独り歴史上許りでなく一体の道理から考へて見ましても人を法律行為の目的とすることは不都合である」（穂積・同頁）。

次に，実質的に見ると，確かに「養親と云ふものは一方から見ますれば其子の利益になる場合も多い。又父母と云ふものは必ず自然の情愛があつて子供を人の養子とするとか何んとか云ふ時には十中の八九，千中の九百九十九迄と云ふものは其子の利益を考へて決断を為すものであります……又幼小の者を養子と致しまする利益は固より喋々述べる迄もない」（穂積・法典調査会六705頁）。しかしながら，「子の方からも亦見てやらなければならぬ。……生長して見ると丸で自然の関係と云ふものは認められなくて或場合に於ては随分情愛抔が甚だ薄い所の人為的に拵へた所の関係と云ふもので生涯終ると云ふやうなことがある」（穂積・同頁）。特に，「小さい中から養なはれて色々芸抔を仕込んで貰つ

て稍々年頃になつてもどうしても自然の親子の関係に復することが出来ぬと云ふのは如何にも不条理なことである不人情なことである」(穂積・同頁)というのである。

そして最終的には次のように言っている。「親と云ふ者は子の利益を図らなければならぬ。子に対しても矢張り正当の義務と云ふものがあるべき訳でありますから，それ故に幼者を知らない中に自然の関係に違つて他人の子に遣つて仕舞ふと云ふことは是れ丈けの条件を持てでなければ遣れないと云ふことをどうも定めなければならぬと思ひます」(穂積・法典調査会六706頁)。この規定がなければ，代諾養子は正当化されないというわけである。

穂積は外国法の例もあげている。多くの国では幼者の養子を許さないが，これを許す国では「成長の後，是は成年に達した後でありまするが其取消を請ふと云ふ規定が往々見えるのであります」(穂積・同頁)として，「西班牙抔に於きましては成年に達したる後4年間位は其取消を請求することが出来るとなつて居る位であります」(同頁)と述べている。もっとも，「随分唯逃げて往くと云ふ風に考へますると不都合な場合も生じますから或は初めは制限を付けて見やうか……とも考へて見ました。……併しながらどうも制限を付けると云ふと本条を置きました理由の根本がなくなる」(同頁)としている。

これに対しては，それは理屈にすぎない(長谷川・法典調査会六706-707頁)，成年に達しない子は養子にできないのと同じ(岡野・法典調査会六713頁)，あるいは，規定がなくても無効となる場合はある・離縁でも処理できる(村田・法典調査会六709頁)という反対論が出された。梅は，当然無効論に対しては，前に掲げたような反論をしているが，離縁原因論については，この規定が削除されるならば離縁原因として明定する必要があるとしている。梅の発言は激烈であった。「自分の意思に反し自然に反する所の身分で生涯居らなければならぬ。少し言葉を酷にして言ふと，奴隷同様な身分を此法典で存すると云ふことは如何にも残念」(梅・法典調査会六708頁)，「離縁の方に入れて下さらぬければ私一人と雖も総裁に向つて再議に付することを申述べる積りであります。若し総裁が御承諾が無ければ天下に向つて訴へなければならぬ」(梅・法典調査会六714頁)といった発言が記録されている。穂積・梅の熱弁にもかかわらず原案は否決されているが，この発言に見られるように，問題は離縁原因に持ち越されることになる。

以上，長々と原案860条をめぐる議論を紹介してきたのは，穂積や梅は，代諾養子には問題があると考えていたことを示すためである。今日，15歳未満の子の利益につき親権者が処分できて当然とするかのような議論がまかり通っ

ているが，その当否は改めて検討されなければならないのではないか（我妻 269 頁はこの問題を意識しており，代諾養子は「両刃の剣」であるとする）。

IV 余 話——明治の著名人と養子縁組

最後に，余話を一つ。

明治の文豪・漱石は，養子にやられ，一事，塩原金之助と称していたことはよく知られている。彼の作品『道草』は，その顛末を背景にしている。主人公の健三のもとに，かつての養父・島田が金の無心に現れる。その経緯につき，健三の妻が兄から委ねられた書類を繙き，読み上げる。「右健三 3 歳のみぎり養子に差遣し置候処平吉儀妻常と不和を生じ，遂に離別と相成候につき当時 8 歳の健三を当方へ引き取り今日まで 14 カ年間養育致し，――あとは真赤でごちゃごちゃして読めないわね」（岩波文庫版 90 頁）。

さらにその先には，戸籍をめぐるトラブル，金銭の収受の話などが出てくる。この小説は実体験をもとにしたと言われるが，小説を見る限りでは，漱石の養子縁組はうまくいっていない。うまくいったかどうかは別にして，明治の作家たちには養子縁組をしている人が多い。たとえば，漱石（1867 年生）のほか，次のような人々がいる（山下悦子「明治文学と養子制度」批評空間 6 号〔1992〕185 頁の表による）。

　　伊藤左千夫（1864 年生。養子に出るが復籍）
　　島村抱月（1871 年生。養子に出る）
　　国木田独歩（1871 年生。嫡出子としての養子→わらの上からの養子のことか？）．
　　高浜虚子（1874 年生。祖母の家系を継ぐため養子）
　　柳田國男（1875 年生。妻の姓を名乗る→婿養子か？）
　　近松秋江（1876 年生。養子に出るが離縁）
　　島木赤彦（1876 年生。婿養子）
　　斎藤茂吉（1882 年生。婿養子）
　　折口信夫（1887 年生。養子を取る）
　　菊池　寛（1888 年生。養子となるが離縁）
　　室生犀星（1889 年生。養子に出る）
　　芥川龍之介（1892 年生。母の実家へ養子）

第6　809条・810条：養子の効果

> （嫡出子の身分の取得）
> 第809条　養子は，縁組の日から，養親の嫡出子の身分を取得する。
> （養子の氏）
> 第810条　養子は，養親の氏を称する。ただし，婚姻によって氏を改めた者については，婚姻の際に定めた氏を称すべき間は，この限りでない。

I　基本的な効果（809条）

1　「養親の嫡出子の身分を取得する」

(1) **比較法的な位置づけ**　現行809条は明治民法860条と全く変わらない。このように，縁組の効果として，養子に「養親の嫡出子」とする規定を置くことにつき，穂積は，次のように述べている。「本案は養子の法定の二つの主義の中で其効力に至つては粗ぼ自然名義の主義を採つた」（穂積・法典調査会六722頁）。ここでいう二つの主義とは，第一に「自然模擬にするか」，第二に「単に家名と財産を譲るに止まるか」（穂積・法典調査会六599頁）であり，当時のヨーロッパ諸国は後者を採っていたという。しかし，「我邦に於て殆ど始めから採り来つた慣例でありますからして，嫡出子と云ふものになると云ふ方の主義を採りました」（穂積・法典調査会六723頁）としている。

(2) **親族との関係**　当時のヨーロッパ諸国の考え方は，具体的には，「養家の家名を続ける」，「財産を相続する」ほか，「親子の関係と云ふものは其養子と養親の間のみに止まる」，「養子の子孫にはずつと及びますが併し養親の親族までには及ばぬ」ものであったという（穂積・法典調査会六722-723頁）。

しかし，明治民法はこの考え方を採らなかった。すなわち，「養子ト養親及ヒ其血族トノ間ニ於テハ養子縁組ノ日ヨリ血族間ニ於ケルト同一ノ親族関係ヲ生ス」（明民727条）としたのである。この規定も現行727条にそのまま引き継がれている。なお，この規定があれば，現行810条は不要ではないかとの議論もあった。確かにそうではあるが，成立する親子関係が「嫡出子」のそれであることを示す点に，本条の意味がある。

2　「縁組の日より」

(1) **明治民法の下での意味**　「縁組ノ日ヨリ」という文言は，明治民法に

おいては重要な意味を持っていた。穂積は次のように述べている。「其日から身分を取得するのでありますから，其前に既に実子があつたときに於ては其実子に対しては嫡出子たる身分と云ふものに付ては長幼前後の順序がある。……既に実子があつて其実子より尚ほ年長なる者を養子とした場合に於ても其実子の後とに往く」(穂積・法典調査会六723頁) という趣旨であった。

本条審議の際には相続の規定は未定であったが，その後，相続編にはこれを承けて，「第836条（準正の場合——大村注）ノ規定ニ依リ又ハ養子縁組ニ因リテ嫡出子タル身分ヲ取得シタル者ハ家督相続ニ付テハ其嫡出子タル身分ヲ取得シタル時ニ生マレタルモノト看做ス」(明民970条2項) という規定が置かれた。これによって，「縁組ノ日ヨリ」の意味は明らかになった。

(2) **現行法の下での意味**　家督相続が廃止された後は，「縁組の日から」はこのような意味を持たない。現行民法の下でも遺産相続においては，兄弟姉妹の年齢には意味がないからである (900条4号)。

しかし，「縁組の日から」には別の意味もある。この規定により，縁組の日から，養親・養子の間には法定血族関係が成立する。したがって，以後に，養子が設けた子は養子の血族ということになる。反対に，以前に，養子が設けた子は，養子の血族になることはない。そのため，前者が養親を代襲相続しうるのに対して，後者は代襲相続しえないことになる。なぜなら，後者は被相続人と親族関係にないためで，その直系卑属にあたらないからである (887条2項ただし書参照)。

明治民法の下では，孫は直接に家督相続人になりえたが，以上の考え方により，縁組前の養子の子は家督相続人たりえなかった。そもそも，この子は，養親の家族ではないので，当然と言えば当然のことであった。しかし，今日，上記のような差が生ずることに必然的な理由があるかは，検討の余地なしとしない (どちらも代襲するとするほか，どちらも代襲しないとすることもありうる)。

II　養子の氏 (810条)

1　家から氏へ

現行810条は，「養子ハ縁組ニ因リテ養親ノ家ニ入ル」と定めていた明治民法861条を改めたものである。明治民法の下では，この規定と明治民法746条 (「戸主及ヒ家族ハ其家ノ氏ヲ称ス」) によって，養子は養親の家の氏を称することとなっていた。

現行法810条は，家を媒介とせずに，同じ帰結を書き下ろしたものである。もっとも，現行法においては，親子同氏の原則は存在しないので，この規定は

必然ではない。そこには，養子は，家の氏を承継するものという観念が残存しているとも見られる。起草者である我妻は，「新法は家の制度を廃し氏を個人の呼称としたが，当事者の意思と国民感情を顧慮して養子は養親の氏を称するものと定めた」（我妻291頁）としている。

2　変更の帰結

家の観念を媒介とせずに，縁組による氏の変更を規定したため，次の2点で奇妙な結果が生ずることとなった。第一に，養子に子がある場合には，養子縁組によって養親・養子が同一の戸籍に入ることはないのに（戸18条3項・20条），氏のみが変更されることになる。第二に，養子の子の氏については，氏の変更の規定（791条）によることとなった。

第7　811条〜817条：離縁

（協議上の離縁等）
第811条①　縁組の当事者は，その協議で，離縁をすることができる。
② 　養子が15歳未満であるときは，その離縁は，養親と養子の離縁後にその法定代理人となるべき者との協議でこれをする。
③ 　前項の場合において，養子の父母が離婚しているときは，その協議で，その一方を養子の離縁後にその親権者となるべき者と定めなければならない。
④ 　前項の協議が調わないとき，又は協議をすることができないときは，家庭裁判所は，同項の父若しくは母又は養親の請求によって，協議に代わる審判をすることができる。
⑤ 　第2項の法定代理人となるべき者がないときは，家庭裁判所は，養子の親族その他の利害関係人の請求によって，養子の離縁後にその未成年後見人となるべき者を選任する。
⑥ 　縁組の当事者の一方が死亡した後に生存当事者が離縁をしようとするときは，家庭裁判所の許可を得て，これをすることができる。
（夫婦である養親と未成年者との離縁）
第811条の2　養親が夫婦である場合において未成年者と離縁をするには，夫婦が共にしなければならない。ただし，夫婦の一方がその意思を表示することができないときは，この限りでない。
（婚姻の規定の準用）
第812条　第738条，第739条及び第747条の規定は，協議上の離縁について準用する。この場合において，同条第2項中「3箇月」とある

のは、「6箇月」と読み替えるものとする。
（離縁の届出の受理）
第813条① 離縁の届出は、その離縁が前条において準用する第739条第2項の規定並びに第811条及び第811条の2の規定その他の法令の規定に違反しないことを認めた後でなければ、受理することができない。
② 離縁の届出が前項の規定に違反して受理されたときであっても、離縁は、そのためにその効力を妨げられない。
（裁判上の離縁）
第814条① 縁組の当事者の一方は、次に掲げる場合に限り、離縁の訴えを提起することができる。
一 他の一方から悪意で遺棄されたとき。
二 他の一方の生死が3年以上明らかでないとき。
三 その他縁組を継続し難い重大な事由があるとき。
② 第770条第2項の規定は、前項第1号及び第2号に掲げる場合について準用する。
（養子が15歳未満である場合の離縁の訴えの当事者）
第815条 養子が15歳に達しない間は、第811条の規定により養親と離縁の協議をすることができる者から、又はこれに対して、離縁の訴えを提起することができる。
（離縁による復氏等）
第816条① 養子は、離縁によって縁組前の氏に復する。ただし、配偶者とともに養子をした養親の一方のみと離縁をした場合は、この限りでない。
② 縁組の日から7年を経過した後に前項の規定により縁組前の氏に復した者は、離縁の日から3箇月以内に戸籍法の定めるところにより届け出ることによって、離縁の際に称していた氏を称することができる。
（離縁による復氏の際の権利の承継）
第817条 第769条の規定は、離縁について準用する。

I 協議離縁

1 現行法

(1) **関係者（811条・811条の2）** 養子縁組は、協議によって解消することができる。この場合、協議を行うのは原則として当事者、すなわち養親と養子である（811条1項）。しかし、これには例外がある。

第一に、一方が死亡した場合にも、他方は縁組を家裁の許可を得て離縁することができる（811条6項）。このことは、離婚の場合と異なり、縁組は死亡に

よって解消しないことを示す。養子縁組は当事者だけの関係を超えて法定血族関係を創り出す点を重視したものであろうが，今日，合理性を持つかどうか疑問がないではない。

第二に，養親が夫婦で縁組をしており，かつ，養子が未成年者の場合には，養親の一方のみとの関係を解消することはできない。この点については1947年改正時には規定を欠いていたために，1987年改正の際に811条の2が追加された。夫婦共同縁組（795条）と平仄をあわせる趣旨であろう。しかし，共同縁組をしたのに，成年に達した後は個別に解消可能だというのは，いかなる理由によるのかは判然としない。かえって，特別養子縁組の場合と平仄があわなくなったのではないか。

なお，縁組が代諾によってなされ，離縁の際に養子がなお15歳未満の場合には，養子側の当事者は，「離縁後にその法定代理人となるべき者」となる（811条2項）。現行民法は，法定代理人となるべき者が定まっていない場合に備えている（同3項‐5項）。

(2) **離縁との同型性（812条・813条）**　民法812条は738条・739条・747条を準用している。また，813条は740条と同型の規定である。このことは，基本的には，協議離縁と協議離婚が同型の構造を持つことを示している。また，後述のように，協議離縁に続いて裁判離縁が規定されており，814条は770条と同型の規定になっている。この点も含めると，離婚と離縁は，全体として同型の構造を持っていると言える。

2　明治民法

(1) **特に離縁ができない場合**　明治民法には，養子が戸主になった場合に離縁を禁ずる規定が置かれていた（明民874条。隠居後は可能。同但書）。養子制度が家の存続のための制度であったことをよく示す規定である。

(2) **特に離縁ができる場合**　明治民法には，夫婦で養子になった場合（あるいは養子が養親の他の養子と婚姻した場合）において，妻が離縁し養家を去るときには，夫は，自身も離縁するか，あるいは離婚するかを選択しなければならない（明民876条）。夫婦は同一の家になければならないという原則の帰結である。

II　裁判離縁

1　現行法の離縁原因（814条・815条）

すでに一言したように，現行814条は770条（裁判離婚）と同型の規定であ

る。しかし，離縁原因はやや異なっている。814条1項と770条1項とを比べると，離縁原因には「不貞」と「精神病」が欠けていることがわかる。不貞はことがらの性質上あまり問題になりえないが，これに匹敵しうるものがないかどうかは問題になりうるだろう。特に，虐待を独立の離縁原因に掲げる必要がないかが問題になりうる。精神病が欠けている理由は不明であるが，夫婦間に比べて精神的なつながりが弱いということ，また，精神病者を養子にすることがありうることなどによるのだろうか。

2 明治民法の離縁原因

　明治民法の離縁原因の中には，当時の離婚原因に対応するものも見られるが（虐待・侮辱に関する明民866条1号3号8号，処刑に関する同4号，生死不分明に関する同7号など），離縁に固有のものもあった。一つは，「家名ヲ瀆（ケガ）シ又ハ家産ヲ傾クヘキ重大ナル過失アリタルトキ」（同5号）であり，もう一つは，「壻養子縁組」「家女ト婚姻」の場合に離婚したとき（同9号）である。前者は「家のための養子」の性質をよく表している。後者は，協議離縁をすれば足りるが，一方的に離縁することもできたわけである。前者はもちろん後者でも現行法では削除されているが，後者の場合には，「その他縁組を継続し難い重大な事由」にあたることもありえないではない。

III　離縁の効果

1　規定のあるもの

　(1)　**氏と祭祀（816条・817条）**　　離縁の効果として養子法の部分に規定が置かれているのは，氏と祭祀承継に関するものである。

　第一に，養子は離縁によって縁組前の氏に復する（816条1項。例外として2項）。ただし，婚姻中の氏を続称することが可能であるのと同様に，縁組中の氏を続称することも可能である（1987年改正による。縁組後7年を経ている場合に限られる）。第二に，養子が祭祀を承継していた場合には，別に祭祀承継者を定めなければならない（817条により769条を準用）。

　(2)　**親族関係の終了（729条）**　　養子縁組により養子と養親およびその血族の間には縁組の日から法定血族関係が発生する（727条）。この関係およびこれを基礎にして生じた関係（養子の配偶者・直系卑属と養親およびその血族の間の関係）は，離縁によって終了する（729条）。ただし，婚姻障害は残存する（736条）。

2 規定のないもの——財産関係

離縁については，離婚における財産分与（768条）に相当する規定は存在しない。財産分与の規定の類推適用の可否は，この規定の性質をどのように解するかによる。婚姻に固有の規定と解するならば類推の余地はないが，共同生活関係を根拠とする規定と解するならばその余地はあることになる。前者のように考えるならば，財産関係の清算は財産法の諸法理によることになろう。

第8 817条の2〜817条の9：特別養子の要件・効果

（特別養子縁組の成立）
第817条の2① 家庭裁判所は，次条から第817条の7までに定める要件があるときは，養親となる者の請求により，実方の血族との親族関係が終了する縁組（以下この款において「特別養子縁組」という。）を成立させることができる。
② 前項に規定する請求をするには，第794条又は第798条の許可を得ることを要しない。
（養親の夫婦共同縁組）
第817条の3① 養親となる者は，配偶者のある者でなければならない。
② 夫婦の一方は，他の一方が養親とならないときは，養親となることができない。ただし，夫婦の一方が他の一方の嫡出である子（特別養子縁組以外の縁組による養子を除く。）の養親となる場合は，この限りでない。
（養親となる者の年齢）
第817条の4 25歳に達しない者は，養親となることができない。ただし，養親となる夫婦の一方が25歳に達していない場合においても，その者が20歳に達しているときは，この限りでない。
（養子となる者の年齢）
第817条の5 第817条の2に規定する請求の時に6歳に達している者は，養子となることができない。ただし，その者が8歳未満であって6歳に達する前から引き続き養親となる者に監護されている場合は，この限りでない。
（父母の同意）
第817条の6 特別養子縁組の成立には，養子となる者の父母の同意がなければならない。ただし，父母がその意思を表示することができない場合又は父母による虐待，悪意の遺棄その他養子となる者の利益を著しく害する事由がある場合は，この限りでない。
（子の利益のための特別の必要性）

> 第817条の7　特別養子縁組は，父母による養子となる者の監護が著しく困難又は不適当であることその他特別の事情がある場合において，子の利益のため特に必要があると認めるときに，これを成立させるものとする。
>
> （監護の状況）
> 第817条の8①　特別養子縁組を成立させるには，養親となる者が養子となる者を6箇月以上の期間監護した状況を考慮しなければならない。
> ②　前項の期間は，第817条の2に規定する請求の時から起算する。ただし，その請求前の監護の状況が明らかであるときは，この限りでない。
>
> （実方との親族関係の終了）
> 第817条の9　養子と実方の父母及びその血族との親族関係は，特別養子縁組によって終了する。ただし，第817条の3第2項ただし書に規定する他の一方及びその血族との親族関係については，この限りでない。

I　序

1　特別養子制度の導入

(1) 立法の経緯　まず，立法の経緯から見ていこう（以下，細川による）。1959年に法務省民事局は，法制審議会民法部会身分法小委員会における審議をとりまとめ，いわゆる「仮決定・留保事項」を公表した。その中には，特別養子に関する検討結果も含まれていた。そこでは，次のような骨子が示されていた。

> 第27　通常の養子のほか，おおむね次のような内容の「特別養子」の制度を設けることの可否について，なお検討する。
> 　（イ）　特別養子となるべき者は一定の年齢に達しない幼児に限る。
> 　（ロ）　特別養子はすべての関係において養親の実子として取り扱うものとし，戸籍上も実子として記載する。
> 　（ハ）　養親の側からの離縁は認めない。

この時期に「特別養子」がすでに立法上の課題になっていたことは注目されてよい。また，その内容が現行制度と全く同じではない点も興味深い。しかし，結論としては，「なお，検討する」とされており，明確な方向性が示されるには至らなかった。

結局，「仮決定・留保事項」をさらに進めることはできず，法制審は，でき

るところから改正を行う方針に転じた。そして，さしあたりの改正として1962年の相続法改正が行われた。この改正の後に再び，養子法改正が法制審の審議対象となったが，意見の一致が見られずに，1964年に問題点がとりまとめられただけに終わった。

1980年には相続法改正が行われたが，その後，1982年からはみたび，養子法の見直しがスタートした。85年には中間試案が公表され，87年2月に改正要綱が決定され，法務大臣に答申された。そして，87年9月に法案成立に至った。

なお，この間に，1973年4月にいわゆる「菊田医師事件」が発生している。岩手県の産婦人科医・菊田昇氏が新生児を実子として斡旋している旨が，新聞報道された。菊田氏は参議院法務委員会に参考人として招致され，実子特例法の制定を訴えた（菊田昇『この赤ちゃんにもしあわせを』〔人間と歴史社，1978〕）。また，学界にはこの動きに積極的に与する者も現れた（中川高男『第二の自然——特別養子の光芒』〔一粒社，1986〕）。

(2) **反対論は根絶されたか？** 特別養子制度は，子の利益のための養子制度であるとされる。今日，制度の内容への批判はあるものの，その正統性そのものへの疑いの声は少ない。後に述べるように，特別養子は実親子関係の断絶によって特徴づけられるが，これは実子に近い養育を可能にする。それゆえ，養親子の関係を安定させる，また，これによって「わらの上からの養子」が減る，などと説かれることが多い。

しかし，立法当時は根強い反対論が存在した。そのうち，今日でも顧みるべきものとしては，次の二つがある。一つは，子の意思を無視して実親との関係を断絶することを問題視するもの，もう一つは，断絶により実親に対する扶養請求権・相続権を失わせることを問題視するものであった。前者に対しては，特別養子縁組の対象となる子には判断能力がないので，その意思を尊重するという問題は生じないと応答されている。その際には，代諾縁組の例が援用されている。しかし，代諾縁組には問題があることはすでに述べた通りである。後者に対しては，実際上意味のある扶養・相続を受けることは期待できず，観念的な権利を失うにすぎないと応答されている。しかし，多くの場合にはそうかもしれないが，そうではない場合がありうるのではないか。特に，縁組時とは事情が変わった場合はどうか。後に検討する。

(3) **外国法・実態調査は参考になるか？** 1987年改正に際しては，一方で外国法研究が行われ（ジュリスト782号に特集），他方で実態調査が行われている（戸籍462号に調査結果）。

前者については，外国立法は参考にならないという意見もあるが，現に行われている制度がどのような問題を生じさせているか，という点では貴重な資料であると言える（細川42頁）。世界的に見て，特別養子的な養子制度が主流になっていることは，立法を支えたものと思われる。

後者については，成年養子と未成年養子の割合が2:1であること，未成年養子のうち，妻の子が68.4％，夫の子が6.4％，非嫡出子または孫が17.4％であり，大部分が近親者であることなどは，少なくとも正規の養子ルートで近親者以外の未成年者を養子にする例は少ないことを示す結果となった。このこと自体は，特別養子の需要の小ささを間接的に示すとも言えるが，調査自体は，その後の養子法の研究の重要な基礎資料となった。もっとも，今日では状況はずいぶん変わってきているので，再度，同様の調査がなされることが期待される。

(4) **余話——民法は一つの法律か？**　1987年改正の改正法は，その1条で「民法（明治29年法律第89号）の一部を次のように改正する」と定めた。当然のことのようであるが，これ以前には，括弧内で明治31年法律第9号を挙げる例（1976年改正），昭和22年法律第222号を挙げる例（1949年の認知特例法）があったのを，意識的に統一しようとしたものである（細川25頁以下）。

その際の説明は，技術的にはありうる説明になっている。しかし，1896年・98年の立法者が財産編と身分編を切り離して立法したこと，1947年の立法者も身分編のみを全面改正し口語に改めたことは，厳然たる事実である。また，98年法は，98年立法部分を96年立法部分に追加する・繰り込むことを明言していない。さらに言えば，96年立法の際の公布文は「明治23年法律第28号民法財産編財産取得編債権担保編証拠編は此法律公布の日より廃止す」とし，98年立法の際の公布文は「明治23年法律第98号民法財産取得編人事編は此法律公布の日より廃止す」としている。これは，旧民法が二つの法律からなることを前提とし，明治民法はそのそれぞれに代わるものとして立法されたことを示すと言える。

2004年の現代語化によって，民法典の一体性は増したので，この点の重要度は減少したと言えるかもしれない。しかし，今後の民法改正のことを考えるならば，形式的には複数の法律であるが，実質的には一つの法典をなす，という立法形式の可能性については再び検討を要するとも言える。たとえば，スイス民法のように，債務法を民法本体と形式的には分離しつつ，実質的には一体として扱うという方策は検討に値する。

2 特別養子縁組の成立（817条の2第1項）

(1) 養親の申立てと家裁の審判　特別養子縁組は、養親となる者の請求により、家庭裁判所が審判を行うことによって成立する。

申立ての趣旨は「事件本人（養子となる者）Ａを申立人Ｂ及び同Ｃの特別養子とするとの審判を求める」という形式になるとされているが（細川54-55頁）、これは、①特別養子縁組を認めるという審判の事件本人は養子となる者であり、②養親となる者は申立人の地位と養親の地位をあわせ持つことを意味する。これを、たとえば成年後見開始の審判と対比してみよう。成年後見の場合には、①後見を開始するという審判の事件本人は成年被後見人となる者であり、②申立人の地位と後見人の地位とは切り離されており、成年後見人は職権で選任される。かつて禁治産の審判と後見開始の審判が別々の審判とされていたのに対して、いまでは両者が一体化されてはいる。しかし、申立人と後見人とは、事実上は一致することが多いにせよ、制度上は別のものと観念されている。

これとの比較からすると、理屈の上では、特別養子となるべき者（事件本人）につき、申立てを行う者と養親になる者とを切り離す制度を構想することも十分に考えられる。事件本人のために国家が一定の措置を講ずる、それを促すために申立てが行われると考えるならば、むしろその方が素直であるとも言える。しかし、特別養子が普通養子の延長線上に構想されたこと（両当事者の合意＋裁判所の許可→一方当事者の意思＋裁判所の審判）、養親になる者にイニシアティブを与えなければ制度は動きにくいことなどから、現在のような制度になっているものと考えられる。

(2) 審判の効果と再審請求　家裁の審判は「事件本人（養子となる者）Ａを申立人Ｂ及びＣの特別養子とする」という形式になるとされている（細川58頁）。審判に対しては即時抗告が可能であり、たとえば、養子となる者の父母は審判後に同意を撤回し即時抗告を行うことも可能である。しかし、審判が確定すると、これによって特別養子縁組が成立し、仮に手続上・実体上の瑕疵があっても、審判の効力は覆らない。しかし、準再審の可能性はあるとされていたが、現に、最判平成7年7月14日（民集49巻7号2674頁）の事案では、手続関与の機会がなかった（戸籍上は別の者が父として記載されており、父子関係不存在確認訴訟を提起していた）血縁上の父からの準再審が求められた。

なお、中間試案の段階では、「縁組の廃止」（遡及効なし）の一つのパターンとして、「縁組の成立要件の違反又は手続における重大な瑕疵があったことが認められるとき」を挙げていたが、最終的には、審判の効力が覆るのは例外的な場合（前述の準再審のような場合）に限られるので、このような制度は不要で

あるとされた。しかし，現段階で考えてみると，一方で，実父母への手続保障をより厚くする必要はないか，他方，縁組の効力を守る必要はないか，が問題になる。廃止のような制度を認めるとともに，廃止の申立てに一定の期間制限などを付すことも考えられるのではないか。

3 特別養子への普通養子規定の適用（817条の2第2項）

特別養子は養子の一類型であるので，基本的には，養子一般（普通養子）の規定が適用される。817条の2以下の規定はいわば特別法として置かれている。このことは，817条の2第2項において間接的に表現されている（細川53頁）。この規定は，養子一般に関する規定が適用されることを前提に，特則との関係が問題になるものについて，その適用の有無を確認した規定であると考えられるからである。このように考えないと，たとえば，養子の効果に関する810条・811条が適用されないことになってしまう。

もっとも，要件に関する限り，現行法は養子一般に関する規定のほとんどを排除する内容になっている。しかし，養子一般（普通養子）に関する規定を改正して，その要件を絞り込むなどの立法を考える際には，そのような立法と特別養子の関係についても考慮に入れる必要が出てくる。その一例については後述する。

II 特別養子縁組の形式的要件

1 夫婦共同縁組（817条の3）

(1) **配偶者があること**　　特別養子は，実親子と同様の養育環境を作り出すことを目的としている。そのために，養親には夫婦であることが求められている。そこには，夫婦＋未成年子が「自然な家族」であるという観念が表出されている。「特別養子縁組の養親が独身者であると，戸籍上養子の父母欄の一方が空白とならざるをえず，実子と同様の自然な記載をすることができない」（細川75頁）は，このことを表しているとも言えよう。

しかし，これは結果として，夫婦（配偶者のある者）にだけ特別養子を迎えることができる，という特権を与えることを意味している。同様の特権は，生殖補助医療についても事実上存在し，立法上も提案されている。今日においてなお，この取扱いが正当化されるか否かについては，慎重な検討が必要であろう。

もっとも，日本法においては，普通養子が広く認められているため，このような制限によって，配偶者のない者が養子を迎えることができなくなるわけではない。諸外国において，独身者にも特別養子縁組の養親資格が認められてい

るのとは，やや事情が異なる点である。

　(2) **夫婦の双方が養親となること**　　特別養子縁組においては，夫婦双方が養親となることが求められている。この点は，未成年子の普通養子縁組に関する現行法の取扱いと同じである。「配偶者の同意を要件として，夫婦の一方による特別養子縁組を認める立法例もあるが，配偶者の同意により最低限の夫婦間の平和の保障があるとしても，夫婦の一方が養子の監護養育に消極的であることは，養子の福祉のために適切な状況とはいえない」（細川75頁）と説明されている。

　あるいは，普通養子の場合には，夫婦の一方のみの子である（連れ子と同じ）状況を認めることもありうるだろう。しかし，特別養子の場合には，少なくとも養親がカップルの場合に，一方のみと親子関係があるという状態を創り出す必要はないとは言えそうである。もっとも，この点についても，上記と同様の再検討は必要かもしれない。

　ところで，夫婦共同縁組に関しては養子一般に関する規定が存在するのに，817条の3第2項を重ねて置く必要はないようにも見える。しかし，次の2点に注意する必要がある。まず，普通養子に関しては立法論上は別の可能性がある。そのことをふまえつつ，特別養子についてはなお積極的に夫婦共同縁組が必要であるということを確認する意味があるということ。817条の3第2項は，縁組の効力発生前に夫婦の一方が欠けてしまった場合には，縁組は効力を持たないことを示す意味もあるということ。

　817条の3第2項ただし書は，夫婦の一方の嫡出子または特別養子の場合には，共同縁組の例外とされている。この場合に，縁組によって当該親子関係の効力は変動しないので（むしろ後退する？），縁組にメリットはない。なお，この規定は，間接的に，夫婦の一方の嫡出子を他方の特別養子にすることが可能であることを示している。その際の要件については，817条の7について述べる際に触れる。

2　年齢要件

　(1) **養親の側（817条の4）**　　特別養子縁組においては養親に重い責任が課される。そのため精神的・社会的に成熟しており十分な監護能力を有することが期待される。そこで，養親は原則として25歳以上でなければならない，という要件が設けられた。ただし，一方がこの要件を満たせば，他方は20歳以上でよい。この場合には，年齢が掲げられているので成年擬制は働かない。なお，縁組発効時に年齢に達していればよい。

養親の年齢要件には一定の合理性がある。しかし，様々な要件を外して家裁の裁量に委ねるという方向を目指すとすると，形式的に年齢によって成熟度をはかることができるのだろうか，という問題が生ずる。また，年齢の上限を設ける必要はなかったのかという問題もある。これは「年齢」というものにまつわる一般的な問題であるので，指摘にとどめる。

なお，2点を補足しておく。第一に，25歳以上という年齢設定には，親子の年齢差を適度に離す（自然模擬）という考慮も含まれている。次に述べるように，養子の側は8歳が上限なので最低でも17歳の年齢差が確保できるからである。第二に，この年齢設定には，夫婦の不妊は含意されていない。養親には子どもがないことは要件とされていないので，この点は考慮されていない。しかし，特別養子の養親になることが特権だとすれば，何らかの制限をかけてもよいかもしれない。

(2) **養子の側（817条の5）**　養子については，請求時に6歳未満でなければならないというのが原則である。縁組発効時だと試験養育期間の長短によって影響が生じうるので，これを回避するために養親の場合と異なる基準点が選ばれている。ただし，6歳に達する以前から養親となるべき者に監護されている場合には，この要件は外れ上限は8歳となる。

なお，立法時には，12歳未満とする別案，さらに，未成年者全般に広げる，3，4歳の乳児に限るという反対方向の二つの少数意見があったが，この点の選択は，特別養子制度の趣旨にかかわっている。実方との断絶という効果に着目するならば，年齢はもう少し高くてもよい。他方，実親子と同様の関係を創出するという点に着目するならば，年齢はもう少し低い方がよい。6歳（8歳）という線引きは後者に，12歳という線引は前者に，ウエイトを置いたものであり，結局，6歳（8歳）が採用されたということであろう。

しかし，二つの要請の双方に配慮するということも考えられるかもしれない。そうなると，二つの制度を用意することが必要になるが，具体的には，未成年普通養子を特別養子に近づけ，特別養子の対象を乳幼児に限るというのが，現実的な方策かもしれない。

III　特別養子縁組の実質的要件

1　父母の同意（817条の6）

(1) **同意の性質**　特別養子縁組においては，父母の同意が必要とされている。特別養子の場合には，実方との親子関係が終了する。このことは，養子となる子の利益に大きな影響を及ぼすとともに，その父母にも影響を及ぼす。そ

こで，817条の6は，父母の同意を要するものとしている。

ここでの「父母」は親権者・監護権者に限られない。また，実父母・養父母の双方を含む。すべての親子関係が断絶するので，潜在的な利害関係を持つもののすべてが同意権者とされている。

ここでの同意は子どもの意思に代わるもの（代諾）ではない。しかし，審判の前提として同意が必要であり，同意を欠く審判には瑕疵があることになる。

なお，夫婦の一方（A）の子（B）を特別養子にする場合には，他方（C）との間にのみ特別養子縁組が成立する。その場合には，一方（A）の同意は不要ではないかとの疑問が成り立ちうるが，BCの縁組がBの利益となるか否か，AはBの親として判断する必要があるとされる。しかし，この場合に，Aの同意権がBの利益のために機能することは考えにくい。そもそも，このような養子縁組は親の都合によるものであり，子の利益に資するものではないのではないか，という批判にはもっともなところがある。

(2) **同意不要の場合**　①「父母がその意思を表示することができない場合」と②「虐待，悪意の遺棄その他養子となる者の利益を著しく害する事由がある場合」には，父母の同意は不要とされている。

2　子の利益のための特別の必要性（817条の7）

(1) **特別な事情**　特別養子縁組の成立には，「父母による養子となる者の監護が著しく困難又は不適当であること」その他「特別の事情」があることが必要である。これは，父母と養子となる者の関係に着目し，要保護性の要件を課したものであると説明される。このような場合にのみ，特別養子縁組は認められるというのである。

これに対しては，立法過程において反対論もあった。そもそも中間試案の段階では，「制限をせず，家庭裁判所の判断に委ねるものとする」というのが本案であり，「父母による監護養育が著しく困難である者に限るものとする」というのは別案であった。

最終的に別案が採用されたのには二つの理由がある。一つは，普通養子と特別養子の要件を区別する必要があるということ。もう一つは，このような制限を付さないと連れ子養子が特別養子とされることが増えるということ。後者については，それが望ましくないという理念的な判断のほかに，特別養子の事件数が急増すると家裁実務が対応できないという実際的な判断もあった。

結局，この点は，次のように処理されることとなった。第一に，連れ子を特別養子とすること自体は禁止しない。しかし，第二に，要保護性を示す特別の

事情は必要である。そして、第三に、「父母による養子となる者の監護が著しく困難又は不適当であること」という要件を満たさない場合にも「その他」としての特別の事情がありうる。

(2) **特別の必要性**　特別養子は、養親側の事情を考慮して、特別の必要がある場合に限って認める。「特に」は普通養子の場合の基準と区別する趣旨であった。

Ⅳ　特別養子縁組の手続的要件（817条の8）

1　試験養育期間

　特別養子を認めるか否かという判断は慎重になされるべき判断であり、申立時に判明している事情を考慮するだけでは十分とは言えない。そこで、一定の期間実際に養育をしてみて、その結果を勘案して判断をすべきこととされた。具体的には6ヶ月以上の試験養育期間が必要であるとされた。

　この試験養育は適法なものであればよく、具体的な仕組み（たとえば、家裁の審判による、など）は講じられていない。実際には、実父母からの委託によって監護している場合、都道府県からの委託によって監護している場合などがあるだろう。

　なお、試験養育中に、父母が子の取戻しをはかることがある。そのような場合には、父母が同意を撤回したと見られるから、特別養子縁組の要件を欠くことになり、手続は終了せざるを得ない。

　しかし、子の虐待など父母の同意が不要な場合もある。そのような場合には、父母の意思にかかわらず特別養子縁組が必要なこともある。そこで、父母による取戻しを阻止するために、特別養子縁組の成立の申立てに伴う審判前の保全処分が新設された。

　この法技術は、親権濫用の場合につき広く応用可能である。

2　期間の計算

　試験養育期間は、原則として6ヶ月である。6ヶ月の起算点は、原則として審判申立時であるが、それ以前からの監護状況が資料によって明らかになる場合（たとえば、都道府県からの委託を受けて監護している場合）には、審判時以前から起算することもできる。

V　特別養子縁組の効果

1　実方との関係（817条の9）

特別養子縁組のポイントは，実方との親族関係の断絶にある。

ここでいう「実方」とは，縁組前の親族関係のすべてを指している。具体的には，養子となるものがすでに養子となっている場合には，その縁組における実方・養方の親族関係は，次の特別養子縁組ではすべて実方ということになる。なお，現に存在する（ある）親族関係だけでなく，いまだ存在しない（あるべき）親族関係もまた断絶する。具体的には，父の認知は不可能になる。

ところで，このルールには二つの例外がある。第一に，夫婦の一方とのみ特別養子縁組がなされる場合には，他方（実親）との関係は断絶されない。第二に，断絶によって婚姻障害がなくなるわけではない。

2　戸籍上の記載

特別養子の戸籍の編製に関しては，戸籍法に新規定が設けられた。それによると，まず，養子につき新戸籍が設けられ，続いて直ちに，養子は養親の戸籍に入る。このような段階を経ることによって，不要な記載を除去するとともに，単独の新戸籍へのアクセス制限が可能になる（除籍であるため）と考えられた。もっとも，養子がすでに養親の戸籍に入っている場合には，この限りではない。

戸籍の記載はできるだけ実子に近い形で行われる。すなわち，第一に，実父母の記載はされない。第二に，「養子」「養女」でなく「長男」「二女」のように記載される。なお，年少の実子がすでに存在する場合には，その者に関する続柄記載も変更される。第三に，縁組がなされたことではなく817条の2による裁判による旨が記載される。

なお，子どもの名前については特に規定を設けていないが，名前の変更が子の利益に資すると考えられる場合には，戸籍法の規定による変更が可能である。

3　立法論

戸籍の記載に関しては，現行法とは異なる考え方もありうる。

一方で，実方の父母が子どもを特別養子にしたことを秘匿する必要はないかが問題になる。この点に関して立法時にはそのような措置を講ずる必然性はないとされていた。プライヴァシー保護の一般論によればよいというのである。

確かに，近時，戸籍法が改正され，謄抄本の請求が制限されるに至っている。しかし，戸籍の公示機能を考えると，一律に制限を課すのではなく，公開情報

Ⅲ　立法論

特別養子の離縁については，いくつかの立法論がありうる。

第一に，実父母にのみ，このような特権を認める必要はない，という議論は十分にありうるところである。

第二に，反対に，実父母には，より強い復帰権を認めるべきではないか，という議論も考えられないではない。具体的には，①の要件がなくとも，②③が充足されれば足りるという考え方である。実父母はある時点で監護不適格の烙印を押されるわけだが，その状態が解消したのなら，①がなくても縁組は解消されるべきではないかというものである。

第三に，子どもの側に，自由意思による離縁を認めるべきではないかという疑問も生じうる。この点は何度も繰り返しているところである。

第四に，反対に，そもそも離縁を認めない縁組はあり得ないかという問題もある。特別養子の不都合は再縁組により処理すべきだということになる。

第3部　子どもの福祉と親の権限

小　序――テクストの読み方と親権法の構成

　引き続き親族編の条文を読み進める。ただ，次の点についてのみ重ねて述べておく。それは，本書では，現行法の条文を「読む」という点に重点を置くということである。
　もっとも，重点の置き方は一律ではない。たとえば，本書第1部の対象である「総則（実は親族）」と「婚姻」に関しては，明治民法（1898年民法）から現行民法（1947年改正民法）へのテクストの変遷がかなり大きな意味を持っていた。同第2部の親子法に関して言えば，47年改正はさほど大きな意味を持たない。実親子法にせよ養親子法にせよ，明治民法が立脚する考え方を読み解くことが中心となる。
　以上に対して，これから検討する親権法に関しては，明治民法の規定は両義的な姿を見せる。一方で，当時，この部分は必ずしも重要視されておらず，議論も分量も多くない。また，少なくとも見かけ上は，戦後改革によって大きな変化を被っている。以上の意味では，戦後から現在に至る議論のウエイトが相対的には大きくなる。児童福祉法や児童虐待防止法に触れるのもそのためである。他方，そうは言っても，親権が民法典論争の一つの論点であったことは確かである。明治民法（さらには旧民法）の読み直しを通じて，はじめて現行規定の意味が明らかになるものも少なくない。そして，今日の特別法立法と明治民法とを照合することによって，明らかになることもある。それゆえ，明治民法の規定を慎重に読んでいくことは，ここでも重要な作業となる。
　本書で親権法とは，民法親族編の第4章「親権」の章を指す。親権法は一方で狭義の親子法（第3章「親子」）とともに広義の親子法の一部をなすものであるが，他方，後見法（第5章「後見」）を媒介として家族的支援の法へと連なるものでもある。
　これとは別に，民法から離れて「子ども法」の観点から見るならば，親権法は私的保護の法として児童福祉法などの公的保護法と対比されることになる。また，この観点に立って親族編を再構成するならば，民法においてもまず「子ども」の保護から出発し，親権と後見とを対比して規律し，それとの関係で親子・婚姻に進むという体系も考えられる。
　しかし，こうした点に関しては本書最後の部分で触れるとして，本書の趣旨

に則り，さしあたりは条文の順序に従って話を進める。具体的には，「総則」（実質的には親権者に関する規定が置かれているが，帰属と行使の関係が問題になる），「効力」（一般には，身上監護と財産管理に二分されるのが普通だが，再検討が必要である），「喪失」（児童虐待との関係で，2011年に改正された部分である）の順に説明し，その後に，児童福祉法・児童虐待防止法に及ぶ。最後に，親権のまとめから出発して，親子・婚姻の位置づけを行うとともに，その余の部分との関係についても触れる。

第4章　親　　権

第1節　総　　則

第1　818条：親権の当事者

> （親権者）
> 第818条① 　成年に達しない子は，父母の親権に服する。
> ② 　子が養子であるときは，養親の親権に服する。
> ③ 　親権は，父母の婚姻中は，父母が共同して行う。ただし，父母の一方が親権を行うことができないときは，他の一方が行う。

1　親権の前提：戸主権との関係

　親権の規定は818条から始まるが，この規定に入る前に，親権と戸主権の関係について一言しておく必要がある。戸主権に関する規定は現行民法にはもはや存在しないが，明治民法の編纂に際して，両者の関係およびこの点に関するそれまでの議論がどのように受けとめられていたかを知っておくことは，この先の具体的な議論の意味を正確に把握する上で不可欠のことだからである。

　明治民法の親権規定の起草者は梅謙次郎であるが，この問題は彼の教科書の冒頭でまず取り上げられている。梅はまず「我邦に於ては従来法律上確然親権を認めたるの迹なし。唯事実に於て多少之に類するものなきに非すと雖も，戸主権熾なりしか為めに十分の発達を為すことを得さりしなり。維新後に至りては漸く戸主権の必要を減したるを以て茲に親権の必要を生」ずる（梅342頁）としている。

　このような言い方は保守派の反発を招かないではいない。後に具体的に述べるように，梅の提案に対する反対論もこうした反発を背景とするものであった。教科書での梅は論争を回顧して，次のように述べている。「世に親権と戸主権との衝突を恐るる者ありと雖も新民法（明治民法のこと——大村注）に於ては決して其衝突なからしめたり」（梅343-344頁）。「親権を認むるは家族制を打破するものなりと論する者なきに非すと雖も是れ未た新民法を十分に講究せさる者のみ」（梅345頁）。

II　親権の対象：「成年に達しない子」

818条1項は「成年に達しない子」は父母の親権に服するとしている。つまり，親権の対象となるのは未成年の子に限られる。この規定に対応する明治民法の規定は次のようなものであった。

明治民法
　第877条① 　子ハ其家ニ在ル父ノ親権ニ服ス但独立ノ生計ヲ立ツル成
　　年者ハ此限ニ在ラス

文言から明らかなように，この規定においては未成年者に限らず，子はすべて親権に服することとされ，「独立ノ生計ヲ立ツル成年者」が例外として除かれている。この規定によれば，成年に達しても独立していない者は依然として親権に服することになる。もっとも，起草委員が提出した原案890条は「未成年ノ子ハ其家ニ在ル父ノ親権ニ服ス」というものであった。「親権は子の利益を謀る者と云ふことになつたならば成年迄と云ふことにするのが当然」(梅・法典調査会六419頁)とその理由を説明している。

梅の原案に対しては，二つの方向から反対論が展開された。一つ目は，「もう20になればどんな子でも独立して仮令ひ親の厄介になる者でも親権に服しないと云ふことは我が国に適当しない」(尾崎・法典調査会六419頁)というものであった。二つ目は，「原則には御同意を表したいが，左りながら是迄の既成法典(旧民法を指す——大村注)の経歴上注意の上に注意を加へて余程反対論もありましたが兎に角議官が意見を出しましてさうして改正になりましたのを更に改正するには余程法律の成立に付て御注意にならぬといかぬ」「此処等の所は法理と云ふことは暫く置いて既成法典のことは成る可く御助けになる方が此成立を速にすること」(磯部・法典調査会六420頁)になるというものであった。

結局，裁決の結果，尾崎の修正案に従って，原則としては成年者にも親権は及ぶとされることとなった。こうしてできた規定に対しては，戦前から「成年の子に対する親権は殆ど有名無実である」(穂積560頁)とされていたが，戦後の全面改正にあたっては，最初の段階(司法省民事局第1案)から親権の対象は未成年者に限るものとされた(経過213頁)。

III　親権の帰属

1　父母の平等：「父母の親権に服する」

(1)　**規定の変遷**　　現行818条1項は，(成年に達しない)子は「父母の親権

に服する」と定めている。明治民法では、子は「(其家に在る)父ノ親権ニ服ス」(877条1項)と、旧民法では、子は「親権ハ父之ヲ行フ」(人149条1項)としていたのを、改めたものである。

父の単独親権に対しては、やはり戦前の学説がすでに批判を加えていた。「父のみが親権者であると云ふのは具合が悪い」とされ、「共同親権の原則」を宣言するスイス民法が称揚されていた(穂積555頁)。

この点に関しては、戦後においても当初は父優先を維持することが考えられていたようである(経過213頁)。しかし、民法改正要綱案(昭和21・7・20)(幹事案)においては、「親権は父母共に在るときはその共同行使とすべきか」との問題提起がなされ、民法改正要綱案(昭和21・7・27)(起草委員第1次案)では、この考え方が「原則」とされるに至る(経過221頁・226頁)。そして、民法改正要綱案(昭和21・7・29)(起草委員第2次案)以降は、「原則」の意味が具体化され、一方で第三者保護をはかるべきこと、他方で離婚・認知の場合には「子に対して親権を行ふ者」は協議によって定めることとされている。

(2) **変遷の意味**　以上の経緯を見ると、父の単独親権(旧民法・明治民法)から父母の共同親権へ、という図式を描くことができる。しかし、直ちにそのように断じられるわけではない。旧民法・明治民法の規定につき、次のような説明がなされているからである。

旧民法人事編の起草者の一人・磯部四郎(法典調査会の委員でもある)は、次のように述べている。磯部はまず「親権は父母其子を養育するの方法たるに過きさるを以て此権は父母に属すること明かなり。此点より論するときは親権は父母共に之を行ふことを得るを以て至当と為すか如し」(磯部536-537頁)。では、旧民法が「父之を行ふ」としたのはなぜか。磯部は続けて言う。「然れとも父母其意見を同ふするときは不都合を生することなかるへきも其意見を異にする場合に於ては一方に全権を与へて之を決行せしめさるへからす」。その上で、「婦は其夫権に服従するの義務あるを以て親権は夫をして之を行はしむること当然なりとす」(同537頁)とする。

以上の説明は、親権の帰属と行使とを区分するものであり、旧民法の説明としては整ったものであると言える。ただ、明治民法では「父ノ親権ニ服ス」となるため、この説明はやや苦しくなる。もっとも、梅が次のように言っていることを参酌すると、文言の変化にかかわらず同じ説明を維持することもできそうである。梅は「今日の時勢に及ひては復父母の間に此の如き大径庭あるへき謂れなし。故に新民法に於ては……原則としては父あらさるときは母親権を行ひ其親権は概して同一なるものとせり」(梅343頁)としている。実際に、明治

民法877条には2項が置かれて、「父カ知レサルトキ、死亡シタルトキ、家ヲ去リタルトキ又ハ親権ヲ行フコト能ハサルトキハ家ニ在ル母之ヲ行フ」と定めていた。

そこには、母にも潜在的な親権があるという発想が窺われるが、これは前述の磯部の発想と繋がる。磯部は、先の引用箇所に続けて次のように述べている。「斯くの如く親権は父のみか之を行ふへしと雖も、是れ婚姻中即ち父母共に生存する場合に属するのみ。又実際父之を行ふこと能はさる場合あり。此場合に於ては母之を行ふへきものとす。即ち父か死亡し又は親権を行ふこと能はさるとき……是れなり」(537-538頁)。

以上のように見ると、「父ノ親権ニ服ス」という表現にもかかわらず、明治民法の単独親権は単独行使を定めるものであったと解することもできないではない。その場合、現行民法に関しては、行使につき「共同して行う」(818条3項)という表現を用いたことにより、「父母の親権に服する」(同1項)は帰属について定めるものと改めて解することになろう。

こうした理解は親権の性質に関する理解ともかかわるが、この点に関しては820条のところで検討する（⇒第2節第1 Ⅲ 2）。

2　養親の優先：「子が養子であるときは……」

(1)　**規定の変遷**　818条2項は「子が養子であるときは、養親の親権に服する」と定めている。この規定がここに置かれていることの意味は、一見するとわかりにくい。というのは、養子の効力のところに規定を置くことも考えられるからである。しかし、規定の変遷を考慮に入れると、その理由がわかる。

まず関連の規定をもう一度掲げておこう。

　　旧民法人事編
　　　第149条　親権ハ父之ヲ行フ
　　明治民法
　　　第877条①　子ハ其家ニ在ル父ノ親権ニ服ス
　　民法
　　　第818条①　成年に達しない子は、父母の親権に服する。
　　　②　子が養子であるときは、養親の親権に服する。

(2)　**変遷の意味**　以上の変遷は次のように説明できる。

旧民法の規定では、養子の場合に、実父・養父のいずれが親権を行うのかが決まらない。そこで、明治民法は「家ニ在ル」によって、養父優先を明らかに

した。ところが，現行民法は「家」を廃止してしまった。そのため，「家」の観念によらずに，実父・養父の優劣を定めなければならなくなった。そこで，現行818条2項が代わりに置かれたというわけである。

ところで，明治民法では877条に続く878条で「継父，継母又ハ嫡母カ親権ヲ行フ場合ニ於テハ次章ノ規定ヲ準用ス」としていた。「次章ノ規定」とは後見に関する規定であり，これらの者が親権者になる場合には，後見人と同程度の監督を行っていたわけである。しかし，ここでは，そのことよりもむしろ，こうした制約を受けつつも，継父母や嫡母もまた親権者となる，という前提が採られていたことに留意したい。

この規定は，梅自身が言うように「家を重んずると云ふ所から嫡母継父継母と云ふ者にも真の父母と同じやうな権を持たせやう，併し実際同じやうな権を持たせては困るからと云ふので」（梅・法典調査会六417頁）設けられたものである。戦後は，嫡母庶子関係や継親子関係の前提をなす規定，すなわち「継父母ト継子ト又嫡母ト庶子トノ間ニ於テハ親子間ニ於ケルト同一ノ親族関係ヲ生ス」（明民728条）が削除されたのに伴い，878条も削除されることとなった。

Ⅳ 親権の行使：「……父母が共同して行う」

1 原則としての婚姻（家）＝ 共同親権

現行818条3項は，親権の共同行使について定める。この規定の趣旨については，すでに一言した通りである。

ただ，文言に関してはさらに細かい変遷がある。すなわち，第1次案（1946年8月11日）・第2次案（同年8月20日）においては，「成年ニ達セサル子ハ其子ト氏ヲ同シクスル父母ノ親権ニ服ス」「親権ハ父母共ニ在ルトキハ共同シテ之ヲ行フ」（明民877条改正案1項2項）とされていた。

このような規定の仕方には，二つの意味がある。一つは，改正案1項によれば，実子・養子の問題は片づくということ。結局，この案も採用されなかったために，養子については独自の規定が設けられることとなったわけである。もう一つは，改正案1項と2項の関係であるが，2項だけを見ると，離婚後や父の認知後も共同親権になるように見える。しかし，1項があることによって，そうはならない。離婚した父母，結婚していない父母の双方が「其子ト氏ヲ同シクスル」ことはありえないからである。

つまり，改正案の「氏ヲ同シクスル」は，ある意味で「家ニ在ル」と同一の機能を担っていたのである。ここに，「氏」が「家」の代替物となっている事情を見て取ることができる。しかし，立法者は結局はこのようなやり方を正面

からは採用しなかった。「氏ヲ同シクスル」という代わりに，養子に関する規定を設けるとともに，「父母の婚姻中は」という規定を置いたわけである。

これによって表向きは，「家」や「氏」と「親権」とを連動させる考え方は排除されたが，考えてみると，同氏を媒介にして「家」を「夫婦」に置き換えることによって，家と親権の関係を保持したと見ることもできないわけではない。

そうでないとしても，「婚姻」という関係にある父母に共同親権という特権的な地位を与えた，ということは確かであろう。

なお，共同行使とは双方が同意しなければ有効な行為を行えないという趣旨であると解される（穂積555-556頁は「共同親権では財産の処分に不便だと云ふかも知れぬが，父母相談の上でなくては子の財産を処分出来ぬ方が，子の保護の目的にかなふと思ふ」としている）。協議に関する定めは民法・家事事件手続法に置かれていないが，立法論としては問題があろう。

2 二種の例外

現行818条3項本文のルール，すなわち，「父母の婚姻中」＝共同行使というルールには，2種の例外が設けられている。

一つは，3項ただし書の場合である。これは「父母の婚姻中」ではあるが，実質的に見て「一方が親権を行うことができないとき」（長期旅行，行方不明などがその例）に，単独行使を認めるものである。明治民法における母の親権行使の場合と対比すると，「父カ知レサルトキ」「死亡シタルトキ」が書かれていないことがわかる。このうちの前者は，現行民法では819条の問題となっているが，後者については，「一方が親権を行うことができない場合」に含まれるという考え方と，この場合には当然に単独親権になるという考え方とがありう る（起草者の我妻は後説のようである。我妻326-327頁は，この文言との関係で死亡には言及していない）。

もう一つは，「父母の婚姻中」以外の場合である。これについては，819条の方で解説するが，共同親権の例外が「一方が親権を行うことができない」ことによって実質的に基礎づけられるならば，「父母の婚姻中」でなくとも「双方が親権を行うことができる」場合に共同親権を認めることは，現行民法の考え方からも導けるということのみを述べておく。

第2　819条：共同親権の例外

> （離婚又は認知の場合の親権者）
> 第819条①　父母が協議上の離婚をするときは，その協議で，その一方を親権者と定めなければならない。
> ②　裁判上の離婚の場合には，裁判所が，父母の一方を親権者と定める。
> ③　子の出生前に父母が離婚した場合には，親権は，母が行う。ただし，子の出生後に，父母の協議で，父を親権者と定めることができる。
> ④　父が認知した子に対する親権は，父母の協議で父を親権者と定めたときに限り，父が行う。
> ⑤　第1項，第3項又は前項の協議が調わないとき，又は協議をすることができないときは，家庭裁判所は，父又は母の請求によって，協議に代わる審判をすることができる。
> ⑥　子の利益のため必要があると認めるときは，家庭裁判所は，子の親族の請求によって，親権者を他の一方に変更することができる。

I　序　論

1　単独親権

　前の項にも述べたように，現行819条は共同親権の例外を定めるものである。

　具体的には，離婚の場合（1項2項）には「父母の一方を親権者と定める」ことを直接的に求め，父の認知の場合には「父を親権者と定め（る）」ことができることを間接的に認めた上で，その場合には親権は「父が行う」としている（4項）。

　これらの規定から，離婚の場合には，一方のみを「親権者と定める」こととなり，この者が親権を行使することになる。また，父の認知の場合には，「父を親権者と定め（た）」場合には，父のみが親権を行使することとなる（「父が行う」という文言によって，共同行使になるわけではないことが示されている）。

　また，819条6項は，親権者の変更について定めるが，その場合にも，「親権者を他の一方に変更する」ことができるとするのみで，共同親権を認めてはいない。

　もっとも，戦後の一時期には離婚後につき，共同親権が生じたこともある（応急措置法が適用された事例については，共同親権となった。1947年改正法の施行後も当然には単独親権とはされず，協議により単独親権とすることができる，としていた。附則14条。我妻324頁）。これを容認したのは，立法者がさしたる不便はないと

考えたからであるとも言える。

　後に、「父母が離婚しても共同親権にしておくことはできない、これは司令部でも認めている。どちらか一方にしなければならん」（我妻・経過168頁）との発言がなされているが、その理由は必ずしも積極的には説明されていない。おそらくは「実際生活に合せよう」（我妻・経過165頁）ということであり、共同生活を営まない父母が共同で親権を行使することは（事実上）不可能である、ということだったのだろう。

　しかし、この議論には、二つの異論を提起しうる。一つは、（非婚の男女が）共同生活を営む場合には共同親権を認めてよいのではないかという異論であり、もう一つは、「実際生活に合せよう」という考え方が貫徹しなかった以上（現行法の下では、親権と子の生活実態は一致しない）、この点にこだわる必要はないのではないかという異論である。

　では、どうするか。共同親権を導入するか。また、単独親権のままだとして、面会交流権はどうなるのか。これらの点については、それぞれ後に検討する。

2　明治民法の規定

　819条は1947年改正法によって新設された規定であり、明治民法にはこれに対応する規定は存在しない。明治民法の下では、離婚や父の認知の場合について、このような規定なしに親権者が定まる仕組みが用意されていたからである。

　明治民法の下では、「子ハ其家ニ在ル父ノ親権ニ服ス」（明民877条1項）のが原則であった。したがって、離婚の場合については、通常は父が親権者であることに変わりはなく、特段の規定は不要であった。また、父の認知の場合についても、「子ハ父ノ家ニ入ル」（明民733条1項）という規定により、原則が適用されるだけのことであった。

　ただし、原則がそのまま妥当しない場合もあったが、これについては「父カ知レサルトキ、死亡シタルトキ、家ヲ去リタルトキ又ハ親権ヲ行フコト能ハサルトキハ家ニ在ル母之ヲ行フ」（明民877条2項）という例外規定によって、一括して対応可能であった。すなわち、婿（入夫）であった父が離婚により「家ヲ去リタルトキ」、あるいは、「父カ知レサルトキ」には、「家ニ在ル母」が親権を行うというわけである（「入夫及ヒ壻養子ハ妻ノ家ニ入ル」〔明民788条2項〕「父ノ知レサル子ハ母ノ家ニ入ル」〔明民733条2項〕）。

　つまり、「家ニ在ル」という基準が、親権の所在を決定するという考え方が採られていたのである。

3 「親権者と定める」と「親権を行う」

(1) 単独帰属　前の項では「服する」と「行う」の関係について述べたが、ここでは「親権者と定める」と「親権を行う」の関係について一言しておく。一般には、「父母の一方」を「親権者と定める」のであるから、他方は親権者ではなくなると解されている。つまり、行使の次元ではなく帰属の次元においても、離婚後・父の認知は単独親権となるというのである。

たとえば、我妻は818条につき、「およそ父母はいかなる場合にも親権者（親権の帰属者）であり、ただその行使が婚姻中は共同してなされる——従って、父母が婚姻中でないときにも、父母の双方が親権者であることには変わりはないが、行使できない状態（行使の停止されている状態、ないしは潜在的状態）となる——という意味にも解される」としつつ、「しかし、父母が婚姻中でない主要な場合、すなわち、離婚の場合については、父母の『一方を親権者と定める』といい、非嫡出子の場合については『……親権は……父を親権者と定めたときに限り、父がこれを行う』というのだから、定められた一方だけが親権者であり、他方は潜在的にも親権者ではない、といわねばならない」とする（我妻320頁）。

しかし、この点に関しては、次の2点を考慮に入れて考える必要がある。

(2) 認知の場合　まず、父の認知の場合についてである。前述のように、民法819条4項は、「父母の協議で父を親権者と定め（る）」ことを想定している。そして、この場合には「父がこれ（親権——大村注）を行う」としている。この最後の規定は父のみが親権を「行う」ことを明示しているが、この規定がないと、当初の親権者である母に加えて、新たに父を親権者と定めることができ、その場合には父母の双方が親権を行使するという解釈も出てくることになるため、この可能性を排除したものと思われる。このことは逆に、「父がこれを行う」がなければ、母に加えて父を親権者に定めたという理解がありうることを示していると言える。

しかし、このような考え方に立つと、離婚の場合には単独帰属・単独行使、父の認知の場合には共同帰属・単独行使、という定めを置いたことになるが、これは合理的とは言えない。とすると、いずれも、（共同帰属を前提に）単独行使を定めた（父の認知の場合については「共同行使」を否定した）と解すべきではないか。

(3) 離縁の場合　次に、離縁の場合である。818条2項は養子は「養親の親権に服する」と定めているが、養子縁組が解消された場合の親権の帰趨については何も定めていない。一般には、（少なくとも）離縁の場合には、潜在的な

ものとなっていた実親の親権が復活すると解されている（死別の場合には，後見が開始するという理解も有力である）。しかし，818条2項の「服する」が帰属を意味するならば，離縁後に実親の親権が当然に復活するという解釈は採用できない。

　我妻は，帰属と行使とを区別する解釈論を「親権者と定められもしくは親権を行使するものとされた方が親権を喪失しもしくは親権を行使しえない状態となったときには，潜在的な親権が当然にもしくは審判などを条件として，顕在的となる，といわなければ意味がない」（我妻320頁）としているが，離縁の場合に「潜在的な親権」という説明を用いるのであれば，全体を通してこの説明で貫いた方がよくはないか。いずれにしても，現行法の「服する」「行う（行使する）」「定める」の各文言については，整理が必要であろう。

II　親権者の決定・その1：離婚の場合

1　協議離婚

(1)　出生後の離婚　離婚の場合，その時点ですでに生まれている子については，父母の協議によりその一方を親権者に定めなければならない（819条1項）。これにより，「親権者と定める」の意味が帰属・行使のいずれのレベルの話であるかは別にして，少なくとも行使者は一人となる。

　この規定は，親権者を定めることなく協議離婚をすることはできないことを示す（765条1項参照）。

　なお，父母の一方を親権者，他方を監護権者とすることも可能であるが（766条1項），監護権者の定めをすることは離婚の要件ではない。

(2)　出生前の離婚　離婚の時点でまだ生まれていない子については，民法は生まれている子とは異なるルールを設け，母が親権を行い，出生後の協議により，父母の協議で「父を親権者と定めることができる」としている（819条3項）。「父がこれを行う」という文言はないが，1項2項と読み合わせて，単独親権となることは明らかであると考えたのであろう。

　なお，この場合にも，離婚時に子を懐胎していることが父母に知られているのであれば，出生後の離婚と同様に考えることは不可能ではない（現行法の下でも，懐胎を知っている子については生まれている子と同じに扱ったり，事前の協議がなされていると扱う余地はある）。しかし，懐胎の事実を父母が知らない場合には，協議がなされることを期待しえない。その結果として，離婚はしたが親権者は定まっていないという状況が現れうることになる。これを避けるために，母を親権者とするという規定を置いたのだろうが，父母がともにいるのに，母を優

先させる理論的な根拠は乏しい。共同親権となり，その後に協議するというのが正論であろう。

2　裁判離婚

裁判離婚の場合には，裁判所が「父母の一方を親権者と定める」(819条2項)。離婚の時点で，すでに生まれている子の親権を行使する者が一人に決まっていることが不可欠であるとの考えに立って，協議に代えて裁判所が決定するとしたのであろう。

これ自体は当然のことのように思われるが，後述のように，若干の関連問題がないわけではない。

Ⅲ　親権者の決定・その2：認知の場合

1　書かれたルール

父の認知の場合については，「父母の協議で父を親権者と定めたときに限り，父が行う」(819条4項)。この規定は反対解釈として，「父母の協議で父を親権者と定めたとき」以外は，「父が行う」ことはないという帰結を導く。すなわち，協議が成立しない場合には，父は親権を行うことができず，次の項で述べるように，母が親権を行うことになる。

これは母親優先のルールのように見える。もちろん，後述のように，父は裁判所の判断を仰ぐことができるが，イニシアチブをとって行動しない限り，親権者を変更することはできない。ここでも，父の認知により，共同親権となり，その後に協議するというのが正論であろう。

2　書かれざるルール――父のない子

前述のように，819条4項は反対解釈として，「父母の協議で父を親権者と定めたとき」以外は，「父が行う」ことはないという帰結を導く。

明文の規定はないが，その場合には，母が親権を行うことになる。「成年に達しない子は，父母の親権に服する」(818条1項)が，親が一人しかいないのであれば，その者が親権を行使するほかないからである。

この規定は，離婚の場合とは異なり，男女平等の観点からの問題を生じさせないように見える。一般にはそう言ってよいが，胎児認知(783条)の場合に若干の問題がある。胎児認知の場合には，子の出生とともに母子関係・父子関係が発生するが，その際に母の親権を優先させる理由はないからである。やはりここでも，共同親権が出発点となるとする必要があろう。

Ⅳ　裁判所による決定

1　書かれたルール

　819条1項・3項・4項の場合（すなわち，父母が協議して親権者を定めるべき場合）に協議ができないとどうなるか。すでに触れているように，裁判所は，父母の申立てに応じて，「協議に代わる審判」をすることになる（819条5項）。
　1項の場合とは異なり，3項・4項の場合には申立てのイニシアチブをとるのは父の側となることも，すでに述べた通りである。

2　書かれざるルール——強制認知の場合

　以上のルールは，男女平等の観点を別にすれば，こうせざるを得ないように思われる。しかし，考えてみると，これが唯一の解決というわけではない。具体的には，強制認知の場合の扱いが問題となる。
　現行法のルールは，強制認知の場合と任意認知の場合とを区別していない。しかし，離婚については裁判離婚の場合と協議離婚の場合とを区別している。この区別を参照するならば，強制認知の場合には，認知の訴えを認容した裁判所があわせて親権者を定めるとすることも考えられないではない。

Ⅴ　親権者の変更

1　経　緯

　819条6項は，1947年改正法の第6次案までは存在しなかった。第7次案に至り，現行819条が姿を現した際に，追加されたもののようである。そもそも第6次案までは，親権者は一定の考え方に従って定まるものとされていた。ところが，現行法においては「協議」（あるいは「審判」）によって定まることとされたため，決定にあたっての裁量性が高まった。同時に，不適切な決定がなされた場合の修正も必要になった。

2　要　件

　(1)　**裁判所による変更**　親権者の変更はあくまでも例外的に認められるにとどまる。手続的には，裁判所の審判が必要であり，当事者が協議によって変更できるわけではない。ここには，いったん定められた親権者は変更しないのが原則であるという態度を見て取ることができる。
　なお，離婚・認知の場合に親権者と定められた父母の一方が死亡した場合にも，親権者の変更によるべきだとする有力な見解がある（我妻325頁）。当然に

後見に移行するのは国民感情に適合しないが，当然に他方の親権が復活するわけでもないというのである。

当然復活だと考えるのであれば，それが不都合なときには親権者の辞任（837条）によって処理することとなる。辞任すれば，後見が開始することになる。

(2) **子の利益**　親権者の変更にあたっての実体的な基準は「子の利益のため必要があると認めるとき」（819条6項）というものである。この規定が置かれる以前には，「子の利益」が正面から語られることはなかった。1947年改正法の最終段階で裁量的な規定が置かれることになったため，このような基準が導入されたものと思われる。

もっとも，次の点に留意する必要がある。それは，監護者の変更（766条2項）については，戦前から「子の利益」を考慮に入れた規定が置かれていたということである。明治民法においては，協議離婚の場合には，監護権は原則として父に属するとされていたが，協議によって母に付与することも可能だとされていた（明民812条1項）。裁判離婚でも同様であるが（明民819条本文），この場合には，裁判所は「子ノ利益」の観点から，これと異なる処分をすることもできるとされていた（同但書）。たとえば，協議がなされなかったが，離婚原因等を考慮に入れて，母に監護権を付与することも可能であるとされていたのである。そして，大正改正要綱は協議離婚の場合にも裁判所の介入を可能とすべきことを提案していた。もともとは，このような「介入」を正当化するのが，「子ノ利益」であったのであり，必ずしも積極的に「子ノ利益」をはかることを標榜していたのではない。

その後，「子の利益」は，特別養子縁組の要件（817条の6・817条の7），同離縁の要件（817条の10）にも用いられており，裁判所の裁量権を方向づける基本的な指針とされるに至っている。

2011年の親権法改正により，「子の利益」の意義が変化していることは前述の通りであるが，この点については後にも再述する。

Ⅵ　小　括——現行法の得失

1　親権と監護権

すでに述べたように，離婚の場合・父の認知の場合には単独親権となるが，非親権親に対して監護権を分属させることは可能である（766条・788条）。この場合に，親権と監護権とはそれぞれどのような権限であり，両者はどのような関係に立つのかは，実は判然としない。この点は次節以降にやや詳しく立ち

入ることにして，ここでは，権限の分属がありうることを確認しておく。

そして，この結果として，たとえば，離婚の場合につき，親権は父が行使するが，監護権は母が行使するという形での分属が生ずることになる。このような事態は，重要なことは父親に日常的なことは母親にとか，名目的には父親に親権があるが実質的には母親が決定権を行使するなどと説明される。

2 生活実態の考慮

しかし，実際には，分属の例は多くないとも言われており，以上のような分属がどの程度まで必要か，あるいは，どの程度まで機能するのか，という点については，検討が必要である。

同時にそもそも，分属に関する上記のような説明が適切かどうかも検討されなければならない。このような説明は，親権の割当てが生活実態の考慮から切り離された結果であると言える。親権は生活実態とは無関係であるという前提に立つからこそ成り立つ。

もともと，1947年改正法の起草者たちは，そうは考えていなかった。「問題は，親権を共同生活と氏に従わせるか，独立別個の制度として規定するかの違いに帰着する」のであり，「たとえば，離婚復氏する母について考えると，6次案までは，子を引きとらないで親権だけを行使したいといっても，それは認められない。しかし，子を引取りたいというのに父が不当に反対するときには，家事審判所が仲に入って父を抑えてくれる。それが7次案では，子との共同生活に関係なく，親権の所在だけについて家事審判所に決定してもらうことができるという形になった」(我妻・経過165-166頁)。

このような改正がよかったのかどうか。今日，再考を要するところである。

第2節　親権の効力

第1　820条：監護・教育の権利義務

> (監護及び教育の権利義務)
> 第820条　親権を行う者は，子の利益のために子の監護及び教育をする権利を有し，義務を負う。

I　はじめに——要としての820条

　民法820条は，監護・教育に関する規定であるが，同時に，親権とは何かを論ずる際に引きあいに出されることの多い規定である。そのため，820条に関する解説も，規定に即した部分と規定そのものからはやや遠い部分とを含むことになる。いずれにしても，820条を通じて親権とは何かを考えることは，親権法理解の要になる作業であると言える。

　なお，820条に相当する規定は明治民法で設けられ（旧民法にはなかった），その後改正を受けなかったが，2011年に「子の利益」に関する文言が付加されたことを，あらかじめ指摘しておく。

II　「監護及び教育」

1　監護・教育の意義

(1)　**監護・教育の内容**　　820条は，子の「監護及び教育」をする権利・義務について定めるが，「監護」「教育」とは何か。

　起草者の梅の教科書では，「監護の意義は説明を要せすして明かなりと雖も教育の意義に付ては聊か説明を要するものあり」（梅351頁）とされており，「如何なる程度の教育を授くへきか」「如何なる学校に入れて之を教育すへきか」「如何なる職業に必要なる教育を授くへきか」「宗教的教育を為すへきや否や若し宗教的教育を為すへしとせは如何なる宗教を採るへきか」等のすべてが親権者の判断に委ねられるとされている（梅同頁）。これでは「監護」の内容は判然としないが，法典調査会では，「監護と云ふのはどう云ふことかと言へば滅多に飛出されたり遠方に往つたりしてはいかぬと云ふので次の教育と云ふ言葉を呼出す言葉である」（梅・法典調査会六428頁）という梅の発言が見出される。次条の居所指定権を想定した説明であると言えよう。

　これとは違うより立ち入った説明は，奥田義人が与えている。「監護とは消極に子の不利益を防衛するをいひ，教育とは積極に子の利益を増進するをいふ。積極に利益を増進するは即消極に其不利益を除く所以にして其間判然たる区別を許さす相合して以て子の身体を保護すること」（奥田344-345頁）を指すとしている。ドイツ法の解釈論を導入したものであり，起草者の説明に比べて抽象的・包括的なものとなっていることがわかる。同様に包括的だがやや異なる説明としては，「主として肉体的な成育をはかる監護と，主として精神的な向上をはかる教育を含む」（我妻330頁）とする我妻の説明もある。

(2)　**監護・教育と身上監護と養育**　　このような説明の延長線上に，「身上

監護」という用語が現れることになる。もともと旧民法が「身上ニ対スル権」と「財産ノ管理」とを区分していたが、梅自身も「本条は親権の身上に関する効力の原則を定めたるものなり」（梅350頁）、「本条以下第894条に至るまでは専ら其財産に関するものなり」（梅358頁）としていた。その後、穂積の「身上に関する権」「監護教育権」（穂積562頁・563頁）という表現を経て、我妻や中川に至って「身上監護権」（我妻330頁、中川496頁）という言葉が登場する（もっとも、我妻が監護教育＝身上監護権とするのに対して、中川は監護教育⊂身上監護権とする）。

　ここで「身上」「監護」という言葉について触れておく。「身上」はpersonneの、「監護」はgardeの訳語として採用されたものである。注意すべきは、旧民法やフランス法においては、子のpersonneに関する親の権利は、監護garde、懲戒correction、教育éducationなどにかかわるものであり、それ以外のもの（身分的な行為や人身・人格の処分にかかわる行為）を含むものではないことである。また、子のgardeに関する権利は、自分の手元に置く（そして面倒を見る）ことを中核としている。こうした用語法からすると、「身上監護権」の曖昧さは必ずしも望ましいものとは言えないように思う。

　これに対して、「養育」という言葉の意味は明らかである。「その子の養育及び財産の管理の費用」（828条）という表現から、この言葉は、監護・教育を総称するものとして用いられていることがわかるからである。なお、現行766条の「監護」は、もともとは教育を含んでいなかったと解されるが（明治民法の下では、監護を母に委ねるとしても、教育については親権者たる父が決めた）、戦後は「教育」を含むようになっている。監護・教育＝養育＝（広義の）監護という等式が成り立つに至っていると言ってよい。監護費用が「養育費」と呼ばれるのはそのためであろう。

2　監護の周辺

(1) 監護の対象　民法820条は監護・教育の対象を明示しない。したがって、818条により、未成年の子が対象となることになる。この点に関しては、明治民法の起草時に議論があった。以前にも述べたように、そもそも親権の対象を未成年の子に限るか否かについては法典調査会で争いがあり、限るという原案に修正が加えられ、原則としては成年の子も親権に服するものとされていた。820条にあたる規定（原案892条）の審議にあたっては、この規定につき対象を未成年者に限る必要はないかが再び問題とされた。原案は未成年者には限らないという案であり、これを支持する意見が多かったが、採決では反対の結

果となり，未成年者という文言が付加された。理由は，「(成年に達していても)危ふい所に往くならばそれを止めるとか……は随分言ふことである」「中等以上の人間であつたならば二十計りで限るに及ばぬ」(尾崎・法典調査会六 429-430 頁)ということだろう。

(2) **監護の費用**　この点につき，梅は「本条の規定と扶養の義務に関する規定とは相重複するものに非す。本条は単に監護，教育の労を執るへきことを定めたるものにして其費用負担の如きは敢て本条の規定する所に非す。原則としては子の監護，教育の費用は其財産を以て之を支弁すへく唯其財産あらさるとき又は其財産か足らさる場合に於ては扶養の義務の結果として父母か之を支弁すへきものとす」(梅 351-352 頁)としている。

もっとも梅は，「親子の義務」という章を置いて，扶養の義務もあわせてここに規定するという立法もありうるとしている(梅・法典調査会六 430-431 頁)。ただ，結論としては，親子の章にすべてを掲げるのであればともかく，これとは別に親権の章を立てた以上は，扶養も別立てにするほかないとしている(梅・法典調査会六 430 頁)。この考え方については，後で改めて検討する。

III 「権利を有し義務を負う」

1　権利と義務の関係

(1) **義務の相手方**　親権者が「監護及び教育をする……義務」を負うのは誰に対してか。法典調査会では，「権利を有し，義務を負ふ」の当否をめぐってこの点が激しく争われた。

起草者の梅は「親権と云ふものを民法で規定する以上は権利と云ふ者よりは寧ろ義務の方が主であらうと思ふ」(梅・法典調査会六 428 頁)と述べている。また，「此に謂ふ権利義務と云ふのは社会に対し国に対してと言ふのでなく私法上の関係から子から親に対し親から子に対して定めた積りである」(梅・同頁)としている。

これに対して，穂積八束ほか何人かの委員たちは「義務」の部分の削除を求めた。すなわち，「強ひて書くのは秩序上どうかと思ひます」(穂積八束・法典調査会六 427 頁)，「国家に対する義務で子に対する義務でない」(山田・法典調査会六 429 頁。尾崎・法典調査会六 430 頁も同旨)などの意見が示されたが，梅は「親と云ふものは必ず教育する義務がある。それは国家に対してでなく子に対してであらうと思ふ」(梅・法典調査会六 429 頁)としている。義務中心の私法的な「親権」観が示されていると言えよう。

(2) **権利の意義**　梅によれば，当時のオランダ民法やベルギー民法草案で

は，「義務の方が書いてあつて権利の方は書いてありませぬ」(梅・法典調査会六 427 頁) という。しかし，これでは行き過ぎなのであって，「其子の監護及び教育の義務を負ふ。其義務を尽すに必要なる権利を有す」(梅・法典調査会六 431 頁) というのが，合理的であるとされている。

　また，「親権」の章に義務の定めが置かれるのはおかしくないか，という議論に対しては，「権利のみあつて義務の生じないものは他にもある。例へば永小作権は永小作権と表題にあつて又物権編の規定である。物権編に永小作人の義務のことが詳しく規定になつて居る。」(梅・法典調査会六 429 頁) と応じている。だから背理ではないというのだろう。

　その後，この点については，「権利にして義務・義務にして権利と云ふことは，実は権利義務一般の性質であつて，所有権も然り返金債務も然り」，しかし，「従来は親権を権利の方面から観察したが，今後はむしろ『親義務』として義務の方面から観察した方がよい」(穂積 551-552 頁) とされるようになる。なお，その際の「義務」は「子に対する義務」ではなく「国家社会人類に対する義務」であるとされたことにも注意を要する。一度は公私が峻別されたが，それをふまえて再び公的な要素が注目されたのである。

　最近では，児童虐待との関係で，改めて親権の義務性を強調する見解が説かれており，それらの見解は，「親権」を「親義務」に改めないまでも，最低限「義務を負い，権利を有する」としてはどうかと提案している (窪田 269 頁など)。これは梅の考え方とも一致する。

　また，2011 年改正に際して，本条に「子の利益のため」という文言が挿入された。この文言は，親権が権利であれ義務であれ，その行使の目的を示し，態様を方向づけるものとなろう。前述のように，この文言は従来は裁判所の介入の根拠とされていたのに対して，いまや親権行使の制約要因とされているのであり，親権の義務性は高まったと言わざるをえない。

2　親権の性質

(1)　**親子の法律関係**　　ところで，すでに触れたように，親子の法律関係は親権に尽きるものではない。この点につき，穂積重遠は次のように述べている。「親権は父母たる身分に基づいて存する権利義務であるが，父母の権利義務はすべて親権なのではない。例へば父母は子を相続する権利があり，子との間に扶養の権利義務があり，子の婚姻又は養子縁組を許否する権利があり，子に代わつて縁組を承諾する権利がある。しかしこれ等はここに所謂親権ではない。……従つて後に述べる『親権喪失』があつても，これ等の親権でない父母の権

利は消滅しない」(穂積 561 頁)。

　さらに付け加えるならば，親子の法律関係には，一方で，親子関係の当然の効果として生ずるものがある。子の氏がその例であるが，これは「親子」の章に規定がある（790 条・791 条)。他方，子の固有の権利（自由）に属することがらであり，たとえ未成年者であっても親が容喙できないものもある。身分や人格・人身に関する行為がそれである。

　(2) 手段としての親権　では，親子の効力（子の氏），親子の権利・義務（相続権や扶養義務），親の権限（身分・人格・人身に関する同意権）と区別されて「親権」が認められているのはなぜか。

　この点を考えるにあたって出発点となるのは，すでに引用した梅の「親権」観である。繰り返しになるが梅は，「其子の監護及び教育の義務を負ふ。其義務を尽すに必要なる権利を有す」としていたが，この関係を説明して，「子の権利に多少の制限を附して居るから権利の方から観察する方が便利でありますが，丁度言つて見ると其点だけは余程公法上の権利が近いのである」(梅・法典調査会六 431 頁）としている。

　この発言の真意ははかりかねるが，さしあたり次のように理解しておきたい。親権，特に，居所指定権や懲戒権は子の権利を制約する。その意味で親の義務ではなく権利とした方がわかりやすい。しかし，この親の権利は（親自身の利益のためでなく）ある目的（子の監護・教育）のために行使される。その意味では私法上の権利よりも公法上の権利に近い，と。

　目的の達成のために付与された権利，というこの考え方は，旧民法にはよりよく妥当した。というのは，旧民法が認めていた「子ノ身上ニ対スル権」は，住家退去許可権（旧民人 150 条 1 項。居所指定権に対応）と懲戒権（旧民人 151 条本文）であり，それぞれにつき，それらを実効化する公的な仕組みがセットされていたからである。すなわち，「子カ許可ヲ受ケスシテ其住家ヲ去リタルトキハ父又ハ母ハ区裁判所ニ申請シテ帰家セシムルコトヲ得」(旧民人 150 条 2 項)，「子ノ行状ニ付キ重大ナル不満意ノ事由アルトキハ父又ハ母ハ区裁判所ニ申請シテ其子ヲ感化場又ハ懲戒場ニ入ルルコトヲ得」(旧民人 152 条 1 項。2011 年改正前 822 条はこの名残）という規定が置かれていた。

　この点をとらえて，磯部は次のように言う。「親権は元来父母其子を養育するの方法たるに属するを以て其目的を達するには種々の配慮手段を要すへしと雖も，此等は風俗慣習及ひ父母の愛情に依頼すへきものにして法律を以て規定すへきにあらす。……法律は唯た父母其義務を尽すか為め最も重要なるものを規定するを以て足れりとす。本条に定めたる監護及ひ次条以下に定めたる懲戒

の権即ち是れなり」（磯部541頁）。

　これには次のような前提がある。「父母は其子を養育するの義務あり。是れ第6章第1節の規定（親子関係の成立に関する規定――大村注）に依り法律の負担せしむる所の義務なり。……父母其子を養育するや自然の愛情に基くへきは勿論たるも之に多少の権力を与へさるへからす。……父母として其子を養育するの義務を尽すか為めに必要なる方法として之を与ふるに外ならす」（磯部531-532頁）。

　ここでいう「権力」「方法」が固有の意味での親権であり、その特徴は「公力を借り強へて之を帰家せしむることを得へきもの」（磯部543頁）とする点にある。つまり、ここでの親権とは、監護・教育のために国家権力という手段を発動できる権限なのである。

　しかし、今日では、このような「手段（特別な方法）としての親権」の実質は失われている。居所指定権には特別なサンクションはセットされていないし、懲戒場も機能していないからである。そうだとすると、固有の意味での親権はもはや不要であるとも言える（以上につき、大村「親権・懲戒権・監護権――概念整理の試み」野村豊弘古稀・民法の未来〔商事法務、2014〕を参照）。

　(3)　小括――監護の性質　この先には、次のような問題が現れる。「権力」や「方法」としての側面を捨象して、なお残る「親権」とは何か。かつての居所指定や懲戒とは切断された（教育を含む）監護とは、いったいどのような性質のことがらなのか。

　まず、このような権限が誰に帰属するのかを考えてみよう。現行820条のような規定のない旧民法では、それは親子であることを理由に父母双方に帰属すると考えられていた。ところが、明治民法には現行820条に相当する規定が置かれた。これによって、親であることから当然に生ずる権限は「親権」の中に包摂されたというべきであろう。このことを図示すると次のようになる。

```
旧民法                     明治民法・現行民法
親子  →  監護の義務        親子
親権  =  監護の手段        親権  =  監護の義務
                                  （監護の手段）
```

　次に、このような権限の性質について考えてみよう。ここでヒントになるのは、「此処では事実上教育と云ふ無形の義務を負ひ権利を存すと云ふのであります」（梅・法典調査会六431頁）という梅の発言である。この発言は費用の問

題を別であることを示すためのものであるが，実現方法とも費用とも切り離された「事実上の」権利・義務。それが現在の「親権」であることを示している。

これはある意味では，「所有権」（より広く支配権としての権利）の性質に似ているとも言える。所有権とは，「自由にその所有物の使用，収益及び処分をする権利」（206条）であるが，これとの対比で言えば，親権とは，もともとは「（自由に）子の監護及び教育をする権利」（820条）なのである。これらの権利は，権利者の自由な行動を法秩序が容認する（介入しない）というものなのである。

とはいえ，所有権と親権との間には無視しがたい違いもある。第一に，所有権の場合には，第三者からの妨害に対して，法秩序は支配の回復を保障する。物権的請求権という形で救済制度が設けられているのである。これに対して，親権の場合には，第三者ではなく子に対して，強制力を伴う居所指定権や懲戒権が認められていたが，それは今日では機能しない。その意味では，親権は救済制度のない裸の権利になっている。第二に，所有権の場合は支配は「自由に」行いうるが，親権の場合には「自由に」とは書かれていないだけでなく，そもそも「義務」でもある。

しかし，第1点については，子どもの取戻しの制度が強化されつつあることを考慮に入れれば，その差はそれほど大きくはない。第2点についても，所有権の「自由」には「法令」による制限が付され，さらには所有権そのものに「義務」の観念が付加されるに至っている。そう考えるならば，その義務性に大差はないとも言える。

もちろん，所有権にせよ親権にせよ，今日，排他的な支配権であるとは言いにくくなっている。いずれもが社会から信託された権利として，義務を中心に構成されるようになっているということもできる。しかし，それでも，所有者ないし親権者が自由に行動しうる領域（国家がただちには介入できない領域）が残存している。その意味では，私たちの社会は依然として，財を個人に委ねる，子を親に委ねることが，よい結果をもたらす（ことが多い）と信じている社会なのであろう。

(4) **補論；監護教育権のまとめ——親権の目的**　2011年の親権法改正では，本条に「子の利益のために」という文言が挿入された。このことの意味は意外に大きい。従来，少なくとも民法典の条文上は，「子の利益」は，裁判所が介入して，監護権・親権の所在（766条・819条）や親子関係そのものの有無（817条の7）に変更を加える際に，これを正当化するものとして登場するのみであった。ところが本条に新たに導入された「子の利益」は，これらとは性質

を異にする。すなわち，「子の利益」はここでは，親権の行使にあたって親権者の行為を制約する原理として登場している。「私権」と「公共の福祉」に見られる関係（1条1項）と同様の関係（あるいはそれ以上の関係）が，「親権」と「子の利益」の間に認められているのである。

第2　821条〜823条：居所指定権・懲戒権・職業許可権

> （居所の指定）
> 第821条　子は，親権を行う者が指定した場所に，その居所を定めなければならない。
> （懲戒）
> 第822条　親権を行う者は，第820条の規定による監護及び教育に必要な範囲内でその子を懲戒することができる。
> （職業の許可）
> 第823条①　子は，親権を行う者の許可を得なければ，職業を営むことができない。
> ②　親権を行う者は，第6条第2項の場合には，前項の許可を取り消し，又はこれを制限することができる。

I　内部的な権限

1　居所指定権（821条）

(1) **旧民法から明治民法へ**　旧民法における居所指定権は，「（未成年の）子カ許可ヲ受ケスシテ其住家ヲ去リタルトキハ父又ハ母ハ区裁判所ニ申請シテ帰家セシムルコトヲ得」（人150条2項）を中核とするものであった。これに対して，明治民法においてはこの規定が削除されるとともに，「但第749条ノ適用ヲ妨ケス」（880条但書）という規定が追加された。

前者については，次のような説明がされている。「其理由は一体此義務の性質上強制履行の出来る性質のものであります。夫れで別段明文を掲げて置きませぬでも是丈けの権利を認めた以上は其父は裁判所に請求して家に帰らせることは出来ると思ひます」（梅・法典調査会六433頁）。では，なぜ旧民法（あるいは当時の諸外国の立法）では特に規定が置かれていたかというと，「外国では一般の原則として人の行為に付ては強制履行を許さぬと云ふ原則が行れて居る所が随分多うございます。さう云ふ所では何んとか書てないと強制履行は出来ぬと為ります」（梅同頁）という点に求められている。

後者については，父が戸主でない場合には，戸主の居所指定権と父の居所指定権の抵触が問題になるので，その処理を明らかにしたものである。具体的には，「どうしても父が子の利益の為めにあそこにやらねばならぬと云ふ理由が十分であれば戸主の命に違ふてやることは出来ます。其場合には制裁として戸主は離籍までする事が出来ると云ふことに為る」（梅・法典調査会六 434-435 頁）。

(2) **現行民法と立法論**　現行民法では明治民法 880 条但書はもはや維持されていない。戸主権が廃止されたことの当然の帰結である。この結果，居所指定権に関する現行規定（821 条）は，特別な意味を持たなくなった。もともと，居所指定権は監護・教育権の内容をなすと考えられていたが，特別な規定がいらないならば，あえて規定を置くまでもないとも言える。立法論としては削除も考えられるところであるが，子の引渡請求との関係で若干の考慮が必要になる。この点は後述する。

2　懲戒権（822 条）

(1) **旧民法から明治民法へ**　旧民法における懲戒権は，居所指定権と同様，「子ノ行状ニ付キ重大ナル不満意ノ事由アルトキハ父又ハ母ハ区裁判所ニ申請シテ其子ヲ感化場又ハ懲戒場ニ入ルルコトヲ得」（人 152 条 1 項），「入場ノ日数ハ 6 个月ヲ超過セサル期間内ニ於テ之ヲ定ム可シ但父又ハ母ハ裁判所ニ申請シテ更ニ其日数ヲ増減スルコトヲ得」（同 2 項）を中核とするものであった。明治民法はこの規定を承継しているが，微修正を加えている。すなわち，第一に「感化場」を削り，第二に「増減」ではなく「短縮」としている。

前者については，純然たる感化だけを行う「感化場」は教育権に含まれるので特別な規定はいらないが，「身体を拘束するとか苦痛を与へるとか云ふものであれば……幾ら父と雖も勝手には出来ぬ」（梅・法典調査会六 435-436 頁）という考え方による。後者については 6 ヶ月で効果があがらない場合には，再度の請求をすればよいという考え方による。

なお，あわせて，次の 2 点を指摘しておく。一つは，懲戒権の対象は未成年者に限られていないということである。その意味で，この権限は監護・教育権には包摂しきれない独自のものとされていた。もう一つは，「親が内に檻でも造つて入れると云ふことならば夫れをも許す積りでありますか」（横田・法典調査会六 437 頁）という質問に対して，「其積りであります。身分でもある人は其方が却て宜しいかも知れぬ」（梅・法典調査会六 437 頁）という応答がなされていることである。

以上を通じて見ると，明治民法の起草者たちは適正な手続によって子の利益を保護しようという姿勢は持っているが，しかし，懲戒の内容についてはかなりハードなものも許されると考えていたことがわかる。

　このように，懲戒権は監護・教育権には収まりきらない特殊な性質を持っている。おそらくこれは，親権が私的な権力であることが端的に表れている，と見るべきだろう。父は子に対して自律的な権力を有しており，子が社会に対して迷惑を及ぼさないよう，予防をする義務を負い権利を有するというわけである。

　(2) 現行民法と立法論　現行民法の規定（822条）は明治民法の規定を引き継いでいるが，「懲戒場」はもはや存在しない。また，懲戒権に服するのは未成年の子に限られる。そうだとすると，起草者たちの認識とは異なり，懲戒権は監護・教育権に含まれると考えてもよいことになる。こう考えるならば，懲戒権の規定も廃止してもよいということになる。ただし，ここでも若干の配慮が必要になるが，この点も後述する。

II　対外的な権限

1　職業許可権（823条）

　(1) 職業許可権の新設　現行823条は，明治民法883条と同旨の規定であるが，旧民法にはなかったものである。ただし，旧民法財産編550条1項は「商業又ハ工業ヲ営ムノ許可ヲ得タル自治産ノ未成年者ハ其営業ニ関スル行為ニ付テハ之ヲ成年者ト看做ス」と定めていた。この規定は直接には現行6条1項に引き継がれている。すなわち，「一種又は数種の営業を許された未成年者は，その営業に関しては，成年者と同一の行為能力を有する」という規定である。この規定を受けて，現行823条（あるいは明治民法883条）が置かれたわけである。

　この規定についても対象を未成年にするかどうかが争われた。未成年に限った方がよいという見解も有力であったが（長谷川――営業にまで干渉するのはよくない。梅――監護・教育権がないのに親の許可を受けるのはおかしい。田部――成年に達すれば財産管理もできるはず），反対論も強かった（横田――これも未成年に限ると成年に及ぶのは懲戒だけになってしまう。富井――職業には金も家も道具もいるし，失敗したら親にも影響が及ぶ。穂積八束――家や親の体面がある）。

　法典調査会ではいったんは未成年者に限らないという案が多数を占めた。しかし，最終的には未成年者に限るという規定になっている。おそらくは6条との平仄をあわせたのであろう。

(2) **親族会の認許**　法典調査会では，職業許可権につき，もう1ヶ条が用意されていた。「親権ヲ行フ父又ハ母カ其子ニ職業ヲ営ムコトヲ許シ又ハ其許可ヲ取消シ若シクハ之ヲ制限スルニハ親族会ノ認許ヲ得ルコトヲ要ス」（原案896条）という規定であった。この規定は議論の末に削除されてしまったが，この規定をめぐってなされた議論そのものは，記録に値するものであると言える。3点を指摘する。

第一に，この規定の提案理由である。梅は次のように言う。「既成法典では此親権と云ふものは非常に高大無辺のものに為つて居つて一切の事を独断で以てやつて宜しいと云ふことに為つて居りますが之は随分危険な事であらうと思ひます。斯様な規定が出来る位ならば寧ろ父は子の財産を吾が物とすることを得ると書いたのと殆ど同じことであらう」（梅・法典調査会六 445 頁）。このように少なくとも起草者は，親権に対する制限をかなり強く意識していたのである。

第二に，「穏当でない」（田部），「如何にも慣習に逆らふ」（長谷川），「斯う云ふ条があると民法は私は決して行れぬと云ふことを断言致します」（村田）という批判に対して，梅は「世の中が違ふから必要と見たので慣習を改めなければならぬと思ひます。どうも今日の世の中に為つては子供が早くから独立して生計を立なければならぬと云ふやうな時節に為りました。従つて親権に服して居る子供で職業を営むやうな者が随分あると思ひます。而して子の職業を親の考で宜加減に許して其為めに子の不幸計りではない家の不幸にまで為ると云ふやうな事が随分あらうと思ひます」（梅・法典調査会六 447 頁）と応じている。慣習を変えよ，という果敢な発言である。

第三に，親族会は裁判所に代替する法的な機関（裁判官が加わることも示唆されている――梅・法典調査会六 448 頁）として想定されていた。今日，子の福祉の観点から裁判所の関与が必要とされる局面においても，人的資源の制約によってその実現が困難となっていることを考えるならば，興味深い方向が示されていたと言うことができる。ただし，親族会も戦後に廃止されてしまっている。「家」にかかわるものはすべて排除するというのは，アメリカ的な（占領期の）発想であることを付言しておく（フランスには今日でも親族会が存在する）。

2　兵役許可権

もう一つ，明治民法には兵役許可権に関する規定が置かれていた。当初は，職業許可とあわせて，「子ハ親権ヲ行フ父又ハ母ノ許可ヲ得ルニ非サレハ営業ヲ営ミ兵役ヲ出願スルコトヲ得ス」（原案895条）という規定が提案されていた。そもそもこのような規定が提案された理由は，次のように説明されている。

「兵役に服すると居所も自分の意の如くならぬ。親の意の如くならぬ。父の許可を受けて居所を定むると云ふ前々条の規定と矛盾をします」（梅・法典調査会六439頁）。これは形式的な説明だが，より実質的には次のような説明がされており，興味深い。「今日の世になると小さい子供までに至る兵隊に為ると云ふことを非常に名誉に思ふて居ります」が，「日本の男子が皆兵隊に為つて学問をせぬで居ると国力が衰へますから今の内は学問をして大きく為つたら兵役に就くと云ふことに為つたら宜しい」（梅・法典調査会六439頁）。

これに対しては直ちに反対論が提出される。「無い方が宜しい……（書き方も──大村注）如何にも報国心が無いやうに見える」（横田・法典調査会六440頁）というのである。しかし，採決では削除論は少数にとどまり，未成年者に限るということにされ，（この段階では成年者も含むとされていた）職業許可権と分離して新たな規定が立てられることとなった。

戦後には兵役がなくなったために，この規定が削除された。しかし，兵役もまた親権によって制約されるという考え方は，ある意味では注目に値する。

Ⅲ　立法論──規定の再編

以上をふまえて，820条および821条から823条までに関する立法上の指針を示してみよう。

　1　親　権

（1）　**新821条の創設：居所指定権から引渡請求権へ**　　居所指定権については，子に対する権限をわざわざ示す必要はない。820条の一環であると考えればよい。ただし，第三者に対する権限は示しておいた方がよい。実際のところ，821条は子の引渡請求の根拠とされることが多いので，この機能を阻害しないようにすることは必要であろう。親権を行う者は，子の身体を拘束する者に対して，その引渡しを求めることができる，という趣旨の規定を置けばよいのではないか。

（2）　**新822条の創設：暴力によらない教育**　　懲戒権についても，基本的には削除してよい。ただし，削除によってしつけができなくなるという誤解を避けるために，親権を行う者は，子に対してしつけ（discipline）を行うことができる，という趣旨の規定を置いた方がよいかもしれない。もっとも，懲戒（correction）の場合と異なり，しつけには「暴力 violence」の行使は含まれず子を「尊重 respect」して行われなければならない旨を注記することも必要だろう。

（3）　**5条・6条の再編：処分許可・職業許可と行為能力**　　現行民法は行為

能力の規定と親権の規定とを別々に配置した。しかし，5条・6条と親権とは密接に関連する。総則編と親族編とを「人の法」編という形で再編成するか否かは別にして，5条・6条に付随する形で権限に関する規定を配置することは考えられてよいだろう。たとえば，5条3項・4項と6条を次のように改めてはどうか。

> 改正提案（5条の2）　法定代理人が目的を定めて又は目的を定めずに処分を許した財産については，未成年者は自由に処分することができる。
> 改正提案（6条）　法定代理人が種類を定めて許した職業に関しては，未成年者は成年者と同一の行為能力を有する。
> 改正提案（6条の2）　前二条の場合において，未成年者がその財産の処分又は職業の遂行に適さない事由があるときには，法定代理人はその許可を取り消し，又はこれを制限することができる。

(4) 新823条の創設：医療行為と人格権　医療行為に関する同意には，監護・教育の範囲内に入るものと入らないものとがあるだろう。重大な行為であり，子の人身・人格に関するものに関しては，裁判所が関与すべきかもしれない。もっとも，裁判所に適切な判断ができるかという問題もあるので，適正な第三者機関の判断に委ねるという制度の方も考えられる。なお，この機関に法律家が参加することは求められてよい。

(5) 実際の立法：居所指定権・懲戒権等のまとめ　2011年の親権法改正では，懲戒権規定の削除の当否が検討された。結局のところ，これは実現には至らず，改正法においては，822条に「監護及び教育に必要な範囲内で」という限定を付すにとどめた。その理由の一つは，削除によってしつけが難しくなるのではないかという懸念が存在したことに求められるが，もう一つとして，懲戒権規定だけを見直すのはバランスが悪く，少なくとも居所指定権規定もあわせて見直す必要があることが指摘されたことも付け加えて置く必要があろう。さらに言えば，820条と821条以下の関係も整理する必要があったが，これが必ずしも十分ではなかったことも指摘しておいた方がよい（以上につき，次の改正に備えて若干の考察を行ったものとして，大村「親権・懲戒権・監護権──概念整理の試み」野村豊弘古稀・民法の未来〔商事法務，2014〕を参照）。

2　その他

(1) 819条の2の追加：子の義務　親が子に対して監護・教育の義務を負うとすると，反対に，子は親に対してどのような義務を負うのだろうか。この点につき，フランス法は親権に関する規定の冒頭に，「子は，いかなる年齢であれ，父母を表敬 honneur し，尊重 respect しなければならない」（仏民371条）という規定を置いている。そうであればこそ，「父母には，安全 sécurité・健康 santé・徳性 moralité の各面において子を保護するために，親権が帰属する」（仏民373条1項）のであり，「父母はそのために，監護 garde・監督 surveillance・教育 éducation の権利を有し義務を負う」（同2項）のである。

このように，「子の義務」に関する規定は，「親の義務」を基礎づけるのである。親の義務性の強調とのバランスをとるためにこの種の規定を置くことは，日本法でも考えられるのではないか。特に，親から子に対する，そして，子から親に対する「尊重 respect」を明文化することは，現代においては意味のあることだと言える。この点は夫婦についても同様であり，フランス法では，2007年改正によって，夫婦の義務として「貞操 fidélité・扶助 secours・協力 assistance」に「尊敬 respect」が加えられており（仏民212条），暴力防止の実体的な支柱となっている。

(2) 752条の2の追加：共同養育義務　さらに，親の義務という観点からは，夫婦の間に相手方に対して，共同で子を育てる義務を負うことを明示することも考えられる。再びフランス法であるが，婚姻から生ずる義務の冒頭に置かれているのは，「夫婦は，婚姻の事実のみによって，ともにその子を養い nourrir，面倒を見て entretenir，成長させる élever 義務を負う」（仏民203条）という規定である。なお，この規定は，明治民法において現行820条に相当する規定を定めた際の参照条文とされている。

こうした規定を置くと，子を育てることは，親の子に対する義務，親の社会に対する義務であるだけでなく，夫婦が婚姻によって相互に負う義務であることが明らかになる。もっとも，今日では「婚姻の事実」を「（継続的で安定的な）共同生活の事実」に代えるべきだという意見もありうる。

第3　824条〜828条：財産管理に関する原則

> （財産の管理及び代表）
> 第824条　親権を行う者は，子の財産を管理し，かつ，その財産に関する法律行為についてその子を代表する。ただし，その子の行為を目的とする債務を生ずべき場合には，本人の同意を得なければならない。
> （父母の一方が共同の名義でした行為の効力）
> 第825条　父母が共同して親権を行う場合において，父母の一方が，共同の名義で，子に代わって法律行為をし又は子がこれをすることに同意したときは，その行為は，他の一方の意思に反したときであっても，そのためにその効力を妨げられない。ただし，相手方が悪意であったときは，この限りでない。
> （利益相反行為）
> 第826条①　親権を行う父又は母とその子との利益が相反する行為については，親権を行う者は，その子のために特別代理人を選任することを家庭裁判所に請求しなければならない。
> ②　親権を行う者が数人の子に対して親権を行う場合において，その一人と他の子との利益が相反する行為については，親権を行う者は，その一方のために特別代理人を選任することを家庭裁判所に請求しなければならない。
> （財産の管理における注意義務）
> 第827条　親権を行う者は，自己のためにするのと同一の注意をもって，その管理権を行わなければならない。
> （財産の管理の計算）
> 第828条　子が成年に達したときは，親権を行った者は，遅滞なくその管理の計算をしなければならない。ただし，その子の養育及び財産の管理の費用は，その子の財産の収益と相殺したものとみなす。

Ⅰ　権　　限

1　原則（824条本文）

(1)　**財産の管理**　　現行824条は二つのことを定めているが，その一つ目が，子の「財産の管理」である。

　父母の財産管理権は，子の一切の財産に及ぶのが原則である。例外は，処分を許された財産・営業に関する財産（5条・6条）と無償で第三者が与え管理者を指示した財産（830条）である。前者には親権者の管理権は直接には及ばず，

後者は指定された管理者が管理を行う。

また，親権者は「如何なる行為と雖も皆独断にて之を為すことを得へし」（梅359頁）とされている。もっとも，次の2点に留意する必要がある。第一は，起草者自身はこのようには考えておらず，重要な行為については制約を設けるべきであるとしていたこと。しかし，最終的には起草者の意見は採用されなかった。この点については後述する。第二は，「管理」という言葉が持つ制約が存在するのではないかということ。この点については，「管理の範囲内に於て代表する」（梅・法典調査会六452頁。管理の範囲外の事項があるという前提であろう），「管理行為に属するものならば夫れは親に委ねて置て宜い」（長谷川・法典調査会六460頁。その範囲を超えるならば話は別であるという前提であろう）などの発言が見られる。

その後，このような意識は希薄になったが，比較的最近になって判例は親権の濫用を認めるようになっている（最判平成4年12月10日民集46巻9号2727頁）。

(2) **財産に関する法律行為の代理** 824条は「財産に関する法律行為」を行うことも認めている。これが二つ目である。

父母の代表権（法定代理権）の範囲は子の「財産に関する法律行為」に限られている。したがって，身分行為になどについてはこの規定は及ばず，個別の規定によって処理されることになる（梅360頁）。また，前述のように，「管理」のための行為に限られる。もっとも，「管理」のために必要な「処分」を行うことは可能である。

ところで，「代表」と「代理」とはどう違うか。この点は判然としないが，「代表」の対象は「人（子）」であるのに対して，「代理」の対象は「行為」であるとの説明が総則の方でされている。理事は法人を，親権者は子を代表する，というわけである。「人」を代表する場合には包括的な代理権があることが多く，「行為」を代理する場合には行為類型は一定のものに限られることが多い。

(3) **子の法律行為への同意** 824条に対応する明治民法の原案では，もう一つ「同意ヲ与フ」という文言が置かれていた。その理由は，ローマ法における後見人の主要な任務は財産管理や代表ではなく，許可にあったという点に求められていた（梅・法典調査会六450頁）。あくまでも行為を行うのは本人であって，後見人はそれをサポートするのが本来の姿であるというわけである。最終的には5条があれば足りるということで，起草委員が自らこの部分を削除したが，親が自ら子の財産を管理するというのは本来の姿ではないという，最初の案の前提が興味深い。

2 制　約

(1) **行為を目的とする債務（824条ただし書）**　親権者の権限には若干の制約が設けられている。第一は，子の行為を目的とする債務についてである。824条ただし書は，この場合につき，子本人の同意を必要としている。

法律行為であっても，その効果として子本人の身体が拘束される場合には，親権者の一存で決めることはできないというわけである。限られた局面においてではあるが，親権の行使に対して制限が設けられたことは注目に値する。

この規定は原案には盛り込まれていなかったが，整理の段階で追加されている。親権に対する制約規定がなかなか認められないので，せめてこれだけでも定めておこうということかもしれない。

(2) **共同代理・共同同意（825条）**　現行825条は，明治民法にはなかった規定であり，1947年改正の際に挿入されたものである。父母の共同親権の効果として共同代理・共同同意（双方の意思表示が必要）が必要とすると取引の安全を損なうために，この規定が置かれた。しかし，実質的には単独代理・単独同意（一方の意思表示のみでよい）に近い。

立法論としては，重要な行為と日常的な行為とを分けて，後者については単独代理とすることも考えられる。

(3) **利益相反行為（826条）**　現行826条は，「代理の原則として同一の人が同一の法律行為に付て双方の相手方の位置に立つことは出来ぬ」（梅・法典調査会六462頁）ことの帰結であるとして提案された。さらに「悪ふい事をせぬ積りでも傍から却て嫌疑を受けますから其人の為めにも宜くない」（梅・同頁）ことも指摘された。

これに対しては，後見人はともかく「親と云ふものは決してそんなものでない。又親と子と利益相反すると云ふやうなことはありはしない」（尾崎・法典調査会六462頁）との非難がなされた。結局，大論争の対象となった原案899条とともに「再議」に付すこととされたが，899条が生き残ったためにこの規定も存置されることとなった。

その後，この規定の要件については様々な議論がなされてきたが，いまは立ち入らない。むしろここでは効果の問題に触れておく。明治民法には，「親権ヲ行フ父又ハ母カ其権限ヲ超エテ為シタル行為ハ父若シクハ母又ハ子ニ於テ之ヲ取リ消スコトヲ得此場合ニ於テハ第19条ノ規定ヲ準用ス」（原案901条）という規定が用意されていた。

この規定はもともとは，原案899条（後述の明民886条——重要な行為につき親族会の認許を要するものとする——に相当），900条（現行824条に相当）の後に置か

れていたため，双方に適用されることが想定されていたものと考えられる。しかし，原案899条が明治民法886条に改められた際に，本条は同条のすぐ後に887条として置かれることとなった。つまり，利益相反について定める規定（明民888条）よりも前に置かれるのである。このことは，利益相反にはこの規定は適用されないことを意味する。

今日では，826条違反の効果は108条違反と同様，無権代理となると考えられている。ただし，108条違反は追認が可能であるが，826条についてはさしあたり追認は想定されていない（子が成年に達すれば可能だろう）。

3 思想

(1) **序——整乙1号・2号議案について** 明治民法の起草過程において最後までも方針が定まらなかった論点が二つある。これらについては，整理会の段階で「整乙1号・2号議案」が用意された。いずれも親族会にかかわるものであるが，それぞれ次のようなものであった。

整乙1号
一 親族会員ノ選定ハ裁判所之ヲ為スカ，市区町村長之ヲ為スカ又ハ親族自ラ之ヲ為スカ
二 親族会員ハ遺言ヲ以テ之ヲ選定スルコトヲ得ルモノトスルカ
整乙2号
一 旧第893条ハ之ヲ存スヘキヤ否ヤ
二 旧第894条ハ之ヲ存スヘキヤ否ヤ

このうち「整乙1号」については激しい議論が交わされていて，興味深い。しかし，現行法にはもはや親族会は存在しないので，その組織の問題にいまは立ち入らない（⇒中編旧第2章補注2）。これに対して「整乙2号」がここでの話題である。このうち旧第894条は利益相反に関する規定であるが，旧893条の原案は次のようなものであった（明民886条との違いに注意）。

原案
第899条
親権ヲ行フ父又ハ母カ子ニ代ハリテ左ニ掲ケタル行為ヲ為シ又ハ子ノ之ヲ為スコトニ同意スルニハ親族会ノ認許ヲ得ルコトヲ要ス
一 借財又ハ保証ヲナスコト
二 不動産又ハ重要ナル動産ニ関スル権利ノ喪失ヲ目的トスル行為

ヲ為スコト
三　不動産又ハ重要ナル動産ニ関スル和解又ハ仲裁契約ヲ為スコト
四　相続ヲ抛棄スルコト
五　遺贈又ハ贈与ヲ拒絶スルコト

(2) 明治民法 886 条をめぐる論争　　原案 899 条に関しては，激しい論争が展開された。親権法制定の二つ目の山場（一つ目は冒頭の成年・未成年をめぐる論争，三つ目は後述の親権喪失をめぐる論争）であるこの論争をやや詳しくたどってみよう。

　賛成論から見ていこう。まず起草者の梅は，「一切の法律行為を皆独断で出来ると云ふのは……親が子の財産を勝手にして宜しい。子の財産権と云ふものは認めぬと云ふのと殆んど同じであります」（梅・法典調査会六 451-452 頁）という。そこで，「外国の例は……何れも本案抔よりかは親権の幅はずっと狭まく為って居る。乍併う云ふ事に付ては外国の例に拠るべきものではない。親権抔は国々の慣習に拠って極めなければならぬ……夫れで思ひ切って親権は広くしてある積りであります。夫れで此処に列記してあるのは危険の最も多い已むを得ぬもの計りを掲げてある」（梅・法典調査会六 452 頁），また，「既成法典の解釈としても保証，贈与の如きは丸で出来ぬと解せねばならぬと思ひます……父が独断ですると云ふ既成法典の如くならば寧ろ出来ぬ方が宜しいけれども親族会の許可を得てやることならば危険が少ないからして許した方が宜からうと思つて本条を入れました」（梅・同頁）としている。さらに，従来の慣習につき，「父でも母でも親権を有するには後見人と云ふ名義である，けれども父が自ら後見人たる場合に於ては不動産の売買抔は親族の連署を要せぬ」とし「母が後見人であるときは親族会の決議を得ぬと公債証書を売ることも何をすることも出来ませぬ」（梅・法典調査会六 456 頁）とも述べている。

　他に賛成論に与するのは，富井政章と横田国臣である。富井は「通常の場合に於ては如斯に親の権利を制限することは必要でなからう……併し或る少ない場合に於ては極めて必要であらう」（富井・法典調査会六 453 頁），「親が専断で子の代表者であると云ふことでどれ丈けの借財をしても宜しいと云ふことが慣習であるか甚だ疑ふ。夫れが果して慣習であるとしても，さう云ふ慣習こそ打砕かんければ非常な弊害を生ずる」（富井・法典調査会六 454-455 頁）と述べている。また，横田は「日本の慣習から言ふと親族会と云ふ方が慣習であらう」「日本の親族会と云ふものは極日本の情態に相当するのであります」（横田・法典調査会六 455 頁）。

これに対して反対論の中心は，田部芳と尾崎三良である。田部は「梅君から長々と御説明がありましたが多分夫れは記録に遺す為めであらうと云ふ評判があります。之は討論をせぬで大抵分つて居る」として削除を提案する（田部・法典調査会六 453 頁）。直ちに，尾崎がこれに賛成している（尾崎・同頁）。その理由として，田部は「果して反対論者の企望せらるる結果があらうかと云ふことを頗る疑う……親族と云ふものは……中々充てに為らぬ者が多い……形ち丈けは法律の文面に書くと立派のやうでありますが……親族会の決議で好い結果は得られぬと思ひます」（田部・法典調査会六 455 頁）と述べている。尾崎の方は，「今日の日本の社会の有様を能く御覧に為れば此箇条は必要でないのみならず却て害を為す……他人が列記として居る親があるのに其子供の名前で以て金を貸すとか保証を為すとか云ふことを甘んずるやうなことは決してない。……殆んど無い事を撮へて頻りに議論をすることは唯に議論丈けの話しであつて実際に必要のないことであらう。……弊害はない。夫れを後見人と混同して御話しに為るのは全く分らぬ」（尾崎・法典調査会六 458 頁）と述べている。

　この議論は整理会に持ち越されるが，そこでは「家に在る実父は此限に在らす」という修正案（尾崎・長谷川・田部。整理会 463 頁）が出される。これには，「父と母との区別をしない」という観点からの削除論が出たものの（土方・整理会 464 頁），これは少数にとどまり，修正案が可決される。これが明治民法 886 条である。こうして，結局は，梅が指摘していた「慣習」の状態（母の親権行使にのみ制限を設ける）にとどまったことになる。

　その結果，梅はできあがった明治民法 886 条を次のように説明することになった。「母は子の財産の管理に付き父と同一の信用を為し難き者と看做したればなり」（梅 364-365 頁）。

(3) 明治民法 886 条削除の意味　　このように，明治民法 886 条は母のみを「信用を為し難き者」とする規定とされたため，1947 年改正によって削除されることとなった。しかし，この削除に問題はなかったのだろうか。

　確かに，男女平等の観点からは，この規定をそのまま維持することは不可能であった。とはいえ，削除は唯一の解決でなかったこともまた確かである。これまでに見てきたところからもわかるように，原案 899 条のように，父についても母についても，同様に制限をかけるという改正がありうるもう一つの解決であった。

　では，なぜこの解決が採用されなかったのか。一つの理由は，親族会の廃止に求められるだろう。廃止の理由は，親族会が保守的であり（だから横田が賛成した），かつ，十分には機能しなかった（だから田部が反対した）に求められるだ

ろうが，これに代替する方策が考えられてもよかった。もう一つは，共同親権になったことによるのだろう。父母が相互に相手を制約しあうことで，親権の適正な行使が確保されるという理屈である。さらには，親権を制限しなければならないという起草者たちの問題意識が忘れられたということもあるだろう。

　もっとも，最後の点は，別の仕方で問題が立てられたと言うべきかもしれない。親権後見一元論（中川善之助）がそれである。梅の提案に対しては，後見と混同している（尾崎）という批判がなされたが，親権後見を同じように考える（財産管理に関しては親権は後見にほかならない）という点に，梅は積極的に立脚していたと見るべきだろう（それはフランス法などにも見られる考え方であった）。

II　義　　務

1　注意義務の程度（827条）

　現行827条は，財産管理に際しての親権者の注意義務を「自己のためにするのと同一」の程度にまで引き下げている。明治民法以来の規定である。これに対して，後見人の注意義務は一般原則に従い「善良な管理者の注意」（869条→644条）である。ここにも，親権者を後見人と区別して扱う姿勢が現れている。

2　計算の特則（828条）

　(1)　**規定の内容**　現行828条は，親権者に「管理の計算」の義務を課すが，養育・財産管理の費用と財産の収益を相殺したものとみなしている。前段は「従来は親子の間に計算を為すか如きことは殆と聞かさりしと雖も苟も親子財産を異にすることを認むる以上は子の財産と雖も其計算を為ささることを得す」（梅379頁）というもので，ある意味では画期的な規定であった。しかし，より興味深いのは後段の方である。

　後段は原案とはやや異なる形になっている。すなわち，原案では「財産ノ収益」と「扶養，教育及ヒ財産ノ管理ノ費用」とを「相殺スルコトヲ得」とされていた（原案904条）。しかし，「扶養，教育」が「養育」とされるとともに，「相殺スルコトヲ得」は「相殺シタモノト看做ス」とされた。

　いずれも整理の段階での修正であるが，前者は「扶養」が多義化するのを避ける趣旨であり（扶養義務の「扶養」は教育を含むが，ここでの「扶養」は教育を含まない），後者は具体的な計算をするという選択肢を残さないように変更するという趣旨であると説明されている（梅・整理会469頁）。

　(2)　**規定の思想**　この規定は些末な規定のようであるが，興味深い内容を

含んでいる。

　まず注目すべきは，後者の修正に関する梅の説明である。梅は（子の財産が多くて十分な収益が上がる場合には）「親が特に利益のあるときは宜しい」とする一方で，「子の財産の少ないときには其収益丈けで以て其子の養育と財産管理をすることは出来ませぬ」とする。ではどうなるかと言えば，「足りぬから是丈け元本を使つたと云ふことを計算をすれば親の責任はない，所が……相殺しても宜しいと云ふことでありますから若し足りぬければ（子が相殺を主張すると，足らない分は──大村注）矢張り親が払はなければならぬ。それで……（常に同じ結果になる──大村注）此方が宜しいと……改まりました」（梅・整理会469頁）と言うのである。

　すぐには理解できないので括弧内の説明を補ったが，この補足は梅の別のところでの説明を参酌したものである。「本条但書の明文なければ子の財産の元本までをも竭（けつ）して尚ほ足らざる場合に限り父母は子の養育の費用を出だすへきものとす。之に反して本条但書の規定あるか為め子の財産の元本は力めて之を保存し其管理の費用をも時としては父母に於て之を補充し而して別に父母の費用を以て其子を養育すへきものとす」（梅380-381頁）。

　いずれにしてもここでは，本来は子どもは自分の財産で生活すべきだという前提が採られている。これは従来の（さらには今日の）一般的な考え方とは異なるが，「親子財産を異にする」ことの帰結であると言えよう。

　次に前者の修正に関連する梅の発言も見ておこう。それは「監護の費用と云ふものはどうですか」（長谷川・法典調査会六467頁）という問いに対してなされた「監護の費用と云ふことはどうもなからうと思ひます。『扶養』の方に這入るか『教育』の方に這入るかどつちかに這入らうと思ひます」（梅・同頁）という発言である。

　前述のように，ここでの「扶養」が「扶養」だけであり，「扶養義務」の「扶養」が「扶養＋教育」であるのならば，「扶養ノ費用」と書くというのがもう一つのありうる選択肢であろう。実際には「養育ノ費用」と書かれたわけだが，ここでの「養育」は「（教育を含む）扶養」にほかならない。

　この論法によるならば，親権を行使する者は，子の養育・財産管理の負担を負わざるをえないために，まず第一次的に扶養料を支払わなければならないことになる。もちろん，親権を行使しない親に対して求償をすることは考えられる。しかし，これを認めるならば，子の財産の収益の方が費用を上回る場合には，実際の残額について，非親権親は親権親に対して分配請求できることになりそうである。

いずれにしても，養育・財産管理の費用は親権親と子との間で第一次的には清算される。そこには監護権者は現れない。このことは，監護権者が費用負担とは無縁であるとの想定によるのだろう。すなわち，監護費用については親権者が負担すべきなのであり，監護権者は事実上の監護（固有の費用は発生しない）を行うだけなのである。この想定は，単独親権を前提に考えれば理解できるが，共同親権の下では最終的にどのような処理になるべきなのか（現にどのように処理しているのかではなく，民法の固有の論理によればどうなるべきか），なお考える必要がありそうである。

Ⅲ 小 括——起草者の思想

これまで見てきたように，明治民法の起草者たち（特に梅謙次郎）の親権観には，今日の観点から見ても興味深いものが含まれている。ここでは，そのうち財産管理に関するものを取り出して，まとめておく。

第一に，起草者たちが強調したことは，子の財産は親の財産とは独立しているということである。これは技術的な処理にすぎないようであるが，実は思想的な含意を持つ。財産の独立は必然的に（法）人格の独立を前提とせざるをえないからである。このことが，次のような帰結を導くことになる。

第二に，その結果として，人格（身上）に関しては，子の独立を前面に出すことは困難である（典型的には，成年に達した子も親権に服することを承認しなければならない）としても，財産については，法人格の独立を盾に，子の財産の保全の必要性を説くことが可能になる。完全には容れられず中途半端な結末となったものの，親権者の権限に制約を加えようという試みが強く主張されたのは注目に値することである。

第三に，子の財産の独立は，子の生活費の本人負担を導く。これは実質的には「家」の負担ということを意味したが，理念的には非常に個人主義的な色彩の強い考え方であると言える。

以上は，財産に関する法技術的な問題が，実は，人格に関する思想的な問題と密接に関連するということを示唆している。親子の財産関係は夫婦の財産関係と同様に，予想外の重要性を持っているのである。

第4 829条〜832条：財産管理に関する特則・細則

> 第829条　前条ただし書の規定は，無償で子に財産を与える第三者が反対の意思を表示したときは，その財産については，これを適用しない。
> （第三者が無償で子に与えた財産の管理）
> 第830条①　無償で子に財産を与える第三者が，親権を行う父又は母にこれを管理させない意思を表示したときは，その財産は，父又は母の管理に属しないものとする。
> ②　前項の財産につき父母が共に管理権を有しない場合において，第三者が管理者を指定しなかったときは，家庭裁判所は，子，その親族又は検察官の請求によって，その管理者を選任する。
> ③　第三者が管理者を指定したときであっても，その管理者の権限が消滅し，又はこれを改任する必要がある場合において，第三者が更に管理者を指定しないときも，前項と同様とする。
> ④　第27条から第29条までの規定は，前二項の場合について準用する。
> （委任の規定の準用）
> 第831条　第654条及び第655条の規定は，親権を行う者が子の財産を管理する場合及び前条の場合について準用する。
> （財産の管理について生じた親子間の債権の消滅時効）
> 第832条①　親権を行った者とその子との間に財産の管理について生じた債権は，その管理権が消滅した時から5年間これを行使しないときは，時効によって消滅する。
> ②　子がまだ成年に達しない間に管理権が消滅した場合において子に法定代理人がないときは，前項の期間は，その子が成年に達し，又は後任の法定代理人が就職した時から起算する。

I　無償取得財産の管理に関する特則

1　基本的な考え方（830条1項）

　子が無償で取得した財産（第三者が無償で子に与えた財産）の管理に関しては，特則が置かれている。現行830条1項はその基本的な考え方を示すものである。起草者は，これは旧民法にはなかったものであるが，フランス法でも実際には認められており，またドイツ法そのほかでは明文の規定で認められたものであるとしている（梅・法典調査会六470頁）。
　この規定は多義的な性質を持つ。「親権は元来子の利益を慮つて設けられたに相違ありませぬが……父又は母が管理する方が天然の愛情もあるし概して子

供の為めには利益が多くあるであらうと云ふのが主たる理由で以て此やうなる規定が置かれてある。此場合には却て父又は母が管理しては利益でない」（梅・同頁）という説明は，今日においても納得できるものである。また，旧民法の草案においても同種の規定が後見のところには置かれていたことも指摘されているが，それは，必要に応じて後見人の権限を制約しようという発想に立つものであると言える。その意味では，親権者の権限にも制約を設けることあるべしという起草者の基本思想の延長線上にある規定であると言える。

しかし，他方で，次のような具体例が引かれていることに注意を要する。「子がまだ未成年である。それに相当の財産を与へやうと思ふけれども其子供のお母さんと云ふものは婦人のことであるし他の事情抔があつて財産の管理抔は出来ぬ人である。其人に管理させては財産を滅茶々々にされることが眼前に見えて居る」（梅・同頁）という例である。このように，この規定は「父又は母」と書かれてはいるが，実際には，母の財産管理能力（あるいは贈与・遺贈者と母との関係や母への外部からの影響）を考慮に入れて置かれた規定なのである。

だからと言って，この規定は日本に固有の「家」制度的な規定であり，本来は廃止すべきものであったというわけではない。すでに述べたように，この種の規定はヨーロッパにも広く見られたものであるが，その背後にあるのは家産の考え方であると思われる。梅が挙げた例で，誰が子どもに贈与をするのかと言えば，それは親族の誰かである。具体的には，本家の戸主が分家の未成年の戸主（母が親権者）に贈与するという場合を想定すればよい。この場合に，他家から嫁に来た母親の管理から財産を遠ざける（勝手なことをさせない）というのが，この規定の趣旨であると言える。繰り返すが，血統に従って相続ないし贈与・遺贈される財産を血統外に流出させないという考え方は，ヨーロッパにも見られる考え方である。今日の状況に置き換えるならば，子に対して母方の祖父が贈与をするが，子の父には管理をさせたくないという場合に，本条を用いるということになる。

2 他の制度との関係

(1) 清算の方法（829条）　　現行829条は828条との関係で830条の前に出ているが，実質的には830条を受けた規定である。すなわち，830条1項が適用される場合に，828条の適用を排除できることを示すものである。

828条がそのまま適用されることになると，財産の管理は第三者が行うとしても，収益については親権者に帰属することになるが，それを望まない贈与・遺贈者もいるだろうというわけである。

では，この規定によって828条が適用されないことになるとどうなるか。その場合には原則に戻って，収益は子に帰属することになる。そして，管理の費用は必要に応じて（830条4項によって準用される29条に従って）管理者に支払われることになる。なお，養育の費用は，第三者が贈与・遺贈した財産以外の子の財産の収益と相殺されたことになろう。

(2) **選任・改任等（830条2項～4項）**　830条1項の場合には，第三者が管理者を指定するのが原則である。なお，現行法の下では，830条1項により共同親権を行う父母の一方のみから管理権を剥奪することもできるが，その場合には他方が管理権を行使するので，管理者の指定は不要である。一方の親権者に加えて管理者を指定することは想定されていないだろう。830条2項は，指定がなされず管理者が欠ける状態になった場合に備える規定である。この場合には，裁判所が管理者の選任を行う。

また，830条1項の場合には，管理者の改任等も第三者が行うのが原則である。しかし，830条3項は，改任等がなされない場合には，やはり裁判所がこれを行うことを定める。なお改任等としたが，第三者は，条文が明示している期間満了の際の選任（新任・再任を含む）のほか，管理の仕方等の変更や親権者に管理を委ねるという変更もなしうると解すべきだろう。

830条2項・3項が実際に機能するのは，第三者が死亡した場合や生存しているが選任・改任等ができない場合である。（死亡した場合を除くと）不在者の財産管理の場合と類似の状況であると言える。そこで，830条4項は，管理者の職務・権限・担保・報酬については，不在者財産管理人の規定（27条-29条）を準用している。なお，これらの規定は，相続人不存在の場合の相続財産管理人にも準用されている（953条）。この規定は，広い意味で財産管理人が必要になった場合の標準を示す規定（立法範型）とされているわけである（ただし，遺言執行者については，すべての問題につき規定が置かれているので，この立法範型が登場することはない）。

II　終了の特則

1　委任の規定の準用（831条）

現行831条は，任務終了後の緊急処分等に関する委任の規定（654条・655条）を親権者および830条による管理者に準用する。それ自体は必要なことであり，また，後見人等についても同様の必要が生ずる。そのため，各所に同様の準用規定が置かれている（852条〔後見監督人〕・874条〔後見人〕・876条の3〔保佐監督人〕・876条の5〔保佐人〕・876条の8〔補助監督人〕・876条の10〔補助人〕，1020条

〔遺言執行者〕，任意後見法7条4項〔任意後見人〕。これらの規定も立法範型の一つであると言える）。

　もっとも，準用はこれだけで十分かという問題がある。具体的には，830条によって選任される管理者の注意義務の程度が問題になる（親権者や後見人等については各所で注意義務の定めがなされている）。830条1項による場合には，その選任の性質は委任と解されるので，委任の規定が準用ではなく適用されるが，同条2項・3項の場合には明文の規定がない。この点については，家事事件手続法173条が同125条を準用し，125条6項は民法644条を準用することによって対応がはかられている。

2　消滅時効の特則（832条）

　現行832条1項は，「親権を行った者」と「子」との間の債権につき，管理権消滅時を起算点に，時効期間を5年とする特則を定めたものである。このような規定がないと，「債権発生の時より10年」となり「或は短きに失し或は長きに失す」る（梅387頁）ことになると説明されている。具体的には，子の出生後直ちに生じた子の債権（子の財産を費消した場合など）については，約10年＋6ヶ月（167条・158条2項）で消滅してしまうことになったり（たとえば，両親が死亡し後見人が選任された場合），反対に，成年に達した際の計算の結果として生じた債権（子の財産の元本部分の返還請求権など）につき，さらに10年間は親が責任を負うことになったりすることが生ずるとされている。

　なお，832条2項は，管理権消滅時に子が権利行使できない場合には，権利行使可能な時点（後見人が選任されるか本人が成年に達する）まで起算点を繰り下げるものである。

第5　833条：未成年親の親権の代行

> （子に代わる親権の行使）
> 第833条　親権を行う者は，その親権に服する子に代わって親権を行う。

I　本　論——未成年者による親権行使

　現行833条は，明治民法において設けられたものであり，旧民法にはなかったものである。旧民法においては，自治産の制度が設けられており，婚姻があ

ると未成年者は当然に自治産の権を得るものとされていた（旧民人213条）。もっとも，自治産者は完全な行為能力者ではなく，当時で言えば，準禁治産者と同様に保佐に付されていた（旧民人216条。親権を行う父または母があればその者が保佐人となる）。しかし，親権にはもはや服していないので，自分の子に対しては親権を行使しうると解されていた。

ところが，明治民法では自治産の制度が廃止された。その結果，本条のような規定がないと，未成年の男女が婚姻して子をもうけた場合に，未だ親権に服する者が子に対して親権を行使することになってしまうこととなった。これを避けるために，本条に対応する規定（明民895条。親権者は未成年者に代わって，戸主権および親権を行うとされていた）が置かれた。

状況は1947年改正によって再び変化する。自治産は復活しなかったが，実質的にこれに対応する（それ以上の権限を与える）成年擬制の規定が置かれたからである（753条）。その結果，嫡出子については本条の適用の必要はなくなった（厳密に言うと，未成年のうちに離婚した場合にどうなるか——成年擬制の効果が持続するか——という問題がある）。

とはいえ，旧民法以来，非嫡出子については，親権に服する未成年者が親権を行使するという事態が生じえた。今日では，833条はこのような場合に適用されることになる。すなわち，婚姻関係にない母（または父）の子に対する親権を，母または父に対する親権者が代行するというわけである。

やや細かい話になるが，民法中の「親権を行う者」には本条によって親権を代行する者も含まれることになる。では，民法中で「親権を行う父又は母」と書かれている規定の適用はどうなるのだろうか。具体的には，825条と826条が問題になる。825条は代行者にも適用されることになろうが，826条に関してはそう簡単ではない。Ａが，ＢのＣに対する親権を代行する場合，ＡＣ間に利益相反があれば，特別代理人を選任すべきことになろうが，ＢＣ間に利益相反がある場合はどうだろうか。この場合には，826条2項を類推して特別代理人を選任することになると解すべきだろう。

Ⅱ 補 論——未成年者による財産管理

最後に，明治民法にはあったが，現在では削除されている規定に触れておく。明治民法885条である。この規定は，未成年の子がその配偶者の財産を管理すべき場合につき，親権を行う父または母が代行すべきことを定めていた。明治民法の法定財産制の下では，夫は妻の財産を管理することになる（明民801条1項）。理論上はこれとは異なる夫婦財産契約を結ぶことは可能であったが（明民

793条），実際には夫婦財産契約自体が少なく，このような約定も少なかったものと思われる。いずれにせよ，明治民法801条1項が適用される場合には，夫が未成年であるとなると，親権に服する者が他人の財産を管理することになるが，これは不都合である。そこで，885条が置かれていた。

しかし，1947年改正によって夫の管理権自体が廃止されたため，この規定もあわせて削除された。なお，夫権の定めがあっても自治産や成年擬制の定めがあれば，この規定はやはり不要になる。

以上のように見てくると，親権者の支配を脱するという観点に立つならば，自治産の規定や成年擬制の規定がかなりの威力を持っていたことがわかる。現行民法は後者を備えているので，未成年者であっても婚姻をすれば親権からは脱することになる（ただし，婚姻への同意が必要）。これに対して，自治産の制度があれば，婚姻の有無にかかわらず（したがって，同意を要さずに）親権からの解放が可能になる。年長未成年者に対して父母が（虐待も含めて）親権を濫用するケースについては，親権解放は親権喪失と並ぶ解決策になることを付言しておく。もっとも，成年年齢が引き下げられれば，（少なくとも法的な）問題の多くは解消することになる。

第3節　親権の喪失

第1　834条：親権の喪失

> （親権喪失の審判）
> 第834条　父又は母による虐待又は悪意の遺棄があるときその他父又は母による親権の行使が著しく困難又は不適当であることにより子の利益を著しく害するときは，家庭裁判所は，子，その親族，未成年後見人，未成年後見監督人又は検察官の請求により，その父又は母について，親権喪失の審判をすることができる。ただし，2年以内にその原因が消滅する見込みがあるときは，この限りでない。

I　はじめに——喪失制度の創設

親権の喪失制度の創設は，親権に関する立法の最後の関門であった。起草者の梅謙次郎は，親権の章の冒頭説明において，旧民法人事編の草案にはあったものが削られたことを指摘して，「どうもなければなるまい」（梅・法典調査会

六417頁）としていたものである。ここで，「父母の性の宜しくないことがある」としつつ，「必ずしも嫡母継父母には限りませぬ。実父母であつても後妻を迎へるとか後夫を迎へると云ふ場合には弊が多い」（梅・同頁）ことを理由としている。

　もっとも，梅はこの提案に対しては反発が大きいこと予期していた。旧民法の審議段階で削除された理由を想像して，梅は次のように述べている。「親が子に対して親権を行ふと云ふやうな事柄は是はもう一体端から喙を容れべき事柄でない。……丸で親権を奪ふて仕舞ふ又は財産上丈に付て丸で親権を奪ふて仕舞ふと云ふことは随分酷いことであつて如何な理由があらうともそれ程の事をする必要はなからう。余り慣習にないことである」（梅・法典調査会六 475-476頁）。

　このような予想される削除論に対して，梅は次のように述べる。「苟も此法典に親権のことを規定致しまする以上は……一方に於ては親権を行ふ者に対して法律が明かに是れ丈けの権利があるぞと云ふことを認めまするからして，又それより生ずる所の弊害と云ふものも立法者は考へて充分に之を防いで置かなければならぬ」（梅・法典調査会六 476頁）。

　これには次の発言が続く。「親権と云ふものが元来親の利益の為めに設けられて居るのではなく子の利益の為めにさうしてそれが間接に世の中の利益の為めにすると云ふ所から設けられてある。さう云ふ所から考へて見るとどうもそれ等の弊害を袖手傍観して居つては立法者の責を尽したとは言ひ難い」（梅・同頁）。

　梅は，慣習の観点からする反対論に対して，親権立法の両面（親の権限の承認と濫用の抑止）に言及するところからはじめて，親権立法の目的（親の権限 vs. 子の利益・社会の利益）へと話を進めている。そこには，自然的＝慣習的な親子関係への不介入（法典反対派の一部の立法観）に対して，作為的＝社会構成的な親子関係の規律（梅自身の立法観）という考え方が，明確に示されており，興味深い。

II　申立てによる喪失（834条）

　本条は2011年の改正に際して修正を受けている。以下では，まず旧規定における実体要件につき述べた上で，新規定における修正点を指摘する。なお，2011年改正については，その中心的な課題であった親権の停止（834条の2）に関する説明中において述べたところを参照。

1 実体要件・その1——旧規定

(1) 「親権の濫用」 起草者はたとえば，「殴打創傷が親権を濫用したと云ふことになるならば」（梅・法典調査会六477頁）と述べている。すべての殴打創傷が濫用にあたるわけではないということだろう。これに対しては，穂積八束が次のように反論している。「懲戒の方に付て親権の濫用と云ふことが多く当ると言ふかも知れぬが」と前置きして，「必要なる範囲内に於て懲戒を行ふことが出来る」のだから，「若し濫用すれば殆ど親権でな（い）」（穂積八束・法典調査会六483頁）というのである。

なお，そのほか八束は，「子の監護をするとか教育を為すとか云ふ文字の意味から調べて見れば余り濫用すると云ふ場合は少ない」とし，学校の選択などが問題になりうるが「親権と云ふものはさう云ふ事に付ては厭制的の性質のものである」（穂積八束・同頁）とし，「居所を定めること又は営業を認可する等のことに付ても……自分の好む職業を営むことを許さぬとか或は兵役を出願させぬと云ふのが親権の目的であると言へばそれもどうも已むを得ぬ」（穂積八束・同頁）としている。

八束は，必ずしも慣習によれという立場でなく，法律で親権というものを定める以上は，その枠内で裁量権を行使できてよいという立場であると言える（「法定された権力」論と呼ぶことができようか。梅の「社会から付託された権限」論とは異なるが，「自然的な親子関係」論ではない）。そこには親権とは「親が子に対して行ふ所の権力」であり「双方の当事者が平等に権利を持て居る場合とは少し違う性質のものではあるまいか」（穂積八束・法典調査会六482頁）という見方が現れている。もっとも彼は，懲戒が「法律の範囲」外の場合にどうなるかについては述べていない（刑法が適用されることを承認するのだろう）。

(2) 「著しい不行跡」 梅は，親権の喪失が必要な理由として「親が其子に対して有形又は無形上どのやうな悪るいことを教へたり為さしめたりするか分らぬ」（梅・法典調査会六476頁）とも述べている。その場合には，「親権の濫用」となりうると考えていたものと思われる。さらに進んで，梅は次のようにも述べている。「親爺が酒好きで以て朝から晩迄飲み歩るいて居つて滅多に家には居ない。さうして偶々家に帰つて来ては愚図々々になつて家の者を困らせる。……さう云ふ時には子に対して悪るいことをせぬでも矢張り不行跡と云ふことで親権の喪失を宣告しても宜からう」（梅・法典調査会六481頁）。

このように，梅は作為（悪いことをさせる＝直接・有形）でなく不作為（悪い影響を与える＝間接・無形）であっても「著しい不行跡」にはあたると考えていた。ほかに，「著しい不行跡」の外延を画するのに参考になる，二つの発言がな

されている。いずれも横田国臣の発言であり，相互に関連している。彼はまず「著しく不行跡」を「子に対して不道徳（不徳義――大村注）なる行為」と改めることを提案する。「不行跡と言つても父母が情夫をするとか云ふやうなことは余り之れに関せぬこともあらうと思ふ。それを殊更に訴へる者もない」（横田・法典調査会六 479 頁）。詳しくは後述するが，具体的にはこれは，親が子に対して犯罪をなすことを主として想定している。しかし，あわせて「多くの場合は私は財産を唯乱暴に使うとか云ふやうな場合が一番重もなものと看る」（横田・法典調査会六 484 頁）としている。

これに対して梅は，不道徳な行為を含めることは考えられるとしつつ，不行跡を除くことには反対している。また，「情夫をしたとか云ふやうなものが皆此内に這入るかどうかそれは社会の有様に依て違ふ」と述べて，「著しく」でコントロールすればよいとしている（梅・法典調査会六 481 頁）。しかし，実際には前者のような例は少ない一方で，戦前には，母についてその性関係を問題にするものは少なくなかった（穂積 605 頁は「夫の遺児を養育して居る寡婦に対し，不行跡を理由として夫側の親族から親権喪失の訴が起ることが往々ある」としている）。

なお，いわゆる常磐御前事件で大審院は，親権喪失を肯定した原審を破棄して「親権を有する寡婦が妻子ある他の男子と其の情を知りつつ同棲するが如き行為は，素より排斥すべきものたること論を俟たずと雖，其の者の社会上の地位身分資力其の他特殊の事情の如何に依りては，未だ以て親権を喪失せしむべき著しき不行跡と目するを得ざる場合あるべ（し）」（大判昭 4 年 2 月 13 日新聞 2954 号 5 頁）としている。「常磐御前事件」という呼称は，上告理由中において代理人が『日本外史』の次のくだりを引用したことによる。「頼朝六弟有り云々。曰く今若，曰く乙若，曰く牛若，三児皆婢常磐の出なり。並に母に従つて龍門に匿る。平氏之を索めて得ず。因りて常磐の母を捕ふ。常磐乃ち自ら出づ。清盛其色を悦び，密に之を挑む，肯かず。其母涕泣して説くに禍福を以てす。已むを得ずして之に従ふ。清盛乃三児を釈し，尽く僧と為さしむ」（穂積 607 頁より引用）。

立法後は，「著しい不行跡」は未亡人の素行を指弾するためにのみ用いられているわけではない。しかし，過去の歴史を考えるならば，この文言は改められた方がよいと考えられた。

2 実体要件・その 2 ―― 新規定

(1) **「虐待又は悪意の遺棄」** 新法（2011 年）は，親権喪失の要件として，従来の「親権の濫用」「著しい不行跡」に代えて，典型例として「虐待又は悪

意の遺棄」を掲げた。前述のように，「親権の濫用」は主として懲戒権の濫用を念頭に置いた表現であったことに鑑みると，新法はその実質を直截に表現したものと言える。

「虐待」「悪意の遺棄」の意味については，前者は身体的又は精神的に苛酷に取り扱うこと，後者は正当な理由無く著しく養育の義務を怠ることであると説明され，現行民法に現れている他の用例と同義であるとされている（前者につき817条の6ただし書・817条の10第1項1号・892条，後者につき770条1項2号・814条1項1号・817条の6ただし書・817条の10第1項1号。飛澤42頁）。

(2) **「親権の行使が著しく困難又は不適当」** 「虐待又は悪意の遺棄」は「親権の行使が著しく困難又は不適当」の例示であるが，この典型例以外に「親権の行使が著しく困難又は不適当」にあたるのは，どのような場合か。「著しく困難」については，精神的又は身体的故障等により親権の行使が不可能かこれに近い状態である場合，「著しく不適当」については，虐待等のほかに，子の健全な育成等のために著しく不適当である場合が，それぞれ挙げられている（飛澤43頁）。旧規定の下で「著しい不行跡」にあたるとされたものの一部は，後者に該当するであろう。ただし，次に述べるように，あくまでも「子の利益」の観点から見て評価がなされるべきことに留意する必要がある。

(3) **「子の利益を著しく害する」** 「子の利益」は，一方で，本条の適用を画する意味を持つ。(2)の末尾で述べたのはその一例である。他方これは，親権喪失という制度の正当化の根拠を示すものでもある。民法が親権喪失を認めるのは，「子の利益」を守るために他ならないというわけである。

3 手続要件

(1) **「家庭裁判所は……喪失の審判をすることができる」** 前に掲げた殴打創傷につき，梅は「極く軽い罪位に問はるることがあるかも知れませぬが，それだと言つて親権と云ふものを当然失ふべきものとすると云ふことは如何なものでありませうか」（梅・法典調査会六477頁）と述べている。そこで，裁判所に請求することにしようというわけである。また，これも前述の通り，「著しく」不行跡がどうかの判断も裁判所に委ねることが想定されている。

なお，以上の議論の前提として，申立てを要しない場合がないかということが問題になる。実は，梅はそのような場合を想定していたのであるが，これについては後述する。

(2) **「子，その親族，未成年後見人，未成年後見監督人又は検察官の請求」**
現行834条も834条の2も，申立権者に子自身を入れているが，もともとは

子は入っていなかった。その反面で検察官が加えられている。この点は次のように説明されている。

「成るべくは子が親を訴へる抔と云ふやうなことはしたくない……子からは訴へることを許さぬで親族又は検事から訴へる。子が堪まらぬと思へば親族の所に往つて泣付く。さうすると親族がさう云ふことではいかぬと云ふので裁判所に持出すと云ふことになる。……争う場合は親族が間接に国の為めに争う，検事が国の為めに争うと云ふことにした」(梅・法典調査会六485頁)。

この点には，「子どもの権利」の観点からの反対が強くなった。しかし，明治民法も子どもからの働きかけを想定していなかったわけではない点に留意する必要がある。もっとも，今日では「親族」が十分に機能する保障はない。「検察官」の民法上の役割については改めて見直す必要があるが，やはりそれだけで十分とは言えない。児童福祉法は児童相談所長に申立権を認めるが，これについても同様であろう。そこで，2011年改正によって「子」が加えられるに至った。しかし，子どもの言い分を聞いて，検察官に申立てを促す仕組みを設けることを考えるべきだったかもしれない。

Ⅲ 当然喪失（原案911条）

1 当初の規定

現行834条は明治民法の原案912条にあたるが，当初の原案にはこの前に次のような原案911条が置かれていた。

> 原案
> 第911条　父又ハ母カ其子ニ対シ刑法第346条乃至第349条又ハ第352条ノ罪ヲ犯シ刑ニ処セラレタルトキハ其子ニ対スル親権ヲ失フ

引用されている刑法346条・347条は12歳未満の男女に対する猥褻罪，348条は婦女に対する強姦罪，349条は12歳未満の幼女に対する姦淫罪・強姦罪，そして352条は淫行勧誘罪を定めていた。つまり原案911条によれば，自分の子に対する性犯罪や第三者との性行為を勧誘した父母は，自動的に親権を失うこととされていたわけである。

梅によれば，旧民法にはこの種の規定はなく，フランス・ドイツにも全く同じ規定はないという。すなわちフランス法（刑法）が淫行勧誘のみを問題にしている一方で，ドイツ民法草案は「子に対する罪」全般を対象としていると説明されている。前者は狭すぎ後者は広すぎるとして，上記の案が提案されてい

る。なお，殺人未遂を加えるか否かという問題提起もされている（梅・法典調査会六 476-477 頁）。

2　廃止の理由

しかし，この提案には削除論が相次いだ。

まず長谷川喬が次のように言う。「随分此親族編になつてから道徳上から見ると云ふと余り好ましからぬ条が処々に見えましたが，凡そこれ程に見悪くい条はまだ見ない」「此処に謂ふ所のものは実に汚穢極まつたる条である……甚だ法典としては宜しくない」（長谷川・法典調査会六 478 頁）。その理由は，強姦等と淫行勧誘とでは異なっている。前者については「是迄の統計上に偶々一つでも現はれましたらうか」という点に求められ，後者については「余り褒むべきことではないけれども親の為めに身を沈めると云ふやうなことは随分有り来りの慣習である」とされている（長谷川・同頁）。

次に村田保も次のように言う。「之が此処に在るが為めに民法全体が汚がれたと言つても宜い」「此民法は実に腐れ民法と言つても宜からう」（村田・法典調査会六 479 頁）。やはり理由は「日本に於ては親族姦と云ふものは今迄ないのである」「ありもしないのにさう云ふ規定を設けると云ふのは不必要と云ふことで刑法から除けた位であります」ということである（村田・同頁）。

これに対して梅は，事実レベル・理論レベルの双方で答えている。第一に「成程是迄の統計には一つもなかつたかも知れませぬ。併し私は有り得べきことと考へます。唯特にさう云ふことを書く必要がないのである。何故ならば罪が別段に重くも何もなつて居りませぬから統計表にさう云ふことが現はるる筈はない」（梅・法典調査会六 480 頁）としている。梅らしい鋭い応答ではある。しかし，「万々一あると云ふのならば此位ではいかない。最も重く処さなければいかない。何処の国でも最も重く設けてある」（村田・法典調査会六 479 頁）という認識ももっともではある。事実としては存在するとしても，それは見ないことにする，というのが刑法の立法者たちの考え方だったのかもしれない。第二に，「元来法律と云ふものは不都合のことがあつた時に役に立つものであつてさうでなければ要らぬ」（梅・法典調査会六 479 頁）としている。

以上のような正面からの反対論とは別に，横田のように，次条の「著しく不行跡」を「子に対して不道徳なる行為」に改めて，これで対応すればよいとする反対論もあった。これは事実としては「成程是は殊に寄つたならば有り得べからざることではない」としつつの提案であった（横田・法典調査会六 479 頁）。

この点に関して梅は，「こんな場合には態々親族が訴へるとか検事が訴へる

とか云ふことを待つのはない。縦令稀な場合にしても自分で子を強姦して置きながら子に対して教育をするとか監護をするとかさうして財産のこと迄も管理して居ると云ふのは余り法律を馬鹿にした話，国法を馬鹿にした話であらうと考えます。それで実は当然親権を失ふとしたのであります」（梅・法典調査会六481頁）と応じている。

3 補　論

(1) **性的虐待**　採決の結果，原案911条は削除されてしまった。その結果として，今日で言えば，性的虐待にあたるものについても，次条（現行834条）によって対応することとなったわけである。ただ，性的虐待にあたる行為が，（刑に処された場合に限りにせよ）特別に取り上げられていたことは注目に値する。

もっとも，そこにはやや微妙な問題もある。それは梅が次のように述べていることとかかわる。「親族相姦夫れ自身と云ふものは幾らもある。それは私は実際見たことはありませぬが聴いたことは沢山ある。それは孰れも和姦であるから今日の法律では問ふことではない」（梅・法典調査会六480頁）。

今日においても，親族相姦はそれ自体は犯罪ではない。しかし，合意によるとしても，それは児童虐待にはなると考えられている。犯罪ではない行為について，児童虐待の嫌疑がかかると，それだけで（公表はされないにせよ）プライバシーが失われてもよいかのような扱いがなされる。そのことに問題はないのだろうか。児童虐待にかかわらず，DVやセクハラにも共通の問題である。

(2) **ネグレクト**　明治民法の起草時には，「ネグレクト」などという概念も言葉も存在しない。しかし，考えて見ると，梅が挙げている「親爺が酒好きで……」という例は，今日風にはネグレクトの一例であると言えないことはない。こうしたものまでも，親権喪失事由に含めて考えようという議論があったことは注目されてよいだろう。

第2　834条の2：親権の停止

> （親権停止の審判）
> 第834条の2①　父又は母による親権の行使が困難又は不適当であることにより子の利益を害するときは，家庭裁判所は，子，その親族，未成年後見人，未成年後見監督人又は検察官の請求により，その父又は母について，親権停止の審判をすることができる。

> ② 家庭裁判所は，親権停止の審判をするときは，その原因が消滅するまでに要すると見込まれる期間，子の心身の状態及び生活の状況その他一切の事情を考慮して，2年を超えない範囲内で，親権を停止する期間を定める。

I　2011年改正

2009年秋から法務省の法制審議会，厚労省の社会保障審議会において，それぞれ児童虐待との関連での親権制度改正作業が進められ，2011年には改正が実現した。

新制度の骨子を一言で言うならば，旧制度の親権喪失制度は親権の全部喪失という重大な効果をもたらすために，申立てが躊躇されているので，より柔軟に要件・効果を定めて親権の制限をしやすくすることによって，児童虐待に対処しようということになる。

具体的には，以下に述べる一時制限・一部制限の導入が検討されて，前者が親権停止として導入されたほか，児童福祉法の規定との関係で生ずる親権制限についても検討された。

II　親権の停止

1　喪失と停止の異同

すでに述べたように，親権喪失宣告は取り消されることがありうるので，「喪失」と呼んではいるものの，喪失宣告によって親権が永久に失われるわけではない。喪失原因が止んだということで，申立てにもとづく宣告が取り消されれば親権は回復する。つまり，親権は宣告の取消しまでの間に限って停止されるにすぎない。その意味では，「喪失」は「一時停止」の一種であると言える。この点は，2011年改正の前後を通じて変らない。他方，新たに導入された「停止」もまた，親権を「一時停止」させる制度である。その意味では，両者の間には共通点がある。

では，どこが違うのか。一言で言えば，「喪失」は「期限の定めのない停止」であり，「停止」は「期限の定めのある停止」であると言える。これは次のことを意味する。「喪失」の場合には，その回復は，申立権者の働きかけと裁判所の裁量的な判断によって行われる。したがって，何もしなければ親権の制限はそのまま続く。これに対して，「停止」の場合には，期限の到来によって親権の制限は終了する。もちろん，再度の制限（更新）は考えられるが，何もし

なければ親権の制限はそこで終わる。

2 喪失と停止の原因

以上のように,「喪失」と「停止」との差は必ずしも大きくはないが,原則・例外が逆転していることは確かであり,制限状態の継続が原則の「喪失」と制限状態の終了が原則の「停止」とを比べると,後者の方が親権の制限の程度は低いと言える。このことは,親権制限の要件にも反映する。すなわち,喪失と停止とを比べるならば,前者の方が後者よりも厳格な要件を要求されることとなる。

では,具体的にはどのような要件の差があるのだろうか。「喪失」も「停止」も「子の利益」に対する侵害の危険を中心に据える点では,一致している。問題はそれ以外の要素を加味するか否かである。それ以外の要素を加味しないとすると,喪失と停止との間には程度の差があるだけになる。これに対して,「喪失」という重大な効果を認めるためには,親権者の側に非難可能性が必要ではないかという意見もあった。もっともこれは二者択一ではなく,喪失につき,非難可能性のある場合とそれに匹敵する場合とをともに掲げるならば,両者の差は小さくなるだろう。実際には,喪失につき非難可能性の高い「虐待又は悪意の遺棄」が挙げられたが,これは例示であるため両者の差は相対的なものになっている。

Ⅲ 親権の一部制限——管理権と監護権・再論

親権制限の範囲を時間的に限定するだけでなく,事項的に限定してはどうかという考え方もあったが,これには,個別の場合ごとに制約される権限を定めるという方式は煩雑にすぎるという批判がなされた。もっとも,旧制度の下でも「管理権」の喪失が認められていることを考えるならば,反対に「監護権」の喪失を認めてもよいのではないかとする見解もあった。確かに,親権＝監護権＋管理権という図式を前提とするならば,現行法の下でも(管理権の喪失によって)親権から分離された監護権が生じていることになる。

しかし,この場合の監護権の中身は必ずしも明らかではない。立法をするためにはその中身を明らかにすることが必要になる。ところが,監護権に関しては現行766条をも視野に入れて考えなければならない。すなわち,親権とは別に監護権が付与された場合に,①親権者は一切監護をなしえないのか,②監護権者は一切財産上の行為をなしえないのか,という問題について一定の解決を与えることが必要になる。

この点についてはいくつかの考え方がありうるので（私自身は、①については、親権者も監護をなしうる、②については、監護権者は代理権は有しないが、本人が行うべき行為に同意することは可能と解したい）、その点を整理した上でなければ立法は難しい。そのために一部制限は見送らざるをえなかった（この問題につき、大村「親権・懲戒権・監護権──概念整理の試み」野村豊弘古稀・民法の未来〔商事法務，2014〕を参照）。

Ⅳ　親権の競合と優劣

　児童福祉法は、施設入所児童に対して施設長が行使する権限などにつき、次のように定めていた。

> 児童福祉法47条
> ③　児童福祉施設の長、その住居において養育を行う第6条の3第8項に規定する厚生労働省令で定める者又は里親は、入所中又は受託中の児童等で親権を行う者又は未成年後見人のあるものについても、監護、教育及び懲戒に関し、その児童等の福祉のため必要な措置をとることができる。

　この規定によると、当該児童に親権者（または未成年後見人）があるとしても、施設の長は「監護、教育及び懲戒に関し、その児童等の福祉のため必要な措置をとることができる」。
　この場合に、親権者等の権限はどうなるのだろうか。従来は、施設長の権限が親権等に優先すると解されてきたが、明文の規定がないために親権者の側から介入がなされることがあり、紛争の原因となっていた。そこで、2011年改正においては、この点を明示する規定を児童福祉法に置くことが提案された。
　もっとも、これによって、一定の範囲で親権が制限されて、その部分の権限が施設長に付与されるのではない。施設長が権限を有する事項については、親権者と施設長の権限は競合する。ただ、施設長がある行為を行えば、それは有効であり、親権者はこれを覆すことができないというだけのことである。
　ある意味でこれは、任意後見人の場合に似ている。任意後見人が選任されることによって本人（被後見人）の行為能力は制限されないと言われる。しかし、任意後見人は委任を受けた事項につき権限を行使しうるのであり、当該事項につき任意後見人が行った行為に対して、本人は異を唱えることができない。つまり、本人の能力は一般的には制限はされないとしても、アドホックには制限されるのである。

あるいは，遺言執行者の場合と対比することもできる。遺言執行者は相続人の代理人であるとされる。しかし，任意代理人とは異なり，遺言執行者の権限に属する事項については，（本人にあたる）相続人は遺言執行を妨害する行為を行ってはならない。同様に，施設長は親権者の代理人であるといえ，その権限に属する事項については，（本人にあたる）親権者は施設長の権限行使を妨害する行為を行ってはならない。

つまり，これらの制度においては，ある者の権限を制限するのではなく，別の者の権限を重複的に認め，かつ，後者に優先権を付与するという方法が採用されているのである。

具体的には，改正法は次の2項を新設し，上記の趣旨をより明確にした。

> 児童福祉法47条
> ④ 前項の児童等の親権を行う者又は未成年後見人は，同項の規定による措置を不当に妨げてはならない。
> ⑤ 第3項の規定による措置は，児童等の生命又は身体の安全を確保するため緊急の必要があると認めるときは，その親権を行う者又は未成年後見人の意に反しても，これをとることができる。この場合において，児童福祉施設の長，小規模住居型児童養育事業を行う者又は里親は，速やかに，そのとつた措置について，当該児童等に係る通所給付決定若しくは入所給付決定，第21条の6，第24条第5項若しくは第6項若しくは第27条第1項第3号の措置，助産の実施若しくは母子保護の実施又は当該児童に係る子ども・子育て支援法第20条第4項に規定する支給認定を行つた都道府県又は市町村の長に報告しなければならない。

第3　835条〜837条：管理権の喪失など

> （管理権喪失の審判）
> 第835条　父又は母による管理権の行使が困難又は不適当であることにより子の利益を害するときは，家庭裁判所は，子，その親族，未成年後見人，未成年後見監督人又は検察官の請求により，その父又は母について，管理権喪失の審判をすることができる。
> （親権喪失，親権停止又は管理権喪失の審判の取消し）
> 第836条　第834条本文，第834条の2第1項又は前条に規定する原因が消滅したときは，家庭裁判所は，本人又はその親族の請求によって，

> それぞれ親権喪失，親権停止又は管理権喪失の審判を取り消すことができる。
>
> （親権又は管理権の辞任及び回復）
> 第837条① 親権を行う父又は母は，やむを得ない事由があるときは，家庭裁判所の許可を得て，親権又は管理権を辞することができる。
> ② 前項の事由が消滅したときは，父又は母は，家庭裁判所の許可を得て，親権又は管理権を回復することができる。

I 管理権の喪失（835条）

現行835条は，管理権の喪失を定める。親権全体ではなく財産の管理権のみを喪失させれば足りる場合があると考えてのことである。「子の財産を危くするやうなことであるから親権の喪失を許しても宜ささうなものに思ひますがどう云ふものでありませうか」（穂積八束・法典調査会六485頁）という質問に対して，起草者は次のように答えている。「親は子を大変に愛して居つて愛情等に於ては少しも親たる所に欠ける所はない。……随分教育抔のことに付ても訳の分る人であつて如何にも親権を行ふに適して居る人である。唯財産の管理が大変に下手な人である」（梅・同頁）。こうした場合に，「財産がなくなつては子が困る許りでなく間接に親も困るし家族も困るやうなことが沢山ある。子が戸主である場合には最も困る」。そこで「管理丈けはさせない。併ながら教育，監護のことは矢張り任せて置くと云ふのが適当であると思ひまし」た（梅・法典調査会六485-486頁）。あわせて，「管理の失当と云ふことは親権濫用にもならず著しき不行跡にもならない積りであります」（梅・法典調査会六486頁）とも述べている。

なお，「管理の失当」により「子の財産を危くする」という明治民法以来の文字は，2011年改正により，親権の停止と平仄をあわせた表現に改められた。

父または母の一方が管理権を喪失したが，他方はなお管理権を有する場合には，その者が単独で子の財産を管理することになるが，いずれも管理権を失った場合には，後見人が選任されることとなる。この場合には，親権者（管理権以外を行使する）と後見人（管理権を行使する）とが併存することになる。

II 親権又は管理権の辞任（837条1項）

現行837条1項は，明治民法では次のような規定であった。

前編　第3部　第4章　親　権

明治民法
　　第899条　親権ヲ行フ母ハ財産ノ管理ヲ辞スルコトヲ得

　この規定について，起草者は次のように説明している。「親権は素と父母の権利なると同時に其義務なり。蓋し父母は自己の挙けたる子の保護を他人に委し己は之を顧みさるか如きは敢て法律の許ささる所なり。故に父は如何なる事故あるも決して親権を辞すること能はす。又母も子の身上に付ては同しく其親権を辞することを得す。唯財産の管理に付ては婦人は往往にして其任に適せす。之をして強ひて其管理を為さしむるは却て子の為めに不利益なること稀なりとせす。是れ本邦の婦人に付ては殊に然りとす」（梅 395-396 頁）。
　明治民法の下で母が親権を行使するのは，父が親権を行使できない場合に限られるが，母（女性）は財産管理に適しないことがあるので，管理については辞任を許すというわけである。辞任すると管理権者がいなくなるので，後見人が選任されることになる。なお，父がいるうちに予め辞任することも想定されており，その場合には，父は遺言によって後見人を指定することができるとされていた（明民 901 条 2 項）。
　この規定に対しては，「辞すべしとなつて居るのではなく，辞し得るに止まるから，婦人に対する不利益な差別待遇ではない，と普通に説明される。しかし辞し得ることになつて居ると結局他から辞退を迫られることにもなりさうである」（穂積 609 頁）との疑義が呈されていた。親族から母に対して，任意に辞任しないならば，「著しい不行跡」を理由に喪失宣告をする，という形で圧力がかけられることは確かにありえただろう。
　戦後もこのような危惧がなくなったわけではないが，899 条は対象を拡大して（父をも含め，親権をも含む）存置された。「家庭裁判所の許可」を要するとしたことによって，歯止めがかけられたということだろう。なお，対象の拡大は「やむを得ない事由」がある場合が想定されるということであろうが（我妻 346 頁），梅はその場合にも親権の辞任は認めていなかった。監護権だけの辞任には否定的な意見もある（我妻 351 頁）。親権についても辞任を認める必要はほとんどないように思われるが，事例は皆無ではない（取消しとあわせた申立て件数は 2009 年で 30 件）。一般には長期旅行が例示されるが，現実にどのような場合に辞任がなされているのかは，調べてみる必要がある。
　なお，親権者につき後見や保佐の開始審判がなされれば，「未成年者に対して親権を行う者がないとき」（838 条 1 号）にあたるとして，後見が開始されると解されているが（我妻 321 頁），詳しくは後見のところで検討する（⇒後編第5

章)。

III 取消しと回復

1 喪失の場合 (836条)

　現行836条は, 親権・管理権の双方につき, (喪失・停止の) 審判の取消しを認める規定である。この場合には, 申立権者に本人が含まれる一方で, 検察官は除かれている。

　同様の規定は明治民法にも置かれていたが (明民898条), 原案ではこのような規定は予定されていなかった。しかし, 親権の喪失の規定をめぐる審議の中で, 親権の喪失に代えて一時停止とすべきことが主張された。たとえば, 穂積八束は現行834条に相当する原案912条を批判して「此条は実に酷い条」であり「親権を一時停止するのでなく全く親権はなくなつて仕舞う……極端を言ふと親子でなくなる他人となる」(穂積八束・法典調査会六483-484頁) と述べていた。また, 土方寧も「親にして親でなくなつて仕舞ひはしないか……『親権の行使を停止することを得』と云ふやうなことにした方が文字で穏かであらう」(土方・法典調査会六484頁) としていた。

　こうした批判に耳を傾けたのだろうか, 起草者は整理会において明治民法898条にあたる規定の追加を提案している。梅は次のように述べている。「父又は母が親権を行ひ管理権を行ふに適せぬ場合でありますが斯やうな事柄は生涯続くと云ふものでもありません。例へば896条の場合に親権を濫用して子供を虐めるが年を取ると, さう云ふ心は失せて今度は子供を愛するやうに為る不行跡でも若い時であります年を取ると直ります若い時親権を失ふたのが年を取つても尚ほ続くと云ふことは理由がありませぬ又管理権でもやつと成年に達した位であれば父でも母でも管理が下手かも知れませぬが今では年を取つて中々甘いと云ふやうなときに為つても尚ほ失権が続くと云ふ理由はありませぬ」(梅・整理会470頁)。

　では, 親権・管理権が回復した場合には, 開始していた後見はどうなるのか。明治民法においては, 父の親権・管理権が回復した場合には, 母の親権・管理権はどうなるのかという形で, 同じ問題が問われていたが (重岡・整理会470-471頁), 梅は当然になくなると答え, 同様の例は他にもあるとしている (梅・471頁)。

2 辞任の場合（837条2項）

　辞任の場合については，明治民法には回復の規定がなかった。母がいったん辞任を決意した以上は，その意思を翻すことはできないと考えられていたわけである。しかし，今日では，「やむを得ない事由」が要件に加わっているので，この事由がなくなれば，親権・管理権は回復されることになる。

補節1　児童福祉法

　児童福祉法（1947年）は「すべて国民は，児童が心身ともに健やかに生まれ，且つ，育成されるよう努めなければならない」（1条1項），「すべて児童は，ひとしくその生活を保障され，愛護されなければならない」（同2項）という基本原則を宣言するとともに，国および地方公共団体に「児童の保護者とともに，児童を心身ともに健やかに育成する責任」（2条）を課し，具体的な施策を定めている。

　以下では，同法のうち，親権とのかかわりを持つ部分を取りあげて，簡単に解説する。

I　定　　義

> 第4条①　この法律で，児童とは，満18歳に満たない者をいい，児童を左のように分ける。
> 　一　乳児　満1歳に満たない者
> 　二　幼児　満1歳から，小学校就学の始期に達するまでの者
> 　三　少年　小学校就学の始期から，満18歳に達するまでの者
> ②　この法律で，障害児とは，身体に障害のある児童，知的障害のある児童，精神に障害のある児童（発達障害者支援法（平成16年法律第167号）第2条第2項に規定する発達障害児を含む。）又は治療方法が確立していない疾病その他の特殊の疾病であつて障害者の日常生活及び社会生活を総合的に支援するための法律（平成17年法律第123号）第4条第1項の政令で定めるものによる障害の程度が同項の厚生労働大臣が定める程度である児童をいう。
> 第6条　この法律で，保護者とは，親権を行う者，未成年後見人その他の者で，児童を現に監護する者をいう。
> 第6条の4①　この法律で，里親とは，養育里親及び厚生労働省令で定める人数以下の要保護児童を養育することを希望する者であつて，養子縁組によつて養親となることを希望するものその他のこれに類する

> 者として厚生労働省令で定めるもののうち，都道府県知事が第27条第1項第3号の規定により児童を委託する者として適当と認めるものをいう。
> ② この法律で，養育里親とは，前項に規定する厚生労働省令で定める人数以下の要保護児童を養育することを希望し，かつ，都道府県知事が厚生労働省令で定めるところにより行う研修を修了したことその他の厚生労働省令で定める要件を満たす者であつて，第34条の19に規定する養育里親名簿に登録されたものをいう。

1 児童（4条）

児童福祉法の適用対象である「児童」とは，18歳未満の者を指す（4条1項柱書）。児童の権利条約の「児童」と同様である。より詳しくは「乳児」「幼児」「少年」に分けられる（4条1項1号-3号）。なお，少年法にいう「少年」とは，満20歳に満たない者をいい，「成人」とは，満20歳以上の者をいうので，注意が必要である（少年法2条1項）。また，「障害児」が特に定義されている（4条2項）。

以上の結果，未成年ではあるが児童に該当しない者（18歳・19歳の者）が存在することになる。このことはしばしば問題視されている。未成年者なのに児童福祉法の保護が受けられない者がいるというのである。もっとも，成年年齢が18歳に引き下げられれば，当面の問題は解消する。

2 保護者（6条）

児童福祉法にいう「保護者」とは，親権者，未成年後見人その他の者で，「児童を現に監護する者」を指す（6条）。このような保護者の定義は学校教育法などと共通のものである。法律上の権限を有する親権者・未成年後見人以外の者も含まれている点に特徴がある。

「その他の者」に含まれるものとしては，祖父母などの親族がまず考えられる。親権者の配偶者（継親）などもこれにあたると考えられよう。

3 里親（6条の4）

里親には，委託里親と養育里親がある。前者は養子縁組を視野に入れたものあるいはそれに準ずるものであるが，後者はそうではなく少人数での養育を行う者である。養育里親の中には，被虐待・非行・障害などの理由で特に支援の必要なものを育てる専門里親が定められている（規則1条の36）。

なお，厚生労働省令で定める人数とは「4名」であり（規則1条の33第1項），厚生労働省令で定めるものには，養親となる希望を有する者のほかに，「要保護児童の3親等内の親族であつて，要保護児童の両親その他要保護児童を現に監護する者が死亡，行方不明又は拘禁等の状態となつたことにより，これらの者による養育が期待できない要保護児童の養育を希望する者」が含まれる（同条2項）。

いずれの場合にも，里親と児童の間には法的な親子関係は生じないが，法律の規定によって里親には一定の権限が与えられている。

II 入所措置等

> 第25条　要保護児童を発見した者は，これを市町村，都道府県の設置する福祉事務所若しくは児童相談所又は児童委員を介して市町村，都道府県の設置する福祉事務所若しくは児童相談所に通告しなければならない。ただし，罪を犯した満14歳以上の児童については，この限りでない。この場合においては，これを家庭裁判所に通告しなければならない。
>
> 第26条①　児童相談所長は，第25条の規定による通告を受けた児童，第25条の7第1項第1号若しくは第2項第1号，前条第1号又は少年法（昭和23年法律第168号）第6条の6第1項若しくは第18条第1項の規定による送致を受けた児童及び相談に応じた児童，その保護者又は妊産婦について，必要があると認めたときは，次の各号のいずれかの措置を採らなければならない。
>
> 　一　次条の措置を要すると認める者は，これを都道府県知事に報告すること。
>
> 　二～七（略）
>
> ②（略）
>
> 第27条①　都道府県は，前条第1項第1号の規定による報告又は少年法第18条第2項の規定による送致のあつた児童につき，次の各号のいずれかの措置を採らなければならない。
>
> 　一～二（略）
>
> 　三　児童を小規模住居型児童養育事業を行う者若しくは里親に委託し，又は乳児院，児童養護施設，障害児入所施設，情緒障害児短期治療施設若しくは児童自立支援施設に入所させること。
>
> 　四（略）
>
> ②～③（略）
>
> ④　第1項第3号又は第2項の措置は，児童に親権を行う者（第47条

第1項の規定により親権を行う児童福祉施設の長を除く。以下同じ。）又は未成年後見人があるときは、前項の場合を除いては、その親権を行う者又は未成年後見人の意に反して、これを採ることができない。
⑤～⑥　（略）
第28条①　保護者が、その児童を虐待し、著しくその監護を怠り、その他保護者に監護させることが著しく当該児童の福祉を害する場合において、第27条第1項第3号の措置を採ることが児童の親権を行う者又は未成年後見人の意に反するときは、都道府県は、次の各号の措置を採ることができる。
　一　保護者が親権を行う者又は未成年後見人であるときは、家庭裁判所の承認を得て、第27条第1項第3号の措置を採ること。
　二　保護者が親権を行う者又は未成年後見人でないときは、その児童を親権を行う者又は未成年後見人に引き渡すこと。ただし、その児童を親権を行う者又は未成年後見人に引き渡すことが児童の福祉のため不適当であると認めるときは、家庭裁判所の承認を得て、第27条第1項第3号の措置を採ること。
②　前項第1号及び第2号ただし書の規定による措置の期間は、当該措置を開始した日から2年を超えてはならない。ただし、当該措置に係る保護者に対する指導措置（第27条第1項第2号の措置をいう。以下この条において同じ。）の効果等に照らし、当該措置を継続しなければ保護者がその児童を虐待し、著しくその監護を怠り、その他著しく当該児童の福祉を害するおそれがあると認めるときは、都道府県は、家庭裁判所の承認を得て、当該期間を更新することができる。
③～⑤　（略）
第30条①　4親等内の児童以外の児童を、その親権を行う者又は未成年後見人から離して、自己の家庭（単身の世帯を含む。）に、三月（乳児については、一月）を超えて同居させる意思をもつて同居させた者又は継続して二月以上（乳児については、20日以上）同居させた者（法令の定めるところにより児童を委託された者及び児童を単に下宿させた者を除く。）は、同居を始めた日から三月以内（乳児については、一月以内）に、市町村長を経て、都道府県知事に届け出なければならない。ただし、その届出期間内に同居をやめたときは、この限りでない。
②　前項に規定する届出をした者が、その同居をやめたときは、同居をやめた日から一月以内に、市町村長を経て、都道府県知事に届け出なければならない。
③　保護者は、経済的理由等により、児童をそのもとにおいて養育しがたいときは、市町村、都道府県の設置する福祉事務所、児童相談所、児童福祉司又は児童委員に相談しなければならない。

前編　第3部　第4章　親　権

> 第33条①　児童相談所長は，必要があると認めるときは，第26条第1項の措置をとるに至るまで，児童に一時保護を加え，又は適当な者に委託して，一時保護を加えさせることができる。
> ②　都道府県知事は，必要があると認めるときは，第27条第1項又は第2項の措置をとるに至るまで，児童相談所長をして，児童に一時保護を加えさせ，又は適当な者に，一時保護を加えることを委託させることができる。
> ③　前二項の規定による一時保護の期間は，当該一時保護を開始した日から二月を超えてはならない。
> ④　前項の規定にかかわらず，児童相談所長又は都道府県知事は，必要があると認めるときは，引き続き第1項又は第2項の規定による一時保護を行うことができる。
> ⑤　(略)
> 第33条の7　児童又は児童以外の満20歳に満たない者(以下「児童等」という。)の親権者に係る民法第834条本文，第834条の2第1項，第835条又は第836条の規定による親権喪失，親権停止若しくは管理権喪失の審判の請求又はこれらの審判の取消しの請求は，これらの規定に定める者のほか，児童相談所長も，これを行うことができる。

1　入所の手続

(1)　発見・通告から報告・措置まで(25条～27条)　要保護児童を発見した者には福祉事務所または児童相談所への通告義務がある(25条。25条の8により，福祉事務所から児童相談所に送致される)。そして，通告を受けた児童相談所長は，27条の措置を要すると認める者につき，そのことを都道府県知事に報告しなければならない(26条1項)。

報告を受けた都道府県はいくつかの措置のうちの一つをとらなければならないが，そのうちの一つが委託または施設入所である(27条1項3号)。委託の相手方は「小規模住居型児童養育事業を行う者」か「里親」であり，入所先は「乳児院，児童養護施設，障害児入所施設，情緒障害児短期治療施設若しくは児童自立支援施設」である。

(2)　裁判所の関与(28条)　親権者(児童福祉施設長が代行する場合を除く)または未成年後見人がある場合には，その意に反して27条1項3号の措置(2項の措置は指定医療機関への委託)をとることはできない(27条3項の場合は除く。この規定は少年法による送致児童に関するものであり，1項の措置を採るには家裁の許可が必要であるとしている)。

ただし,「児童を虐待し,著しくその監護を怠り,その他保護者に監護させることが著しく当該児童の福祉を害する場合」には,都道府県は,保護者の属性に応じて,次のような措置をとることができる(28条1項)。

①保護者が親権者または未成年後見人のとき
　家庭裁判所の承認を得て,第27条第1項第3号の措置を採る。
②それ以外のときには
　その児童を親権者または未成年後見人に引き渡す。
　ただし,その児童を親権者または未成年後見人に引き渡すことが児童の福祉のため不適当であると認めるときは,①と同じ。

なお,家裁の承認による措置の期間は最長2年である(28条2項本文)。もっとも,更新は可能である(28条2項ただし書)。

2　関連の規律——同居の制限(30条)

以上のような措置との関連で,児童福祉法には興味深い規定が置かれている。同法30条は,「4親等内の児童以外の児童」を,親権者または未成年後見人から離して自己の家庭に一定期間以上同居させた者は,市町村長を経て都道府県知事に届け出なければならないと定めているのである(同1項)。

この規定は,本来,児童は保護者と同居すべきものであるという前提に立ち(30条2項参照),近親でもない者が児童と同居することに警戒の目を向けている。児童労働の温床などとなる可能性があるからだろう。

この規定がこの位置に置かれている理由は,次のような対比に求められよう。保護者と同居すべきである児童を施設に入所させるには,一定の手続によることが必要である。同時に,保護者と同居すべきである児童を,長期間第三者に委ねるのは適当でない。

もちろん,例外がないわけではない。実際のところ,「法令の定めるところにより児童を委託された者及び児童を単に下宿させた者を除く」とされている(30条1項括弧書)。

3　付随する規律

(1)　**一時保護(33条)**　児童福祉法33条は,一時保護を行うことができると規定している。この場合には,親権者または後見人の同意を得る必要はなく,裁判所の承認も不要である。緊急性の高い場合に,一時的に行われる措置

だからであろう。そのゆえ，期間は2ヶ月を超えることができないのが原則である（33条3項）。

しかし，この期間は更新が可能である（33条4項）。更新が無制限に認められるならば，一時保護が緊急的・一時的な措置であるという点がゆらぐことになる。そうなると，より慎重なコントロールが必要ではないかという意見が出てくることになる。

(2) 親権喪失の申立て（33条の7）　児童福祉法33条の7により，児童相談所長には親権喪失・親権停止等の申立て権限が付与されている。単に施設に収容するだけでなく，不適切な親権行使を止めてしまおうというわけである。

Ⅲ　禁止行為（34条）

第34条①　何人も，次に掲げる行為をしてはならない。
一　身体に障害又は形態上の異常がある児童を公衆の観覧に供する行為
二　児童にこじきをさせ，又は児童を利用してこじきをする行為
三　公衆の娯楽を目的として，満15歳に満たない児童にかるわざ又は曲馬をさせる行為
四　満15歳に満たない児童に戸々について，又は道路その他これに準ずる場所で歌謡，遊芸その他の演技を業務としてさせる行為
四の二　児童に午後10時から午前3時までの間，戸々について，又は道路その他これに準ずる場所で物品の販売，配布，展示若しくは拾集又は役務の提供を業務としてさせる行為
四の三　戸々について，又は道路その他これに準ずる場所で物品の販売，配布，展示若しくは拾集又は役務の提供を業務として行う満15歳に満たない児童を，当該業務を行うために，風俗営業等の規制及び業務の適正化等に関する法律（昭和23年法律第122号）第2条第4項の接待飲食等営業，同条第6項の店舗型性風俗特殊営業及び同条第9項の店舗型電話異性紹介営業に該当する営業を営む場所に立ち入らせる行為
五　満15歳に満たない児童に酒席に侍する行為を業務としてさせる行為
六　児童に淫行をさせる行為
七　前各号に掲げる行為をするおそれのある者その他児童に対し，刑罰法令に触れる行為をなすおそれのある者に，情を知つて，児童を引き渡す行為及び当該引渡し行為のなされるおそれがあるの情を知つて，他人に児童を引き渡す行為

八　成人及び児童のための正当な職業紹介の機関以外の者が，営利を目的として，児童の養育をあつせんする行為
　九　児童の心身に有害な影響を与える行為をさせる目的をもつて，これを自己の支配下に置く行為
②　（略）

　児童福祉法 34 条は，一連の禁止行為を定めている。これは戦前の児童虐待防止法に端を発する。もともとは，1930 年代の不況に対応して，子どもたちが過酷な扱いを受けていることを告発するものであった。戦後，児童福祉法の制定の際に吸収され，旧児童虐待防止法は廃止された。

　旧児童虐待防止法は十分には機能しなかったと言われているが，児童の保護が必要なことを国家が宣言した点では意味があった。また，同法施行とあわせて，児童養護施設が設けられたことも注目に値する。たとえば，同法制定に貢献した穂積重遠は，「子どもの家」（現・双葉園）という施設を創設している。

IV　親権者等との関係

第 47 条①　児童福祉施設の長は，入所中の児童等で親権を行う者又は未成年後見人のないものに対し，親権を行う者又は未成年後見人があるに至るまでの間，親権を行う。ただし，民法第 797 条の規定による縁組の承諾をするには，厚生労働省令の定めるところにより，都道府県知事の許可を得なければならない。
②　児童相談所長は，小規模住居型児童養育事業を行う者又は里親に委託中の児童等で親権を行う者又は未成年後見人のないものに対し，親権を行う者又は未成年後見人があるに至るまでの間，親権を行う。ただし，民法第 797 条の規定による縁組の承諾をするには，厚生労働省令の定めるところにより，都道府県知事の許可を得なければならない。
③　児童福祉施設の長，その住居において養育を行う第 6 条の 3 第 8 項に規定する厚生労働省令で定める者又は里親は，入所中又は受託中の児童等で親権を行う者又は未成年後見人のあるものについても，監護，教育及び懲戒に関し，その児童等の福祉のため必要な措置をとることができる。
④　前項の児童等の親権を行う者又は未成年後見人は，同項の規定による措置を不当に妨げてはならない。
⑤　第 3 項の規定による措置は，児童等の生命又は身体の安全を確保するため緊急の必要があると認めるときは，その親権を行う者又は未成年後見人の意に反しても，これをとることができる。この場合におい

て，児童福祉施設の長，小規模住居型児童養育事業を行う者又は里親は，速やかに，そのとつた措置について，当該児童等に係る通所給付決定若しくは入所給付決定，第21条の6，第24条第5項若しくは第6項若しくは第27条第1項第3号の措置，助産の実施若しくは母子保護の実施又は当該児童に係る子ども・子育て支援法第20条第4項に規定する支給認定を行つた都道府県又は市町村の長に報告しなければならない。

第48条　児童養護施設，障害児入所施設，情緒障害児短期治療施設及び児童自立支援施設の長，その住居において養育を行う第6条の3第8項に規定する厚生労働省令で定める者並びに里親は，学校教育法に規定する保護者に準じて，その施設に入所中又は受託中の児童を就学させなければならない。

第49条の2　国庫は，都道府県が，第27条第1項第3号に規定する措置により，国の設置する児童福祉施設に入所させた者につき，その入所後に要する費用を支弁する。

第56条①　第49条の2に規定する費用を国庫が支弁した場合においては，厚生労働大臣は，本人又はその扶養義務者（民法に定める扶養義務者をいう。以下同じ。）から，都道府県知事の認定するその負担能力に応じ，その費用の全部又は一部を徴収することができる。

②〜⑩（略）

1　権　限

(1)　**親権者等がいない場合（47条1項2項）**　児童福祉施設の長は，入所中の児童等で親権者または未成年後見人のないものに対し，親権を行う者または未成年後見人があるに至るまでの間，親権を行う。

あくまでも補充的な措置であるが，実際には後見人のなり手がいないのが最大の問題であろう。

(2)　**親権者等がいる場合（47条3項）**　児童福祉施設の長は，入所中または受託中の児童等で親権者または未成年後見人のあるものについても，監護，教育および懲戒に関し，その児童等の福祉のため必要な措置をとることができるとされている。居所に関する規定がないのは，入所措置によって決められているからである。

この規定により，監護・教育・懲戒に関しては，施設長が権限を持つことになるが，親権者の権限との関係は明らかではない。従来は，親権者の同意または裁判所の承認によって入所措置がとられたのだから，その時点で施設長の権限に服することになると解されてきた。しかし，同意や承認は入所に関するも

のであり，その他の事項に及ばないと解することもできる。

立法論としては，解釈上の疑義を払拭し，かつ，施設長の権限行使に対する監督・同意などの仕組みがいらないかどうかを検討する必要があることが指摘されてきた。これに対する具体的な対応（47条4項5項の新設）についてはすでに触れたところである（⇒第3節第2Ⅳ）。

2 費用（49条の2・56条）

費用の問題もある。国の設置する児童福祉施設に入所した者に関する費用は国庫負担となる（49条の2）。この場合，児童等本人または扶養義務者に対して，負担能力に応じて全部または一部の求償が可能である（56条）。

いずれにしても，第一次的な費用負担者は行政である。その結果，児童等の監護・教育に必要な行為（たとえば医療行為など）を第三者との間で行う必要がある場合にも，本人名義で契約する必要がないのであれば，施設長が契約を締結し，費用は行政が負担すればよいことになる。つまり，第三者との関係において，児童等の代理人となる必要は生じない。

補節2　児童虐待防止法

Ⅰ　基本枠組

> （児童虐待の定義）
> 第2条　この法律において，「児童虐待」とは，保護者（親権を行う者，未成年後見人その他の者で，児童を現に監護するものをいう。以下同じ。）がその監護する児童（18歳に満たない者をいう。以下同じ。）について行う次に掲げる行為をいう。
> 一　児童の身体に外傷が生じ，又は生じるおそれのある暴行を加えること。
> 二　児童にわいせつな行為をすること又は児童をしてわいせつな行為をさせること。
> 三　児童の心身の正常な発達を妨げるような著しい減食又は長時間の放置，保護者以外の同居人による前二号又は次号に掲げる行為と同様の行為の放置その他の保護者としての監護を著しく怠ること。
> 四　児童に対する著しい暴言又は著しく拒絶的な対応，児童が同居する家庭における配偶者に対する暴力（配偶者（婚姻の届出をしていないが，事実上婚姻関係と同様の事情にある者を含む。）の身体に

> 対する不法な攻撃であって生命又は身体に危害を及ぼすもの及びこれに準ずる心身に有害な影響を及ぼす言動をいう。）その他の児童に著しい心理的外傷を与える言動を行うこと。
> （児童に対する虐待の禁止）
> 第3条　何人も，児童に対し，虐待をしてはならない。
> （国及び地方公共団体の責務等）
> 第4条①〜⑤　（略）
> ⑥　児童の親権を行う者は，児童を心身ともに健やかに育成することについて第一義的責任を有するものであって，親権を行うに当たっては，できる限り児童の利益を尊重するよう努めなければならない。
> ⑦　何人も，児童の健全な成長のために，良好な家庭的環境及び近隣社会の連帯が求められていることに留意しなければならない。

1　序

(1)　**立法の経緯**　児童虐待防止法は，2000年に議員立法で成立した法律である。その後，数次の改正を経て現在に至っている。

　この法律が議員立法として成立した経緯や民法改正が実現しなかった事情などについては，ここでは立ち入らない（その経緯については，石田勝之『子どもたちの悲鳴が聞こえる──児童虐待防止法ができるまで』〔中央公論事業出版，2005〕を参照）。

(2)　**法律の概要**　現行児童虐待防止法は改正による枝番規定が多く，全体の構造がやや見えにくくなっている。しかし，その出発点は，虐待の早期発見を促し迅速な対応をはかるとともに（5条-8条），立入調査を可能にすることにあった（9条-10条の6）。

　その前提として，一方で，基本的な考え方が示され（1条-4条），他方，親権との関係の調整を試みている（11条-15条。なお，16条は大都市の特則，17条は罰則）。以下において取り上げるのは，この二つの部分である。特に，民法との関係に注目する。

2　児童虐待

(1)　**定義**　法2条は児童虐待を定義する。これに関しては，次の2点を指摘しておく。

　まず，児童虐待の類型として，身体的暴力・性的虐待・ネグレクト・精神的暴力が挙げられ，配偶者に対する暴力が加えられている。ここでいう「児童虐待」と民法がいう「虐待」（推定相続人の廃除〔892条〕と特別養子縁組〔817条の

6・817条の10〕に現れる。また，戦前には離婚原因にも現れていた）とは当然にイコールであるわけではない。

　次に，児童虐待の主体は「保護者」とされ，客体が「児童」とされている。ここでいう「保護者」は親権者よりも広く，「児童」は「親権に服する子」よりも狭い。特に，後者に伴う問題がないか否かは検討に値する。

　(2)　**禁止**　　法3条は，すべての人に対して，「児童に対し，虐待をしてはならない」ことを命ずる。具体的な効果は定められていないので，この規定は訓示規定にすぎない。しかし，この規定によって国民の責務が確認されていることに，全く意味がないわけではない。一方で，この規定を根拠に不法行為責任が認められることもありうるし，他方，この規定を出発点として，さらに一定の場合にはより立ち入った義務を課すことが正当化されるからである。なお，ここでいう「虐待」は定義上「児童虐待」ではないが，その意味は明らかにされていない。

3　児童にかかわる者の責務

　(1)　**親権の行使**　　法3条をうけて，4条6項は，親権者には児童育成の第一義的責任があることを確認し，親権の行使にあたって，「できる限り児童の利益を尊重する」ことを求めている。

　この規定の後半部分は本来ならば民法典に書き込まれてよいものである。おそらくは民法改正が困難であったために，児童虐待防止法に書き込まれたのであろうが，確認的なものであると理解するとしても，実質的には民法改正を行ったと位置づけることができる。

　立法の仕方としての当否については判断がわかれるだろう。民法を改正すべきであるというのが正論であるが，こうした形での改正もやむをえない（さらには積極的に行うべきだ）という見方もありうる。

　なお，民法改正にあたっては，この規定を民法典に取り込むべきである。しかし，いったん書き込まれた規定を移動させることは，意外に難しい。そこで，2011年改正により，民法820条に「子の利益のために」という文言を追加することによって，実質的に同じことが実現されている。

　(2)　**その他**　　同様に，4条7項は，すべての人を名宛人として，「良好な家庭的環境及び近隣社会の連帯が求められている」ことに留意せよと命じている。この規定の実定法上の効果は，3条以上に曖昧である。おそらくは，近隣社会に協力を求め，早期発見義務を課すためのつなぎの規定として置かれたのであろう。なお，「近隣社会」という言葉を使う法令は他には存在しない（「地

域社会」はかなり多くの法令で用いられている）。

　児童虐待の防止のためには，近隣住民の通報等は有益には違いないが，プライヴァシーの観点から問題はないかは，なお問われなければならない。

II　親権との関係

> （面会等の制限等）
> 第12条①　児童虐待を受けた児童について児童福祉法第27条第1項第3号の措置（以下「施設入所等の措置」という。）が採られ，又は同法第33条第1項若しくは第2項の規定による一時保護が行われた場合において，児童虐待の防止及び児童虐待を受けた児童の保護のため必要があると認めるときは，児童相談所長及び当該児童について施設入所等の措置が採られている場合における当該施設入所等の措置に係る同号に規定する施設の長は，厚生労働省令で定めるところにより，当該児童虐待を行った保護者について，次に掲げる行為の全部又は一部を制限することができる。
> 　一　当該児童との面会
> 　二　当該児童との通信
> ②〜③　（略）
> 第12条の4①　都道府県知事は，児童虐待を受けた児童について施設入所等の措置（児童福祉法第28条の規定によるものに限る。）が採られ，かつ，第12条第1項の規定により，当該児童虐待を行った保護者について，同項各号に掲げる行為の全部が制限されている場合において，児童虐待の防止及び児童虐待を受けた児童の保護のため特に必要があると認めるときは，厚生労働省令で定めるところにより，6月を超えない期間を定めて，当該保護者に対し，当該児童の住所若しくは居所，就学する学校その他の場所において当該児童の身辺につきまとい，又は当該児童の住所若しくは居所，就学する学校その他その通常所在する場所（通学路その他の当該児童が日常生活又は社会生活を営むために通常移動する経路を含む。）の付近をはいかいしてはならないことを命ずることができる。
> ②　都道府県知事は，前項に規定する場合において，引き続き児童虐待の防止及び児童虐待を受けた児童の保護のため特に必要があると認めるときは，6月を超えない期間を定めて，同項の規定による命令に係る期間を更新することができる。
> ③〜⑥　（略）
> （親権の行使に関する配慮等）
> 第14条①　児童の親権を行う者は，児童のしつけに際して，その適切

な行使に配慮しなければならない。
② 児童の親権を行う者は，児童虐待に係る暴行罪，傷害罪その他の犯罪について，当該児童の親権を行う者であることを理由として，その責めを免れることはない。
（親権の喪失の制度の適切な運用）
第15条　民法（明治29年法律第89号）に規定する親権の喪失の制度は，児童虐待の防止及び児童虐待を受けた児童の保護の観点からも，適切に運用されなければならない。
（罰則）
第17条　第12条の4第1項の規定による命令（同条第2項の規定により同条第1項の規定による命令に係る期間が更新された場合における当該命令を含む。）に違反した者は，1年以下の懲役又は100万円以下の罰金に処する。

1　面会等の制限等

(1)　**制度の内容**　法12条は，被虐待児童につき施設入所等措置（児福27条1項3号）や一時保護（児福33条）が採られた場合において，必要があると認める場合には，施設長に，親権者からの面会・通信を制限することを認めている。

虐待親が施設に押しかけて，児童への面会を要求したとしても，この規定によって拒絶することが可能になる。なお，施行規則2条により，「面会又は通信の全部又は一部を制限する旨，制限を行う理由となった事実の内容，当該保護者の氏名，住所及び生年月日（保護者が法人であるときは，その名称及び主たる事務所の所在地），当該児童の氏名及び生年月日その他必要な事項を記載した書面」によることが必要とされている。

(2)　**制度の位置づけ**　法12条が存在することをどのように理解すべきか。親権制限と面会・通信との関係をどう解するかによって，次の二つの考え方がありうる。

一つは，親権が制限されれば面会・通信も制限される，という考え方である。この考え方は，施設入所等措置がとられても親権は制限されないという考え方と親和的である。親権制限がなされないために，法12条が必要であるというわけである。もう一つは，親権が制限されても面会・通信は制限されない，という考え方である。この考え方は，施設入所等措置によって親権は制限されるという考え方と親和的である。親権制限がなされてもなお残る権限を制限するために，法12条が必要であるという考え方である。

この点は，面会交流に関する考え方とも関連する。非親権親には面会交流の権利はないと考えるならば，面会交流の規定は創設的な規定として置かれることになる。他方，権利はあると考えるのであれば，確認的な規定となる。

2 接近禁止命令

(1) **要件・効果** 法12条の4は，都道府県知事に接近禁止命令を発する権限を付与した。要件は，児童福祉法28条の承認により施設入所等措置がとられ，かつ，法12条1項により面会・通信が全面的に制限されている場合で，かつ，特に必要があると認められる場合に限定されている。効果としては，6ヶ月未満の期間を定めて，保護者のつきまとい・はいかいを禁止することができる。また，この命令は更新が可能である。

(2) **機能** 接近禁止命令が発せられたのに，つきまとい・はいかいを行うと，「1年以下の懲役又は100万円以下の罰金」が科される。つまり，接近禁止命令により刑事制裁を発動することが可能になるため，その抑止力は大きい。

接近禁止命令には，禁止を拡張する機能があることにも留意する必要がある。児童福祉法27条による入所措置等がとられ，かつ，法12条によって面会・通信の制限がなされていても，つきまといやはいかい自体が禁止されるわけではないからである。

もっとも，このような命令が（制度として，また，実際の適用について）安易に用いられてよいかどうかは，慎重に検討しなければならない。ストーカー防止法やDV防止法にも共通の問題である。

3 親権行使の限界

(1) **しつけと懲戒** 法14条1項は，親権者に対して，「しつけ」につき，親権の「適切な行使」を求めている。現行民法の下では懲戒権の行使が認められることを前提にした規定であると言える。「しつけ」そのものは監護権の行使であると言えるが，懲戒には「しつけ」を超えるものが含まれうるという認識に立つのであろう。

この規定も実質的には民法を修正したものであるが，仮に，現行民法から懲戒権の規定が削除されると，従前の懲戒のうち「しつけ」の範囲に属するものは適法だが，それ以外は違法であることが確認されることになる。また，懲戒権の行使につき限界を設ける規定を置いた場合にも，それを超えるものは違法であることが確認される。これらの規定を置けば14条1項は不要になる。

もっとも，懲戒権の規定を削除する場合には，「しつけ」が監護権の行使と

いえることを確認した方がよく，それができない場合には14条1項はなお存置した方がよいかもしれない。また，懲戒権を制限する場合にも，民法に制限の基準が明示されないならば，14条1項の存在意義は失われないということになる。

なお，「しつけ」もまた児童虐待防止法のみで用いられている用語である。

法14条2項は，懲戒権の行使といえども，「暴行罪，傷害罪その他の犯罪」について当然に免責されるわけではないことを確認している。もちろん，暴行や傷害にあたるか否かという判断が先行することは言うまでもない。

(2) **親権喪失制度の運用** 法15条は，親権喪失制度の運用の改善を促すものである。民法834条の「親権の濫用」と「児童虐待」との関連性を確認・強調するものであるが，こうした規定を置くことが立法のあり方として適切か否かには，異論もありうるところだろう。

【補節1・2 参考文献】
桑原洋子＝田村和之責任編集『実務注釈児童福祉法』（信山社，1998）
馳浩編著『ねじれ国会方程式――児童虐待防止法改正の舞台裏』（北國新聞社，2008）
太田誠一ほか『きこえますかこどもからのSOS――児童虐待防止法の解説』（ぎょうせい，2001）

後注1　親　　権

I　原理的な見直し

1　原理の転換

(1) **夫婦中心から子ども中心へ**　　以上で民法第4編第4章「親権」の部分と児童福祉法・児童虐待防止法の関連部分の説明を終えた。以後は，三つの後注を設けて，婚姻・親子・親権につき，総論的な解説を行う。これまで婚姻・親子・親権につき検討してきたが，この部分は現行家族法の中核部分をなす。以下の三つの後注はその総括としての性質を持つ。

　ここでの検討の順序は，親権・親子・婚姻とする。そこには，従来の夫婦中心に代えて，子ども中心に家族法を再構成しようという意図がある。そしてその先には，「人」をサポートするものとして「家族」を位置づけ，家族法を「人の法」に包摂する（少なくとも連結する）とともに，（財産ではなく）「人間」を中心に民法を再構成しようという発想がある（こうした発想に立って民法典を再編する場合のイメージについては，本書結語2で触れた）。

　従来，家族法について説明するには，①婚姻からスタートして親子に進むのが一般であった。これは法典順に従うということではなく（総則は後まわしにされることが多かった），婚姻・親子重視の家族法にコミットするものであったと言える。これに対して，大村『家族法』は，②婚姻家族と非婚姻家族とを対比する構成をとっている。そこでは，婚姻家族の構成原理（婚姻と親子の結びつき）を明確にするとともに，それとは異なる原理によるものとして非婚姻家族を併置した。本書は③完全に法典順に進めているが，これらとは別に，理論的には，④「大人」に対して「子ども」（独立した個人に対して，支援が必要な個人の典型）を対置し，その保護を中核に家族法を構成することも考えられる。そこで，その構想の概略を示そうというわけである。

　以下においては，子どもの保護から出発し（⇒後注1），それとの関係で親子について検討するとともに，それには尽きない親子の側面にも触れる（⇒後注2）。そして，最後に，広狭双方の親子との関係を念頭に置きつつ婚姻について検討し，婚姻の将来像にも言及する（⇒後注3）。なお，紙幅の関係で説明は概略的なものとならざるを得ないが，全体の構想を伝えることを主眼としたい。

(2) **「親義務」と親権**　　子ども（法的には「年少者」と表現すべきだと思う。未成年者としない理由については，後述する）の保護を中心に考えるという発想か

らは，親子間の権利義務は親の義務を中心に整理されるべきことになる。日本でも古くから「親権」に代えて「親義務」とすべきだとの提案（穂積）があるが，それにはもっともな面がある。

　ただし，次の2点に注意する必要がある。第一に，「親義務」には監護・教育や財産管理だけではなく扶養や親としての同意権の行使も含まれるということ。（私自身も含めて）扶養については親権に含めて考える見解もあるが，親義務の範囲はさらに広い。第二に，それでも，親にある種の権限があることは確かだということ。確かに，この権限もまた子の利益のために行使されるのではあるが，何が「子の利益」かを判断する第一義的な権限は親に属することも忘れてはならない。

2　後見の位置づけ

(1)　未成年者の保護：親権と未成年後見　　親権制度を子ども（現行法では未成年者）の保護のための制度として位置づけるならば，未成年後見制度はそれと並ぶものとして位置づけられなければならない。このような位置づけをより明確にすることによって，次の二つの方向性が鮮明になる。

　一つは，未成年後見制度の整備である。保護制度として，親権者のある子に対する親権と親権者のない子に対する未成年後見とを併置するならば，後見人が付いていないという状態は速やかに解消されなければならないことになる。もう一つは，親権者への監督の整備である。未成年後見制度が持っている後見人監督の制度のうち親権者にも及ぼすべきものはないかを改めて検討してみる必要がある。以上の文脈の中で，親権後見統一論も再考されるべきであろう。

(2)　成年者の保護：成年後見と任意後見契約　　未成年後見を中心に後見制度を考えるとなると（旧民法では「後見」は未成年者についての制度として定められており，禁治産者について準用されていた。旧民人226条），改めて（保佐・補助を含めて）成年後見制度について，その意義を確認することが必要となる。

　この点は次のように考えるべきだろう。すなわち，本来，成年者は独立の人格であり，他人の干渉を受けないはずであるが，精神的な障害などで判断力に支障が生じた人に関しては，法的な支援が必要になる。それは，子どもに対する支援が必要なのと同様である。

　もっとも，そのような支援を，自分自身の手によって（裁判所の助力を得つつ）予め仕組んでおくのであれば，それによればよい。そのための制度が任意後見契約である。しかし，そのような準備がない人もあるだろう。法定後見制度はそのための制度である。

つまり、親権制度が（未成年）後見制度を、未成年後見制度が成年後見制度を、成年後見制度が任意後見契約を、それぞれ派生させているのである。

II　制度的な見直し

以上のような観点に立った場合、親権制度には次のような修正が必要なように思われる。親権制度に関する立法論はこれまでにも取り上げてきたが、以下に述べる立法論は、より根本的なものである。

1　親権解放

(1)　旧民法の自治産制度　旧民法には自治産という制度があった。そのうちの婚姻による自治産（旧民人213条）については、以前に説明した（⇒前編第1部第2章第2節第3）。ここでは、許可による自治産を取り上げる。

自治産は、親権者がある場合には15歳以上の子につき親権者が、後見に付されている場合には17歳以上の子につき後見人が、それぞれ許可する（旧民人214条・215条）。自治産が許可されると保佐人が付されるが（旧民人216条1項）、親権者は当然に保佐人になるほか、保佐人を指定することができる（同2項3項）。また、夫は未成年の妻の保佐人になる（同4項）。それ以外の場合には、親族会が保佐人を選任する（同5項）。

以上のように、自治産制度は、未成年者に完全な行為能力を認めるものではない。しかし、（成年）被保佐人と同様に処遇するということなので、いくつかの法律行為以外であれば、単独で行うことができることになる。

(2)　立法論としての親権解放　以上のような自治産制度の延長線上に、新たな親権解放制度を考えるべきである。その必要は、財産の管理ではなく人格的な決定について、特に大きい。

実際、現在においても身分的な事項については、一定の年齢以上の未成年者は単独で決定をすることができる。養子縁組がその例である（もちろん家裁の許可が必要である）。また、明文の規定はないが、手術等についても一定の年齢以上は本人の同意が必要であり、代諾は認められない。さらに、一定の年齢以上の子どもについては、扶養は別にして、監護権や教育権に基づき、親権者が子の居所や教育などにつき独断で決定ができると考えるべきではなかろう。

そうだとすると、たとえば、15歳以上の子は（請求により、あるいは、当然に）親権から解放されるが、財産管理については保佐人が付く、という制度は合理性を持つように思われる。

2 助言人

(1) **助言人の権限**　ところで，旧民法においては，被保佐人の一定の行為については保佐人の「立会」が求められていた。その実定法的な意味はさらに立ち入って検討すべきであるが，「立会」は現行法の「同意」と同じではなかろう。

「立会」を求める以上，保佐人になすべき行為の内容を伝えることが必要である。その上で，保佐人が「立会」をしてくれなければ行為をすることはできない。しかし「立会」をしてくれたとしても，行為の具体的な内容によっては同意はしないということはありうるであろう。その場合，被保佐人としては保佐人の不同意を押し切ってその行為をすることは理論的には可能であろう。

同じことを実際の出頭（「立会」）を求めずに実現しようというのが「助言人」という考え方である。ある行為をするに際しては，その内容につき助言人に助言を求めるという手続をしなければならない。しかし，この手続を経た以上は，助言人が最終的に賛成しなくとも，行為をすることができるというわけである（類似の制度は，フランスの人工妊娠中絶につき設けられている）。

親権解放につき，請求を必要としないという制度を創るとすれば，特にこのように助言人を設ける必要性は高まるであろう。

(2) **助言人の拡張**　以上のような助言人をより広く活用することも考えられる。具体的には次のような制度を設けるのである。

すなわち，成年に達しても一定の年齢（たとえば25歳）までは，助言人を選任することができる。また，一定の年齢（たとえば65歳・70歳・75歳）に達した場合にも，同様とする。

この場合の助言人は必要的なものではない。自らの行為を慎重ならしめるために，予め自分で自分に制約を課しておく。これが任意的助言人の制度である。自らのイニシアチブによる点では，任意後見人と類似している。

この制度は一考に値する。特に，成年年齢を18歳に引き下げる場合には，導入を考えてみるとよい。これによって，成年に達したとたんに一切の保護がなくなるという事態を回避することができるからである。

3 未成年・成年の二分法を超えて

親権解放と助言人とを組み合わせると，成年に達する以前であっても，自ら自由に行為できる領域は広がる一方で，成年に達しても，誰かの支援を受ける領域を設けることができることになる。そこには矛盾があるように見えるかもしれないが，そうではない。

これは，未成年・成年を二者択一的に規律するのではなく，（完全未成年と完全成年との間に，準成年と初成年とを設けることにより）なだらかに規律しようという発想に基づくものであり，（もはや完全未成年者ではない）「後期年少者」には，一方で自律が必要だが，他方では支援が必要だという思想に基づくものである。さらにそこでは，判断力には個体差があること，自分の能力につき自ら決定ができてよいことが肯定されている（以上につき，大村「民法4条をめぐる立法論的覚書」法曹時報59巻9号〔2007〕〔→学術258頁以下〕）。

このような考え方が，今後の「年少者」法の基本思想となるべきだろう。

後注2　親　　子

I　制度としての親子

1　親子関係の効果

親子とは何かを改めて考えるには，親子であることの効果を確認しておく必要がある。親子であることの法的な効果には，親権を別にすると，相互に扶養義務を負うこと（民877条1項）と相続権を持つこと（民887条1項・889条1項1号）などがある。しかし，これらは親子の章には書かれていない。親子であることの直接の効果は，子は親の氏を称すること（民790条）であるが，これももともとは家族であることの効果であった（明民746条）。

つまり，明治民法においては，親子であることに固有の効果は定められていなかった。親子関係が認められることにより，子は親の家の中に組み込まれる。その結果として（直系の血族関係が生じる結果として），氏や財産の承継も扶養の義務も生じると考えられていたのである。子以外にも氏や財産の承継者はありえたのであり，扶養義務者もありえたのである。

現行法は，氏を親子の効果とし，直系卑属ではなく子を相続人とした。また，親権の効果として扶養義務を認める学説もある。これらは，直系血族であることの効果を親子の効果に転換しようとするものであると言えるだろう。

2　親子関係の確立

(1) **制度としての親子**　親子関係の確立についても，かつては現在とは異なる考え方がとられていた。それは，家に入る者が法的な意味での「子」であるという考え方であったと言える。

これによれば，妻の産んだ子は当然に「子」となる。それが正しい意味での

「子」＝「嫡出子」である。その家の「子」を産む存在が妻であるとも言える。これに対して，妻以外の女性が産んだ子は，入るべき父の家を持たない。それが公には認められない（私生の）子＝父のない子である。父たるべき者から見れば「子」ではない。しかし，父の家に入ることが予め，あるいは事後的に認められれば，やはりその家の子となる。母の名は知れずとも（庶出であっても）「子」にはちがいない。

つまり，子の生まれ方が子の処遇を決める。フランス民法や旧民法（人94条）に「身分占有」の考え方があるのは，このことの帰結と言うべきかもしれない。すなわち，父の名を称し（呼称 nomem），父が子として扱い（処遇 tractus），世間が父の子として受け止めていれば（世評 fama），「子」であると認められる。「子」であることそのものを証明する必要はなく，「子」たる身分の「占有」を示せばよいのである。

もちろん，フランス民法や旧民法にも，嫡出推定や認知の観念は存在する。これらは「子」の出自を明らかにするものであると言える。すなわち，妻が産んだ子であることが確かならば嫡出推定が働き，そうでなければ明確な認知が必要であるというわけである。そうしたものがなくても「子」であることを認めるというのが，上記の身分占有である。

(2) **意思と事実の二分法へ**　以上のように，基礎にあるのは，身分占有のルールであり，嫡出推定や認知は親子関係をより明確に確立しうる特別なルールであったと考えることができる。ところが，今日では，嫡出推定・認知こそが親子関係を確立する基本ルールであるとされ，身分占有は特別ルールとされる（日本では明治民法で否定される）に至っている。

そして，嫡出推定・認知を説明するために，意思や事実が持ち出されるようになっている。すなわち，嫡出推定・認知を基礎づけるのに，子として引き受ける意思によったり，生物学的に親子であるという事実によったりするのである。

もちろん，そうした説明は可能である。しかし，嫡出推定も認知もともに，意思に基づく側面と事実に基づく側面とを持った制度である。どちらか一方の要素に還元することは難しい。それは上記のように，そもそも親子関係というものが，「家」との関係に依存して決まったことに由来するのだろう。

3　親子関係の拒絶

親子関係に関しては，確立の面に関心が寄せられるが，拒絶の可能性についても触れておく必要がある。ここでいう拒絶は子の側からの拒絶である。具体

的に見ていこう。

　第一に，嫡出子については，現行法では子の側からの拒絶の手段はない。「家」の「子」の観点から言えば，当然の帰結かもしれないが，今日では，本当の（真実の）父の「子」となる前提として，子の側からの否認権が求められるに至っている。立法論としては検討に値するだろう。

　第二に，非嫡出子については，子が成年に達した後は，たとえ生物学的には親子関係があったとしても，子の側の承諾がなければ認知はなしえない。この場面では，子に拒否権が認められているわけである。

　第三に，養子については，15歳以上ならば子の承諾を要するので，その意味では子に拒否権があると言える。15歳未満の場合が問題であり，現行法の下では子に拒否権が認められていない。明治民法の起草者たちが強く批判した点である。

　以上のように，子は，一定の場合には，拒否権を行使することができるし，現行法では認められていない場合にも，拒否権を認めるべき場合がある。親の側の一方的な包摂の試みに対する対抗手段である拒否権に対しては，もっと強い関心が寄せられてよい。

II　原理としての親子

1　血統による親子

(1)　親子は必要か：承認と承継　　子どもにとって親は必要なのだろうか。もちろん，子どもを監護・教育する者は必要であろうが，それは親でなければならないのだろうか。実際，監護・教育は後見人などによって行われることもある。

　もっとも，仮に，子の監護・教育を行う者が親でないとすると，氏や財産の承継や扶養という効果は導けないことになる。確かに扶養は必要だが，それは公的扶養であってもよい。それでなぜいけないのだろうか。

　親子であることの重要性は，おそらく別の点にあるに違いない。それは，親子であることによって，「子」の「親」からの承認，「子」による「親」の承継がなされるという点に求められるのだろう。「親」の氏を称しその遺産を承継するとは，「子」として承認を受けたということにほかならない。また，「親」にとっては，「子」とは自分の氏と財産を承継してくれる存在なのである。

　このことは，家督や家産という観念が，法律上は消滅し意識上も希薄になったとしても同じである。承認なしの個人（子）も承継なしの個人（親）も，苦しくてはかない。

こうした観点からは，死後懐胎の場合にも親子関係を認めることには大きな（象徴的な）意味があるということになる。それでも親子関係を認めないというのは，人（親）は自分の死後に自己の承継を求めてはいけない，ということであろう。しかし，生まれてしまった人（子）に，承認を求めるなというのは残酷なことかもしれない。もっとも，民法による承認だけが承認ではなかろうと言うことはできないわけではない。

　なお，親であり子であるということは，必ずしも生物学的な事実を前提とするものではないということに注意する必要がある。事実，「血縁」は擬制を含むものである（嫡出子・非嫡出子の中には，生物学的には子でない者が含まれている）。重要なのは，容易には切断されない絆（それが擬制を含む広義の「血縁」である）で結ばれているということである。

　(2) 父母は必要か：差異と統合　子どもにとって親が必要だとして，父母（二人の異性の親）もまた必要だろうか。

　必要である，というのが，現行法の解答だろう。というのは，現行法は，父母が揃った状態を理想的な状態と考えているからである。一方で，特別養子縁組の養親たるためには配偶者があることを要求し（民817条の3），他方，性同一性障害者の性別変更につき，「現に未成年の子がいないこと」（性同一性障害3条1項3号）を要求しているからである。子どもには二人の親がいることが望ましく，戸籍上の親が同性であることは望ましくないというわけである。

　もちろん，離婚や死別により単親状態になることはありうる。また，成年養子であれば単身者も養親になりうる。しかし，これらは，結果としてそうなる，それも許容される，ということにすぎない。

　では，二人の異性の親が求められるのはなぜか。普通はそうだから，というのは一つの説明ではあるが，絶対的な説明ではない。必ず普通でなければならないという理由はないからである。可能な説明は，父（男性）と母（女性）とが異なるものを子どもにもたらすから，というものだろうか。しかし，性別役割分業が否定されている今日，父性と母性の違いとは何なのだろうか。ジェンダーのレベルではなくセクシュアリテのレベルで男女には差がある，ということだろうか。私たちの社会は性の同一性・異質性を再生産することが必要だということだろうか。これは容易には答ええない，根本的な問いであると言わなければならない。

2　血統による家族

　(1) 基本集団としての家族　「親族（血族）」＝「血統家族 famille lignagere」は血統を基礎にして成立する。血統を同じくする者が家族であるという観念は世界に広く見られる。たとえば，フランス法も韓国法もこのような家族観を有している。

　parent という言葉は，親そのものを表すとともに「親族」をも表すが，「親」ということもまた親そのものと「親族」とを表すとも言える。「親等」という言葉がこのことを示している。ちなみに，明治民法のフランス語訳では，(集団としての) 親族も家もともに famille と訳されており，(関係としての) 親族は parent と訳されている。

　このような血統集団としての親族 famille あるいはその法的構成物である「家 famille」は，社会の基礎単位をなしている。戸主 chef de famille はこの単位を代表して取引社会・政治社会に登場するのである。これが民法がもともと想定する「人」(＝帝国臣民たる健常な成年男子で家産を有するもの) である。

　(2) **親族間の権利義務**　　このような家族 (それは自律的な集団である) に属する以上，家族の構成員は相互に一定の権利義務を有する。かつては，それは戸主の権利義務であり，家族の権利義務であったが，今日では，親族の権利義務という形で平等化されている。

　その中核をなすのが，親族の申立権であり，親族の扶養義務である。親族間の相続権についても同様である。これらの権利義務は，夫婦・親子の範囲を超えて今日でも存在している。

3　血統家族は存続しうるか？

　しかし，親族の結節点・血統の共時態であった「家」が失われた今日，中心なき血統家族はなお存続しうるのだろうか。もちろん，程度の差はあるものの，親族意識は依然として残存してはいる。家の名誉と記憶とが，あるいは，先祖伝来の田畑が，なお，親族の意識を支えているという例は少なくない。しかし，その承認・承継の機能は，親子以上に薄れていることもまた確かである。

　もっとも，「親族」一般を問うことに無理があるのかもしれない。人によって，相手によって，場面によって，親族であることの意味は異なって現れると考えるべきなのかもしれない。また，その帰趨は，親族に代替する関係がどの程度発達するかということとも関わっているのかもしれない。

後注3　婚　姻

I　原理の変遷

1　家産的な婚姻観

(1) **嫡出推定：承継の媒介としての夫婦**　親権や親子について考え方に変遷があるように（あるいはそれ以上に），婚姻に関する考え方にも変遷が認められる。血統による承認・承継を重視するならば，婚姻は正統の子（嫡出子）を得るための仕組みとして位置づけられる。それゆえ，婚姻の最大の効果は嫡出性の付与ということになる。ヨーロッパには「父は婚姻が定める」という法格言がある。

今日でも，嫡出推定は婚姻の重要な効果であると言える。生物学的な事実のみによって親子関係を定めようという考え方は，婚姻というものの本質を大きく変更することになる。逆に，非婚のカップルに父性推定を認め，反証に期間制限を設けるというのは，非婚の関係を婚姻に準ずるものとして処遇することを意味する。

(2) **夫婦財産制：投資の機会としての結婚**　婚姻は子をもたらすだけでなく，（程度の差はあれ）夫婦の財産の混合をもたらす。別産制であっても管理が共通であれば（明治民法の夫婦財産制，フランス南部慣習法の夫婦財産制），妻の財産は夫によって運用されることになる。共有制ということになれば（フランス北部慣習法の夫婦財産制＝フランス民法の夫婦財産制），婚姻共同体自体が（持ち寄られた，あるいは，獲得された）財産を運用することになる。

さらに，妻の子は夫の財産を相続するので，母系から見れば新たな財産への接近が可能になる。この関係は双系化されて現在に及んでいる。

以上のように見ると，夫婦の財産関係は婚姻のもう一つの効果として，重要なものであったと言える。実際，フランスでは財産関係をコントロールするために，（特に裕福な家族の場合には）夫婦財産契約が締結されることが多かった。日本では戦後を通じて，夫婦の財産関係に対する感覚が希薄である（離婚の際にのみ顕在化する）が，（ロマンチック・ラヴ・イデオロギーを捨てて）冷静に考えるならば，この点についてもっと真剣になる夫婦が増えてよいはずである。今後はそうなるかもしれない。

2 保障的な婚姻観

(1) 貞操義務：排他的な性関係の保障　貞操義務は婚姻の基本的な効果である。明治民法の下では，この点につきダブル・スタンダードが採用されていたが，判例は夫にも貞操義務を課した。そして，現行民法の下では夫婦の双方に同様の貞操義務が課されている。

貞操義務は，本来的には第三者との性関係を禁ずる不作為義務であるが，同時に，夫婦間では相手方からの性交の要求に応ずる義務を含意する。婚姻による性関係のみが正当な性関係であるというわけである。

このことの意味は，婚姻前の性関係の状況に依存する。婚姻前の性関係が許容されない社会では，婚姻は性関係へのアクセスの手段となる。反対に，婚姻前の性関係が許容されている社会では，婚姻は婚外の性関係の禁止を意味することになる。

もっとも，婚外での性関係と婚外での懐胎・出産とを区別し，婚姻は後者のみを禁ずるとする考え方もありうる。19世紀フランスでは，妻の不貞は許す（黙認する）が，子どもができたとなれば話は別だという考え方もあったという。

(2) 配偶者相続権：老後の生活資金の保障　配偶者相続権は婚姻の重大な効果となった。相続の本質からして，配偶者に固有の相続権を認めるのは難しい。認めるとすれば生活保障のためのものであるが，それには時間的な制限（かつてのフランス法では，終身の利用権に過ぎなかった）か対象的な制限（明治民法では，家督相続には認められず，遺産相続についてのみ認められた）が必要であった。

ところが，現行民法では配偶者に大きな割合の相続権が認められている。また，2001年の改正によってフランス民法でも配偶者相続権が正面から認められるに至った。これらの事実は，生存配偶者の生活保障が相続の目的として重要になってきていることを示す。

3 選択的な婚姻観

(1) 協力義務から尊重義務へ：親密圏の確保　明治民法が定めた夫婦の義務は同居義務と扶助義務だけであったが，現行民法はこれに協力義務を加えた（民752条）。以前から協力義務の定めを有するフランス民法は，DV対策の一環として，2007年改正で尊重義務（obligation de respect）を加えた。

これらの義務は，生殖とも財産とも関係のない義務である。互いに尊重し協力しあうという精神的な関係として夫婦をとらえるものである。もちろん，社会において，人々は協力や尊重を獲得することができる。契約や団体，好意や友情はそのための手段となろう。

しかし，夫婦はそうしたものとは異なる。より親密でより継続的な関係であると言える。

(2) **共同養育義務の新設？：投企としての子育て**　　フランス民法には，子どもの共同養育義務が夫婦の義務として定められている。日本民法には明文の規定はないが，共同親権（民818条1項）はこのことを含意すると言える。もっとも，共同親権は夫婦の子にしか及ばないが，協力義務や婚姻費用分担義務は，ともに暮らす一方の子（連れ子）についても，他方に義務を負わせるものであるとも言える。

では，日本法でも共同養育義務を明文化したらどうか。これに対しては，夫婦は子どもを持つものであるという考え方を強要する，という批判がありうる。しかし，考えてみると，今日では，共同で子どもを持ち育てるのでなければ，婚姻のような継続的で安定的な関係は不要であるとも言える。実際のところ，子どもができたので結婚しようと考えるカップルは，日本でもフランスでも少なくない。そうだとすれば，将来に向けて子どもを持つという試みを，ともに行うための約束が婚姻であると考えてもよさそうである。

もちろん，結婚したからと言って，子どもを持たなければならないわけではない。性関係を持つことすら必要でないかもしれない。また，子育てが終わるまで結婚が存続する保障はない。それでも，結婚と子育てとの関係を切断することは難しいのではないか。

II　制度の転換

1　婚姻の特権性の解体？

もっとも，法律上の婚姻のみを優遇することには批判もある。ここでいう優遇には2種のものがある。一つは制度上の優遇である。これはさらに，①民法上の処遇と②それ以外の処遇とに分かれる。さらに，後者は，②a 夫婦の優遇と②b カップルの優遇とに分かれる。

このうち①については，婚姻の制度性が問題になる。婚姻によらなくても遺言によって，パートナーに遺産を残すことは可能である。また，婚姻によらなくても，子どもを認知することはできる。婚姻はこれらを，事前に包括的にかつ撤回不能な形で約束することを意味する。しかし，このような効果を伴う類型が存在してはいけない理由は見当たらない。

これに対して，②a は問題かもしれない。税法・社会保障法上の処遇については，生活実態に即して要件を決めるべきだと言える。それでも②b の問題が残る。そもそも共同生活をしていることによって，単身者に比べて優遇されて

よいかという問題である。確かに，この点に関しては，さらなる検討が必要かもしれない。

もう一つは観念上の優遇である。婚姻こそが男女の結合の唯一の姿である，成年に達した男女は結婚しなければならない，という観念を保持する必要があるか否かという問題である。この点は，次の項とかかわってくる。

2 婚姻の唯一性の消失？

(1) 共同生活のための契約　　婚姻が共同生活のための制度（契約）であることを認めるとして，ほかに共同生活のための手段はありえないのか。フランス法のパクスをはじめとして，今日では（同性カップルをも含む）共同生活体を保護する立法が見られる。日本でも，同様の立法は考えられるだろう。

共同生活には自由と拘束（安全）を伴う。パクスにおいては，解消は自由であり，相互に相続権は生じない。それは自由を尊重し，拘束（安全）を後退させる。しかし，共同生活体には一定の社会的承認が付与される。これ以上に進んで，自由よりも拘束（安全）を求めるのならば，婚姻を用いればよい。このような形で，パクスのような契約と婚姻とは共存可能である。

(2) 子育てのための契約　　では，婚姻の子育てのための制度（契約）としての側面を，より緩やかな契約によって代替することは可能だろうか。性や生殖を契約によってコントロールすることを認めるべきではないとして，生まれた子どもをともに育てようという契約（カップルとしての関係が破綻しても，あるいは，カップルとしての関係を持たずに）は，可能だろうか。今後の検討すべき課題であるように思われる。

小　括——それでも家族は必要かと問う前に

わたしたちの社会は子どもを必要としている。このことは確かである。しかし，だからと言って，婚姻や家族が必要不可欠な存在であると断ずることはできない。わたしたちはなお家族を必要とするか。この点は，さらに慎重に検討されなければならない。

本書では，以後，二つの方向に展開する形で，この点の検討を続ける。一つは，廃止された「家」制度とは一体何であったのかを正面から問い直すという方向であり（中編），もう一つは，後見（保佐・補助）・扶養を素材に，家族的支援の必要性を問うという方向である（後編）。

その上で，家族の将来を占いたいと思うが，それは「夢に等しい」試みかもしれない。

◆中編　家族の過去─家とは何であったのか

小　序——明治民法を読む

1　読解の対象

(1)　明治民法第4編第2章「戸主及ヒ家族」　　現行民法典の前3編（総則・物権・債権）は1896年に，後2編（親族・相続）は1898年に制定され，あわせて1898年に施行されている。このうち後2編は，1947年に全面改正されている。前3編が文語カタカナ書きであったのに対して，改正された後2編は口語ひらがな書きであり，民法典は二つの部分（「財産法部分」と「家族法部分」と呼ばれる。この呼称の当否は一つの問題である）からなっているという印象を強めることになった。

1947年改正法は，当時，日本国憲法が「新憲法」と呼ばれたのに対して，「新民法」（あるいは「昭和民法」）と呼ばれていた。これに対して，改正前の後2編は「明治民法」と呼ばれるようになった。明治民法と新民法の最大の違いは，新民法においては「家」に関する諸制度が廃止されたという点にある。このことは，応急措置法（「日本国憲法の施行に伴う民法の応急的措置に関する法律」）の条文に端的に表れている。応急措置法は，1947年5月3日から48年1月1日までの間，効力を有する法律であった（巻末〔資料1-3〕）。民法改正が新憲法の施行に間に合わないので，応急措置を行うものであり，48年1月1日には新民法を施行されることが想定されていた（実際に，47年12月22日に新民法が成立し，48年1月1日から施行された）。

応急措置法の根幹をなすのは，「戸主，家族その他家に関する規定は，これを適用しない」と定める同法3条であった。また，「家督相続に関する規定は，これを適用しない」とする7条1項も重要である。

ここで明治民法と新民法（昭和民法）の目次を対比してみよう。表を見れば一目瞭然であるが，おおまかに言って，明治民法から「戸主及ヒ家族」と「家督相続」（さらに「親族会」）の規定を削除したのが，新民法なのである。もちろん，夫権・父権の廃止や妻の地位の保護（応急措置法で言えば，2条・5条・6条・8条2項）も重要な課題ではあったが，これらは絶対的な要請だったわけではない（夫や父にある種の特権を残存させる立法は全く不可能だったわけではない）。

そこで本編（中編）では，「家」とは何かを理解するために，明治民法第4編第2章「戸主及ヒ家族」の規定を中心的な検討の対象とする。また，第4編第7章「親族会」，第5編第1章「家督相続」も，付随的に取り上げる。さら

新民法			明治民法		
第4編親族	第1章	総則	第4編親族	第1章	総則
				第2章	戸主及ヒ家族
	第2章	婚姻		第3章	婚姻
	第3章	親子		第4章	親子
	第4章	親権		第5章	親権
	第5章	後見		第6章	後見
				第7章	親族会
	第6章	扶養		第8章	扶養ノ義務
第5編相続			第5編相続	第1章	家督相続
				第2章	遺産相続
	第1章	総則		第1節	総則
	第2章	相続人		第2節	遺産相続人
	第3章	相続の効力		第3節	遺産相続ノ効力
	(以下，略)			(以下，略)	

に，必要に応じて，それ以外の明治民法の規定にも言及する。

(2) **その他の参照法律**　参照する法律は，明治民法には限られない。現行民法（その後の改正によって，新民法とは少し違っている）が比較の基準になることは言うまでもないが，そのほかに，やはり必要に応じて，旧民法とフランス民法とを比較の対象とする。

ここでいう「旧民法」とは，1890年に公布されながら施行されることなく廃止された近代日本最初の民法典を指すが，よく知られているように，この民法典はフランス人法学者ボワソナードの影響を強く受けている。いわゆる家族法部分（人事編と財産取得編の一部）は日本人が起草しているが，それでもボワソナードやフランス民法の影響が強いことにかわりはない。また，ここでいう「フランス民法」とは，現行のフランス民法ではなく当時のフランス民法を指す。家族法部分は1960-70年代，80-90年代，2000年代の3次にわたってなされた改正によって，当時とはずいぶん姿を変えている。当時のフランス民法はナポレオン民法（1804年）にむしろ近い。

2　読解の意義

(1) **明治民法の「家」制度を理解する**　こうして現行民法や旧民法・フランス民法と対比しつつ，明治民法の規定（第4編旧第2章ほか）を読み直すのはなぜか。その直接的な目的は，明治民法における「家」という法制度のあり方

を正確に理解するという点にある。

　より具体的には，次の2点が重要である。第一に，民法典は「家」について何を定めていたのか。それは，旧民法やフランス民法と比べて，それほど奇異な規定だったのだろうか。第二に，今日でも「家の残滓」と言われることがあるが，いったい何が残っているのか，何かが残っており，それが望ましくないことだとして，その責任は民法典が負うべきなのか。

　いずれにしても，すでに廃止された明治民法の「家」制度を理解することによって，現行親族編に対する理解はさらに一段深まるのではないか。本編の目論見はこの点にある。

　(2)　**条文の「もうひとつの読み方」を理解する**　　本編が目指すのはそれだけではない。「条文を読む」というのは，法律家が日常的に行っている作業である。しかし，法律家（特に実務家）が読んでいる読み方だけが，条文の読み方なのだろうか。本書の間接的な目的は，この点の認識を改める点にある。

　法律実務家の読解は，法の適用，紛争の解決を求めた読解である。その目標は適用されるべき明確な規範を抽出する点にある。法文はしばしば不明確であるため，また，想定外のことが起こる場合もあるため，規範の明確化や補充が必要になることがあるが，法律家は，このようなミクロの「解釈」を通じて，より妥当な規範を創出している。

　だが，法律の条文もまた一個のテクストである。そうであるとすれば，一連の条文がどのような思想を体現し，どのような制度を構築しようとしたのか。こうしたマクロの「解釈」を導く作業もまた「条文を読む」ということにほかならない。第4編旧第2章はもはや現行法ではないので，ミクロの解釈が求められることもなくなった。そうであるからこそ，マクロの解釈の意味が際立つテクストになったと言えよう。そして，法律家でない人々にとっては，むしろこうした読み方を試みることこそが生産的であるように思われる。またそれは，法律家にとっても示唆するところが少なくないのではないかと思う。

旧第2章　戸主及ヒ家族

第1節　総　　則

第1　旧732条：家族の範囲

> 旧第732条①　戸主ノ親族ニシテ其家ニ在ル者及ヒ其配偶者ハ之ヲ家族トス
> ②　戸主ノ変更アリタル場合ニ於テハ旧戸主及ヒ其家族ハ新戸主ノ家族トス

I　規定の位置づけ

1　規定の配置

「戸主及ヒ家族」と題する章は，旧民法にも置かれており，明治民法に固有のものではない。ただし，旧民法では人事編の末尾に近い第13章に配置されていたのに対して，明治民法では親族編の冒頭に近い第2章に移された。この点につき，起草者の一人・富井政章は「場所が少しく其当を得ざるが為めに」と説明している（富井・法典調査会五497頁）。「実際の利害得失は暫く置き……苟も家と云ふものを認むる以上は総則に付て直ちに此編に規定する方が穏かであらう」（富井・同頁）というのである。

言うまでもなくこれは，旧民法に対する批判を意識したものである。ただし，このような配慮がなされているということが，直ちに，家に関する「慣習」（その内実は必ずしも明らかではない）がそのまま維持されていることを意味するものではない。

2　規定の内容

富井は，この節に規定されるべきは「家の組立」であるという。まず，「家と云ふものは何人より組成せられるものか」と問い，「戸主と家族とに違ひない」としつつ，「然るに，何人が如何なる場合に戸主になるか」，また，「家族と（は）誰々であるか」「或人が一家の家族となるか」と再び問う（富井・法典調査会五497頁）。

では，本節は「何人が相続（人？──大村注）であること，それから，一家の

戸主又は家族となる場合」のすべてを定めているかと言えば,「一切の場合を網羅して居りませぬ。却て戸主又は家族となる通常の場合は漏れて居ります」と述べている（富井・同頁）。なぜなら,「一家の戸主となる通常の場合は家督相続」であるが，これは相続のところに規定が置かれているし,「家族となる順序」は「出生婚姻養子縁組抔」であるが，これらについては直接にはそれぞれのところに規定が置かれているからである（富井・法典調査会五 497-498 頁）。

　むしろ，本節では「何人が家族であると云ふこと」と「戸主又は家族となる特別の場合」を定めている。これは「家の組立」に関すること，すなわち，「家族制度の本」となることなので,「総則」と題したと説明されている（富井・法典調査会五 498 頁）。

　確かに,「戸主及ヒ家族」の章に置かれた規定は,「戸主」を定め,「家族」を定めるのに十分ではない。しかし,「何人が家族であるかと云ふこと」を定める本条が，本章の冒頭に置かれたことの意味は小さくない。この点は後述する。

　なお，この項の冒頭に引いた富井の発言は，本章の規定内容全般に及ぶものなので，さらに次のように続く。「其戸主と家族と相互の権利義務は如何なるものであるか」「戸主権は如何なる場合に消滅するか」「家が廃絶する場合はどう云ふ場合か」。このうちの最初の問いは「第2節戸主及ヒ家族ノ権利義務」，残りの二つの問いは「第3節戸主権ノ喪失」に，それぞれ対応する。

II　家族の範囲の定立

1　「戸主ノ親族」にして「其家ニ在ル者」

　(1)　**戸主・親族・家**　本条は,「戸主ノ親族ニシテ其家ニ在ル者」と「其配偶者」を「家族」としている。「其配偶者」については項を改めて述べることにして,「戸主ノ親族ニシテ其家ニ在ル者」の方を見てみよう。

　まずは，この定義規定の構成要素となっている「戸主」「親族」「家」について簡単に説明しておこう。旧民法は「戸主トハ一家ノ長ヲ謂ヒ」（人243条1項）としていた。この定義は明治民法でも変わっていないが,「戸主」という言葉自体がこのことを意味しているので，定義規定は不要とされた。

　「親族」はどうかと言うと，この点は明治民法725条（現行725条）に定義されている。すなわち,「6親等内の血族」「配偶者」「3親等内の姻族」がこれにあたる。なお,「親等」は「親族間ノ世数ヲ算シテ之ヲ定ム」（旧726条1項），現行規定によれば,「親族間の世代数を数えて，これを定める」（現行726条1項）。この規定は単なる定義規定のように見えるが，実は争いのある規定であ

ったことは，725条のところで述べた通りである（⇒**第1部第***1***章第1Ⅱ**）。

最後は，「家」である。ここでいう「家」は「無論籍と云ふので有形の建物を指すのでありませぬ」と，富井は説明している（法典調査会五498頁）。戦前の法律家にとっては常識に属する用語法であるが，実は，明治民法が制定された時点では，必ずしも当然のものではなかった。富井自身も「籍」と書こうと思ったが，戸籍簿のような感じになるので，「民法では家と書きました」と述べている（富井・同頁）。

(2) **其家ニ在ル者** 「戸主ノ親族」であっても「其家ニ在ル者」でなければ，「家族」とは言えない。もっとも単純な例は次のようなものである。戸主の弟が他家の養子になる。この場合には，「養子ハ縁組ニ因リテ養親ノ家ニ入ル」（旧861条）。だから，もはや弟は家族ではない。

家に在る者であるか否かは次のような例において大きな差異をもたらす。X男とY女とが再婚すると，「妻ハ婚姻ニ因リテ夫ノ家ニ入ル」（旧788条1項）。この場合に，X男と前妻の間に子がある場合に，この子はX男の「家ニ在ル子」である。しかし，Y女と前夫の間に子がある場合には，この子は，当然にはX男の「家ニ在ル子」ではない。なお，継親子関係（旧728条）は「家ニ在ル子」についてのみ成立する。

2 「其配偶者」

(1) **具体的な適用** 「其配偶者」とは「戸主」の配偶者ではなく（戸主の配偶者は戸主の親族にして其家に在る者である），「戸主の親族にして其家に在る者」の配偶者を指す（富井・法典調査会五498頁）。この規定があることによって，たとえば，孫の孫（玄孫，4親等の血族なので親族）の配偶者（姻族であるとしても4親等なので親族ではない）もまた家族になりうることになる（梅・法典調査会五502頁）。

この例は，高齢化時代の今日ではあり得ないわけではないが，かなり珍しい例である。これに対して，起草者の想定していたのは，たとえば，次のような例であった。第一に，弟（血族2親等）の嫁，孫（血族2親等）の嫁，第二に，妻の弟（姻族2親等）を家に入れた後に，この弟が得た嫁。

このうち，第一の例は，現代の法律家にとっては意外な例である。というのは，私たちは弟の嫁，孫の嫁は2親等の姻族だと考えているからである。姻族とは配偶者の血族のことであるが，弟の嫁から見た私，孫の嫁から見た私は，それぞれ姻族である。反対に見ても（私から見ても）この関係は変わらない。ところが，富井は，反対に見ると（私から見ると）この関係は姻族ではないと

いう。だから、「其配偶者」が必要だというのである（富井・法典調査会五498頁）。

　もっとも、磯部はこれとは違う（現代と同様の）姻族の概念を想定しているが（磯部・法典調査会五499-500頁）、それは旧民法の姻族概念と一致する（人24条1項）。ちなみに、現代と同様の姻族概念は、たとえば、穂積重遠の教科書で明示的に（図とともに）採用されている。いつ姻族の概念に変化が生じたのかは、検討に値する問題である。この点は扶養義務の存否ともかかわる問題であろう。

　第二の例は、旧民法の起草者であった磯部四郎の批判を受けている。「養子でもなければ戸主の配偶者でもなし、それから又何んでもない姻族が一家の籍に在ると云ふ人間が必ず出て来まい」（磯部・法典調査会五499頁）というのである。何でもない姻族（たとえば、妻の妹）を籍に入れるときには、養女にするなどしているだろうという（磯部・法典調査会五502頁）。

　(2)　この規定はなぜ必要か　　磯部と似た疑問は、横田国臣からも出されている。彼は、六親等内の血族の子はどうなるかと問う（横田・法典調査会五500頁）。これに対して梅謙次郎は「附籍」になると答えている。この答えを得て、横田はさらに言う。ならば、「其配偶者」も「附籍」にしておけば足りるというのである。「無理に配偶者も家族とせねばならぬ道理がありますか」（横田・法典調査会五501頁）というのである。「附籍」とは何かは明確ではないが、「入籍」とは別の形で「籍」と関連づけることが行われていたということであろう。

　これに対する、富井の答えははっきりしている。「一方では家族でない。嫁になつて家に這入りながら、其家の家族でないと云ふことになる」、「一方では夫に添はなければならぬ」（富井・同頁）。この二つは矛盾しており、後者を重視するならば、前者は否定することになるというのである。つまり、この規定には夫婦は同じ家にある、という考え方が色濃くにじんでいると言えよう。特に、上記2例は、姻族ですらない者を家族とする点で特筆に値する。

III　家族の範囲の意義

1　範囲の決め方——効果との関係

　(1)　2項追加の意味　　ところで、本条2項は起草者が提案した原案には含まれていなかった。2項が追加されたのは、次のような質問が出たからである。横田は次のように問う。「戸主が死んで其跡に新戸主が子でも出来ますと……親族の等級が変つて来やうと思ふ。今迄家族であつた者が家族でないと云ふことにならうと思ふ」。これには「附籍」で対応することも可能であろうが、「戸

主の変はる度に家族であつたのが附籍になると云ふのは可笑しくはありませぬか」と（横田・法典調査会五 502 頁）。

これに対して，梅は「横田さんの御論は御尤もであります。若しさう云ふことが毎度あるならば考へなければなりませぬが，6 親等と云ふ者はどの位遠い者と云ふことを御考へになつたならば……事実さう云ふ問題が起らぬと思ふ」（梅・法典調査会五 502-503 頁）と応じている。

ここで注目すべきことは，家族の範囲は戸主の地位の移転に伴って変動するということである。つまり，家族は関係的な概念なのである。この点は，磯部の批判に対する富井の応答に明確に示されている。磯部は，入夫婚姻を例に挙げている。家督相続において女子が相続人になることがある（旧 970 条）。これを女戸主という。女戸主が婚姻すると，その夫は妻の家に入る（旧 788 条 2 項）。これが入夫である。そして，入夫は原則として戸主になる（旧 736 条）。この時に，入夫の 6 親等内の親族が突然家族になる（なりうる）のはおかしくないか（磯部・法典調査会五 501 頁）。これが磯部の批判であるが，富井はそれでおかしくないと答えている。戸主が変わることによって，突然に家族が増えるのはかまわないというのである（富井・同頁）。

もっとも，富井も「今日迄家族であつたものが追出されると迷惑かも知れませぬ」（富井・同頁）とは考えており，そうした観点から本条 2 項が追加されることとなったのである。

(2) **家族の効果**　では，なぜ戸主を起点とし，「家に在る」という限定をすることが必要なのか。富井は次のように言っている。「本条は……戸主と云ふ者があつて其戸主の下に立つ者は誰々であるかと云ふことの規定」である。そして，「戸主と家族の間には養なふ義務とか教育する義務とか随分重い権利義務がありますから余り広くしないが宜からう」（富井・法典調査会五 503 頁）と。

つまり，富井の見方によれば，戸主にとって養育・教育等の義務（旧民人 244 条を想定。旧 747 条では扶養義務）を生ずる者，それが家族なのである。もちろん，その反面として家族に対する権利（戸主権）が発生するのであるが，明治民法の家族とは，出発点において，戸主が義務を負う親族であったことは十分に注意されてよい。ここには，ある意味では個人主義的な発想が窺われる。

2　範囲の決め方——法源との関係

(1) **条理と慣習**　以上見てきたように「どこまでが家族か」は明治民法（あるいは旧民法）以前に明確に決まっていたわけではなかった。富井は次のように言う（富井・法典調査会五 498 頁）。「此事（何人が家族であると云ふこと）

は全く法律に依て極まることでありますに依て明文が必要であると考へました。而して本条に掲ぐる丈けのものを一家の家族とすることは最も条理にも叶ひ且つ慣習にも叶つて居ると考へます。それで原文に二三の小さな修正を加へました」と。

　様々な意見や批判は，各人が「慣習」であると考えるものに依拠してなされている。起草者たちはそれに対して一定の配慮はしているものの，基本的には，戸主を起点にし，その親族（だから姻族も入る）のうちで一定の範囲の者を家族とする，という考え方を貫く。彼らにとって，これが「条理」にかなっているのである（小さな修正を加えて維持された「原文」＝旧民法の規定は，基本的には条理にかなっていると評価されているわけである）。また，夫婦が同じ家にあることも，彼らにとっての「条理」なのである。

　(2)　総括規定の意義　　それにしても，「家に在る」の意味するところは，なかなか理解が難しい。「家」は建物ではないことは了解するとして，「家」＝「戸籍」と言ってよいのか。「家に在る」か否かはどのように決まるのか。こうした根本的な問題が残る。

　穂積八束は「戸籍に依て家族たると否とを定めるのでありませうか」と問うたが（穂積八束・法典調査会五504頁），富井は「全く戸籍以内のことであります」，ただ，「純然たる私法上の権利義務の訴を定める法律には戸籍と云ふやうな字よりは家と云ふ字の方が宜からうと云ふ只感じの上の違ひがある」と答えている（富井・同頁）。この点はすでに述べた通りである。

　では，同一戸籍内にあるか否かはどう決まるのか。この点は難しい。富井は「大抵は此親族編全体の規定に依て分ることにならうと思ひます」（富井・同頁）と答えている。

　これは次のことを意味する。親族編には親族間の身分変動に関する規定が置かれているが，その中には，家族関係の変動に関する規定も含まれている。すなわち，誰が誰の家に入るかという規定である。それらの適用の結果として，戸主の「家」の範囲が決まることになり，それは戸主の「戸籍」の記載範囲と一致する。

　おそらく明治民法（さらに旧民法）以前には，一方で，漠然とした「家族」の観念が存在し，他方で，戸籍の記載範囲に関するルールが存在した。戸主を起点として家族の範囲を画し，それを戸籍の記載範囲と連動させる。これが明治民法上の「家族」の基本思想であった。そして，本条はこの思想を総括的に表現したものであると言えるだろう。

Ⅳ　家族と親族

　明治民法上の「家族」は，「慣習」をふまえつつも「条理」によって構成された概念であった。新しく定立された「家族」の概念は，「慣習」そのものに従ったというわけではなかったので，法典調査会の委員の中にも，その趣旨（特に，「家＝戸籍」という考え方）を十分に理解しきれない者もあった。

　この点については，「離籍」をめぐるやりとりが興味深い。梅は「離籍と云ふ文字は只戸籍を離すと云ふ意味で，詰り縁を切つて仕舞ふ，昔の言葉で言ふと久離の積りであります」（梅・法典調査会五505頁）と述べたが，これに対して「久離と云ふと親類一切関係がないと云ふことであります」（長谷川・同頁）との理解が示されたが，さらに梅は「それは戸籍上だけであります」，「全く今迄の久離と云ふのではない，即ち戸籍面だけのことで，それで親族関係を絶つと云ふのでない，親族関係は絶たないが家族関係を絶つ」（梅・法典調査会五505-506頁）と説明を補っている。

　つまり，起草者たちが行っているのは，戸籍を媒介として，「家族」と「親族」とを区別する（二重化する）という操作なのである。法的な意味での「親族」のうち，同じ戸籍に記載された（されるべき）者が法的な意味での「家族」である。だから，離籍によって家族関係がなくなっても親族関係はなくならない（嫁に行った娘はもはや家族ではないが，親族ではある）。

　当時の人々の意識の中には，先祖代々の家系としての「家」，現在ともに家名を担う「家族」という漠然とした意識があったのかもしれない。しかし，明治民法の起草者たちは，法律上の「親族」の範囲を定めるとともに，「親族」とは区別される「家族」の概念を，戸籍と関連させつつ定立したのである。もっとも，上記のような意識が完全に払拭されたかどうかは，個別の問題に即した検討が必要である。

　このようにして作られた「親族編」は，親族・家族・夫婦・親子という諸関係を包摂している。起草者たちにとって，その外縁をなすとともに出発点となるのは，あくまでも「親族」であった。そして，この体系の中から「家族」を消去したもの，それが現行の「親族編」である。当然ながら，そこには「家族」は存在しない。

　それゆえ論理的には，戦後の「家族法」の「家族」は，明治民法の「家族」とは無縁のものである。しかし，直ちにそう断じてしまってよいのか，この点については，最後に結語1で改めて検討したい。

第2　旧733条〜735条：子の帰属すべき家

> 旧第733条① 　子ハ父ノ家ニ入ル
> ② 　父ノ知レサル子ハ母ノ家ニ入ル
> ③ 　父母共ニ知レサル子ハ一家ヲ創立ス
> 旧第734条① 　父カ子ノ出生前ニ離婚又ハ離縁ニ因リテ其家ヲ去リタルトキハ前条第1項ノ規定ハ懐胎ノ始ニ遡リテ之ヲ適用ス
> ② 　前項ノ規定ハ父母カ共ニ其家ヲ去リタル場合ニハ之ヲ適用セス但母カ子ノ出生前ニ復籍ヲ為シタルトキハ此限ニ在ラス
> 旧第735条① 　家族ノ庶子及ヒ私生子ハ戸主ノ同意アルニ非サレハ其家ニ入ルコトヲ得ス
> ② 　庶子カ父ノ家ニ入ルコトヲ得サルトキハ母ノ家ニ入ル
> ③ 　私生子カ母ノ家ニ入ルコトヲ得サルトキハ一家ヲ創立ス

I　規定の生成過程

1　原　案

　明治民法の原案には，旧733条から旧735条に相当する規定は置かれていなかった。「子は父の家に入る」は当然のことである，というのがその理由であった。戸主自身の子はもちろん家族の子も，「戸主の親族にして家にある者」にあたる。というよりも，家族の典型は家族の子であると考えられていたのである。

　後に，起草者の一人・梅謙次郎は「本条は従来の慣習を認めたるものにして殆と説明の要なき如し。蓋し普通の場合に於て子か其父の家に入り父か戸主たるときは其家族と為り父か家族たるときは父と共に同一の戸主権に服すへきは殆と言ふを俟たさる所なり」（梅15-16頁）と述べた。

　この点については，旧民法も同様の考え方を採っており，「子ハ父ノ家ニ入ル」という規定を設けてはいなかった。ただ，「父母ノ知レサル子ハ一家ヲ新立ス」（人255条）という例外規定のみが置かれていた。実は，明治民法に旧733条から旧735条までが置かれるに至ったのは，この例外をどうするかにかかっていた。項を改めて，どのような過程を経て，旧733条から旧735条が設けられるに至ったかを確認しよう。

2　修正案と整理案

　修正案（742条）として最初に提案されたのは，次のような規定であった。

修正案
第742条　父母ノ知レサル子ハ一家ヲ創設ス

　これは旧民法の規定に対応するものであるが，その採否をめぐっては若干の議論があった。その中で，「是れが茲に定まると云ふことになりますと其前に一つ原則が定まらぬと不都合と思ひます」（奥田義人・法典調査会六58頁）との発言があった。結局，これを受けて再度の修正案として提案されたものが，旧733条となった。

　続く修正案（743条）は旧735条の原型となった規定であるが，これもまた奥田の疑問に対応するために（742条の再度の修正案とともに）提案されることとなったものである。さらに，整理会ではこれに修正を加えた整理案が示されたが，結局，これは否決された。採用されなかった新提案は次のようなものであった。

整理案
第735条①　前段　庶子及ヒ私生子ハ父又ハ母ノ同意アルニ非サレハ其家ニ入ルコトヲ得ス
②　成年ノ庶子又ハ私生子ハ其承諾アル場合ニ限リ父又ハ母ノ家ニ入ル

　これに対して，旧734条に対応する条文は整理会になってようやく登場する（梅は「之も奥田君の発明に係るもの」と述べている。梅・整理会323頁）。これはもともとは次のような規定であった。

整理案
第734条　父カ子ノ出生前ニ離縁又ハ離婚ニ因リテ其家ヲ去リタルトキハ前条第1項ノ規定ハ懐胎ノ始ニ遡リテ之ヲ適用ス但父母カ共ニ其家ヲ去リタルトキハ此限ニ在ス

　さらに整理会の別の期日において，再整理案が提示された。この案では，整理原案の但書が2項本文とされ，これに「但母カ子ノ出生前ニ離婚ニ因リテ復籍ヲ為シタルトキハ此限ニ在ラス」という但書が付された。すなわち最終的には，旧734条とほぼ同様の規定（旧734条では，死亡による復籍も含める趣旨で，上記の但書から「離婚ニ因リテ」が削られる）が置かれることが提案されたわけである。

このようにして旧733条から旧735条が挿入されたわけだが，その含意については後に改めて触れることにして，まずは規定の内容を説明しておこう。

II 原則：子は親の家に入る

1 順序（旧733条）

(1) **例外：一家を創設する**　修正案742条（旧733条3項）に関しては，起草者の間で意見の対立があった。修正案は梅によって説明されているが，梅は，「是はなくても此通りになると云ふ考へであつた。併し或は疑が起るかも知れぬ，且つ一家を創立するときは外の場合でも書かなければいかぬと云ふので……是だけ書かぬと云ふのは可笑しい」としている。だから，「実質を改めたのではない。寧ろ明了にする積りで此条を置いた」としていた（梅・法典調査会六53頁）。

これに対して富井は，「初めの案には入れなかつたのは只言はずとも当然と云ふことではなかつた」として次のような興味深い指摘をしている。「父母の知れざる子と云ふのは棄児とか迷子である。どちらにしても極小さいものである。さう云ふものを法律上当然一家を創立すと云ふのは如何なものであらうか」。より具体的には，「戸籍法で始末を附ける」，「（父母が）知れたらば当然父母の籍に附くべきである。知れなければ其間一家を創立したるものと看做す」というのがよいというのである（富井・法典調査会六53-54頁）。

興味深いのは梅の反論である。「自分は養育院か何かに這入つて学問をして立派な役人になり又は商人になつて居る。親の家に這入ることを好まぬ。それでも富井君の御論にすると其不徳義なる棄てた者の家に這入らなければならぬと云ふことになる」（梅・法典調査会六55頁）。

この議論は，子の側に選択権を認めようという点で，梅らしいものであると言えるが，この点については，別の論点とあわせて，最後の小括で述べることにしたい。

ここでは，これとは別にもう一つの根強い批判があったことを紹介しておこう。3人の委員がこの批判に与した。まず，高木豊三は「棄子をして居るものは今日は既に非常な数である……養育院の子供を一家を創立して悉く戸籍に載せると云ふのが実に不思議千万なことであると思ふ」と述べている（高木・法典調査会六56頁）。これを受けて土方寧も，「理屈から言ふと斯うならなければならぬと思ふ。日本の人民として家族に非ざる者はない。……私は孤児棄児の類は無籍者として未成年の内は行政法の管轄で定めて置いて此点だけは高木君に御賛成を願ひたいが無籍者である間は一人でも宜い。……丁年になつたなら

ば一家を創立することを得と云ふ趣意にして貰ひたい」（土方・法典調査会六56頁）。さらに穂積八束は，棄児を養子にやる場合に，「戸主と云ふ者が養育院に住つて居ると自然そんなことは出来ない」ことになりはしまいかと問う（穂積八束・法典調査会六58頁）。

　以上に対して，梅は（未成年者につき）「籍を持つに付ては成年者たることを要せぬ。……戸主は乳呑子でも直ぐに戸主になつて差支ない」と応じ（梅・法典調査会六57頁），穂積陳重は（養子縁組につき）「戸主であつても隠居を為すことを得と云ふことにして戸主であつても差支ない」と応じた（穂積陳重・法典調査会六59頁）。

　梅は，1883年7月25日滋賀県伺を引いて，「棄児が一家を創立することにはっきりなって居る」と断じている。しかし，このルールは必ずしも異論なく承認されていたわけではないことは，上記の多数の異論の存在が物語っている。今日の観点からは，旧733条3項は家制度の論理的な帰結であるように思われるが，むしろ旧733条3項を置くことによって，この点が確立されたと見るべきなのだろう。

　(2)　**原則：父の家に入る**　　このことを定める旧733条1項は，「初めの案でも無論此積りであつたのであります」が，「次の箇条の如く制限のあることも必要と思ひますから，さうすると先づ斯う云ふ原則を掲げて置いてそれから例外を書くと云ふのが当然の順序であります」（梅・法典調査会六139頁）と説明されている。これには全く異論はなかった。

　(3)　**変則：母の家に入る**　　「父ノ知レサル子」は母の家に入るという規定（旧733条2項）にも異論はなかった。「父が知れさるとき……」は家に在る母が親権を行うというのとパラレルな規定である。

　いったん母の家に入った子は，父によって認知されると当然に父の家に入ることになるのが原則である（旧735条の場合は例外）。そもそも，出生と同時に認知届が出されれば，その子は最初から父の家に入る。親権についても，父が認知すれば，当然に父がこれを行使する。

　ここでは，親子関係の成立と家への帰属・親権の行使が父親優先の形で連動させられている。現行法ではどうかと言えば，この連動は断ち切られており，（家への帰属に対応する）戸籍記載・親権の行使について言えば，むしろ母親優先となっている。第一に，父が認知するまでは母が親権を行うが，父の認知によって当然に親権は父に移転しない（819条4項）。第二に，家は消滅したが，戸籍に関しては，子は氏を同じくする親の戸籍に入る（戸18条2項）。嫡出でない子は母の氏を称するのが原則なので（790条2項），母の戸籍に入るが，父

が認知しても当然には氏は変わらず，届出によって氏の変更がなされて（791条1項），はじめて父の戸籍に入ることになる。

なお，旧732条および旧733条と現行戸籍法の関係については，さらに立ち入った検討が必要だが，この点は改めて後述する（⇒後注4 I）。

2　変動（旧734条）

(1)　親の一方が家にある場合　旧734条はやや細かな規定である。出発点として，次の点を確認しておく必要がある。夫婦間に子が生まれ，その後に母が離婚して家を去っても（旧739条参照），子は父の家に留まる。子の出生後に父が離縁・離婚して家を去ることも考えられるが（養子・入夫の場合。やはり旧739条が適用される），この場合にも，子は出生時における「父の家」に留まる。常に，父と家をともにするというわけではない。その意味で，子は「父の子」であるよりもまず「家の子」である。どの家に属するかを決める基準が，父子関係であるということである。

では，出生前に父が家を去ってしまった場合はどうか。もちろん，ここで問題にしているのは懐胎時には家にあったという場合（嫡出子の場合）である。生まれてくる子は「家の子」でなければならないが，733条をそのまま適用すると，子は父が去った家（養家または女戸主の家）の子ではないことになってしまう。そこでそうならないようにするために，旧734条1項本文が加えられた。

この規定の法技術的な発想（嫡出子の出生前に父母が離婚した場合はどうするか）は，現行法では親権の変更に応用されている（819条3項）。具体的な解決としては，離婚時に将来生まれる子の親権者を決めるという解決も不可能ではないが，（懐胎に気づかないこともあるので）これは不安定なルールである。そこで嫡出でない子に準ずる解決を採用しているが，これにも（とりわけこれには）母親優先のルールではないか，という疑問が投げかけられうる。

(2)　親の双方が家にない場合　旧734条2項（原案では1項但書）は，夫婦がともに家を去る場合は別であるとしている。想定されているのは，妻が養子となった夫に伴って夫の養家に入ったという場合である（旧745条参照）。この場合，夫が離縁すれば妻もまた家を去る（やはり旧745条が適用される）。

起草者はこの場合にまで，子を養家に残そうとはしない。この場合に「家に子供丈け遺す——遺すでない持つて往く，祖父さんの所に態々持つて往くと云ふのも是亦慣習に反するのであります」（梅・整理会324頁）と説明されている。

では，なぜ慣習に反するのか。梅は教科書では，より実質的な理由を述べている。第一に，旧734条1項を適用してしまうと，次のような不便が生ずる。

「一方に於ては其子の当然の保護者たる父母の家に入ることを得す，他の一方に於ては養家に於て既に離縁と為りたる者の子を引き受けさることを得さることと為り互に不便を感すること多かるへ」しというのである（梅18頁）。第二に，旧734条1項を適用する必要も乏しい。というのは，「其妻か家女ならさるとき又は家女なるも養家には他に家督相続を為すへき者ありて家女の其家に在ることを必要とせさるときは妻は（夫と離婚せず――大村注）夫と共に其家を去るを常とす」（梅・同頁）。言い換えれば，妻が家女であって，その子に家督相続をさせる必要があるのであれば，離婚をさせるだろうということである。総じて見ると，このルールは，子の福祉と家の負担・必要のバランスの上に成り立っていることがわかる。

なお，家女は離婚によって家に留まるであろうというのは，離縁が離婚原因になることを前提にしてのことである（旧813条10号）。確かにそうなのだが，離縁は当然の離婚原因ではなく，離婚の手続が必要となる。そのために，養子・入夫たる夫が離縁によって家を去ると，妻もまたいったんは家を去ることになる。その上で離婚をして実家に戻るわけだが，この場合に子を妻の家に留めて置く必要がある。そこで原案の1項但書は旧734条2項とされ，例外の例外を定めて原則に戻る3項が置かれた。

Ⅲ　例外：家族の子は戸主の同意を要する

1　規定の意味（旧735条）

最終的に採用された旧735条には大きな異論はなかった。その趣旨を一言で言えば，「婚姻をしない私生子であれば其子も戸主が当然引受けなければならぬと云ふのは甚だ迷惑である」（梅・法典調査会六140頁）ということになる。

より詳しくは，後に起草者の一人・梅謙次郎によって，次のように説明されている。「婚姻は人生の重事にして固より国法の公認する所なり。而して家族か婚姻を為すには必す戸主の同意を得へきこと第750条に詳なり。故に家族か婚姻に因りて得たる子は当然戸主の家に入り戸主の家族と為るものとするも決して不当と為すことを得す。之に反して庶子，私生子は法律之を認めさるに非すと雖も其原因たるや法律の公認せさる事項に属するを以て戸主は固より之を承認するの義務なし。況や其子を挙くるの始に方り特に戸主の同意を求むるか如きことは大抵之あらさるを以て是等の子は特に『戸主の同意あるに非されは其家に入ることを得さる』ものとせり」（梅20頁）。

つまり，子が父・母の家に入るには，その家の戸主の同意が必要である。嫡出子の場合には，婚姻に同意がされており，この同意が婚姻から生まれた子を

家に入れる同意を含むが，嫡出でない子の場合には，改めて同意が必要であるというわけである。戸主権が家族に対する義務であるという観点に立てば，一定の合理性を持つ規定であると言えるだろう。

また，ここには公認された婚姻と公認されていないその他の関係を区別するという配慮も含まれている。このような配慮は，従来は必ずしも見られなかったものであり，一夫一婦制の維持を喫緊の課題としていた明治民法ならではの規定であるとも言える。

2 否定された提案

否定された提案（整理案）は，二つのルールを付け加えるものであった。一つは，嫡出ではない子に関しては，戸主だけでなく父母の同意も必要だとするもの，もう一つは，成年に達した子に関しては，本人の同意を必要とするもの。結論を先取りすると，これらのルールには反対が強く，採用には至らなかった。しかし，審議にあたっては興味深い理由説明がなされているので，その一端を簡単に紹介しておく。

第一に，起草者は「認知はするが自分の家に入れることは往けないと言つた時，それでも這入れるか」（梅・整理会555頁）を決する必要があるとした上で，「家に入れると云ふことと……親子の関係を拵へると云ふこととは自ら別である」（梅・整理会556頁）としている。「家に入れると云ふことは即ち戸籍に現はれることでありますから随分其感情の上に於て望まぬことがあつたり」，「自分の死んだ後とで自分の他の嫡出の子の厄介になる」（梅・同頁）などの不都合が生じるので，家には入れないことは認めるべきだとしている。

第二に，起草者は「家に這入ると云ふとどうかすると大変に負担が増すこと抔がある。又其家と云ふものが評判の宜くない家ならば其処に這入るのを望まぬ」（梅・同頁）。こうした場合には，認知は承諾するが家に這入るのは承諾しないということがあってもよい，としている。

これらの提案に対しては，話が細かすぎる，認知すれば家に入るでよいではないか，不都合があれば相談ずくで解決できる，といった批判がなされた。それぞれの批判は十分に説得的であったわけではないが，採決では整理案への賛成は少数に留まり，当初の修正案が残ることとなった。

IV 小　括

現代の法律家の常識からすると，旧733条およびこれに付随する734条・735条は家制度の当然の帰結のように見えないでもない。しかし，起草過程の

議論を辿ると，それぞれのルールは必ずしも当然のものではなく，いくつかの異なる考え方のせめぎ合いの結果としてできあがったことがわかる。以下では，議論の整理を兼ねて，中心的な対立軸を抽出しておこう。

1　家族か親子か

第一に，家族と親子の優劣について。旧834条をめぐる議論に見られたように，そこでは不完全ながら，子の福祉が考慮に入れられていた。なお，旧835条をめぐる議論の中で，梅は「感情」の問題に言及している。その内実は，穂積陳重の次の発言によってより明らかになる。「一家と云ふものが嫡出子と夫婦，一家団欒して居りまする所に色々私生子や何かが続々這入つて来る。誠に厭ふべき場合が随分出て来る」(穂積陳重・整理会560頁)。ここでもまた旧来の「家族」とは異なる価値が提示されようとしているのである。

ちなみに，嫡出でない子が家(戸籍)に入ってくるという問題は現在でも存在する。父が婚外子を認知し，子の氏を自分の氏に改めると，その子は父の戸籍に入ることになるからである。妻の感情を考えるならば，認知はするが籍には入れない，という解決は十分にありうることになる。

2　当然か選択か

第二に，子に選択の余地を認める議論がなされているのが興味深い。旧733条3項や実現しなかった旧735条整理案には，成年に達した子は，親の家に入るか否かを選択できる，という発想があった。そこには，戸主権に基づく保護を与えてくれるのが家であり，その保護を受けなかった者には家に入らない権利が認められてよい，という功利主義がある。

こうした発想には「家」の宿命性を否定し，その合理化をはかる方向性が含まれている。旧733条3項に対する反対論や旧735条整理案の否決には，こうした流れに対する無意識の危惧感が表れていると見ることもできるだろう。また，概ね同じ立場に立ちつつも，この点では梅(および穂積)と富井との間に温度差があることにも注意が必要である。

3　法律か慣習か

第三に，親族法の法律化に対しても，これを快く思わない委員は少なくなかった。その典型は長谷川喬の次の発言である。「原則丈けを挙げて置て細かい事は避けたいと思ふ。且又適用し得べくんば現在の儘の習慣を適用したい」(長谷川・整理会559頁)。

これに対して，梅は「それは御尤ものやうでありますけれども其御論だと親族論抔は止めるか又は極く荒い事丈けを規定しなければいかない」。しかし，「随分細かい規定でありますけれども法典を作る以上は已むを得ない」（梅・整理会 559-560 頁）と応じており，さらに穂積陳重も「相談付くでやるときには法律は要らない……相談の出来ない時にはどう云ふ風にしたら宜からうかと云ふことを極めるのが必要である」（穂積陳重・整理会 562 頁）と述べている。

旧 733 条から旧 735 条に見られるある種のリーガリズムは，当時，親族法の専門家と目された奥田義人の主導によるところが大きい。しかし，これらの規定を離れてみても，明治民法には現行民法に比べて，かなり詳細な技術的な規定が置かれている場合が少なくない。そこには，曖昧な慣習ではなくより明確な法律によって親族関係を規律しようという意思を見出すことができる。

これは明治民法に特有の考え方ではなく，むしろ近代法に共通の考え方であると言える。これに対して，現行民法はどうか。ポスト近代の法であると評するべきか，それともプレ近代に先祖返りしてしまっていると見るべきか。考え方の分かれるところであろう。

第 3　旧 736 条〜745 条：帰属すべき家の変動

旧第 736 条　女戸主カ入夫婚姻ヲ為シタルトキハ入夫ハ其家ノ戸主ト為ル但当事者カ婚姻ノ当時反対ノ意思ヲ表示シタルトキハ此限ニ在ラス

旧第 737 条①　戸主ノ親族ニシテ他家ニ在ル者ハ戸主ノ同意ヲ得テ其家族ト為ルコトヲ得但其者カ他家ノ家族タルトキハ其家ノ戸主ノ同意ヲ得ルコトヲ要ス

② 　前項ニ掲ケタル者カ未成年者ナルトキハ親権ヲ行フ父若クハ母又ハ後見人ノ同意ヲ得ルコトヲ要ス

旧第 738 条①　婚姻又ハ養子縁組ニ因リテ他家ニ入リタル者カ其配偶者又ハ養親ノ親族ニ非サル自己ノ親族ヲ婚家又ハ養家ノ家族ト為サント欲スルトキハ前条ノ規定ニ依ル外其配偶者又ハ養親ノ同意ヲ得ルコトヲ要ス

② 　婚姻又ハ養家ヲ去リタル者カ其家ニ在ル自己ノ直系卑属ヲ自家ノ家族ト為サント欲スルトキ亦同シ

旧第 739 条　婚姻又ハ養子縁組ニ因リテ他家ニ入リタル者ハ離婚又ハ離縁ノ場合ニ於テ実家ニ復籍ス

旧第 740 条　前条ノ規定ニ依リテ実家ニ復籍スヘキ者カ実家ノ廃絶ニ因リテ復籍ヲ為スコト能ハサルトキハ一家ヲ創立ス但実家ヲ再興スルコ

> トヲ妨ケス
> 旧第741条① 婚姻又ハ養子縁組ニ因リテ他家ニ入リタル者カ更ニ婚姻又ハ養子縁組ニ因リテ他家ニ入ラント欲スルトキハ婚家又ハ養家及ヒ実家ノ戸主ノ同意ヲ得ルコトヲ要ス
> ② 前項ノ場合ニ於テ同意ヲ為ササリシ戸主ハ婚姻又ハ養子縁組ノ日ヨリ1年内ニ復籍ヲ拒ムコトヲ得
> 旧第742条 離籍セラレタル家族ハ一家ヲ創立ス他家ニ入リタル後復籍ヲ拒マレタル者カ離婚又ハ離縁ニ因リテ其家ヲ去リタルトキ亦同シ
> 旧第743条① 家族ハ戸主ノ同意アルトキハ他家ヲ相続シ,分家ヲ為シ又ハ廃絶シタル本家,分家,同家其他親族ノ家ヲ再興スルコトヲ得但未成年者ハ親権ヲ行フ父若クハ母又ハ後見人ノ同意ヲ得ルコトヲ要ス
> ② 家族カ分家ヲ為ス場合ニ於テハ戸主ノ同意ヲ得テ自己ノ直系卑属ヲ分家ノ家族ト為スコトヲ得
> ③ 前項ノ場合ニ於テ直系卑属カ満15年以上ナルトキハ其同意ヲ得ルコトヲ要ス
> 旧第744条① 法定ノ推定家督相続人ハ他家ニ入リ又ハ一家ヲ創立スルコトヲ得ス但本家相続ノ必要アルトキハ此限ニ在ラス
> ② 前項ノ規定ハ第750条第2項ノ適用ヲ妨ケス
> 旧第745条 夫カ他家ニ入リ又ハ一家ヲ創立シタルトキハ妻ハ之ニ随ヒテ其家ニ入ル

I 規定の概観

　旧736条から旧745条にあたる規定（10ヶ条）は，原案739条から745条（7ヶ条）を出発点としつつ，修正・追加・移動など紆余曲折を経た上で成立した。また，旧743条2項・3項は原始規定には存在せず，明治35（1902）年に追加されたものである。

　「第2」では3ヶ条成立の経緯につきやや詳しく説明したが，「第3」では規定数が多いことや規定の内容（現代においては，なじみがない規定が多く，理解が難しい）に紙幅を要するところから，起草過程に立ち入って紹介することはしない。各条につき説明をした上で，全体を通じての特色を指摘するに際して，必要に応じて起草過程における議論を紹介するに留める。

　以下，条文順に説明を加えていくが，それに先立ち，対象となる10ヶ条が大略何を定めているのかについて，一言しておきたい。まず，これらの規定は，戸主権の変動に関する規定（旧736条）と家（籍）の変動に関する規定（旧737条-750条）に二分される。後者はさらに，入籍に関するもの（旧737条・738条）

と広い意味で復籍（旧739条-742条）に関するもの，そして，家の相続・分家に関するもの（旧743条）に分かれる。これらのルールがそのまま当てはまらない場合が，最後に例外として定められている（旧744条・745条）。

なお，家（籍）の変動に関してより重要なのは，婚姻・養子縁組の場合であるが（旧787条・861条），ここに定められているのはそれ以外の場合である。

II　戸主権の変動（旧736条）

戸主権の変動とは，旧戸主から新戸主に戸主権が移転することを意味する。それはすなわち家督相続が開始するということであるが，家督相続に関しては，相続編に別途規定が設けられており（旧964条），「女戸主ノ入夫婚姻」が相続開始事由の一つとされている（同3号）。それゆえ，「女戸主カ入夫婚姻ヲ為シタルトキハ入夫ハ其家ノ戸主ト為ル」は無用の規定であるようにも見える。少なくとも，相続編に置けばよい規定であると言える。それにもかかわらず，「戸主及ヒ家族」の章に規定が置かれているのは，この規定の沿革によるところが大きい。

この規定は，もともとは「入夫婚姻ノ場合ニ於テハ婚姻中入夫ハ戸主ヲ代表シテ其権ヲ行フ」（人258条）という規定に由来する。この規定は，「戸主カ家族ニ対シテ婚姻其他ノ事件ニ付キ許諾ヲ与フ可キ場合ニ於テ未成年ナルトキ又ハ其意思ヲ表スル能ハサルトキハ戸主ニ対シテ親権ヲ行フ者又ハ後見人之ヲ代表ス」（旧民人257条）などとともに，戸主権の移転ではなく，その行使に関する規定であった。ところが，ほかの規定が削除される一方で，本条が戸主権の移転に関する規定に書き換えられたために，本条だけがいわば孤立することとなったのだろう。

本条本文には，次の二つの前提がある。第一は，女子であっても場合によっては戸主となりうること，第二は，戸主たる女子はそのままでは婚姻によって家を去ることができないこと，である。その結果として，女戸主は夫がその家に入るという形でのみ婚姻できるということになる。この場合の夫を入夫，婚姻を入夫婚姻と呼んでいる。

この場合に，戸主権そのものは入夫に移転しないとした旧民法に対して，本条本文は戸主権が移転するとした。「実際戸主でなくして其権利を総て行ふと云ふことは随分妙な有様」（富井・法典調査会五590頁）であるというのが修正の理由であった。しかし，「戸主と言つた所が男でなくても済む……一旦女戸主でも宜しいと云ふことに極つた以上は女戸主が夫を持てば必ず其夫に戸主権を移すと云ふことにせぬでも宜しい」（梅・法典調査会五592頁）ということで但

書が付加された。この但書には賛否両論があったが，いずれにしても本文の原則を採用した上で，但書の例外を認めるという点に本条の眼目があったと言える。

Ⅲ 家（籍）の変動

1 入　籍

(1) **戸主の親族（旧737条）**　本条は原案には存在せず，後から起草委員が追加提案した規定である。次の旧738条でカバーできない場合にも，入籍を認めるべき場合があるのではないかということであろうが，論理的にはこちらを原則とし，旧738条の方を特則とする書き方になっている。もっとも，次条について述べるように，両条の関係には必ずしもはっきりしないところがある。

旧732条によれば，「戸主ノ親族ニシテ其家ニ在ル者」が家族であるので，「戸主ノ親族」ではあるが家族ではない者（他家に在る者）がありうる。「一家の便利又は親族の愛情」（梅24頁）からそうした者を家族とすることが望ましい場合があるが，その場合には，本人の意思，新旧の戸主の意思が一致することを条件に，家（籍）の移動を認めようというわけである。

ただし，本人が未成年者である場合には，親権者または後見人の同意が必要とされている（本条但書）。この規定は次条でも問題になるが，次条をめぐって議論の対象となった。

(2) **婚姻・養子縁組によって家に入る者の親族（旧738条）**　起草者の一人・梅謙次郎は「本条は前条の適用の場合の中特別の事情あるものに付き規定を設けたるものなり」とし，その特別の場合とは，①「婚姻又ハ養子縁組ニ因リテ他家ニ入リタル者」（他人の妻，入夫または養子となった者）が，「自己ノ親族ヲ婚家又ハ養家ノ家族ト為サント欲スルトキ」（旧738条1項），これらの者が，「婚家又は養家を去る場合に於て」「其家に在る自己の直系卑属を自家の家族と為さんと欲する場合」（同2項）であるとしている（梅27-28頁）。

そして，これらの場合には，前条の要件に加えて，配偶者または養親の同意が必要であるとしている。その理由として梅は，①については，「右の親族は往々にして夫婦間又は養親子間の和熟を妨げ之を其家に入るるは其配偶者又は養親に取りて最も利害の関係ある問題なるか故に其同意を必要としたるなり」と説明している。もっとも，「其親族か同時に其配偶者又は養親の親族なるときは此条件を必要とせす」，なぜならこの場合には和熟が妨げられる恐れがないからであるとしている（梅28頁）。他方，②については，其親族が婚家・養家にとって必要なことがあるから，としているが，この理由づけは必ずしも説

得的ではない。もし婚家・養家にとって必要ならば，戸主が同意しなければよいからである。

　本条は連れ子を想定した規定（旧民人256条を引き継いでいる）であるが，必ずしもよく書けた規定ではない。一方で，連れ子は配偶者とは姻族1親等なので「配偶者又ハ養親ノ親族ニ非サル自己ノ親族」ではないと読めてしまうからである。したがって，婚姻前の関係を述べているのか，あるいは，「親族」は「血族」の誤りであると考えるほかない。他方，連れ子が「配偶者又ハ養親ノ親族ニ非サル自己ノ親族」にあたるとすると，前条の「戸主ノ親族」という要件との関係が問題になる。梅は，本条では「戸主ノ親族」という要件は外れていると説明しているが，そうであるならば「前条の適用の場合の中特別の事情あるもの」という説明は適切ではない。むしろ，本条は独自の場合を問題にしており，本人・双方の戸主の同意が必要であるという部分についてのみ前条を参照していると考えるべきであろう。

　このように無理な書き方になっているのは，実際の起草過程ではまず本条が問題になり，その後に前条が追加されたという事情によるのだろう。その背後には，本条における本人の同意を前条の本文と但書とに溶け込ませてしまおう，という意図があったのかもしれない。

　というのは，起草過程においては，連れ子の場合に，子本人（未成年の場合と成年の場合とがありうる）の同意が必要か否かが激しく争われたからである。

2　復　籍

(1)　離婚・離縁により家を去る者（旧739条・740条）　　婚姻・養子縁組によって家を去った者が，離婚・離縁の場合に実家に戻る（旧739条）。この基本的な考え方には異論はないとしても，戻るべき「実家」については，いくつかの細かい問題が残る。そのなかには，明文の規定によって対応されたものもあるし（実家廃絶の場合――旧740条），解釈に委ねられたものもある（実家が本家・分家に分かれた場合――原案740条）。

　実は，旧739条となる規定の起草にあたって最も争われたのは，戸主の同意を得ずに婚姻・養子縁組が行われ（旧750条1項），その後に離婚・離縁があった場合の取扱いであった。原案740条にはあった離籍に関する規定は，単純な離婚・離縁については，この場所ではなく婚姻・縁組同意権の効果とされることとなった。「1年内ニ離籍ヲ為シ又ハ復籍ヲ拒ムコトヲ得」（旧750条2項）というわけである。たとえば，同意を得ずに婚姻をして夫の家を去った者は，戸主から復籍を拒まれることがあり，同意をせずに婚姻をして妻を家に入れた者

は，戸主から離籍をされることがあるというわけである（離籍の効果については後述する）。

　起草者はこの規定が是非必要だと考えた。そうしないと，同意なき婚姻・縁組を無効にしない以上，同意権は空虚な権利になってしまうからである。これに対して，復籍を認めた上で扶養義務など戸主の義務を免除すればよいとの意見もあった。しかし，「実際家族たる実の無い者を家族として置くの必要がございませうか」（梅・法典調査会五 564 頁）というのが起草者の考え方であった。

　(2)　**再婚・再養子縁組の場合（旧 741 条・742 条）**　　旧 741 条は成案に至るまでに数次の議論が繰り返され，その内容に繰り返し変更が加えられた規定である。①婚家からの再婚の可否，②離婚の場合の戻り先，③誰の同意を要することにするか，④同意を得ない場合の効果をどうするか，などが主要な論点であった。

　まず，これらの規定が想定している状況を確認しておこう。X が A 家から婚姻・養子縁組によって B 家に入り，さらに婚姻（配偶者が死亡した場合を想定）・養子縁組（養女が成長した場合などを想定）によって C 家に入る。そもそもこのようなことが可能か。これが第一の問題であった。養子縁組に関しては可能であることにはほぼ異論がなかったが，婚姻に関してはいったん A 家に復籍した上で，改めて C 家に入るという考え方も強かった。

　次に，離婚・離縁によって C 家を去る場合に，X が復籍する先は A 家か B 家かが問題になる。結局，旧 741 条は，上記の再婚（および再養子縁組）を B 家だけでなく A 家の戸主の同意にもかからせた上で，同意をしなかった戸主については復籍を拒むことができるとした。

　その結果，A 家の戸主の同意がなければ，B 家には復籍できても（姻族関係は復活すると解することになる），A 家に戻ることができないということが生じうる。反対に，B 家の戸主の同意がなければ，そもそも X は B 家に戻れないことになる。以上は，本条の場合の X の「実家」は B 家であるという前提に立つものである（梅 33-34 頁）。しかし，後にはこれとは異なる解釈も主張された。たとえば，有力な学説は，婚姻については A 家が実家，縁組については B 家が実家，という考え方を提示した（穂積 208-209 頁）。

　もっとも，X が A 家に戻ることが可能ならば，B 家の戸主の同意を必要としたのは無意味ということになりそうである。これは梅の考え方とは両立しないだろう。

　以上を受けて，離籍・復籍拒絶の効果は一家創立とされている（旧 742 条）。むやみに家が創立されることに反対する意見もあったが，離籍・復籍拒絶を認

める以上は，やむをえないところであろう。

3 他家相続・分家など（旧743条）

　旧737条が，戸主の家に（別の家から）入って来る者に関する規定であったのに対して，旧743条は，他家相続・分家・廃絶家再興により家から出て行く者に関する規定である。行き先の家に戸主はいないので，その同意は必要とされていない。

　ここで他家相続とは他の家（特に本家）に入って家督相続人になることを，分家とは意思に基づき新しい家を興すこと（その意味では一家創立の一種），そして廃絶家再興は廃家・絶家（前者は意思表示による，後者はよらない）を再び興すことを言う。同家とは同じ本家から分かれた家のことを言う。

　なお，A家からB家，B家からC家が分かれた場合，A家にとってはB家は分家（A家はB家の本家），B家にとってはC家は分家（B家はC家の本家）ということになるが，A家にとってC家が分家となるかどうかは必ずしも明らかではない。慣習上は，A家は「宗家」，C家は「末家」と呼ばれていたが，これは「民法の認める所でない」とされている（穂積112頁）。もっとも，A家とB家の戸主の間に親族関係があることは必ずしも必要ではなく，たとえば7親等以上の血族である場合にも，本家・分家関係は否定されないとされている（穂積同頁）。ここでは，数次の分家による本家・分家関係を認めているようでもある。

　再興は家督相続ではなく，家名と家系とを継承するものにすぎないので，廃絶家の最後の戸主の権利義務を承継するものではない（穂積139頁）。また，再興の対象は「親族の家」であるので，無関係の者の家を再興できないのはもちろん，血族の家であっても6親等内でなければ再興はできない。

　前述のように，2項・3項は原始規定にはなかった規定で，後に追加されたものである。2項がなければ，自己の直系卑属を直ちに分家に入れることはできない。しかし，分家設立後に旧737条によることは可能であろう。ちなみに，廃絶家再興の場合には2項にあたる規定がないので，旧737条によるか，2項の類推適用によることになる。これを立法の不備とする見解もある（穂積141頁）。

4 例　外

　(1) **推定家督相続人（旧744条）**　推定家督相続人はその家に残らなければならない（旧744条1項本文）。したがって，これまでの移籍のルールは適用

されない。ただし，二つの例外が定められている。一つは，本家相続のためであり（旧744条1項但書），もう一つは，旧750条2項による離籍の場合である（同2項）。しかし，旧749条3項の離籍はできない。居所指定権に従わない推定家督相続人に対する制裁としては，扶養義務の免除（旧749条2項）があるのみである。この点で，梅の思想は貫徹していない。

(2) **妻（旧745条）** 妻は夫に従って移籍する。起草者が追加提案した原案では，有夫の女戸主については，夫が妻に従うとしていたが，否決された。家を去る場合には，女戸主はもはや戸主でありえないので，例外扱いは不要ということである。これに対して，原案は，入夫が戸主にならないという特約はなお意味を持つ，と考えていた。興味深い考え方であろう。

IV　小　括

1　入籍・離籍と個人の自由

(1) **引取入籍は妥当か**　一連の議論の際の争点の一つは，連れ子を引き取る場合に，本人の同意を要しないかという点にあった。成年の場合には要する，未成年の場合も要する，いずれも要しないの三つの考え方が提示されたが，旧737条1項はいずれについても同意を要するとし，かつ，2項で未成年者の場合には親権者・後見人の同意を要するとした。第二の考え方を基礎として，本人保護のために親権者・後見人の関与を求めたわけである。これは，起草者が一貫して主張していた考え方である。

ところが，後に追加された旧743条3項では似て非なる考え方がとられている。この規定は本人が満15歳以上の場合には同意が必要としているが，これは反対に15歳未満であれば本人の同意は不要であることを意味するからである。代諾養子の場合と同じ考え方であるが，旧737条はこのような考え方をとっていない点において注目に値する。

(2) **離籍は必要か**　この点では起草者は，一方で，婚姻・縁組同意権の効果を緩和すること（同意なしでも有効とする）を目指すとともに，他方で，同意権に一定の法的効果を結びつけることにこだわった。そのために，離籍がどうしても必要であった。この点につき，梅は次のように述べている。「苟も戸主権を認むる以上は其制裁なきことを得す。然りと雖も各人皆其精神と身体との力を尽し以て自家の生計を営むと同時に国家の進運を助くへき今日に方りて家族の行為に付き戸主の同意か絶対の条件と為るか如きは断して時勢に適せさるものと謂ふへし」（梅35頁）。

ここには，国家を家によってではなく個人によって基礎づけようという考え

方——ある種の個人主義——がはっきりと現れている。

2　法と道徳の区別

　以上の議論においてもう一つ注目に値するのは，起草者が，権利義務なき法律関係や効果なき権限を何とかして避けようとしていることである。法的な意味はないのに家族ではあるとか，権利が認められているが侵害に対する制裁がない，これでは法と道徳の区別がつかない。おそらく起草者（特に梅）はそのように考えていたのであろう。家に関する道徳を法の外に置くことによって，法制度としての家を確立しようとしたわけである。見方を変えれば，家制度が道徳化することを避けたいと思っていたと評することもできる。

3　「家」の概念の二重性

　明治民法において，「家」は「戸主と他の家族との権利義務によつて法律上連結された親族団体」であるとされる（穂積100頁）。これは比較的穏当な定義であるが，単身戸主の家を想定するならば，家族の存在を捨象して，「家」とは「戸主権行使の範囲」と定義することも考えられる。このあたりは，「法人」とは何か，という問題と通底するところがあるが，この点については，後に後注4で別途検討する。

　ここで触れておきたいのは，本家・分家，廃絶家再興といった概念には，この定義に収まらない要素が含まれているということである。もっとも，本家・分家に関しては，ある程度までは合理的な説明が可能である。日本の「家」は「分家」を認めているが，「分家」は「本家」の拡大された一部であり，場合によっては両者は一体のもの（より大きな「家」）とみなされるという説明である。イメージとしては，親会社・子会社に対比しうるだろうか。

　しかし，「廃絶家再興」は，上記の家の定義の延長線上では説明しくい。廃絶家はすでに家ではない。そこにあるのは「家名」や「家系」などによって表象される観念としての「家」にすぎない。もっとも，廃絶家再興も特殊な分家または一家創立と考えることができないわけではない（そう考えると，廃絶家を再興した者が元の家を相続できるか，といった解釈問題が生ずる）。

第2節　戸主及ヒ家族ノ権利義務

第1　旧746条～748条：氏と扶養・財産

> 旧第746条　戸主及ヒ家族ハ其家ノ氏ヲ称ス
> 旧第747条　戸主ハ其家族ニ対シテ扶養ノ義務ヲ負フ
> 旧第748条①　家族カ自己ノ名ニ於テ得タル財産ハ其特有財産トス
> ②　戸主又ハ家族ノ孰レニ属スルカ分明ナラサル財産ハ戸主ノ財産ト推定ス

I　家族の氏

1　同氏の原則

　家の構成員は同一の氏を称する。戸主と家族との間の権利義務に関する最初の規定は，この点を定めている。これに関しては，次の2点を指摘しておく必要がある。

　第一は，当時，妻は生家の氏を称すべしという指令があり，官吏の中にはこの考え方に従う者も少なくなかったということである。それゆえ，法典調査会においても，ルールを変更するならば，「矢張り少し理由か説明がないと分らぬと思ひますが」（穂積八束・法典調査会五594頁）と意見が出された。これに対して，起草者の富井政章は，「夫の家に属して其夫の家名を称するが当然であらう」と応じるとともに，言及された指令に関しては「夫れ程の力あるものに見ては居ない」とした（富井・同頁）。

　さらに，妻が実家の氏を名乗るのは「慣習でない」「支那流儀」であろうという意見も聞かれた（横田・同頁）。梅もまた後に，「従来の行政上の慣習に依れは妻は実家の氏を称すへきものとせりと雖も是れ漫に支那の慣習を襲へるものにして我邦の家制の主義に適せす。又実際の慣習にも戻る所なり。蓋し妻か其実家の氏を称するは恰も実家に属するの観を成し夫婦家を同しうするの主義に適せす。又実際に於て何某妻誰と称し大抵其実家の氏を称することなかりし」（梅43頁）と述べている。

　ここで注意すべきことは，「今日は家に必す氏あり」と述べられていることである。「今日は」と言うように，維新以前には，平民は氏を持たず，1870年の太政官布告第608号により，初めて「自今平民苗字被差許候事」とされた。

また，法典調査会で出された意見を見てみると，同じ家にあってもその家の氏を名乗らない，という例が引かれている（横田・法典調査会五 594 頁）。夫婦同氏が慣行かどうかは別にして，すべての家に氏があり，戸主と家族とが家の氏を称するというシステムは，「創られた伝統」であったと言える。

　第二は，「戸主及ヒ家族」はその「家ノ氏」を称する，とされていることである。ここでは，氏の問題は，戸主および家族の権利義務（戸主と家族関係にあることの法的な効果）の一つであるという位置づけがなされつつ，家族は「戸主」の氏を称するというのではなく，戸主とともに「家」の氏を称するとされている。起草者たちは，家族関係を個人間の関係として構成しようと試みてはいるものの，実在論的な「家」の観念を払拭するには至っていない。ちなみに現行法はどうかと言えば，夫婦は「夫又は妻の氏」を称する（民 750 条）とされている。これは，「戸主」の氏に対応する定め方であると言えるが，「家」の氏に通じる意識が残っていないかどうかは問題になりうる。この点は後述する。

2　氏名権の保護

　穂積八束は，もう一つ，興味深い問いを発している。「人の姓名権は民法では保護を為さらぬのでございませうか」（穂積八束・法典調査会五 595 頁）という問いである。

　これに対して，梅は「此規定がありますから権利に為る。権利でありますから之を侵すと不法行為であります」（梅・同頁）と応じている。富井はさらに踏み込んで，「家族である者が勝手気儘に其家の苗字でない苗字を称することは止めることが出来ます」としつつ，「乍併人の苗字と云ふものは実際幾つもある通りで或る人の苗字を称すると云ふことは構はぬ。一家を新立する場合に於て既に或る家の苗字を称すると云ふことは構はぬ。尤も人の苗字を詐称して不当の利益を得やうと云ふやうな事をした場合には夫れは不法行為とか詐欺とか何んとか云ふ方で制裁が付くと思ひますが人をして自分の姓を名乗らしめないと云ふまでの方には認めない」としている（富井・同頁）。

　富井が言うのは戸主の家族に対する権利，梅が言うのは戸主および家族の第三者に対する権利であり，やや次元を異にしている。しかし，一定の権利は認められるとする点では一致している。また，本条の存在を根拠にするかどうかは別にして，氏名権が不法行為法による保護の対象となりうるとされているのも興味深い。

　もっとも，さらに考えてみると，家の氏が詐称されているという場合，損害は戸主または家族に生じていると言うべきなのか家に生じていると言うべきな

のかは，必ずしも明らかではない。富井は，名誉毀損が成立する可能性（富井・同頁）にも言及しているが，そこでの（というよりも伝統的な）「名誉」は個人の名誉というよりも「家」の名誉であった点に注意する必要があろう。

Ⅱ 戸主の扶養義務

1 戸主権と親権

旧747条の原案は，次のようなものであった。

> 原案
> 第747条　戸主ハ身分及ヒ資力ニ応シテ家族ヲ扶養シ且ツ教育スル義務ヲ負フ但家族カ自ラ其費用ヲ支弁スルコトヲ得ルトキハ此限ニ在ラス

原案に関する問題提起は，磯部四郎によってなされた。磯部は但書を問題視する。この書き方では，「唯費用を支弁することさへ出来れば戸主と云ふものは何も構はぬでも宜いと云ふことになつて仕舞ふ」「唯金員上の問題許りでなく……幾分か精神のことも指揮して往かなければなるまいと考へます」（磯部・法典調査会五597-598頁）というのである。

これに対して，起草者の富井政章は「無形上の世話をすると云ふことは是は戸主の義務としては漏れても差支ないことではありますまいか。夫れは親権の方の問題として戸主が親ででもあれば夫れは矢張り費用丈けでは往かぬ。併し戸主としては其点は漏れても宜からうかと思ふのです」（富井・法典調査会五598頁）と応じている。

磯部の主張は突き詰めていうと，費用を支弁できる家族に対して「戸主と云ふ者は何も権利もない……と云ふことになつて仕舞ふ。夫れではどうしても一家の政事は執れぬやうにならうと思ひます」という点にあった（磯部・同頁）。横田も同意見であり，「一家の平和を保つ一家を治めると云ふことを戸主と云ふ者に任せてあります。……扶養とか教育とか云ふものは自分は唯費用丈けを出すものであると云ふのは何うも戸主を置くと云ふ土台の趣旨に背く」（横田・法典調査会五599頁）と述べて，原案に反対した。つまり，彼らは戸主の権限を強くすることによって，家の統治を確かにしたいと考えたのである。

このような意見に対して，梅は「是は大変な説が出ました」と揶揄の気持ちを込めて反論している。梅は次のような疑問を投げかける。「さうすると戸主と云ふものは何歳以上の者でないと戸主になることは出来ぬとか女戸主抔は禁

ずると云ふことにならぬと首尾相貫徹しない。……戸主の中には幼年の者もあれば女もある，そんな者は費用を出す方は宜しうございませうけれども実際教育の方針迄定めると云ふことが果して出来ませうか。……成程未成年者に付ては其者の父母又は後見人が代つて戸主権を行ふと云ふことに多分……なりませうとは存じますけれども，其戸主自身でなく戸主の親，後見人と云ふものは家族から見ると稍々遠い親類であるかも知れぬ。後見人の如きは親類でないかも知れぬ。……夫れは大変家族に取つて不利益のことであらうと思ひます」と。また「意見の違うときには戸主の意見に従て親がどんな宜い考へを持つて居つても夫れは行ふことは出来ぬと云ふことがあることを覚悟しなければならぬ」とも言う（梅・法典調査会五603頁）。

最後の点は，「戸主権とか親権とか後見人の権とか云ふやうなものの一緒に集まらぬやうなことに致したい」（穂積陳重・法典調査会五616頁），つまり，「抵触しないやうにしたい」（土方・同頁），そして，「其中どれに重きを措く」か（土方・同頁）と言えば，「教育の指導抔に就ては無論親権でなければならぬと思ひます」（富井・同頁）という基本思想に繋がっている。

激しい対立の中で，折衷的な見解も述べられた。「戸主に拘はらず実父母が親権を行ふことが出来ると云ふことが宜からうと考へる……自然の人情にも適つて居らうと考へる。……唯……戸主があつてさうして之に外から後見人を入れて来ると云ふことが如何にも是迄の習慣なり今後とても戸主と云ふものを置く制度に対する適当な事柄ではあるまい。……其戸主が後見人になるとか云ふことに極めれば極く相当であらう」（高木・法典調査会五611頁）という見解である。

梅がこれを許容する方向で，それについては後見の規定を置けばよいと応じたことによって（梅・法典調査会五612頁），大勢は原案支持に傾いたように思われる。法典調査会では，但書を次条に移して本文の原則性を強調しようという磯部修正案は退けられ，本文が費用負担のみにかかわることを明示する梅修正案が勝利を収めることとなった。しかし，これは最終的な解決ではなかった。

2 扶養の順位

原案747条に関しては，但書の当否のほかに，「身分ト資力ニ応シテ」を「資力ニ応シテ」に改めるべきではないかなどが問題にされた。しかし，整理会においてこの文言は但書とともに削除され，最終的に旧747条は，家族に対する戸主の扶養義務を定めるだけの規定とされた。なぜそうしたのかにつき明確な説明は遺されていないが，その理由は法典調査会でなされた次のような質

疑応答の中に見出すことができるだろう。審議の後半において，二つの質問がなされている。

一つ目は，「戸主が家族に対して義務を負ふと云ふことばかりでなしに戸主が餓ゑると云ふやうな場合に於ては家族関係から矢張り家族が養つて遣ると云ふことになつて然るべきことではないかと思ひますが如何でございませうか」（穂積八束・法典調査会五617頁）というもの，二つ目は，「親と云ふ者が子を養うと云ふことに就いては主になるものであるか或は戸主が主になるのであるか……どつちが主になるのであるかと云ふことを伺ひたい。……此条文で見ると戸主が先づ第一に扶養の義務を負ふ。其戸主が腰抜けでいかぬときには親子互ひに養育を求むることが出来ると云ふやうな形になりはせないか」（磯部・法典調査会五618頁）というものであった。

これに対して，富井は「只今の御質問の点は扶養義務者の順位に関する問題と思ひます」と答え，「此処で扶養義務者は誰に対しては後とになる誰に対しては先きに往くと云ふやうな順位迄も極めることは出来ぬと思ひます。其問題はどうしても先きに其場所がある」（富井・同頁）と指摘している。このように扶養義務の細目にわたる部分は扶養の章で定めるとなると，義務者の資力（「資力に応じて」）や権利者の資力（「自ら其費用を支弁することを得るとき」）は，扶養一般について論じられるべきこととなる。実際のところ，明治民法には，「扶養ノ義務ハ扶養ヲ受クヘキ者カ自己ノ資産又ハ労務ニ依リテ生活ヲ為スコト能ハサルトキニノミ存在ス」（旧959条1項前段），「扶養ノ程度ハ扶養権利者ノ需要ト扶養義務者ノ身分及ヒ資力トニ依リテ之ヲ定ム」（旧960条）という規定が置かれている。

Ⅲ　家族の特有財産

1　戸主の財産の意義

家族の特有財産に関する規定について説明するには，まず，戸主の財産の位置づけについて一言しておく必要がある。この点に関しては，旧748条ではなく旧747条に関する議論の中に興味深い質疑応答を見出すことができる。

質問したのは土方である。「戸主の財産と云ふものは次の条にありますやうな家族の特有財産とか専有財産とか云ふやうなものと同じ性質のものではあるまいと思ふ。……戸主と云ふ者は家の財産を管理して居ると見るべき筈と思ふ。戸主の財産と言つた所が戸主一己の財産でなくして家に附いた財産を管理するものと思ふ」。だから，戸主は一定の義務を負うというのであろう。そしてまた，ここから，（準禁治産のほかに）戸主の浪費を避ける仕組みが必要ではない

かという問いが生まれる（土方・法典調査会五600-601頁）。

この発言の背後には，次のような認識がある。「起草委員の御考へを伺うと……全体親子の関係と云ふやうなことにして置て戸主，家族と云ふやうな関係は認めて往きたくないやうな精神のやうに見える。……私の考へでは……従来日本には家と云ふものがある。其家を将来尚は維持して往くが宜い……此条に於ても他の条に於ても成る可く戸主の権利も義務も強くして置きたいと云ふ考へであります」（土方・法典調査会五609頁）。

これに対して，起草者たちは次のように応じている。まず富井は「家と云ふものを純然たる法人にして財産は家の財産である戸主は唯其管理者であると云ふことに出来ぬことはありませぬ。併しどうも夫迄に家と云ふものを強くするのはどうでございませうか。今日及び将来に於ける社会の状況に到底適し得まいと思ひます。夫れで実際は恰も家の財産の如く戸主が斯う云ふ風に家族の為めに支弁して往かなければならぬものでありますけれども，法律の上に於ては矢張り戸主の財産と云ふものにならねばならぬと思ふ」（富井・法典調査会五601頁）と言う。

この発言は含みを残しているが，梅はより直截であり，より個人主義的である。「元来戸主と云ふ者は多くは家督相続に依て財産を得る。其財産は土方君の言はれるやうな共有財産でも何んでもない。戸主の財産である。併ながら……或は分割相続と云ふことになるとしても家督相続を認むる以上は……家督相続人が其財産の大部分を占めるやうにどうしてもなるであらうと考へます。財産を余計受取るから夫れ丈け義務が多い」（梅・法典調査会五604頁）。

もっとも，富井が触れた法人論や梅が斥けた共同財産論は，大正期に至り再び注目を集めることになる。それらをまとめて，穂積重遠は次のように述べている。「所謂『長子相続』制度が家族制度の土台石であるかの如く云はれて居るが，私は却つて長子相続制度の緩和が家族制度将来の中心問題だらうと思ふ。……遺産に余裕のある場合には長子以外もそれぞれ相応の分配を得て独立の一家をなすことを原則とし，しかも又場合によつては一家のための財産的共同を設け得る様な途を開かねばなるまい」（穂積78頁）。「美濃部達吉先生は皇室の法人格を論ずる前提として民法の『家』を法人なりと主張される（文献引用略――大村，以下同じ）。私はむしろ『家』と常に必しも合致しない各『家庭』を『人格なき社団』と観念する末弘厳太郎博士の見解に与みしたい（文献引用略）。『家名』『家産』『家政』（条文引用略）と云ふ言葉の如きも，家の団体性をあらはして居る」（穂積100頁）。

これは「家団論」と呼ばれる考え方である。今日では顧みられることが少な

くなったが，そこには理論（日本の特有の主張というわけでもない。フランスにおける夫婦財産法人論を参照）・実践（夫婦の一方名義の財産の処分制限や婚姻解消時の分割請求の根拠となりうる）の双方において興味深い問題がなお潜んでいる。

2　家族の財産の独立

　旧 748 条に関しては，富井は歴史的な趨勢を説いている。「家族が特有財産を持つと云ふことは是は昔羅馬などに於て家長権の極めて強大な社会に於ては認めなんだことであります。併しながら羅馬に於ても此制度は漸々に崩れて来まして家族と雖も種々の特有財産を持つことが出来るやうになつたのであります。我国に於きましては古へより家族制の盛に行はれたるに拘はらず家族が財産を有することの出来ることは認めたものと信じます。……維新後に至つては其原則は益々動かすべからざるものとなつた」というのである（富井・法典調査会五 621 頁）。

　もっとも，富井自身が次のような経緯にも言及している。1872 年の太政官布告第 275 号によれば「戸主に於ても負債の為めに身代限り（破産に相当——大村）の処分を受けた場合は家族の財産を以て弁償するには及ばないと云ふことに極まつては居らぬ」。そこで，従来の伺や指令を調べてみると，「子弟又は隠居の財産と雖も……悉く皆戸主の財産と看做す，身代限りの場合に財団に組込むことになつて居る」。これはつまり「一部に就いてのみ家族の特有財産を認めたと云ふことになつて他の部分に就いては依然として家族の財産は家の財産であると云ふことになります。則ち純然たる特有財産を認めたと云ふ主義を貫かない」。そこで，この点だけは「従来の慣習を多少改めた」というのである（富井・同頁）。

3　帰属不明の場合の処理

　上記のように，特有財産を認めるという考え方が徹底しなかった理由を，富井は次のように述べている。「察するに，戸主が唯名義上自己の財産を家族の財産として，さうして公売処分を免れて債権者を害すると云ふ弊を防ぐ為めにさうなつたのであると思ひます」（富井・同頁）と。

　富井は続ける。「其弊を矯正する途は別にある。絶対的に戸主の財産と看做して反証も許さないと云ふことに至つては甚だ当を失つたことと考へます」（富井・同頁）。「成程戸主の財産であるか家族の財産であるかと云ふことに就いて疑ひがある場合には寧ろ戸主の財産と推定する方が至当でありませう。併し反対の証拠を許すと云ふことは飽迄もなくてはならぬと思ひます」（富井・法典

調査会五622頁)。

最後に現れている考え方は，原案748条には含まれていなかったが，整理の段階で明記されて2項が追加されることとなった。なお，同様の規定は，妻の特有財産についても置かれている（旧807条）。

IV 小　括

1 家の縮小

(1) **大戸主権から小戸主権へ**　明治民法においては戸主たる父＝夫は，戸主権と父権・夫権を兼ね備えている。大戸主権とも言うべきこの権利は確かに強大である。しかし法律上は，戸主権，父権，夫権は別の権利である。法律上の戸主権は，父権・夫権とは区別される独立の権利であり，その内容は小戸主権と言うべきものになっている。

これに反対する委員たちが少なくないことはすでに見た通りである。しかし，起草者たちは戸主権の縮小は時代の趨勢であると考えている。戸主の扶養義務は結局は順位の低い補完的な義務とされた（旧955条。配偶者・直系卑属・直系尊属に続く第4順位）。また，「第2」で説明する婚姻許可権が，もはや絶対的な権利でないことは前節の「第2」で述べた通りである（違反しても婚姻は無効にならない）。

(2) **大家産から小家産へ**　戸主の財産も家族の財産もすべて「家」の財産にほかならない。こうした考え方は明確に否定された。明治民法において「家」の財産たりうるのは戸主の財産だけである。しかも，それは法律上はあくまでも戸主の個人財産である。家族は戸主による財産処分を封ずることはできないし，戸主を準禁治産者にすることは可能であるものの，直接にその地位を追うこともできない。

2 家の残存

(1) **家の氏から夫婦の氏へ**　戦後，家制度が廃止されたことによって，「家の氏」も消滅した。しかし，夫婦は同一の氏を称するという考え方は維持され，これを「夫婦の氏」と呼ぶこともある。「夫婦の氏」は，夫婦それぞれの氏と解することもできるが，夫婦という共同体の氏と解することもできる。後者と解するならば，「家の氏」は「夫婦の氏」に姿を変えて，温存されたと見ることも可能になる。特に，嫡出である子は父母の氏を称し（791条），父母の氏を称する子は父母の戸籍に入る（戸18条1項）という制度の下では，父母とその（未婚の）子が同一戸籍に記載されることになるため，ここに，かつて

の「家」に代わる新たな「家」を見出すことも可能になってくる。

(2) **家の財産と夫婦の財産**　明治民法においては，戸主と家族の財産関係は，夫（または女戸主）と妻（または入夫）の財産関係とパラレルに構成されていた。一つの生活共同体の中で，どちらに属するのか不明の財産は，優位に立つ当事者に帰属するものとされていたのである。これに対して現行法では，夫婦のどちらに帰属するのか不明な財産は夫婦の共有に属するものとされている（762条2項）。もちろん，特有財産を認めた上でのことであるが（同条1項），帰属不明の財産を広く認めるならば，夫婦の財産関係は共有制に近づくことになる。また，夫（または妻）名義の財産であっても，相手方の潜在的な持分を観念すべきだとする考え方は根強い。ここには，ある意味で「家産」の観念が認められないわけではない。

第2　旧749条〜751条：戸主の権限とその代行

> 旧第749条① 　家族ハ戸主ノ意ニ反シテ其居所ヲ定ムルコトヲ得ス
> ②　家族カ前項ノ規定ニ違反シテ戸主ノ指定シタル居所ニ在ラサル間ハ戸主ハ之ニ対シテ扶養ノ義務ヲ免ル
> ③　前項ノ場合ニ於テ戸主ハ相当ノ期間ヲ定メ其指定シタル場所ニ居所ヲ転スヘキ旨ヲ催告スルコトヲ得若シ家族カ其催告ニ応セサルトキハ戸主ハ之ヲ離籍スルコトヲ得但其家族カ未成年者ナルトキハ此限ニ在ラス
> 旧第750条①　家族カ婚姻又ハ養子縁組ヲ為スニハ戸主ノ同意ヲ得ルコトヲ要ス
> ②　家族カ前項ノ規定ニ違反シテ婚姻又ハ養子縁組ヲ為シタルトキハ戸主ハ其婚姻又ハ養子縁組ノ日ヨリ1年内ニ離籍ヲ為シ又ハ復籍ヲ拒ムコトヲ得
> ③　家族カ養子ヲ為シタル場合ニ於テ前項ノ規定ニ従ヒ離籍セラレタルトキハ其養子ハ養親ニ随ヒテ其家ニ入ル
> 旧第751条　戸主カ其権利ヲ行フコト能ハサルトキハ親族会之ヲ行フ但戸主ニ対シテ親権ヲ行フ者又ハ其後見人アルトキハ此限ニ在ラス

I　居所指定権（旧749条）

1　効　果

(1) **原則の宣言**　旧民法は居所指定権を正面からは規定しておらず，戸主

の扶養義務の例外として,「家族カ自ラ其費用ヲ支弁スルコトヲ得ルトキ」と「戸主ノ許諾ヲ受ケスシテ他所ニ在ルトキ」を挙げていた（旧民人244条但書）。この規定に対して,起草者である富井は,「此権利（居所指定権——大村注）を暗に認めてあります。併し法文は唯制裁を掲げてある許りであります。是は甚だ体裁を失った規定の仕方と思ひます」（富井・法典調査会五623頁）と述べて,居所指定権を正面から規定することを提案した。

これに対して,磯部四郎から本条削除論が提案された。旧747条が戸主の扶養義務を定めるだけの規定となり,家族の教育に関する戸主の権限が否定された以上,居所指定権を規定する必要はない。「家族が何処に居つた所が自分が余計の費用を出さなければ宜い」というわけである（磯部・法典調査会五624頁）。せいぜい旧民法の規定でよいというのであろう。

しかし,本条は必要であるとする考え方が多数を占めた。代表的な意見は,「私は之で以て一家の静謐を保つことが出来ると思ひます」（横田・法典調査会五626頁）というものであろう。注目すべきは穂積八束の意見である。八束は,磯部の指摘を受けて,戸主の監督権を改めて基礎づけようとする。「社会の公益上からして未成年の者であるならば適当の教育を与へさせなければならぬ。又は貧乏人が社会に沢山出来て来ると云ふやうなことは社会の為めに宜しくない。……扶養をするとか教育をするとか云ふことは所謂公の職分とも言ふべきものであらう……立法者が公益上の理由から此規定を設けられた趣意に違ひはしますまいか」（穂積八束・法典調査会五625-626頁）。

これは戸主権に関する重要な指摘を含むものである。ただし,同様の見解は（今日においても）親権についてもまた存在する。

(2) **違反への制裁**　旧749条2項原案は次のようなものであった。

原案
第749条②　家族カ前項ノ規定ニ反シタルトキハ戸主ハ相当ノ期間ヲ定メテ其指定シタル場所ニ居所ヲ転スヘキ旨ヲ催告スルコトヲ得若シ家族カ其催告ニ応セサルトキハ戸主ハ之ニ対シテ第747条ノ義務ヲ免ル

これに対しては,一方で催告は不要（長谷川・法典調査会五626頁,土方・同627頁）,他方で改心したらいつでも受け入れてよい（磯部・法典調査会五627頁）などの異論が出された。富井は,いずれも困ると答えている。というのは,「譬へば神戸とか或は横浜に往く男子志を立てとか云ふやうな年少者がありますがさう云ふ者は憎むべきものでない。……一遍は反省させてさうして義務を

免かれると云ふことになるのが宜からう」（富井・同627頁）。その反面，「縁の遠い家族が黙つて家を出て長い間外国にでも住つてさうして今度家に帰つて来て己れを養育しろと言つて胡座を掻いて居つては仕方ない」（富井・法典調査会五628頁）。だから，催告は必要だが，制裁自体をなくすわけにはいかないというのである。

富井の言うように，「幼年の者に就いては気の毒である」（磯部・法典調査会五631頁）というのが大方の見方であり，むしろ「帰つて来なかつたならば公の力を借りても帰らせるやうにした方が宜からう」（磯部・同頁）との指摘もなされた。他方，「成年者であるときには他所に在る間義務を免かれると云ふのみではなく尚ほ之に就いて離籍を為すことを得ると云ふことにしたい」（元田・法典調査会五633頁）との意見も出された。

これらを勘案した結果，①指定に従わない間は扶養義務は停止する，②成年者に限り，催告後に離籍することもできる，という2段階の制裁が定められた。

(3) **行政との関係**　効果としての離籍が提案された背景には，「行政警察からして是は貴様の処の家族であるから引取れと言はれた時分に民法に斯う云ふ規定があつて義務を免かれて居るから引取りませぬと云ふと困る」（元田・法典調査会五628頁）という配慮もあった。しかし，これに対しては，「警察令などが民法に勝つことは出来ないから此規定が出来ますれば是に従はなければならぬ」（梅・法典調査会五632頁）との応答がなされている。

確かに，行政法は民法を前提とするが，反対に，民法が行政法に助けを求めるということはある。前掲の磯部発言に見られるように，居所指定権を実現するために公権力を借りるということはありうる。旧749条はそこまでは定めていないのであるが，親権に関しては話は別でありうる。実際のところ旧民法においては，行政ではなく裁判所の力を借りて，未成年者を家に連れ戻すことが想定されていた（旧民人150条2項。なお，旧民人152条1項も参照）。梅もまた「親権後見の作用で腕力で巡査を頼んで引張つてくることが出来る」（梅・法典調査会五651頁）と述べていた。旧法880条には，その旨が明示されてはいないが，解釈としては「公力に訴ふることを得へし」（梅353頁）とされている。

2 要　件――住所と居所

旧749条に関しては「居所」とは何かが問題になる。この点については「『居所』と書いてあるのは無論住所とは違つて配偶者及び家族の住所は戸主の住所を以て住所とすると云ふ主義は採つてあつてさうして居所と云ふのは唯親爺が別荘を持て居る其処に住居をして居る或は借家がある夫れに入れてあると

云ふ意味位かと思ひます」（高木・法典調査会五711頁）という質問がされた。

しかし，梅は質問の前提を否定している。「実際に居もしないものでも戸主の所に居るものと看做すと云ふ主義は採りませぬ……此居所の中には夫れが住所となるべき本統の居所もあるし又さうではなく一時の居所もある」（梅・同頁）。

さらに高木は「梅君の御説に拠ると家族も矢張りドレシー（domicileを指す——大村）と云ふものを持ち得るのでありますか」（高木・法典調査会五712頁）とも問うが，これには梅が「無論持ち得るのであります」（梅・同頁）と即答している。

梅は，「只今の御論は先年住所に付て高木君が喋喋と論ぜられたのであつて夫れを復た繰返されたに過ぎない」と指摘して，これを斥けている。「戸主のみならず家族でも何んでも各各自分が現に生活の本拠として居る場所に住所を持て居る」（梅・法典調査会五714頁）。高木は「生活の本拠＝本籍」（高木・同頁）という考え方を示しているが，そのような考え方はもはや採られていない，一家に一つの住所があるわけではないというのである。

これは「生活の本拠」を住所としたことの帰結であるが，このことによって「家」が実生活との法律上の結びつきを失うことになったことの意味は大きい。ここには「家」がますます観念化する契機がある。

II　婚姻・縁組同意権（旧750条）

1　離籍か一家創立か

旧750条は，婚姻・縁組には戸主の同意が必要としており，婚姻・縁組が同意なしになされた場合には，戸主は離籍・復籍拒絶をなしうるとしている。しかし，これに対しては，離籍ではなく当然に一家創立とした方がよい，との意見が出された（磯部・法典調査会五656頁）。その背後には，「或る年齢に達したときは或は養子を貰つて一家を新立するとか或は嫁を貰つて一家を新立するとか云ふのは社会に取つても一家に取つても目出度いことである」（磯部・同頁）という発想があった。

磯部の考え方は旧民法（人250条）と同じだが，これに対する支持はなかった。「推定家督相続人の如き場合に於て磯部君の御論のやうに当然一家を新立すると言ひますと戸主も望まぬやうな結果を生じます」との反論がなされたが（穂積陳重・法典調査会五657頁），この批判の当否については後で検討する。ともあれ，明治民法による場合には，家に留まる場合と一家を創立する場合とがあることになる。全体として見ると，次のように対比される。

	旧民法	明治民法
同意あり →	家に留まる	家に留まる 分家する
同意なし →	一家を新立する	離籍する・一家を創立する 一家に留まる

なお，離籍がなされ一家が創立された場合，夫婦の一方とともに他方も移籍し，養親とともに養子も移籍する。前者には規定があるが（旧745条），後者については本条に3項が設けられている。

2 書かれざる前提

(1) **当事者の意思** 旧750条は，婚姻（および養子縁組。以下，婚姻についてのみ説明する）は当事者の意思によって成立することが前提とされている。戸主の同意はあくまでも付随的な要件であり，同意を欠いても婚姻届は受理され（旧776条），ただ本条により離籍が可能になるだけである。

この点につき，梅は次のように述べている。「旧法に於ては婚姻又は養子縁組に付ては戸主を以て主動者と為し家族の同意，不同意は法律上之を問はさるものとせり。然るに新民法に於ては婚姻又は養子縁組の当事者は固より其関係本人なりと雖も唯戸主の同意あるに非されは之を為すことを得さるを本則とせり」。「唯旧法に於ては戸主の同意なけれは到底婚姻，養子縁組を為すことを得すと雖も此の如くんは家族を束縛すること甚しく各人の発達を力むへき今日の時勢に伴は（す）」としている（梅50頁）。

なお，ここでいう「旧法」は旧民法以前の考え方であり，以上の考え方は旧民法で採用されたものを踏襲したものであると言える。

(2) **尊属の婚姻** 旧750条は，家族の婚姻一般に適用される。しかし，起草者は，この規定を尊属の婚姻にも適用してよいか，という点につき，若干の躊躇を示しており，他の委員の意見を求めている。この点につき，梅は次のように述べている。「親族関係と家族関係は自ら別なものである」，「家族関係がある以上は其家の主人と云ふものは其意を専らにしなければ其家が守れぬ。仮令ひ親でも家族であれば意見の衝突するときには其戸主に従はなければならぬ」（梅・法典調査会五657頁）。結果として，特則は設けられていない。

尊属の婚姻につき戸主の同意がいるという場合の典型例は，隠居の場合である。戸主は生前にその地位を去ることができる。これが隠居であるが（詳しくは第3節第1で説明する），その場合には隠居した旧戸主は新戸主の家族となるからである。

隠居が戸主の同意なしに婚姻をすると，離籍がなされることがありうる。その場合には，隠居は一家を創立することとなるが，これには若干の問題がある。「戸主と云ふことに堪へられぬから隠居した者が又一家を新立して戸主になると云ふのは誠に困つたこと」（穂積陳重・同頁）だというのである。もっとも，これには「其家は先祖伝来の財産が沢山あつて又家族も沢山あつてそれを整理するには年を老つて居つて面倒であるが併し自分と妻の二人の家を維持することは面倒でない」場合もあろう（梅・法典調査会五 658 頁）という説明がなされている。

III　戸主権の代行（旧 751 条）

1　場合の限定——生死不分明

旧 751 条原案は，もともと戸主が生死不分明の場合を想定した規定であった。

> 旧第 751 条原案　戸主ノ生死分明ナラサルトキハ其権利ハ推定家督相続人之ヲ行フ

だが結局，旧 751 条は，「戸主カ其権利ヲ行フコト能ハサルトキ」とした。では，どのような場合がこれにあたるのだろうか。梅は，①「其幼稚なる場合」，②「其瘋癲，白痴なる場合」，③「其遠方に在る場合等」を挙げている。

旧 751 条但書は，①②の場合に親権者・後見人が戸主権を代行することを確認しているが，この規定がないとしても，親権・後見の効力としてこのようになるというのが起草者たちの理解であった。但書は誤解が生じないように置かれたにすぎない。

そうなると，残りは③の場合である。このうち失踪宣告がなされてしまえば新戸主が定まるが，そうでない場合をカバーするのが本条である。ただ，生死不分明であるかどうかがわかりにくい，という意見が出たこともあり，より広く「戸主カ其権利ヲ行フコト能ハサルトキ」という文言が用いられるに至った。

2　受け皿としての親族会

原案では，戸主権の代行者は推定家督相続人とされていた。しかし，推定家督相続人がいない場合にはどうなるか，という疑問が提起されたために，親族会に委ねることとされた。

ただ，これに関しては，「親族会ヲ（ノ）選定シタ者」の方がよくはないかとの疑問が投じられた（重岡・法典調査会六 80 頁）。その趣旨は不明確であるが，

親族会を戸主権を行う独立の機関とするのは不適切ではないかということのようである。しかし，梅は「親族会で戸主権を行ふとして少しも差支ない」と応じている。戸主権の内容は居所指定権と同意権だけなので，「親族会の議決で立派に行はれる」というのである（梅・同頁）。

　重岡は，「此戸主の権利の中には家政を執ると云ふことは無いのでありますか」（重岡・法典調査会六81頁）とさらに問うが，梅は，「さう云ふ事は法律上の問題と為つて居りませぬ」（梅・同頁）と突き放す。それでも重岡は食い下がる。「戸主権の喪失の原因と云ふものは家政を執ることが出来ぬときは戸主権は消滅すると云ふことに為つて居ります。……家政を執ると云ふことが詰り戸主権の主たるものではなからうか」（重岡・同頁）。

　これは戸主権をめぐって何度も繰り返されている議論である。そこで議長の箕作は，「如何でありますか。別に御異議がなければ此条の主義は随分毎度幾度も出てきますが」（箕作・同頁）と指摘して，議事を進めており，最終的には原案が可決されている。

IV　小　括

1　旧民法との比較

　居所指定権・婚姻縁組同意権は戸主権の内容をなす権限であるが，これらについて旧民法と明治民法のどちらの戸主権が強いのだろうか。まず，居所指定権に関しては，明治民法の方が強い。というのは，成年者については離籍が可能だからである。旧民法には離籍の規定はない。次に，婚姻縁組同意権に関しては，二つの理由で，旧民法の方が強いように思われる。第一に，明治民法では離籍がなされない場合には，従前の家に留まることが可能だからである。第二に，旧民法では推定家督相続人は戸主の同意なしに婚姻できないが（人250条。磯部798頁），明治民法では婚姻自体は可能だからである。旧744条は推定家督相続人は他家に入ったり一家を創立することはできないとされているが，同2項は750条2項の適用を妨げずとしているので，離籍はありうることになる。離籍されてしまえば一家を創設して婚姻は自由に行いうることになる。また，他家に入ることはできないが，嫁を迎えることは禁止されていないので，離籍がなされなければその家に留まることになるだろう。

2　明治日本の人間＝社会観

(1)　**年少者と高齢者**　居所指定権の濫用につき，年少者が露頭に迷うことはないか。この点は，磯部がこだわりを見せた点である（磯部・法典調査会五

629-630頁)。濫用を語ることには異論があったものの，年少者の保護の必要性は広く認められたことは前述の通りである。また，高齢者の婚姻について，「隠居が婚姻を為すと云ふことは一向構ひませぬ。随分年老つて茶呑友達と云ふことで幾らも婚姻致します」(穂積陳重・法典調査会五657頁)と言われている。興味深い事実認識である。

(2) **青年と個人**　神戸や横浜，さらには外国に行って一旗揚げる。こうした青年の大志に対して起草者たちが好意的なのは，明治の風潮を感じさせる。また，「男女互に相恋愛する場合に於て戸主の同意なきか為め婚姻を為すことを得さるか如きは或は徒(いたず)らに私通を奨励し或は少年の男女をして一生を誤まらしめ甚しきに至りては為めに情死を促すか如きことなきに非す」(梅50-51頁)という恋愛観もまた(伝統的な観念と近代的な観念が融合しており)興味深い。

もっとも，こうした風潮を苦々しく思う人々もいた。「近来私共甚だ了解せぬことでありますが個人的主義とか云ふやうなことが田舎抔でも蔓つて来て親を大切にするとか或は先輩に仕へるとか云ふやうなことは廃つて仕舞つて唯己れ丈けが勝手にする」(元田・法典調査会五634頁)という発言も見られた。評価は別にして，ここで語られている田舎の様子にもまた興味深いものがある。

3　民法の優位

民法とその他の法律(行政法や訴訟法など)との関係につき，梅は繰り返し民法の優位を説いている。民法を前提に，その他の法律関係は決まるという発想である。民法学者にとっては当然のことのようにも思えるが，今日でもこの発想は，少なくとも官庁や業界団体には十分に受容されてはいない。民法の制度は継受されたが，民法の思想が継受されたかどうか。自問せざるをえない。

第3節　戸主権ノ喪失

第1　旧752条～761条：隠居

> 旧第752条　戸主ハ左ニ掲ケタル条件ノ具備スルニ非サレハ隠居ヲ為スコトヲ得ス
> 　一　満60年以上ナルコト
> 　二　完全ノ能力ヲ有スル家督相続人カ相続ノ単純承認ヲ為スコト
> 旧第753条　戸主カ疾病，本家ノ相続又ハ再興其他已ムコトヲ得サル事由ニ因リテ爾後家政ヲ執ルコト能ハサルニ至リタルトキハ前条ノ規定

ニ拘ハラス裁判所ノ許可ヲ得テ隠居ヲ為スコトヲ得但法定ノ推定家督相続人アラサルトキハ予メ家督相続人タルヘキ者ヲ定メ其承認ヲ得ルコトヲ要ス

旧第754条① 戸主カ婚姻ニ因リテ他家ニ入ラント欲スルトキハ前条ノ規定ニ従ヒ隠居ヲ為スコトヲ得

② 戸主カ隠居ヲ為サスシテ婚姻ニ因リ他家ニ入ラント欲スル場合ニ於テ戸籍吏カ其届出ヲ受理シタルトキハ其戸主ハ婚姻ノ日ニ於テ隠居ヲ為シタルモノト看做ス

旧第755条① 女戸主ハ年齢ニ拘ハラス隠居ヲ為スコトヲ得

② 有夫ノ女戸主カ隠居ヲ為スニハ其夫ノ同意ヲ得ルコトヲ要ス但夫ハ正当ノ理由アルニ非サレハ其同意ヲ拒ムコトヲ得ス

旧第756条 無能力者カ隠居ヲ為スニハ其法定代理人ノ同意ヲ得ルコトヲ要セス

旧第757条 隠居ハ隠居者及ヒ其家督相続人ヨリ之ヲ戸籍吏ニ届出ツルニ因リテ其効力ヲ生ス

旧第758条① 隠居者ノ親族及ヒ検察官ハ隠居届出ノ日ヨリ3个月内ニ第752条又ハ第753条ノ規定ニ違反シタル隠居ノ取消ヲ裁判所ニ請求スルコトヲ得

② 女戸主カ第755条第2項ノ規定ニ違反シテ隠居ヲ為シタルトキハ夫ハ前項ノ期間内ニ其取消ヲ裁判所ニ請求スルコトヲ得

旧第759条① 隠居者又ハ家督相続人カ詐欺又ハ強迫ニ因リテ隠居ノ届出ヲ為シタルトキハ隠居者又ハ家督相続人ハ其詐欺ヲ発見シ又ハ強迫ヲ免レタル時ヨリ1年内ニ隠居ノ取消ヲ裁判所ニ請求スルコトヲ得但追認ヲ為シタルトキハ此限ニ在ラス

② 隠居者又ハ家督相続人カ詐欺ヲ発見セス又ハ強迫ヲ免レサル間ハ其親族又ハ検察官ヨリ隠居ノ取消ヲ請求スルコトヲ得但其請求ノ後隠居者又ハ家督相続人カ追認ヲ為シタルトキハ取消権ハ之ニ因リテ消滅ス

③ 前二項ノ取消権ハ隠居届出ノ日ヨリ10年ヲ経過シタルトキハ時効ニ因リテ消滅ス

旧第760条① 隠居ノ取消前ニ家督相続人ノ債権者ト為リタル者ハ其取消ニ因リテ戸主タル者ニ対シテ弁済ノ請求ヲ為スコトヲ得但家督相続人ニ対スル請求ヲ妨ケス

② 債権者カ債権取得ノ当時隠居取消ノ原因ノ存スルコトヲ知リタルトキハ家督相続人ニ対シテノミ弁済ノ請求ヲ為スコトヲ得家督相続人カ家督相続前ヨリ負担セル債務及ヒ其一身ニ専属スル債務ニ付キ亦同シ

旧第761条 隠居又ハ入夫婚姻ニ因ル戸主権ノ喪失ハ前戸主又ハ家督相続人ヨリ前戸主ノ債権者及ヒ債務者ニ通知ヲ為スニ非サレハ之ヲ以テ其債権者及ヒ債務者ニ対抗スルコトヲ得ス

中編　旧第2章　戸主及ヒ家族

I　隠居とは何か

1　戸主権喪失原因としての隠居

　第2章第3節は「戸主権ノ喪失」と題されているが，戸主権の喪失について過不足なく定めるものではない。廃家・絶家に関する規定（旧762条-764条）が置かれていること（これらの場合には家の消失に伴って戸主権も消失する）は別にするとして，隠居に関する規定（旧752条-761条）＝戸主権喪失に関する規定とは言えないからである。

　すなわち，一方で，戸主権喪失原因は隠居に尽きるものではない。戸主権喪失原因のうち最重要なものは死亡であるが，これについては家督相続開始の原因として定められている。なお，隠居に類似した戸主権喪失事由として入夫婚姻があるが，明治民法には入夫婚姻に関する規定は置かれていない。他方，隠居の効果は戸主権の喪失に尽きるものではない。

2　隠居の歴史と当否

　民法典の起草者たちは，隠居は「元来封建の遺制」であると認識していた。「武家の戸主か当然兵役上の義務を負ひたる時勢に在りては老朽者は以て其義務を尽すに足らさるか故に寧ろ隠居を為して其義務を少壮なる相続人に譲るの必要あり」（梅55頁）というのである。もっとも，隠居は日本に固有の制度というわけでもなく，中国から継受され，かつ，仏教の影響を受けているとされる。「『功成り名遂げて身を退く』を潔しとする支那流の考へ」と「老後には『後生願ひ』を専一とする仏教的宗教心」とが隠居の風習を生み出したというのである（穂積172頁）。

　しかし，武家社会の要請に関しては，「今日に至りては復同一の必要あることとなし」（梅・同頁）ということになるし，隠居を支える思想についても「猶ほ強健なる心身を持しなから夙（つと）に楽隠居を為さしむるの弊を養成することなしとせす」，さらには「隠居の制を利用して債権者を欺罔するの弊なきに非す」（梅56頁）といえる。そこで，「隠居は決して容易に之を許すことは能はす」（梅・同頁），また「弊害を矯正せんか為めには他に種種の規定を設けたり」（梅57頁）ということになる。だから，「隠居制度廃止論も一応の道理がある」（穂積173頁）のである。

　それにもかかわらず，明治民法が隠居制度を温存したのはなぜか。後には，「不適任者が其地位を去つて適任者を承継させ得るのも便宜な制度であるから，民法は其弊を防いで其制を存する意味で隠居制度を採用したのである。更に進

んでは，其人の意思に反しても不適当な戸主を引退せしめる『廃戸主』制度の採用論さへ立ち得る」(穂積173頁)と評された。実際のところ，大正改正要綱においては「戸主に戸主権を行はしむべからざる重大なる事由あるときは，家事審判所は戸主権の喪失を宣告することを得るものとすること。但事情に依り之に相当の財産を与ふることを得るものとすること」(第十　廃戸主)が提案された。

以上は，戸主の機能にかかわる説明であるが，これとは別の説明もなされていた。梅は次のように述べている。「理論より之を言へは或は隠居の制を全廃するも可なるか如しと雖も凡そ慣習なるものは数百年来存する以上は仮令其慣習を生したる理由既に消滅するも一朝にして之を全廃すること能はす」。「理論に拘泥して数百年来の慣習を打破せんと欲するときは徒(いたずら)に世人をして不便を感するの情を起さしめ竟(つい)に其法文は殆と実際に効力なきに了はること稀なりとせす」(梅55-56頁)と。

なお，隠居の部分の起草者は穂積陳重であるが，陳重は後に大著『隠居論』(1915)を公刊している。陳重の生涯のテーマであった「法律進化論」の観点からして興味ある素材であると考えたのであろう。詳細は同書に譲る。

II　隠居の制度

1　隠居の効果

隠居をするというのは，法的にはいかなることか。隠居をすると，家督相続が開始する(旧964条1号)。その結果，家督相続人が新戸主となり，旧戸主(隠居人)はその家族となる(旧732条)。家督相続により，旧戸主の全財産(権利義務)は新戸主に移転するはずであるが(旧986条)，隠居者は自身の生活保障のために，財産の一部を留保することができる(旧988条)。ただし，この留保は家督相続人の遺留分を侵害してはなしえない。遺留分に関する規定にも窺われるように，これは旧戸主が隠居後の自分に遺贈をするのに類する行為であるといえる。

2　隠居の要件

(1)　**原則——自由隠居(旧752条)**　戸主が自らの意思表示のみによって隠居をするには，二つの要件を満たすことが必要である。一つ目は，満60歳以上であること。これは壮年者による濫用を避けるためである。二つ目は，完全な能力を有する家督相続人が単純相続をすること。これは家督相続の確保と同時に債権者を保護するためでもある。

実質的に考えるならば，満60歳未満でも家政を執るに堪えないことはある。この場合には，次条によることになる。また，旧戸主に代わり家政を執ることができる者が存在することが求められるが，家督相続人にそのような能力があるか否かを判断するのは困難である。そこで完全な能力を有するのであれば，これが可能であるとみなすことにした。したがって，この場合，無能力者（未成年者，禁治産者・準禁治産者，妻）は家督相続人にはなれない。

なお，相続を放棄されてしまうと，家は断絶するし，債権者が害される場合も出てくる。また，限定承認では，将来相続した財産が増えた場合にも，相続債権者があてにできるのは，相続開始時の相続人の財産に限られることになる。隠居が認められるのは，債務者の交代によって債権者が不利益を受けない場合に限られるのである。

(2) 例外・その1――「已ムコトヲ得サル事由」がある場合（旧753条）

旧752条の原則を定めるだけでは，隠居を認めるべき場合を限定しすぎる。しかし，反対にあまり広く隠居を認めることは避けたい。そうした考量の結果として，いくつかの例外規定が置かれている。

まず，旧753条は「已ムコトヲ得サル事由」がある場合に例外を認めるが，ここでいう「已ムコトヲ得サル事由」としては，「戸主の疾病」「本家の相続又は再興」が例示された上で，これらの事由により「爾後家政ヲ執ルコト能ハサルニ至リタル」ことが求められている。したがって，単なる疾病では足らない。これに対して，本家の相続または再興の方は自動的に「家政ヲ執ルコト能ハサルニ至リタル」に該当することになる。なお，この二つの例示以外にも本条の要件を満たす場合はありうる。たとえば，「戸主商業上の失敗を為し全く世の信用を失ひたる場合」（梅61頁）などが考えられていた。もっとも，本条の要件を満たすか否かは直ちには明らかではない。そこで，裁判所の許可が必要であると定めて，裁判所に判断をさせることとしてある。

また，「已ムコトヲ得サル事由」によるものなので，前条のように「完全な能力を有する家督相続人か相続の単純承認を為すこと」までは求められていないが，「法定ノ推定家督相続人アラサルトキ」は，「予メ家督相続人タルヘキ者」を定め，「其承認」を得ることを要するとしている。前条とは異なり，この場合には「能力者」であることや「単純承認」は求められていない。ともかく家が断絶することがないようにという趣旨であろう。その結果として，妻を戸主として隠居することは前条では不可能であるが，本条によれば可能であることになる（穂積181頁）。なお，妻が家督相続人になる可能性については，家督相続のところで説明する。

(3) **例外・その2——婚姻の場合（旧754条1項）と女戸主の場合（旧755条1項）**　旧754条1項は，もう一つ例外を付け加えている。「婚姻ニ依リテ他家ニ入ラント欲スルトキ」にも，前条（旧753条）と同様の要件の下で隠居をすることができるというのである。この規定は「主として人情に基きたるもの」（梅62頁）と説明されている。「堪ヘ難キ情ヲ忍テ其希望ヲ達セス遂ニ動モスレハ終身不幸ノ者ヲ生スヘク或ハ其情ニ堪ヘスシテ竟ニ私通ヲ為スニ至ルヘク是レ二ツナカラ頗ル忌ムヘキ所ナリ」（梅・同頁）というのである。

以上は，男女を問わずに妥当する例外であるが，最終的には，旧755条が置かれて，女戸主の場合には「年齢ニ拘ハラス隠居ヲ為スコトヲ得」とされた。しかも，婚姻によるか否かを問うことなく，女戸主の隠居は広く認めることとされた。結局，旧755条は旧752条1号の年齢要件を女戸主に限って外すものとなったので，旧752条2号は適用される。

これらは旧民法にはなかった規定である。しかし，女戸主を認める以上，戸主と戸主との婚姻はありうる。同時に，二つの家は存続させなければならない。そこで，隠居を認めることにしたというわけであろう。「今婚姻ト隠居トノ軽重ヲ比較スルトキハ隠居ノ事タル一家ノ為メ其他公益ノ為メニモ敢テ重大ナラサルニハ非スト雖モ而モ之ヲ人生ノ重事タル婚姻ニ比スレハ彼レ是レヨリモ重シト謂ハサルコトヲ得ス」（梅62-63頁）と説明されているが，その婚姻重視は注目に値する。

3　隠居の手続

(1) **意思表示（旧755条2項・756条・757条）**　隠居は，隠居者による意思表示によって行われる。一方的な意思表示で効果が生じるので，遺言などと同様に単独行為である。ただし，家督相続人の承認が必要なので，承認の意思表示があわせて必要とされている。また，この意思表示には届出を要する（旧757条）。婚姻や養子縁組の場合と同様の取扱いである。

隠居は身分に関する行為なので，無能力者であっても法定代理人の同意は不要とされている（旧756条）。その反面で，女戸主の隠居に関しては，夫の同意が必要とされている（旧755条2項）。旧民法（財取306条）は，男女の別なく隠居には配偶者の同意を要するものとしていたが，どちらの場合も不要という考え方もありうる（穂積187頁）。なお，正当な理由なく同意を拒むことはできないとされている。この規定の反対解釈からは，たとえば，親の婚姻同意権にはこのような制約がないことになるが，立法論としては反対もあった（穂積187頁）。

(2) **裁判所の許可**　本人の意思表示のほかに裁判所の許可が必要な場合がある（旧753条本文）。この場合にも，裁判所の決定によって隠居が成立するわけではなく，あくまでも意思表示による。手続的には，裁判所の許可謄本を添付して，隠居の届出をすることとされていた（旧戸58条）。

(3) **法定隠居（旧754条2項）**　ところで，戸主が婚姻により他の家に入ろうとする場合には，隠居をした上で（旧754条1項）婚姻の届出をすることが想定されていた。戸籍吏は，この点を確認しなければ婚姻届を受理することができない（旧776条）。しかし，誤って婚姻届を受理してしまった場合には，それによって婚姻そのものが無効となったり取消可能となるわけではない。「本条の場合の如きは事重大ならざるに非ずと雖も為めに婚姻を無効とし又は之を取消さしむるときは其結果或は隠居に関する法律の条件を欠くに因りて生ずるものよりも重大なるものあり」（梅63-64頁）。そこで，この場合にはむしろ婚姻の方を有効にして，戸主は当然隠居をしたものと看做した（「法定隠居」とも呼ばれる。穂積190頁）。この場合には，家督相続人選定の問題が残るが，そうした不都合があるとしても，なお婚姻を尊重しようというわけである。

4　隠居の無効・取消し

(1) **隠居の無効**　規定はないものの隠居が無効になる場合がある。たとえば，婚姻などの場合と同様（旧778条，現行742条），届出がなされない場合や意思の欠缺がある場合が挙げられるが（梅69頁），前者は無効というよりも不成立と言うべきだろう。

(2) **隠居の取消し（旧758条・759条）**　隠居に関する諸規定（旧752条・753条・755条2項）に違反してなされた隠居は，取消可能とされている（旧758条）。

```
隠居
    自由隠居（旧752条）            ┐
    已むを得ない事由による隠居      ├ 取消事由（旧758条）（＝不受理事由）
    （旧753条）                    ┘
  cf. 婚姻による隠居（旧754条1項）  →不受理事由→法定隠居（旧754条2項）
婚姻
    婚姻適齢（731条）              ┐
    重婚（732条）                  │
    再婚禁止期間（733条）          ├ 不受理事由（740条）  ┤ 取消事由（744条）
    近親婚等（734-736条）          │
    未成年者の婚姻（737条）        ┘
```

換言すれば，これらの規定の定めに従わないことは取消原因となる。しかし，これらは不受理事由とはされていないので，届出自体は受理されてしまう。婚姻の場合の取消原因の多くが不受理事由とされているのとは異なる扱いである。3ヶ月内という期間制限も含めて，全体として見ると，違法な隠居に対する態度は違法な婚姻よりも甘いと言える。

詐欺・強迫による隠居もまた取消可能である（旧759条）。こちらはより広く取消しを認めている。騙された旧戸主を保護しようという趣旨であろう。

(3) **債権者の保護**（旧760条・761条）　旧760条は，隠居取消前に現れた新戸主に対する債権者を保護しようというものである。善意の債権者は本来の戸主に対しても請求をなしうるものとされている。反対に，旧761条は，前戸主に対する債権者・債務者を保護する規定である。隠居は，通知なしにはこれらのものに対抗できないとされている。

隠居は簡単になしうる行為なので，詐害的な目的に使われやすい。そこで，意思表示そのものを対抗するために，通知が必要とされている。この点は，夫婦財産契約を対抗するのに登記が必要とされているのと類似している。

Ⅲ　隠居の位置づけ

1　民事死亡・失踪宣告との対比

ヨーロッパの歴史をふりかえると，かつては，生きている人間の権利能力を奪う民事死亡という制度があったが，明治民法はもはやこれを採用していない。相続が生じるという点では同じであるものの，隠居の場合には，隠居者はなお法人格を有する。他方，生きているにもかかわらず，相続が生じるという点で，隠居は失踪宣告に似ている。特に，失踪宣告が取り消された後には，これを信じた第三者の保護が必要になるが（32条1項）。隠居に関しても，同様の手当てはなされている。

2　破産・信託との対比

現行法の下では，破産宣告がなされると，破産者の財産は破産財団という形で管財人の管理下に置かれ，債権者への弁済にあてられる。しかし，破産者の財産のすべてが破産財団となるわけではなく，特定の財産は「自由財産」として破産者の手元に残る（破34条3項）。隠居についても，家産の一部が隠居者に留保されうることはすでに述べた通りである。これを「隠居分」と呼ぶことがある。

破産は法定の手続によって，一人の人の財産を破産財団と自由財産に二分す

る効果を持つが，信託によれば，一人の人に固有財産と信託財産という二つの責任財産を帰属させることが可能になる（言い換えれば，受託者の財産は固有財産と信託財産に二分される）。このようなことを認めるのは適当ではないというのが，フランス法などでとられてきた考え方である。そこには，信託が債権者を害するという視点も含まれているが，そもそも意図的に責任財産を分割することは認められないという発想も根強い。もっとも隠居の場合に，旧戸主に対する債権者は引き続き旧戸主に対して請求することができるとされていた（旧989条）。

3 婚姻・養子縁組との対比

隠居が，意思表示による身分行為であること，届出を要することは，すでに述べた通りである。その点において，婚姻や養子縁組と共通する。また，家族関係が変動する点でも，隠居と婚姻・養子縁組は共通である。その結果として，たとえば，兵役を逃れるために隠居が用いられることがあった。すなわち，息子を徴兵から免れさせるために，家督を譲るということが行われた。同様の目的から，二・三男を他家の戸主とすべく養子縁組（兵隊養子）をしたり分家をしたりすることも行われた。いずれも明治初年には戸主および嗣子につき兵役が免除されていたことによるものである（穂積 196-198 頁）。

なお，明治民法は，親権者に兵役許可権（旧881条）を認めていた。徴兵ではなく志願兵に関しては，家の都合を国の都合に優先させていたわけである。

Ⅳ 補 論——入夫婚姻

入夫婚姻は隠居と並んで家督相続の原因となる（旧964条3号）。女戸主と結婚した夫は，妻の家に入り（旧788条2項），反対の意思表示がない限りその家の戸主となるからである（旧736条）。

明治民法は隠居に関しては多くの規定を置いたが，入夫婚姻に関してはわずかにこれに触れるだけである。しかも，起草者は「入夫婚姻の場合に付ても全く規定なきに非すと雖も是れ隠居の場合と毫も異なることなきか故に別に之を論せす」（梅54頁）としている。

確かに，隠居も入夫婚姻も生前に家督相続が開始し，旧戸主が家に留まるという点で共通であり，入夫婚姻だけを取り出して特別な議論をする必要はないように見える。

ただ，次の一点については注意が必要である。それは，隠居による家督相続が原則として意思表示によるのに対して，入夫婚姻による家督相続は当然に生

じてしまうという点である。しかし，1914年改正の戸籍法100条1項8号は婚姻届の記載事項に「入夫婚姻ノ場合ニ於テ入夫カ戸主ト為ルトキハ其旨」という一項を追加し，この記載をすれば改めて家督相続届を要しないこととした（戸旧125条1項但書）。その結果として，明治民法の本来のルールとは原則例外が逆転し，入夫婚姻の際に特別の意思表示がされなければ，家督相続は生じないこととなった。

この点につき，穂積重遠はこれを「極めて適切な改正」と評した上で，その理由を次のように述べている。「女戸主の入夫婚姻の際法律知識なき一般人はそれによって家督相続が開始すると云ふことに気付かぬかも知れず，又入夫が戸主となることは予期しても，それによって女戸主の財産上の権利義務が全部入夫に移転するとは思ひ掛けぬだらうから，やはり積極的に戸主権移転の意思表示をさせて考慮の機会を与へねばならぬのである」（穂積170頁）。

確かに，婿養子と異なり，入夫婚姻はややわかりにくいかもしれない。しかし，そこには，女戸主は女戸主のままでよいではないか，という重遠の考え方が伏在しているようにも思われる。

V　小　括

1　立法と慣習

前述のように，起草者たちは隠居廃止論を想定していた。しかし，永年の慣習は容易に変わらないという認識に立ち，隠居を容認した上で，これに制約をかけることにした。これもすでに述べたように，そこには起草者たちのリアリズムがあると見ることができる。ただし，次の点にも注意が必要である。それは，強い必要があるのであれば，彼らは従来の慣習を変えることも辞さなかったということである。そのために現実との間にギャップが生じるとしてもである。その典型例は婚姻の成立に関する届出主義（法律婚主義）の採用であろう。この事実に照らしてみるならば，起草者たちは隠居を廃止する必要を強くは感じていなかったということになるだろう。

2　国家と家族と個人

隠居というのは古い制度のように見える。確かに一見するとそれは，国家が家族を支配し，家族によって支えられていた時代の遺物である。ところが実際には，隠居は戸主同士が結婚することを可能にする制度でもあった。婚姻を重視する起草者たちにとって，隠居はある意味ではなくてはならない制度であったとも言える。女戸主を認めた以上は戸主同士の婚姻は生じうるのであり，そ

の場合に婚姻を認めないのは不人情であろう。彼らはそう述べたわけだが，婚姻による隠居を認める上で，女戸主は「トロイの木馬」だったことになる。結局，隠居は，個人の婚姻の自由を確保するための手段として機能することとなった。

第2　旧762条〜764条：家の廃絶

> 旧第762条① 　新ニ家ヲ立テタル者ハ其家ヲ廃シテ他家ニ入ルコトヲ得
> ② 　家督相続ニ因リテ戸主ト為リタル者ハ其家ヲ廃スルコトヲ得ス但本家ノ相続又ハ再興其他正当ノ事由ニ因リ裁判所ノ許可ヲ得タルトキハ此限ニ在ラス
> 旧第763条　戸主カ適法ニ廃家シテ他家ニ入リタルトキハ其家族モ亦其家ニ入ル
> 旧第764条① 　戸主ヲ失ヒタル家ニ家督相続人ナキトキハ絶家シタルモノトシ其家族ハ各一家ヲ創立ス但子ハ父ニ随ヒ又父カ知レサルトキ，他家ニ在ルトキ若クハ死亡シタルトキハ母ニ随ヒテ其家ニ入ル
> ② 　前項ノ規定ハ第745条ノ適用ヲ妨ケス

I　廃　家

1　廃家の制度

「廃家」とは，戸主が家を廃することをいう。廃家が許されるのは，二つの場合である。一つは，その家が新たに立てられたものである場合，具体的には，分家の場合や廃絶家再興の場合である（旧762条1項本文）。この場合には戸主は自由に廃家することができる。もう一つは，「正当ノ事由」，たとえば「本家ノ相続又ハ再興」などの場合である（旧762条2項但書）。ほかに「戸主ガ貧困にして自活すること能はさる場合に於て富家より之を養子とせんことを望まるる場合」（梅84頁）などもこれにあたるとされている。これらの場合には，裁判所の許可が必要になる。

明治民法は，戸主が他の家に入る場合にのみ廃家を認めている。この場合には，家族は戸主が入る家に入る（旧763条）。しかし，この要件を外してしまうと，家族はそれぞれに新しい家を創ることになるが，この効果を生じさせるためには分家をすれば足り，家を廃する必要はないからである（梅84頁）。

なお，「一旦家督を相続し其家の財産を取得したる後忽ち其家を廃すること

を得るものとせは家督相続は全く有名無実と為り徒らに他人の財産を横領するの一手段と為り了はらんのみ」(梅83頁)と言われているが，戸主は相続した財産を他家に持参できるわけではなかろう。だからといって，廃家の前に仮装の処分を行うことによって財産を横領することはできないわけではない。

2 廃家の意義

(1) **家の承継** 旧762条2項は，家督を相続した家については，原則として廃家はできないとしている。その理由は，次のようにも説明されている。「其相続人は相続に因りて家督を継続する義務を負ひ又は之を継続すへきことを約したる者なり」(梅83頁)。単に戸主たる父が死んだ結果として，息子が新戸主になったというのではなく，家督相続人は家督を相続するという約束をした(確かに承認をしている)。また，相続したというのは家督を継続する義務を負うということである。この相続観は，一方で意思主義的でありつつ，他方で義務負担的である。自分の意思で家の継続を引き受ける，それが家督相続であるというのである。当時，フランス法における相続につき，このような説明がなされていたか否かは興味ある研究課題であるといえよう。起草者たちには，婚姻は生まれてくる子を引き受ける約束を含むという考え方はあまり感じられない。この落差がどこから来るのかも興味深い点である。

(2) **本家の優位** 戸主は自らの家を継続させる義務を負うが，本家を継続させる義務はそれ以上の義務である。家督相続には，この上位の義務が暗黙裡に含まれているということになる。あるいは，分家の意思表示には，本家存亡の危機に際しては，その救済にあたるという条件が暗黙裡に含まれているといった方がよいのかもしれない。日本の家は本家・分家の連合体であるが，これが特殊な現象であるのかどうかも検討を要するところである。均分相続によって農地を分割取得するフランスの農家がどのように事業を継続させているのか。そこには，連合のための何らかの仕組みがあるのか。興味深い課題であろう。日本ではかつてフランス農村の相続慣行調査が行われたことがあることを指摘しておこう(稲本洋之助ほか「フランスにおける家族農業経営資産の相続」渡辺洋三還暦・社会科学研究33巻5号〔1981〕ほか)。

II 絶 家

1 絶家の制度

家督相続が生じたのに家督相続人がない場合，その家は絶家する。この場合に，家族はそれぞれ一家を創立する(旧764条1項)。ただし，子は父に(場合

によっては母に)(同但書),妻は夫に(同2項),それぞれ従ってその家に入る。なお,相続人が見当たらない場合には,「相続人ノ曠欠」(旧1051条以下)の手続がとられることになるが,最終的に相続人不存在ということになると,戸主(家)の財産は国庫に帰属する(旧1059条)。

ただし,さしたる財産もない家については,相続人の曠欠の手続がとられないことがあるから,いつ絶家になったのかがわからないという事態が生じる。大正改正要綱は一定の期間経過後に絶家の効果が生ずるものとすることを提案していた(第14)。理屈の上では確かにその通りだが,たとえば,解散の手続がとられないまま休眠状態になっている法人は少なくない。

2 絶家の前提

戸主権は戸主の死亡のほか,隠居・国籍喪失等によって失われ,家督相続が開始する(旧964条)。家督相続人には「被相続人ノ家族タル直系卑属」が一定の順序に従ってなるのが原則である(旧970条)。このカテゴリーに該当する者がいない場合には,さらにいくつかのルールによって家督相続人が定められるが,それでも誰もいない場合がありうる。詳しくは,家督相続のところで説明する(⇒補注1)。

Ⅲ 小 括——廃絶と再興

廃絶した家には「再興」の途が残されている(旧743条1項・762条2項但書)。再興の対象は「親族の家」に限られていることはすでに述べた。(本家の場合も含めて)再興は義務づけられているわけではない。また,再興された家は廃絶家の家名・家系(本家・分家関係)を継承するが,家督相続が生じたわけではないので,再興者は廃絶家の戸主の権利義務を承継するわけではない。さらに「廃絶家の再興者は勝手に其家を廃し得ないものとしなくては,再興の趣旨が立たない」(穂積140頁。もっとも,この結論は解釈論としても導きうる)との指摘もある。

要するに,再興は不徹底な制度なのである。家制度の下では,家(特に本家)の存続は至上の要請ではある。それでも廃絶することはある。廃絶してしまったものは仕方がなく,再興したければ再興すればよいが,必ず再興しなければならないというものではない。芸事(歌舞伎・落語その他)の「名跡」(市川団十郎・尾上菊五郎・市川左団次など,あるいは,三遊亭円生・古今亭志ん生・柳家小さんなど)のようなものを考えると,理解しやすいかもしれない。極言すれば,利用可能な由緒ある「ブランド」を使おうということだとも言える。

補注1　旧964条〜996条：家督相続

第1章　家督相続
　第1節　総則
旧第964条　家督相続ハ左ノ事由ニ因リテ開始ス
　一　戸主ノ死亡，隠居又ハ国籍喪失
　二　戸主カ婚姻又ハ養子縁組ノ取消ニ因リテ其家ヲ去リタルトキ
　三　女戸主ノ入夫婚姻又ハ入夫ノ離婚
旧第965条〜第967条　（略）
　第2節　家督相続人
旧第968条・第969条　（略）
旧第970条①　被相続人ノ家族タル直系卑属ハ左ノ規定ニ従ヒ家督相続人ト為ル
　一　親等ノ異ナリタル者ノ間ニ在リテハ其近キ者ヲ先ニス
　二　親等ノ同シキ者ノ間ニ在リテハ男ヲ先ニス
　三　親等ノ同シキ男又ハ女ノ間ニ在リテハ嫡出子ヲ先ニス
　四　親等ノ同シキ嫡出子，庶子及ヒ私生子ノ間ニ在リテハ嫡出子及ヒ庶子ハ女ト雖モ之ヲ私生子ヨリ先ニス
　五　前四号ニ掲ケタル事項ニ付キ相同シキ者ノ間ニ在リテハ年長者ヲ先ニス
②　第836条ノ規定ニ依リ又ハ養子縁組ニ因リテ嫡出子タル身分ヲ取得シタル者ハ家督相続ニ付テハ其嫡出子タル身分ヲ取得シタル時ニ生マレタルモノト看做ス
旧第971条　前条ノ規定ハ第736条ノ適用ヲ妨ケス
旧第972条　第737条及ヒ第738条ノ規定ニ依リテ家族ト為リタル直系卑属ハ嫡出子又ハ庶子タル他ノ直系卑属ナキ場合ニ限リ第970条ニ定メタル順序ニ従ヒテ家督相続人ト為ル
旧第973条　法定ノ推定家督相続人ハ其姉妹ノ為メニスル養子縁組ニ因リテ其相続権ヲ害セラルルコトナシ
旧第974条①　第970条及ヒ第972条ノ規定ニ依リテ家督相続人タルヘキ者カ家督相続ノ開始前ニ死亡シ又ハ其相続権ヲ失ヒタル場合ニ於テ其者ニ直系卑属アルトキハ其直系卑属ハ第970条及ヒ第972条ニ定メタル順序ニ従ヒ其者ト同順位ニ於テ家督相続人ト為ル
②　（略）
旧第975条①　法定ノ推定家督相続人ニ付キ左ノ事由アルトキハ被相続人ハ其推定家督相続人ノ廃除ヲ裁判所ニ請求スルコトヲ得
　一　被相続人ニ対シテ虐待ヲ為シ又ハ之ニ重大ナル侮辱ヲ加ヘタルコト

二　疾病其他身体又ハ精神ノ状況ニ因リ家政ヲ執ルニ堪ヘサルヘキコト
三　家名ニ汚辱ヲ及ホスヘキ罪ニ因リテ刑ニ処セラレタルコト
四　浪費者トシテ準禁治産ノ宣告ヲ受ケ改悛ノ望ナキコト
② 此他正当ノ事由アルトキハ被相続人ハ親族会ノ同意ヲ得テ其廃除ヲ請求スルコトヲ得

旧第976条　被相続人カ遺言ヲ以テ推定家督相続人ヲ廃除スル意思ヲ表示シタルトキハ遺言執行者ハ其遺言カ効力ヲ生シタル後遅滞ナク裁判所ニ廃除ノ請求ヲ為スコトヲ要ス此場合ニ於テ廃除ハ被相続人ノ死亡ノ時ニ遡リテ其効力ヲ生ス

旧第977条・第978条　（略）

旧第979条① 法定ノ推定家督相続人ナキトキハ被相続人ハ家督相続人ヲ指定スルコトヲ得此指定ハ法定ノ推定家督相続人アルニ至リタルトキハ其効力ヲ失フ
② 家督相続人ノ指定ハ之ヲ取消スコトヲ得
③ 前二項ノ規定ハ死亡又ハ隠居ニ因ル家督相続ノ場合ニノミ之ヲ適用ス

旧第980条・第981条　（略）

旧第982条　法定又ハ指定ノ家督相続人ナキ場合ニ於テ其家ニ被相続人ノ父アルトキハ父，父アラサルトキ又ハ父カ其意思ヲ表示スルコト能ハサルトキハ母，父母共ニアラサルトキ又ハ其意思ヲ表示スルコト能ハサルトキハ親族会ハ左ノ順序ニ従ヒ家族中ヨリ家督相続人ヲ選定ス
第一　配偶者但家女ナルトキ
第二　兄弟
第三　姉妹
第四　第1号ニ該当セサル配偶者
第五　兄弟姉妹ノ直系卑属

旧第983条　家督相続人ヲ選定スヘキ者ハ正当ノ事由アル場合ニ限リ裁判所ノ許可ヲ得テ前条ニ掲ケタル順序ヲ変更シ又ハ選定ヲ為ササルコトヲ得

旧第984条　第982条ノ規定ニ依リテ家督相続人タル者ナキトキハ家ニ在ル直系尊属中親等ノ最モ近キ者家督相続人ト為ル但親等ノ同シキ者ノ間ニ在リテハ男ヲ先ニス

旧第985条① 前条ノ規定ニ依リテ家督相続人タル者ナキトキハ親族会ハ被相続人ノ親族，家族，分家ノ戸主又ハ本家若クハ分家ノ家族中ヨリ家督相続人ヲ選定ス
② 前項ニ掲ケタル者ノ中ニ家督相続人タルヘキ者ナキトキハ親族会ハ他人ノ中ヨリ之ヲ選定ス
③ 親族会ハ正当ノ事由アル場合ニ限リ前二項ノ規定ニ拘ハラス裁判所

>   ノ許可ヲ得テ他人ヲ選定スルコトヲ得
>   旧第986〜第991条　（略）
>   　第2章　遺産相続
>   　　第1節　総則
>   旧第992条　遺産相続ハ家族ノ死亡ニ因リテ開始ス
>   旧第993条　（略）
>   　　第2節　遺産相続人
>   旧第994条　被相続人ノ直系卑属ハ左ノ規定ニ従ヒ遺産相続人ト為ル
>   　一　親等ノ異ナリタル者ノ間ニ在リテハ其近キ者ヲ先ニス
>   　二　親等ノ同シキ者ハ同順位ニ於テ遺産相続人ト為ル
>   旧第995条①　前条ノ規定ニ依リテ遺産相続人タルヘキ者カ相続ノ開始前ニ死亡シ又ハ其相続権ヲ失ヒタル場合ニ於テ其者ニ直系卑属アルトキハ其直系卑属ハ前条ノ規定ニ従ヒ其者ト同順位ニ於テ遺産相続人ト為ル
>   　②　（略）
>   旧第996条①　前二条ノ規定ニ依リテ遺産相続人タルヘキ者ナキ場合ニ於テ遺産相続ヲ為スヘキ者ノ順位左ノ如シ
>   　第一　配偶者
>   　第二　直系尊属
>   　第三　戸主
>   　③　前項第2号ノ場合ニ於テハ第994条ノ規定ヲ準用ス

I　序

1　親族編と相続編

　相続が開始した場合に，相続人となるのは誰か。相続人の決定は，相続法の最大の関心事の一つである。通常，相続人は，被相続人の親族の中から法定のルールに従って決定される。その意味で，親族法は相続法の前提であり，相続法は親族法の帰結である。それゆえ，一般的に言って，親族法と相続法とが密接な関係にあることは確かである。

　しかし，明治民法においては，両者の関係はより緊密である。なぜかと言えば，親族編が法的に構成したところの「家」こそが，相続編における相続の主たる対象となっているからである。すなわち，親族編第2章「戸主及ヒ家族」と相続編第1章「家督相続」とは不即不離の関係にあるのである。

　もっとも，このことは親族編の次に相続編を置き，親族編・相続編を身分法として一括することを必然的に要請するものではない。親族編の定める「家

(家督)」，物権編・債権編の定める「財産（遺産）」が，相続されると考えることも十分に可能だからである（現に，起草者の一人・梅謙次郎は，総則・親族・物権・債権・相続という編別を提案していた）。この点は，「人（人格）」と「物（財産）」のどちらを重視するか，という点にかかわっている。

確かなのは，家督相続が廃止されることによって，相続における人格の承継の面が後退したということである。その意味で，現代日本における相続法は，より財産法的な色彩を強めているということができるだろう。

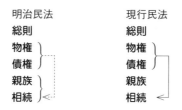

2　相続編の基本構造

明治民法の相続編は，①家督相続に関するルール（第1章），②遺産相続に関するルール（第2章），③共通のルール（第3章-第7章）という三つの規定群から構成されている。

現行相続法は，このうち①を削除し，②③に必要最小限の修正を加えたものである。それゆえ，現行民法の相続編は，明治民法の相続編の構造を踏襲している（たとえば，現行882条から886条は，旧992条・旧993条によって準用される旧965条から968条に正確に対応している。さらに，家督相続の対象を定める旧986条・旧987条は現行896条・現行897条にほぼそのまま引き継がれている）。また，①と②も基本的には同型の構造を持つが，①においては家督相続人の決定に関するルールが最重要であるのに対して，②においては相続分・遺産分割に関する規定が必要になっている。

ただし，明治民法においては家督相続こそが重要であり，遺産相続は付随的な相続にすぎなかった。そのため，相続分や遺産分割に関するルールは十分に整備されていなかった。現行民法を定めるにあたっては，この点の整備をはかるべきであったが，十分な時間がなかったために最小限の規定が配置されるにとどまった。今日における相続法上の問題の多くは，この規定の不備にかかわっている。

3 検討の対象

　明治民法の相続編全体の検討は，本書の課題の外にある。しかし，「家」の承継はどのように行われるのか，その概略を知っておくことは，「家」とは何かを知るのに必要不可欠なことであろう。それゆえ，以下においては，家督相続人の決定ルールを紹介しておく（Ⅲ）。それに先立ち，死亡・隠居とともに相続開始原因とされている国籍喪失に触れるとともに（Ⅱ），現行民法相続編の相続人決定ルールの淵源となっている遺産相続人の決定ルールにも触れる（Ⅳ）。最後に，著名な作家の作品から家督相続の実例を挙げて，そこで行われている（行われうる）法的操作について説明を試みる（Ⅴ）。

Ⅱ　国籍喪失による家督喪失（旧964条1号）

　明治民法は，「戸主ノ死亡，隠居又ハ国籍喪失」を家督相続の開始原因として掲げている（旧964条1号）。このうち「死亡」については，さしあたり説明を要しないし，「隠居」については既に説明をした通りである。

　残るのは「国籍喪失」であるが，これは極めて特徴的な相続開始原因である。この点については，次のような説明がなされている。「戸籍は国籍の細別なりと謂ふも可なるものにして且つ我国籍を有する者に非されは我邦に於て戸籍を有すること能はさるは固より論なき所なり。国籍を失ひたる戸主即ち我邦に戸籍を有せさる戸主は当然戸主権を喪失すへきこと固より明かなり。而して戸主か家を去ると同時に当然家か廃家若しくは絶家に帰すへき謂れなきか故に之を以て家督相続開始の一原因と為すは頗る其当を得たるものと謂ふへし」（梅五5頁）。

　この規定の根底にある大原則は，戸籍は国籍の下位区分であるという考え方である。すなわち，日本国籍を有する者を「家」ごとに記載・登録したのが戸籍であるというわけである。この原則は今日でも維持されている。そのために，日本人Aが外国人Bと結婚しても，Bが帰化しない限り，同一戸籍には記載されない（従来，親の戸籍に入っていたAが結婚する場合，A単独の新戸籍が編製され，Bと婚姻した旨が記載される）。ここでは夫婦同一戸籍の原則は貫徹されないのである。

　ここには，戸籍の両義性が顕著に現れる。民法において「人」は権利義務の主体として現れるが，この点において，内国人と外国人の間に基本的には差はない。外国人であっても日本国内で日本人と同様の権利義務を有することができるのが原則である（民3条2項）。それぞれの「人」は，氏名・住所・年齢・性別・国籍などの属性を有するが，それらを登録して必要に応じて公証するの

が身分登録簿である。戸籍は身分登録簿の一種である。ところが，日本の戸籍は日本の国籍を有する者についてのみ編製される。つまり，戸籍は（当初は徴税や兵役の基礎とされた）国民登録簿でもある。この痕跡が今日でも残存しており，十分な民事化（civilisation）が完成していないのである（もっとも，民事化＝非政治化ではない）。

　さらに言えば，ここには本末転倒が見られるとも言える。民法は，親族関係を，親族→家族→夫婦・親子という形で把握している。この関係を公証するために戸籍がある（家族関係が「本」であり，戸籍記載が「末」である）と考えるならば，まず家族関係を確定し，続いてそれを戸籍に記載すべきことになるはずだが，ここでは戸籍に入りうるか否かによって家族でありうるか否かが決定されている。結果としてそこには，同一戸籍に記載された者が家族であるという転倒した思考様式が出現することになる。これが「家」の形骸化につながる。

　今日，戸籍にはすべての身分事項が記載されるという原則は破棄された（成年後見等登記簿が創設されたため）。仮に，夫婦別氏が実現すると，同一戸籍同一氏の原則も破棄されることになろう（1996年民法改正要綱が決定された際に，戸籍法の改正も検討されたが，その際には夫婦同一戸籍の原則を優先させることが提案されていた）。その次の一歩は，戸籍には日本人だけを記載するという原則を廃棄することだろう。

Ⅲ　家督相続人の決定

1　法定家督相続人（旧968条〜978条）

　(1)　原則と細則　　明治民法は，「被相続人ノ家族タル直系卑属」（相続開始時に胎児たる者を含む。旧968条）に家督相続権を認めている。これが法定家督相続人（相続が始まる前は推定家督相続人）である。家督相続はその性質上単独相続なので，複数の推定家督相続人がある場合に備えて，その間に次のような順位が設けられている（旧970条1項）。

　すなわち，①親等が遠い者よりは近い者，②女子よりは男子，③非嫡出子よりは嫡出子，④私生子（たる男子）よりも嫡出子・庶子（〔夫が認知した子＝嫡母庶子関係にある庶子。母との関係では嫡出子・私生子の区別しかない〕たる女子），⑤年少者よりも年長者，を優先する。以上の結果，長男（1親等・男子・嫡出・最年長）が家督を相続するのが，原則となる。

　以上のルールには，いくつかの細則が伴う。第一に，準正または養子縁組によって嫡出子の身分を得た者は，その時点で生まれたものと看做される（旧970条2項）。第二に，入夫婚姻の場合には，入夫が新戸主となる（旧971条）。

第三に，戸主の同意によって家族となった者（旧937条・938条）は，嫡出子・庶子である他の直系卑属がない場合に，旧970条の順位に従って家督相続人となる。ここでも私生子は冷遇されている。第四に，姉妹のための養子縁組によって，法定家督相続人の権利が害されることはない（旧973条）。たとえば，長女A・二女Bのうち，二女Bが婿養子Cを得たという場合，家督相続人となるのはCではなくAである。第五に，相続開始時に，家督相続人となるべき者が死亡していたり，相続権を失っていた場合には，その者の直系卑属がその者に代わりその者の順位に従って家督相続人となる（旧974条）。代襲相続と呼ばれるものである。現行法でも，代襲相続はその適用範囲を縮減して維持されている。

(2) **欠格と廃除**　被相続人や先順位の推定家督相続人を殺害して（あるいは殺害しようとして）刑に処せられたなど一定の事由（欠格事由）に該当する場合には，その者は当然に相続人となることができない（旧969条）。この点は現行法でも同じである。また，推定家督相続人に一定の原因がある場合には，被相続人は裁判所に相続人の「廃除」を請求することができる（旧975条）。これによって相続権は失われるが，廃除の取消しは可能である（旧977条）。「廃除」の制度もまた現行法に継承されている。ただ注目すべきは，明治民法においては，廃除原因として「疾病其他身体又ハ精神ノ状況ニ因リ家政ヲ執ルニ堪ヘサルヘキコト」「家名ニ汚辱ヲ及ホスヘキ罪ニ因リテ刑ニ処セラレタルコト」「浪費者トシテ準禁治産ノ宣告ヲ受ケ改悛ノ望ナキコト」が挙げられている点である（旧975条1項2号-4号）。これらは，家政・家名・家産の維持に関するものである。

2　指定家督相続人（旧979条～981条）

法定家督相続人がいない場合には，被相続人が家督相続人を指定することができる（旧979条1項前段。遺言によることも可能。旧981条）。逆に言うと，推定家督相続人の相続権は，廃除によってしか奪うことができない。なお，相続人指定ができるのは，死亡・隠居の場合に限られる。現行法にはこのような制度は存在せず，ただ財産を遺贈によって処分できるだけである。包括遺贈は相続人を創出するのに似た機能を営むが，包括受遺者の地位は相続人の地位と全く同じではない。もっとも，相続人指定の制度を有する外国法もあるので，比較法的に見て奇異な制度というわけではない。

3 選定家督相続人（旧982条〜985条）

　法定・指定の家督相続人がいない場合には，相続開始後に家督相続人が選定される。3段のプロセスが定められている。第一に，父・母または親族会が（この順序で選定権を有する），「家族」の中から，①家女である配偶者，②兄弟，③姉妹，④家女でない配偶者，⑤兄弟姉妹の直系卑属，という順序に従って，選定する（旧982条）。この場合には，もはや「直系卑属」という制約はかかっておらず（ただし，尊属は除かれている），また，法定家督相続人の順位を定めるルールは適用されない。第二に，「家ニ在ル直系尊属中親等ノ最モ近キ者」（同親等の者では男子優先）が家督相続人となる（旧984条。隠居再相続の場合など）。第三に，親族会は，①親族，家族，分家の戸主または本家または分家の家族から選定を行う（旧985条1項）。このように広く「親族」内（ただし，本家の戸主は除かれている）に家督相続人を求めても得られない場合には，②「他人」から選定を行う（旧985条2項）。この手続が最後まで行われれば，どこかの段階で家督相続人が定まることになるが，そうではないと絶家となる。

IV　遺産相続人の決定

　遺産相続は家族の財産の相続であるが，死亡によってのみ開始する（旧992条）。遺産相続人は次のルールによって定まる。第一に，直系卑属（親等の遠い者よりも近い者が優先，親等が等しい者の間では均分。以上，旧994条。代襲も可能。旧995条）。第二に，直系卑属がない場合には，以下の順による（旧996条1項）。①配偶者，②直系尊属（親等の近い者が優先し，親等が等しい者の間では均分。同条2項），③戸主。

　最後の受皿として戸主が用意されているため，遺産相続人の範囲は広くない。被相続人の近親者が相続するのでない限り，家族の財産は家の財産に吸収してしまえばよいということだろう。言い換えれば，近親者の生活保障の限度で，遺産相続は認められているとも言える。

　なお，大正改正要綱は，このルールを次のように修正することを提案していた。

> 第6　遺産相続人の範囲及ビ相続分
> 一　遺産相続ニ於テハ配偶者ヲ直系卑属ト同一順位ノ相続人トシ其相続分ハ家ニ在ル嫡出ノ直系卑属ト同一トスルコト
> 二　家ニ在ラザル直系卑属ノ相続分ハ家ニ在ル直系卑属ノ相続分ノ2分ノ1トスルコト

三　相続人中ニ兄弟姉妹ヲ加ヘ其相続順位ハ直系尊属ニ次グモノトス
　　　ルコト

　明治民法の規定と比較してみると，配偶者の保護を厚くする一方で，戸主に帰属させる以前に兄弟姉妹に相続させてもよいではないか，という発想が現れて来ている。

V　余　話——『虞美人草』と『本家分家』の場合

　最後に，「余話」として，明治・大正期の文学作品に登場する家督相続を二つ取り上げて，規定の適用の例解とする。

(1)　**漱石の『虞美人草』の場合**　　『虞美人草』では，主人公の「甲野さん」には，継母（父の後妻）と腹違いの妹「藤尾」がいる。継母は藤尾に婿をとって家を継がせたいと考えており，甲野さんもそれがよいという口ぶりである。では，これを実現するにはどうすればよいか。

　もし，甲野さんの父の存命中であれば継母は父を唆して廃除の手続をとることが考えられる。しかし，父はすでに死亡しているので，甲野さんは家督を相続してすでに戸主になっている。それゆえ，「疾病其他身体又ハ精神ノ状況ニ因リ家政ヲ執ルニ堪ヘサルヘキコト」を理由に推定家督相続人の地位を失わせることはできない（旧975条1項2号）。次に考えられるのは，隠居である。甲野さんは満60歳未満なので自由に隠居はできないが（旧752条1号），「疾病」により「爾後家政ヲ執ルコト能ハサルニ至リタル」ということになれば，裁判所の許可を得て隠居することができる（旧753条本文）。もっとも，この場合には，法定家督相続人が必要である（同但書）。甲野さんには法定家督相続人はいない（旧970条）。そこで，誰かを家督相続人にしなければならないが，藤尾を指定相続人にすることになろう（旧979条）。隠居後には，藤尾が女戸主となるが，「小野さん」を婿にすれば（入夫婚姻をすれば），再び家督相続が生じて，小野さんが戸主におさまることになる。なお，指定相続人は条文上は誰でもよいように見えるが，選定家督相続人たる「姉妹」を指定するのは妥当なところだろう（旧982条参照）。なお，レアケースであるが，甲野さんがある家に入夫婚姻をすることを企て，何らかの経緯により婚姻届が受理されてしまえば，法定隠居が生じる（旧754条2項）。この場合には，家にある母が家督相続人の選定をすることになる（旧982条）。この問題については『文学から見た家族法』（ミネルヴァ書房，2012）の補論で触れたが，説明がやや不正確であった。上記の説明の方がより正確だろうと思う。

(2) 鷗外の『本家分家』の場合　『本家分家』では，主人公の「古川博士」（本家の戸主）の弟「俊次郎」（分家の戸主。鷗外の弟・篤次郎）が死亡して相続が開始した。博士は，俊次郎の妻「美津子」（篤次郎の妻・久子）を「遺産相続人」にはするが，「家督相続人」には末弟「参治」（本家の家族）を据えたい。しかし，その際の難問は「遺留分」である。そこで，博士は「南鞘町の家」（俊次郎の遺産の一部）を参治に与えることにした。この家は時価 2000 円程度であり，俊次郎の遺産（推定総額 1 万円）の 3 分の 1（遺留分率）を下回る。博士は，この案を親族会にかけて議決を得た。

　これまで述べて来たように，家督相続と遺産相続とは全く別のものである。それゆえ，鷗外の述べていることを文字通りに受けとめることはできない。しかし，この小説は森家の相続に関するモデル小説である。では，実際には，どのようなことが行われたのだろうか。

　まず，俊次郎には直系卑属がいない。遺言もなかったというのだから，指定家督相続人もいないと考えてよい。俊次郎は分家の戸主なので，父・母は家にはない（父は死亡し，母の本家に属する）。そこで親族会が家督相続人を選定することになる（旧 982 条）。美津子は「家女」ではないが「配偶者」ではある，参治は俊次郎の「兄弟」ではあるが「家族」ではない。それゆえ，選定家督相続人となりうるのは，美津子の方である（同条）。しかし，「正当ノ事由」がある場合には，親族会は，順序を変えたり選定をしないことが可能である（旧 983 条）。旧 982 条による選定はしないことにすると，次は家に在る直系尊属の出番であるが（旧 984 条），これに該当する者はいないことは前述の通りである。そうなると，選定のプロセスは第三段階に進み，親族会は「本家若クハ分家ノ家族中」を選定することが可能になる（旧 985 条 1 項）。こうして参治を家督相続人に選定したと考えられる。

　その上で，美津子には実家に帰ってもらうことにしたのだろう（旧 737 条 1 項）。その際に，美津子には，「南鞘町の家」以外の遺産のすべてを参治から贈与する，という約束がなされたものと推測される。これが，「分家の家督相続人と遺産相続人を別にする」ということの法的説明である。仮に，参治を家督相続人とするが，全財産は美津子に遺贈するという遺言がなされていたとすると，参治には 3 分の 1 の遺留分があることになる（旧 1130 条 2 項）。それゆえ，5 分の 1 程度の財産を得るだけで参治が納得するというのは，控えめな態度であるというべきだろう。鷗外はそう判断したわけである。

　こうして見ると，この処理の要点は，裁判所が親族会の申立てを受けて「正当の事由」を認めたという点にあることがわかる。では，美津子が家督相続人

になるのを妨げる「正当な事由」とは何か。『本家分家』は,「本家」(鷗外)が「分家」(篤次郎)の遺産を横取りしたのではないかという非難を斥けつつ,結果として,もう一つ,疑義が示されていた久子の「不行跡」を間接的に肯定することになっているようである。

補注2　旧944条〜953条：親族会

第7章　親族会

旧第944条　本法其他ノ法令ノ規定ニ依リ親族会ヲ開クヘキ場合ニ於テハ会議ヲ要スル事件ノ本人，戸主，親族，後見人，後見監督人，保佐人，検察官又ハ利害関係人ノ請求ニ因リ裁判所之ヲ招集ス

旧第945条① 親族会員ハ3人以上トシ親族其他本人又ハ其家ニ縁故アル者ノ中ヨリ裁判所之ヲ選定ス

② 後見人ヲ指定スルコトヲ得ル者ハ遺言ヲ以テ親族会員ヲ選定スルコトヲ得

旧第946条① 遠隔ノ地ニ居住スル者其他正当ノ事由アル者ハ親族会員タルコトヲ辞スルコトヲ得

② 後見人，後見監督人及ヒ保佐人ハ親族会員タルコトヲ得ス

③ 第908条ノ規定ハ親族会員ニ之ヲ準用ス

旧第947条① 親族会ノ議事ハ会員ノ過半数ヲ以テ之ヲ決ス

② 会員ハ自己ノ利害ニ関スル議事ニ付キ表決ノ数ニ加ハルコトヲ得ス

旧第948条① 本人，戸主，家ニ在ル父母，配偶者，本家並ニ分家ノ戸主，後見人，後見監督人及ヒ保佐人ハ親族会ニ於テ其意見ヲ述フルコトヲ得

② 親族会ノ招集ハ前項ニ掲ケタル者ニ之ヲ通知スルコトヲ要ス

旧第949条　無能力者ノ為メニ設ケタル親族会ハ其者ノ無能力ノ止ムマテ継続ス此親族会ノ最初ノ招集ノ場合ヲ除ク外本人，其法定代理人，後見監督人，保佐人又ハ会員之ヲ招集ス

旧第950条　親族会ニ欠員ヲ生シタルトキハ会員ハ補欠員ノ選定ヲ裁判所ニ請求スルコトヲ要ス

旧第951条　親族会ノ決議ニ対シテハ1个月内ニ会員又ハ第944条ニ掲ケタル者ヨリ其不服ヲ裁判所ニ訴フルコトヲ得

旧第952条　親族会カ決議ヲ為スコト能ハサルトキハ会員ハ其決議ニ代ハルヘキ裁判ヲ為スコトヲ裁判所ニ請求スルコトヲ得

旧第953条　第644条ノ規定ハ親族会員ニ之ヲ準用ス

I　序

　補注1では，家督相続について説明したが，その中で，家督相続人の選定において親族会がはたす役割に触れた（旧982条・985条）。また，戸主が戸主権を行使できない場合に（親権者・後見人がなければ）親族会が代わりにこれを行うという規定（旧751条）もすでに紹介した。また，後述するように，親族会にはその他の権能も与えられていた。

　ところが，現行法では親族会は廃止されてしまったので，その意義については理解が難しくなっている。そもそも親族会を廃止するというのは適切な選択だったのだろうか。補注2では，ごく簡単に親族会について説明を加えておきたい。まず，全面削除された旧第7章「親族会」の規定を概観した上で（II），その権限と意義に触れる（III）。

　なお，資料として，「親族会員選定及親族会招集申請」（原文は縦書き）と題された書面を付しておく。

II　形式的側面

1　親族会の招集

　(1)　招集の手続　　旧第7章「親族会」は，招集に関する規定から始まる。なぜかと言えば，親族会は法律上の会議体であるが，そもそも恒常的に存在するものではないからである。そのため，「本法其他ノ法令ノ規定ニ依リ親族会ヲ開クヘキ場合」に，その招集権者（「事件ノ本人，戸主，親族，後見人，後見監督人，保佐人，検察官又ハ利害関係人」）の請求によって，裁判所がこれを招集する（旧944条）。

　(2)　会員の選定　　親族会を招集しようという場合，親族会員が決まっていないことがある。そこで会員の選定が必要になるが，3名以上の会員が必要で，「親族其他本人又ハ其家ニ縁故アル者」の中から裁判所が選定する（旧945条1項）。ただし，後見人を指定することができる者は遺言によって親族会員を選定することもできる（同2項）。親族会員には後見人の欠格事由（旧908条）が準用されるほか（旧946条3項），後見人・後見監督人・保佐人は親族会員になれないとされている（同2項）。なお，辞任（同1項）や欠員補充（旧950条）の規定もあるが，省略する。

　無能力者のために設けられた親族会は，その者の無能力が止むまで存続する。それゆえ，（会員選定がなされていない）初回開催以外は，本人・法定代理人・後見監督人・保佐人・会員が招集する（旧949条）。逆に言うと，初回開催に際し

ては，別添の資料のように，申立人が候補者たる親族等の存在を示す資料を添付して，親族会員の選定と親族会の招集を同時に申し立てていたようである。

以上の規定からも親族会が後見と密接な関係を有することが窺われるが，その権能については後述する。

2 親族会の審議

(1) **議決方法と意見陳述**　親族会の議決は会員の過半数による（旧947条1項）。ただし，会員は自分の利益に関する表決からは除外される（同2項）。他方，本人・戸主・家に在る父母・配偶者・本家並びに分家の戸主・後見人・後見監督人・保佐人は親族会で意見を述べることができる（旧948条1項）。それゆえ，招集はこれらの者にも通知されなければならない（同2項）。

(2) **不服申立て**　親族会の議決に対しては，1ヶ月内に会員または招集権者から裁判所に対して，不服申立てをすることができる（旧952条）。また，決議ができない場合（出席者が少数の場合，緊急を要する場合，多数派が形成されない場合など）にも，裁判所の決定を仰ぐことができる（旧953条）。

III 実質的側面

1 親族会の権限

「親族会ヲ開クヘキ場合」の主たるものは後見にかかわる。具体的には，たとえば，以下のような権限が与えられている。①民法の規定（旧901条-903条）によって後見人が選任されない場合に，後見人を選任する（旧904条）。保佐人と準禁治産者の間で利益相反行為を行う場合に，臨時保佐人を選任する（旧909条）。後見監督人がいない場合に，後見監督人を選任する（旧911条）。②未成年後見人が「父又ハ母カ定メタル教育ノ方法及ヒ居所ヲ変更シ，未成年者ヲ懲戒場ニ入レ，営業ヲ許可シ，其許可ヲ取消シ又ハ之ヲ制限スル」場合には，これに同意する（旧921条）。また，「禁治産者ヲ瘋癲病院ニ入レ又ハ私宅ニ監置スルト否ト」の決定につき，後見人に同意を与える（旧922条）。③被後見人の生活・教育・療養看護・財産管理に要する予算を決定するにつき，後見人に同意を与える（旧924条）。また，後見人の報酬を決める（旧925条）。さらに，被後見人の金銭の寄託につき定め（旧927条），財産状況につき，後見人の報告を受ける（旧928条）。④戸主権を行使する後見人が離籍・復籍拒否を行う，または分家・廃絶家再興に同意する場合に，この決定に同意する（旧934条）。

なお，親権に関しても，若干の権限が認められている。①親権者と未成年者との間で利益相反行為を行う場合に，特別代理人を選任する（旧888条）。②親

権を行う母が，一定の重要な行為を行う場合に，同意を与える（旧886条）。

戸主権の代行，家督相続人の選定については前述の通りであるが，さらに，①子の婚姻に同意をする父母がいない場合，あるいは，同意するのが継父母・嫡母である場合に，これに同意する（旧772条・773条）。②養子の代諾をするのが継父母・嫡母である場合に，これに同意する（旧843条）。

2 親族会の意義

(1) **親族会の廃止と機能の代替**　総じて言うと，親族会は，①後見人の行為を監督することのほか，②後見人・後見監督人，臨時保佐人・特別代理人，そして家督相続人を選任するということ，さらには，③重要な行為につき，十分な正統性を持たない決定権者の決定を補完する役割をはたし，場合によっては自ら戸主権を代行すること，などが期待されてきた。

しかし，1947年の民法改正によって，親族会は廃止された。民法改正要綱案（1946年7月27日起草委員第一次案，7月29日第二次案）以来，「親族会を廃止し，〔親権及〕後見の監督機関としての親族会の権限は一部は後見監督人に，一部は裁判所に移すこと」（第一次案第25，第二次案第30。第一次案では〔親権及〕があったが，第二次案で削除。親権に対する監督規定を置くのを止めたからだろう）が了解されていた。

「親族其他本人又ハ其家ニ縁故アル者」が構成する「親族会」は「家」制度と親和的なものと考えられたのであろう。もちろん，家庭裁判所の創設が想定されていたことも影響しているに相違ない。

(2) **親族会の普遍性と現代的な意義**　しかし，親族会は帝国日本が引きずっている封建遺風である，というのは偏見にすぎない。たとえば，フランス法においては今日においてもなお親族会（conseil de famille）が存続している。

外国法の事情はさておくとしても，現行法において，(1)で述べた①は主として後見監督人に，②は主として裁判所に委ねられたとして，③はどうなったのであろうか。

たとえば，現行857条ただし書は，未成年後見人が「親権を行う者が定めた教育の方法及び居所を変更し，営業を許可し，その許可を取り消し，又はこれを制限する」には，「未成年後見監督人があるときは」その同意を得なければならないとしている。つまり，後見監督人が選任されていなければ，後見人の行動は誰からも掣肘されない。他方，現行858条は，成年後見人は「成年被後見人の生活，療養看護及び財産の管理に関する事務を行うに当たっては，成年被後見人の意思を尊重し，かつ，その心身の状態及び生活の状況に配慮しなけ

ればならない」としているが，ここには後見監督人が介在する余地は全くない。
　もっとも，1999年に新設された現行859条の3は，後見人による成年被後見人の居住用不動産の処分を裁判所の許可にかからしめており，興味深い。しかし，裁判所であるかどうかは別にして，第三者の関与（後見人の意思決定の監督や補完）を要する場合は，他にもあるだろう。こうして見ると，明治民法の親族会は，意外にも現代的な問題に通じていることがわかるだろう。

　では具体的には，どのようにして，未成年者や成年被後見人を支援していくべきか。この問題は，後見・保佐・補助をめぐって論じられることになる。また，家族にとっては，いわば私的なセイフティ・ネットであった戸主の扶養義務もいまや存在しない。では，代わりにどのようなセイフティ・ネットを構築すべきか。この問題は，現行民法の定める親族間の扶養義務を考慮に入れつつ，検討されなければならない。

【補注2・資料】

親族会員選定及親族会招集申請

          夷隅郡××九百五拾五番地
          被申請人　A　の妻
          申請人　　B
            明治拾年×月×日生
          同所同番地
          被申請人　亡A

右Aは推定家督相続人及指定家督相続人曠欠して大正九年×月×日死亡したり。依て家督相続人選定の為め親族会の必要を生じ候に因り右事項に付き親族会員選定の上，申請人宅の親族会招集□□度此段申請候也

附属書類
一　戸籍謄本　　三通
一　同抄本　　　二通
一　旧戸籍謄本　二通
一　同抄本　　　一通
一　親族表　　　一通

大正九年×月×日
             右
              B

一宮□□区裁判所
判事　C　殿

            司法代書人　D　㊞

親族表　E（Aの妻Bの兄），F（Aの妹Gの夫），G（Aの妹），
　　　　H（Aの母の兄の二女），I（Aの父の姉の長男の養子）
決議書「右之者（B）を　Aの家督相続人に選定候事を決議候」
           親族会員E，同F，同H

後注4 「家」とは何であったのか

I 本　論——「家」の変遷

1 明治民法における「家」の成型

(1) **「家」の概要**　「家」とは何か，明治民法は（旧民法も），これを直接に定義することはなかった。すでに述べたように，明治民法は「戸主ノ親族ニシテ其家ニ在ル者及ヒ其配偶者ハ之ヲ家族トス」（旧732条）と定めていた。これは「家族」の範囲を画する規定であるが，その際にすでに「家」は前提とされていた。この点は「戸主トハ一家ノ長ヲ謂ヒ家族トハ戸主ノ配偶者及ヒ其家ニ在ル親族，姻族ヲ謂フ」（旧民人243条）も，同様であった。

このように，「家」は，戸主の親族のうち一定の範囲のものを「家族」として切り出す基準である。では，いかなる者が「家ニ在ル」のか。この問いには2種類の答えが与えられていた。すなわち，一方で，一般論としては「同一の（その家の）戸籍に記載された」という基準が想定されていた。しかし，「家族」は同一戸籍に記載されるという考え方からすれば，これは基準ではなく結果にすぎない。他方，親族編の各所には「家」への帰属とその変動を定める規定が配置されている。誰が，戸主の「家ニ在ル」か否かは，具体的にはこれらの規定によって定まることになる。

その中核をなすのは，「子ハ父ノ家ニ入ル」（旧733条1項）である。これに対応する規定は旧民法には置かれていなかった。このことは当然のこととされていたからである。その他に，婚姻・養子縁組（離婚・離縁）が家への帰属の変動原因となる。すなわち「妻ハ……夫ノ家ニ入ル」「養子ハ……養親ノ家ニ入ル」（旧788条1項・861条）。

しかし，これでは「家」は拡大する一方である。そこで登場するのが「分家」である（旧743条）。「分家」は独立の家ではあるが，その存続よりも「本家」の存続が優先する（旧744条）という点において，「本家」に従属している。見方を変えれば，広義の「家」とは「本家」と「分家」の連合体なのである。

なお，「家」への帰属の変動は，婚姻・養子縁組によるばかりではない。本人の意思と戸主の同意による変動も可能とする諸規定が配置されている。そこでは，個人の便宜と「家」の事情（名誉）とが考量されている。

(2) **「家」の法化**　このような「家」の制度は，必ずしも自明なものではなかった。諸規定の審議過程における議論に見られるように，「家」とはいか

なるものであるか，につき，人々の意識は一致を見ていたわけではなかった。

　起草者たちはまず，「家」とは「住居」を意味するわけではないことに言及しなければならなかった。その後の法律家たちは「家」が観念的な存在であることを知っているが，これはそれほど自明のことであったわけではない。そもそも「住居」を完全に捨象してしまっては，「居所指定権」は無意味なものとなってしまう。

　「家」とは何か。改めて問うならば，それは，明治民法による法的構築物としか言いようがない。戸主には「居所指定権」があって当然である，多くの人は漠然とそう思っていたかもしれないが，では，指定に反した家族はどうなるのか。従来は判然としなかった点につき，明治民法による新たなルールが成立した。

　明治民法における「家」は，起草者たちによる法的な構築物として合理化の努力と，他の委員を通じて表明された様々な「家」観念による修正の要請との間の妥協・均衡によって成り立っているのである。

　こうして出来上がった明治民法の「家」制度は，戦後になると，明治国家を支えたインフラとして批判の対象とされるようになった。しかし，これは回顧的，かつ，超越的な批判にすぎない。法典編纂直後の人々の意識に即して考えるならば，むしろ，明治民法の「家」は形式に流れたものであり，その実質は淳風美俗に沿わないと見られていたも言える。すべての人がそう考えていたわけはないとしても，こうした考え方が有力であったことは，臨時教育会議の民法改正論にも見られた通りである。

2 大正身分法学における「家」の変換

(1) 大正改正要綱と穂積私案　臨時教育会議からの要請に応じて，民法改正に取り組むために臨時法制審議会が設けられた。その中間的な成果として取りまとめられたのが，いわゆる大正改正要綱——「民法親族編中改正ノ要綱」(1925)（資料1-2）と「民法相続編中改正ノ要綱」(1927)——であった。

　民法改正作業の端緒には「家」の強化の要請があったことは確かである。しかし，実際に取りまとめられた要綱には，「家」の縮小のほか，男女平等への配慮や女性と子どもの保護への指向性が色濃く表れている。

　具体的に見てみよう。一方では，「戸主ハ家族ヲ監督シ且必要ナル保護ヲ為ス権利義務ヲ有スル旨ヲ明ニ（スル）」ことが提案されている（親族編・第6「戸主の監督義務」）。この提案は，戸主権の内容を限定的に解していた明治民法の起草者たちの考え方を改めようとするものである。しかし，他方で，「成年ノ

男子ニシテ独立ノ生計ヲ立ツルコトヲ得ル家族ハ戸主ノ同意ナクシテ分家ヲ為スコトヲ得ルモノトス」ことも提案されている（同・第4「分家」の二）。

後者の傾向を代表しこれを推進したのは，後に「日本家族法学の父」と呼ばれることになる穂積重遠であった。彼は，審議開始にあたって提出した「調査要目私案」において，「（一）家族制度は形式的に維持すべきに非ずして実質的に維持せざるべからざること。（二）古来の家族制度の弊害を除去することが家族制度維持の重要なる一手段なること。（三）法律が如何なる程度まで道徳を助長し人情を涵養し得べきかを顧慮せざるべからざること」の3点を基本的な留意事項として掲げていた。

もちろん，立法作業は若き家族法学者の思惑通りに進んだわけではない。しかし，上記の指針が作業に相応の影響を及ぼしたことは確かである。

(2) **実体としての家族の変容**　穂積重遠は次のようにも述べていた。「我邦古来の淳風美俗にして将来も亦淳風美俗たるべきものは，結局一家の親密平和にして正当公平なる共同生活其ものに外ならず」。ここには，重要な転換が含まれている。「家」の目的が，「家名」や「名誉」の維持から，「一家」の「親密平和」「共同生活」に転じられているのである。

その背後にあるのは，実体としての家族の変容だと思われる。明治末期から大正期は，近代日本の都市化が進んだ最初の時期であった。地方から東京に流入した人々の多くは，新たに「住居」を構えて妻子とともに住んだ。都市の給与生活者にとっては小家族はもはや珍しいものではなくなった。この小家族は，子どもを大事にし，一家団欒を楽しみにする家族であった。

もちろん，すべての家族が小家族となったわけではない。農村部を含めて，三世代同居の家族はなお多数派を占めていた。しかし，小家族が新しい家族のあり方のモデルとなったことは確かである。現実の穂積重遠の住居は父・陳重の逝去までは三世代同居であり，その後も親族との密接な関係が続いている。しかし，残された家族写真が象徴するように，彼の意識の中では，家族の中心をなすのは「小家族」であると捉えられていた。

3　昭和民法における「家」の残映

(1) **「家」の廃止**　1947年の民法改正によって登場した新民法（昭和民法）においては，「家」制度の廃止が第一の課題とされた。応急措置法の「戸主，家族その他家に関する規定は，これを適用しない」（3条）という規定がこのことを象徴的に示していたことは，すでに述べた通りである。これを受けて昭和民法においては，旧第2編が全体として削除されるとともに，家に関連する諸

規定が削除された。その際に親族会に関する規定もあわせて削除された。また，「家」と密接な関係を有する家督相続に関する規定も削除された。

その結果，親族ー家族ー婚姻・親子という三重の構造のうち，「親族」と「婚姻・親子」が残ることになった。しかも，「親族」を「家族」の延長線上に位置づける理解がなされたために，「親族」規定はあってなきがごとき扱いを受けることになった。こうして，昭和民法に実質的に残ったのは，「婚姻・親子」だけとなった。また，家督相続が廃止され遺産相続によって代替されたために，配偶者と狭い範囲の直系血族のみを相続人とする大陸法の中では異色の相続法が誕生した。

(2) **二つの「家」**　では，昭和民法において「家」は完全に抹消されたのだろうか。この問いに答えるためには，ここでの「家」を二つに分けて考える必要がある。

一つ目の「家」は明治民法における「家」である。確かに，この「家」は直接にはもはや残っていない。ただ，その痕跡がないわけではない。「直系血族及び同居の親族」に扶助の義務を課す規定（730条）と祭祀承継を慣習に委ねる規定（897条）が挙げられる。このうち前者はともかく，後者は今日でもなお一定の意味を持っている。遺骨の埋葬に関する紛争は予想外に多いのである。

二つ目の「家」は昭和民法における「家」である。明治民法の「家」はなくなっても，戸籍は以前として「個人」ではなく「戸」を単位としている。同一の戸籍に記載された者を「家族」と呼ぶならば，現在の家族は「夫婦と未婚の子」からなることになる。これらの者は，かつての「家」の氏に代わり，新しい「家」（＝夫婦）の氏を称する。

この「家」は「縮小された新たな家」であるとともに「温存された古い家」でもある。確かに，昭和民法の下では，婚姻によって夫婦の新戸籍が編製され，親の戸籍からは抹消される。しかし，これは明治民法において分家がなされたのに匹敵するとも言える。親夫婦（本家）と子夫婦（分家）とは，氏の連続性を媒介に本末の関係にあるかのように意識されるのである。

選択的夫婦別姓制度は，上記の二つの「家」意識を一掃することを狙ったものと評しうる。一方で，別姓夫婦は，（理論上は，夫の家とも妻の家とも連続した「家」であるとも言いうるが），多くの場合には，夫の家とも妻の家とも独立した「新たな家」であると自他ともに認識することが可能になる。他方，別姓夫婦は，同一氏同一戸籍の原則に例外を持ち込むことによって，「氏」によって統合された「新たな家」までも，その内部から破砕する契機を潜在させているからである。

II 付　論——立法と解釈

1　戦前身分法学の価値面での功罪

　戦前の「身分法学」は穂積重遠から中川善之助へと継承された。彼らは，明治民法の「家」制度を，家の実態にあった形にしたいと考えた。その際に，穂積が立法による働きかけを主にしたのに対して，より若い中川は解釈による働きかけを主とすることになった。こうして登場したのが，中川身分法学であった。

　中川の身分法学の特徴は一言で言えば，小家族を中心とした「家」を「家」の理念型とし，この理念型によって明治民法の解釈を方向づけるという点にあった。そのような解釈論を代表するものとして，「生活保持義務」「生活扶助義務」——前者は夫婦・親子間の扶養義務，後者はその他の者の間の扶養義務を指し，前者は後者よりも高度のものとする——や「家のための養子」「親のための養子」「子のための養子」——養子法の目的はこの順番で変遷する——などがある。

　以上のような中川理論は，法改正なしに明治民法を改鋳する役割を果たす（果たしうる）ものであった。いわば明治憲法における美濃部理論のようなものである。その先進性には目を瞠るものがあった。

　しかし，第二次大戦後の美濃部は新憲法に必ずしも好意的でなかった。明治憲法によって立憲主義は実現できるというのである。中川は，昭和民法の起草者の一人であったので，新民法が不要だとは思っていない。とはいえ，中川において，明治民法と昭和民法とは連続的に考えられている。大家族ではなく小家族，夫権優位でなく夫婦平等，こうした変化は必然ではあるが，中川において「家」そのものがなくなるわけではない。

　こうした連続意識は穂積においてより顕著であった。穂積においては，新民法は大正改正要綱をより徹底させたものであり，あるべき「家」の姿を描いたものであると位置づけられていた。つまり，程度の差はあるとしても，穂積＝中川においては，彼らの「新しい家」は戦前との連続性を持っているのである。

2　戦前身分法学の方法面での現代性

　戦前の身分法学は，検討対象である明治民法自体が妥協的な性質のものであったことによって大きく規定されている。穂積，特に中川は，身分法の指導原理を提示することを通じて，ありうる解釈の中でより「進歩的」なものを指向することになった。繰返しになるが，美濃部憲法学が行ったのも同じことであ

る。

　考えてみれば，不動産法や不法行為法においては，1950年代から70年代にかけて，民法典の古さを補うための柔軟な解釈方法が主張された。「利益考量論」と呼ばれる方法がそれである。これは，未知のハードケースにつき，当事者の利益状況を分析することを通じて，適切な解決を導こうというものである。

　これに対して，戦前の家族法においては，いわば進化的解釈が主張されていたことになる。社会の変化に対して法の変化は十分に対応できていないが，それゆえ進化の方向を勘案した先進的な解釈が必要になる，というわけである。

　こうした解釈は，現代日本の民法にとって今後より重要なものとなるのではないか。というのは，2015年に法案が提出された債権法改正においては，新旧の勢力の妥協により改正内容は微温的なものに留まらざるをえなかったからである。そうした状況の下では，戦前の家族法におけるのと同様の解釈方法を再び意識的に採用することが課題となろう。

　この方法には前述の利益考量と類似する面とそうでない面があるであろう。新しい利益考量論の生成は，従来の利益考量の方法を再検討に付し，中川身分法学の方法論との対比照合を試みるところから始まるはずである。

結語1　「家族」から「個人」へ

I　本　論――「家族」の変貌

1「大家族」の消滅――兄弟姉妹，そして「ともだち」へ

(1)　**大家族の機能としての高齢者支援**　ここで「大家族」と呼ぶのは，典型的には，祖父母―父母―子ども同居の三世代家族のことである。このタイプの家族では，祖父母による子育て支援も期待できるが，ここで意識しているのは，父母（子）による祖父母（老親）の扶養や世話・介護である。同居はしていないとしても，相当の注意と時間・労力を払っている場合を含めて考える。

現在の高齢者には，子どもによる世話や介護を期待する人も少なくない。しかし，実際には，高齢者の独居は進んでいるし，有料老人ホームなどに入居する人も多い。さらに，介護保険も制度化された。すなわち，老後の生活については，自助・公助によるところが大きくなっている。将来に向けては共助（NPOなどによる支援）が進むことも期待されている。こうした状況を背景に，より若い世代（定年直後の「団塊」世代）には，子どもを頼りにしないという人も増えてきている。

(2)　**資源としての兄弟姉妹・ともだち**　それでは，今後の高齢者は，家族によるのではなく，自助・公助・共助によって老後を乗り切っていくことになるのか。大きな流れとしてはそうかもしれない。もっとも，これらと並ぶ方策として，家族ではない，しかし，私的なつながりに依存する，という方策の利用が増えるかもしれない。

その際にまず考えられるのが，兄弟姉妹間の相互支援である（兄弟姉妹につき，大村「日本法における兄弟姉妹」加藤雅信ほか編・21世紀の日韓民事法学〔信山社，2005〕〔→学術56頁以下〕）。民法が兄弟姉妹間に認める義務は弱いものにすぎない。また，兄弟姉妹のつき合いの程度は，全体としては希薄になっているかもしれない。ところが，そんななかにあって，ある兄弟姉妹とは疎遠であるが，別の兄弟姉妹とは密接な関係を保っているというケースがあることに注意する必要がある。

兄弟姉妹であるという一事だけによって親しい関係が築けるわけではないが（むしろ反発し合うことにもなる），兄弟姉妹であることを基礎に親しい関係が形成されることはないわけではない。次に述べる「ともだち」の例を先取りするならば，同じ学校で過ごしたというだけで親しい「ともだち」になれるわけで

はないが，同じ学校で過ごしたことは親しい「ともだち」となるきっかけには
なりうるのと同様である。
　「ともだち」という関係は，兄弟姉妹以上に希薄なものである（ともだちにつき，大村「民法における『ともだち』」加藤一郎追悼・変動する日本社会と法（有斐閣，2011））。というよりも，日常的で具体的な支援からは遠いものであると言った方がよいだろう。実際のところ，私たちの多くは，「ともだち」と会って話すことは大事だが，「ともだち」に何かをしてもらおうとは思わないと感じている。それでも，「兄弟姉妹」と同様に「ともだち」に何かを託すことはないわけではない。現行法で言えば，その一例として任意後見契約が挙げられる。また，明治民法で言えば，親族会構成員への就任を挙げることもできるだろう。この種のサービスは全面的・継続的なものではないとしても，物理的・精神的に高齢者を支える手段の一つとはなりうるであろう。

2　「小家族」の変質——非婚家族，再編家族へ

　(1)　**小家族の機能としての出産・子育て**　　ここで「小家族」と呼ぶのは，典型的には，父母と未成年の子（実子）からなる家族のことである。夫婦の結婚の目的は子どもを持つことには限られないが，若いカップルが継続的で安定した関係を持つことは，出産・子育てにとって有利な条件となる。こうしたカップルによって育てられる子は実子に限られるわけではない。不妊カップルが特別養子を迎える場合なども含めて考えることができる。
　子育てを家族以外に委ねることは難しい。もちろん保育園・幼稚園や学校もまた子育てに貢献している。しかし，これらは一定の時間に限り，一定の保育・教育を行っている部分的な組織にすぎない。また，児童福祉施設や里親など子の養育のための組織は他にも存在しないわけではない。しかし，これらは保護者による養育に問題がある場合に備えて設けられた補充的な組織であるにとどまる。
　(2)　**単親家族・継親家族の機能強化**　　以上のように今日でも，出産・子育ての外部化は難しい。そうであるとすれば，現に存するカップルの出産・子育て機能を維持・向上させることが，子育て支援のための方策であるということになる。
　その際，保育所充実のような現物給付，あるいは，「子ども手当」のような金銭給付は，すべての家族に及びうる。しかし，それとは別に，単親家族や継親家族の機能強化をはかることも考えられてよい。
　現代日本においては，3組に1組が離婚する。また，妊娠後に結婚・出産と

いうケースも増えてきているが，妊娠・出産はしたが結婚には至らなかった（あるいは意図的に結婚しなかった）ということもある。これらの場合には，（離婚後の家族を含む）非婚家族が生まれることになる。現行法の下では，こうした非婚家族における親権は単独親権である。それゆえ，親子関係に着目するならば，この家族は単親家族ということになる。

他方，離婚が増えたのに伴い，再婚も増えている。離婚カップルの再婚率が6割前後で安定していることに鑑みれば，当然のことである。前婚の子を伴って再婚する例も少なくない。いわゆる連れ子である。この場合，子どもと実親の配偶者（いわゆる継親）との関係は，現行法では単なる姻族関係にすぎない。つまり，親子関係に即して言うならば，継親家族が増えているということになる。

子育ては単独で行うには困難な作業である。親が就業しているとなればなおさらである。そこで，非親権親や継親の協力が必要になる。そのための制度を構想することは，今後の家族法の課題の一つであろう（大村「『再構成家族』に関する一考案」みんけん500号〔1998〕〔→学術46頁以下〕）。

3 単身者（おひとりさま）の時代？──「個と共同性」の共進化

(1) 事実としての単身・原理としての単身　個々の家族ではなく全体としての傾向を考えるならば，現代において，家族の絆は弱まりつつあると言えるだろう。その先に現れるのが，独居老人や自発的・非自発的な独身者を含む「単身者」である。

今日，税制や社会保障につき，家族単位ではなく個人単位に，という提言がなされることがあるが，これは単身者をベースとした制度を構築すべし，という主張である。この主張の当否を考えるにあたっては，「事実としての単身」と「原理としての単身」とを分けて考える必要がある。

この点につき，「おひとりさまの老後」を打ち出した上野千鶴子はリアリストであると言える。長い人生の中で，あなたは事実として一人になることがありうるだろう，だから，「単身者」として生きる覚悟が必要だし，そのための政策も必要になると説くことによって，広い範囲の人々から共感を獲得することができた。

このような主張と，社会は単身者を単位に再構成されなければならないという主張は，似て非なるものであることに注意する必要があろう。

(2) 親密圏の承認と「家族」の受容　社会の基本単位は「個人」であると考えるとしても，人が市場からも政府からも共同体からも得られないものがあ

るということは認めざるを得ない。特定の人との身体的・感情的な関係を含む日常的な（無意識的な）関係。「公共圏」と対比されて「親密圏」と呼ばれる空間で営まれる人間関係がそれである。

　こうした関係を継続的・安定的に，かつ，包括的に結びあう人々，それが家族であろう。この定義において継続性・安定性の要請を緩和するならば，非婚家族など非典型の家族を含めて，家族の可能性はかなり広がる。また，包括性の要請を緩和するならば，兄弟姉妹や「ともだち」を（広義の）「家族」に包摂することも不可能ではない。

　現代の家族法・家族政策にとって必要なのは，（広義の）「家族」の必要性につき合意を調達した上で，「家族」の多様性を承認し，それぞれにふさわしい処遇をすることであろう。

　その際に，もし親密性への要求を承認するとすれば，自分自身は「家族」から離脱して生きるとしても，他人が，そして社会が「家族」を持つことの必要性を理解し許容することは可能なはずである。

　家族の存在意義を認めるのであれば，家族への優遇政策をとることも基本的には承認されてよい。もっとも，このように言うことは，税制や社会保障制度において家族単位の制度を構築しなければならないということを必然的には意味しない。と同時に，これらの制度においては，家族の存在を考慮に入れてはならないということにもならない。

II　付　論——制度と事実

1　「制度」の両義性

　現行法が有する「婚姻家族」という制度は，人々の行動を方向づけている。ここで「方向づけている（canalizer）」というのは，制約するとともに支援している，という意味である。「制度」は一定の効果・観念を伴うことによって，人々を拘束する。と同時に，同じ理由によって，人々の試行錯誤やコミュニケーションのコストを節減する。

　「結婚（婚姻）」とはかくかくしかじかのものである，と定められることによって，そこから外れることは難しくなるが，結婚した以上は，その制度に従って自分も相手も行動することが期待できる。たとえば，結婚した以上，同居・協力・扶助義務（752条）が課され，婚姻費用分担義務（760条）が生じる。さらに，貞操義務（770条1項1号）が働き，嫡出推定（772条）が働く。他方で，共同親権（818条3項）が実現し，配偶者相続権（890条）や財産分与請求権（768条）が発生する。また，離婚しなければ再婚できない。夫婦はこのルールに従

って（相手も従うものと考えて）行動する必要があり，行動すればよい。

　制度に「縛られている」ということは，制約であるとともに自由を生み出すのである。このことを理解するには，たとえば「言語（文法）」とか「スポーツ（ルール）」などを想起してみればよい。

2　「非典型」から「典型」へ

　「制度」については，もう一つ，述べておくべきことがある。それは，「制度」は不変のもののように見えるが，変更は不可能ではないということである。あるいは，「制度」は既存のもののように見えるが，新設も不可能ではないということである。

　ここでも，（ルールの変更や新語の普及など）スポーツや言語を例にした方がよいかもしれないが，法の世界で例を挙げるならば，民法の定める契約類型がよい例となる。現行の日本民法典には，13種の類型（贈与・交換・売買・消費貸借・使用貸借・賃貸借・雇用・請負・委任・寄託・組合・終身定期金・和解）が定められている。しかし，売買のルールは不変ではないし（たとえば，割賦販売や訪問販売には特別なルールが付加されている），新しい契約類型が民法典に付け加えられることもある（たとえば，フランスでは不動産開発，ドイツでは旅行・通信教育などが付加された。日本では役務提供やリースが話題になっている）。

　人々が，時代に適合した新たな契約（たとえば，ライセンス契約）を繰り返し締結するならば，その契約の標準的な内容がだんだんと明らかになってくる。それらはまず社会によって承認され，やがて必要に応じて法律によって追認される。

　こうして，当初，名づけ得なかったもの（innommé 無名契約）は名づけられたもの（nommé 有名契約）となるのである。

3　「契約化」の哲学

　新しい制度の生成のために有力な手段となるのが「契約」である。取引法の領域においては，契約自由の原則が妥当する。どのような内容の契約であれ，契約当事者が合意するのであれば，その契約は効力を有する。ただし，公序良俗に反する契約は無効である。そして，民法典の承認する典型契約は原則として公序良俗に反しないのに対して，非典型契約については，それが公序良俗に反しないかどうか，より慎重に検討されることになる。

　現代社会において，「契約化」は各所で見られる現象である。たとえば，介護保険。それまでは「措置」であったものが「契約」に置き換えられた。「契

約」とされたことによって，必要な給付の決定に受給者が関与することが可能になった。

実は，こうした現象は，家族法の中にも存在する。民法典は，法定財産制（760条-762条）を定めた上で，それとは異なる「契約（夫婦財産契約）」を自由に締結することを認めている（754条）。夫婦の財産的関係については，すでに契約化が実現しているのである。

同様に，夫婦の人格的関係についても契約化することはできないか。選択的夫婦別姓の導入は，そのような試みの一つであると位置づけることもできる。

もちろん，婚姻の外で，新たな試みをしてみることも可能である。直ちに考えられるのは，（同性の場合も含めて）非婚のパートナー間の共同生活契約であるが，兄弟姉妹間ではどうかも問題になりうる。あるいは，農家の家族経営協定なども「契約化」の一例と考えることができる。

家族関係には一定の安定性が求められる。しかし，革新が不可能なわけではない。新しい家族関係を求める人々は，契約による実験を重ねよ。契約にはその内容・過程の公正さを確保するための仕組みが組み込まれているのだから。よい試みにはフォロワーが現れ，やがてそれは新しい類型（制度）として，私たちの社会の共通の財産となるであろう。

◆ 後編 家族の未来──個人を支える家族へ

小　序——テクストの読み方と後見法・扶養法の構成

　引き続き親族編を読み進む。もっとも，重点の置き方は一律ではない。たとえば，前編**第1部**の対象である「総則（実は親族）」と「婚姻」に関しては，明治民法（1898年民法）から現行民法（1947年改正民法）へのテクストの変遷がかなり大きな意味を持っていた。**第2部**の親子法に関して言えば，47年改正はさほど大きな意味を持たない。実親子法にせよ養親子法にせよ，明治民法が立脚する考え方を読み解くことが中心となる。

　これらに対して，**第3部**の親権法に関しては明治民法の規定は両義的な姿を見せる。一方で，当時，この部分は必ずしも重要視されておらず，議論の分量も多くない。また，少なくとも見かけ上は，戦後改革によって大きな変化を被っている。その意味では，戦後から現在に至る議論のウエイトが相対的には大きくなる。他方，そうは言っても，親権は民法典論争の一つの論点であったことは確かである。明治民法（さらには旧民法）の読み直しを通じて，はじめて現行規定の意味が明らかになるものも少なくない。なお，明治民法の読み直しは，現在では削除されてしまっている規定（具体的には，中編で取り上げた旧第2章「戸主及ヒ家族」の諸規定）についても必要である。これらの規定を度外視して，親族法全体を深く理解することは困難だからである。

　では，本編の対象となる後見法・扶養法については，どうか。一言で言うと，明治民法と現行民法とでは，重点の置かれ方がかなり異なる。いわば，そこには，二つの後見法・扶養法があると言っても過言ではない。この二つの異同を明らかにすることは，家族というものに対する理解を深める契機となるだろう。二つの法の対比は最後に改めて行うこととして，いまは，二つの法を理解するには，諸規定の意味の変遷を辿らなければならないとだけ述べておく。

　本書で後見法とは，現行民法親族編の第5章「後見」と第6章「保佐及び補助」の章を，扶養法とは，同第7章「扶養」を，それぞれ指す。狭義の後見法は未成年後見と成年後見の双方を含む。このうち，未成年後見は親権を補完する役割を持つ。他方，成年後見は，保佐および補助，さらには特別法による任意後見とともに，成年者に対する家族的支援の法の一翼を担う。扶養法もまた家族的支援の法と位置づけることができるが，未成年扶養に関しては，離婚法や親権法とあわせて，「子ども（保護）法」の一角をなすものととらえることもできる。

第5章　後　　見

第1節　838条：後見の開始

> 第838条　後見は，次に掲げる場合に開始する。
> 一　未成年者に対して親権を行う者がないとき，又は親権を行う者が管理権を有しないとき。
> 二　後見開始の審判があったとき。

I　後見の種類——未成年後見と成年後見

1　家産保護制度としての後見

(1) **未成年後見の場合**　後見はもともと未成年後見のみを指していた。旧民法はこのような考え方に立ち，次のように定めていた。「後見ハ未成年者ノ父又ハ母ニシテ生存スル者ノ死亡ニ因リテ開始ス」（旧民人161条1項）。明治民法においても，後見はまず，親権との連続性において理解されていた。「詰り後見と云ふものは或る範囲内に於ては親権の延長であります」（梅・法典調査会六848頁）などと言われてきた。

では，親権の延長上に後見を設けなければならない理由は，どこに求められるか。この点に関しては，法典調査会でなされた次の発言が興味深い。ある委員は，「全体日本には人民の所謂平民に対する後見人の制度と云ふものは御承知の通りまだ無いのであります」（必要ならば戸主がその役を果たしていた。高木・法典調査会六864頁）と言い，起草者の一人（本条担当ではない）は「家族が財産を持つと云ふことは今日までは少なかった」（だから戸主が後見をしても弊害はなかったが，今では事情が違う。富井・法典調査会六865頁）と言っている。

こうして見ると，（未成年）後見の必要性が財産管理に求められていたことが窺われる。戸主が未成年の場合には，特にその必要は大きかった。その場合には，親権者または後見人が戸主権を行うこととされていたが（明民751条但書），この規定は最低限必要なものであった。

(2) **成年後見の場合**　旧民法とは異なり，明治民法は，未成年後見と成年後見（禁治産者の後見）をあわせて規定することにした。さらに，保佐に関する規定も置かれていたが，これは「之は後見でない……之は全く能力問題であります」とされている（梅・法典調査会六842頁）。なお，諸外国では「不在者に

も尚ほ後見に付するとか或は準禁治産者も後見に付する」ことが指摘されつつ，「本案では準禁治産でもさう云ふ事には為らぬ」とされている（梅・法典調査会六844頁）。

確かに，全面的な管理権を有する後見人と能力を補完する役割をはたす保佐人とは異なる。しかし，保佐人も不在者財産管理人も含めて，広い意味で，法律の規定により他人の財産を管理する者，を観念することはできるであろう。

2 家産から人格へ

(1) 親権と未成年後見　今日では，家督相続は廃止されており，未成年たる戸主に家産が帰属するという事態はなくなった。もちろん，未成年の子に巨額の財産が帰属するという例はないわけではないが，家産維持の要請は以前に比べると重要性を失ったといえる。

代わって重要性を増しているのが，子どもの人格の保護であろう。今日でも，親権の延長線上に未成年後見を位置づけることは可能であるが，その場合には，親権者による保護に代わるものとして，未成年後見人による保護を考えることになる。2011年の親権法改正に際しては，未成年後見法の改正もなされて，複数後見人（840条2項）や法人後見人（同3項）が認められるようになったのも，子どもの（人格の）保護強化の一環として位置づけることができる。

(2) 家族的義務から司法的支援へ　旧民法では，「親族会ノ免除ヲ得サル限リハ後見ヲ承諾ス可シ」（旧民人163条1項）と定めていた（承諾しない場合には代務者が選任されるが，後見人はその費用を負担し，代務者の行為につき責任を負う。同2項）。また，後述するように，明治民法はもちろん現行民法においても1999年改正までは，一定の親族関係にある者が当然に後見人となる（法定後見人）という制度があった。これらの規定は，後見人となることが家族的な義務であったことを表している。また，後述するように，明治民法においては，指定ないし選任された後見人もまた就任を拒むことはできないと解されていたようである（後見は公的な義務であると言われていた。ただし，これは「家」制度に固有なものではない。フランス法でも fonction publique とされている）。この点は，条文上は今日においては変化はないが，家裁が選任する後見人については，その者の意見を聴取しなければならないとされているため，実際には後見人になることを強制されることはない。

他方，今日の後見においては，司法的支援の側面が深まっている。後述するように，現行法における後見監督制度は必ずしも十分とはいえないが，その部分は裁判所そのものによる監督に委ねられている。この傾向は後見全般に認め

られるが，特に，1999年に新設された859条の3が，ある意味で象徴的である。同条は「成年後見人は，成年被後見人に代わって，その居住の用に供する建物又はその敷地について，売却，賃貸，賃貸借の解除又は抵当権の設定その他これらに準ずる処分をするには，家庭裁判所の許可を得なければならない」と定めている。

II 後見の開始時

1 未成年後見の場合——当然開始

未成年後見は，未成年者に対して親権を行う者がないとき，または，親権を行う者が管理権を有しないときに，開始する（838条1号）。成年後見の場合とは異なり，後見開始の審判を経ることなく開始する。ただし，未成年後見が開始しても後見人が選任されていないということはありうる。実際，手続上の必要がない限り，後見人の選任は行われないことが多いことが指摘されている（我妻355頁）。これでよいかどうかは議論がありうるが，この点については後述する。

「未成年者に対して親権を行う者がないとき」とは，いかなる場合を指すのか。親がすべて（条文自体は後見人が一人だった明治民法の規定を引き継いでいるが，現行法の下ではこのように解される）死亡した場合がこれにあたることは確かであるが，そのほかに次のような場合にはどうなるかが問題になりうる。①一人または複数の親権者がすべて親権を喪失（あるいは停止された）場合，②父母のうち親権を行使している者（離婚・非婚の場合）が死亡した場合，③普通養子の養親がすべて死亡した場合。

①の場合には，未成年後見が開始する。親権が回復した場合には，後見は終了すると解すべきだが，明文の規定を欠いている。立法論としては，後見の開始事由が失われた場合には，後見は終了することを明示すべきだろう。現行法の下では，後見の開始事由がなくなるので，当然に後見人は失権すると解することになろう（10条・14条・18条）。そうでないとすれば，解任（846条）は適当ではないから，裁判所が後見人の辞任（844条）を促すことになろうか。

②の場合には，親権を行使していない親が，当然に（あるいは親権者変更の手続により）親権者となると解することもできる。未成年後見が開始するとするならば，親権を行使していない親を後見人に選任することの可否が問題となる。同様に，③の場合にも，実親の親権が回復すると解するか，後見が開始すると解することになる（②③に関する見解の分かれについては，新版注釈(25)〔改訂〕

〔山口〕252-258頁を参照）。

「親権を行う者が管理権を有しないとき」とは，親権を行う者は一人または複数いるが，それらの者がいずれも管理権を有しない場合のほか，管理権を喪失した場合・制限された場合のほか，管理を辞した場合を指す。

2 成年後見の場合——審判による開始

成年後見は，成年後見開始の審判によって開始する（838条2号）。この場合には，家庭裁判所が職権によって成年後見人を選任するので（843条），成年後見が開始しながら成年後見人の選任がなされないという事態は生じえない。

では，後見開始の審判と同時に，後見は完全に機能するかと言えば，そうではない。後に述べるように，財産目録作成前の後見人の権限には制限があるからである（854条）。結局のところ，（指定後見人がいる場合を除く）未成年後見については，後見開始→後見人選任→財産目録作成の3段階を経て，（指定後見人がいる場合の未成年後見と）成年後見については，後見開始・後見人選任→財産目録作成の2段階を経て，後見制度は完全に機能するに至ることになる。

第2節　後見の機関

第1　839条〜843条：後見人の指定・選任

（未成年後見人の指定）
第839条① 未成年者に対して最後に親権を行う者は，遺言で，未成年後見人を指定することができる。ただし，管理権を有しない者は，この限りでない。
② 親権を行う父母の一方が管理権を有しないときは，他の一方は，前項の規定により未成年後見人の指定をすることができる。
（未成年後見人の選任）
第840条① 前条の規定により未成年後見人となるべき者がないときは，家庭裁判所は，未成年被後見人又はその親族その他の利害関係人の請求によって，未成年後見人を選任する。未成年後見人が欠けたときも，同様とする。
② 未成年後見人がある場合においても，家庭裁判所は，必要があると認めるときは，前項に規定する者若しくは未成年後見人の請求により又は職権で，更に未成年後見人を選任することができる。
③ 未成年後見人を選任するには，未成年被後見人の年齢，心身の状態

並びに生活及び財産の状況，未成年後見人となる者の職業及び経歴並びに未成年被後見人との利害関係の有無（未成年後見人となる者が法人であるときは，その事業の種類及び内容並びにその法人及びその代表者と未成年被後見人との利害関係の有無），未成年被後見人の意見その他一切の事情を考慮しなければならない。
（父母による未成年後見人の選任の請求）
第841条　父若しくは母が親権若しくは管理権を辞し，又は父若しくは母について親権喪失，親権停止若しくは管理権喪失の審判があったことによって未成年後見人を選任する必要が生じたときは，その父又は母は，遅滞なく未成年後見人の選任を家庭裁判所に請求しなければならない。
第842条　削除
（成年後見人の選任）
第843条① 　家庭裁判所は，後見開始の審判をするときは，職権で，成年後見人を選任する。
② 　成年後見人が欠けたときは，家庭裁判所は，成年被後見人若しくはその親族その他の利害関係人の請求により又は職権で，成年後見人を選任する。
③ 　成年後見人が選任されている場合においても，家庭裁判所は，必要があると認めるときは，前項に規定する者若しくは成年後見人の請求により又は職権で，更に成年後見人を選任することができる。
④ 　成年後見人を選任するには，成年被後見人の心身の状態並びに生活及び財産の状況，成年後見人となる者の職業及び経歴並びに成年被後見人との利害関係の有無（成年後見人となる者が法人であるときは，その事業の種類及び内容並びにその法人及びその代表者と成年被後見人との利害関係の有無），成年被後見人の意見その他一切の事情を考慮しなければならない。

I　未成年後見人

1　指定後見人（839条）

　未成年後見人は，「最後に親権を行う者」が，遺言で指定することができる。この規定は，次の二つの理由によって説明されている。一つは，後見は親権の延長であるので，親権者が「相続人と視るへき後見人」を指定できるという説明であり，もう一つは，父または母が子のために最も利益となる者を指定するであろうという説明である（梅403頁）。
　以上の説明から，親権者が死亡したとしても他に親権者となる者がいれば後

見人は指定は無用であるということになる（839条1項）。しかし，管理権を持たない親権者が管理権の「相続人」を指定するのは背理であるということになる（同項ただし書）。そこから，他に親権者となる者がいても，その者に管理権がない場合には，後見人の指定が可能になる（同2項）。

「最後に親権を行う者」とは誰かであるかに関しては，いくつかの問題があるが省略する（たとえば，離婚後に，子に対して親権を行う者はこれにあたるか。この点は，838条1号の「未成年者に対して親権を行う者がないとき」の解釈と連動する。新版注釈（25）〔改訂〕〔久貴〕286-291頁を参照）。

2 選定後見人（840条・841条）

指定後見人が存在しない場合には，未成年被後見人（未成年者本人）またはその親族その他の利害関係人の請求によって，家庭裁判所が未成年後見人を選任する（840条1項前段）。指定または選定による未成年後見人が欠けた場合（辞任・解任や欠格などの場合）も同様である（同後段）。この役割は明治民法では親族会に委ねられていたが（明民904条），現行民法においては家庭裁判所がこれに代わっている。

なお，家庭裁判所の職権による選任は認められていないが，立法論としてはこれを認めるべきだとするものもある。これに対しては，仮にこれを認めるとしても，家裁は一般には後見開始を知りえないので，実効性に乏しいという批判がある。批判はもっともではあるが，他の手続において後見開始を知った場合に職権で後見人を選任する余地はあった方がよいのではないか（なお，2011年改正で新設された2項には職権選任の規定が設けられている。また，1999年改正の際に，成年後見人については，843条2項に職権選任の規定が追加されている）。

840条による請求がなされなければ未成年後見人の選任がなされないとすると，後見が開始しているのに未成年後見人を欠くという状態が生じることになる。そこで，841条は，親権・管理権を喪失した父母に，未成年後見人の選任を家庭裁判所に請求する義務を課している。これらの場合の父母は，自ら後見人を指定をすることはできないとしても，家裁に選任を請求することはできるし，また，しなければならない（類似の義務は後見人にも課されている。845条）。

840条2項・3項は，2011年改正の際に，複数後見人および法人後見人（3項括弧書による）を認めるために新設されたものである。成年後見人に関する843条3項・4項を下敷きにして定められたものであり，後見人選任の際の考慮事情として，未成年被後見人の「年齢」が加えられている点のみが異なっている。

843条3項・4項は1999年改正の際に新設されたものであるが、この改正に際しては、未成年後見人については複数後見人は認めないとされていた（前者については、改正前842条〔2011年改正で削除〕が「未成年後見人は、一人でなければならない」としていた）。また、843条3項は成年後見人にのみ適用される規定として新設されたので、未成年後見人については法人後見人は認められないという反対解釈がなされることとなった。

2011年改正はこれを改めた。その理由は、直接には、未成年後見人となる者の負担を軽減することによって、その選任を事実上容易にする点にあった。しかし理屈の上では、1999年から2011年までの10年ほどの間に事情が変化したと考えざるをえない。2点を指摘しておく。第一に、1999年に複数後見人が否定された理由の一つとして、（複数後見人間の方針の離齬を問題とし）「未成年者に関しては、親権者についても、非嫡出の関係の場合には単独で親権を行うものとされている」（小林＝原211頁）ことが挙げられていた。複数後見人が認められたことは、非嫡出（あるいは離婚後）の場合にも共同親権を認める障害が減じているということになるのではないか。第二に、1999年に法人後見人が認められなかった理由は明確には示されていないものの、未成年者の監護には自然人があたることが望ましいという判断があったものと思われる。法人後見人が認められたということは、施設による監護に対して肯定的な評価がなされるようになったことを意味する。これは、この10年余の間、児童虐待が増加するなどの事態に対して、施設が果たす役割が増大したことの反映であると言えようか。

II 成年後見人

1 法定後見人（旧840条）

1999年改正前840条は、「夫婦の一方が禁治産の宣告を受けたときは、他の一方は、その後見人となる」と定めていた。配偶者は相互に扶助義務（現在ならば協力義務）を負うことから、後見人の職務を行わせるのが適当であると説明されていたが（梅409頁）、柔軟性を欠く規定であり、かつ、双方とも高齢に達している場合などには妥当性を欠くこともあるとして、1999年改正の際に削除された。

明治民法902条は、禁治産者の法定後見人として、配偶者（2項前段）のほかに、父母（1項・2項後段）を挙げていた。また、同903条は、同じく戸主を挙げていた。父母・戸主に関する規定は1947年改正の際に削除されたが、1999年に配偶者に関する規定が削除されたことによって、親族関係を理由と

する法定後見人制度は消滅することとなった。

2 選定後見人（843条）

　成年後見人に関しては，1999年改正以前の法定後見人がなくなったので，後見開始の審判が行われた場合には，家庭裁判所は必ず職権で後見人を選任する（843条1項）。後見人が欠けた場合も同様であるが，成年被後見人本人や親族その他の利害関係人も選任の請求をすることができる（同2項）。家庭裁判所は，必要があると認めるときは，さらに成年後見人を選任することもできる（同3項）。すなわち複数後見人の選任もできる。

　家庭裁判所は成年後見人を選任するにあたっては，①「成年被後見人の心身の状態並びに生活及び財産の状況」，②a「成年後見人となる者の職業及び経歴並びに成年被後見人との利害関係の有無」，②b「成年後見人となる者が法人であるときは，その事業の種類及び内容並びにその法人及びその代表者と成年被後見人との利害関係の有無」，③「成年被後見人の意見」その他一切の事情を考慮しなければならない（同4項）。このうち，①は成年被後見人側の事情，②abは成年後見人側の事情である。そのほかに③が加えられているが，成年被後見人の同意が要件とされているわけではなく，事実として状況に応じて考慮に入れられるということである。

　なお，②bは，法人が後見人になりうることを間接的に示す規定である。

III 補　論——親権者と後見人，未成年後見人と成年後見人の併存

　未成年後見人は，親権を行う者がいない場合に選任されるのが原則である（839条1項・840条）。しかし，「親権を行う者」はいないが，「親権者」は存在するという場合がある。その者の親権（あるいは管理権）が喪失・停止された場合がこれにあたる。この場合には後見人が選任される。また，両親の一方が親権を行っていたがその者が死亡した場合にも後見人が選任されるとする考え方もある（他方の親権が復活するとする考え方もある）。

　親権者につき未成年後見が開始した場合に，親権は未成年後見人が代行するが（867条1項），成年後見が開始した場合に関する規定は置かれていない。当然には代行はなされないと解し，親権・管理権喪失の場合に準じて未成年後見人を選任することになろう。

　未成年後見人は，成年後見等の開始審判を申し立てることができるほか（7条・11条・15条），それらの取消しの申立もできる（10条・14条・18条）。したがって，未成年者については，成年後見人等と未成年後見人が併存すること

がありうることになる。この場合，成年後見人等の権限に属する部分については，未成年後見人の権限は休眠すると解すべきだろう。

第2　844条〜847条：後見人の辞任・解任

> （後見人の辞任）
> 第844条　後見人は，正当な事由があるときは，家庭裁判所の許可を得て，その任務を辞することができる。
> （辞任した後見人による新たな後見人の選任の請求）
> 第845条　後見人がその任務を辞したことによって新たに後見人を選任する必要が生じたときは，その後見人は，遅滞なく新たな後見人の選任を家庭裁判所に請求しなければならない。
> （後見人の解任）
> 第846条　後見人に不正な行為，著しい不行跡その他後見の任務に適しない事由があるときは，家庭裁判所は，後見監督人，被後見人若しくはその親族若しくは検察官の請求により又は職権で，これを解任することができる。
> （後見人の欠格事由）
> 第847条　次に掲げる者は，後見人となることができない。
> 　一　未成年者
> 　二　家庭裁判所で免ぜられた法定代理人，保佐人又は補助人
> 　三　破産者
> 　四　被後見人に対して訴訟をし，又はした者並びにその配偶者及び直系血族
> 　五　行方の知れない者

I　後見人の辞任（844条・845条）

844条は，後見人の辞任を認める規定である。当然のように思えるかもしれないが，旧民法に置かれていた免除の規定（旧民人163条・178条・179条・225条・226条）を改めて，辞任の規定にしたものである。

明治民法においては，辞任事由が列挙された後に（明民907条柱書および1号から4号），「此他正当ノ事由」が付け加えられていた（同5号）。列挙されていたのは，①婦女，②軍人として現役に服すること，③被後見人の住所地以外の場所で公務に従事すること，④先任者の辞任・欠格事由がなくなったこと，⑤10年以上禁治産後見を行っていること（ただし，配偶者・直系血族・戸主を除く）

であり,「此他正当ノ事由」はこれに準ずるものと考えられていた。たとえば,大臣顕官に就任したことなどが例示されており,場合によっては辞任する必要もないので,裁判所の認定によるとされていた（梅 423-424 頁）。

現行民法では,①②はもはや維持できないこともあって,「正当な事由」のみが要件として残されたのであろう。なお,明治民法の下では,親権に関しては（母の管理権辞任以外は）辞任は認められていなかったが（明民 899 条),現行民法の下では,「やむを得ない事由」による辞任が認められるに至っている（837 条)。親権・未成年後見を対比すると,未成年後見の辞任はより広く認められていることがわかる。

その理由の一端は,③④にも現れていた。先任者の復帰が可能になった場合や長年行っている場合に,辞任が可能だというのは,後見人の職務が「誠に迷惑なる話し」(梅・法典調査会六 891 頁)であることによるのだろう。迷惑ではあるが必要だから後見人を選任している。その場合に,自由に辞任を許すならば多くの後見人は辞任してしまい,辞任しないのは何か思惑がある者に限られてしまうだろうから,辞任できる場合を限定する必要がある。しかし,一定の場合には認めなければなるまいということである。なお,現行民法の下での後見人辞任は少ないと言われている。

845 条は,未成年後見人に関する 841 条に対応する規定であり,もともとは同一の条文であったものであるが,1999 年改正の際に,未成年後見人に関する部分を 841 条に切り出し,未成年後見人・成年後見人の双方に関する部分を後見人の辞任に関する 844 条の後に置いた。

II 後見人の解任（846 条）

後見人の解任につき,明治民法は親族会に一定の権限を認めていた（明民 917 条 3 項・919 条 3 項。「免黜（めんちゅつ)」と呼ばれていた)。現行民法においては,親族会が廃止されたのに伴いこれらは削除され,代わって本条が置かれた。本条の要件は,明治民法における欠格事由の一つとして列挙されていた「裁判所ニ於テ後見ノ任務ニ堪ヘサル事跡,不正ノ行為又ハ著シキ不行跡アリト認メタル者」(明民 908 条 8 号)を転用したものである。すでに,戦前の判例はこの規定を解任のために利用していたが,その理由については欠格事由のところで触れる。

なお,現行法に残る「著しい不行跡」とは,品行ないし操行が非常に悪いことをいう。2011 年まで親権の喪失原因として用いられていた表現であるが,同年の改正の際に改められた。立法論的には本条も改められるべきであろう。

Ⅲ　後見人の欠格事由（847条）

　本条の原規定である明治民法908条には，本条列挙の5事由のほかに，禁治産者・準禁治産者（同2号），剥奪公権者・停止公権者（同3号）と前条で触れた「裁判所ニ於テ後見ノ任務ニ堪ヘサル事跡，不正ノ行為又ハ著シキ不行跡アリト認メタル者」が挙げられていた（同8号）。1947年改正の際に，最後のものは解任の要件とされ，公民権の剥奪・停止は削除された。また，1999年改正の際に，禁治産者・準禁治産者も削除された。

　もっとも，家庭裁判所によって，成年被後見人・被保佐人（特に前者）が後見人に選任されることは考えにくい。また，本条は未成年後見人にも妥当するが，裁判所の関与しない指定後見人として成年被後見人・被保佐人を指定しても有効だと解さざるをえないことになる。この場合には，家裁が当該後見人を解任することになるが，指定後見人を廃止せずに，成年被後見人・被保佐人を欠格事由から削除したのは，立法としてよかったのかどうかは疑問なしとしない。

　ちなみに，信託の受託者に関しては，成年被後見人・被保佐人であることは欠格事由とされている（信託7条）。こちらは裁判所の判断が介在しないため，このようにせざるをえなかったのだろう。

　なお，以上のように言うのであれば，3号の破産者も削除すべきであろう（信託法では削除されている）。また，4号については，欠格事由とするのではなく，場合により解任で対応すればよいとの批判もある。もっとも，立法者の厳格な態度には顧みるべきものも含まれているように思うが，この点に関しては，後見の事務のところで再説する。

　欠格事由は，後見人選任の時点だけでなく，後に生じた場合にも，後見人の資格を失わせる。それゆえ，明治民法908条8号の認定が事後的になされれば，解任と同様の効果が生ずることになっていた。

第3　848条〜852条：後見監督人

（未成年後見監督人の指定）
第848条　未成年後見人を指定することができる者は，遺言で，未成年後見監督人を指定することができる。
（後見監督人の選任）

> 第849条　家庭裁判所は，必要があると認めるときは，被後見人，その親族若しくは後見人の請求により又は職権で，後見監督人を選任することができる。
>
> （後見監督人の欠格事由）
> 第850条　後見人の配偶者，直系血族及び兄弟姉妹は，後見監督人となることができない。
>
> （後見監督人の職務）
> 第851条　後見監督人の職務は，次のとおりとする。
> 　一　後見人の事務を監督すること。
> 　二　後見人が欠けた場合に，遅滞なくその選任を家庭裁判所に請求すること。
> 　三　急迫の事情がある場合に，必要な処分をすること。
> 　四　後見人又はその代表する者と被後見人との利益が相反する行為について被後見人を代表すること。
>
> （委任及び後見人の規定の準用）
> 第852条　第644条，第654条，第655条，第844条，第846条，第847条，第861条第2項及び第862条の規定は後見監督人について，第840条第3項及び第857条の2の規定は未成年後見監督人について，第843条第4項，第859条の2及び第859条の3の規定は成年後見監督人について準用する。

I　後見監督人の指定・選任と欠格事由（848条・849条・850条）

　848条は指定後見監督人に，849条は選定後見監督人に関する規定である。明治民法910条・911条を引き継ぐものであるが，明治民法においては後見監督人は必置であったが，現行民法においては「必要があると認めるときは」とされている。これは1947年改正に際しての早い時期からの方針であり，すでに1946年7月27日付の起草委員第一次案に「親族会を廃止し，親権及後見の監督機関としての親族会の権限は一部を後見監督人に，一部を裁判所に移すこと」（第25），「後見監督人は指定後見監督人の外必要ある場合に裁判所之を選任するものとし，後見監督人なき場合に於て其の権限の重要なるものは裁判所之を行ふものとすること」（第26）という方針が示されていた（経過226頁）。

　この点につき，起草者の一人・我妻栄は次のように述べている。「この構想は，旧法と大いに異なる。……この改正は，大体において妥当なものといえる。けだし，親族間の結合が弛緩するに従って親族自治の思想が効果を収めえなくなり，後見制度が公法化する傾向に順応するばかりでなく，後見の事務内容は

被後見人の財産状態によって大いに異なるものであって，後見監督人を必須の機関とする必要なく，またその基準も画一的に定めえないものだからである」(我妻372頁)。こう述べた後で，我妻は続けている。「しかし，この改正が実効を収めるためには，家庭裁判所が各場合について十分な監督をなしうるだけの機構をもつことを前提とする。しかるにわが国の現状には遺憾の点が多いこと，各所に指摘した通りである」と（同頁）。

後見監督人の辞任・解任・欠格事由については，準用規定があるが（852条→844条・846条・847条），850条は後見監督人に固有の欠格事由を定めている。同条の掲げる者は十分な監督をなしえないだろうというのである。もっとも，裁判所の実質的な判断によれば足りるとすれば，この規定も不要と言えるかもしれない。

II 後見監督人の職務（851条）

後見監督人の職務の中心は，①後見人の事務の監督（851条1号）にある。民法中の個別規定によって任務が定められていることがあるが（853条2項・855条1項・864条・871条），規定がない事項についても一般的な監督の権限・義務を有するものと解される。

後見人の事務の監督の延長線上の職務として，ほかに，②後見人選任の請求（851条2号），③急迫時の処分（同3号），④利益相反行為の場合の被後見人の代理（同4号）が挙げられている。

後見監督人の義務違反に対しては，解任がなされうる（現行853条・855条に対応する明治民法917条・919条に「免黜」の規定があったことは前述の通りである）。また，後見監督人には善管注意義務（852条→644条）が課されているので，損害賠償責任も生じうる。

III 準用規定（852条）

852条は，後見監督人に，すでに触れた辞任・解任・欠格事由，善管注意義務に関する規定のほかに，事務の終了に関する規定（654条・655条），事務の費用（861条2項）や報酬（862条）に関する規定を準用するほか，未成年後見監督人に関する規定（選任に関する840条3項・857条の2），成年後見監督人に関する規定（選任に関する843条4項・859条の2，居住用不動産の処分に関する859条の3）のいくつかを，それぞれ準用している。

これらの規定は，委任に関するものと後見人に関するものとに分かれるが，後見人に関する規定のいくつかは本条以降に現れるものである。法典の階層性

を重視するならば，後見監督人についても，選任等に関する規定は後見人の選任の後に，職務等に関する規定は後見人の選任の後に置くべきであり，そのようにすれば後から出てくる条文を準用することにはならない。しかし，起草者は形式的な整合性よりも規定のまとまりを重視して，後見監督人に関する規定を一括配置したものと思われる。

　この例に限らず，現行民法典においては法典の階層性は必ずしも最優先の考慮事項ではなく，必要に応じた配置がなされていることに注意する必要がある。

IV　補　論——家庭裁判所の役割

　家庭裁判所は，後見人・後見監督人の選任・解任・辞任の許可の権限を有するほか，後見事務の監督権限を有する（863条）。また，居住用不動産の処分につき許可権限を有する（859条の3）。

　しかし，後見監督人の役割が後退していることを考えるならば，裁判所による監督につき，より具体的な権限を定める規定を置くべきではないかという議論はありうる。

　特に，今日では，財産の管理と並んで（あるいはそれ以上に）人格の保護が重要になってきていることを考えるならば，人格に関わる重要な決定（たとえば，重大な手術を受けるか否か）については，裁判所の許可を要するとする制度が考えられる。このような判断は裁判所にはなじまないとすれば，裁判所に代わり被後見人の利益保護を確保する機関を設けることを考えるべきだろう。

第3節　後見の事務

第1　853条〜856条：就職時等の義務

（財産の調査及び目録の作成）
第853条①　後見人は，遅滞なく被後見人の財産の調査に着手し，1箇月以内に，その調査を終わり，かつ，その目録を作成しなければならない。ただし，この期間は，家庭裁判所において伸長することができる。
②　財産の調査及びその目録の作成は，後見監督人があるときは，その立会いをもってしなければ，その効力を生じない。
（財産の目録の作成前の権限）
第854条　後見人は，財産の目録の作成を終わるまでは，急迫の必要が

> ある行為のみをする権限を有する。ただし，これをもって善意の第三者に対抗することができない。
>
> （後見人の被後見人に対する債権又は債務の申出義務）
> 第855条① 後見人が，被後見人に対し，債権を有し，又は債務を負う場合において，後見監督人があるときは，財産の調査に着手する前に，これを後見監督人に申し出なければならない。
> ② 後見人が，被後見人に対し債権を有することを知ってこれを申し出ないときは，その債権を失う。
>
> （被後見人が包括財産を取得した場合についての準用）
> 第856条 前三条の規定は，後見人が就職した後被後見人が包括財産を取得した場合について準用する。

I　就職時の義務

1　財産の調査と目録の作成

後見人が就職したときには，遅滞なく財産調査を行い，1ヶ月以内にその調査を終えて目録作成をしなければならない（853条1項本文）。この期間は家庭裁判所によって伸張されうる（同ただし書）。なお，後見監督人がある場合には，調査・目録作成ともにその立会いを要し，立会いを欠く場合には，それらは無効となり，立会いの上での再調査・再作成が求められることになる（同2項）。

これらの規定は明治民法917条を引き継ぐものであるが，その趣旨は「後見人をして私曲を行ひ又は不整頓の事あらさらしめんと欲せば必す初に財産を調査し其目録を調製せしめさることを得す」（梅452-453頁）と説明されていた。明治民法では，義務違反は解任事由とされていたが（明民917条3項），現行民法はこの規定を削除した。後見人の解任をめぐる争いを避ける趣旨だと説明されているが，争いは避けられるとしても，適切に義務を行わせることはできない。特に，現行民法においては後見監督人は必置ではなくなっている一方，たとえば，目録提出義務も定められていないことを考えるならば，裁判所の監督が十分に及ぶとは思えない。

現行民法では，不在者財産管理人（27条1項・2項）や遺言執行者（1011条）も目録作成義務を課されているが，前者は裁判所の命令によるものなので目録は裁判所に提出されることになろうし，後者は相続人に交付すべきことが定められている。

後見人は，目録作成が終わるまでは，急迫の必要がある行為しかなし得ない

(854条本文)。この制限は善意の第三者には対抗できない（同ただし書）。ここでいう「急迫の必要がある行為」には，事実上の行為（建物の修繕など）も法律上の行為（抵当権の登記など）も含まれる。なお，第三者が悪意の場合には，違反行為の効果は本人たる被後見人には帰属しない。また，違反行為が第三者との関係で有効となっても，本人との関係では義務違反であることに変わりはない。本人は後見人に対して損害賠償請求をなしうる。

2 債権・債務の申出

後見人のもう一つの義務は，被後見人との間に存在する債権・債務の申出である（855条1項）。その存在を知りつつ申出を怠った債権については，後見人は失権する（855条2項）。申出は後見監督人に対して，財産調査開始前に行われなければならないが，後見監督人がいない場合には申出の必要はない。明治民法919条を引き継ぐものであるが，同917条の場合と同じく本条の場合にも，現行民法は義務違反を解任事由とはしていない。中途半端な規定と言わざるをえない。

II 包括財産承継時の義務

以上の二つの義務に関する規定（853条-855条）は，後見人が就職した後に（すなわち，いったん財産調査・目録作成がなされた後に），被後見人に包括財産承継があった場合に準用されている（856条）。ここでいう包括承継とは相続・遺贈のほかに営業譲渡などが含まれるが，個別財産の承継の場合とは異なり，包括財産の承継の場合には承継した財産の内容が不明確であることがあるため，再度の調査・作成が求められている。

III 補 論——後見に関する基本的な発想

民法853条から856条は，後見人による財産管理を適正なものとするために，明治民法の起草者たちが，後見監督人の必置化と並んで重視した規定であった。特に，違反に対する制裁規定を設けるというのは，この部分の起草者であった梅が強調した点であった（梅・法典調査会七33-34頁・36頁）。

もっとも，義務違反によって解任されるというのは，後見人になりたくない者にとっては望むところではないか，という疑念も呈されていたが，この点については，梅が「名誉」を持ち出して反論しているのが注目される（梅・法典調査会七14-15頁）。

いずれにしても，現行民法においては後見監督人はもはや必置ではない。そ

れにもかかわらず，後見監督人の存在を前提にした諸規定が残存し，これらの規定に後見人の監督がかからしめられている。これでは十分な監督は行えないだろう。確かに，後見監督人や親族会は実効的であったのかと言えば，それはそうではなかったのかもしれない。だからといって，その役割を後退させて，後は家庭裁判所に任せる，としておけばよいかと言えば，それもそうではなかろう。

　最終的には裁判所に依存するとしても，それ以前に，日常的に後見人を監督する工夫が何らかの形でなされるべきであろう。どのような仕組みを設けるにせよ，「後見に監督がないと云ふことであれば……全体に於ては取締がないと云ふことになる」「後見の初めから終り迄実際に於て弊を見ると思ふ」（富井・法典調査会七17頁）という発想はなお維持されなければなるまい。

　この点については，任意後見契約法について検討する際に，再説する。

第2　857条〜858条：身上に関する義務

（未成年被後見人の身上の監護に関する権利義務）
第857条　未成年後見人は，第820条から第823条までに規定する事項について，親権を行う者と同一の権利義務を有する。ただし，親権を行う者が定めた教育の方法及び居所を変更し，営業を許可し，その許可を取り消し，又はこれを制限するには，未成年後見監督人があるときは，その同意を得なければならない。
（未成年後見人が数人ある場合の権限の行使等）
第857条の2①　未成年後見人が数人あるときは，共同してその権限を行使する。
②　未成年後見人が数人あるときは，家庭裁判所は，職権で，その一部の者について，財産に関する権限のみを行使すべきことを定めることができる。
③　未成年後見人が数人あるときは，家庭裁判所は，職権で，財産に関する権限について，各未成年後見人が単独で又は数人の未成年後見人が事務を分掌して，その権限を行使すべきことを定めることができる。
④　家庭裁判所は，職権で，前二項の規定による定めを取り消すことができる。
⑤　未成年後見人が数人あるときは，第三者の意思表示は，その1人に対してすれば足りる。
（成年被後見人の意思の尊重及び身上の配慮）
第858条　成年後見人は，成年被後見人の生活，療養看護及び財産の管

> 理に関する事務を行うに当たっては，成年被後見人の意思を尊重し，かつ，その心身の状態及び生活の状況に配慮しなければならない。

I 未成年後見人の身上に関する義務：857条

1 未成年後見人の権限

(1) **権限の範囲** 857条本文は，未成年後見人は，「第820条から第823条までに規定する事項」につき「親権を行う者と同一の権利義務」を有するとしている。明治民法921条を引き継いだものである。後見人は親権者の相続人に匹敵するという論理はここでも妥当する。だから，「親権者に均しきを本則とす」（梅464頁）というのである。

ただし，本条はすべての権限につき一括して定めているわけではない。権限の範囲は，監護・教育（820条）のほか居所指定・懲戒・職業許可（821条-823条）に限定されている。これらは「身上」（personneの訳語）と総称されている。

「身上」にはその他の事項も含まれないか，という問題があるが，少なくとも820条から823条に含まれない権限については後見人には認められない。逆に，後見人に認められない権限が，親権者には（親としての地位に基づいて）認められるということは，考えられないではない。

(2) **権限の制約** もっとも，「親権を行う者と同一の権利義務」は「親権」そのものではない。「法律は後見人を信任すること親権者に及はさる」がゆえに「権限に広狭の別あり」（梅464頁）とされてきた。具体的には，本条はただし書を置いて，①親権者が定めた教育方法や居所を変更する，②職業の許可・許可取消し・制限を行うには，未成年後見監督人がある場合には，その同意を要するとされている。

もっとも，同意が要求されるのは未成年後見監督人がある場合に限られるので，この規制は必ずしも実効的ではない。

2 親権者の権限との比較

民法820条から823条が列挙する事項については，857条ただし書の制限があるほかは，親権者と未成年後見人との間に権限の差があるわけではない。では，これ以外の事項についてはどうか。

第一に問題になるのは，身分行為に対する同意・代諾の権限についてである。

①未成年者の婚姻については，両親が同意権を有する (737条)。この場合，同意権は法定代理人であることではなく，両親であることに由来している。②未成年者の養子縁組については，養子が15歳未満であるときには「法定代理人」が代諾することとされている (797条)。③未成年者の遺言については，15歳以上であれば誰の同意もなく有効になしうるが (961条)，15歳未満である場合には，法定代理人に遺産の処分権があるわけではなく，遺言そのものができない。

第二に問題になるのは，人格・人身に関する行為である。この点については明文の規定がないことが多いが，たとえば医療行為については，多くの医療機関は，(不明な点も多いが)，未成年者である本人の意思と親権を有する家族の意向のバランスをとるように留意しているようである（東京都の例など。「東京都立病院倫理委員会報告・宗教上の理由による輸血拒否への対応について」〔改定，2011，策定，1994〕など）。この場合，配慮がなされているのは「親権者」や「家族」であり，「後見人」はそこには含まれていないかのようである。

Ⅱ 複数未成年後見人の権限行使：857条の2

1 権限の配分

(1) 共同行使の原則　本条は2011年に，未成年後見に複数後見人が導入された際に新設された規定である。まず1項で，共同行使の原則が示されている。身上監護につき，複数後見人が単独または分掌で処理をするのは望ましくないという配慮によるものである（飛澤・一問一答71頁）。また，夫婦で後見人を引き受けた場合などを想定すると，共同親権と同様の取扱いが望ましいと言えよう。

(2) 家裁による権限分配　複数後見人を認めたのはその必要があるからだが，具体的には，身上監護と財産管理とを別々の後見人に委ねることが想定されていた。2項は，財産管理のみを行う後見人を置くことを認めているが，これを受けて3項は，後見人が数人ある場合には，単独・分掌で権利を行使するように定めることができるとしている。以上の結果，財産管理については，①共同行使（すべてにつきABが共同行使），②単独行使（すべてにつきAのみが行使），③競合行使，④分掌行使（事項ごとにAまたはBが行使）の四つの態様が認められうることになる。

以上の決定は家裁によってなされるが，家裁は，いったんなされた決定を取り消したり変更したりすることもできる (857条の2第4項)。

(3) 意思表示の受領　なお，相手方は複数の後見人の誰に対して意思表示

を行ってもよい。

2　規定の配置に関する問題

　本条と対応する規定は，成年後見に関しては民法859条の2に置かれている。その内容は，同条についての後の説明に譲ることとして，ここでは857条の2と859条の2が置かれている位置について，一言しておく。

　857条の2は，未成年者の身上につき，未成年後見人が負う義務に関する規定（857条）の後に置かれている。この位置に規定が置かれたのは，857条の2においては，身上監護と財産管理の分属が強く意識されたためであろう。

　これに対して，859条の2は，成年被後見人の身上につき，成年後見人が負う義務に関する規定（858条）の後ではなく，（成年）被後見人の財産につき，成年後見人が負う義務に関する規定（859条）の後に置かれている。このことからは859条の2が財産管理に着目した規定であったことが窺われる。言い換えれば，成年後見においては身上監護が周辺的な位置に置かれていることが示されているとも言える。

Ⅲ　成年後見人の身上に関する義務：858条

1　成年後見人の義務

　(1)　義務の対象　　本条は，「成年被後見人の生活，療養看護及び財産の管理に関する事務」につき，成年後見人が負う義務の内容を方向づける規定である。ここで問題となるのは，「～に関する事務」とは何を意味しているのかということである。

　この問題を考えるにあたっては，未成年後見人の場合との対比が有益である。未成年後見の場合には，親権者と同様に，監護・教育等の義務を負うことは明示されている（857条）。これに対して，本条は「～に関する事務」を行うに際しての注意義務の内容につき，一定の考慮要素を示しているにすぎない。言い換えれば，本条によって後見人の義務内容が定められてはいないのである。では，どこに定められているのかと言えば，859条に定められているということになろう。859条は「財産を管理し」，「法律行為について……代表する」と定めているが，858条の挙げる「財産の管理」に関する事務はその前段に，「生活，療養看護」に関する事務はその後段に（生活や療養看護のための法律行為を行う），対応するというわけである。

　このことは，「本条の一般規定による成年後見人の身上配慮義務等の対象は，成年後見人の法律行為に関する権限の行使に当たっての注意義務という規定の

性質上，契約等の法律行為に限られるものであり，現実の介護行為のような事実行為は含まれない」と説明されている（小林＝原261頁）。以上の事情は，857条と858条の見出しのつけ方にも反映している。

(2) **義務の内容**　このように，本条は注意義務の内容を定めるための規定なのである。そのために，成年被後見人の①意思の尊重，②心身の状態及び生活の状況の配慮という2要素が示されているのである。

このうち①は，事務管理に関する民法697条2項の延長線上にある。法定の法律関係であっても，本人の意思は意味を持ちうることは強調されてよい。②は，遺産分割の基準を定める民法906条に由来するものと思われる。義務内容や分割基準として，心身の状態や生活の状況が考慮されることは，やはり特筆に値する。しかし，その結果としてもたらされるのは，遺産分割や法律行為といった財産上のものであることに留意する必要がある。

2　旧858条との比較

現行858条は明治民法922条を改めたものであるが，同条は次のようなものであり，1999年改正に至るまでは，これと同旨の規定であった。

　明治民法
　　第922条1項　禁治産者ノ後見人ハ禁治産者ノ資力ニ応シテ其療養看
　　護ヲ為スコトヲ要ス

この規定に関しては，「禁治産者の後見人は苟も其心身を慰め病の平癒に利益ある以上は費用を惜まず之を支出することを要す」（梅467頁）というのがその趣旨であった。

この点につき，1999年の成年後見法改正を主導した星野英一は「そもそも能力制度は，その人の財産を管理するための制度」（星野「成年後見制度と立法過程」ジュリスト1172号〔2000〕6頁）であるとしている。確かに能力制度はそうである。だからこそ，起草者もまた準禁治産は能力の問題だとしていた。しかし，親権や未成年後見は能力制度ではない。そう考えてくると，成年後見を未成年後見に準ずるものとして規定を置いた点に，そもそもの問題があったと言えるかもしれない。

第3　859条〜860条：財産に関する義務

> (財産の管理及び代表)
> 第859条① 後見人は，被後見人の財産を管理し，かつ，その財産に関する法律行為について被後見人を代表する。
> ② 第824条ただし書の規定は，前項の場合について準用する。
> (成年後見人が数人ある場合の権限の行使等)
> 第859条の2① 成年後見人が数人あるときは，家庭裁判所は，職権で，数人の成年後見人が，共同して又は事務を分掌して，その権限を行使すべきことを定めることができる。
> ② 家庭裁判所は，職権で，前項の規定による定めを取り消すことができる。
> ③ 成年後見人が数人あるときは，第三者の意思表示は，その1人に対してすれば足りる。
> (成年被後見人の居住用不動産の処分についての許可)
> 第859条の3 成年後見人は，成年被後見人に代わって，その居住の用に供する建物又はその敷地について，売却，賃貸，賃貸借の解除又は抵当権の設定その他これらに準ずる処分をするには，家庭裁判所の許可を得なければならない。
> (利益相反行為)
> 第860条 第826条の規定は，後見人について準用する。ただし，後見監督人がある場合は，この限りでない。

I　後見人の財産管理に関する義務：859条

　民法859条1項は，親権者に関する824条1項と全く同一の構造を持つ規定である。859条2項は，824条ただし書を準用しているので，全体として見ても，859条と824条とは同一の構造を有することになる。その意味では特に問題のない規定である。
　しかし，次のような問題がある。①本条でいう財産管理・法律行為とは何か。②未成年者に対する同意権はどこから導かれるのか。③860条のように，824条全文をそのまま準用しなかったのはなぜか。
　①については，後見人は被後見人の財産を管理し，そのために必要な法律行為を行うと解されている。言い方を変えるならば，後見人の代理権は被後見人の財産管理という目的によって制約されていることになる。
　②については，明治民法の原案（後見に関する858条に対応する明民923条）に

おいては，1項の後に同意権に関する2項が置かれていた。これはもともと，親権に関する明治民法の原案（824条に対応する明民924条の原案）においては，代理権と同意権とが同一の規定に定められていたことに由来するのだろう。すなわち，後見人の場合，成年者に対しては同意権を持たないので，明治民法923条では，（成年・未成年双方の）後見人の代理権に関する規定を書き起こすとともに，2項に未成年後見人は同意権を持つことを示していた。しかし，最終的には，未成年者に対する後見人の権限の一部たる同意権は，総則の方に定められることになった。

③については，②のような経緯があるために，単純な準用ができなかったということがあったのだろう。経緯を捨象して考えれば，現行824条をそのまま援用してはいけない理由は見当たらない。

II 複数成年後見人の権限行使：859条の2

1 権限の配分

859条の2は，1999年改正の際に，複数後見人を認めるために新設された規定である。本条1項はこのことを前提とした上で，共同・分掌となしうることを定めている。その背後には，複数成年後見人が選任されている場合の標準形は単独行使であり，共同・分掌は例外であるという含みがある。

2 権限外の法律行為

複数成年後見人のうちの一人がその権限外の事項につき行った法律行為は無権代理となる。複数成年後見人が共同・分掌で被後見人を代理するという場合，代理権に対する制限は外部からはわかりにくい。未成年後見人の場合には戸籍記載を見ればよいが，成年後見人の場合には成年後見登記を見る必要がある。

3 公示の問題

成年後見人と取引をする以上，相手からは登記事情証明書の交付を求めることになろうから，大きな問題は生じないだろう。

もっとも，以前に取引した時には単独後見であったのが，その後に複数後見になり，相手方がそのことを知らなかったという場合はありうる。このような場合に相手方を保護する規定は，特に置かれていない。しかし，常に権限の存否・範囲につきチェックをしなければ取引ができないことになってしまうことを避けるには，何らかの保護が必要だろう。

III 居住用不動産の処分についての裁判所の許可：859条の3

1 居住用不動産の要保護性

　民法858条は，被後見人の「心身の状態及び生活の状況」に対する配慮を求めている。この配慮義務が意味を持つのは，被後見人の生活環境に大きな変化をもたらすような場合であるが，居住用不動産の処分はその典型例であり，かつ，重大な事例でもある。

　そこで，1999年改正においては，858条を受けてこれを具体化する形で，859条の3が新設された。具体的には，ドイツやフランスの立法例も参照しつつ，居住用不動産の処分につき，裁判所の許可を必要とすることとされた。

2 「売却，賃貸，賃貸借の解除又は抵当権の設定その他これらに準ずる処分」

　居住用不動産につき裁判所の許可にかからしめられたのは，「売却，賃貸，賃貸借の解除又は抵当権の設定」などである。これらは当該不動産の利用が不可能になる（あるいはその可能性がある）処分である。そう考えるならば，「これらに準ずる処分」には，贈与，使用貸借による貸渡し，使用貸借の解除，譲渡担保・不動産質権などが当たりうることになる。

3 無許可処分の効果

　許可のない処分は無効になると解される。相手方としては，取引の対象たる不動産が居住用不動産にあたるか否かを確認した上で，家裁の許可を得てあるか否かを確認する必要があるということになる。

　このように面倒な調査義務を取引当事者に課す立法がよく成立したと思う。これが可能ならば，夫婦の居住用不動産について，その一方が処分するには他方の同意を要するという立法も，不可能ではなかろうと思われる。違いは，成年被後見人を保護すべしという議論には強い反対は出にくいのに対して，妻を保護すべしという議論はなかなか共感を得にくい点に求められるだろうか。

4 補論――現行民法からは削除された諸規定：明民926条～928条, 931条～933条

(1) 規定の紹介　現行民法が，具体的な規制を行っているのは，居住用不動産の処分ぐらいである。戦前の日本民法にはあったいくつかの制度は廃止されてしまっており，具体的な復活の目途は立っていない（明民926条）。以下，その概略を説明しておこう。

明治民法
　第926条　後見人ハ親族会ノ同意ヲ得テ有給ノ財産管理者ヲ使用スル
　コトヲ得但第106条ノ適用ヲ妨ケス

　まず，後見人は，自分で財産管理をする必要は必ずしもない。有給の財産管理者を使用することもできるが，それには親族会の同意が必要であるとされていた。

明治民法
　第927条①　親族会ハ後見人就職ノ初ニ於テ後見人カ被後見人ノ為メニ受取リタル金銭カ何程ノ額ニ達セハ之ヲ寄託スヘキカヲ定ムルコトヲ要ス
　②　後見人カ被後見人ノ為メニ受取リタル金銭カ親族会ノ定メタル額ニ達スルモ相当ノ期間内ニ之ヲ寄託セサルトキハ其法定利息ヲ払フコトヲ要ス
　③　金銭ヲ寄託スヘキ場所ハ親族会ノ同意ヲ得テ後見人之ヲ定ム

　次に，後見人には，受領した金銭が一定額を超えたら，寄託すべきかを決めることが求められている。寄託先などは親族会の同意を得て定める必要がある。

明治民法
　第928条　指定後見人及ヒ選定後見人ハ毎年少クトモ1回被後見人ノ財産ノ状況ヲ親族会ニ報告スルコトヲ要ス

　さらには，指定後見人・選定後見人に対して，「財産の状況」を親族会に報告することが求められている。

明治民法
　第931条　後見人ハ親族会ノ同意ヲ得ルニ非サレハ被後見人ノ財産ヲ賃借スルコトヲ得ス

　明治民法931条は，一種の利益相反を規定するものとも言える。被後見人の財産に関しては，しばしば起こりうることであろう。

明治民法
　第933条　親族会ハ後見人ヲシテ被後見人ノ財産ノ管理及ヒ返還ニ付キ相当ノ担保ヲ供セシムルコトヲ得

　被後見人たる財産管理者に，担保提供を求めることができる。
(2)　**規定の趣旨**　以上見たところからもわかるように，明治民法において

は，成年後見人は厳しいコントロールの下に置かれていた。1947年民法はこれらの形骸化した義務を廃止した。しかし，繰返しになるが，具体的な義務を実際に書き込んでいく，という作業は，今後実現を目指すべき重要な作業であると言えよう。

Ⅳ　利益相反行為：860条

民法860条は826条を準用している。ただし，後見監督人がある場合はその限りでないとしている。この規定の構造からわかるように，この規定は明治民法には存在しなかった規定である。というのは，明治民法においては後見監督人は必置であったため，本条が作動する余地がなかったからである。もっとも，明治民法の下では，826条2項に相当する規定を準用する余地はなかったことになる。

第4　861条～869条：費用・報酬，監督等

（支出金額の予定及び後見の事務の費用）
第861条①　後見人は，その就職の初めにおいて，被後見人の生活，教育又は療養看護及び財産の管理のために毎年支出すべき金額を予定しなければならない。
②　後見人が後見の事務を行うために必要な費用は，被後見人の財産の中から支弁する。
（後見人の報酬）
第862条　家庭裁判所は，後見人及び被後見人の資力その他の事情によって，被後見人の財産の中から，相当な報酬を後見人に与えることができる。
（後見の事務の監督）
第863条①　後見監督人又は家庭裁判所は，いつでも，後見人に対し後見の事務の報告若しくは財産の目録の提出を求め，又は後見の事務若しくは被後見人の財産の状況を調査することができる。
②　家庭裁判所は，後見監督人，被後見人若しくはその親族その他の利害関係人の請求により又は職権で，被後見人の財産の管理その他後見の事務について必要な処分を命ずることができる。
（後見監督人の同意を要する行為）
第864条　後見人が，被後見人に代わって営業若しくは第13条第1項各号に掲げる行為をし，又は未成年被後見人がこれをすることに同意するには，後見監督人があるときは，その同意を得なければならない。

> ただし，同項第1号に掲げる元本の領収については，この限りでない。
> 第865条① 後見人が，前条の規定に違反してし又は同意を与えた行為は，被後見人又は後見人が取り消すことができる。この場合においては，第20条の規定を準用する。
> ② 前項の規定は，第121条から第126条までの規定の適用を妨げない。
> （被後見人の財産等の譲受けの取消し）
> 第866条① 後見人が被後見人の財産又は被後見人に対する第三者の権利を譲り受けたときは，被後見人は，これを取り消すことができる。この場合においては，第20条の規定を準用する。
> ② 前項の規定は，第121条から第126条までの規定の適用を妨げない。
> （未成年被後見人に代わる親権の行使）
> 第867条① 未成年後見人は，未成年被後見人に代わって親権を行う。
> ② 第853条から第857条まで及び第861条から前条までの規定は，前項の場合について準用する。
> （財産に関する権限のみを有する未成年後見人）
> 第868条 親権を行う者が管理権を有しない場合には，未成年後見人は，財産に関する権限のみを有する。
> （委任及び親権の規定の準用）
> 第869条 第644条及び第830条の規定は，後見について準用する。

I 予算と費用・報酬：861条・862条

1 原始規定

　現行861条・862条は，明治民法924条1項・925条本文に由来する。規定の内容はほぼ同一である。ただし，明治民法においては，924条に2項が置かれており，予算を変更するには，原則として親族会の同意が必要とされていた。しかし，この規定は1947年に削除されたため，予算変更に対する事前の制約はなくなった。なお，925条では報酬を与えることができるのは親族会であったが，現行法では家庭裁判所に改められている。実際には，選任の際に報酬の定めをすることが多いだろう。

2 規定の加除

　1999年改正の際に，現行861条には新たに2項が付加される一方で，862条ただし書は削除された。すなわち，後見事務の費用が被後見人の財産から支出されることが明示される。すでに1947年改正の際に，「後見人が被後見人の配偶者，直系血族又は戸主」である場合には報酬を与えることはできないという

制限が除去されていたが，これらの修正は，後見は家族的な義務ではなく，費用・報酬を伴う財産管理行為であることを明確にすることになった。

II 監　督

1　一般規定：863条

(1) 由来　1947年改正にあたっては，後見人の監督に関する規定のほとんど（明民926条-928条・931条-933条）が削除された。これに代わって置かれたのが，現行863条である（なお，明民929条は現行864条・930条は現行866条に引き継がれている）。

(2) 効果　863条は，まず後見監督人および家庭裁判所に，後見人に対する報告・目録提出の請求権限を付与するとともに，調査権限も付与している（1項）。次に，家庭裁判所に，「必要な処分を命ずる」権限を付与している（2項）。

では，ここでいう調査，必要な処分とは，具体的にはどのようなものなのだろうか。

第一に調査についてであるが，これは家裁調査官などによって行われる。調査対象は後見事務と財産状況とされている。これをふまえて，学説の中には，未成年者の監護教育，成年被後見人の療養看護について調査できるとするものがある（新版注釈民法(25)〔改訂〕〔中川淳〕440頁）。しかし，少なくとも1999年改正後は，療養看護ではなくそのための財産管理および法律行為が調査対象となると解すべきであろう。

第二に必要な処分についてであるが，「財産管理にかんする処分はもちろん，身上にかんする処分をも含む」（中川淳・前掲441頁）とされているが，成年被後見人については身上に関する処分はできないと解される。具体的な処分としては，家事事件手続法が，後見人の職務執行停止・後見代行者の選任・臨時財産管理人の選任などにつき定めているが（家事127条・124条），これらに限られるものではないとされている。なお，未成年者の場合には，親権者の職務執行停止・親権代行者の選任によって，医療行為への同意が行われているが，成年被後見人に関しては，同様の処分は現行法の下ではなしえないと解すべきであろう。立法論としては何らかの手当が必要かもしれない。

2　同意を要する行為：864条・865条

(1) 由来　現行864条は明治民法929条に由来する。後見人が営業および民法13条所定行為（保佐人の同意なしに被保佐人が単独では行えない重要な行為）

については，後見監督人があればその同意が必要であるとされている。もともとは親族会の同意が必要であるとされていたが，親族会の廃止に伴い修正されたものである。監督が弱まったことは明らかであろう。13条所定行為のすべてとは言わないまでも，たとえば借財・保証や贈与，相続等の放棄など（明民886条参照），居住用住宅の処分に対する許可（民859条の3）のほかにも，裁判所の許可を要する行為はあるだろう。

なお，13条所定行為のうち元本の領収は除かれている。これは，準禁治産者たる浪費者を念頭に置いた規定だからと説明されている（梅480頁）。そうだとすれば，浪費者を保佐の対象から除外した1999年改正の際に，13条1号は改めるべきだったのかもしれない。

(2) **効果** 民法865条は，864条違反の効果を取消しとしている。これには理論上の異論もある。むしろ無権代理ではないかというのである（我妻366頁。ただし，代理行為を念頭に置いている）。しかし，865条には代理権の行使だけでなく，同意権の行使の場合が含まれている。未成年者の行為につき後見人が与えた同意が有効でないとすると，当該行為は取消し可能となる。これと平仄をあわせるならば（後掲の明民887条につき，梅371-372頁），取消し構成にも一理ある。明治民法929条には効果に関する定めはなかったが，母が親権を行使する際に一定の事項については親族会の許可を要することと定めていた明治民法886条の効果（明民887条で取消し可能とされ，現行20条の準用や120条から126条の適用について言及している）を準用していた。

III その他

1 利益相反行為・その2：866条

本条は，後見人が被後見人から不当な利益を得ることを避ける趣旨の規定である。制限行為能力者保護のための規定なので，違反行為の効果は取消しとしていると説明されている（梅483頁）。本条所定の行為は利益相反行為となるため，第一次的には，被後見人の利益は後見監督人または特別代理人によって確保されることが想定されている（860条）。これらの者が適正に行為を行えば，後に取消しがなされることもない。しかし，常に適正な行為が行われるとは限らないので，第二次的な保護規定が置かれていると解される。もっとも，そうだとすれば，本条所定の場合を超えて本条の適用範囲を広げることも，立法論としては考えられる。

2　権限の増減：867条・868条

(1) 親権の代行：867条　現行867条は，明治民法934条2項を引き継ぐものである。親権を行う者Aが成年被後見人になると，その親権に服する子Bには親権を行う者がいなくなる。そのため，Aに成年後見人Cが選任されるとともに，Bには未成年後見人Dが選任される。これに対して，Aが未成年者である場合はどうか。まず，婚姻中であれば成年擬制が働くので（753条），問題は生じない。次に，婚姻中でないとしても，Aに親権者Eがある場合には，EがAの親権を代行する（833条）。これに対して，親権者がない場合には，未成年後見人Fが選任されているはずなので，FがAの親権を代行するというわけである。しかし，Fは親権者ではなく後見人であるので，親権の代行にあたっては，後見と同様の制約に服する。

(2) 親権者との併存：868条　明治民法935条と同じ規定である。親権者が管理権を持たない場合にも，未成年後見人は選任される（838条1号）。この場合，未成年後見人は財産管理権のみを有する。この規定を欠くと，身上監護について，親権者と未成年後見人の権限が重複するが，それを避ける趣旨である。

なお，この状況で親権を行う者がいなくなった場合（親権者の死亡・親権喪失などの場合）には，未成年後見人の権限に対する制限は解かれると解されてきた。複数後見人が認められていない状況では特に問題は生じなかったが，2011年以降においては，次のような疑義が生じることになった。すなわち，未成年後見人Aが身上監護を，同Bが財産管理を担当していて，Aが死亡した（あるいは解任等がなされた）場合に，Bの権限は自動的に拡張しないのではないかと思われる。そうだとすると，本条との関係を整理することが必要になる。2011年改正後の解釈論としては，本条の場合も含めて，当然には権限は拡張しないと解すべきではないか。

3　準用規定：869条

委任の規定（644条）と親権の規定（830条）を準用する。644条が準用されるのは当然のことのようであるが，親権者に比べて重い注意義務を課していることになる（827条参照）。

明治民法936条は，親権につき他に2ヶ条を準用していたが，それらはいずれも1947年改正によって削除されたために，現在では830条のみが準用されている。

なお，準用規定はこれらだけでなく，他にも散在する（たとえば，859条2

項・860条など。後出の874条も参照)。

第4節　870条～875条：後見の終了

> (後見の計算)
> 第870条　後見人の任務が終了したときは，後見人又はその相続人は，2箇月以内にその管理の計算(以下「後見の計算」という。)をしなければならない。ただし，この期間は，家庭裁判所において伸長することができる。
> 第871条　後見の計算は，後見監督人があるときは，その立会いをもってしなければならない。
> (未成年被後見人と未成年後見人等との間の契約等の取消し)
> 第872条①　未成年被後見人が成年に達した後後見の計算の終了前に，その者と未成年後見人又はその相続人との間でした契約は，その者が取り消すことができる。その者が未成年後見人又はその相続人に対してした単独行為も，同様とする。
> ②　第20条及び第121条から第126条までの規定は，前項の場合について準用する。
> (返還金に対する利息の支払等)
> 第873条①　後見人が被後見人に返還すべき金額及び被後見人が後見人に返還すべき金額には，後見の計算が終了した時から，利息を付さなければならない。
> ②　後見人は，自己のために被後見人の金銭を消費したときは，その消費の時から，これに利息を付さなければならない。この場合において，なお損害があるときは，その賠償の責任を負う。
> (委任の規定の準用)
> 第874条　第654条及び第655条の規定は，後見について準用する。
> (後見に関して生じた債権の消滅時効)
> 第875条①　第832条の規定は，後見人又は後見監督人と被後見人との間において後見に関して生じた債権の消滅時効について準用する。
> ②　前項の消滅時効は，第872条の規定により法律行為を取り消した場合には，その取消しの時から起算する。

　本節の規定は，すべて明治民法の規定をほぼそのまま踏襲したものである(後述するように，若干の規定において親族会に関する部分が改められている)。

I　計　算

1　計算の実施：870条・871条

　870条は，親権者が行う計算に関する828条本文に対応する規定である。ただし，828条ただし書に相当する規定は置かれていない。費用については別に規定が置かれており（861条2項），明確に計算がなされる。

　828条本文が「遅滞なく」と定めるのに対して，870条は「2箇月以内に」としている。この点については，後者の方が長いように感じられるという疑問がありうる（田部・法典調査会七92頁）。起草者は，財産の多寡によっては1年かかっても「遅滞なく」と言えると応答し，要は，親権者については「成るべく束縛をしたくない」趣旨だとしている（梅・同頁）。なお，原案では期間は3ヶ月であったが，起草者自身がやや長いかもしれないと言っており後に2ヶ月に改められた。また，明治民法では期間の伸長を許可するのは親族会であったが，1947年改正の際に裁判所に改められた。

　871条は，後見監督人の立会いを求めるものである。明治民法には，後見人が更迭された場合（後見が別の後見人によって継続する場合）には，計算には親族会の認可を要すると定める2項があったが，親族会の廃止に伴い，削除された。起草者が計算を重視していたことを考えるならば，単に削除するというのではない対応が必要だったかもしれない。本条違反の効果については明文の規定はないが，853条2項と同様に無効と解するのが通説である。それほど厳格に考える必要はないという見解もあるが，起草者の意図には沿わない。なお，872条・873条との関係も問題になるが，後述する。

2　計算未了の効果：872条

　(1)　規定の趣旨　　872条は，未成年後見につき，後見終了後（＝被後見人が成年に達した後）計算完了までの間に，被後見人と未成年後見人またはその相続人の間でなされた契約は，被後見人が取り消すことができると定めるものである。この規定は，ある意味では奇妙な規定である。そのことは起草者自身も認めており，「此契約ハ理論ヨリ之ヲ言ヘハ既ニ成年ニ達シタル者ト他ノ有能力者トノ間ニ成立シタルモノナルカ故ニ能力上一点ノ瑕疵ナキカ如キ」（梅499頁）としている。実際，法典調査会では複数の委員が，この規定に強く反対した（磯部：法典調査会七99-100頁，高木・同101頁）。

　本条は，直接には旧民法人事編208条の「後見人ト未成年者ノ成年ニ達シタル者トノ合意ニシテ後見ノ決算前ニ為シタルモノハ総テ無効トス」に由来する

が、「未成年者を保護するに付き必要なる規定なるか故に西洋に於ても其例多き所なり」としている（梅500頁）。そのうえで「其規定の細目に至りては各国稍区区に亘れりと雖も本条に於ては最も広く規定し」たとして、具体的には、法律行為の種類による限定をしなかったこと、後見人の相続人にも及ぶことを挙げている（梅同頁）。

もっとも、この規定の適用には、前条の定めによる時間的な限界があるが、立会いの有無はこの点にかかわる（立会いがなければ計算は終了せず、いつまでも本条が適用されることになる。この点は書面交付義務とクーリングオフの関係に似ている）。

本条につき起草者は、より実質的には次のように説明している。「未成年者か僅に成年に達したる際に於ては其智能未た完からす動もすれは軽率の行為あるを免れす」、他方、「後見人は……未成年者に対し莫大の威権を有し動もすれは之を圧制するの弊ある」ため、「後見人は後見終了の際巧みに未成年者を欺き其軽率、寡謀なるに乗し又其速に財産の引渡を受けんと欲する情を利用し就中其財産の実況を知らさるを奇貨とし責任を免るるを目的とする契約を為さんと計る」ということが、西洋ではよくあると述べている（梅498-499頁）。

なお、起草者は次のようにも述べている。「後見人か死亡し其相続人か後見の計算を為すへき場合に於ては前に述へたる理由の中後見人の未成年者に対する権力は後見人の相続人之を有せすと雖も而も他の理由に因りて此場合にも亦本条の規定を適用する十分の理由あるものと認めたるなり」（梅501-502頁）と。

(2) **比較検討**　本条に対する反対者は、「昔の時代ならば卒ざ知らず今日の時勢では陳腐の規則に属しやうと思ひます」（磯部）、「学理が古い」（高木）という指摘をしている。これは何を意味するのだろうか。この点については、起草者による「財産編に彼の銷除の一般の規定があります」（梅・法典調査会七99頁）との言及が参考になる。

「銷除の一般の規定」は、旧民法財産編544条以下に置かれているが、その内容は取消しに関する規定に対応すると言ってよい。ただ、次の規定が注目される。

旧民法財産編
　第548条① 未成年者一人ニテ特別ナル方式又ハ条件ノ必要ナキ合意又ハ行為ヲ承諾シタルトキハ銷除訴権ハ其未成年者ノ為メ欠損アルトキニ非サレハ之ヲ受理セス
　② 法律カ保佐人ノ立会ノミヲ要シタルトキ其立会ナクシテ自治産ノ

未成年者及ヒ准禁治産者ノ為シタル右ト同一ナル性質ノ行為ニ対シ
　　　亦欠損ニ因ルニ非サレハ銷除訴権ヲ行フコトヲ得ス
　③　欠損ハ行為ノ時ニ於テ之ヲ見積リ其偶然ノ事件ヨリ生スルモノハ
　　　之ヲ算入セス

　ここにいう「欠損」とは，フランス法の lésion（損害）を指す。フランス法は成年者による取引であっても，特定の類型の行為（特に不動産売買）において一定の損害が生じる場合に，取消訴権を認めている。ボワソナードはこの規定をより一般化する形で旧民法に取り込もうとしたが，日本側報告委員の強い反対にあって実現しなかった。その結果，lésion は未成年者による法律行為の効果を否定する際の要件として残存することになった。明治民法においては，この規定も削除されたので，lésion の痕跡はもはや認められない。
　ところがその後，判例は，法律行為の当事者の一方が他方の窮迫・軽率・無経験に乗じて著しく過大な利益を得た場合には，これを暴利行為として90条により無効とするという準則を確立した（大判昭和9年5月1日民集13号875頁）。その後，近年の下級審裁判例の中には，この暴利行為論を，イギリス法の「不当威圧」やオランダ法の「状況の濫用」に類する場合にも拡張するものが現れている（以上につき，大村『公序良俗と契約正義』を参照）。
　これとは別に，成年年齢の引下げが議論された際に，成年に達したものの経験の浅い若年者（私自身は「完全成年」に対して「初成年」と呼んでみた。私見については，大村「民法4条をめぐる立法論的覚書」曹時59巻9号（2007）〔学術258頁以下〕を参照）につき，一定の保護をすべきではないかという議論もなされた。
　こうした文脈の中に本条を置いてみると，本条には意外な現代性が潜在することが理解されよう。

　(3)　解釈論的な帰結　　以上のような経緯からすると，次のような解釈論的な帰結が導かれる。一つは，後見人が生存している場合には，その相続人との契約は問題にならないこと，もう一つは，成年後見人についても本条を類推適用しようという見解があるが，必ずしも適切とはいえないこと，である。

3　計算完了の効果：873条

　旧民法人事編210条は，未成年者が後見人に有する債権については決算完結日から当然に，後見人の未成年者に対する債権については決算完結後催告によって，利息が生ずるとしていた。現行873条に対応する明治民法940条1項は，この点を改めて，双方につき計算終了時から利息が生ずるとしたものであるが，

起草者は民法の一般原則によったとしている（梅504頁）。

本条2項についても，起草者は民法704条を適用すれば当然こうなるとしているが，1項を置いたため誤解が生じる可能性があるので，念のために2項を置いたと説明している（梅505頁）。受任者に関する647条と同趣旨の規定である。

本条との関係で言うと，被後見人が後見人に対して債権を有する場合には，計算終了を緩やかに認める（立会いを欠いても計算は終わっているとする）方がよいが，後見人が被後見人に対して債権を有する場合には，厳格に解した方がよいということになる。旧民法の下では，両者について差を設ける解釈論も不可能ではないが，現行法の下ではやや難しい。おそらく利息ではなく，立会いのある計算を怠ったことによる損害として処理することになろう。

なお，親権者の計算については本条のような規定はないが，本条が当然のことを確認する規定であるのであれば，規定がなくとも同様の結果となろう。ただ，親権者の注意義務の程度は低いので，未成年者から親権者に対して責任を追及するという場合が，後見の場合に比べて少なくはなるだろう。

II 準用規定

1 応急処分義務等：874条

委任に関する654条（応急処分義務）・655条（終了の対抗要件）が準用されている。委任との類似に基づく準用規定である。

特に説明を要しないが，細かな解釈論の余地はある。たとえば，「委任（後見）事務を処理することができるに至るまで」は，計算の終了までが一応の基準になるだろう。また，後見の終了を知らない場合というのは，成年後見の場合には生じにくい。未成年後見の場合に，被後見人の年齢を知らないことはありえないではないが，「知りうべき場合」も含めるべきであろう。

2 消滅時効：875条

本条1項は，親権に関する債権債務の時効に関する832条を準用するものである。本来，債権の時効期間は10年間であるが，これをそのまま適用すると，親権の場合には短すぎる場合・長すぎる場合が生じると言われてきた。一方で，子が10歳になる以前に生じた債権債務は，すべて時効にかかってしまう，他方，子が成年に達した後も，親はさらに10年も責任を追及されるのは妥当ではない，というのである。なお，832条と本条については，158条も参照してほしい。

以上の論法が後見人と被後見人にも妥当するかどうか，後者については疑問がないわけではない。

　本条が適用されるのは「後見に関して生じた債権」であり，後見人・被後見人相互間のすべての債権がこれにあたるわけではない。

　なお，2項については，これがないとすると，872条による取消権が行使されたが，本条の消滅時効にかかってしまうという場合が出てくるので，それを避ける趣旨だとされている。

第6章　保佐及び補助

第1節　876条〜876条の5：保佐

(保佐の開始)
第876条　保佐は，保佐開始の審判によって開始する。
(保佐人及び臨時保佐人の選任等)
第876条の2①　家庭裁判所は，保佐開始の審判をするときは，職権で，保佐人を選任する。
②　第843条第2項から第4項まで及び第844条から第847条までの規定は，保佐人について準用する。
③　保佐人又はその代表する者と被保佐人との利益が相反する行為については，保佐人は，臨時保佐人の選任を家庭裁判所に請求しなければならない。ただし，保佐監督人がある場合は，この限りでない。
(保佐監督人)
第876条の3①　家庭裁判所は，必要があると認めるときは，被保佐人，その親族若しくは保佐人の請求により又は職権で，保佐監督人を選任することができる。
②　第644条，第654条，第655条，第843条第4項，第844条，第846条，第847条，第850条，第851条，第859条の2，第859条の3，第861条第2項及び第862条の規定は，保佐監督人について準用する。この場合において，第851条第4号中「被後見人を代表する」とあるのは，「被保佐人を代表し，又は被保佐人がこれをすることに同意する」と読み替えるものとする。
(保佐人に代理権を付与する旨の審判)
第876条の4①　家庭裁判所は，第11条本文に規定する者又は保佐人若しくは保佐監督人の請求によって，被保佐人のために特定の法律行為について保佐人に代理権を付与する旨の審判をすることができる。
②　本人以外の者の請求によって前項の審判をするには，本人の同意がなければならない。
③　家庭裁判所は，第1項に規定する者の請求によって，同項の審判の全部又は一部を取り消すことができる。
(保佐の事務及び保佐人の任務の終了等)
第876条の5①　保佐人は，保佐の事務を行うに当たっては，被保佐人の意思を尊重し，かつ，その心身の状態及び生活の状況に配慮しなければならない。

② 第644条，第859条の2，第859条の3，第861条第2項，第862条及び第863条の規定は保佐の事務について，第824条ただし書の規定は保佐人が前条第1項の代理権を付与する旨の審判に基づき被保佐人を代表する場合について準用する。
③ 第654条，第655条，第870条，第871条及び第873条の規定は保佐人の任務が終了した場合について，第832条の規定は保佐人又は保佐監督人と被保佐人との間において保佐に関して生じた債権について準用する。

I 準禁治産から保佐へ：旧847条・旧876条

　明治民法は，後見の章に保佐に関する若干の規定を置いていた。現行民法は1999年の改正以前には，これを踏襲していた。すなわち，明治民法909条・943条を引き継いだ旧847条・旧876条が置かれていた。
　具体的には，旧847条1項は，後見人の選任・辞任・解任・欠格事由を準用するものであり，同2項は利益相反行為につき臨時保佐人の選任を要するとする規定であった。また，旧876条は，後見に関する債権の消滅時効に関する規定を準用するものであった。
　このような規定配置は，1999年改正までは保佐が準禁治産と呼ばれ，禁治産に準ずる制度とされていたことによる。これが便宜によるものであることは，以前に述べた通りである。明治民法の起草者たちが自覚していたように，後見が財産管理制度であるとすれば，保佐は能力制度であり，その制度趣旨は同一とは言えなかったからである。
　1999年改正以後の保佐は，一見すると，従前の準禁治産を踏襲したものであるように思われる。後見開始の審判・保佐開始の審判に関する民法7条・11条は「心神喪失」「心神耗弱」を「精神上の障害により事理を弁識する能力を欠く」「精神上の障害により事理を弁識する能力が著しく不十分」と言い換えたものの，基本的にはその内容は維持されたからである（ただし，浪費者や聾者・啞者・盲者は除かれたが，これによって保佐が能力に関する制度であることはより明瞭になった）。
　しかし，1999年改正後の規定を見ると，また，新設された補助と対比すると，保佐の制度には性質の変化が生じているようにも思われる。この点に関しては，各条の解説の中で触れるとともに，補助の説明を終えた後で再説する。
　1999年改正後の規定は，基本的には，後見をモデルとして必要な修正を加

えるという方針に従って置かれているが，具体的には，新たに規定が書き起こされている場合（Ⅱ）と準用でまかなわれている場合（Ⅲ）がある。すべて準用によることも可能であったが，制度の概要がわかりやすいように，という配慮によって，基本的な規定は新たに書き起こされた。この点は，今後の民法改正においても参照されるべき立法技術であろう。

なお，規定は876条以下に枝番を用いてまとめて置かれて，新たに章が起こされた（旧876条は新876条によって置き換えられ，旧規定の趣旨は準用規定の中で832条が直接準用される形で維持されている。いわゆる孫準用は解消されているが，これも立法技術的には望ましいことであろう。なお，旧847条については後述する）。新たな章が起こされたことは評価に値するが，枝番が続くことは必ずしも適切なことではない。一部改正である以上は仕方がないが，債権法改正のような大改正においては一考を要するところであろう。

Ⅱ 独自規定

1 保佐の開始：876条

本条は保佐の開始に関する規定であるが，1999年改正前には存在しなかった。存在しなくても特に支障はなく，新設しても実際上の利点はない。ただ，838条2号と平仄をあわせるために，置かれたものである（小林＝原303頁）。無用な規定は置かない，という玄人好みの立法的ミニマリズムを脱却している点は，評価に値する。

2 保佐の機関

(1) **保佐人・臨時保佐人：876条の2第1項・第3項**　876条の2第1項は，成年後見人に関する843条1項に対応する。同条3項は，旧847条2項に対応するものであるが，新たに保佐監督人を設けたのに伴い，保佐監督人がある場合の取扱いを後見の場合の860条とあわせたものである。

(2) **保佐監督人：876条の3第1項**　876条の3第1項は，従来は存在しなかった保佐監督人を新設したものである。1999年改正によって保佐人の権限が拡大されたのに対応して，監督を強化しようという趣旨である。改正法の下では，保佐人の権限は，成年後見人の権限に限りなく近づきうることを考えるならば（13条2項および876条の4を参照），平仄のあった対応であると言える。

3 保佐の事務

(1) **代理権の付与：876条の4**　876条の4第1項は，「特定の法律行為」

につき保佐人に代理権を付与することを可能とする規定である。成年後見人が包括的な代理権を有する（859条1項）のとは異なるが，ある法律行為に関する権限が除外されていれば，「特定の法律行為」の要件は満たすものと考えられる。同様の限界が13条2項にも存在するか否かについては，検討を要するところである（代理権については，包括的な代理権か否かが後見と保佐を分かつが，同意権については，そもそも後見の場合には同意によって本人が法律行為を行うことが想定されていないという違いがある）。

なお，他にも関連の問題があるが，補助のところで触れる。

本条2項は，本人が相当程度の判断力を有する場合を想定し，本人の自己決定を尊重しようとしている。しかし，要同意事項の追加（13条2項）には，このような規定は置かれていない。これでよいかどうかには異論もあり得よう（小林＝原328-329頁は，代理権付与の方が自己決定に対する制約の度合いが高いと解している。同意権・取消権付与の方が自己決定の制約の度合いが高いとは言えないのは確かであるが，そこから直ちに上のようには言えるわけではない）。また，本人の精神上の障害の程度が高い場合に，その同意を得ることは可能なのかという問題もある。この規定は同意能力があることを前提としたものだと解すべきだろう。

本条3項は，事情変更に対応する規定である。要綱試案では審判の変更を認めていたが，改正法は取消し（＋再審判）で統一している。

(2) **注意義務：876条の5第1項**　876条の5第1項は，成年後見の場合の858条に対応する。1999年改正以前には，このような規定は置かれていなかっただけでなく，そもそも善管注意義務についても明文の規定がなかった。しかし，改正前においても善管注意義務がなかったわけではなかろう。その義務の内容が，876条の5第1項所定のようなものとなることも，解釈論として導くことは可能である。その意味で，この規定は確認規定であるとも言える（そう解さないと，同意権の対象追加も代理権付与もされていない保佐人について，新法はその義務を強化したことになる）。

なお，当然のことながら，保佐人が注意義務を負うのは，その権限の行使についてのみであるから，義務の対象は権限の範囲によって画されることになる（小林＝原334-335頁）。

Ⅲ　準用規定

1　保佐人

(1) **保佐人の選任等：876条の2第2項**　旧847条1項は，旧840条から846条を準用していたが，876条の2第2項は実質的にこれを引き継ぐもので

ある。特に付言すべきことはない。

(2) **保佐の事務：876条の5第2項**　この規定は1999年改正前にはなかったものである。同意権の対象事項の追加、代理権の付与などにより保佐の事務の内容が増加したのに対応すべく、善管注意義務に関する644条のほか、後見の規定が一定の範囲で準用されることとなった。

具体的には、複数後見人の権限（859条の2）、居住用不動産の処分制限（民859条の3）、費用（民861条1項）、報酬（862条）、事務の監督（863条）、本人の行為を目的とする法律行為の規律（859条2項が準用する824条ただし書）が準用されている。

見方を変えると、財産調査・目録作成、債権・債務届出、支出予定に関する諸規定（853条-856条・861条1項）や後見監督人の同意を要する行為、被後見人の財産等の譲受け、無償譲与財産の管理に関する諸規定（864条-866条・869条によって準用されている830条）は準用されていない。前者は総財産を管理する者にのみ妥当する、後者はそれほどまでの必要はないと説明されている（小林＝原337-338頁）。13条1項所定行為は保佐人の同意にかからしめるというのが、13条の趣旨であることによるのだろう。しかし、代理権が認められた以上は、13条1項所定行為については、後見の場合と同様の規制を行うべきであろう（この点につき小林＝原316頁は、本人の同意に基づき代理権付与の審判を行っていることを理由に、さらに保佐監督人の同意は不要としている。しかし、保佐監督人の同意は本人の同意の代わりに求められているわけではないし、家庭裁判所による代理権付与と適切な監督の要否は必ずしも重なり合わない）。

(3) **保佐の終了：876条の5第3項**　この規定も新設規定である。基本的には後見の場合と同じである。ただし、未成年後見に関する872条は準用されていない。また、旧876条に代えて、ここで832条を準用している。

2　保佐監督人：876条の3第2項

この規定も新設規定である。後見監督人に関する規定が準用されている。読替規定が置かれているほかに、異なる点はない。

第2節　876条の6～876条の10：補助

（補助の開始）
第876条の6　補助は、補助開始の審判によって開始する。

（補助人及び臨時補助人の選任等）

第876条の7①　家庭裁判所は，補助開始の審判をするときは，職権で，補助人を選任する。

②　第843条第2項から第4項まで及び第844条から第847条までの規定は，補助人について準用する。

③　補助人又はその代表する者と被補助人との利益が相反する行為については，補助人は，臨時補助人の選任を家庭裁判所に請求しなければならない。ただし，補助監督人がある場合は，この限りでない。

（補助監督人）

第876条の8①　家庭裁判所は，必要があると認めるときは，被補助人，その親族若しくは補助人の請求により又は職権で，補助監督人を選任することができる。

②　第644条，第654条，第655条，第843条第4項，第844条，第846条，第847条，第850条，第851条，第859条の2，第859条の3，第861条第2項及び第862条の規定は，補助監督人について準用する。この場合において，第851条第4号中「被後見人を代表する」とあるのは，「被補助人を代表し，又は被補助人がこれをすることに同意する」と読み替えるものとする。

（補助人に代理権を付与する旨の審判）

第876条の9①　家庭裁判所は，第15条第1項本文に規定する者又は補助人若しくは補助監督人の請求によって，被補助人のために特定の法律行為について補助人に代理権を付与する旨の審判をすることができる。

②　第876条の4第2項及び第3項の規定は，前項の審判について準用する。

（補助の事務及び補助人の任務の終了等）

第876条の10①　第644条，第859条の2，第859条の3，第861条第2項，第862条，第863条及び第876条の5第1項の規定は補助の事務について，第824条ただし書の規定は補助人が前条第1項の代理権を付与する旨の審判に基づき被補助人を代表する場合について準用する。

②　第654条，第655条，第870条，第871条及び第873条の規定は補助人の任務が終了した場合について，第832条の規定は補助人又は補助監督人と被補助人との間において補助に関して生じた債権について準用する。

I　補助の新設

　補助の規定は，保佐をモデルとして組み立てられており，保佐とともに一つの章を形成している。

　保佐が「精神上の障害により事理を弁識する能力が著しく不十分」(11条)である者を対象とするのに対して，補助は「精神上の障害により事理を弁識する能力が不十分」(15条1項)を対象とする。両者の差は，基本的には程度の差に帰するという認識に基づくものであろう。

　しかし，保佐が準禁治産を改良した制度であるのに対して，補助は能力者とされていた者にまで保佐に準ずる制度を適用するために，1999年改正によって新設されたものである。その趣旨については後で一言するが，ここでは補助の特徴として，対象とされる者の能力の程度はかなり高いこと，そのことを反映して，同意権・取消権や代理権の対象とされる事項が限定されていることを指摘しておく。

　しかも，1999年改正法の立案担当者によれば，同意権・取消権の対象をゼロとすることも可能であると解されている（小林＝原142-143頁・147頁）。このように考えるならば，補助制度は能力制度ではない，少なくともそれに尽きるものではないことになる。立案担当者は「実際には，代理権の活用を中心として補助の制度が運用されていくものと考えられる」としていたことを考えあわせるならば，ますます能力制度からは遠ざかることになる。

　では，特定事項に関する代理人たる補助人を選任する補助制度とは，何のための制度なのか。行為能力の制限されない者が代理人を欲するならば，自ら選任すれば足りるではないか（もちろん，本人以外の者が補助人選任を申し立てられるならば話は別だが，本人の同意がなければ代理権の付与はなしえない。876条の9の第2項参照）。立案担当者が「法制的な観点からは……議論があった」（小林＝原347頁）としているのは，このことを指すのであろう。これに対しては，「精神上の障害により事理弁識能力が不十分な補助の制度の対象者については，観念的には自ら法律行為をすることも可能であるとはいえるものの，実際には，家庭裁判所が選任し，監督する第三者が本人に代わって法律行為をすることが本人の意思に適合し，客観的にも相当である場合が少なくないものと考えられる」として，これは「必要かつ相当な法的措置」であるとしている（小林＝原347頁）。

　この説明を前提にすると，代理人の選任を的確に行うことができない本人に対して，裁判所がこれをサポートするというサービスを提供する制度であると

いうことになる。それはありうる制度ではあるが、民法典の親族編に未成年後見と並んで置かれるべき制度であるかどうかについては、一考を要するところであろう。この点については最後に一言する。

以下、保佐の場合と同様に、独自規定・準用規定に分けて説明するが、保佐と同じ点は省略し、規定そのものが異なる点、規定は同じだがその意義が異なる点に言及する。

II 独自規定

1 補助の開始：876条の6

876条の6は、保佐の場合の876条に対応する。特に追加することはない。

2 補助の機関：876条の7第1項・第3項、876条の8第1項

876条の7第1項は、保佐の場合の876条の2第1項に対応する。特に追加すべきことはないが、あえて言えば、選任された補助人が同意権・取消権を持たないだけでなく、代理権も持たないことがありうるかが問題になりうる。17条と876条の9はそれぞれを読む限り、同意権・取消権の付与をしないこと、代理権の付与をしないことは可能であると読める。しかし、補助人を選任しながら、いかなる権限も付与しないのであれば、補助人を選任する必要がないということになろう。

876条の7第3項は、保佐の場合の876条の2第3項に対応する。補助の場合には特定の事項につき代理権を付与するので、利益相反が問題になる度合いは低い。たとえば、不動産の売却の代理権を付与するという場合に、買主となることが想定される者を補助人に選任することは避けるべきであろう。裁判所は臨時補助人の選任を要しないように補助人を選任すべきなのである。

876条の8第1項は、保佐の場合の876条の3第1項に対応する。準用規定でもよいはずだが、新設の制度ということで独立の規定が置かれた（小林＝原345頁）。立法時の「意見照会の結果、多数の賛成意見のみ」であったので採用されたと説明されているが（小林＝原345頁）、保佐監督人と補助監督人とでは、その意味は全く同じではない。保佐の場合には、保佐人の権限は改正前よりも大きくなりうるので、後見人の場合に準じて監督が必要であると説明することができる。これに対して、補助の場合には、補助人の権限は保佐人の権限を上回ることはないのが原則である。そうだとすると、従前の立法政策を改めて、監督を強化したことになる。

これは一般論としては理解できる。しかし、一回限りの特定の行為を行うた

めに補助人を選任するという場合に，補助監督人が必要とは思われない。保佐人が一人で行為するのが心配ならば，複数補助人を選任し，共同で権限を行使させればよい（876条の10→859条の2）。しかも，13条1項所定の行為につき，補助監督人の同意を要しないというのであれば，何のための補助監督人かという疑問が生じる。

3　補助の事務：876条の9

876条の9は，保佐の場合の876条の4に対応する。

二つの規定によって付与される代理権の範囲については，特段の制限がない。保佐に関しては，同意権・取消権の対象事項の範囲内でのみ代理権を付与しうるというのが要綱試案の考え方であったが，最終的には，このような制限は設けられなかった。補助に関しては，もともと同意権・取消権の対象事項と代理権の対象事項とを切り離すことが想定されていたため，保佐についてもこれとあわせた形になったわけである。

立案担当者は，「補助の制度だけでなく，保佐の制度においても，代理権（同意権と書かれているが誤植であろう——大村注）による保護の措置は，同意権・取消権による保護（行為能力の制限による保護）の措置とは法制上は完全に切り離される形式になったのである」（小林＝原318頁）と説明している。その当否については，最後に一言する。

Ⅲ　準用規定

1　補助人：876条の7第2項，876条の10

それぞれ，保佐の場合の876条の2第2項，876条の5に対応する。前者については準用されている規定は完全に一致する。後者については，876条の5第1項が加えられているほか，準用されている規定は一致する。

876条の5第1項については，「規定振りは保佐人の身上配慮義務等を読み替えるだけで全く同一である」（小林＝原356頁）から，あえて書き下ろさなかったとされている。

しかし，これは保佐監督人に関する説明とは整合しない。整合的に理解しようとすれば，準用規定とすることによって身上配慮義務の存在をあえてクローズアップしないという方針が採られたということになろうか。

補助人が特定の法律行為（たとえば，不動産の売却）についてのみ代理権を付与されているという場合に，身上配慮義務を語るのには違和感があるということかもしれない。この点については，任意後見契約法について検討する際に再

度論ずる。

2　補助監督人：876条の8第2項

本条は保佐監督人に関する876条の3第2項に対応する。内容も同一である。

Ⅳ　小　　括

1　後見・保佐・補助の関係

1999年改正にあたっては，被保護者の判断力の程度がさまざまであるのに，どのように対応するかという問題をめぐって，二つの考え方が主張されていた。一つは，従前の後見・保佐を残した上で補助を付加するとともに，保佐・補助の内容を変化させることによって対応するというものであった（多元論）。もう一つは，後見・保佐・補助という類型を一つにまとめて，事件ごとに保護者の権限を定めればよいとするものであった（一元論）。

実際の立法はどのようになされたかと言えば，行為能力については多元論が採用された。すなわち，次のような制度が構築された。

```
事理弁識能力を欠く（7条）      → 成年後見
  ↑                            → 保佐＋事項の追加（13条2項）
事理弁識能力が著しく不十分（11条）→ 保佐（13条1項）
  ↑                            → 補助＋事項の指定（17条1項）
事理弁識能力が不十分（15条）    → 補助＝事項の不指定
```

この制度構想の下では，事理弁識能力の不足の程度と要同意行為の範囲の広がりとが対応させられていた。

これに対して，代理権の付与については，保佐と補助との間に違いはない。つまり，保佐であれ補助であれ，必要な範囲で適宜に代理権を付与することが想定されていた。これは一元論的な発想であると言える。

2　親族編と総則編との関係

1999年改正法は，一方で，行為能力の制限を伴わない者に補助人を付することを認め，そのための制度を能力制度の中に設けた。言い換えるならば，補助の創設によって，総則編の能力制度は変質を被ることになった。他方で，法定後見人の制度を廃し，法人後見人を認めた。結果として，成年後見は家族的義務から遠ざかった。保佐や補助を視野に入れるならば，総体としての成年後見制度は家産管理の法ではなくなったとも言える。

明治民法は，旧民法人事編に置かれていた後見の章を分解し，行為能力に関する規定は総則編に，財産管理に関する規定は親族編に配置したが，今日ではこのような区別は不明瞭になりつつある。規定を分配する必然性は無くなっているのである。では，どう考えればよいのか。この点は結語２の議論に連なるが，その前に，1999年改正によって設けられた任意後見という特異な制度について見ておく必要がある。

補節３　任意後見契約法

（趣旨）
第１条　この法律は，任意後見契約の方式，効力等に関し特別の定めをするとともに，任意後見人に対する監督に関し必要な事項を定めるものとする。

（定義）
第２条　この法律において，次の各号に掲げる用語の意義は，当該各号の定めるところによる。
　一　任意後見契約　委任者が，受任者に対し，精神上の障害により事理を弁識する能力が不十分な状況における自己の生活，療養看護及び財産の管理に関する事務の全部又は一部を委託し，その委託に係る事務について代理権を付与する委任契約であって，第４条第１項の規定により任意後見監督人が選任された時からその効力を生ずる旨の定めのあるものをいう。
　二　本人　任意後見契約の委任者をいう。
　三　任意後見受任者　第４条第１項の規定により任意後見監督人が選任される前における任意後見契約の受任者をいう。
　四　任意後見人　第４条第１項の規定により任意後見監督人が選任された後における任意後見契約の受任者をいう。

（任意後見契約の方式）
第３条　任意後見契約は，法務省令で定める様式の公正証書によってしなければならない。

（任意後見監督人の選任）
第４条①　任意後見契約が登記されている場合において，精神上の障害により本人の事理を弁識する能力が不十分な状況にあるときは，家庭裁判所は，本人，配偶者，４親等内の親族又は任意後見受任者の請求により，任意後見監督人を選任する。ただし，次に掲げる場合は，この限りでない。

一　本人が未成年者であるとき。
　　　二　本人が成年被後見人，被保佐人又は被補助人である場合において，当該本人に係る後見，保佐又は補助を継続することが本人の利益のため特に必要であると認めるとき。
　　　三　任意後見受任者が次に掲げる者であるとき。
　　　　イ　民法（明治29年法律第89号）第847条各号（第4号を除く。）に掲げる者
　　　　ロ　本人に対して訴訟をし，又はした者及びその配偶者並びに直系血族
　　　　ハ　不正な行為，著しい不行跡その他任意後見人の任務に適しない事由がある者
②　前項の規定により任意後見監督人を選任する場合において，本人が成年被後見人，被保佐人又は被補助人であるときは，家庭裁判所は，当該本人に係る後見開始，保佐開始又は補助開始の審判（以下「後見開始の審判等」と総称する。）を取り消さなければならない。
③　第1項の規定により本人以外の者の請求により任意後見監督人を選任するには，あらかじめ本人の同意がなければならない。ただし，本人がその意思を表示することができないときは，この限りでない。
④　任意後見監督人が欠けた場合には，家庭裁判所は，本人，その親族若しくは任意後見人の請求により，又は職権で，任意後見監督人を選任する。
⑤　任意後見監督人が選任されている場合においても，家庭裁判所は，必要があると認めるときは，前項に掲げる者の請求により，又は職権で，更に任意後見監督人を選任することができる。

（任意後見監督人の欠格事由）
第5条　任意後見受任者又は任意後見人の配偶者，直系血族及び兄弟姉妹は，任意後見監督人となることができない。

（本人の意思の尊重等）
第6条　任意後見人は，第2条第1号に規定する委託に係る事務（以下「任意後見人の事務」という。）を行うに当たっては，本人の意思を尊重し，かつ，その心身の状態及び生活の状況に配慮しなければならない。

（任意後見監督人の職務等）
第7条①　任意後見監督人の職務は，次のとおりとする。
　　一　任意後見人の事務を監督すること。
　　二　任意後見人の事務に関し，家庭裁判所に定期的に報告をすること。
　　三　急迫の事情がある場合に，任意後見人の代理権の範囲内において，必要な処分をすること。
　　四　任意後見人又はその代表する者と本人との利益が相反する行為に

ついて本人を代表すること。
② 任意後見監督人は，いつでも，任意後見人に対し任意後見人の事務の報告を求め，又は任意後見人の事務若しくは本人の財産の状況を調査することができる。
③ 家庭裁判所は，必要があると認めるときは，任意後見監督人に対し，任意後見人の事務に関する報告を求め，任意後見人の事務若しくは本人の財産の状況の調査を命じ，その他任意後見監督人の職務について必要な処分を命ずることができる。
④ 民法第644条，第654条，第655条，第843条第4項，第844条，第846条，第847条，第859条の2，第861条第2項及び第862条の規定は，任意後見監督人について準用する。

（任意後見人の解任）
第8条 任意後見人に不正な行為，著しい不行跡その他その任務に適しない事由があるときは，家庭裁判所は，任意後見監督人，本人，その親族又は検察官の請求により，任意後見人を解任することができる。

（任意後見契約の解除）
第9条① 第4条第1項の規定により任意後見監督人が選任される前においては，本人又は任意後見受任者は，いつでも，公証人の認証を受けた書面によって，任意後見契約を解除することができる。
② 第4条第1項の規定により任意後見監督人が選任された後においては，本人又は任意後見人は，正当な事由がある場合に限り，家庭裁判所の許可を得て，任意後見契約を解除することができる。

（後見，保佐及び補助との関係）
第10条① 任意後見契約が登記されている場合には，家庭裁判所は，本人の利益のため特に必要があると認めるときに限り，後見開始の審判等をすることができる。
② 前項の場合における後見開始の審判等の請求は，任意後見受任者，任意後見人又は任意後見監督人もすることができる。
③ 第4条第1項の規定により任意後見監督人が選任された後において本人が後見開始の審判等を受けたときは，任意後見契約は終了する。

（任意後見人の代理権の消滅の対抗要件）
第11条 任意後見人の代理権の消滅は，登記をしなければ，善意の第三者に対抗することができない。

後編　第6章　保佐及び補助

I　本法の趣旨：1条・2条

1　目　的

　任意後見契約法（正式名称は「任意後見契約に関する法律」。以下，「本法」と呼ぶ）は，1999年の成年後見制度改革の一環として，法定後見制度の改正とあわせて制定されたものである。

　本法は，「任意後見契約」の「方式，効力等」，「任意後見人」に対する「監督」について定めるものである（1条）。問題は，「任意後見契約」とは何かであるが，この点については，広義の（問題として認識された）「任意後見契約」と狭義の（本法にいう）「任意後見契約」とを区別する必要がある。この点は，「製造物責任」などと同様の関係にある。

　本法にいう「任意後見契約」とは何かは後述することとして，ここでは，立法以前に「任意後見契約」と呼ばれていたものがどのようなものであったのか，その概略に触れておく。この点については，立法担当官の次の説明が要を得ている。

　「関係各界においては，自己決定の尊重及び保護方法の弾力化の観点から，実務上，任意代理の委任契約を成年後見制度の一環（契約により後見の在り方を自ら事前に決める方法）として活用しようとする各種の試みが先行して行われていたことから，法務省民事局内に設置された成年後見問題研究会でも議論されたが，その段階では，成年後見制度を補完する任意代理制度の枠組みについては，その採否を含めて，必ずしも十分な詰めた議論はされなかったものの，公的機関の監督を伴う任意代理制度の想定される枠組みが示された」（小林＝原377頁）。

　引用部分の前段からわかるように，任意後見制度創設の前提にあったのは，①成年後見制度の弾力化，②本人の意思の尊重，③委任契約の活用の3点であった。このうち①②については，法定後見制度の改革によって相当程度まで実現された。また，③については，日本法の下では，本人の意思能力が失われたとしても委任契約が無効となるというわけではないため，新法を必要としないという考え方も有力であった。以上のような事情から，成年後見問題研究会は任意後見制度の創設には必ずしも積極的ではなかった。引用部分の後段はこのことを表している。

　法制審議会でも賛否両論が対立したが，関係各界の意見照会においては，これを導入することに賛成する意見が圧倒的多数であった。そこで，「『任意後見制度』は，関係各界のニーズを踏まえた本人保護の事前的な方法として，私的

自治の尊重の観点から，本人が自ら締結した任意代理の委任契約に対して本人保護のための必要最小限の公的な関与（家庭裁判所の選任する任意後見監督人の監督）を法制化する」（小林＝原378頁）こととなった。

　以下，条文に従う形で，この制度の内容を概観する（Ⅱ・Ⅲ）。その上で，最後に，本法の意義について一言する（Ⅳ）。結論を予告するならば，問題は立案担当官が，「関係各界のニーズ」を強調しつつ，「任意後見制度」と括弧書をしている点に現れていると言うことができる。

2　構　成

　すでに述べたように，本法は，「任意後見契約」の「方式，効力等」，「任意後見人」に対する「監督」について定めるものである（1条）。具体的には，方式（3条），効力（4条-6条），任意後見人の監督（7条・8条）を定めるほか，その終了に関する規定（9条-11条）を置いている。なお，立法時には，家事審判法との関係等を規律する規定（12条・13条）が置かれていたが，これらについては，家事事件手続法の制定に伴い，そちらに譲られるに至っている（家事217条-225条）。

3　定義規定

　本法は，近年の立法のスタイルに則り，目的規定の後に定義規定を置いている（2条）。一見すると，定義規定は技術的な規定のように見えるが，そこに当該法律の基本的な骨格を創り出すための仕組みが施されている場合も少なくない。本法はこの場合にあたる。

　本法が定義するのは，「任意後見契約」「本人」「任意後見受任者」「任意後見人」の4つの用語である。このうち「本人」を除く3つは，「任意後見契約」の骨格を形成するものであると言える。なかでもとりわけ重要なのが「任意後見契約」である。

　では，「任意後見契約」とは何か。定義規定は次のように構成されている。「委任者が，受任者に対し，……に関する事務の全部又は一部を委託し，その委託に係る事務について代理権を付与する委任契約」であって，「第4条第1項の規定により任意後見監督人が選任された時からその効力を生ずる旨の定めのある」ものをいう。この書き方から明らかなように，本法における任意後見契約とは，①一定の内容を有する委任契約であり，②裁判所による任意後見監督人選任の時から効力を生じるものを指すのである。

　このように②が仕組まれているために，「任意後見人」と「任意後見受任者」

との区別が必要になる。任意後見監督人選任の前後において受任者の地位が変わるからである。

①については，「自己の生活，療養看護及び財産の管理」（の全部または一部）が委任契約の対象であるとされている。これには「精神上の障害により事理を弁識する能力が不十分な状況における」という限定が付されている。それゆえ，この状況が出来するまで，任意後見契約は始動しない。この要件は補助開始の審判の要件（民15条）と同じであり，任意後見と法定後見とでそのカバーする範囲に広狭はない。

なお，「自己の生活，療養看護及び財産の管理」（の全部または一部）は，一見すると事実行為を含む広範なものであるように見えるが，実際には，「その委託に係る事務について代理権を付与する」もののみが対象とされている（つまり準委任は除かれている）ことによって，法律行為を行う（およびそれに付随する事実行為を行う）ことに限定されている。

本法は，委任契約に関する特則を定める法律である。それゆえ，規定がない部分については委任の規定が当然に適用される。法定後見に関しては，法人後見人や複数後見人が可能であることを示す規定が置かれているのに対して，任意後見についてはそのような規定は置かれていない。これは，委任契約によってこのようなことが可能なのは当然であるからである。

II　任意後見契約の仕組み

1　締結──形式主義の導入：3条

任意後見契約は，所定の様式の公正証書によらなければならない（3条）。契約の成立に書面を要する例はほかにもあるが（たとえば，保証契約。民446条2項），公正証書によらなければならず，しかも，その様式が法定されている点で，求められる方式は極めて厳格なものになっている。その理由としては，いくつかの点が挙げられるが，本法が適用される「任意後見契約」の外延を明確に画するというのが最大の理由であろう。

本法が定める方式に従わずに締結された契約は，本法でいう任意後見契約には該当しない。したがって，本法の適用はないことになる。しかし，前述のように，委任契約自体は委任者の意思能力が失われたとしても，直ちに失効するわけではない。ただ，本法が予定している裁判所による監督は作動しない。もっとも，任意後見契約が作動するには，公正証書によって締結されただけでは足らず，登記されている（後見登記5条）ことが必要である（本法4条参照）。

2 作動——任意後見監督人の選任・欠格事由等：4条〜6条

(1) **任意後見監督人の選任・欠格事由**　登記された任意後見契約がある場合には，本人が精神上の障害により判断力が不十分な状況に至ったときには，申立権者（本人・配偶者・4親等内の親族・任意後見受任者）の申立てにより，家庭裁判所は任意後見監督人を選任する（4条1項本文）。これが任意後見契約の中心的な効果である。なお，配偶者を4親等以内の親族と区別して掲げているのは，1999年改正前の民法旧7条の規定にならった結果であるが，配偶者が（かつての意味での）法定後見人となるという制度の下ならばいざしらず，配偶者に特別な地位を認めていない1999年法の下では，このような規定の仕方には格別の意味は見出せない。立法的な慣性（惰性）によるものであろう。

　以上の原則には次のような例外がある（4条1項ただし書）。①本人が未成年者であるとき（同1号）。このときには親権または未成年後見が優先する。②後見・保佐・補助の継続が本人の利益のため特に必要であると認められるとき（同2号）。ただし，例外的に法定後見が優先する場合である。なお，この場合には，後見開始・保佐開始・補助開始の審判は取り消されることになる（同条2項）。③任意後見受任者に欠格事由があるとき（同1項3号）。

　また，本人以外の者の申立てによる場合には，本人の同意が必要とされている（4条3項）。補助の場合と同様の規定である（民17条2項・876条の4第2項）。

　任意後見監督人が欠けた場合には，裁判所はこれを補充することができる（本法4条4項）。また，複数任意後見監督人の選任も可能である（5項）。法定後見の場合と平仄をあわせた規定である（民859条の2を参照）。なお，任意後見監督人に関する欠格事由も定められている（本法5条）。

　これに対して，任意後見人が欠けた場合には，裁判所はこれを補充することができない。任意後見人の選任は本人の意思によるからである。この場合には，法定後見に移行することになろう。

(2) **本人の意思の尊重等**　任意後見人は，その事務を行うにあたっては，本人の意思を尊重し，かつ，その心身の状態および生活の状況に配慮しなければならない（6条）。法定後見の場合と平仄をあわせた規定である（民858条など）。

3 作用——任意後見監督人の職務等：7条

(1) **任意後見人・任意後見監督人の監督**　任意後見監督人の職務は，法定後見の場合の後見監督人の職務を下敷きにしている（民851条・863条参照）。異なるのは，任意後見人が欠けた場合に選任の申立てをする必要がない点と裁判

所が任意後見監督人を監督することを通じて後見人を監督するようになっている点である。前者については前述したとおりである。後者については、裁判所による直接の監督は行わず、任意後見監督人を必置とし、その監督を通じて任意後見人を間接的に監督する仕組みが採られているためである。

(2) **準用規定**　任意後見監督人については、委任の規定や後見の規定が準用されているが、基本的には法定後見の場合の後見監督人に関する規律を下敷きにしている（民852条参照）。ただし、居住用不動産の処分制限に関する規定は準用されていない。理由は明らかではない。

Ⅲ　任意後見契約の帰趨

1　変動 ── 代理権消滅の原因：8条〜10条

(1) **任意後見人の解任**　任意後見人は裁判所によって解任されうる（8条）。ただし、私的自治への過度の介入を避ける趣旨から、法定後見の場合とは異なり（民846条参照）、職権による解任は認められていない。

(2) **任意後見契約の解除**　任意後見契約の解除は、任意後見監督人選任以前には、本人または任意後見受任者が任意に解除しうる。ただし、公証人の認証を受けた書面によることが必要である（9条1項）。これに対して、任意後見監督人選任以後は、解除は「正当な事由」によって制限される（同2項）。法定後見人の辞任と平仄をあわせたのであろう（民844条参照）。

(3) **法定後見との関係**　任意後見契約と法定後見では、前者が優先する。すなわち、前者が登記されている場合には、家庭裁判所は、「本人の利益のため特に必要があると認めるときに限り」、後見開始の審判等を行うことができる（10条1項）。この場合、任意後見受任者・任意後見人・任意後見監督人も審判の申立てをすることができる（同2項）。審判がなされれば、任意後見契約は終了する（同3項）。

2　後始末 ── 代理権消滅の対抗要件：11条

任意後見人の代理権は、解任や契約の解除、終了によって消滅する。それらの場合に、代理権消滅を対抗するには、登記が必要である（11条。民655条参照）。

Ⅳ　本法の意義 ── 能力者保護の手法としての裁判所による契約の監督

任意後見契約は、任意後見人に代理権を付与するだけで、本人の行為能力を制限するものではない。その意味では本人は能力者である。同様の事態は、補

助の場合にも生じえたが，補助においては行為能力が制限されることがありうるのに対して，任意後見の場合には行為能力の制限はありえない。

　全体として見る限り，法定後見制度は行為能力制度であると言える。しかし，任意後見制度は行為能力制度ではない。では，この制度は何なのか。この問いに関連して，立法担当官は次のような言及を行っている。「要綱試案では，『公的機関の監督を伴う任意代理制度（任意後見制度）を法制化することについて，なお，検討する』ものとされ（要綱試案第三），公的機関の監督を伴う任意代理制度としての『任意後見制度』に関して，我が国の法制の下で実現可能と考えられる制度の骨子案を示し」たと（小林＝原378頁）。

　ここで述べられているように，「任意後見制度」の実質は「公的機関の監督を伴う任意代理制度」なのである。これが「任意後見制度」と呼ばれるのは，従来，そのように呼ばれてきたからであり，また，法定後見制度に代替するものとして利用されることが想定されてきたからであろう。

　以上のような理解に立つと，能力者が行う委任契約について，公的機関が監督しなければならないのはなぜかが問題になる。この点を説明するのは難しい。冒頭に述べたように，立案担当官が「各界のニーズ」があったから，という政策的な答えをしたくなるのも無理からぬところがある。

　もっとも，法理論的に見た場合に，これでは答えにならないことは言うまでもない。一つの可能性として，不在者に対比することが考えられる。不在者に関しては，能力者が指名した代理人を裁判所が改任できるし（民26条），これを監督する任務を負う（民28条）。しかし，これは不在者の財産管理が必要だからである。民法は財産管理の主体が無くなることを嫌う。取引秩序が混乱する可能性があるからだろう。裁判所が財産管理に関与することは，いわば民法における公序（公益）なのである。

　これに対して，任意後見の場合には，総体としての財産を管理する必要が生じているわけではない。また，契約締結時には本人は完全な能力者である。このような者が締結する契約に対して，なぜ公的機関が監視しなければならないのか。任意後見人の監督が必要ならば，任意後見監督人を本人自らが選任すればよいではないか。

　もう一つの可能性として，任意後見監督人を法定後見人等（補助人）に対比することも考えられる。「精神上の障害により事理を弁識する能力が不十分」な者には，補助人が選任される。そして，補助人は裁判所によって監督される。任意後見監督人の選任は補助人の選任に相当すると考えるのである。しかし，補助人はその権限の範囲内で行為を行うだけのことであり，本人が選任した任

意代理人の行為とは無関係である。

　こう考えてくると，端的に，ある種の契約については，裁判所が一方当事者をサポートするというサービスを提供している，と解するほかないのではないか。これはある意味では大胆な一歩である。同様の考え方によれば，たとえば，若年の成年者に対して，裁判所がサポートするという制度もありうるということになろう。さらに言えば，高齢者や消費者もサポートの対象となりうる。

　もちろん，任意後見契約に関しては，不在者や被補助人との対比がある程度までは可能であるし，また，法定後見との機能的な対比も可能であった。これに「各界のニーズ」という大義名分が加わって，初めて「一歩」が踏み出された。しかし，ともかく初めの一歩が踏み出された以上，次の一歩のための道が開かれたことは確かであろう。

第7章　扶　　養

第1節　877条・878条：扶養の当事者（総論）

> （扶養義務者）
> 第877条① 　直系血族及び兄弟姉妹は，互いに扶養をする義務がある。
> ② 　家庭裁判所は，特別の事情があるときは，前項に規定する場合のほか，3親等内の親族間においても扶養の義務を負わせることができる。
> ③ 　前項の規定による審判があった後事情に変更を生じたときは，家庭裁判所は，その審判を取り消すことができる。
>
> （扶養の順位）
> 第878条　扶養をする義務のある者が数人ある場合において，扶養をすべき者の順序について，当事者間に協議が調わないとき，又は協議をすることができないときは，家庭裁判所が，これを定める。扶養を受ける権利のある者が数人ある場合において，扶養義務者の資力がその全員を扶養するのに足りないときの扶養を受けるべき者の順序についても，同様とする。

I　扶養義務の発生（877条）

1　扶養義務の根拠

(1)　身分関係に基づく法定の義務　　民法の定める扶養義務は，当事者間の合意によって発生するわけではない。当事者間に一定の親族関係があるという事実のみにより，債務が発生する。その意味では，債権各則に定められた法定の債務発生原因（事務管理・不当利得・不法行為）などと共通の性質を持つが，債務発生の原因事実（親族関係の存在）につき，当事者が全く意図的な関与をしていないという特徴を持つ。

旧民法はこの点に着目し，法定の債務発生原因を「不当ノ利得」「不正ノ損害」と「法律ノ規定」に分け，後見の義務（法定後見——現在の「法定後見」とは意味を異にする），共有者間の義務，相隣者間の義務と並んで養料（扶養）の義務を後者に分類していた（旧民財295条・380条）。もっとも，旧民法・明治民法とは異なり，現行民法においては，義務発生の要件として，一定の親族関係があることに加えて，裁判所の審判を要することがある。本条2項の場合がこれにあたる。なお，1項の場合，扶養義務は当然に発生するものの，その具体化

には当事者間の協議または家庭裁判所の審判が必要となる。この点に扶養義務の特殊性がある。そして，この特色の理解が，以下の中心的な課題となる。

(2) **扶養の必要の発生**　現行877条は，(抽象的) 扶養義務を負う者を定めるにとどまり，扶養義務が発生する要件を定めていない。本条に対応する明治民法954条も同様であった。しかし，同条の原案（草案951条）の3項には，「前二項ニ定メタル義務ハ扶養ヲ受クヘキ者カ自己ノ資産又ハ労務ニ依リテ生活ヲスルコト能ハサルトキニノミ存在ス」という規定が置かれていた。起草者の富井は，旧民法人事編の規定（26条）を批判して，「直系尊属と云ふ者は何時でも養料を得る権利を持ち養料を与へる義務があると云ふやうに書いてある。是は甚だ宜くない。自分に資産がある或は働いて飯を食ふ丈けの力がある者であれば養はなくても宜いと云ふことにならねば困らうと思ふ。それ故に第3項の規定を置きました」（富井・法典調査会六791頁）と述べていた。

この規定は，その後，位置を変えて（その理由につき，富井・法典調査会六818-819頁参照）明治民法959条1項となったが，「生活ヲ為スコト能ハサルトキニノミ」という要件は維持されていた。しかし，1947年の大改正にあたり，959条・960条・961条が現行879条にまとめられる際に改められた（その背景については，奥野・経過174頁）。この規定そのものは削除されたが，程度の点は別として扶養の必要が発生していることが扶養義務の成立要件として必要である（論理的な前提となっている）ことは変わらないというべきだろう。

では，一定の範囲の親族の誰かに扶養請求に応じる資力があることは，扶養義務の成立要件だろうか。通説はこの点を肯定する。しかし，扶養の必要がある以上，扶養権利者には（抽象的）扶養請求権は発生していると考えるべきではないか。これに対応する義務を負いうる者が一定の範囲の親族内に存在すれば，その者が扶養義務者となるが，そうでない場合には，補充的に生活保護請求権が発生すると考えるべきではない（どちらが優先するかは立法論的には検討を要するところであるが，扶養請求権がまず存在するとした上で，誰がこれに応ずるかを考える方がよい）。

2　扶養義務者の範囲

(1) **範囲の制限**　明治民法においては「直系血族及ヒ兄弟姉妹」間（明民954条1項。本条1項と同じ）に加えて，「夫婦ノ一方ト他ノ一方ノ直系尊属ニシテ其家ニ在ル者」（同2項）の間にも扶養義務があるとされていたが，これらの規定は，法的義務としての扶養義務が生ずる親族の範囲を限定する趣旨で設けられた（梅531頁）。現行の2項は旧法の2項に代替するものである。家庭裁判

所の審判なしに，義務を負うことはないとされた点において，扶養義務者の範囲は従前よりもさらに狭められたが，他方において，「3親等内の親族」につき扶養義務を課しうるとした点では，扶養義務者の範囲は広がったと言える。

なお，明治民法の起草者は，兄弟姉妹間には扶養義務を認めない立法例があることを知りつつ（梅531頁。たとえば，当時のイ民141条は，例外的な場合にのみ認めていた），日本の慣習に従って義務を認めることとした（富井・法典調査会六793頁は，フランス・ドイツも認めているとしているが，今日では認めていない。ド民1601条，フ民205条・20条を参照）。ただし，兄弟姉妹に関しては，過失によって要扶養状態に陥った者に対しては，扶養義務を負わないとしていた（明民959条2項）。現行法では，このような制限は撤廃されているので，少なくとも条文上は扶養義務の範囲は広がったことになる。

そもそも，今日においても，兄弟姉妹間に扶養義務を認める必要があるのかという点は，本条2項とともに見直しの対象となりうる。

(2) **直系血族・兄弟姉妹——絶対的義務**　民法877条1項に定める親族関係にある者の間においては，扶養義務は当然に発生する（絶対的扶養義務と呼ぶことがある）。しかし，この規定から発生するのは抽象的な扶養義務にとどまり，扶養義務の具体化には，当事者の協議または家庭裁判所の審判を待たなければならない。その意味では，本条1項は，扶養義務の存否につき協議・審判をするに際して，義務者となりうる者として当然に考慮に入れられるべき者の範囲を定めていると言える。

直系血族には，親等の遠近にかかわらず，本条1項が適用される。本条1項の定める「直系血族」に含まれるか否かが問題になりうる者としては，以下のものが考えられる。

① **法定血族**　養子とその養親およびその直系尊属との間には，本条1項により抽象的扶養義務は発生する。他方，養親と養子の（縁組み以前に存在する）直系卑属との間には法定血族関係が発生しないので，扶養義務も発生しない。なお，養子とその実方の直系尊属との間の抽象的扶養義務は，血族関係を断絶させる特別養子縁組の場合を除き（817条の9参照），養子縁組によっても消滅しない。

ただし，具体的な扶養義務の発生に際しては，実親（および実方の尊属）は養親（および養方の尊属）に劣後するものと解されている。親権との関係（養親の親権が実親の親権に優先する）とも関連する。この点については，後述する。

また，現行民法においては，夫婦の一方と他方の子との間には，法定親子関係は発生せず（明民728条は法定親子関係を認めていたが，この規定は削除された），

姻族1親等となるにとどまる。したがって，877条1項による扶養義務は発生しない。ただし，その他の規定による義務が発生しないかは別の問題である。後述する。

② 未認知の親子　婚姻外の親子関係のうち，母子関係は分娩の事実により発生すると解されているので，扶養義務も当然に発生する（大判昭和3・1・30民集7巻12頁）。しかし，父子関係の発生には認知が必要なので（779条），認知がなされない限り，生物学上の父と子の間に扶養義務が発生することはない（東京地判昭和54・3・28判タ389号137頁）。

他方，兄弟姉妹については，次のような問題がありうる。

父母を同じくする者（全血）のほか，父のみ・母のみを同じくする者（半血），実子と養子もまた兄弟姉妹にあたる。もっとも，順位の問題については，検討を要する（特に，半血の兄弟姉妹の相続分が全血の兄弟姉妹の相続分の2分の1とされていることとの関係をどう解するかなど）。

なお，現行法では，父の子と母の子（再婚夫婦のそれぞれの連れ子同士）は，子と継親の間で養子縁組がなされない限り，兄弟姉妹にはあたらない。継親子間の場合と類似の問題がある。

(3) 3親等内の親族——相対的義務　前述のように，明治民法においては，「夫婦ノ一方ト他ノ一方ノ直系尊属ニシテ其家ニ在ル者」の間に扶養義務が認められていた。嫁（婿）は舅・姑を扶養する義務を負うというのが，典型例である。この点は，1947年の大改正の際に最も問題となった点の一つであった（我妻・経過171頁）。

877条2項に関しては，その定める範囲の親族に属する者すべての間に直ちに扶養義務が生ずるわけではなく，家庭裁判所の審判によって初めて義務が発生する（相対的扶養義務と呼ばれる）。

本項の「特別の事情」は厳格に解するのが通説だとされている（新版注釈(25)〔改訂〕〔塙〕771頁）。より具体的には，①「1項の親族に扶養能力のある者がなく，3親等内の親族に相当の資力がある」というだけでは足らないとされており（中山141頁），裁判例は，②相当の対価を得ている場合や特別な恩義があること，同居者であることを重視しているという。

条文の構造としては，まず②に着目して，2項の親族の範囲から一定の者を絞り出し，この（これらの）者を含む抽象的扶養義務者の中から，①を含む諸事情を考慮して（878条・879条による），具体的な扶養義務を定めることが想定されていると見るべきだろう。もっとも，実際の判断にあたっては，2項の親族については，この2段階の判断は融合してしまうものと見られる。言い換

るならば，2項の親族に関しては，抽象的扶養義務を負うが具体的扶養義務は負わないという事態は想定しにくい。

逆に，具体的な扶養義務とは別に，抽象的な扶養義務のみが取り消されるという事態も考えにくい（本条3項が単独では適用されることはない）。なお，親族関係が消滅することによって扶養義務者でなくなることはありうるが（民728条参照），この場合には，本条3項によることなく義務は当然に消滅する。

3親等内の親族のうち，直系血族と兄弟姉妹については本条1項が適用されるので，2項の適用場面は，3親等内の姻族と3親等の親族（おじおば・甥姪）に限られる。後者を含めるために「親族3親等」とされたが（中川・経過173頁），（姻族2親等・3親等も含めて）これでは広すぎないかが問題になりうることは，前述したとおりである。

II　扶養の順位（878条）

1　順位決定の必要性

(1)　**義務者複数の場合**　扶養を受けるべき者（権利者）に対して扶養をなすべき者（義務者）が一人しかいない場合には，順位決定の必要は生じない。しかし，複数の義務者がある場合には，その間の調整をはかる必要が生じる。

この調整の仕方は一様ではない。複数の義務者の間での連帯債務・分割債務となるというのもありうる考え方であるが，民法は「順位」を定めるという考え方に立っている。これは，複数の義務者A・Bを等しく扱うのではなく，その間に優先劣後の関係を設けることを意味する。すなわち，Aが先順位の義務者である場合には，まずAに義務が課され，Aのみによって十分な扶養がなされない場合に限り，続いてBに義務が課されるということになる。

(2)　**権利者複数の場合**　扶養を受けるべき者（権利者）が一人であれば，扶養のなすべき者の人数にかかわらず順位決定の必要は生じない。また，権利者が複数であっても，そのすべてを扶養するだけの義務者が存在する場合には，順位の問題は顕在化しない。問題が生じるのは，すべての権利者の必要を満たすことができない場合である。

ここでも「順位」の考え方をとるならば，複数の権利者C・Dのうち，先順位のCに対する扶養がまずなされ，なお余力があれば，Dへの扶養がなされるということになる。なお，このような優劣関係をつけるべきではない状況においては，C・Dを同順位とした上で，必要ならば扶養の程度・方法において差を設けるほかない。

2 順位決定の基準

(1) 手続　扶養に関する義務者・権利者が複数存在する場合には，その順位の決定は当事者の協議または家庭裁判所の審判に委ねられる。この点につき，明治民法は，義務者の順位（明民955条）・権利者の順位（明民957条）をそれぞれ法定していた。

これに対しては，「斯様な機械的な規定が果たして実情に適するであらうか。大体の輪郭を規定して裁判所又は家事審判所の裁量の余地を広くした方がよかつたらうと思ふ」（穂積710頁）との批判がなされていた。また，すでに大正要綱は「扶養ニ付テハ，扶養ヲ為スベキ者其他ノ大綱ヲ規定スルニ止メ，扶養ノ順位・扶養ノ程度方法等ニ関スル現行法ノ繁雑ナル規定ヲ整理シ，家事審判所ヲシテ適宜之ヲ裁断セシムルモノトスルコト」（臨時法制審議会民法改正要綱〔大正14年〕）が提案されていた。

現行法はこの考え方に沿ったものであり，878条は，扶養の順位につき，第一次的には当事者の協議に委ね，最終的には家庭裁判所の審判によるものとした。

(2) 実体　結果として，現行法は，実体的な判断基準を欠くに至っている。これには立法論的な批判もある（西原道雄「生活保護法における親族の扶養義務」私法16号〔1956〕など）。むしろ，基準を廃止するのではなく，合理化・柔軟化を図るべきだったのではないか。なお，明治民法では，同順位の義務者間では，「資力」に応じて「分担」する（明民956条），同順位の権利者間では，「需要」に応じて扶養を受けられる（明民958条）とされていたが，現行法はこうした基準さえ持っていない。

なお，裁判例には，生活保持義務と生活扶助義務とを区別して，前者を優先させるものが見られるとともに，学説の一部には，この基準を画一的に適用する（たとえば，年齢の高い子に対する扶養を老親に対する扶養に優先させる）ことに反対するものがある（鈴木245-246頁など）。しかし，今日ではむしろ，生活保持義務・生活扶助義務という分類そのものを含めた見直しが必要であろう。

III 親族扶養以外の扶養

民法877条による扶養義務は「親族扶養」と呼ばれるが，扶養義務は同条に基づいてのみ発生するというわけではない。たとえば，夫婦間の扶養義務は，夫婦の扶助義務に関する規定（民752条）または婚姻費用分担義務を定める規定（民960条）によって成立する。また，親の未成年子に対する扶養義務に関しても，877条によるという見解はあるものの，親であることによる，あるい

は，親権の効力による，という見解が説かれている。なお，連れ子や舅・姑のうち同居する者に対する扶養義務は，婚姻費用分担義務の中に包摂されるとする見解もある（大村）。

（親権の効果とするか否かは別にして）親の未成年子に対する扶養義務，婚姻共同体の内部における扶養義務を特別な義務として観念し，その内容・程度についても親族扶養の規定はそのままはあてはまらない，と考えるならば，扶養の順位の決定にあたっても，これらの扶養と親族扶養とが同列に並ぶことはないということになる。これを言い換えると，親族扶養とは，特別な扶養義務によってカバーされない場合に生じる補充的な扶養であるということになる。

この考え方に立てば，親の未成年子に対する扶養義務，同居する舅・姑や連れ子に対する扶養義務を親族間の扶養義務とは別格に扱うことが正当化される。ただ，この考え方は，明治民法の起草者が，扶養法の規定は，877条（明民954条）以外の規定による扶養義務にも等しく適用されるものと考えていたという事実（梅531頁）やかつての扶養法には親族扶養とその他の扶養とを調整する規定（順位に関する規定）が置かれていたという事実とは両立しにくい。しかし，順位に関する規定が削除された今日において，起草者意思から離れる解釈論も十分に成り立つだろう。

第2節　879条〜881条：扶養請求権の具体的な内容（各論）

> （扶養の程度又は方法）
> 第879条　扶養の程度又は方法について，当事者間に協議が調わないとき，又は協議をすることができないときは，扶養権利者の需要，扶養義務者の資力その他一切の事情を考慮して，家庭裁判所が，これを定める。
> （扶養に関する協議又は審判の変更又は取消し）
> 第880条　扶養をすべき者若しくは扶養を受けるべき者の順序又は扶養の程度若しくは方法について協議又は審判があった後事情に変更を生じたときは，家庭裁判所は，その協議又は審判の変更又は取消しをすることができる。
> （扶養請求権の処分の禁止）
> 第881条　扶養を受ける権利は，処分することができない。

I　扶養の程度と方法（879条）

1　決定手続

　扶養の程度・方法は，まず当事者の協議により，協議が調わないときには，家庭裁判所の審判により決まる。程度・方法が定まらなければ，扶養義務は具体化しない。

　もっとも，扶養義務がいつから履行遅滞になるかは，これとは独立の問題であろう。扶養請求権が法定債権であり，請求によって顕在化する性質のものであることに鑑みるならば，原則として請求時から履行遅滞に陥ると考えるべきだろう（慰謝料請求権と対比せよ）。

2　扶養の程度の決定

　(1)　考慮の要素　扶養の程度については，扶養権利者の需要，扶養義務者の資力のほか，「その他一切の事情」が考慮される。

　扶養の必要がなければ，扶養義務が発生しないことは877条について述べたとおりである。ここでの「需要」とは，扶養の必要を抽象的に認めた上で，どの程度の扶養が具体的に必要かということである。明治民法の下では，身分や年齢・健康状態などにより需要は異なると解されていたが，今日では法的な意味での身分は問題にならない。他方，明治民法の下では，扶養権利者に一定の資産があれば扶養義務は発生しないとされていなかったが（明民959条1項），今日では，不動産等はあるが預金・現金はないという場合を，どうとらえるかという問題がある。

　他方，扶養義務者の側の要素としては，明治民法にあった「身分」が削除されて（明民960条），「資力」のみが挙げられている。今日では richesse oblige であるが，かつては noblesse oblige であったということだろうか。

　その他に，兄弟姉妹間の扶養に限り，明治民法は扶養の必要が権利者の過失によらず生じたことを要件としていた（明民959条2項）。その他一切の事情の中には，こうした事情も含まれうる。さらに，義務者・権利者の間の従前の関係なども考慮に入れられることになろう。

　(2)　考慮の方法　義務者・権利者が複数ある場合には，扶養の程度を具体的に決めるに際して，順位との関連が問題になる。明治民法の下では，たとえば次の例につき（B，C，Eの3人に扶養の必要があるという例），一定の考え方が示されていた（梅538-540頁）。

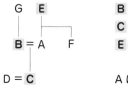

```
B に対する義務者：G→A
C に対する義務者：D→A
E に対する義務者：A→F

A に対する権利者：E→C→B
……
```

　この場合に，①BはGが，CはDが養う。②EをAが十分に扶養できなければFが養う。③AにEを養った上で余力があり，DがCを十分に扶養できなければAがCを養う。さらに，Gに余力があってもBを十分に扶養できなければ，Aが養う。

　現在では順位を定めるルールがないので，このような処理はできない。その結果として，どの範囲で権利義務の存否を検討するかによって，どのような権利義務が認められるかが異なってくることがありうる。この点につき，「扶養義務ある者の全員と要扶養者の全員との協議であることが理想的だが，一部の者を除外しても，その効力に影響はない」（我妻406頁）とされている。

　また，明治民法の下では，複数の義務者・権利者間の調整は，義務者・権利者の順位と程度の組合せによって決まっていた。しかし，今日では，複数の義務者・権利者を全体として視野に入れて，総合的な決定がなされているというのが実情であろう。そのために，扶養の順位が柔軟化されたわけである。これに相応のメリットはあったものの，判断の総合性は不安定性を招かないかという問題が出てきていることも確かである。

3　扶養の方法の決定

(1)　**可能な方法**　本条では，扶養の方法としてどのようなものがあるかは示されていないが，明治民法961条は，「引取リテ之ヲ養ヒ又ハ之ヲ引取ラスシテ生活ノ資料ヲ給付スルコト」という二つの選択肢を掲げていた。前者を引取扶養，後者を金銭扶養と呼ぶのが一般だが，前者は同居＝現物扶養，後者は別居＝金銭扶養と呼ぶ方が正確であろう。

　現行法においても，この二つの選択肢がありうるが，別居＝金銭扶養が原則であるとするのが通説である。その理由は「人間感情の上からいえば（＝要扶養者の立場を傷つけることがありうるので——大村注），引取扶養を例外とすべきであるが，わが国の経済状態からいって，そうもいい切れない」（我妻411頁）とされている。ここに見られるのは，同居＝現物扶養の方が費用がかからないと

いう観点である。別居＝金銭扶養が扶養本来の姿であるが，同居＝現物扶養もやむをえないというわけである。

今日では，このような認識はそのままは妥当しない。心理的な負担を考慮に入れるならば，別居＝金銭扶養の方が安上がりだと考える人々は少なくなかろう。

(2) **決定の主体**　明治民法961条によれば，扶養の方法を決めるのは扶養義務者であるとされていた。そうだとすると，当時は安上がりであった同居＝現物扶養が選択されることに対して疑義が呈されることになる。これに対して，現在であれば，扶養義務者はむしろ別居を望み，扶養権利者が同居を望むという構図が現れる。本条では，扶養の方法も協議または審判によって決めるとされているが，扶養義務者の同意がない限り，同居＝現物扶養を審判で命ずることはできないと解すべきであろう。

II　順位・程度・方法の変更（880条）

1　変更の原因——事情の変更

878条・879条によっていったん定められた扶養の順位・程度・方法は，「事情に変更を生じたとき」には，家裁の審判によって変更可能である。ここでいう「事情」には，順位に関するもの（当事者の身分関係の変動など），程度に関するもの（両当事者の資力の変化など），方法に関するもの（居住地や住環境の変化など）などが考えられるほか，義務者の態様や当事者の人間関係（素行が改まらない，もはや同居したくないなど）も場合によっては考慮に入れられうる。

2　変更の内容——できること・できないこと

変更の効果は将来に及ぶ。この規定によって，過去の扶養義務の内容を遡って変更することはできない。もっとも，過去の扶養義務に関する定めが適切でなかった場合，あるいは定めがなかった場合に，扶養請求権が発生しないかどうかは，別に問題になる。この点は，過去の扶養料の請求や求償にかかわる。また，当事者が過去の扶養義務につき一定の合意をすることは妨げられない。

当事者が不変更合意をしていたり，スライド条項を設けるなどして，将来の事情変更に備えていた場合にも，家庭裁判所は本条による変更を行うことができるか。この点については，合意があることを参酌しつつ，変更の可否・内容を判断することになろう（借地借家法32条の場合と対比せよ）。

III 扶養請求権の性質

1 不可処分性（881条）

(1) **禁止される処分の範囲**　扶養請求権は処分することができない。扶養権利者自身が給付を受けることが不可欠の権利だからである。ここで「処分することができない」というのは，直接には任意譲渡ができないということであるが，差押え（差押禁止債権。民執152条1項1号）や相続の対象ともならない（一身専属権。896条ただし書）。

(2) **禁止の及ぶ権利の性質**　処分が禁止されるのは，具体化した扶養請求権である。それ以前の抽象的な権利（潜在的な地位）は，およそ処分の対象となりえないし（466条ただし書），事前の放棄もできない（時効や相続と対比せよ）。他方，協議や審判により確定した包括的な扶養請求権（具体的な地位）から，期ごとに発生する個別の権利（支分権）は，それが履行遅滞に陥った後は譲渡・放棄の対象となるし，相続の対象ともなると考えられる。ただ，差押禁止の効果はこの場合にも及ぶとも解しうるが，たとえば口座に入金されたり，現金が給付された後は，一般財産に混入するので，その差押えは妨げられない。

2 その他の性質

(1) **多層性**　扶養請求権は，抽象的権利，具体的＝包括的権利，具体的＝個別的権利の3層（遅滞に陥る前後で区別するならば4層）にわたって存在する。この点は扶養請求権の大きな特色の一つではあるが，他にも類似の権利はないわけではない。たとえば，継続的な不法行為（騒音公害などを考えよ）から発生する慰謝料請求権についても，ほぼ同様に解することができる。

(2) **相対性**　扶養請求権は，具体的な事情に基づき，協議または審判の場に現れた当事者の間でのみ，具体化する権利である。そのため事情が変われば権利義務の内容は変化する。また，これまでに当事者となっていなかった者を考慮に入れるならば，権利義務の内容は変わってこざるをえない。

(3) **即時性**　扶養請求権は，目前の必要に応じるという性質の権利である。そのため，（一定の幅はあるとしても）「現時点で」（弁済期）弁済がなされなかった場合には，なお，当該権利が必要とされているのか疑問である。

しかし，当事者間での請求，第三者に対する求償が直ちになされない限り，権利は消滅するというのは妥当ではなかろう。ある程度の期間は存続するという扱いをする必要があるように思われる。同時に，多額の債権が累積するという事態も制度の想定するところではない。そうだとすると，169条をベースに

して新たに定期金請求権の消滅時効期間を定めることによって対処するのがよいのではないか。

Ⅳ　不履行の救済

1　履行強制

　扶養請求権は法律に基づいて発生する金銭債権であるので、履行強制が可能である。しかし、定期的に支払われる少額の債権について、通常の強制執行の手続を用いることは煩雑である。そのため現在では、民事執行法に特則が設けられるに至っている。具体的には、確定期限が到来していないものについても執行を開始することができるほか（民執151条の2）、間接強制も用いることができる（民執167条の15）。

2　その他の救済

　(1)　**事後の請求**　扶養義務を絶対的定期債務（現在の必要に応じたものであり、時の経過によって不要になる）とするとらえ方がある。これによると、過去の扶養料請求は原則としてなしえないことになる。しかし、具体的な請求がなされた分については過去のものであっても請求は可能であるとされることが多かった。これに対しては、絶対的定期債務だとする説明と一部分は請求可能という説明は両立しえないし、義務者が義務を免れるのも適当ではないなどと批判し、請求を認めるべきだとする見解もある（我妻414頁）。もっとも、この見解も、現時点での請求額が過去の扶養料の総額と同じである必要はないとしている。

　何らかの形で請求額を制限する必要があるとすれば、絶対的定期債務の概念によるのではなく、請求権の具体化の程度によって区別をするとともに、義務者にとって予想外の額の請求を避けるために短期の時効期間を設けることが考えられる。

　(2)　**事後の求償**　扶養義務者が複数ある場合には、義務者相互間での求償が問題になりうる。求償は認められないとする見解もあるが（我妻414頁）、事前に協議・審判があった場合を想定しているようである。十分な協議などを経ずに事実上の扶養が行われていたという場合には、求償は可能であると思われる。しかし、その額の決定は当事者の協議・審判に委ねるほかなく、これらを経ない独立の訴えによることは困難であるように思われる。

V　他の制度との関係

1　養育費との関係

離婚に際して，夫婦は子の監護費用（養育費）についての取決めを行うことができる（766条）。父母の一方が子に対して支払うべき扶養料の額は，他方に対して養育費として支払った分だけ減額されるのが原則である。しかし，夫婦間で養育費の合意をしてそれ以上の請求はしないという約束をしたとしても，子に対してこの合意の効力を主張することはできない。子の法定代理人として扶養請求権を放棄したとしても，扶養請求権の性質上，事前の放棄はなしえないと解すべきであろう。なお，未成年子に対して親が支払うべき扶養料については協議の余地も乏しい。

2　寄与分との関係

複数の相続人のうちの一人が一定の親族関係にある者に対して扶養を行っていたという場合に，寄与分の算定においてこのことを考慮すべきか。扶養義務を負うべき者たちの間で義務が履行されること自体は「寄与」とはいえないので，その限度では寄与分に含めることはできない（扶養義務者間での求償の問題となる。この問題を遺産分割手続の中で処理できるかどうかは別の問題である）。ただし，扶養の範囲を超える給付については，寄与分として考慮される余地がある。

3　生活保護との関係

生活保護法は「民法……に定める扶養義務者の扶養及び他の法律に定める扶助は，すべてこの法律による保護に優先して行われるものとする」と定めている（同4条2項。補足性の原則）。しかし，「急迫した事由がある場合に，必要な保護を行うことを妨げるものではない」（同3項）ので，扶養義務者が存在しても，生活保護を受けることは可能である。

ただし，「被保護者に対して民法の規定により扶養の義務を履行しなければならない者があるときは，その義務の範囲内において，保護費を支弁した都道府県又は市町村の長は，その費用の全部又は一部を，その者から徴収することができる」が（同77条1項），「扶養義務者の負担すべき額について，保護の実施機関と扶養義務者の間に協議が調わないとき，又は協議をすることができないときは，保護の実施機関の申立により家庭裁判所が，これを定める」とされている（同2項）。

立法論的には再検討の余地がある。

後注5　扶養・後見と家族

ここでは順序を変えて（法典調査会の実際の審議順に従うとともに，立論との関係で），まず扶養につき，次いで後見について，今後の見通しを述べておく。

I　扶養の純化

1　扶養の根拠と範囲の見直し

かつて，扶養は親族であることの第一の効果であった。今日，親族関係は希薄化し，民法877条1項の範囲に限るとしても，当然に扶養義務があると言いにくくなっている。その結果として，扶養義務は，その根拠も範囲も曖昧なものとなり，（扶養義務者間で，また，私的扶養と公的扶助の間で）様々な不公正さを生み出している。将来に向けて，私的扶養を制度として維持するのであれば，まず，その根拠と範囲を見直す必要があるだろう。その際の手がかりは二つあるだろう。

一つは，生活保持義務・生活扶助義務という二分法である。生活保持義務が認められるとされる関係（夫婦間と親と未成年子の間）に関しては，共同生活の事実と相手方の生活を保障する意思によって，扶養義務を基礎づけることができる。問題はそれ以外の関係である。具体的には，①子と老親，②親と就学中の成年子，③祖父母と孫，④兄弟姉妹，⑤義父母・継父母と子などの関係について，検討が必要となろう。その際の基本的な考え方は，生活保持義務が認められる関係と同視しうる（少なくとも類似する）ものとそれ以外のものを区別することだろう。

もう一つは，相続権との関係である。①〜⑤のうち，①は第一順位の相続人（遺留分あり），②は第二順位の相続人（遺留分あり），③は第二順位の相続人または代襲相続人（遺留分あり），④は第三順位の相続人（遺留分なし），⑤は非相続人である。遺留分のある相続人には扶養義務を認めるというのは一つの考え方であるが，立法論としては，反対に遺留分権利者の範囲の方を動かす余地もある。しかし，基本的な考え方としては，相続と親族扶養とは切り離してしまった方がよい。

2　扶養法の再編成

(1)　法的義務としての扶養義務の限定　　具体的な立法論としては，第一に，夫婦間の扶養義務のほかに，親の未成年子に対する扶養義務を明文化すべきで

あろう。これらの義務については，権利者・義務者の同居・別居にかかわらず義務は存続することも明示した方がよい。なお，個人的には，夫婦が別居している場合には義務の程度は下がるとし，さらに，離婚後も一定の期間に限り，扶養料を払うことは考えられると思う。第二に，婚姻共同体に属する者の扶養については，婚姻費用分担義務に含まれることも明示すべきである。同居の成年子・義父母・継子・兄弟姉妹がこれに含まれる。第三に，別居者については，法的義務としての扶養義務は認めないこととする。

(2) **自然債務としての扶養義務の承認**　もっとも，一定の範囲の親族に関しては，扶養義務はないが扶養をすることは許されるとすることは考えられる。すなわち，扶養給付に贈与税を課さない，所得税につき控除を認めるなどの措置を講ずる余地はあるだろう。このような自然債務としての扶養義務が認められる親族の範囲としては，さしあたり民法877条1項・2項でよいと考えられるが，これを微調整することも考えられる。たとえば，3親等内の親族を2親等内の親族にする（おじおば・甥姪を除く），2親等内の姻族の配偶者を準姻族とする（兄弟姉妹の配偶者同士を含める）などは一案であろう。

3　扶養に代わる制度

(1) **公的扶助と費用償還請求権**　以上のように考えるならば，未成年子（および私見によれば離婚後の配偶者）を除くと，別居の親族に対する扶養義務は存在しないことになるので，これらの者は公的扶助によることになる。制度としては，むしろすべての国民が最低生活費（basic income あるいは RMI = revenu minimum d'insertion ただし，RMI はその後の改正で RSA = revenu de solidarité active と改称）を保障されるが，一定の所得がある者は除外される。また，法的な扶養義務者がある者については，請求があれば給付は行うが必ず求償がなされる，とすべきであろう。法的な扶養義務の範囲を狭くすれば，必ず求償を行うとすることは非現実的なことではない。

(2) **契約による扶養**　また，別居している老親に対する扶養や兄弟姉妹間での扶養は，相続財産からの回収が見込めるならば，契約によって行うことを考えるべきである。等しい親族関係にありながら，扶養を行った者とそうでない者との間の不平等は，契約化によって除去することができる。寄与分によることも考えられるが，その不明確さからして次善の策とすべきだろう。なお，社会保障行政の観点からは，扶養契約が普及することが望ましい。そうだとすると，基本的な契約書式の提供をはじめとする普及活動が期待される（農家の家族経営契約に関する農水省の取組みを参照）。

Ⅱ　後見の拡張

1　現行制度の改良

(1) 未成年後見　親権者のない未成年者に対しては，必ず未成年後見人が付されていなければならない。しかし，現行法にはその保証がない。改善策としては，第一に，未成年後見人の選任を家裁の職権によって行うことができるようにすること，第二に，児童相談所長の選任申立権（児福33条の8第1項）に付されている「その福祉のため必要があるときは」という限定を削除すること，第三に，児童相談所長による親権代行（同2項）を暫定的な措置ではなく恒常的な措置とすること，などが考えられる。外国の立法例には，国の後見子という制度を置くものがあるが，日本でも適切な未成年後見人が得られない場合には，同様の考え方が採られてよい。

(2) （広義の）後見一般　①（任意後見契約を除いて）後見監督人が必置でないこと，②重要な財産の処分行為についての規律が十分でないこと，③人格・人身に関する権限が明確でないことなど，④補助と任意後見契約が異質な原理を持ち込んだことは，これまでに述べてきた通りである。このうち①②については，個別に改善が図られるべきだが，③④については，別途，新たな制度を構築することが考えられるべきである。項を改めて検討する。

2　支援人制度とその補完

(1) 支援人とは何か　補節3でも述べたように，補助制度および任意後見契約の導入によって，民法は，行為能力の補完でも財産の管理でもない目的のために，契約履行につき裁判所が監督するという制度が現れることになった。このような考え方を拡張するならば，さらにいくつかの場面で利用しうる制度を構想することができる。ここではそれを仮に「支援人」制度と呼んでおく。

支援人は，文字通り，本人の意思決定を支援するだけである。本人は，支援人に相談をするという手順をとれば，支援人の同意を得る必要はない。また，支援人は代理権を持つわけでもない。本人は，支援人に相談するという形で，一度立ち止まる機会を持つだけのことである。このような制度であれば，本人の自律性を損なうことはない。その分，本人の保護は弱くなるが，それでも慎重に考える機会を設けることには，かなりの意味が認められるだろう。

このような制度は現行法には存在しない。しかし，旧民法には「相談人」という制度があった（旧民人158条以下。嫡母や継父母の親権行使につき）。また，証人の「立会」（旧民人47条・113条など。婚姻・縁組等の証人につき），保佐人の

「立会」(旧民人218条以下・233条) が求められているが，現行法においても後見監督人に立会いが求められることがある (民853条2項など)。この「立会」を独立させて考えれば，支援人に近づく。また，外国法には，未成年者が人工妊娠中絶をする際に，成年者に相談することを求める例がある。

では，どのような場合に支援人を付するか。考えられるのは，高齢者や若年成年者の場合であろう。これらの者は，孤立や経験不足などによって，十分に慎重な判断ができないことがありうるからである。また，未成年者や成年被後見人等が人格・人身につき法律行為をする場合にも，支援人を付することが考えられる。もちろん，親権者や後見人が支援人になってもよいが，利益相反的な関係がある場合には，他の者が支援人になるべきだろう。

次に，支援人の選任等はどうするか。慎重を期すならば，本人が裁判所に申し立てて，裁判所が選任するのがよい。あるいは，本人が選任し，裁判所がこれを監督するということも考えられよう。しかし，アドホックに本人が選んだ支援人が(契約に立ち会った旨，あるいは契約につき相談を受けた旨を示す)署名すればよいとすることもできる。この場合には，支援人選任の適否(たとえば，相手方の側の人物であった場合)について，裁判所が事後にコントロールをすることになろう。本人が申立てや選任をできない場合にはどうするか。この点は次の項と関連する。

(2) **裁判所・助言委員会・第三者機関**　人格・人身に関する行為を行う場合，支援人に相談をするというだけでは，本人の利益保護に欠ける場合が出てくる。特に重要な行為については，裁判所の許可を要するとする制度を設けることが考えられる。もっとも，裁判所が常に関与することが適切でない・現実的ではないとするならば，助言委員会を設けることが考えられる。あるいは，常設の第三者機関(医療機関の倫理委員会のようなもの)を設けて，その承認を得るとしておいてもよい。

3　行政との連動

これまで見てきたように，扶養・後見に関する問題は，生活保護行政のほか，租税や社会保障，あるいは，児童福祉や医事行政・公衆衛生などにも関わってくる。

より広く考えるならば，子ども・女性・高齢者・障害者の保護にあたっては，民法(家族法)だけでなく，関連の諸法および所轄行政庁の協力が必須になってきている。世界的に見ても，家族や子ども・女性等に関する独立の省庁を設ける国も増えてきている。また，家族法典のような法典を持つ国もある。

もちろん，家族関係は，個人にとっては基本的な法律関係の一つである。それゆえ家族法の諸規定は民法典に存置されるべきである。しかし，このことは，「家族」について関係行政庁が協働することや，さらに進んで「家族」に関する省庁・法典が設けられることを妨げるものではない。

III 家族契約の新設

1 認識——収縮する「家族」(濃い家族)・拡散する「家族」(淡い家族)

扶養法の現状は，一方で，「家族」が収縮しつつあることを示している。親族であるという理由で扶養義務を課すことはもはや現実的ではない。扶養と相続とは切り離して考えるべきだと述べたが，現行民法においては相続人の範囲は極めて狭い。この点もあわせて考えると，扶養や相続という重大な効果が発生する「家族」は，短期的にも長期的にも縮小していると言うことができる。

他方，後見法は，従来は，「家族」の任務であったものを，希薄化させた形で，家族以外の人々に委ねる傾向を見せている。見方を変えるならば，これは「家族」が拡散しつつあるということだとも言える。里親委託や再編家族における継親子関係，さらには準婚理論の退潮などを加えて考えると，この傾向はより明瞭になる。支援人の提案もこの延長線上に位置づけられる。

2 制度設計——共同生活契約の試み

以上に述べた家族の縮小に対応するために，契約を用いるというのは一つの方法である（扶養契約）。また，契約によって，家族の拡大をはかることも考えられる。後見人や支援人を契約によって定めるほかに，緩やかな共同生活体を契約によって創りだすことも考えられる。ここではこれを「共同生活契約」と呼んでおく。

そのモデルになるのが，フランス法が1999年に導入したパクス（PACS = pacte civil de solidarité「民事連帯契約」）である。もともとは同性カップルのための生活共同体を法律上認めるための手段として構想されたが，制度上は異性カップルにも利用が認められており，実際には異性カップルによる利用が圧倒的に多い。

パクスによる保護・拘束は婚姻に比べて，格段に弱い。たとえば，当事者間には相続権は発生しないし，解消は一方的に行うことができる。しかし，当事者は税法や社会保障法上は「家族」同様に扱われる。

このような制度を，カップルに限らず，利用可能な形で設けることはできないか。具体的には，高齢に達した兄弟姉妹（さらには友人同士）が性関係を持つ

ことなく，共同生活を送るために用いることを認めるのである。実は，パクスの立法過程において，同様の構想が示されたことがあった。「兄弟体（fratrie）」という言葉が示されたが，そこには修道院のような共同体の在り方が含意されていたのかもしれない。また，「連帯（solidarité）」にその痕跡が残っていると見ることもできないわけではない。

　同様の試みは，日本では養子縁組によって実現されてきた。実際のところ，普通養子縁組は家族契約であると言ってもおかしくない。ただ，養子縁組の効果は強すぎるし，また，契約の当事者は，2人（あるいは3人）に限られる。普通養子縁組の効果を弱いものとする一方で，そこに付着している「親子性」を除去するならば，それは一方で，扶養＝相続契約となり，他方で，共同生活契約となると言えよう。

結語2　財産の法から人格の法へ？

　本書においては，民法親族編の読解を通じて家族と家族法について考えてきた。このうち，「家族」に関する総括は中編末尾の結語1で行ったので，ここでは，「家族法」に関する総括を試みておきたい。それは一言で言えば，「家族法」とはいかなる存在かという問いに集約される。
　この問いが立つのは，（少なくとも日本では）家族法は民法の中で異質な存在であると考えられてきたからである。以下では，まずこのことを確認し（I），続いて，家族法の内部における構成の仕方（内的編成と呼んでおく）にかかわる問題（II），家族法の外部との関係における位置づけ（外的編成と呼んでおく）にかかわる問題（III）を取り上げる。編成問題は単なる形式にかかわるものではなく，編成を導く原理の存在を前提とする点において，すぐれて実質的なものであると言える。それゆえ，以下においても，編成を論ずることを経て原理を論ずることに至る。
　予め結論めいたことを述べるならば，表題に掲げた「財産の法から人格の法へ」というのが，以下の議論を導く基本的な仮説である。しかし，（家族法と呼ばれる）一群のテクスト群を編成する方法は一つに限られるわけではない。以下において提示する編成案が別案を伴うことになるのは理由のないことではない。最後に，編成案を示した上で，この点につき若干の補足説明を行うとともに，本書の続編の予告をしておきたい（IV）。

I　二つの「民法」と二つの「人」——「家族法」の隆盛と没落

　本書は民法親族編を対象とするが，ここまで，この部分を示すために「民法（家族法）」あるいは「家族法」という言葉を使ってきた。しかし，「家族法」という言葉の用法は一義的に定まっているわけではない（かつて明治民法の親族編・相続編を「身分法」と呼んでいたが，戦後はこれを「家族法」と呼ぶことが多い）。用語法の問題（の一部）については後述することにして，ここでは，広狭両義の「家族法」をさしあたり念頭に置いて，「家族法」の隆盛と没落について一言しておきたい。
　このことは，われわれが二つの「民法」と二つの「人（概念）」を持っていることと密接にかかわっている。現行民法に即して見ると，5編に分かれる民法典のうち前3編を「財産法」と呼び，後2編を「家族法」と呼ぶのが一般の用語法である。そして，財産法と家族法とは等しく民法典に含まれるものの性

質の異なる法領域であると観念されてきた。このことは形式的には，民法典が二つの法律（明治29年法律89号と明治31年法律9号）から構成されていたこと，実質的には戦後に大改正を受けたのは後2編のみであったということに端的に現れていたといえる。「人」の概念に即して言うならば，財産法における人は基本的には「権利義務の主体（帰属点）」であるのに対して，家族法における人は人格と人身を備えた（あるいは性別・年齢・既婚未婚の別・子の有無や健康状態などの属性を考慮に入れた）より具体的な存在である。

このように緩やかにではあるが財産法と区別される家族法は，かつては民法の中で中心的な位置を占めていた。このことは，近代民法の嚆矢となったフランス民法典の理由説明書（『民法典序説』）において，起草の中心人物であったポルタリスがその説明の大部分を家族法部分に充てていることや，近代日本における民法典論争の中心的な争点が家族法部分にあったことなどにも窺える。ところが，（少なくとも日本においては）現行民法典の制定以後，財産法に対する家族法の位置はマージナルなものとされてきた。この点は現在においても基本的には変わらない。たとえば，大学法学部において財産法部分が必修科目とされているのに家族法部分は選択科目とされていたり，あるいは，『民法判例百選』とは別に『家族法判例百選』が刊行されていたのは，その現れであろう（2015年には『民法判例百選ⅠⅡⅢ』となった）。

しかし，この30年来，日本でもこのような状況は変化しつつある。家族をめぐって様々な現象・観念が入り乱れ，家族法の再編が促されている状況にあり，国民の意見は多様で収束しそうもないが，家族と家族法に対する関心の高さという点では一致している。このことは，全面改正が企図されている債権法に対する関心の低さに対して，家族法に関する判例・立法に対する関心が高いことからも看取することができる。

こうした変遷は家族法の外的編成に影響を及ぼしうるが，その点を検討する前に，すでに変容が生じている内的編成について見ておくことにしよう。

Ⅱ　親族・家族・個人——家族法の内的編成

1　編成の変容

(1)　親族法から家族法へ　民法第4編は戦前戦後を通じて「親族」と題されている。それゆえ，この部分は「親族法」と呼ばれてきた。明治民法の親族編は，まず親族につき，続いて家族につき規定を置き，さらに婚姻・親子に及ぶという構成を採っていた。また，起草者たちは親族は永続するが，家族はいずれ消滅すると考えていた。こうして見ると，第4編が「親族」と題され，こ

の部分を「親族法」と呼ぶのは妥当なことであり，少なくとも「家族法」という呼称は適当ではなかった。

戦後は，「家」が廃止され「家族」という用語も民法典からは消えた。しかし，実際には（婚姻家族か否かは別にして）小家族が典型的な家族と観念されるようになった。また，親族のつながりは以前と比べて弱いものとなった。他方で，明治民法下におけるのとは異なり「家族法」という用語を用いることに支障はない。そうだとすれば，第4編は親族法ではなく家族法と呼んだ方がよい。もっとも，第4編は小家族のみを規律対象とするわけではないという反論もありうるだろう。もっともな指摘ではあるが，親族関係は小家族（婚姻・親子）を出発点にしていると解するならば，これをも含めて家族法でよい。また，親族を広義の家族と呼ぶことも可能である（ちなみに，明治民法のフランス語訳では「親族」も「家族」も famille と訳されていた）。

そうなると，相続法を含めて親族編・相続編をどう呼ぶかが問題になりうるが，この点をどうするにせよ親族編を家族法と呼ぶことは可能である。

(2) 家族法の中核と外縁 前述のように，相続法を含まない（狭義の）家族法における親族の意味は，戦前に比べ大きく後退している。まず親族があってその後に家族（婚姻・親子）があるという規定の配置は，現在の（標準的な）家族観とは両立しにくい。そこで，講学上は，婚姻・親子（親権・未成年後見）を中心に，扶養や親族関係を附属的に扱うものが増えている（我妻が典型）。

もっとも最近では，この編成はそのままでは維持できなくなりつつある。一方で，婚姻に関しては非婚カップルや同性カップルなど非典型のカップルが，親子に関しては生殖補助医療を媒介とする親子関係が，大きな問題となっている。他方，高齢化が進み成年後見（保佐・補助）の重要性が増しつつあり，同時に，その脱家族化が図られつつある。これをどう位置づけるかが一つの問題になっている。今後は，これらをいかに組み込むかが課題となる。

さらにもう一つ，重要な問題が存在する。それは婚姻と親子のどちらを先に置くかという問題である。個人を中心に置くならば，親子の方（さらに言えば，親子の成立よりも未成年者の保護制度としての親権の方）が先行することになるだろう。

2 双面性の諸相

(1) 人格と財産 夫婦の関係（効果）は，人格的な関係と財産的な関係に二分される。親子の関係（効果）についても同様で，身上監護と財産管理とが対比される。財産法が基本的には財産に関する法であるのに対して，家族法は

人格と財産の双方にかかわる法である点に大きな特徴がある。その結果，人格上の義務の違反（貞操義務・協力義務の違反）や強制履行（居所指定権・懲戒権の実現）につき，独自の問題が生ずることになる。

(2) **平等と権威**　現行法の下では，夫婦間や兄弟姉妹間の権利義務に関しては平等が原則である。以前のような父権・夫権は存在しないし，子の相続権に関しても長子権や男女の区別，嫡出性の有無による区別も存在しない。しかし，親の子に対する親権は存在する。今日ではその義務性が強調されるが，それにしても子が親の決定に服することに変わりはなく，親子法から権威の要素を完全に払拭することはできない。

(3) **意思と事実**　婚姻は当事者の意思の合致によって成立する一種の契約である。その内容が決まっており存続が保障されてはいるが，一般の契約の中にもそのようなものは存在する（借地借家契約や労働契約など）。親子関係についても，婚姻が先行する限りでは，当事者の意思に基づくものであると説明することが可能である。これに対して，非婚のカップルや婚外の親子関係において権利義務を発生させるのは，当事者の意思ではなく同居生活の継続や生物学的な親子関係の存在という事実である。もっとも，これらの法律関係に当事者の意思が全く影響を与えないわけではないし，意思の役割を高める立法を行う余地もないわけではない。

(4) **公共と親密**　夫婦が，あるいは親が子に代わって，対外的に行う行為については，様々な規律がなされている。これに対して，夫婦の間で，あるいは，親が子に対して行うことがらについては，必ずしも常に規律の対象となっているわけではない（性や生殖，あるいは子の養育）。それらは家庭内のことがらとして，法が（間接的にしか）立ち入らないこともある。しかし今日では，家庭内のことがらとして放置できないことも増えている。夫婦間での暴力，子に対する虐待がその典型例であり，これらの場合には，法の介入が必要とされる。

Ⅲ　人・財産・市民社会——家族法の外的編成

1　体系化の視点

(1) **人の法と物の法**　民法典の編成は，フランス式とドイツ式に大別される。フランス式は，人・物・行為の3編編成を基礎にするものである。現在のフランス民法典は人・財産・財産の取得方法・担保・特則の5編からなり，旧民法典も人事編・財産編・財産取得編・担保編・証拠編の5編からなるが，いずれもナポレオン法典（1804年）の3編編成を出発点としている。その基本は人と物との二分法にある。

この編成によるときには，家族法は「人の法」に包含されることになる。ただし，夫婦財産法と相続法は，契約法とともに「行為の法」（財産の取得方法あるいは財産取得編）に含まれる。そこでの個人＝社会像は，人（家長）は父権・夫権によって家族を支配するとともに，家族関係や取引関係によって財産を取得するというものであった。

　現在ではもちろん父権・夫権は失われており，人は財産関係のほかに家族関係を持つという見方のみが残存する。他方で，フランスのように「人の法」が発展した国では，家族関係を個人から考える契機が前面に出てきている。

　(2) **財産法と家族法**　ドイツ式は，財産を物権・債権に二分し共通の総則を設けるとともに，家族法を別立てにし，最後に相続法を置くものである。抽象的な法主体に財産が帰属し，主体間では契約によって交換がなされるという個人＝社会観に立っており，マルクス的な経済中心の思想と親和的である。

　しかし，この見方によると（少なくとも戦後日本では）家族に積極的な位置づけがされにくい。そこで出てきたのが，家族法を家族財産法，あるいは私的扶養法説として説明することによって，財産法に従属・附属するものと位置づける考え方である。

　(3) **個人（取引）の法と団体（法人・家族）の法**　川島武宜の民法体系には独自のものがあった。彼の教科書においては，物権を出発点として債権がこれに続き，最後に法人と家族が語られていた。ここにあるのは，民法を個人（取引主体）の法として純化した上で，団体の法を付加しようという発想であろう。そこには，取引関係のほかに家族・法人という二つの団体関係が加わって，個人＝社会の関係が成立しているという見方が含まれているが，これは貴重なものである。

　(4) **固定（固有）の法と開放（普遍）の法**　フランス式・ドイツ式のいずれとも異なる民法典の編成方式としてスイス式がある。スイス民法は，民法典と債務法典からなるが，民法典の方は総則に，人・家族・相続・物権の4編が続く構成を採っている。人と家族とを連続的に配置しているのも興味深いが，債務法を別立てにして民商双方に共通の法典としている点に大きな特徴がある。そこには当事者の自由・創意が優先する取引の世界と，それとは性質の異なるルールが妥当する非取引の世界を区別するという発想が見られる。今日ではさらに，前者は文化に依存した固有の法であるが，後者はグローバルな法であるという含意も見出すことができそうである。

2　社会変化の影響

(1) 物権から債権へ　農村社会においては，財産の中心を占めるのは不動産，特に土地であった。財産法において最重要の権利が所有権であるのは，自然なことであった（そのため，川島の民法教科書は「物権」から始まる）。ところが，不動産ではなく（と並んで）動産へ，さらにはサービスへと富の源泉が移動し，債権が有する財産としての価値が増加するに伴って，物権法の地位は相対的に後退し，契約法・債権法の占める役割が大きくなってきた。また，各種の取引の中には，財産権の移転を伴うものとそうでないものとがあることを考えるならば，まず契約法（債権法）が置かれ，次に物権法が置かれる，という編成が実情に即したものとなりつつある。

(2) 相続から契約へ　同様のことは相続についてもあてはまる。かつて，相続は財産取得の主要な方法の一つであり，契約以上の重要性を持ったとも言える。しかし，今日では，人の財産取得方法として相続が占める地位はますます後退しつつある。そうだとすると，相続法は付随的な，しかし，複雑な技術を要する法として位置づけられるべきことになろう。

(3) 財産から人格へ　20世紀を通じて，人格権が大きな意味を持つようになったことは，プライヴァシー概念の登場ひとつをとってみても明らかである。また，医療技術の発達によって人身の保護の必要性が高まっていることも確かである。家族法についても，以前は財産的な側面が重要であったが，今日では，それに劣らず人格的な側面が重要になってきている。さらに見方を変えれば，所有権にせよ契約にせよ，財産法の基本部分は人格の保護（実現）の延長線上にとらえることも不可能ではない。こうした変化は，民法を財産中心から人格中心へとシフトさせうる契機を含む。そして，それは形式的には「人」を中心とした民法典の再編成を促すことになるだろう。

IV　結論に代えて

1　編成仮案の提示

以上の考察をふまえて，仮に，家族法の内的・外的編成案を示すと次のようになる（実線部分が家族法の編成，破線部分はそれを取り巻く民法の編成）。なお，家族法部分については本書の各部分との対応関係を示しておくが，家族法以外の部分（と別案）については概略を示すにとどめる。なお，解説は特に付さないが，次の点のみを指摘しておく。

編成に関する提案
0)　本案は，従来の編成との連続性に留意したものとする。
1)　冒頭に小規模な総則（通則）を置き，基本原則と基本概念を定める。
2-1)　「人および家族」を同一の編にする。
2-2)　「人および家族」を総則編の直後に置く。
3-1)　物権と債権の順序を逆にする。
3-2)　債権は「債務」と「各種の契約」に分ける。
3-3)　物権は「物権」と「各種の担保」に分ける。
4)　相続編は最後に置く。
5)　本案のほかに，別案を掲げる。

民法（家族法）の編成案（本案）

民法第1編通則
　第1章　基本原則
　　第1節　価値原理
　　第2節　権利とその実現
　第2章　基本概念
　　第1節　人とその家族
　　第2節　財産，法律行為および時間

民法第2編人および家族
　第1章　個人
　　第1節　権利の享有
　　第2節　人格の保護
　　第3節　同定の手段
　第2章　子ども
　　第1節　子どもの保護　　　　→親族編・前編第3部
　　第2節　実親子関係の成立　　→親族編・前編第2部
　　第3節　養親子関係の成立　　→親族編・前編第2部
　第3章　要支援成年者
　　第1節　精神障害者　　　　　→親族編・後編
　　第2節　若年者
　第4章　夫婦　　　　　　　　　→親族編・前編第1部
　　第1節　婚姻の成立
　　第2節　婚姻の効力
　　第3節　婚姻の解消
　第5章　親族
　　第1節　相互の援助　　　　　→親族編・後編
　　第2節　相互の配慮　　　　　→親族編・前編第1部

結語2　財産の法から人格の法へ？

```
第6章　家族契約
  第1節　支援人契約　　　→親族編・後編
  第2節　共同生活契約　　→親族編・後編
  第3節　扶養契約　　　　→親族編・後編
民法第3編　債務
民法第4編　各種の契約
民法第5編　物権
  第1章　基本原則
  第2章　所有権
    第1節　所有権の内容
    第2節　所有権の取得
    第3節　共同所有の態様
  第3章　占有の保護
  第4章　地上権および永小作権
  第5章　地役権
民法第6編　各種の担保
民法第7編　相続
```

民法（家族法）の編成案（別案）

```
民法第1編　通則
民法第2編　人の存在
  第1章　人
  第2章　財産
  第3章　救済（不法行為・物権的請求権・占有等）
  第4章　相続（贈与等）
民法第3編　人の家族関係
  第1章　親子関係
  第2章　配偶関係
  第3章　家族に準ずる関係（後見等）
民法第4編　人の取引関係
  第1章　契約による権利の発生
  第2章　契約による権利の変動
  第3章　契約による権利の担保
  第4章　契約に準ずる関係（事務管理等）
民法第5編　人の団体関係
  第1章　社団
  第2章　共有
```

> 第3章　組合
> 第4章　非営利社団に準ずる関係（無償役務）

2　対象から方法へ——「他性」あるいは「別様に」

(1) それでも「家族」は残る？　以上に掲げた本案・別案のうち，本案の方は，人と家族とを連続的・一体的にとらえる編成になっている。これに対して，別案では，家族を個人から切り離して，契約や団体とならぶ人間関係の一つとして位置づけている。個人中心という点から見ると，別案は本案よりも徹底した編成になっている。

それにもかかわらず，まず本案を提示している理由は，二つある。一つは，経路依存性にかかわる。相対的に現行法に近い本案は，別案よりは穏当であり現実的であると思われるからである。もう一つは，より積極的な理由であり，個人主義がいかに進展しても，個人と家族とを切り離すことは難しいだろうと思われるからである。

これは，個人はこれまで家族の中で生きてきたので，それを簡単には変えられないということではない。われわれは，家族という形でトータルに他者とかかわる可能性を手放さないのではないか，と思うからである。別の言い方をすると，家族という他者の存在なしに，われわれは自己を形成することはできない。個人と他者との関連を断ち切ることは，このことを捨象・隠蔽することに繋がるのではないかと考えるからなのである。

本案の方がよいと考えるならば，別案は不要ではないか。この疑問に対しては，次のように答えておく。上記のように本案を理由づけることができたのはなぜかと言えば，別案を想定したからである。よりよいものを求めるには，常に別様に考えることが必要である。それゆえ，本案の批判的な検討のための手がかりとして別案を掲げたわけである。

(2)「行為」ではなく「契約」を　『民法読解 総則編』では，逐条の検討の果てに総則の解体を提言した。解体の後に残ったのは，抽象的な人と法律行為であった。続く本書，『民法読解 親族編』では，抽象的な人に関する規定から「人の法」へと続く道を念頭に置きつつ「家族の法」を検討し，最後には「人と家族の法」を分割すべきではないと述べた。いま残されているのは，もう一つの抽象概念である法律行為を読み直すことである。そのための手がかりになるのは，終局を迎えようとしている債権法改正の作業であるが，実現しようとしている立法を別様に読み解くための素材は，「契約（合意）」を中核として構成された旧民法財産編人権之部に求められることになる。

3 共和・多元・進化——家族法のマクロ的・ミクロ的生成

個々の制度にせよ，その全体にせよ，家族法が変化を迫られていることはこれまでに見てきたとおりである。しかし，この動きを立法に結びつけるのは必ずしも容易なことではない。ある種の工夫を要するとともに，あわせて，判例による法の生成をはかっていくことも必要である。

(1) **立法による生成**　現代のように，家族をめぐる意識や価値観が多様化する時代において，家族法立法を行うことは極めて難しくなっている。多くの人々が問題視する高齢化や虐待への対応策などであれば，ある程度までのコンセンサスを得ることは不可能ではないが，婚姻や親子など家族観の根幹にかかわる部分につき合意を調達するのは，相当に難しい。

立法にあたって必要なのは，第一に，どのような解決をするかは別にして，解くべき問題が存在するという点につき，共通認識を得ることである。家族を持たない人々も含めて家族観の違いにかかわらず，家族の存在と法的保護は必要であるという認識を共有することが出発点となるだろう（共和主義）。第二に，立法にあたっては，一つの立場を前提とするのではなく，複数の立場を考慮に入れた上で，異なる需要に応じた複数の制度を設けるという解決策が望まれる。そうでなければ，法改正の内容について同意を調達することが難しくなる（多元主義）。

第三に，様々な選択肢を設けておくという手法は，望ましい立法のあり方を予想することは難しい，という事情からも正当化される。ここで想定されているのは，立法の生存競争である。国民のニーズに適切に応じた立法は存続するが，そうではないものは使われなくなる。そのことをふまえて，複数の選択肢を提示し，国民の集合的な決定に制度の選択を委ねることが考えられる（淘汰的進化主義と呼んでおく）。また，これとは異なる進化主義的技法も考慮する必要がある。すなわち，制度の選択を迫るのではなく，制度の一部分のみを立法することを通じて（それしかできないとしても），その部分を核として規範形成が進むことを期待するというやり方である（萌芽的進化主義と呼んでおく）。

(2) **判例による生成**　家族法立法が停滞している現状においては，判例に寄せられる期待も大きい。この点で注目されるのは，近時の最高裁の動向である。そこでは立法の場合とは異なる意味での進化主義が採用されているように思われるからである。一つは，法や社会の変化の趨勢を考慮に入れて，判断を下すという手法である。非嫡出子の相続分に関する判例変更において，最高裁が用いた（先取的進化主義と呼んでおく）。もう一つは，立法が待たれる問題があるとしても判断を抑制せずに，現行法を前提としつつ進むべき方向性を積極的

に提示するという手法である。こちらは性転換者に嫡出推定が働くかという問題に関する最高裁決定に見られるものである（参加的進化主義と呼んでおく）。

　法の生成にとって立法は重要な回路であることに疑いはない。特に，近年，立法が活性化していることは周知の通りである。しかし，民法のような基本法に関しては，負のコーポラティズムが働く余地を排除し，国民の意思を反映しつつ専門的な合理性が活かされるような立法過程を構築しない限り，立法は妥協的なものにとどまってしまう（だからこそ萌芽的進化主義が必要とされる）。このことを認識するならば，法の生成における判例の役割を改めて認識した上で，これを支援し，立法へとフィードバックしていく回路を形成することが重要な課題となる。

あとがき

1

　債権法の全面改正がともかくも実現しそうであるのに対して，家族法の改正はなかなか進まない。2011年の親権法改正は，1999年の成年後見法改正以来久々の改正であった。もちろん，改正が不要なわけではない。1996年・2003年の改正案は実現には至らなかったが，家族が変化している以上，家族法がそのままでありうるはずもない。この間のメディアの報道や判例・実務の動向を見ていると，水面下で「静かな革命」が徐々に進むとともに，法の世界でも小さな，しかし継続的な進化が生じつつあるように思われる。

　日本の戦後改革やフランスのカルボニエ改革のように，統一的な設計図を描いてトップダウンで大改正を行うというやり方は，今日ではもはや現実性を持たない。現代における法の形成は，ステップ・バイ・ステップで進めるほかない。もっともそれは，かつて言われた「ピースミール・エンジニアリング」とは少し違う。立法・判例・学説そして一般市民，各アクターは，この一手が次の一手にどのような影響を与えるかを織り込みつつ，法形成に参与していかなければならない。

　前著『民法読解 総則編』の「あとがき」には，「本書は，こうした流動的・過渡的な時期に書かれたものである」と記したが，現時点での私は，全面改正による安定期の到来は期待し得ない，われわれは常に過渡期にあるという認識に漂着した。それゆえ「過渡期」であることを理由にしようとは思わないが，我妻栄の時代に比べて，家族法の将来を占うことはさらに難しくなっていることは確かである。それでも，旧民法・明治民法を視野に入れて長いタイム・スパンでの考察を加えたこともあって，歴史の中で日本の家族法の特色を示し，同時に，その近未来につき若干の見通しを示し得たかもしれない。ともあれ，本書に何らかの意味があるかどうかは，歴史の判定に委ねるほかない。

2

　前著と同じく本書もまた，断続的に行われた講義を取りまとめたものである。

最初の講義から最後の講義まで5年の年月を要しているため，前編・中編・後編では基本的なトーンが異なっている。また，講義終了後に補筆した部分もあるため，形式上の統一はかろうじて保たれているものの，内容には精粗が存在する。もっとも，時期を異にする三つのパートの違いについては，これを二重の意味で積極的に位置づけようと考えるに至った。すなわち，三つのパートを三つの家族（法）像と対応させ，かつ，従来は周辺に位置づけられていた後見法（に伏在する考え方）を将来の家族（法）像と結びつけることを試みた。

他方，考えてみれば，『民法読解』シリーズにおいて，「(ほぼ) 逐条に注釈を行う」という形式を整えたのは，注釈という枠に支えられつつ，問題に応じ，関心に応じて自由な叙述を行えるようにしよう，という目論見があってのことだった。もともと標準的・実用的な注釈書を目指していないのであるから，内容の均質化をはかるよりも，書きたいことを書き，書きたくないことは書かないですませる，と割り切るのが，初志に適っているといえば適っているのである。

3

とはいえ，そうした不統一の中に，ある種の統一を見出すこともできるはずである。それは『民法読解』シリーズにおいて，私は，総則編，親族編というまとまりをもった民法のテクストを「解釈」しようとしているということである。

民法学者が民法について書く以上，「解釈」がなされているのは当然のことではないかと思われるかもしれない。確かに当然なのではあるが，私が試みているのは，個別の紛争を解決することを目的に個々の規定の規律内容を明らかにするという意味での解釈ではなく，ある制度，あるいは，その集合体を構築しようとするテクストが，それ自体としてどのような意味を持っているのか，を明らかにするということである。その際に，従来，示されているのとは異なる「解釈」を提示するように努めているが，これも直接の紛争解決のためではなく，テクストに積層した過去に光をあて，テクストが内包する未来の可能性を引き出すためである。

とりわけ，家族法に関しては，「読み直し」「異なる意味」という姿勢を基本に据えて取り組んできた。というのは私自身が，この領域についてはすでに何度も，「読み」を示し，「意味」を見出してきたからである。すなわち，『家族法』（有斐閣，初版1999，第3版2010）においては，家族の「類型」論を基礎とした読みを，『文学から見た家族法』（ミネルヴァ書房，2012）においては，文学

テクストや歴史的なコンテクストとの対比による読みを，『家族と法』（左右社，2014）においては，東アジアの国々（韓国・中国）をも視野に入れた比較による読みを，そして，『新基本民法7　家族編』（有斐閣，2014）においては，個人（特に女性）を出発点とした読みをそれぞれ試みてきた。これに対して，本書においては，これらとは異なるテクストの相互関係を重視した読みを展開するように努めた。この基本的なスタンスの選択において，本書はとりあえず一貫しているはずである。

　読者におかれては，以上のような性質の書物として受け取っていただければ幸いである。

4

　ところで，本書には現行法ではない法律の解説が含まれている。中編で扱った明治民法第4編旧第2章の解説がそれである。最近廃止された規定の解説ということであれば，現行法の注釈書に含まれていてもさほど違和感はなかろう。それゆえ，『民法読解　総則編』には2006年に廃止された法人旧規定に関する解説も収録した。

　しかし，70年前に否定的な評価を下されて廃止された「家」制度に関する規定に関する解説を収録するというのは，これとは全く異なるレベルのことである。このようなことを考えたのは，この部分の講義が現行法の講義の枠外で行われたことにもよるのだが，何よりも，「家」制度を正確に理解することが現行法のより深い理解に通ずると考えたためである。

　逐条解説が十分なものであるか否か，当時の一般的な理解とは異なるものを含むのではないか，といった点には不安がないではない。しかし，上記の目的は達することができたのではないかと思う。また，現代日本における「家」制度の法的な解説が皆無に近いことを考えるならば，この部分は単独でも価値を持つだろう。少なくとも私自身は，旧第2章および関連の諸規定を検討することを通じて，「家」の本質により迫り得たように感じており，そこで得た理解は，現行法のある部分の理解に不可欠であると思っている。

　あれこれの制度の趣旨を探究するために，旧法の一部を切り出して検討するという作業は盛んに行われている。そしてそれに一定の意義があることは言うまでもない。しかしながら，旧法を全体として理解することによって得られるパースペクティブは，それとは次元の異なるもののようである。こうした認識に立って，2014年からは「旧民法から見た債権法」という講義を始めたが，この講義を通じて多くのことを学びつつある。その内容は，『民法読解』シリ

ーズの実質的な続巻として，いずれ一書にまとめて読者のご覧に供したいと考えている。

慣例に従って最後に謝辞を述べるが，その前に，若干の追想をお許し願いたい。『民法読解』シリーズが，星野英一・広中俊雄両先生に負うところ大であることは，前著の「あとがき」にも記した通りであるが，両先生は，2012年9月，2014年2月にそれぞれ逝去された。また，その間には，やはり大きな学恩を受けた北川善太郎・平井宜雄両先生も逝去された。ほかにも，何人かの民法学の先達が世を去られ，まさに一つの時代の終焉を感じさせられた。この場を借りて諸先生を追慕しながら，残された者としての責任の重さを思わざるを得ない。

今回も，草稿の整理・引用の確認・付録の作成などを担当して下さったのは，私設秘書の伴ゆりなさんである。また，有斐閣書籍編集第一部では，『新基本民法7 家族編』とともに藤本依子さんにご担当いただいた。藤本さんとは30年来のお付き合いになるが，長年にわたり諸々のご配慮をいただいてきた。なお，前著『民法読解 総則編』につき，鎌田薫教授・小粥太郎教授からそれぞれに賜ったご懇切な書評は，多難な時代に本書を書き継ぐ上で大きな励ましとなった。皆さまに対し，改めてお礼を申し上げる。

2015年10月

大 村 敦 志

〔資料1-1〕 主要改正年表

1902年（明治35年法37号）	明民743条に2項を追加
1941年（昭和16年法21号）	明民749条3項を改正
1942年（昭和17年法7号）	私生子・庶子の語を廃止，認知の訴えを死後3年まで認める
1947年（昭和22年法222号）	全面改正（新民法）
1948年（昭和23年法260号）	家事審判所を家庭裁判所に改める〔裁判所法改正に伴う〕
1962年（昭和37年法40号）	811条・815条・845条改正
1976年（昭和51年法66号）	769条2項新設
1987年（昭和62年法101号）	養子の改正（特別養子の新設など）
1989年（平成元年法27号）	757条削除〔法例改正に伴う〕
1999年（平成11年法149号）	後見の改正，保佐及び補助の新設，任意後見契約法の制定
2003年（平成15年法109号）	「裁判所」を「家庭裁判所」に改める〔人事事件手続法改正に伴う〕
2004年（平成16年法147号）	現代語化
2011年（平成23年法61号）	親権・未成年後見の改正

〔資料1-2〕 民法親族編中改正ノ要綱（大正14臨時法制審議会決議）

第一　親族ノ範囲
　親族ノ範囲ヲ左ノ如ク定ムルコト
　　一　直系血族
　　二　六親等内ノ傍系血族
　　三　配偶者
　　四　直系血族ノ配偶者
　　五　三親等内ノ姻族及ビ其配偶者
　　六　子ノ配偶者ノ父母
　　七　養子ノ父母及ビ子ノ養父母

第二　継親子
　継親子ノ関係ハ父又ハ母ノ家ニ生マレタル子ト父又ハ母ノ後妻又ハ後夫トシテ其家ニ入リタル者トノ間ニ生ズルモノトシ養子トノ関係亦之ニ準ズルモノトスルコト
　　附帯決議
　　　成ルベク継親子ノ名称ヲ避クルコト

第三　庶子ノ入家
　庶子ハ父ニ配偶者アル場合ニ於テハ其同意アルニ非ザレバ父ノ家ニ入ルコトヲ得ザルモノトスルコト

第四　分　家
　　一　直系尊属ニ非ザル成年ノ男子ニシテ独立ノ生計ヲ立ツルコトヲ得ル家族ハ戸主ニ於テ之ヲ分家セシムルコトヲ得ルモノトスルコト
　　二　成年ノ男子ニシテ独立ノ生計ヲ立ツルコトヲ得ル家族ハ戸主ノ同意ナクシテ分家ヲ為スコトヲ得ルモノトスルコト
　　三　前二項ノ場合ニ於テハ家ニ在ル父母，父母共ニ在ラザルトキハ家ニ在ル祖父母ノ同意ヲ得ベキモノトスルコト但父母，祖父母ハ正当ノ理由ナクシテ同意ヲ拒ムコトヲ得ザルモノトスルコト
　　四　前三項ノ条件具備スルモ特別ノ事情アル場合ニハ家事審判所ハ分家ヲ為サシメザルコトヲ得ルモノトスルコト
　　五　法定ノ推定家督相続人ハ分家ヲ為スコトヲ得ザルモノトスルコト

第五　廃絶家再興
　　一　廃絶家再興ニ付テハ民法第743条ノ要件ノ外廃家者又ハ絶家者ノ親族及ビ縁故者ヨリ成ル親族会ノ同意及ビ家事審判所ノ許可ヲ得ルコトヲ要スルモノトシ家事審判所其認可ヲ与フルニハ利害関係人ヲシテ異議ヲ述ブルコトヲ得シムルモ

〔資料1-2〕　民法親族編中改正ノ要綱

ノトスルコト
　　二　廃絶家再興者ガ其家ヲ廃スル場合ハ民法762条第2項ノ規定ニ準ズルモノトスルコト
第六　戸主ノ監督義務
　戸主ハ家族ヲ監督シ且必要ナル保護ヲ為ス権利義務ヲ有スル旨ヲ明ニシ又責任能力ナキ家族ノ不法行為ニ付キ他ニ責任ヲ負フ者ナキ場合ニ於テハ監督義務ヲ怠ラザリシコトノ証明ナキ限リ其責ニ任ズベキモノトスルコト
第七　戸主権ノ代行
　戸主ガ其権利ヲ行フコト能ハザルトキハ戸主ハ戸主権代行者ヲ置クコトヲ得ルモノトシ之ヲ置カザルトキハ親族会ハ戸主権代行者ヲ選任シ且重要ナル事由アルトキハ之ヲ改任スルコトヲ得ルモノトスルコト
第八　離籍及ビ復籍
　　一　成年ノ家族ニ家名ヲ汚辱スベキ重大ナル非行アルトキハ戸主ハ家事審判所ノ許可ヲ得テ之ヲ離籍スルコトヲ得ルモノトスルコト
　　二　民法第749条第3項ヲ削除スルコト
　　三　家族ガ戸主ノ同意ヲ得ズシテ婚姻又ハ養子縁組ヲ為シタルトキハ戸主ハ家事審判所ノ許可ヲ得テ之ヲ離籍スルコトヲ得ルモノトスルコト
　　四　実家ノ戸主ノ同意ヲ得ズシテ離婚又ハ離縁ヲ為シタル者ハ家事審判所ノ許可ヲ得テ之ヲ離籍スルコトヲ得ルモノトスルコト
　　五　戸主ハ離籍セラレタル者ヲ復籍セシムルコトヲ得ルモノトスルコト
第九　離縁又ハ離婚等ニ因リテ家ヲ去ル者ノ子ノ家籍
　　一　離婚又ハ縁組ノ取消ノ場合ニ於テハ養子ノ子ハ家女トノ間ニ生マレタルモノニ非ザル限リ養子ニ随ヒテ家ヲ去ルヲ原則トスルコト
　　二　入夫ノ離婚又ハ入夫婚姻ノ取消ノ場合ニ於テモ亦前項ニ準ズルモノトスルコト
第十　廃戸主
　　一　戸主ニ戸主権ヲ行ハシムベカラザル重大ナル事由アルトキハ家事審判所ハ戸主権ノ喪失ヲ宣言スルコトヲ得ルモノトスルコト但事情ニ依リ之ニ相当ノ財産ヲ与フルコトヲ得ルモノトスルコト
　　二　前項ノ審判手続ガ開始セラレタルトキハ家事審判所ハ戸主権ノ代行及ビ財産ノ管理ニ付必要ナル処分ヲ命ズルコトヲ得ルモノトスルコト
　　三　第1項ノ審判手続開始後ニ戸主ノ為シタル行為ハ之ヲ否認スルコトヲ得ルモノトスルコト
第十一　婚姻ノ同意
　　一　子ガ婚姻ヲ為スニハ年齢ノ如何ヲ問ハズ「第四ノ三」ニ準ズルコト
　　二　子ガ前項ニ違反スル婚姻ヲ為シタル場合ニ付テハ相当ノ制裁ヲ定ムルコト

三　未成年者ガ第1項ニ違反スル婚姻ヲ為シタルトキハ父母，祖父母ニ於テ之ヲ取消シ得ベキモノトスルコト
第十二　婚姻ノ成立
　　　一　婚姻ハ慣習上認メラレタル儀式ヲ挙グルニ因リテ成立スルモノトシ其成立証明ノ方法ヲ法律ニ定ムルコト
　　　二　前項ニ依リ婚姻ヲ為シタルトキハ一定ノ期間内ニ届出ヲ為スベキモノトスルコト
　　　三　第1項ニ依ラザル場合ニ於テハ婚姻ハ届出ニ因リテ成立スルモノトスルコト
第十三　重婚及ビ近親結婚
　　　重婚及ビ近親結婚ハ之ヲ無効トスルコト
第十四　妻ノ能力及ビ夫婦財産制
　　　一　妻ノ無能力及ビ夫婦財産制ニ関スル規定ヲ削除シ之ニ代ルベキ相当ノ規定ヲ「婚姻ノ効力」ノ下ニ設クルコト
　　　二　妻ノ能力ハ適当ニ之ヲ拡張スルコト
　　　三　夫婦ノ一方ガ婚姻前ヨリ有セル財産及ビ婚姻中自己ノ名ニ於テ得タル財産ハ其特有財産トスルヲ原則トシ夫又ハ女戸主ガ其配偶者ノ財産ニ対シテ使用及ビ収益ヲ為ス権利及ビ夫ノ妻ノ財産ニ対スル管理権ヲ廃止スルコト
第十五　協議離婚ノ同意及ビ子ノ監護
　　　一　協議上ノ離婚ノ同意及ビ其ノ同意ノ拒絶ニ付テハ「第四ノ三」ニ準ズルコト
　　　　右ノ同意ヲ得ズ又ハ之ヲ得ルコト能ハザルトキハ家事審判所ノ審判ヲ受クベキモノトスルコト
　　　二　民法第812条ノ規定ニ依ル監護者ヲ不適当ナリトスルトキハ家事審判所ニ於テ監護者ヲ定ムルコトヲ得ルモノトスルコト
第十六　離婚ノ原因及ビ子ノ監護
　　　一　離婚ノ原因ハ大体ニ於テ左ノ如ク定ムルコト
　　　　㈠　妻ニ不貞ノ行為アリタルトキ
　　　　㈡　夫ガ著シク不行跡ナルトキ
　　　　㈢　配偶者ヨリ甚シク不当ノ待遇ヲ受ケタルトキ
　　　　㈣　配偶者ガ自己ノ直系尊属ニ対シテ甚シク不当ノ待遇ヲ為シ又ハ配偶者ノ直系尊属ヨリ甚シク不当ノ待遇ヲ受ケタルトキ
　　　　㈤　配偶者ノ生死ガ3年以上分明ナラザルトキ
　　　　㈥　其他婚姻関係ヲ継続シ難キ重大ナル事情存スルトキ
　　　二　前項第1号乃至第5号ノ場合ト雖モ総テノ関係ヲ綜合シテ婚姻関係ノ継続ヲ相当ト認ムルトキハ離婚ヲ為サシメザルコトヲ得ルモノトスルコト
　　　三　子ノ監護ニ付テハ「第十五ノ二」ニ準ズルコト

〔資料1-2〕 民法親族編中改正ノ要綱

第十七　離婚ニ因ル扶養義務

離婚ノ場合ニ於テ配偶者ノ一方ガ将来生計ニ窮スルモノト認ムベキトキハ相手方ハ原則トシテ扶養ヲ為スコトヲ要スルモノトシ扶養ノ方法及ビ金額ニ関シ当事者ノ協議調ハザルトキハ家事審判所ノ決スル所ニ依ルモノトスルコト

第十八　嫡出子ノ否認

一　嫡出子ノ否認権ハ承認ノ一事ニ因リテ之ヲ失フコトナキモノトスルコト

二　否認権ハ否認ノ原因タル事実ヲ知リタル時又ハ出生ノ時ヨリ起算シ現行法ニ比シテ其行使ノ期間ヲ延長スルコト

第十九　私生子ノ名称

私生子ノ名称ハ之ヲ廃スルコト

第二十　子ノ認知ノ無効及ビ取消

一　子ノ認知ヲ為シタル父又ハ母ハ反対ノ事実ヲ知リタル時又ハ認知ノ時ヨリ起算シ一定ノ期間内ニ其認知ヲ取消スコトヲ得ルモノトスルコト

二　子其他ノ利害関係人ノ認知ノ無効又ハ取消ノ主張ニ付テハ前項ニ準ズルモノトスルコト

第二十一　養子ノ種別及ビ相続権

一　家督相続人タルベキ養子ハ之ヲ養嗣子トシ単純ナル養子ト区別スルコト

二　法定ノ推定家督相続人タル男子ナキ戸主ハ男子ヲ養嗣子ト為スコトヲ得ルモノトスルコト

養嗣子ハ女壻ト為ス為メニモ亦之ヲ為スコトヲ得ルモノトスルコト（壻養嗣子）

三　法定ノ推定家督相続人タル女子ニ壻養子ヲ為シタル場合ニ於テ単純ナル壻養子ト為ス旨ノ届出ヲ為サザルトキハ之ヲ養嗣子ト看做スコト

四　法定ノ推定家督相続人タル男子及ビ女子ナキ戸主ハ女子ヲ養嗣子ト為スコトヲ得ルモノトスルコト

五　養嗣子タル女子ハ長女タルト同一ノ相続権ヲ有スルモノトスルコト

六　単純ナル壻養子ハ家督相続ニ関シテハ其配偶者タル女子ト同一ノ地位ヲ有スルモノトスルコト

七　単純ナル養子ガ家女又ハ養女ト婚姻シタルトキハ之ヲ壻養子ニ準ズルモノトスルコト

八　単純ナル養子ハ法定又ハ指定ノ家督相続人ナキ場合ニ限リ家督相続権ヲ有スルモノトスルコト

九　養嗣子ヲ為スコトヲ得ル場合ニ於テハ単純ナル養子又ハ壻養子ハ之ヲ養嗣子ト為スコトヲ得ルモノトスルコト

十　養嗣子ハ其同意ヲ得テ之ヲ単純ナル養子又ハ壻養子ト為スコトヲ得ルモノトス

　　　　ルコト但配偶者アルトキハ其同意ヲ得ベキモノトスルコト
第二十二　縁組ノ許可
　　未成年者ヲ養子ト為スニハ家事審判所ノ許可ヲ受クベキモノトスルコト
第二十三　縁組ノ同意
　　養子縁組ノ同意及ビ其同意ノ拒絶ニ付テハ「第四ノ三」ニ準ズルコト
第二十四　尊属又ハ年長者養子
　　尊属又ハ年長者ヲ養子トスル縁組ハ原則トシテ之ヲ無効トスルコト
第二十五　協議離縁ノ同意
　　協議上ノ離縁ノ同意及ビ其同意ノ拒絶ニ付テハ「第四ノ三」ニ準ジ其同意ヲ得ズ又ハ之ヲ得ルコト能ハザルトキハ家事審判所ノ審判ヲ受クベキモノトスルコト
第二十六　離縁ノ原因
　　一　離縁ノ原因ハ大体ニ於テ左ノ如ク定ムルコト
　　　㈠　養子ニ家名ヲ瀆シ又ハ家産ヲ傾クベキ重大ナル過失アリタルトキ
　　　㈡　養子ノ生死ガ3年以上分明ナラザルトキ
　　　㈢　他ノ一方ヨリ甚シク不当ノ待遇ヲ受ケタルトキ
　　　㈣　他ノ一方ガ自己ノ直系尊属ニ対シ甚シク不当ノ待遇ヲ為シ又ハ他ノ一方ノ直系尊属ヨリ甚シク不当ノ待遇ヲ受ケタルトキ
　　　㈤　壻養子縁組ノ場合ニ於テ離婚アリタルトキ又ハ養子ガ家女ト婚姻ヲ為シタル場合ニ於テ離婚アリタルトキ，婚姻ガ無効ナルトキ又ハ其取消アリタルトキ
　　　㈥　其他縁組ヲ継続シ難キ重大ナル事情存スルトキ
　　二　前項第1号乃至第5号ノ場合ト雖モ総テノ関係ヲ綜合シテ縁組ノ継続ヲ相当ト認ムルトキハ離縁ヲ為サシメザルコトヲ得ルモノトスルコト
第二十七　親権行使ノ制限
　　母ノ親権行使ニ関シ親族会ノ同意ヲ要スル事項ヲ整理減縮スルコト
第二十八　親権ノ喪失
　　親権ノ濫用又ハ著シキ不行跡ノ外父又ハ母ニ親権ヲ行ハシムベカラザル重大ナル事由アルトキハ家事審判所ハ親権ヲ喪失セシムルコトヲ得ルモノトスルコト
第二十九　法定後見人
　　民法第901条及ビ第902条ノ規定ニ依リテ後見人タル者アラザルトキハ家ニ在ル祖父母ハ戸主ニ先チテ後見人タルモノトスルコト
第三十　後見監督人及ビ後見事務ノ監督
　　一　後見監督人ハ指定ノモノヲ除ク外親族会ニ於テ必要ト認ムルトキハ之ヲ選任スルコトヲ得ルモノトスルコト
　　二　後見ノ事務ハ親族会ノ監督ニ属スル外第二次ニ家事審判所ノ監督ニ属スルモノトシ現行法ノ繁雑ナル規定ニ適当ノ改正ヲ加フルコト

〔資料1-2〕 民法親族編中改正ノ要綱

第三十一　親族会ノ構成
　　一　親族会員ノ員数及ビ選任ハ関係者ニ於テ之ヲ協定シ家事審判所ノ認可ヲ受クベキモノトスルコト
　　二　無能力者ノ為メニスル常設親族会ニ付テハ家事審判所ニ於テ会員ヲ選任又ハ改任スルコトヲ得ルモノトスルコト
　　三　親族会ノ構成ガ不能又ハ困難ナル場合ニ於テハ家事審判所ノ審判ヲ以テ其決議ニ代フルコトヲ得ルモノトスルコト

第三十二　親族会ノ代表
　　親族会ニハ其代表者ヲ置クモノトシ且親族会ノ訴訟当事者能力ヲ認ムルコト

第三十三　親族会ノ決議
　　一　親族会ノ決議ニ付テハ適当ノ範囲ニ於テ書面表決ノ効力ヲ認ムルコト
　　二　親族会ノ決議ハ之ヲ家事審判所ニ報告スベキモノトシ且審判所ガ其実行ノ監視督促ヲ為スコトヲ得ル方法ヲ設クルコト
　　三　親族会ガ決議ヲ為サズ又ハ之ヲ為スコト能ハザルトキハ家事審判所ノ審判ヲ以テ其決議ニ代フルコトヲ得ルモノトスルコト

第三十四　扶養義務
　　扶養ニ付テハ扶養ヲ為スベキ者其他ノ大綱ヲ規定スルニ止メ扶養義務者ノ順位, 扶養ノ程度, 方法等ニ関スル現行法ノ繁雑ナル規定ヲ整理シ家事審判所ヲシテ適宜之ヲ裁断セシムルモノトスルコト

〔資料1-3〕 日本国憲法の施行に伴う民法の応急的措置に関する法律
（昭和22年法律第74号）

第1条 この法律は，日本国憲法の施行に伴い，民法について，個人の尊厳と両性の本質的平等に立脚する応急的措置を講ずることを目的とする。
第2条 妻又は母であることに基いて法律上の能力その他を制限する規定は，これを適用しない。
第3条 戸主，家族その他家に関する規定は，これを適用しない。
第4条 成年者の婚姻，離婚，養子縁組及び離縁については，父母の同意を要しない。
第5条 夫婦は，その協議で定める場所に同居するものとする。
2 夫婦の財産関係に関する規定で両性の本質的平等に反するものは，これを適用しない。
3 配偶者の一方に著しい不貞の行為があつたときは，他の一方は，これを原因として離婚の訴を提起することができる。
第6条 親権は，父母が共同してこれを行う。
2 父母が離婚するとき，又は父が子を認知するときは，親権を行う者は，父母の協議でこれを定めなければならない。協議が調わないとき，又は協議することができないときは，裁判所が，これを定める。
3 裁判所は，子の利益のために，親権者を変更することができる。
第7条 家督相続に関する規定は，これを適用しない。
2 相続については，第8条及び第9条の規定によるの外，遺産相続に関する規定に従う。
第8条 直系卑属，直系尊属及び兄弟姉妹は，その順序により相続人となる。
2 配偶者は，常に相続人となるものとし，その相続分は，左の規定に従う。
　一 直系卑属とともに相続人であるときは，3分の1とする。
　二 直系尊属とともに相続人であるときは，2分の1とする。
　三 兄弟姉妹とともに相続人であるときは，3分の2とする。
第9条 兄弟姉妹以外の相続人の遺留分の額は，左の規定に従う。
　一 直系尊属のみが相続人であるとき，又は直系卑属及び配偶者が相続人であるときは，被相続人の財産の2分の1とする。
　二 その他の場合は，被相続人の財産の3分の1とする。
第10条 この法律の規定に反する他の法律の規定は，これを適用しない。

〔資料1-4〕 明治民法・1947年改正法条文対応表

旧法	新法	旧法	新法	旧法	新法
第4編 親族	第4編 親族	第2款 婚姻ノ無効及ヒ取消	第2款 婚姻の無効及び取消し	798	760
第1章 総則	第1章 総則			799	—
725	725			800	—
726	726	778	742	801	—
727	727	779	743	802	—
728	—	780	744	803	—
729	728	781	745	804	761
730 Ⅰ	729 Ⅰ	782	746	805	—
Ⅱ	—	783	—	806	—
Ⅲ	Ⅱ	784	—	807	762
	730	785	747	第4節 離婚	第4節 離婚
731	—	786	—	第1款 協議上ノ離婚	第1款 協議上の離婚
第2章 戸主及ヒ家族		787	748		
			749	808	763
第3章 婚姻	第2章 婚姻	第2節 婚姻ノ効力	第2節 婚姻の効力	809	—
第1節 婚姻ノ成立	第1節 婚姻の成立	788	750	810	764
			751	811	765
第1款 婚姻ノ要件	第1款 婚姻の要件	789	752	812 ⅠⅡ	766 Ⅰ
765	731	790	752		Ⅱ
			753		Ⅲ
766	732				**767**
767	733	791	—		**768**
768	—	792	754		769
769	734	第3節 夫婦財産制	第3節 夫婦財産制	第2款 裁判上ノ離婚	第2款 裁判上の離婚
770	735	第1款 総則	第1款 総則	813	770 Ⅰ
771	736	793	755	①〜③	①
772	737	794	756	④・⑤	—
773	—	795	757	⑥	②
774	738	796	758	⑦・⑧	—
775	739	797	759	⑨	③
776	740	第2款 法定財産制	第2款 法定財産制	⑩	—
777	741				④

旧法	新法	旧法	新法	旧法	新法
	⑤		**791**	第3款 縁組ノ効力	第3款 縁組の効力
	Ⅱ	第2節 養子	第2節 養子		
814	—	第1款 縁組ノ要件	第1款 縁組の要件	860	809
815	—			861	810
816	—	837	792	第4款 離縁	第4款 離縁
817	—	838	793	862	811
818	—	839	—	863	—
819	771	840	794	864	812
第4章 親子	第3章 親子	841 Ⅰ	795 本文	865	813
第1節 実子	第1節 実子	Ⅱ	795 但書	866	814 Ⅰ
第1款 嫡出子	—	842	796	①	—
820	772	843 Ⅰ	797	②	①
821	773	Ⅱ	—	③〜⑥	—
822	774		**798**	⑦	②
823	775	844	—	⑧・⑨	—
824	776	845	—		③
825	777	846	—		Ⅱ
826 Ⅰ	—	847	799	867 Ⅰ	815
Ⅱ	778	848	—	Ⅱ	—
第2款 嫡出ニ非サル子	—	849	800	868	—
		850	801	869	—
827 Ⅰ	779	第2款 縁組ノ無効及ヒ取消	第2款 縁組の無効及び取消し	870	—
Ⅱ	—			871	—
828	780			872	—
829	781	851	802	873	—
830	782	852	803	874	—
831	783	853	804	875	—
832	784	854	805		**816**
833	785	855	806	876	—
834	786	856	—		**817**
835	787	857	—	第5章 親権	第4章 親権
836	789	858	—	第1節 総則	第1節 総則
	790	859	808	877 Ⅰ	818 Ⅰ
					Ⅱ

〔資料1-4〕 明治民法・1947年改正法条文対応表

旧法	新法	旧法	新法	旧法	新法
Ⅱ	Ⅲ	第2節 後見ノ機関	第2節 後見の機関	918	854
	819 Ⅰ～Ⅵ			919	855
878	―	第1款 後見人	第1款 後見人	920	856
第2節 親権ノ効力	第2節 親権の効力	901	839	921	857
		902 Ⅰ	―	922	858
879	820	Ⅱ Ⅲ	840	923	859
880	821	903	―		**860**
881	―	904	841	924	861
882	822	905	842	925	862
883	823	906	843	926	―
884	824	907	844	927	―
	825		845	928	―
885	―	908	846		**863**
886	―	①・②	①・②	929	864
887	―	③	―		**865**
888	826	④	③	930	866
889	827	⑤	④	931	―
890	828	⑥	⑤	932	―
891	829	⑦	⑥	933	―
892	830	⑧	―	934	867
893	831	909	847	935	868
894	832	第2款 後見監督人	第2款 後見監督人	936	869
895	833	910	848	第4節 後見ノ終了	第4節 後見の終了
第3節 親権ノ喪失	第3節 親権の喪失	911	849	937	870
896	834	912	―	938	871
897	835	913	―	939	872
898	836	914	850	940	873
899	837 Ⅰ	915	851	941	874
	Ⅱ	916	852	942	875
第6章 後見	第5章 後見	第3節 後見ノ事務	第3節 後見の事務	943	876
第1節 後見ノ開始	第1節 後見の開始	917 Ⅰ Ⅱ	853 Ⅰ Ⅱ	第7章 親族会	―
900	838	Ⅲ	―		

旧法	新法
第8章 扶養ノ義務	第6章 扶養
954 I	877 I
II	—
	II III
955	878
956	—
957	—
958	—
959	879
960	—
961	—
962	880
963	881

＊経過351頁以下による。

[資料1-5] 条数変遷一覧

昭37法40	昭51法66	昭62法101	平元法27	平11法149	平23法61
			757条削除		
					766条2項
	767条2項				
		797条2項			
		806条の2			
		806条の3			
811条3~5項		811条6項			
		811条の2			
		816条2項			
		817条の2~ 817条の11			
					822条2項削除
					834条の2
					840条2項3項
				849条の2	849条の2削除
					857条の2
				859条の2	
				859条の3	
				876条の2~ 876条の10	

＊その他に，昭62法101，平11法149，平16法147によって章節款の追加や名称変更が行われている。

〔資料2-1〕　法制審議会総会決定（民法の一部を改正する法律案要綱）（平成8年2月）

第一　婚姻の成立
　一　婚姻適齢
　婚姻は，満18歳にならなければ，これをすることができないものとする。
　二　再婚禁止期間
　　1　女は，前婚の解消又は取消しの日から起算して100日を経過した後でなければ，再婚をすることができないものとする。
　　2　女が前婚の解消又は取消しの日以後に出産したときは，その出産の日から，1を適用しないものとする。
第二　婚姻の取消し
　一　再婚禁止期間違反の婚姻の取消し
　第一，二に違反した婚姻は，前婚の解消若しくは取消しの日から起算して100日を経過し，又は女が再婚後に懐胎したときは，その取消しを請求することができないものとする。
第三　夫婦の氏
　一　夫婦は，婚姻の際に定めるところに従い，夫若しくは妻の氏を称し，又は各自の婚姻前の氏を称するものとする。
　二　夫婦が各自の婚姻前の氏を称する旨の定めをするときは，夫婦は，婚姻の際に，夫又は妻の氏を子が称する氏として定めなければならないものとする。
第四　子の氏
　一　嫡出である子の氏
　嫡出である子は，父母の氏（子の出生前に父母が離婚したときは，離婚の際における父母の氏）又は父母が第三，二により子が称する氏として定めた父若しくは母の氏を称するものとする。
　二　養子の氏
　　1　養子は，養親の氏（氏を異にする夫婦が共に養子をするときは，養親が第三，二により子が称する氏として定めた氏）を称するものとする。
　　2　氏を異にする夫婦の一方が配偶者の嫡出である子を養子とするときは，養子は，1にかかわらず，養親とその配偶者が第三，二により子が称する氏として定めた氏を称するものとする。
　　3　養子が婚姻によって氏を改めた者であるときは，婚姻の際に定めた氏を称すべき間は，1，2を適用しないものとする。
　三　子の氏の変更

〔資料2-1〕　法制審議会総会決定

　　1　子が父又は母と氏を異にする場合には，子は，家庭裁判所の許可を得て，戸籍法の定めるところにより届け出ることによって，その父又は母の氏を称することができるものとする。ただし，子の父母が氏を異にする夫婦であって子が未成年であるときは，父母の婚姻中は，特別の事情があるときでなければ，これをすることができないものとする。

　　2　父又は母が氏を改めたことにより子が父母と氏を異にする場合には，子は，父母の婚姻中に限り，1にかかわらず，戸籍法の定めるところにより届け出ることによって，その父母の氏又はその父若しくは母の氏を称することができるものとする。

　　3　子の出生後に婚姻をした父母が氏を異にする夫婦である場合において，子が第三，二によって子が称する氏として定められた父又は母の氏と異なる氏を称するときは，子は，父母の婚姻中に限り，1にかかわらず，戸籍法の定めるところにより届け出ることによって，その父又は母の氏を称することができるものとする。ただし，父母の婚姻後に子がその氏を改めたときは，この限りでないものとする。

　　4　子が15歳未満であるときは，その法定代理人が，これに代わって，1から3までの行為をすることができるものとする。

　　5　1から4までによって氏を改めた未成年の子は，成年に達した時から1年以内に戸籍法の定めるところにより届け出ることによって，従前の氏に復することができるものとする。

第五　夫婦間の契約取消権
　第754条の規定は，削除するものとする。
第六　協議上の離婚
　一　子の監護に必要な事項の定め
　　1　父母が協議上の離婚をするときは，子の監護をすべき者，父又は母と子との面会及び交流，子の監護に要する費用の分担その他の監護について必要な事項は，その協議でこれを定めるものとする。この場合においては，子の利益を最も優先して考慮しなければならないものとする。

　　2　1の協議が調わないとき，又は協議をすることができないときは，家庭裁判所が，1の事項を定めるものとする。

　　3　家庭裁判所は，必要があると認めるときは，1又は2による定めを変更し，その他の監護について相当な処分を命ずることができるものとする。

　　4　1から3までは，監護の範囲外では，父母の権利義務に変更を生ずることがないものとする。

　二　離婚後の財産分与
　　1　協議上の離婚をした者の一方は，相手方に対して財産の分与を請求することができるものとする。

2　1による財産の分与について，当事者間に協議が調わないとき，又は協議をすることができないときは，当事者は，家庭裁判所に対して協議に代わる処分を請求することができるものとする。ただし，離婚の時から2年を経過したときは，この限りでないものとする。

　3　2の場合には，家庭裁判所は，離婚後の当事者間の財産上の衡平を図るため，当事者双方がその協力によって取得し，又は維持した財産の額及びその取得又は維持についての各当事者の寄与の程度，婚姻の期間，婚姻中の生活水準，婚姻中の協力及び扶助の状況，各当事者の年齢，心身の状況，職業及び収入その他一切の事情を考慮し，分与させるべきかどうか並びに分与の額及び方法を定めるものとする。この場合において，当事者双方がその協力により財産を取得し，又は維持するについての各当事者の寄与の程度は，その異なることが明らかでないときは，相等しいものとする。

第七　裁判上の離婚

　一　夫婦の一方は，次に掲げる場合に限り，離婚の訴えを提起することができるものとする。ただし，(ア)又は(イ)に掲げる場合については，婚姻関係が回復の見込みのない破綻に至っていないときは，この限りでないものとする。

　　(ア)　配偶者に不貞な行為があったとき。
　　(イ)　配偶者から悪意で遺棄されたとき。
　　(ウ)　配偶者の生死が3年以上明らかでないとき。
　　(エ)　夫婦が5年以上継続して婚姻の本旨に反する別居をしているとき。
　　(オ)　(ウ)，(エ)のほか，婚姻関係が破綻して回復の見込みがないとき。

　二　裁判所は，一の場合であっても，離婚が配偶者又は子に著しい生活の困窮又は耐え難い苦痛をもたらすときは，離婚の請求を棄却することができるものとする。(エ)又は(オ)の場合において，離婚の請求をしている者が配偶者に対する協力及び扶助を著しく怠っていることによりその請求が信義に反すると認められるときも同様とするものとする。

　三　第770条第2項を準用する第814条第2項（裁判上の離縁における裁量棄却条項）は，現行第770条第2項の規定に沿って書き下ろすものとする。

第八　失踪宣告による婚姻の解消

　一　夫婦の一方が失踪の宣告を受けた後他の一方が再婚をしたときは，再婚後にされた失踪の宣告の取消しは，失踪の宣告による前婚の解消の効力に影響を及ぼさないものとする。

　二　一の場合には，前婚による姻族関係は，失踪の宣告の取消しによって終了するものとする。ただし，失踪の宣告後その取消し前にされた第728条第2項（姻族関係の終了）の意思表示の効力を妨げないものとする。

　三　第751条（生存配偶者の復氏等）の規定は，一の場合にも，適用するものとする。

　四　第六，一及び二は一の場合について，第769条（祭具等の承継）の規定は二本文

の場合について準用するものとする。
第九　失踪宣告の取消しと親権
　一　父母の婚姻中にその一方が失踪の宣告を受けた後他の一方が再婚をした場合において，再婚後に失踪の宣告が取り消されたときは，親権は，他の一方がこれを行うものとする。
　二　子の利益のため必要があると認めるときは，家庭裁判所は，子の親族の請求によって，親権者を他の一方に変更することができるものとする。
第十　相続の効力
　嫡出でない子の相続分は，嫡出である子の相続分と同等とするものとする。
第十一　戸籍法の改正
　　民法の改正に伴い，戸籍法に所要の改正を加えるものとする。
第十二　経過措置（略）

〔資料2-2〕 精子・卵子・胚の提供等による生殖補助医療により出生した子の親子関係に関する民法の特例に関する要綱中間試案（平成15年7月・意見募集）

（前注1）
　本試案において，「生殖補助医療」とは，生殖を補助することを目的として行われる医療をいい，具体的には，人工授精，体外受精，顕微授精，代理懐胎等をいう。
（前注2）
　本試案の内容は，親子関係についての実質的な考え方を示すものであり，立法に際しての法文の具体的な規定振りを示すものではない。

第1　卵子又は胚の提供による生殖補助医療により出生した子の母子関係
　女性が自己以外の女性の卵子（その卵子に由来する胚を含む。）を用いた生殖補助医療により子を懐胎し，出産したときは，その出産した女性を子の母とするものとする。

　（注）　ここにいう生殖補助医療は，厚生科学審議会生殖補助医療部会「精子・卵子・胚の提供等による生殖補助医療制度の整備に関する報告書」が示す生殖補助医療制度の枠組み（以下「制度枠組み」という。）に従って第三者から提供された卵子を用いて妻に対して行われる生殖補助医療に限られず，同枠組みでは認められないもの又は同枠組みの外で行われるもの（独身女性に対するものや借り腹等）をも含む。

第2　精子又は胚の提供による生殖補助医療により出生した子の父子関係
　妻が，夫の同意を得て，夫以外の男性の精子（その精子に由来する胚を含む。以下同じ。）を用いた生殖補助医療により子を懐胎したときは，その夫を子の父とするものとする。

　（注1）　このような生殖補助医療に対する夫の同意の存在を推定するとの考え方は採らないこととする。
　（注2）　この案は，法律上の夫婦が第三者の精子を用いた生殖補助医療を受けた場合のみに適用される。

第3　生殖補助医療のため精子が用いられた男性の法的地位
　1　(1)　制度枠組みの中で行われる生殖補助医療のために精子を提供した者は，その精子を用いた生殖補助医療により女性が懐胎した子を認知することができないものとする。

〔資料2-2〕 精子・卵子・胚の提供等による生殖補助医療により出生した子の
親子関係に関する民法の特例に関する要綱中間試案

(2) 民法第787条の認知の訴えは，(1)に規定する者に対しては，提起することができないものとする。

2 生殖補助医療により女性が子を懐胎した場合において，自己の意に反してその精子が当該生殖補助医療に用いられた者についても，1と同様とするものとする。

(注1) 1は，試案第2に従って父が定まらない場合に問題となる。

(注2) 1の提供者について認知を認めない基準となる「制度枠組みの中で行われる生殖補助医療のために」には，精子を提供する手続が客観的に制度枠組みの中で行われた場合のみならず，提供手続に不備があっても提供者において自己の提供した精子が適法な生殖補助医療に用いられると考えていた場合をも含む。

(注3) 2における「生殖補助医療」は，制度枠組みの中で行われるものに限定されないが，2の規律対象は嫡出でない父子関係の成否であることから，妻が夫の精子によって懐胎した場合には適用されない。

〔資料2-3〕　婚姻の解消又は取消し後300日以内に生まれた子の出生の届出の取扱いについて（平成19年5月7日　法務省民事局）

　平成19年5月21日から，婚姻の解消又は取消し後300日以内に生まれた子の出生の届出の取扱いが，次のとおり変更されました。

　1　「懐胎時期に関する証明書（※）」が添付された出生の届出の取扱いについて
　※「懐胎時期に関する証明書」…出生した子及びその母を特定する事項のほか，推定される懐胎の時期及びその時期を算出した根拠について診断を行った医師が記載した書面をいいます。
　証明書の様式については，こちらをご覧ください。
　証明書【PDF】
　証明書【一太郎】
　証明書【WORD】
　(1)　届出の受理について
　婚姻の解消又は取消し後300日以内に生まれた子について，「懐胎時期に関する証明書」が添付され，当該証明書の記載から，推定される懐胎の時期の最も早い日が婚姻の解消又は取消しの日より後の日である場合に限り，婚姻の解消又は取消し後に懐胎したと認められ，民法第772条の推定が及ばないものとして，母の嫡出でない子又は後婚の夫を父とする嫡出子出生届出が可能です。
　(2)　戸籍の記載について
　(1)の届出が受理されると，子の身分事項欄には出生事項とともに「民法第772条の推定が及ばない」旨が記載されることになります。
　2　「懐胎時期に関する証明書」が添付されていない出生の届出の取扱いについて
　従前のとおり，民法第772条の推定が及ぶものとして取り扱われることになります（前婚の夫を父とする嫡出子出生届でなければ受理されません。）。
　3　取扱いの開始について
　(1)　この取扱いは，平成19年5月21日以後に出生の届出がされたものについて実施されます。
　(2)　既に婚姻の解消又は取消し時の夫の子として記載されている戸籍の訂正については，従前のとおり，裁判所の手続が必要です。

〔資料3-1〕 法典調査会審議経過（整理会を除く）

第 124 回法典調査会（明治 28. 10. 14）
　第 4 編，第 1 章，733 条～737 条
第 125 回法典調査会（明治 28. 10. 16）
　第 2 章，第 1 節，738 条・739 条
第 126 回法典調査会（明治 28. 10. 18）
　740 条
第 127 回法典調査会（明治 28. 10. 21）
　741 条～745 条，第 2 節，746 条
第 128 回法典調査会（明治 28. 10. 23）
　747 条・749 条
第 129 回法典調査会（明治 28. 10. 25）
　750 条・751 条
第 130 回法典調査会（明治 28. 10. 28）
　755 条・752 条
第 131 回法典調査会（明治 28. 10. 30）
　第 3 節，756 条・757 条
第 132 回法典調査会（明治 28. 11. 1）
　758 条～760 条
第 133 回法典調査会（明治 28. 11. 4）
　761 条～764 条
第 134 回法典調査会（明治 28. 11. 6）
　765 条・766 条
第 135 回法典調査会（明治 28. 11. 8）
　767 条
第 136 回法典調査会（明治 28. 11. 13）
　（修正案のみ）　　　　　　　　　　　　（以上，法典調査会民法議事速記録第 5 巻所収）
第 137 回法典調査会（明治 28. 11. 15）
　乙 22 号，768 条・769 条
第 138 回法典調査会（明治 28. 11. 2）
　770 条・743 条
第 139 回法典調査会（明治 28. 11. 22）
　744 条～751 条，第 2 節，752 条～757 条，第 3 章，第 1 節，第 1 款，771 条～774 条
第 140 回法典調査会（明治 28. 11. 25）

775条〜778条
第141回法典調査会（明治28.11.27）
　745条
第142回法典調査会（明治28.11.29）
　778条・780条・781条
第143回法典調査会（明治28.12.2）
　782条〜784条，第2款，785条〜787条
第144回法典調査会（明治28.12.4）
　788条〜793条，第3款，794条
第145回法典調査会（明治28.12.6）
　798条〜802条
第146回法典調査会（明治28.12.9）
　甲52号，第2節，805条〜808条，第3節，第1款，809条・810条
第147回法典調査会（明治28.12.11）
　811条〜814条，第2款，815条
第148回法典調査会（明治28.12.13）
　816条〜818条・820条〜822条
第149回法典調査会（明治29.1.8）
　甲53号，第4節，第1款，818条〜822条，第2款，823条・824条
第150回法典調査会（明治29.1.10）
　825条〜830条
第151回法典調査会（明治29.1.13）
　第5章，第1節，890条・891条，第2節，892条
第152回法典調査会（明治29.1.15）
　893条〜904条
第153回法典調査会（明治29.1.17）
　905条〜910条，第3節，911条〜915条
第154回法典調査会（明治29.1.20）
　甲55号，第4章，第1節，第1款，819条〜822条
第155回法典調査会（明治29.1.22）
　823条〜828条，第2款，829条
第156回法典調査会（明治29.1.24）
　830条〜833条
第157回法典調査会（明治29.1.27）
　834条〜836条
第158回法典調査会（明治29.1.29）

[資料3-1] 法典調査会審議経過

　　第2節，第1款，837条
第159回法典調査会（明治29.1.31）
　　838条〜841条
第160回法典調査会（明治29.2.3）
　　842条〜848条
第161回法典調査会（明治29.2.5）
　　849条〜851条，第2款，852条〜859条
第162回法典調査会（明治29.2.7）
　　860条〜863条，第3款，864条・865条，第4款，866条・867条
第163回法典調査会（明治29.2.14）
　　868条〜876条
第164回法典調査会（明治29.2.17）
　　877条〜880条
第165回法典調査会（明治29.4.15）
　　甲57号，第8章，951条〜959条
第166回法典調査会（明治29.4.22）
　　960条〜962条，第6章，第1節，905条，第2節，第1款，906条・907条
第167回法典調査会（明治29.4.27）
　　908条〜912条　　　　　　　　　　　　（以上，法典調査会民法議事速記録第6巻所収）
第168回法典調査会（明治29.5.1）
　　913条・914条，第2款，915条〜921条
第169回法典調査会（明治29.5.4）
　　第3節，922条〜926条
第170回法典調査会（明治29.5.8）
　　927条〜941条
第171回法典調査会（明治29.5.11）
　　第4節，942条〜947条，第7章，948条
第172回法典調査会（明治29.5.15）
　　（修正案のみ），乙23号
第173回法典調査会（明治29.5.18）
　　948条・951条
第174条法典調査会（明治29.5.22）
　　952条〜959条
第175回法典調査会（明治29.5.25）
　　960条（以降，第5編）　　　　　　　　（以上，法典調査会民法議事速記録第7巻所収）

＊条数は原案のもの，修正案の条数は省略。

[資料3-2]　民法改正審議経過

臨時法制調査会第1回総会 　　　　　　　　　（昭和21.7.11）	
司法法制審議会第1回総会 　　　　　　　　　（昭和21.7.12）	
同第2小委員会（第1回），起草委員会，幹事分担決定（昭和21.7.13）	
	要綱幹事案作成（昭和21.7.15-20）
	起草委員会第1次要綱案作成 　　　　　　　　　（昭和21.7.22-27）
	起草委員会第2次要綱案作成 　　　　　　　　　（昭和21.7.29）
第2小委員会（第2回），要綱案決定 　　　　　　　　　（昭和21.7.30）	
	民法改正幹事案作成 　　　　　　　　　（昭和21.7.31-8.5）
	民法改正第1次案・第2次案作成〔沼津案〕　　　　（昭和21.8.6-21）
司法法制調査会第2回総会，要綱決定 　　　　　　　　　（昭和21.8.14-16）	
臨時法制調査会第2回総会，要綱決定 　　　　　　　　　（昭和21.8.21, 23）	
	起草委員会要綱追加作成 　　　　　　　　　（昭和21.9.5, 6）
第2小委員会（第3回），要綱追加決定 　　　　　　　　　（昭和21.9.7）	
司法法制審議会第3回総会，要綱決定 　　　　　　　　　（昭和21.9.11）	
	民法改正第3次案作成〔山中案〕 　　　　　　　　　（昭和21.9.23-30）
臨時法制調査会第3回総会，民法改正要綱決定　　　（昭和21.10.23, 24）	
	民法改正第4次案（昭和21.12.2）
	民法改正第5次案（昭和22.1.4）
応急措置法公布（昭和22.4.19）	

	司法省民事局・総司令部政治局会談
	（18回）　　　（昭和 22.5.12-7.7）
改正法律案閣議決定（昭和 22.7.15）	
第 1 国会に提出（昭和 22.7.13）	
新法公布（昭和 22.12.22）	

〔資料3-3〕 1947年改正関係者略歴

* 本書に登場する臨時法制調査会・司法法制審議会委員等の略歴をまとめたもの。生年順（同年生まれの場合には没年順）に配列した。
* 参照したのは，秦郁彦編『日本近現代人物履歴事典』（東京大学出版会，第2版2014），上田正昭ほか『日本人名大辞典』（講談社，2001），臼井勝美ほか編『日本近現代人名辞典』（吉川弘文館，2001），大日本人名辞書刊行会編『大日本人名辞書』（講談社学術文庫，1980）など。

● 牧野英一　まきの・えいいち
1878-1970　法学者
　1903年東京帝国大学法科大学仏法科卒業。穂積陳重・梅謙次郎・富井政章から学ぶ。卒業後，同法科大学講師に就任し，東京地方裁判所判事・検事等を経て，1907年東京帝国大学法科大学刑法講座助教授となる。1910年から欧州留学，リスト，フェリに師事。1913年帰国後に東京帝国大学教授に就任。1914年法学博士。1938年定年退官。1936年学士院会員，1946年貴族院議員，1950年文化勲章。新派を代表する刑法学者であるが民法にも造詣が深く，司法法制審議会委員として民法改正事業に従事。1952年に東京家庭学園（現・白梅学園大学）学長なども務める。

● 穂積重遠　ほづみ・しげとお
1883-1951　民法学者（家族法）
　1908年に東京帝国大学法科大学を卒業し，親友・鳩山秀夫とともに同大学講師に採用。1912年から16年までの欧米留学を経て，同年教授，1943年定年退官。その間に三度，法学部長を務める。また，家族法学の第一人者として1919年臨時法制審議会幹事に就任以来，長年にわたり家族法改正に関与したほか，1944年貴族院議員，45年東宮大夫，1949年最高裁判事を歴任。尊属殺規定を違憲とした少数意見で知られる。末弘厳太郎とともに判例研究会や東京帝大セツルメントを組織。穂積陳重の長男。母は渋沢栄一の娘・歌子，妻は児玉源太郎の三女・仲子。

● 我妻　栄　わがつま・さかえ
1897-1973　民法学者
　1920年に東京帝国大学法学部法律学科卒業。指導教官であった鳩山秀夫をはじめ，末弘厳太郎・穂積重遠・牧野英一らに指導を受けた。1922年東京帝国大学法学部助教授，欧米留学を経て帰朝後の1927年同教授，1945年同法学部長となる。1946年貴族院議員，臨時法制調査会・司法法制審議会委員。戦後の民法改正では立案担当者の一人として中心的な役割をはたす。1947年日本学士院会員，1949年日本学術会議副会長。1957年定年退官にともない東京大学名誉教授となる。1958年憲法問題研究会の発起人となる。

〔資料3-3〕 1947年改正関係者略歴

1961年法学博士号。1964年文化勲章。その他に法務省特別顧問等を歴任した。

● **中川善之助**　なかがわ・ぜんのすけ
1897-1975　民法学者

　1921年に東京帝国大学法学部独逸法学科卒業。大学院で穂積重遠に師事する。1922年東北帝国大学法文学部助教授，欧米留学後，1927年同教授。1949年同法学部長。1946年，臨時法制調査会・司法法制審議会委員，我妻栄らとともに改正民法の立案に従事。その後も家族法学をリードした。1961年東北大学を定年退官し学習院大学法学部教授となる。1964年日本学士院会員，1967年金沢大学学長。1973年金沢大学を退官し，弁護士登録。その他に法制審議会において民法部会長などを務める。また，戦前から長く仙台法経専門学校校長を兼任。

● **奥野健一**　おくの・けんいち
1898-1984

　東京帝国大学法学部卒業後，仙台地方裁判所長，大審院判事などを務める。戦後，司法省民事局長として，裁判所法制度や民法改正に取り組む。その後，参議院法制局長を経て，1956年に最高裁判事。1968年定年退官。

● **横田正俊**　よこた・まさとし
1899-1984

　東京帝国大学法学部卒業後，1923年に司法官試補となり東京地方裁判所に勤める。1925年東京地方裁判所予備判事，翌26年同判事。以後，東京控訴院判事，東京控訴院部長を歴任。1946年大審院判事。1947年公正取引委員会の発足とともに委員に就任，1954年同委員会第二代委員長となり，草創期の独占禁止法の運用に貢献した。1958年最高裁判所事務総長，1960年東京高等裁判所長官，1962年最高裁判所裁判官，1966年第四代最高裁判所長官に就任，定年の69年まで務める。1952年財団法人公正取引協会会長。

● **長野　潔**　ながの・きよし
1902-1970　裁判官

　1928年に東京帝国大学法学部法律学科卒業後，司法官試補となり東京地方裁判所において事務修習。翌29年に東京区裁判所検事代理などを務め，1930年に東京地方裁判所判事兼東京区裁判所判事となる。1937年に司法省民事局に移り，民事局課長を歴任。1944年再び裁判所に戻り東京控訴院判事となる。戦後の法制審議会では民法部会委員として立法に参加。1947年公正取引委員会審査部長。1948年法務庁民事訴訟務局長。1949年に退官し，以降弁護士として活躍する。1969年に第一東京弁護士会会長および

日弁連副会長，現職のまま死去。

● **小澤文雄**　おざわ・ふみお
1905-1983　裁判官

東京帝国大学法学部卒業後，司法官試補として大阪に赴任，1931 年大阪地方裁判所兼大阪区裁判所予備判事を振り出しに，国内で判事を歴任したほか，戦時中にジャカルタ高等法院長なども務める。1944 年司法省民事局第一課長，1946 年臨時法制調査会・司法法制審議会幹事，同年民法改正事務専担，1947 年司法省民事調査室主任。その後，法務省訟務局長，仙台高裁長官などを歴任。退官後は中央公害審査委員会委員長など。戦時から終戦直後の立法資料，戦後法制改革に関する立法資料，行政訴訟に関する立法資料等からなる『小澤文雄関係文書』がまとめられている。

● **村上朝一**　むらかみ・ともかず
1906-1987　裁判官

東京帝国大学法学部卒業後，1929 年に大阪で裁判官に任官，1940 年に司法省民事局第四課長。1942 年，陸軍司令官としてインドネシアのジャワに赴任。戦後は 1948 年法務庁民事局長に就任し，民法改正に携わる。以後，法務府，法務省と長官を務める。1957 年に最高検察庁検事，翌 58 年に最高検察庁公判部長。1963 年に横浜地方裁判所長，1965 年に東京高等裁判所判事，翌 66 年に仙台高等裁判所官，67 年に東京高等裁判所長官と歴任し，1968 年に最高裁判所判事。1973 年に第 6 代最高裁判所長官に就任，76 年に定年退官。ドイツ法専攻の村上淳一は朝一の長男である。

● **川島武宜**　かわしま・たけよし
1909-1992　法学者

1932 年東京帝国大学法学部法律学科卒業。学生時代から指導教授・我妻栄のほか穂積重遠・末弘厳太郎の指導を受ける。同大学助手，同助教授を経て，1945 年同教授。1959 年法学博士，1970 年定年退官。1979 年日本学士院会員，1991 年文化功労者。戦後の民法改正には幹事として取り組む。日本における法社会学の第一人者として，丸山眞男，大塚久雄らとともに戦後の社会科学をリードした。

● **来栖三郎**　くるす・さぶろう
1912-1998　民法学者

1936 年東京帝国大学法学部法律学科卒業。穂積重遠に師事。同大学助手，同助教授を経て，1948 年同教授。1962 年法学博士，1972 年定年退官。1983 年日本学士院会員。戦後の民法改正には幹事として取り組む。法解釈方法論に関する問題提起で知られる。

索　引

【事項索引】

あ　行

相手方代理人の選任　120
悪意の遺棄　222, 277, 282
「家」　20, 161, 210, 256, 269, 312, 318, 323, 353, 375, 389, 391, 393, 404, 480
　　――（戸主）の財産　80
　　――の氏　99, 173, 209, 346, 352, 392
　　――の子　332
　　――の呼称　98
　　――の団体性　350
　　――の名誉と記憶　312
「家」制度　9, 16, 24, 316, 320, 390, 393
「家ニ在ル」　389
「家に入る」　52
イギリス　182
イギリス法　436
遺骨　392
遺言　82, 157, 315, 382
遺言執行者　157, 270, 284, 417
遺言指定　407
遺産　310
遺産相続　209, 376, 380, 382, 392
遺産相続人　380
遺産分割　86
意思確認の手続　94
意思と事実　309
慰謝料　63, 108
慰謝料請求権　466, 469
一時保護　293, 301
著しい不行跡　275, 286, 412
著しく困難　277
著しく不適当　277
一家創立　174, 356, 371
一般条項　112
一夫一妻制　27
一夫多妻制　27
イデオロギー　3
遺伝病　33

委任契約　454
遺留分　382, 472
医療技術　483
医療行為　257
隠居　357, 362, 381
隠居廃止論　369
隠居分　367
氏　171, 173, 213, 244, 308, 310, 392
　　――と親族関係　19
　　家族の――　52
　　第三の――　53
　　父の――　177
　　母の――　174
　　夫婦の――　50～52, 99, 174, 352, 392
縁組能力　195
夫の同意　365
おひとりさまの老後　397
親義務　248, 305
親子関係
　　――不存在確認　163
　　婚姻外の――　170
　　生物学的な――　169
　　嫡出――　125
　　非嫡出――　125
　　法的な――　169
　　離婚後の――　170
親の同意権　249, 305, 365
オランダ　182
オランダ民法　247, 436
女戸主　325, 343, 365, 368, 381

か　行

外国人　41, 52, 71
介護保険　395
解釈
　　マクロの「――」　320
　　ミクロの「――」　320
懐胎時期の推定　126
解任　415
科学主義　127

価額請求権　160
家　系　344, 372
家　産　149, 269, 310, 350, 353
家産管理の法　449
家　政　347, 350, 364, 381
家　族　2, 24, 316, 318, 327, 335, 389, 392, 398
　──の氏　52
　継親──　397
　血統──　312
　婚姻──　398, 480
　再編──　476
　小──　391, 396, 480
　大──　395
　単親──　397
　非婚──　397, 398
家族観　2, 10, 17
家族経営契約　474
家族財産法　482
家族制度→「家」制度
家族的義務　404, 430, 448
家族的支援　402
家族内部での女性の独立　58
「家族」の必要性・「家族」の多様性　398
家族法　480
家族法改革　2
華族令　40
家族法典　476
家団論　350
家庭裁判所　408, 415, 429
　──の許可　175, 204, 212
　──の決定　96
　──の審判　462, 464, 466
　──の創設　386
家庭審判所の許可　178
家庭の平和　141
下等社会　127
家　督　310
家督相続　24, 160, 183, 209, 318, 322, 325, 350, 362, 364, 368, 372, 376, 381, 382, 384, 392, 404
家　名　344, 345, 350, 372, 391
仮決定・留保事項　103, 215
監　護　96, 245
　事実上の──　267

慣　行　191
韓国法　312
監護権　161, 170
　──の喪失　282
　広義の──・狭義の──　97
監護権者　240
　──の同意　196
監護者の変更　243
監護に関する定め　93
監護費用　266, 471
慣　習　9, 34, 36, 39, 58, 183, 188, 199, 263, 274, 321, 326, 328, 332, 342, 345, 351, 363, 369, 392, 461
感　情　335, 467
姦生子（近親間に生まれた）　156
間接強制　470
完全（包括）別産制　82, 88
完全未成年・完全成年　308
姦　通　111
管理共通制　70, 75
管理権　406
　──の喪失　282, 285
　夫の──　273
管理者　259, 270
　──の注意義務　271
管理の計算　265
管理の失当　73
期間制限　147
菊田医師事件　216
棄　児　175
儀式婚主義　37
擬　制　15, 310
偽装婚　45
起草趣旨　2
虐　待　213, 222, 273, 277, 282
　──・侮辱　112, 117
求　償　297, 473
急迫の必要がある行為　417
旧民法　10, 12, 34, 43, 47, 50, 51, 154, 162, 194, 246, 249, 250, 252, 253, 271, 306, 309, 403
久　離　327
教　育　245
教　会　39
協議離婚　91

【事項索引】

強行規定	65, 82
強制認知	242
強制履行	62, 252, 481
兄弟姉妹	209, 381, 398, 461, 462
——間の相互支援	395
兄弟体	477
共通財産制	89
共同縁組	194
共同監護	170
共同行使の原則	421
共同親権	64, 137, 237, 241, 261, 265, 270, 315, 398, 421
共同生活	3, 61, 170, 175, 178, 179, 244, 258, 315, 391
共同生活契約	400, 476, 478
共同生活体	316
共同養育義務	315
共有制（共通制）	81
協力義務	60, 64, 315, 481
共和主義・多元主義	487
居住用不動産の処分	387, 416, 426, 456
居所	355
居所指定権	249, 252, 353, 359, 390, 481
拒否権	310
寄与分	471
緊急処分	270
禁止行為	295
近似値	88
禁治産者	403
近隣社会	299
具体的扶養義務	461
国の後見子	474
継子	16
形式婚主義	35
継親家族	397
継親子	462, 476
継続性・安定性の要請	398
契約	199, 316, 399, 481
——による扶養	473
契約化	399, 400
契約自由の原則	399
契約類型	399
経路依存症	486
血縁	3

欠格事由	379
結合氏	53
血族	12, 14, 18
欠損	436
血統家族	312
健康状態	33
健康証明書	33
検察官	46, 165, 204, 277
現代語化	29
限定承認	364
権利能力	367
子	
——に対する虐待	481
——の意思	150
——の氏	53, 58, 95, 161, 173, 249
——の氏と親権	179
——の奪い合い	97
——の選択権	330
——の相続権	481
——の同意	261
——の福祉	48, 58, 144, 150, 256, 335
——の養育	481
「父ノ知レサル」——	331
未成年の——	232, 246, 254
合意に相当する審判	145
公益	204
公開情報・非公開情報	224
後期年少者	308
広義の監護権・最広義の監護権	97
公共圏と親密圏	398
後見	235, 316, 385
後見監督人	415, 418, 428, 434
——の立会い	475
後見等登記簿	378
後見人	270, 285
——の注意義務	265
後見法	402
公示	35, 37, 71
公序良俗	399, 457
公正証書	71, 454
公的な義務	404
公的扶助	473
公的扶養	310
公布文	217

523

抗弁権の永久性　148
高齢者　395
国際結婚　40
国際私法　41, 71, 201
国籍喪失　377
国民最低生活費　473
国民登録簿　378
戸　主　312, 318, 370, 380, 384, 390, 409
　　――の居所指定権　253
　　――の扶養義務　352
戸主権　18, 231, 253, 325, 335, 352, 359, 384, 390, 403
　　――の喪失　362, 363
呼称・処遇・世評　309
個人主義　267, 344, 350, 360, 486
　　――的な発想　325
個人の尊厳　118
戸　籍　52, 161, 171, 378, 392
　　――の再製　45
戸籍簿　323
戸籍吏の出張　36
戸籍吏の派遣　39
子育て　396
五等親図　13
後得財産（所得）　105
子ども　316
子ども手当　396
子どもの権利　278
子ども法　229, 402
子の利益　97, 165, 197, 216, 243, 245, 248, 251, 254, 277, 282, 299, 305
子ハ父ノ家ニ入ル　238, 328, 389
コーポラティズム　488
婚　姻　3, 39, 138, 160, 204, 258, 313, 316, 357, 398, 481
　　――と親子　480
　　――の自由　32
　　――の制度性　315
　　――は人生の重事にて固より国法の公認する所なり　333
　　　成年被後見人の――　31
　　　未成年の――　31
婚姻意思　32, 38, 43
婚姻縁組同意権　359

婚姻外の親子関係　170
婚姻家族　398, 480
婚姻擬制　50
婚姻共同体　473
婚姻許可権　352
婚姻障害　26, 49, 214
婚姻適齢　26
婚姻同意権　32, 93, 365
婚姻道徳　141
婚姻届　357
婚姻費用　76
婚姻費用分担義務　62, 65, 120, 315, 398, 465, 473
婚姻費用分担請求　28
婚氏続称　53

さ 行

債権者保護　363, 367
債権的請求権　86
催　告　354
再　婚　398
再婚禁止期間　28, 48, 129, 139
財産管理　403, 422
財産管理権　259
財産分与　82, 214
　　――の定め　93
財産分与請求権　104, 398
財産法における人・家族法における人　479
財産法の法理　214
財産目録作成　406
祭祀承継　54, 100, 205, 213, 392
裁判所　255, 257, 270, 277, 355
　　――の監督　417
　　――の許可　364, 366, 370, 476
　　――の裁量権　243
　　――の審判　459
再編家族　476
在留資格　38
削除説（754条）　69
削除論（787条〔明民853条〕）　164
里　親　289
里親委託　476
サラブレッドの思想　138

【事項索引】

参加的進化主義　488
「300日問題」　29, 136, 139
GHQ　178
支援人　474
試験養育期間　221, 223
時　効　271, 437
死後懐胎　311
事実行為　454
事実婚主義　35, 37
事実上の推定　138
事情変更　468
私生児　152
施設長　296
　──の権限　283
施設入所等措置　301
事前の放棄　469, 471
思　想　320
自治産　66, 271, 306
しつけ　256, 302
実子特例法　216
失踪宣告　91, 358, 367
指定家督相続人　379, 382
指定後見監督人　414
指定後見人　407
　──・選定後見人　427
指定相続人　381
私的な権力　254
私的扶養法説　482
児　童　289, 299
児童虐待　280, 298, 409
児童相談所長　278, 294, 474
児童の利益　299
指導養育義務　64
辞　任　412
死　亡　91, 362
事務管理　423
氏名権　346
社会から信託された権利　251
社会における女性の独立　58
社会の進歩　184
市役所　39
自由意思　227
住家退去許可権　249
住　居　390, 391

重　婚　27, 111
重婚的内縁関係　27
習　俗　37
住民基本台帳　225
住民登録　121
自由離婚主義　113
熟慮期間　94
出生証書　162
出生届　146, 180
出生前の承認　145
準姻族　473
準禁治産者　272, 352, 404, 431, 445
準婚理論　21, 476
準再審　218
準　正　132, 160, 171, 226, 378
準正子　171
準成年　308
醇風美俗　390, 391
小家族　391, 396, 480
状況の濫用　436
証　人　93
承　認　146
　──と承継　310
消滅時効　438, 440
将　来　2, 10
条　理　326
昭和民法　391
職業許可権　255
助言人　307
庶　子　16, 152, 162
庶出・私出　126
初成年　308
除　籍　224, 327
職　権　410
　──による選任　408
所得税　473
所得分与制（後得財産分配参加制）　84
所有権　251
自律と支援　308
資　力　349, 460, 466
進　化　114
人格と財産　480
人格の承継　376
進化主義　185

525

——的技法　487
進化的解釈　394
親　権　161, 170, 348, 385, 402, 481
　　　——の一時停止　196, 281
　　　——の義務性　248
　　　——の共同行使　235
　　　——の喪失　273
　　　——の代行　432
　　　——又は管理権の辞任　285
　　　固有の意味での——　250
　　　潜在的な——　234, 239, 240
　　　母の——　286, 431
親権解放　273, 306
親権後見一元論　265
親権後見統一論　305
親権者　94
　　　——の注意義務　265
親権濫用　223, 273, 275
人事編　10
人事法案　59, 74, 81, 101, 134, 135, 148, 163
人種改良　26
身　上　420, 422
身上監護　245
身上配慮義務　447
心身の状態と生活の状況　423, 426, 455
親　族　9, 12, 13, 17, 46, 108, 278, 312, 327
　　　——の扶養義務　312
　　　——の申立権　312
親族意識　312
親族会　12, 165, 198, 255, 262〜264,
　　　306, 318, 358, 380, 382, 384, 392, 396,
　　　408, 412, 427, 429, 431, 433, 434
親族会員　384
親族関係　409, 472, 480
親族間の相続権　312
親族自治の思想　414
親族扶養　464, 472
親族編　5, 10
　　　——の編制　4
親族編調査の方針　9
親族法と相続法　275
信　託　368
親　等　13, 322
審判前の保全処分　223

親密平和　391
新民法→昭和民法
スイス民法　94, 112, 217, 233, 482
推定家督相続人　342, 358, 359, 364, 379, 381
推定されない嫡出子　132
推定の及ばない嫡出子　120
ストーカー防止法　302
性・生殖　1, 3
生活保持義務・生活扶助義務　393, 464, 472
生活保障　314
制限離婚主義　113
清　算　103
　　　——（平準化）　84
生殖補助医療　123, 146, 219
精神病　33, 112, 213
精神病離婚　116
税制や社会保障　397, 398
生存配偶者の復氏　53
性的虐待　280, 298
性的自由　109
性転換者　488
制　度　320, 398, 472, 474, 487
成年擬制　66, 220, 272, 432
成年後見　402
成年後見登記　425
成年年齢　273
生物学的真実　150
生物学的な親子関係　169
制約と支援　398
制約と自由　399
生や生殖　481
整理会　262, 264
籍　323
世　数　13, 322
世代数→世数
絶　家　371
接近禁止命令　302
絶対的扶養義務　461
善管注意義務　415
戦後改正　19
潜在的共有制　83
先取的進化主義　487
戦時立法　166
選択的夫婦別姓制度　53, 55, 56, 178, 400

【事項索引】

選定家督相続人　380, 381
選定後見監督人　414
相姦者　29
宗　家　342
相互尊重義務　65
相　続　159, 216, 226, 472, 476
相続慣行調査　371
相続権　249, 308, 316, 472
　親族間の――　312
相続財産管理人　270
相対的扶養義務　462
相談人　474
贈　与　269
贈与税　473
遡及効　48, 160, 161, 172
訴　権　132
其家ニ在ル者　323
祖父母による子育て支援　395
尊属親・卑属親　13
尊属の婚姻　357
尊属養子　204
尊　重　117, 256, 258
尊重義務　314

　　　　た　行

第1次（基本）財産制　89
大家族　395
大戸主権・小戸主権　352
第三者機関　257, 476
胎児認知　145, 160
代襲相続　172, 209, 379
大正改正要綱　13, 81, 101, 111, 114, 243, 363,
　372, 380, 390, 393
対世効　144
代諾縁組　205, 216
代諾権者　196
代諾養子　343
代表権　260
代理権　445
立会い　307, 434, 435
他　人　380
短縮論　29
男女平等　59, 70, 80, 264, 390
単親家族　397

単身者　397
単独行為　365
単独行使・競合行使・分掌行使　421
単独親権　239, 240, 397
担保提供　427
血　　1
父親優先・母親優先　331
父は婚姻が定める　313
父を定める訴え　139
嫡出親子関係　125
嫡出推定　78, 120, 156, 309, 313, 398, 488
嫡出性　481
嫡出宣言　171
嫡出否認の訴え　149
中間試案　222
中間報告　103, 104
（抽象的）扶養義務　460
懲戒権　249, 253, 303, 481
懲戒場　254
懲戒の内容　254
調　停　21
直系・傍系　13
通称使用　58
通称としての「夫婦の氏」　59
創られた伝統　346
妻の行為能力　50
妻の無能力　61
連れ子　315, 340, 343, 397
連れ子養子　223
DV　62, 65, 119, 280, 314, 481
DV防止法　119, 302
定期金給付　109
貞操義務　63, 64, 78, 120, 138, 314, 398, 481
提訴権者　142, 164
テクスト　2
　――の積層　4
撤廃論　139
典型契約・非典型契約　399
ドイツ　61, 85, 138, 426, 481, 482
ドイツ普通法　167
ドイツ民法　85, 112, 182
同意権・取消権　445
同一戸籍同一氏の原則　58, 378
登　記　72, 454

527

登記事情証明書　425
同　居　138
同居・協力・扶助義務　398
同居＝現物扶養・別居＝金銭扶養　467
東京帝大セツルメント調査　37
同居義務　61, 64, 112
当事者の協議　464, 466
同性カップル・異性カップル　476
同性婚　32
淘汰的進化主義　487
道徳上の義務　60, 63
常磐御前事件　276
特別養子　215, 396
特別養子縁組　243
特別養子法　182
特有財産　80, 351
都市化　391
特　権　219, 227
届　出　199
届出婚主義　35, 37
届出主義　369
ともだち　198, 398
取消原因　45, 203
取消権者　203
取消訴権　436

な　行

内　縁　35, 37
内的編成・外的編成　479
中川理論・美濃部理論　393
日常家事　79
日常家事代理権　79
「2分の1ルール」　83
日本人条項　201
入　籍　339
入　夫　325, 338
入夫婚姻　325, 338, 362, 368, 378, 381
任意後見　402, 449
任意後見監督人　455
任意後見契約　305, 396, 453
任意後見契約法　447, 452
任意後見受任者　453
任意後見人　283, 453
認　知　132, 144, 160, 309, 315, 331, 334, 462

父の——　237, 238, 239
母の——　154
認知件数　119
認知能力　156
ネグレクト　280, 298
年長養子　204
年　齢　408
能　力　66
能力制度　445, 448

は　行

廃家・絶家　362, 370
配偶者　380, 409, 455
　——の承諾　194
　——の同意　180
　——または養親の同意　339
配偶者からの暴力→DV
配偶者相続権　82, 315, 398
配偶者相続分　87
配偶者暴力支援センター　119
廃　除　379, 381
賠　償　108
廃止論（再婚禁止期間）　29
廃止論（私生子）　152
廃止論（夫婦財産契約）　74
廃絶家再興　342, 370
パクス　316, 476
破産宣告　367
末　家　342
母の承諾　158
晩婚化　27
反　証　130, 131
引取入籍　343
引取扶養・金銭扶養　467
非婚家族　397, 398
非遡及的復活　226
非嫡出親子関係　125
非嫡出子　132
人　313
　——の法　257, 304, 482
　財産法における——・家族法における——　479
費　用　347, 429
標準契約モデル　74

【事項索引】

風習　35
夫婦間での暴力→DV
夫婦間の契約取消権　67,72
夫婦共同縁組　204,212
夫婦財産契約　65,272,313,367,399
夫婦財産制改正論　84
夫婦財産法人論　351
夫婦同一戸籍の原則　377
夫婦同姓　37
「夫婦」の（共有の）財産　81
夫婦の呼称　98
夫婦の財産関係の清算　86
夫婦別産制の変更禁止原則　72
夫婦別姓　37
複数後見人　404,408,410
父権・夫権　352,481,482
不在者　403,457
不在者財産管理人　270,404,417
扶助義務　60
侮辱・虐待　63
父性の推定　126
附籍　324
附帯処分　118
二つの法律　479
不当威圧　436
不同意婚　45
不妊カップル　396
父母　409
　　──の同意　221
不法行為　108
不名誉　111
扶養　159,216,247,305,316,476
　　──の免除　343
　　契約による──　473
　　離婚（後）──　101
扶養義務　54,77,100,112,249,308,459,472,476
　　自然債務としての──　473
扶養義務者　297
　　──の順位　349
扶養契約　476
扶養法　402
扶養料　473
　　過去の──　161,470
プライヴァシー概念の登場　483

フランス　59,61,85,117,129,131,138,149,181,256,351,371,426,481,482
フランス法　68,85,94,121,167,171,180,246,312,316,368,371,386,436
フランス民法　162,309,314,319,479
分割請求権　87
分家　18,180,269,342,370,389,391,392
分限　131
文明国　34,168
分与請求権　87
兵役　368
兵役許可権　256,368
別居　78,120
別産制　70,76
ベルギー民法草案　247
編成問題　479
保育所　396
包括遺贈　379
包括共有制　88
包括性の要請　398
萌芽的進化主義　487
方式　40,44,82,201
報酬　429
法人　344
法人格の独立　267
法人後見人　404,408
法人論・共同財産論　350
法制審議会　55,103
法制審議会民法部会身分法小委員会　215
法定隠居　366,381
法定家督相続人　379,381
法定血族関係　15,16,209,213,461
法定後見人　404,409
法定財産制　65,272,399
法定代理権　260
法定代理人　212
法定別居　121
法的な親子関係　169
法典調査会　113,183,246,247
法典の階層性　416
法典論争　10,131
法と道徳の区別　344
法の生成　487
法の発展の趨勢　168

529

暴利行為論	436
法律婚主義	369
暴力防止	258
保護者	289, 299, 396
保護命令	119
保佐	272, 403, 445
——の開始	441
保佐人	306, 404
母子関係の秘匿	225
補助	445
補助監督人	447
穂積改正私案	115
本家・分家の連合体	371
本家相続	343, 364
本人確認	38
本人出頭	39
本人の意思	423
本人の同意	306, 343

ま 行

マクロの「解釈」	320
継母庶子関係	194
マルクス的経済中心思想	482
ミクロの「解釈」	320
未成年後見	304, 402, 403, 422
未成年後見監督人	420
未成年後見人	407
——の選任	474
未成年養子	204
身分占有	162, 309
身分登録簿	378
身分法	375
——の指導原理	393
民事死亡	367
民法改正	
1942 年改正	153, 165
1947 年改正	19, 54, 96, 153, 169, 183, 194, 200, 204, 212, 237, 238, 242〜244, 264, 272, 273, 386, 391, 413, 414, 460, 462
1962 年改正	216
1987 年改正	216
1996 年改正要綱	26, 29, 55, 58, 94, 104, 105, 116, 120, 129, 137, 178
1999 年改正	404, 409, 413, 423, 425, 430, 431, 440, 441, 445, 448
2011 年改正	196, 243, 248, 257, 280, 281, 283, 285, 404, 408
2004 年現代語化	129, 217
民法 13 条所定行為	430, 443, 447
民法典序説	479
民法典論争	229
民法の制度と民法の思想	360
民法の世界観	3
無共産制	70, 75
無権代理	262
無効原因	43
壻（婚）養子	46, 204, 369
無償取得財産	268
明治民法	3, 4, 12, 30, 35, 45, 50, 51, 81, 93, 95, 96, 110, 162, 173, 209, 231, 243, 245, 250, 272, 375, 408
名誉	47, 118, 347, 389, 391, 418
面会・通信の制限	301
面会交流（権）	97, 302
免黜	412
目録提出義務	417

や 行

有責主義	108
有責主義から破綻主義へ	115
有責配偶者の離婚請求	115, 120
有料老人ホーム	395
養育	246
養育費	471
養子	234
「家」のための——・親のための——・子のための——	393
遺言による——	200
養子縁組	171, 378, 478
養親	190
要保護児童	292

ら・わ行

乱倫子	156
利益考量論	394
利益相反	272, 415, 427, 476
利益相反行為	261, 440
離縁復氏	205

【事項索引】

履行確保　109
履行強制　470
履行遅滞　466
離　婚　170, 398
　追出し——　93, 110
　事実上の——　78
　精神病——　116
　調停・審判による——　118
　和解（あるいは請求の認諾）による——　118
離婚後の親子関係　170
離婚届不受理申立制度　38
離婚復氏　244
離婚法　402
離　籍　343, 357, 359
立　法　9

立法者　16
立法資料　3
立法による働きかけ・解釈による働きかけ　393
立法範型　270
立法論　32, 49, 54, 64, 67, 68, 73, 83, 148, 150, 159, 256, 261, 306, 309, 405, 408, 412, 431, 464, 472
両親の同意権　421
臨時教育会議　390
臨時法制審議会　36, 390
臨時保佐人　440
連　帯　478
浪費者　431
わらの上からの養子　216

【人名索引】

あ 行

芥川龍之介　207
磯部四郎　2, 71, 159, 188, 232～234, 249, 250, 324, 325, 347～349, 354～356, 359, 434, 435
伊藤左千夫　207
伊藤昌司　132
伊藤博文　184
上野千鶴子　397
梅謙次郎　2, 12, 17～19, 25, 27～31, 33～36, 40, 43～45, 47, 48, 51, 59, 60, 62～64, 68, 71～73, 75, 92, 93, 96, 113, 145～147, 155, 157～159, 164, 166～168, 182, 187, 188, 193, 198, 199, 203, 205, 206, 231～233, 235, 245～250, 252～256, 260, 261, 263～269, 273～280, 285～287, 323～325, 327～334, 336, 338～341, 343～348, 350, 355～360, 362, 363, 371, 376, 403, 404, 412, 418, 434, 435
大村敦志　62, 67, 115, 120, 141, 250, 356
岡野敬次郎　206
奥田義人　245, 329, 336
奥野健一　19, 55, 102, 178, 460
尾崎三良　158, 185～189, 232, 247, 261, 264, 265
小澤文雄　54, 178
オプラー　54
折口信夫　207

か 行

カルボニエ　150
川島武宜　17, 18, 482, 483
菊田昇　216
菊池寛　207
国木田独歩　207
窪田充見　248

さ 行

西園寺公望　183～185
斎藤茂吉　207
重岡薫五郎　43, 112, 287, 358, 359
島木赤彦　207
島村抱月　207
末弘厳太郎　350

た 行

高木豊三　29, 51, 128, 145, 158, 164, 168, 186, 188, 189, 330, 348, 355, 356, 403, 434, 435
高浜虚子　207
田部芳　147, 165, 197, 254, 255, 264, 434
近松秋江　207
富井政章　9, 10, 12, 13, 15～19, 44, 91～93, 95, 99, 111, 112, 127, 128, 131, 141～144, 147, 152, 154～156, 158, 159, 163～166, 168, 169, 187, 254, 263, 321～326, 330, 335, 338, 345～351, 354～356, 403, 419, 460, 461

な 行

中川善之助　2, 55, 61, 102, 135, 179, 181, 246, 265, 393, 394
中村元嘉　113
夏目漱石　207
南部甕男　113

は 行

長谷川喬　100, 113, 145, 158, 164, 166, 167, 186, 196, 206, 254, 255, 260, 264, 266, 279, 327, 335, 354
濱田玄達　127
土方寧　147, 155, 158, 164, 186, 194, 264, 287, 330, 331, 348, 350
広中俊雄　10
星野英一　3, 423
穂積重遠　114, 295, 350, 391, 393
穂積陳重　2, 35～37, 62, 91, 93, 94, 113, 129, 142, 156, 168, 182～185, 186, 188, 169, 190～197, 199, 200, 202, 205, 206, 208, 209, 246, 248, 249, 276, 286, 304, 331, 335, 336, 341, 342, 344, 348, 356, 358, 360, 362, 363, 391
穂積八束　68, 152, 169, 198, 247, 254, 275, 285, 287, 326, 331, 345, 346, 349, 354
ポルタリス　479
ボワソナード　319

ま 行

牧野英一　21
マルクス　482
水野紀子　132

【人名索引】

道浦母都子	1
箕作麟祥	44, 93, 114, 145, 152, 158, 185, 359
美濃部達吉	350, 393
村上朝一	54, 178, 180
村田　保	152, 164, 167, 168, 186, 187, 192, 193, 206, 255, 279, 279
室生犀星	207
元田　肇	355, 360

や　行

柳田國男	207
山田喜之助	247
横田国臣	27, 100, 152, 154, 155, 159, 164, 166, 167, 187, 194, 253, 254, 256, 263, 264, 276, 279, 324, 325, 345～347, 354

わ　行

我妻　栄	2, 17, 18, 20, 24, 32, 55, 68, 115, 134, 138, 176, 178～180, 210, 236, 238～240, 244～246, 286, 414, 462, 480

【条文索引】
＊現行民法典は除く。

あ

イタリア民法
　141条　461

か

外国法人の登記及び夫婦財産契約の登記に関する法律
　5条　72
　6条　72
　7条　72

家事事件手続法
　124条　430
　125条　271
　125条6項　271
　127条　430
　154条3項　97
　173条　271
　217条　453
　218条　453
　219条　453
　220条　453
　221条　453
　222条　453
　223条　453
　224条　453
　225条　453
　244条　45, 119
　277条1項　144
　277条1項1号　144
　277条1項2号　145
　284条　119
　289条　109
　290条　109

旧家事審判法
　23条　145

旧戸籍法
　58条　366
　80条1項4号　155
　125条1項但書　369

旧民法
財産取得編
　35条1項　67
　306条　365
　367条　51, 67
　367条1項　67
　422条　71
　424条　71
財産編
　295条　459
　380条　459
　544条　435
　548条1項　435
　548条2項　435
　548条3項　436
　550条1項　254
人事編
　19条2項　13
　20条2項　13
　20条3項　13
　21条1項　14
　23条　16
　24条1項　324
　24条2項　16
　25条1項　12
　26条　460
　32条　28
　38条1項　32
　38条2項　32
　38条3項　32
　43条1項　34
　43条2項　34
　47条　475
　47条1項　34
　47条2項　34
　48条　34
　49条　34
　55条　43
　68条　51
　69条　51
　70条　51
　71条　51
　72条　51
　73条　51

81条	111	216条4項	306
91条	131	216条5項	306
94条	162, 309	218条	475
95条	162	225条	411
96条	162	226条	305, 411
98条	162	233条	475
99条	162	243条	389
100条	131, 141	243条1項	322
102条	146	244条	325
102条1項	147	244条但書	354
102条2項	147	250条	356, 359
107条	182	255条	328
108条	193	256条	340
110条	193	257条	338
110条1項	193	258条	338
110条2項	194	751条但書	403
113条	475	刑　法	
149条	234	346条	278
149条1項	233	347条	278
150条1項	249	348条	278
150条2項	249, 252, 355	349条	278
151条本文	249	352条	278
152条1項	253, 355	後見登記等に関する法律	
152条2項	253	4条	455
158条	474	5条	455
161条1項	403	国籍法	
163条	411	2条1号	160
163条1項	404	国籍法旧規定	
163条2項	404	3条	160
171条1項	198	戸籍法	
176条	198	6条	52
178条	411	6条但書	52
179条	411	16条1項本文	52
208条	435	16条3項	52
210条	436	18条2項	210, 331
213条	51, 66, 272, 306	19条1項	52
214条	306	19条1項但書	52
214条1項	66	19条2項	53
215条	306	20条	210
215条1項	249	27条の2第1項	38
216条	66, 272	27条の2第2項	38
216条1項	306	27条の2第3項	38
216条2項	306	49条	180
216条3項	306	50条1項	180

52条1項　180
　　52条2項　180
　　57条2項　175
　　60条1号　155
　　62条　172
　　74条1号　53
　　95条　53
　　96条　59
　　100条1項8号　369
　　114条　46
戸籍法施行規則
　　55条　180
　　59条　180
婚姻手続制限法
　　9条　94

さ

児童虐待の防止等に関する法律
　　1条　298
　　2条　298
　　2条1号　297
　　2条2号　297
　　2条3号　297
　　2条4号　297
　　3条　298, 299
　　4条　298
　　4条6項　298, 299
　　4条7項　298, 299
　　5条　298
　　6条　298
　　7条　298
　　8条　298
　　9条　298
　　10条　298
　　10条の2　298
　　10条の3　298
　　10条の4　298
　　10条の5　298
　　10条の6　298
　　11条　298
　　12条　298, 301
　　12条1項　300
　　12条1項1号　300
　　12条1項2号　300

　　12条の4　302, 302
　　12条の4第1項　300
　　12条の4第2項　300
　　13条　298
　　14条　298
　　14条1項　300, 302, 303
　　14条2項　300, 303
　　15条　298, 301, 303
　　16条　298
　　17条　298, 301
児童福祉法
　　1条1項　288
　　1条2項　288
　　2条　288
　　4条1項1号　288, 289
　　4条1項2号　288, 289
　　4条1項3号　288, 289
　　4条2項　288
　　6条　288, 289
　　6条の4　289
　　6条の4第1項　288
　　6条の4第2項　289
　　12条1項　302
　　25条　290, 292
　　25条の8　292
　　26条　292
　　26条1項　290, 292
　　26条1項1号　290
　　27条　292, 302
　　27条1項　290
　　27条1項3号　290, 292, 301
　　27条3項　292
　　27条4項　290
　　28条　292, 302
　　28条1項　290, 293
　　28条1項1号　291
　　28条1項2号　291
　　28条2項本文　293
　　28条2項但書　293
　　30条　293
　　30条1項　291, 293
　　30条1項括弧書　293
　　30条2項　291, 293
　　30条3項　291

33条　293, 301
33条1項　292
33条2項　292
33条3項　292, 294
33条4項　292, 294
33条の7　292, 294
33条の8第1項　474
33条の8第2項　474
34条　294, 295
34条1項1号　294
34条1項2号　294
34条1項3号　294
34条1項4号　294
34条1項4号の2　294
34条1項4号の3　294
34条1項5号　294
34条1項6号　294
34条1項7号　294
34条1項8号　295
34条1項9号　295
47条1項　295, 296
47条2項　295, 296
47条3項　283, 295, 296
47条4項　284, 295, 297
47条5項　284, 295, 297
48条　296
49条の2　296, 297
56条　297
56条1項　296

児童福祉法施行規則
1条の33第1項　290
1条の33第2項　290
1条の36　289
2条　301

借地借家法
32条　468

少年法
2条1項　289
4条2項　289

人事訴訟法
2条1号　45
13条　142
14条　142, 149
24条　144

37条　119
41条　149
42条1項　165
43条1項　139
43条2項　139

信託法
7条　413

スイス民法
302条　156

性同一性障害者の性別の取扱いの特例に関する法律
3条1項3号　311

性病予防法
8条　33

た

ドイツ民法
1353条1項　61
1591条　133
1601条　461

な

日本国憲法の施行に伴う民法の応急措置に関する法律
1条　24
2条　318
3条　24, 318
4条　32
5条　318
5条2項　76
6条　318
7条1項　24, 318
8条2項　318

任意後見契約に関する法律
1条　449, 452, 453
2条　449
2条1号　449
2条2号　449
2条3号　449
2条4号　449
3条　449, 453, 455
4条　453
4条1項　449
4条1項本文　455

4条1項但書　455	34条3項　367
4条1項1号　450, 455	**非訟事件手続法**
4条1項2号　450, 455	118条　72
4条1項3号　450, 455	119条　72
4条2項　450, 455	120条1項　72
4条3項　450, 455	**フランス民法**
4条4項　450, 455	20条　461
4条5項　450, 455	57条2項　180
5条　450, 453, 455	57条3項　180
6条　450, 453, 455	57条4項　180
7条　453, 455	75条1項　59
7条1項　450	203条　258
7条1項1号　450	205条　461
7条1項2号　450	212条　59, 258
7条1項3号　450	213条1項　59
7条1項4号　450	213条2項　59
7条2項　451	214条1項　59
7条3項　451	215条1項　59
7条4項　451	316条3項　162
8条　451, 453, 456	342条　167
9条　453, 456	371条　258
9条1項　451, 456	373条1項　258
9条2項　451, 456	373条2項　258
10条　453, 456	**法の適用に関する通則法**
10条1項　451, 456	24条1項　28, 41
10条2項　451, 456	24条2項　41
10条3項　451, 456	24条3項　41
11条　451, 453, 456	26条3項　71
12条　453	26条4項　71
13条　453	42条　28, 41
認知の訴の特例に関する法律	**法　例**
1条　166	15条2項　71
2条　166	15条3項　71

は

ま

配偶者からの暴力の防止及び被害者の保護等に関する法律（DV防止法）

1条1項　119	**民事執行法**
1条3項　119	151条の2　470
10条　119	152条1項1号　469
10条3項　119	167条の15　109, 470
18条1項但書　119	167条の16　109
29条　119	**民法旧規定**

破産法

	7条　455
	840条　409, 442
	842条　409

847 条	440, 441
847 条 1 項	440, 442
847 条 2 項	440
858 条	423
862 条但書	429
876 条	440, 441, 443
900 条 4 号但書	137
900 条 4 号但書前段	160

民法附則

14 条	237

明治民法

14 条	51
15 条	51
16 条	51
17 条	51
18 条	51
599 条	412
654 条	76
655 条	76
725 条	11, 16, 19, 322
726 条 1 項	322
727 条	14, 16, 208
728 条	10, 15〜17, 19, 235, 323, 461
729 条	19
729 条 1 項	19
729 条 2 項	19
730 条	20
730 条 3 項	20
732 条	24, 51, 332, 363, 389
732 条但書	339
732 条 1 項	321
732 条 2 項	321
733 条	16, 329, 330, 332, 334, 336
733 条 1 項	174, 238, 328, 331, 389
733 条 2 項	174, 238, 328, 331
733 条 3 項	174, 328, 330, 331, 335
734 条	329, 330, 332, 334, 336
734 条 1 項	328, 332, 333
734 条 2 項	328, 332, 333
734 条 3 項	333
735 条	329〜331, 333, 334, 336
735 条 1 項	328
735 条 2 項	328
735 条 2 項前段	174

735 条 2 項後段	174
735 条 3 項	328
736 条	325, 336〜338, 368
737 条	336, 337, 339, 342, 343
737 条 1 項	336, 343, 382
737 条 2 項	336, 343
738 条	336, 337, 339
738 条 1 項	336, 339
738 条 2 項	336, 339
739 条	98, 332, 336〜338, 340
740 条	336〜338, 340
741 条	337, 338, 341
741 条 1 項	337
741 条 2 項	337
742 条	337, 338, 341
743 条	337, 338, 342, 389
743 条 1 項	337, 372
743 条 2 項	337, 342
743 条 3 項	337, 342, 343
744 条	337, 338, 342, 389
744 条 1 項	337, 342
744 条 1 項但書	343
744 条 2 項	337, 343, 359
745 条	332, 337, 338, 343, 357
746 条	24, 51, 98, 173, 209, 308, 337, 345
747 条	24, 325, 337, 345, 347〜349, 354
748 条	80, 337, 345, 349, 351
748 条 1 項	345
748 条 2 項	345
749 条	337, 353, 355
749 条 1 項	24, 353
749 条 2 項	343, 353
749 条 3 項	343, 353
750 条	337, 353, 356, 357
750 条 1 項	24, 340, 353
750 条 2 項	40, 340, 343, 353, 359
750 条 3 項	353, 357
751 条	353, 358, 384
751 条但書	358
752 条	362〜364, 366
752 条 1 号	360, 365, 381
752 条 2 号	360, 365
753 条	360, 362, 364〜366, 381
753 条但書	381

754条	362	786条	45, 46
754条1項	361, 365, 366	787条	338
754条2項	361, 366, 381	788条	51
755条	362, 365	788条1項	50, 323, 389
755条1項	361, 365	788条2項	50, 238, 368
755条2項	361, 365, 366	789条	63
756条	361, 362, 365	789条1項	50
757条	361, 362, 365	789条2項	50
758条	362, 366	790条	50, 63, 77
758条1項	361	791条	50
758条2項	361	792条	50
759条	362, 366, 367	793条	272
759条1項	361	798条	76
759条2項	361	798条2項	77
759条3項	361	799条	75
760条	362, 367	800条	75
760条1項	361	801条	75
760条2項	361	801条1項	272, 273
761条	361, 362, 367	802条	75
762条	362	804条	76
762条1項	370	804条2項	80
762条2項	370, 371	805条	75
762条2項但書	370, 372	806条	76
763条	362, 370	807条	76, 80, 352
764条	36	807条1項	76
764条1項	370, 371	807条2項	76
764条1項但書	372	809条	93
764条2項	370, 372	812条1項	95, 243
765条	26	813条1号	64, 110, 111
767条	29	813条2号	64, 110, 111
768条	29, 30	813条3号	64, 110, 111
772条	386	813条4号	110, 111, 115
772条1項	32	813条5号	110, 112, 115
772条3項	32	813条6号	111, 112
773条	386	813条7号	111, 112, 115
774条	31	813条8号	111, 112, 115
776条	40, 357, 366	813条9号	111, 112
778条	366	813条10号	111, 112, 333
780条	46	819条本文	243
780条1項	45	819条但書	243
783条	45	822条	137
784条	45	823条	143
784条1項	41	823条但書	143
785条	45	826条	148

【条文索引】

826条1項	148		880条但書	252, 253
826条2項	148		881条	368
827条1項	152, 153		883条	254
827条2項	152, 153		885条	272
829条1項	100		886条	261〜264, 386, 431
829条2項	100		887条	431
829条3項	100		888条	262, 385
832条	162		895条	272
834条	335		898条	287
835条	163, 166, 335		899条	286
839条	182, 183		901条	385
841条	193		901条2項	286
841条1項	193		902条	385, 409
841条2項	193		902条1項	409
842条	193		902条2項前段	409
843条	386		902条2項後段	409
843条1項	196		903条	385, 409
844条	196		904条	385, 408
845条	196		907条柱書	411
848条	203		907条1号	411
853条	203〜205		907条2号	411
854条	203, 204		907条3号	411
855条	203, 204		907条4号	411
856条	203, 204		908条	384, 413
857条1項前段	203, 204		908条2号	413
857条1項後段	203, 204		908条3号	413
858条	203, 204		908条4号	413
860条	208		908条8号	412, 413
861条	15, 209, 323, 338, 389		909条	385, 440
866条1号	213		910条	414
866条3号	213		911条	385, 414
866条4号	213		917条	415, 417, 418
866条5号	213		917条3項	412, 417
866条7号	213		919条	415, 418
866条8号	213		919条3項	412
866条9号	213		921条	385, 420
874条	212		922条	385, 423
874条但書	212		922条1項	423
876条	212		923条	424
877条	235		924条	385, 425
877条1項	95, 233, 234, 238		924条1項	429
877条2項	95, 233, 238		924条2項	429
878条	235		925条	385, 429
880条	355		925条本文	429

541

条項	頁	条項	頁
926条	426, 427, 430	961条	460, 467, 468
927条	385, 426, 430	964条	24, 338, 372
927条1項	427	964条1号	363, 373, 377
927条2項	427	964条2号	373
927条3項	427	964条3号	338, 368, 373
928条	385, 426, 427, 430	965条	376
929条	430, 431	968条	376, 378
931条	426, 427, 430	969条	378, 379
932条	426, 430	970条	24, 325, 372, 378, 379, 381
933条	426, 427, 430	970条1項	373, 378
934条	385	970条2項	209, 373, 378
934条2項	432	971条	373, 378
935条	432	972条	373, 378
936条	432	973条	373, 378, 379
937条	379	974条	373, 378, 379
938条	379	975条	378, 379
940条1項	436	975条1項1号	373
943条	440	975条1項2号	374, 379, 381
944条	383, 384	975条1項3号	374, 379
945条1項	383, 384	975条1項4号	374, 379
945条2項	383, 384	975条2項	374
946条1項	383, 384	976条	374, 378
946条2項	383, 384	977条	378, 379
946条3項	383, 384	978条	378
947条1項	383, 385	979条	379, 381
947条2項	383, 385	979条1項	374
948条1項	383, 385	979条1項前段	379
948条2項	383, 385	979条2項	374
949条	383, 384	979条3項	374
950条	383, 384	980条	379
951条	383	981条	379
952条	383, 385	982条	374, 380~382, 384
953条	383, 385	983条	374, 380, 382
954条	460, 465	984条	374, 380, 382
954条1項	460	985条	380, 384
955条	352, 464	985条1項	374, 380, 382
956条	464	985条2項	374, 380
957条	464	985条3項	374
958条	464	986条	363, 376
959条	460	987条	376
959条1項	460, 466	988条	363
959条1項前段	349	989条	368
959条2項	461, 466	992条	375, 376, 380
960条	349, 460, 466	993条	376

【条文索引】

994 条　375, 380
995 条　380
995 条 1 項　375
996 条 1 項　375, 380

996 条 2 項　375
1051 条　372
1059 条　372
1130 条 2 項　382

【判例索引】

判例	頁
大判大正15年10月11日民集5巻703頁	157
大判昭和4年2月13日新聞2954号5頁	276
大決昭和5年9月30日民集9巻926頁	64
大判昭和9年5月1日民集13巻875頁	436
大連判昭和15年1月23日民集19巻54頁	133
最判昭和27年2月19日民集6巻2号110頁	115
最判昭和33年3月6日民集12巻3号414頁	68
最判昭和37年4月27日民集16巻7号1247頁	156
最判昭和44年5月29日民集23巻6号1064頁	78, 135
最判昭和46年5月21日民集25巻3号408頁	78, 115
最判昭和53年2月24日民集32巻1号110頁	157
最判昭和58年4月14日民集37巻3号270頁	27
最大判昭和62年9月2日民集41巻6号1423頁	116, 120
最判平成4年12月10日民集46巻9号2727頁	260
東京家裁八王子支審平成6年1月31日判時1486号56頁	180
最大決平成7年7月5日民集49巻7号1789頁	160
最判平成7年7月14日民集49巻7号2674頁	218
最判平成10年8月31日家月51巻4号75頁	135
最判平成12年3月14日家月52巻9号85頁	135
最判平成14年12月10日民集46巻9号2727頁	260
最判平成16年11月5日民集58巻8号1997頁	108
最判平成17年4月21日判時1895号50頁	27
最判平成18年7月7日民集60巻6号2307頁	163
最大判平成20年6月4日民集62巻6号1367頁	160
最大決平成25年9月4日民集67巻6号1320頁	137, 160
最決平成25年12月10日民集67巻9号1847頁	151
最判平成26年1月14日民集68巻1号1頁	162
最判平成26年7月17日民集68巻6号547頁	150

【文献索引】 ＊主要参考文献に掲げたものを除く。著者名の50音順。

　　　　　　　　あ

石田勝之　　　　子どもたちの悲鳴が聞こえる──児童虐待防止法ができるまで（中央公論事業出版，2005）　298

稲本洋之助ほか　「フランスにおける家族農業経営資産の相続」渡辺洋三先生還暦・社会科学研究33巻5号（1981）　371

梅謙次郎　　　　「養子論」法学志林7巻2号，3号（1905）　182

梅謙次郎　　　　民法総則（法政大学，1907）　5

太田誠一ほか　　きこえますか子どもからのSOS──児童虐待防止法の解説（ぎょうせい，2001）　303

大村敦志　　　　「『家族』と〈famille〉」消費者・家族と法（東京大学出版会，1999）　130

大村敦志　　　　「親権・懲戒権・監護権」野村豊弘先生古稀・民法の未来（商事法務，2014）　250, 257, 283

大村敦志　　　　「民法における『ともだち』」加藤一郎先生追悼・変動する日本社会と法（有斐閣，2011）　108, 396

大村敦志　　　　公序良俗と契約正義（有斐閣，1995）　436

大村敦志　　　　他者とともに生きる──民法から見た外国人法（東京大学出版会，2008）　11

大村敦志　　　　法源・解釈・民法学──フランス民法総論研究（有斐閣，1995）　115

大村敦志　　　　民法読解　総則編（有斐閣，2009）　486

　　　　　　　　か

金子敬明　　　　「養子制度の利用実態」千葉大学法学論集25巻4号（2011）　181

川島武宜　　　　民法Ⅰ──総論，物権（有斐閣，1960）　5

菊田昇　　　　　この赤ちゃんにもしあわせを（人間と歴史社，1978）　216

桑原洋子＝田村和之責任編集　実務注釈児童福祉法（信山社，1998）　303

　　　　　　　　さ

鈴木眞次　　　　離婚給付の決定基準（弘文堂，1992）　104

　　　　　　　　た

高野耕一　　　　財産分与の研究──民法第768条の系譜的考察（司法研修所，1964）　101

　　　　　　　　な

中川善之助　　　新民法の指標と立案経過の点描（朝日新聞社，1949）　102, 115

中川高男　　　　第二の自然──特別養子の光芒（一粒社，1986）　216

夏目漱石　　　　虞美人草（岩波書店）　381

夏目漱石　　　　道草（岩波書店）　207

西原道雄　　　　「生活保護法における親族の扶養義務」私法16号（1956）　464

　　　　　　　　は

馳浩編著　　　　ねじれ国会方程式──児童虐待防止法改正の舞台裏（北國新聞社，2008）　303

広中俊雄　　　　「成年後見制度の改革と民法の体系（上）（下）」ジュリスト1184号・1185号

	（2000）	10
広中俊雄	新版民法綱要　第1巻　総論（創文社，2006，初版，1989）	5
別府志海	「婚姻・離婚の分析における発生年齢について——同居時・別居時年齢と届出時年齢」人口問題研究63巻3号（2007）	37
星野英一	「成年後見制度と立法過程——星野英一先生に聞く（インタビュー）」ジュリスト1172号（2000）	423
星野英一	「明治以来の日本の家族法」民法論集　第9巻（有斐閣，1999，初出，1997）	3
穂積重遠	結婚訓（中央公論社，1941）	33
穂積重遠	結婚読本（中央公論社，1950）	33
穂積重遠	相続法　第1分冊（岩波書店，1946）	153
穂積重遠	続　有閑法学（日本評論社，1940）	56
穂積陳重	「養子正否論」法学協会雑誌30巻3号（1912）	182
穂積陳重	隠居論（有斐閣，1915）	363

ま

水野直樹	創氏改名——日本の朝鮮支配の中で（岩波新書，2008）	56
道浦母都子	風の婚——道浦母都子歌集（河出書房新社，1991）	1
道浦母都子	四十代，今の私がいちばん好き（岩波書店，1994）	1
本沢巳代子	離婚給付の研究（一粒社，1998）	101,102
森　鷗外	本家分家（鷗外全集第16巻所収）（岩波書店，1973）	382,383

や

山下悦子	「明治文学と養子制度」批評空間6号（1992）	207

〈著者紹介〉

大 村 敦 志（おおむら・あつし）

1958 年　千葉県生まれ
1982 年　東京大学法学部卒業
現　在　東京大学法学部教授

主　著　公序良俗と契約正義（有斐閣，1995 年）
　　　　法源・解釈・民法学（有斐閣，1995 年）
　　　　典型契約と性質決定（有斐閣，1997 年）
　　　　契約法から消費者法へ（東京大学出版会，1999 年）
　　　　消費者・家族と法（東京大学出版会，1999 年）
　　　　法典・教育・民法学（有斐閣，1999 年）
　　　　民法読解 総則編（有斐閣，2009）
　　　　20 世紀フランス民法学から（東京大学出版会，2009）
　　　　新しい日本の民法学へ（東京大学出版会，2009）
　　　　基本民法Ⅰ・Ⅱ・Ⅲ（有斐閣，Ⅰ：2001 年，第 3 版，2007 年，Ⅱ：2003 年，第 2 版，2005 年，Ⅲ：2004 年，第 2 版，2005 年）
　　　　新基本民法 2 物権編・6 不法行為編・7 家族編（有斐閣，2・6：2015，7：2014）
　　　　民法総論（岩波書店，2001 年）
　　　　消費者法（有斐閣，1998 年，第 4 版，2011 年）
　　　　家族法（有斐閣，1999 年，第 3 版，2010 年）
　　　　「民法 0・1・2・3 条」〈私〉が生きるルール（みすず書房，2007 年）
　　　　民法研究ハンドブック（有斐閣，共著，2000 年）
　　　　民法学を語る（有斐閣，共著，2015 年）

民法読解　親族編
Lire le Code civil: La famille

2015 年 12 月 25 日　初版第 1 刷発行

著　者　　大　村　敦　志

発行者　　江　草　貞　治

発行所　　株式会社　有　斐　閣

郵便番号 101-0051
東京都千代田区神田神保町 2-17
電話（03）3264-1314〔編集〕
　　（03）3265-6811〔営業〕
http://www.yuhikaku.co.jp/

印　刷　大日本法令印刷株式会社
製　本　大口製本印刷株式会社

©2015．Atsushi OMURA．Printed in Japan
落丁・乱丁本はお取替えいたします。
★定価はカバーに表示してあります。

ISBN 978-4-641-13707-3

JCOPY　本書の無断複写（コピー）は，著作権法上での例外を除き，禁じられています．複写される場合は，そのつど事前に，（社）出版者著作権管理機構（電話03-3513-6969，FAX03-3513-6979，e-mail：info@jcopy.or.jp）の許諾を得てください．

本書のコピー, スキャン, デジタル化等の無断複製は著作権法上での例外を除き禁じられています。本書を代行業者等の第三者に依頼してスキャンやデジタル化することは, たとえ個人や家庭内での利用でも著作権法違反です。